COMUM

COLEÇÃO
ESTADO de SÍTIO

**PIERRE DARDOT
E CHRISTIAN LAVAL**

COMUM

ENSAIO SOBRE A REVOLUÇÃO
NO SÉCULO XXI

Tradução de Mariana Echalar

© desta edição, Boitempo, 2017
© Éditions La Découverte, Paris, 2014

Título original: *Commun: essai sur la révolution au XXIᵉ siècle*

Direção editorial	Ivana Jinkings
Edição	Isabella Marcatti e André Albert
Assistência editorial	Thaisa Burani e Artur Renzo
Tradução	Mariana Echalar
Preparação	Ivone Benedetti
Revisão	Rita Palmeira e Denise Roberti Camargo
Coordenação de produção	Juliana Brandt
Assistência de produção	Livia Viganó
Capa	Artur Renzo
	sobre fotografias de muro do cais José Estelita, Recife, 2012 (Direitos Urbanos; capa), e de ocupação do MTST em Embu das Artes, 2016 (Mídia Ninja; quarta capa)
Diagramação	Crayon Editorial

Equipe de apoio

Allan Jones, Ana Yumi Kajiki, Bibiana Leme, Camila Rillo, Eduardo Marques, Elaine Ramos, Frederico Indiani, Heleni Andrade, Isabella Barboza, Ivam Oliveira, Kim Doria, Marlene Baptista, Maurício Barbosa, Renato Soares, Thaís Barros, Tulio Candiotto

CIP-BRASIL. CATALOGAÇÃO NA PUBLICAÇÃO
SINDICATO NACIONAL DOS EDITORES DE LIVROS, RJ

D229c

Dardot, Pierre

Comum : ensaio sobre a revolução no século XXI / Pierre Dardot, Christian Laval ; tradução Mariana Echalar. - 1. ed. - São Paulo: Boitempo, 2017.

(Estado de sítio)

Tradução de: Commun : essai sur la révolution au XXIe siècle
Inclui índice
ISBN 978-85-7559-581-7

1. Sociologia. 2. Política social. 3. Economia social. I. Laval, Christian. II. Echalar, Mariana. II. Título. III. Série.

17-44467 CDD: 320.531
  CDU: 321.74

É vedada a reprodução de qualquer parte deste livro sem a expressa autorização da editora.

1ª edição: setembro de 2017; 4ª reimpressão: fevereiro de 2025

BOITEMPO
Jinkings Editores Associados Ltda.
Rua Pereira Leite, 373
05442-000 São Paulo SP
Tel.: (11) 3875-7250 / 3875-7285
editor@boitempoeditorial.com.br | boitempoeditorial.com.br
blogdaboitempo.com.br | youtube.com/tvboitempo

SUMÁRIO

Agradecimentos 7
Introdução: O comum, um princípio político 11

1   Arqueologia do comum. 23

I   O SURGIMENTO DO COMUM. 57
2   A hipoteca comunista, ou o comunismo contra o comum. 63
3   A grande apropriação e o retorno dos "comuns" 101
4   Crítica da economia política dos comuns 145
5   Comum, renda e capital 199

II DIREITO E INSTITUIÇÃO DO COMUM. 241
6   O direito de propriedade e o inapropriável 245
7   Direito do comum e "direito comum". 299
8   O "direito consuetudinário da pobreza". 343
9   O comum dos operários: entre costume e instituição 389
10 A práxis instituinte 429

III PROPOSIÇÕES POLÍTICAS. 479
Proposição 1: É preciso construir uma política do comum 485
Proposição 2: É preciso contrapor o direito de uso à propriedade ... 493
Proposição 3: O comum é o princípio da emancipação do trabalho .. 511
Proposição 4: É preciso instituir a empresa comum 519

Proposição 5: A associação na economia deve preparar
a sociedade do comum 527
Proposição 6: O comum deve fundar a democracia social..........537
Proposição 7: Os serviços públicos devem ser instituições do comum..545
Proposição 8: É preciso instituir os comuns mundiais.............559
Proposição 9: É preciso instituir uma federação dos comuns........579

Post-scriptum sobre a revolução no século XXI 605
Índice onomástico selecionado..............................621
Bibliografia..623

AGRADECIMENTOS

Nossa reflexão sobre o princípio do comum deve muito a todas e todos que participaram dos trabalhos coletivos do grupo de estudos e pesquisas Question Marx e do seminário "Du public au commun" [Do público ao comum], organizado pelo Colégio Internacional de Filosofia e pelo Centro de Economia da Sorbonne entre 2010 e 2012, que apresentamos em colaboração com Antonio Negri e Carlo Vercellone.

Agradecemos a todas as pessoas que fizeram sugestões de contribuições durante os trabalhos e participaram das discussões públicas organizadas por nós, em especial: Philippe Aigrain, Laurent Baronian, Saïd Benmouffok, Alain Bertho, Yves Bonin, Philippe Chanial, José Chatroussat, François Chesnais, Serge Cosseron, Nathalie Coste, Thomas Coutrot, Patrick Dieuaide, Jean-Michel Drevon, François Duchamp, Giorgio Grizotti, Nicolas Guilhot, Laurent Jeanpierre, Mathieu Léonard, Anne Le Strat, Danièle Linhart, Alberto Lucarelli, Jason Francis Mc Gimsey, Éric Martin, Ugo Mattei, Jean-Marie Monnier, El Mouhoub Mouhoud, Gabriel Nadeau-Dubois, Paolo Napoli, Jorge Nóvoa, Bernard Paulré, Jérôme Pelisse, Pascal Petit, Frédéric Pierru, Franck Poupeau, Anne Querrien, Judith Revel, Hossein Sadeghi, Christophe Schneider, Andrée Steidel, Ferhat Taylan, Bruno Théret, Olivier Weinstein.

Agradecemos às pessoas que nos forneceram elementos preciosos de documentação, em especial a Gilles Candar, Guy Dreux, Louise Katz, Jean-Louis Laville, Alexis Pelletier, Pierre Sauvêtre e Valentin Schaepelynck. Não esquecemos Corine e Thierry Richoux, para quem o nobre e antigo ofício da viticultura é também uma arte do comum.

A conclusão deste livro deve muito ao nosso editor, Rémy Toulouse, que desde o início nos deu apoio total e nos prodigalizou conselhos e sugestões para tornar a argumentação o mais clara possível.

Agradecemos mais uma vez a Anne Dardot e Évelyne Meziani-Laval, nossas respectivas esposas, pelo apoio, a confiança e as opiniões sempre tão essenciais para nós.

> *Comuns o dia e a noite – comuns a terra e as águas,*
> *Tua herdade – teu ofício, teu trabalho, tua ocupação,*
> *A sabedoria democrática debaixo de tudo, como base sólida para todos.*
> Walt Whitman, "The Common Place", em *Leaves of Grass*

> *Aviso aos não comunistas:*
> *Tudo é comum, até mesmo Deus.*
> Charles Baudelaire, *Mon cœur mis à nu*, "feuillet 61"

> *Mlash disse: "Não tenho nada em comum comigo mesmo".*
> *Quanto a vocês, como será?*
> Alexis Pelletier, *Pensées inédites et commentées de Mlash*

INTRODUÇÃO

O comum, um princípio político

O futuro parece bloqueado. Vivemos esse estranho momento, desesperador e preocupante, em que nada parece possível. A causa disso não é mistério e não decorre da eternidade do capitalismo, mas do fato de que este ainda não tem forças contrárias suficientes diante de si. O capitalismo continua a desenvolver sua lógica implacável, mesmo demonstrando dia após dia uma temível incapacidade de dar a mínima solução às crises e aos desastres que ele próprio engendra. Parece até estender seu domínio sobre a sociedade à medida que desfia suas consequências. Burocracia pública, partidos de "democracia representativa" e especialistas estão cada vez mais presos a camisas de força teóricas e dispositivos práticos dos quais não conseguem se libertar. A ruína do que constituiu a alternativa socialista desde meados do século XIX, e permitiu conter ou corrigir alguns dos efeitos mais destruidores do capitalismo, faz crescer o sentimento de que a ação política efetiva é impossível ou impotente. Falência do Estado comunista, guinada neoliberal do que nem mesmo merece mais o nome "social-democracia", desvio soberanista de boa parte da esquerda ocidental, enfraquecimento do salariado organizado, aumento do ódio xenofóbico e do nacionalismo, todos esses são elementos que nos levam a perguntar se existem ainda forças sociais, modelos alternativos, modos de organização e conceitos que deem esperança de um *além do capitalismo*.

A tragédia do não comum

No entanto, a situação que se impõe à humanidade é cada vez mais intolerável. O verdadeiro "espírito do capitalismo" nunca foi tão bem descrito como pela frase atribuída a Luís XV: "Depois de mim, o dilúvio"[1]. O capitalismo, produzindo as condições de sua expansão sobre bases cada vez mais amplas, está destruindo as condições de vida no planeta e conduzindo à destruição do homem pelo homem[2]. A pressão do capitalismo, porém, foi mais ou menos canalizada por políticas redistributivas e sociais após a Segunda Guerra Mundial, evitando assim, acreditava-se, o retorno dos desastres sociais, políticos e militares produzidos por ele desde o século XIX. Nos anos 1980, o neoliberalismo, com o auxílio de todo o arsenal das políticas públicas, impôs uma via diferente, estendendo a lógica da concorrência a toda a sociedade.

Disso resultou um novo sistema de normas que se apropria das atividades de trabalho, dos comportamentos e das próprias mentes. Esse novo sistema estabelece uma concorrência generalizada, regula a relação do indivíduo consigo mesmo e com os outros segundo a lógica da superação e do desempenho infinito. Essa norma da concorrência não nasce espontaneamente em cada um de nós como produto natural do cérebro: não é biológica, é efeito de uma política deliberada. Com o auxílio diligente do Estado, a acumulação ilimitada do capital comanda de maneira cada vez mais imperativa e veloz a transformação das sociedades, das relações sociais e da subjetividade. Estamos na época do *cosmocapitalismo*, no qual, muito além da esfera do trabalho, as instituições, as atividades, os tempos de vida são submetidos a uma lógica normativa geral que os remodela e reorienta conforme os ritmos e objetivos da acumulação do capital. É esse sistema de normas que hoje alimenta a guerra econômica generalizada, que sustenta o poder da finança de mercado, que gera as desigualdades crescentes e a vulnerabilidade social da maioria, e acelera nossa saída da democracia[3].

É também essa lógica normativa que está precipitando a crise ambiental. No capitalismo neoliberal, cada um de nós se torna um "inimigo da

---

[1] Ver Michael Löwy, *Écosocialisme, l'alternative radicale à la catastrophe écologique capitaliste* (Paris, Mille et une Nuits, 2011).

[2] Isabelle Stengers, *Au temps des catastrophes: résister à la barbarie qui vient* (Paris, Les Empêcheurs de Penser en Rond/La Découverte, 2009) [ed. bras.: *No tempo das catástrofes*, trad. Eloisa Araújo, São Paulo, Cosac Naify, 2015].

[3] Remetemos o leitor a um de nossos livros anteriores, *La nouvelle raison du monde: essai sur la société néolibéral* (Paris, La Découverte, 2010) [ed. bras.: *A nova razão do mundo: ensaio sobre a sociedade neoliberal*, trad. Mariana Echalar, São Paulo, Boitempo, 2016].

natureza", segundo a formulação de Joel Kovel[4]. Há anos o Programa das Nações Unidas para o Desenvolvimento (PNUD) e o Painel Intergovernamental sobre as Mudanças Climáticas (IPCC, na sigla em inglês) vêm produzindo relatórios e mais relatórios que apresentam o aquecimento global como o problema mais importante e mais urgente que a humanidade já enfrentou[5]. As populações mais pobres serão as primeiras a sofrer as consequências funestas do aquecimento global, e, a partir de meados do século XXI, todas as gerações nascidas daqui até lá padecerão com as alterações climáticas. Num livro de grande lucidez, *Les Guerres du climat*, Harald Welzer afirma que "o aquecimento climático agrava as desigualdades globais entre condições de vida e sobrevivência, porque atinge as sociedades de maneiras muito diversas", e prevê que o século XXI verá "não somente tensões envolvendo o direito à água e ao cultivo, mas verdadeiras *guerras pelos recursos naturais*"[6].

A crise ambiental não é a única a afetar o destino das populações do globo, e há certo perigo em achar que apenas a emergência climática exige mobilização geral, enquanto empresas, classes dominantes e Estados continuam brigando para tomar para si o máximo de poder, riqueza e prestígio, *as usual*, como se não tivessem nada a ver com isso. Mas essa crise, talvez mais do que as outras, mostra bem os impasses com que nos defrontamos. O mundo não ficará protegido com a implantação de uma espécie de reserva de "bens comuns naturais" (terra, água, ar, florestas etc.) "milagrosamente" preservados da expansão indefinida do capitalismo. Todas as atividades e todas as regiões interagem. Logo, não é tanto uma questão de proteger "bens" fundamentais para a sobrevivência humana, mas de mudar profundamente a economia e a sociedade, *derrubando o sistema de normas que está ameaçando de maneira direta a humanidade e a natureza*. É exa-

---

[4] Joel Kovel, *The Enemy of Nature: The End of Capitalism or the End of the World?* (Nova York, Zed, 2002).

[5] PNUD, *Rapport mondial sur le développement humain 2007/2008. La Lutte contre le changement climatique: un impératif de solidarité humaine dans un monde divisé* (Paris, La Découverte, 2007) [ed. port.: *Relatório de desenvolvimento humano 2007/2008: combater a mudança do clima: solidariedade humana em um mundo dividido*, trad. Instituto Português de Apoio ao Desenvolvimento, Coimbra, Almedina, 2007].

[6] Harald Welzer, *Les Guerres du climat: pourquoi on tue au XXIᵉ siècle* (Paris, Gallimard, 2009), p. 13 [ed. bras.: *Guerras climáticas: por que mataremos e seremos mortos no século XXI*, trad. William Lagos, São Paulo, Geração, 2010].

tamente isso que entenderam todas as pessoas para as quais a ecologia política consequente só pode ser um anticapitalismo radical[7]. Pois qual seria o motivo de o desastre anunciado pelas autoridades científicas não provocar a mobilização que se poderia esperar, com exceção de uma minoria? O diagnóstico de gravidade extrema dado pelo PNUD, pelo IPCC e por inúmeras instituições na atualidade suscita a questão das condições para uma ação coletiva capaz de responder à urgência climática. Nem as empresas nem os Estados dão respostas que permitam fazer frente aos processos em andamento. Os fracassos repetidos das cúpulas sobre as mudanças climáticas apenas ressaltam o confinamento dos dirigentes econômicos e políticos à lógica da competição mundial. A ideia de um destino comum da humanidade não conseguiu se impor ainda, as vias da indispensável cooperação permanecem bloqueadas. Na realidade, vivemos *a tragédia do não comum*.

Essa tragédia não vem do fato de a humanidade ignorar o que a espera, mas de ser dominada por grupos econômicos, classes sociais e castas políticas que, sem abrir mão de nenhum de seus poderes e privilégios, querem prolongar o exercício da dominação por meio da manutenção da guerra econômica, da chantagem do desemprego, do medo dos estrangeiros. O impasse em que nos encontramos é testemunha do desarmamento político das sociedades. Ao mesmo tempo que pagamos o preço da ilimitação capitalista, somos atormentados pelo enfraquecimento considerável da "democracia", isto é, dos meios que, apesar de raros e limitados, possibilitavam conter a lógica econômica dominante, conservar espaços vitais não mercantis, apoiar instituições regidas por princípios que não fossem os do lucro, corrigir ou atenuar os efeitos da "lei da concorrência mundial". As "autoridades políticas" que se sucedem ao sabor das alternâncias perderam em grande parte a liberdade de ação perante os poderes econômicos que elas próprios estimularam e reforçaram. O aumento do nacionalismo, da xenofobia, da paranoia por segurança é consequência direta dessa subordinação do Estado, cuja principal função hoje é dobrar a sociedade às exigências do mercado mundial.

É ilusório esperar que o Estado nacional proteja a população dos mercados financeiros, das deslocalizações e da degradação do clima. Os movi-

---

[7] Ver John Bellamy Foster, "Ecology against Capitalism", *Monthly Review*, v. 53, n. 5, out. 2001.

mentos sociais das últimas décadas tentaram salvar o que podiam em serviços públicos, proteção social e direito ao trabalho. Contudo, nota-se que o âmbito nacional e a alavanca estatal são insuficientes ou inadequados para enfrentar os retrocessos sociais e os riscos ambientais. Nota-se, sobretudo, que o Estado muda de forma e função, à medida que se acentua a competição capitalista mundial, e seu objetivo é menos administrar a população para melhorar seu bem-estar do que lhe impor a dura lei da globalização. Na realidade, se hoje a questão do comum é tão importante, isso se dá porque ele anula brutalmente as crenças e as esperanças progressistas depositadas no Estado. Está claro que se trata não de fazer eco à condenação neoliberal das intervenções sociais, culturais ou educacionais do Estado, mas de resgatá-las de seus limites burocráticos e submetê-las à atividade social e à participação política da maioria. No fundo, paradoxalmente, foi o próprio neoliberalismo que impôs a virada do pensamento político para o comum, rompendo a falsa alternativa especular entre Estado e mercado, mostrando que é inútil esperar que o Estado "volte a encaixar" a economia capitalista no direito republicano, na justiça social e mesmo na democracia liberal. Assim, pôs fim à ideia de que o Estado poderia ser o recurso da sociedade contra os efeitos desastrosos do capitalismo. Desse ponto de vista, Ugo Mattei tinha toda a razão ao insistir no significado das "privatizações" que transferiram das mãos do Estado para as mãos de grupos oligárquicos o que podia ser visto como fruto do trabalho comum ou que estava ligado ao uso comum[8]. A propriedade pública então deixou de se mostrar como uma proteção do comum e passou a ser uma forma "coletiva" de propriedade privada reservada à classe dominante, que podia dispor dela como bem entendesse e espoliar a população conforme seus desejos e interesses. O fato de a chamada esquerda de governo, em quase todo o mundo, ter sido tão zelosa nessa operação de espoliação não deixa de contribuir para a maciça desconfiança que observamos hoje em relação à política.

De modo mais amplo, para todo lado que se olhe, a ação coletiva parece dificilmente praticável. Para isso muito contribuem a esmagadora dominação burocrática que caracteriza a administração do "social" e a pregnância do consumismo de massa na vida cotidiana, como compensação psíquica ou símbolo de prestígio. Acrescente-se ainda a individualização

---

[8] Ugo Mattei, "Rendre inaliénables les biens communs", *Le Monde Diplomatique*, dez. 2011. Ver Ugo Mattei, *Beni comuni: un manifesto* (Roma, Laterza, 2011), p. viii-ix.

extrema das políticas de gestão da mão de obra, que teve como objetivo e efeito destruir os coletivos de trabalho. Tornar-se "empreendedor de si mesmo", "assumir responsabilidades", "superar suas metas" são injunções que não predispõem à resistência coletiva dos assalariados em posição de dependência e subordinação. Se os que "vencem" sabem muito bem defender coletivamente suas posições, os que naufragam ficam isolados na competição geral e são reduzidos à impotência. Tal descoletivização da ação, que atinge sobretudo os assalariados das bases, explica essa espécie de vazio social que sentimos, essa forma contemporânea da experiência que Hannah Arendt denominava *desolação*.

Diante de constatações tão opressivas, a postura mais comum é deplorar a ausência de alternativas políticas, a ruína dos ideais coletivos, ou então a pequena ressonância das utopias concretas. Chegou a hora de produzir visões novas sobre o além do capitalismo, pensar as condições e as formas possíveis do agir comum, esclarecer os princípios que podem orientar as lutas, unir as práticas dispersas à forma que uma nova instituição geral das sociedades poderia assumir. Não superestimamos a importância desse trabalho: ele não bastará, pois nada substituirá o engajamento na ação. Mas ele é indispensável[9].

A emergência estratégica do comum

A reivindicação do *comum* foi trazida à luz primeiro pelas lutas sociais e culturais contra a ordem capitalista e o Estado empresarial. Termo central da alternativa ao neoliberalismo, o "comum" tornou-se princípio efetivo dos combates e movimentos que há duas décadas resistem à dinâmica do capital e conduzem a formas originais de ação e discurso. Longe de ser pura invenção conceitual, é a fórmula de movimentos e correntes de pensamento que pretendem opor-se à tendência dominante de nossa época: a da

---

[9] De bom grado adotamos a frase que Cornelius Castoriadis proferiu quando pôs fim à publicação da revista *Socialisme ou Barbarie*, em 1967: "A atividade revolucionária só voltará a ser possível quando uma reconstrução ideológica radical puder se encontrar com um movimento social real". Ver Cornelius Castoriadis, "La Suspension de la publication de *Socialisme ou Barbarie*", circular enviada aos leitores e assinantes de *Socialisme ou Barbarie* em junho de 1967, em *L'Expérience du mouvement ouvrier* (Paris, Éditions 10/18, UGE, 1974), v. 2, p. 424 [ed. bras.: *A experiência do movimento operário*, trad. Carlos Nelson Coutinho, São Paulo, Brasiliense, 1985].

ampliação da apropriação privada a todas as esferas da sociedade, da cultura e da vida. Nesse sentido, o termo "comum" designa não o *ressurgimento* de uma Ideia comunista eterna, mas o *surgimento* de uma forma nova de contestar o capitalismo, ou mesmo de considerar sua superação. É também uma maneira de dar as costas ao comunismo de Estado definitivamente. Tornando-se proprietário de todos os meios de produção e da administração pública, o Estado destruiu metodicamente o socialismo, "que foi sempre concebido como um aprofundamento da democracia política, e não como sua negação"[10]. Para os que não se satisfazem com a "liberdade" neoliberal, isso significou abrir outro caminho. É esse contexto que explica como o tema do comum surgiu nos anos 1990, tanto nas lutas locais mais concretas como nas mobilizações políticas de grande extensão.

As reivindicações em torno do comum apareceram nos movimentos altermundialistas e ecologistas. Tomaram como referência o antigo termo "*commons*", procurando opor-se ao que era percebido como uma "segunda onda de cercamentos". Essa expressão remete ao processo multissecular de apropriação das terras utilizadas coletivamente ("comunais") e à supressão dos direitos consuetudinários nas regiões rurais da Europa em consequência do "cercamento" de campos e prados. O espírito geral do movimento está bem resumido nesta frase dos protagonistas da "batalha da água" de Cochabamba: "Sofremos um grande roubo, apesar de não sermos proprietários de nada"[11]. Esses *commons* foram objeto simultaneamente de intensa reflexão teórica. Inúmeros trabalhos empíricos, alguns dos quais por iniciativa de Elinor Ostrom, versaram sobre as formas institucionais, as regras de funcionamento, os instrumentos jurídicos que possibilitam às coletividades administrar "em comum" recursos compartilhados, fora do âmbito do mercado e do Estado, quer se trate de recursos naturais, quer se trate de "comuns de conhecimento". A expansão fulgurante da internet nas últimas duas ou três décadas trouxe à tona não só novas possibilidades de cooperação intelectual e reciprocidade de intercâmbios em rede, mas também os riscos que ameaçam as liberdades em consequência da concentração do capitalismo digital e do controle policial dos Estados. Desde então, filósofos,

---

[10] Moshe Lewin, *Le Siècle soviétique* (Paris, Fayard/Le Monde Diplomatique, 2008), p. 477 [ed. bras.: *O século soviético*, trad. Sílvia de Souza Costa, Rio de Janeiro, Record, 2007].

[11] Primeiro comunicado da Coordinadora de Defensa del Agua y la Vida (Cochabamba, dez. 1999).

juristas e economistas produziram grande número de obras que, pouco a pouco, constituíram o campo cada vez mais rico dos *commons studies*. De sua parte, Michael Hardt e Antonio Negri produziram a primeira teoria do comum, cujo mérito histórico foi o de levar a reflexão do plano das experiências concretas dos *commons* (no plural) para uma concepção mais abstrata e politicamente mais ambiciosa do comum (no singular)[12]. Em resumo, "comum" se tornou a designação de um regime de práticas, lutas, instituições e pesquisas que abrem as portas para um futuro não capitalista.

O propósito deste livro é precisamente *refundar* de maneira rigorosa o conceito de comum, rearticulando as práticas a que ele hoje dá sentido e certo número de categorias e instituições, às vezes muito antigas, que fizeram do comum um termo valorizado e ao mesmo tempo maldito na história ocidental. Valorizado e até sacralizado, porque o comum tem uma grande afinidade com o que *excede* o comércio profano; e maldito, porque é o termo que ainda *ameaça* o gozo da propriedade privada ou estatal. As investigações que apresentamos aqui visam, pois, ir ao "cerne da questão", à raiz do direito e da economia política. Interrogam o que se entende por "riqueza", "valor", "bem", "coisa". Questionam a base filosófica, jurídica e econômica do capitalismo e têm por objetivo trazer à luz o que esse edifício político reprimiu, o que proibiu de se pensar e instituir. A instituição da propriedade privada individual, a qual deu controle e gozo exclusivos da coisa, segundo a antiga figura romana do *dominium*, é a peça decisiva do edifício, apesar de seu relativo desmembramento e da crise doutrinal pela qual vem passando desde o fim do século XIX. Essa instituição, cujo princípio consiste em excluir as coisas do uso comum, nega a cooperação, sem a qual nada seria produzido; ignora o tesouro comum acumulado, no qual toda e qualquer riqueza nova encontra suas condições de possibilidade. Hoje, a "ficção proprietária", ao mesmo tempo que se estende ao imenso campo da cultura, das ideias, da tecnologia e da vida, demonstra a cada dia seus limites e efeitos. A propriedade de Estado é menos o contrário dessa ficção do que sua transposição e complemento, visto que o Estado, não contente de integrar-se às normas do privado, frequentemente toma a iniciativa

---

[12] Ver Michael Hardt e Antonio Negri, *Multitude* (Paris, La Découverte, 2004) [ed. bras.: *Multidão*, trad. Clóvis Marques, 22. ed., Rio de Janeiro, Record, 2005] e sobretudo *Commonwealth* (Paris, Stock, 2012) [ed. bras.: *Bem-estar comum*, trad. Clóvis Marques, Rio de Janeiro, Record, 2016].

de eximir-se: foi o Estado que, no Brasil, entregou os transportes públicos das grandes cidades ao setor privado; também é o Estado que, em Istambul, privatiza os espaços urbanos em benefício das grandes empresas imobiliárias; e é ainda o Estado que, na Etiópia, concede a multinacionais as terras das quais é o único proprietário, com contratos vigentes por 99 anos. O regime da propriedade privada foi abalado no século XIX pelos grandes protestos socialistas, tamanha era sua dificuldade para justificar a apropriação dos frutos do trabalho dos assalariados. Hoje está exposto a outra crítica, que mostra que a propriedade não é apenas esse dispositivo bem montado para extrair gozo do trabalho coletivo do outro, mas uma ameaça geral às condições de toda e qualquer vida em comum[13]. A possibilidade de uma inversão política radical reside aí: embora até agora o comum tenha sido concebido como a grande ameaça à propriedade, que era dada como meio e razão de vida, hoje é essa mesma propriedade que temos razões para ver como a principal ameaça à própria possibilidade de vida.

Esta obra pretende identificar no princípio político do comum o sentido dos movimentos, das lutas e dos discursos que, nos últimos anos, se opuseram à racionalidade neoliberal em várias partes do mundo. Os combates pela "democracia real", o "movimento das praças", as novas "primaveras" dos povos, as lutas estudantis contra a universidade capitalista, as mobilizações a favor do controle popular da distribuição de água não são eventos caóticos e aleatórios, erupções acidentais e passageiras, insurreições dispersas e sem objetivo. Essas lutas políticas obedecem à racionalidade política do comum, são buscas coletivas de formas democráticas novas.

É o que expressa de maneira muito clara a relação entre a "Comuna" e os "comuns", revelada a todos pelo movimento do Parque Gezi de Istambul, na primavera de 2013, que fez parte da extensa série de ocupações de praças e parques em várias partes do mundo desde 2011: "Comuna" é o nome de uma forma política, a do autogoverno local; "comuns" é, em particular, o nome desses espaços urbanos que a política neoliberal de Erdogan pretende confiscar em benefício de interesses privados. É também o nome de um grupo que se constituiu em fevereiro de 2013, o Our Commons, para opor-se à "perda do que é comum"[14]. Durante dez dias, de 1º a 11 de junho,

---

[13] Ver Hervé Kempf, *Comment les riches détruisent la planète* (Paris, Le Seuil, 2007).

[14] Remetemos o leitor ao texto manifesto *Our Commons: Who, Why?*, disponível em: <http://mustereklerimiz.org/our-commons-who-why/>.

protegidos por barricadas em que se lia "Comuna de Taksim", a Praça Taksim e o Parque Gezi tornaram-se um espaço de vida, um lugar onde se experimentava a comunhão de práticas e formas de ação. O essencial é: tratados como "vagabundos" pelo poder, "citadinos defendem seus espaços de vida, criam o comum onde são materialmente constrangidos ao isolamento, cuidam do espaço coletivo e de si mesmos"[15]. É precisamente por isso que todos os lados tentaram atribuir alguma identidade aos protagonistas do movimento Occupy Gezi, como se a todo custo essa resistência tivesse de vir de "alguém", como se seu valor político insubstituível não proviesse do fato de que a subjetivação coletiva ali em ação estilhaçou todas as separações identitárias (kemalistas contra islamitas, "turcos brancos" privilegiados contra turcos pobres do interior etc.)[16]. É à exploração desse significado político das lutas contemporâneas contra o neoliberalismo que se dedica a presente obra.

O capítulo preliminar (*capítulo 1*) especifica o que se entende aqui por "comum": se "Comuna" é o nome do autogoverno político local e "comuns" é o nome dos objetos de natureza muito diversa pelos quais a atividade coletiva dos indivíduos se responsabiliza, "comum" é o nome propriamente dito do princípio que anima essa atividade e ao mesmo tempo preside a construção dessa forma de autogoverno. Esse esclarecimento é necessário porque o termo é empregado em contextos teóricos muito diferentes e está historicamente sobrecarregado das mais heterogêneas conotações filosóficas, jurídicas e religiosas. Na primeira parte, "O surgimento do comum", trataremos de reconstituir o contexto histórico em que se firmou o novo princípio do comum e de criticar, tanto quanto necessário, os limites das concepções que lhe foram dadas nos últimos anos, tanto por economistas, filósofos e juristas como por militantes. Na segunda parte, "Direito e instituição do comum", trataremos mais diretamente de refundar o conceito de comum, situando-nos de maneira deliberada no terreno do direito e das instituições. Nada seria pior do que deixar o direito nas mãos daqueles cuja

---

[15] Ferhat Taylan, "Taksim, une place vitale", *La Revue des Livres*, n. 12, jul.-ago. 2013, p. 57.

[16] Cf. texto de Zeynep Gambetti, professora de teoria política na Universidade do Bósforo: "The Gezi Resistance as Surplus Value", que mostra claramente de que modo o "valor" criado por esse movimento constitui um excedente de sentido e de práxis que supera em muito os indivíduos que tomaram parte dos acontecimentos. Disponível em: <www.jadaliyya.com>. Publicado em: 5 jul. 2013.

profissão é decretá-lo. Para nós, o sistema de normas está sempre em jogo nos conflitos, e o direito como tal é um terreno de luta. Não partimos do nada, contrariando certa ilusão de ótica que poderia levar a crer que o tema é recente. Apoiamo-nos na longa história das criações institucionais e jurídicas que desafiaram a ordem burguesa e a lógica proprietária, assim como nos valemos das múltiplas contribuições da história, da teoria jurídica, da filosofia política e da tradição socialista para apresentar uma concepção nova do comum, capaz de esclarecer o sentido dos combates atuais e determinar melhor seus lugares e desafios. Enfim, na última parte, sem pretender redigir um "programa", esboçamos as grandes linhas de uma "política do comum".

1
ARQUEOLOGIA DO COMUM

Identificar no comum o princípio das lutas atuais contra o capitalismo, e isso em todo o mundo, impõe-nos explicar, antes de tudo, o que entendemos por *comum*. O uso extensivo do adjetivo "comum" nas expressões "bem comum" ou "bens comuns" poderia levar a pensar que ele quer dizer tudo, que todo mundo pode reivindicá-lo: no fundo, seria uma daquelas "palavras de borracha" das quais falava Auguste Blanqui a propósito da "democracia"[1]. Estaríamos lidando com uma palavra insignificante, um não conceito, um termo, no fundo, sem nenhum interesse. E, de fato, ela é utilizada com frequência como se designasse *o menor denominador comum* das mobilizações, o termo médio que une os "homens de boa vontade" de todas as classes e todas as confissões. Nem as boas intenções, nem as reações da consciência algum dia serão suficientes para fazer uma política que se oponha realmente ao capitalismo. E, se o comum se referisse apenas à "boa vida", à "harmonia com a natureza" ou ao "elo social", não haveria muita coisa a dizer sobre ele: os tratados morais seriam suficientes. O que de novo se poderia dizer sobre as lutas atuais, se estivéssemos apenas diante de movimentos de indignação moral que tentassem introduzir num mundo nunca antes tão devastado pelo egoísmo das oligarquias dominantes um pouco mais de atenção pelos outros, de cuidado e de compartilhamento? Quem não se

---

[1] Auguste Blanqui, Carta a Maillard, 6 de junho de 1852, em *Maintenant il faut des armes* (Paris, La Fabrique, 2006), p. 176. Em 1852, após o golpe de Estado de Luís Napoleão Bonaparte, Auguste Blanqui declara: "O que é um democrata, então, eu lhes pergunto? Eis uma palavra vaga, banal, sem acepção precisa, uma palavra de borracha". E acrescenta: "Que opinião não conseguiria se acomodar sob essa bandeira? Todo mundo se diz democrata, sobretudo os aristocratas".

identificaria, ao menos em palavras, com a aspiração de reconstruir um "mundo comum", restabelecer uma "comunicação racional", redefinir uma "convivência"? Aspiração esta, aliás, que pode alimentar tanto o republicanismo mais intransigente quanto todos os comunitarismos específicos que apelam para enraizamentos, origens, tradições e crenças.

Entendemos o comum de uma maneira que contrasta com certo número de usos correntes muito pouco aprofundados e, para dizer a verdade, razoavelmente amnésicos. Para começar a pensar a nova razão do comum, devemos fazer um trabalho de arqueologia. O que se apresenta como o mais novo nas lutas emerge num contexto e inscreve-se numa história. O estudo dessa longa história é que permite escapar de banalidades, confusões e contrassensos. Propomos neste capítulo preliminar um primeiro reconhecimento dos discursos em torno do "comum", tanto para dizer o que não é o comum como para introduzir a concepção que queremos elaborar nesta obra.

A co-atividade como fundamento da obrigação política*

A raiz etimológica da palavra "comum" nos dá uma indicação decisiva e uma direção de pesquisa. Émile Benveniste indica que o termo latino *munus*, nas línguas indo-europeias, pertence ao vasto registro antropológico da dádiva e designa ao mesmo tempo um fenômeno social específico: por sua raiz, remete a um tipo particular de prestações e contraprestações que dizem respeito a honras e vantagens ligadas a encargos. Assim, inseparavelmente, designa o que deve ser ativamente cumprido – um culto, uma função, uma tarefa, uma obra, um cargo – e o que é dado em forma de presentes e recompensas. Encontramos nos significados do termo a dupla face da dívida e da dádiva, do dever e do reconhecimento, própria do fato social fundamental da troca simbólica. Desde Marcel Mauss, a literatura etnológica e sociológica vem estudando as múltiplas formas de troca nas sociedades humanas. Aliás, o termo que designa a reciprocidade, *mutuum*, deriva de *munus*. Mas o *munus* não é redutível a uma exigência formal de reciprocidade. Sua singularidade reside no caráter coletivo e muitas vezes político do cargo re-*munerado* (no sentido etimológico do verbo *remuneror*, que significa oferecer em troca um presente ou recompensar). Não se trata, primor-

---

* O uso do hífen é proposital, a fim de evitar confusão com *coativo*, "aquilo que coage". (N. T.)

dial ou principalmente, de dádivas e obrigações entre parentes ou amigos, mas, na maioria das vezes, de prestações e contraprestações referentes a toda uma comunidade. É o que se encontra tanto na designação latina do espetáculo público dos gladiadores (*gladiatorum munus*) como no termo que exprime a estrutura política de uma cidade (*municipium*) formada pelos cidadãos do município (*municipes*). É compreensível então que *immunitas* remeta à dispensa de encargo ou imposto e possa ocasionalmente referir-se, no plano moral, à conduta daquele que, por egoísmo, tenta fugir de seus deveres para com os outros. É compreensível, sobretudo, que os termos *communis*, *commune*, *communia* ou *communio*, todos formados a partir da mesma articulação de *cum* e *munus*, queiram designar não apenas o que é "posto em comum", mas também e principalmente os que têm "encargos em comum". Portanto, o comum, o *commune* latino, implica sempre certa obrigação de reciprocidade ligada ao exercício de responsabilidades públicas[2]. Deduz-se disso que o termo "comum" é particularmente apto a designar o princípio político da *coobrigação* para todos os que estejam engajados numa mesma atividade. Ele dá a entender o duplo sentido presente em *munus*: ao mesmo tempo obrigação e participação numa mesma "tarefa" ou numa mesma "atividade" – de acordo com um sentido mais amplo que o da estrita "função". Aqui falaremos de *agir comum* para designar o fato de que homens se engajam juntos numa mesma tarefa e, agindo desse modo, produzem normas morais e jurídicas que regulam sua ação. Em sentido estrito, o princípio político do comum será enunciado nos seguintes termos: "Existe obrigação apenas entre os que participam de uma mesma atividade ou de uma mesma tarefa". Exclui-se, como consequência, a possibilidade de a obrigação se fundamentar num pertencimento que seria independente da atividade.

Essa concepção, para além da etimologia latina, vai ao encontro do que sugere o grego, língua política por excelência, mais precisamente o grego fixado no léxico aristotélico. O comum de origem latina encontra ressonância na concepção da instituição do comum (*koinón*) e do "pôr em comum" (*koinónein*) em Aristóteles. De acordo com a concepção aristotélica, são os cidadãos que deliberam em comum para determinar o que convém à cidade

---

[2] Émile Benveniste, *Vocabulaire des institutions indo-européennes* (Paris, Minuit, 1969), v. 1, p. 96-7 [ed. bras.: *Vocabulário das instituições indo-europeias*, Campinas, Editora da Unicamp, 1995, 2 v.].

e o que é justo fazer³. "Viver juntos" não é, como no caso do gado, "pastar juntos no mesmo lugar", assim como não é pôr tudo comum, mas é "pôr em comum palavras e pensamentos", é produzir, por deliberação e legislação, costumes semelhantes e regras de vida que se aplicam a todos que buscam um mesmo fim⁴. A instituição do comum (*koinón*) é fruto de um "pôr em comum" que pressupõe sempre reciprocidade entre os que participam de uma atividade ou compartilham um modo de vida. O que vale para uma pequena comunidade de amigos que visam a um fim comum vale também, em outra escala, para a cidade orientada para o "bem soberano". Não nos cabe avançar aqui na análise da concepção aristotélica da atividade do "pôr em comum". Basta dizer que ela é matricial para nossa elaboração do comum: ela faz daquela prática a própria condição do comum, em suas dimensões afetivas e normativas⁵. Seu principal limite, que não poderíamos deixar de reconhecer, é preconizar a propriedade privada dos bens com a condição de que aquilo que é possuído de modo privado seja de uso comum⁶. Pois, embora a distinção entre *propriedade* e *uso* seja fecunda em teoria, como teremos ocasião de nos convencer ao longo desta obra, a realidade do uso comum dos bens privados dependerá exclusivamente da "virtude" resultante da legislação e da educação⁷, o que significa subestimar o peso de uma instituição como a propriedade privada e a forma como ela pode determinar certo tipo de conduta.

---

[3] Aristóteles, *Les politiques* (Paris, Garnier-Flammarion, 1993), p. 246 [ed. bras.: *A política*, trad. Nestor Silveira Chaves, Rio de Janeiro, Nova Fronteira, 2011].

[4] Idem, *Éthique à Nicomaque*, IX, 8.3.3 e 11.2 (Paris, Garnier-Flammarion, 2004), p. 487 e 494-5 [ed. bras.: *Ética a Nicômaco*, trad. António de Castro Caeiro, São Paulo, Atlas, 2009]. É significativo que a *philia* como amizade cívica seja concebida por Aristóteles como o resultado afetivo da participação numa mesma atividade, não como uma comunidade afetiva produzida por uma hierarquia estrita de funções (como é o caso da comunidade platônica, em que a amizade pode apenas "se diluir"; cf. Aristóteles, *Les politiques*, cit., p. 148).

[5] Trataremos mais longamente desse assunto no início do capítulo 6.

[6] Ver Aristóteles, *Les politiques*, cit., p. 152: "É manifesto que a melhor solução é que a propriedade dos bens seja privada e que esses bens se tornem comuns pelo uso". E também p. 481: "Para nós, a propriedade não deve ser comum, como dizem alguns, mas tornar-se comum, como entre amigos, pelo uso, e não devem faltar meios de subsistência a nenhum cidadão".

[7] Ibidem, p. 151-2: "Em seguida, graças à virtude, no tocante ao uso dos bens, será como diz o provérbio: 'Tudo é comum entre amigos'".

A concepção do agir comum que queremos elaborar a partir de Aristóteles é totalmente irredutível aos discursos que fazem uso mais habitual do adjetivo "comum". Quando percorremos essa literatura política, ficamos impressionados com a mistura de tradições, a superposição de significados, a confusão de conceitos. Em muitos autores, encontramos uma mesma concepção sincrética do comum: a política implantada deveria visar ao "bem comum" pela produção de "bens comuns" que constituiriam um "patrimônio comum da humanidade"[8]. A antiquíssima noção teológico-política de "bem comum" é redefinida e reatualizada pelo recurso à categoria jurídico-econômica de "bens comuns" e pela concepção, muitas vezes bastante essencialista, de uma natureza humana comum, que estaria no fundamento das "necessidades vitais essenciais à humanidade"; ou então se recorre à noção de "coexistência social natural dos homens", quando não às três noções ao mesmo tempo. Portanto, qualquer um que tente repensar a categoria do comum esbarra, desde o início, em três tradições que continuam a influenciar, de forma mais ou menos consciente, nossas representações do comum. A primeira, de origem essencialmente *teológica*, concebe o "comum" como finalidade suprema das instituições políticas e religiosas: a norma superior do "bem comum" (no singular) deveria ser o princípio de ação e conduta de todos os que têm corpos e almas sob sua responsabilidade. A segunda é de origem *jurídica* e atualmente encontra uma espécie de prolongamento em certo discurso economicista sobre a classificação dos "bens" (no plural): tende a reservar a designação "comum" a certo tipo de "coisa". Essa é, por exemplo, a orientação dos movimentos altermundialistas, que gostariam de promover "bens comuns mundiais", como o ar, a água ou o conhecimento[9].

---

[8] Ver, por exemplo, Riccardo Petrella, *Le bien commun: éloge de la solidarité* (Lausanne, Page Deux, 1997), e *Pour une nouvelle narration du monde* (Montreal, Écosociété, 2007), p. 17. De uma perspectiva diferente, ver François Flahaut, *Où est passé le bien commun?* (Paris, Mille et une Nuits, 2011).

[9] A categoria "bens comuns" é passível de modificações no decorrer das lutas contra as políticas neoliberais. O movimento italiano contra a privatização da água, que resultou na proposta de introdução dos bens comuns como categoria no Código Civil, graças ao trabalho notável da Comissão Rodotà (2007-2008), tende a dar interpretação inovadora dos bens comuns em relação à tradição jurídica, integrando a esta a dimensão da "democracia participativa" (ver Parte III deste volume, "Proposição 7"). Já os economistas do PNUD elaboraram uma teoria dos "bens públicos mundiais", muito mais claramente integrada à lógica da reificação jurídica. Ver Parte III, "Proposição 8".

A terceira é de origem *filosófica*: ela tende a identificar comum e universal (o que é comum a todos) ou então a relegar às margens insignificantes do ordinário e do banal tudo o que, do comum, resistir a essa identificação. Vamos examinar brevemente essas tradições, uma a uma, com o intuito de trazer à tona o que representar obstáculo à elaboração de um conceito verdadeiramente *político* do comum.

O comum, entre o estatal e o teológico

A reaplicação da noção teológico-política de "bem comum" suscita certo número de questões que em geral não são tratadas, como a de saber quem está em posição de definir o que é "bem comum" ou a de especificar quem detém os meios efetivos de uma política supostamente em conformidade com esse "bem comum". Na realidade, o recurso ao "bem comum" restabelece certo número de postulados perfeitamente antidemocráticos que atribuem ao Estado, a "sábios", a "especialistas em ética" ou então à Igreja o cuidado de dizer o que é "bem comum".

A noção de "bem comum" tem uma história longa que não se conseguiria expor aqui. Contudo, seria conveniente destacar alguns aspectos notáveis e pôr em evidência certas dificuldades causadas pelos empregos reatualizados da noção. As expressões "bem comum", "vantagem comum" ou "utilidade comum" vêm diretamente do latim. Mas as fórmulas latinas correspondentes vêm da filosofia grega e da maneira como esta última discute a concordância entre o justo e o vantajoso. Traduzem mais especificamente a expressão grega empregada por Aristóteles para denotar vantagem comum: *koiné sumpheron*. Foi principalmente por intermédio de Cícero que a expressão *utilitas communis*, que traduz a expressão aristotélica, entrou na reflexão ética e política tradicional do Ocidente. Ela seria assimilada e transmitida pelos atravessadores de textos que foram os Padres da Igreja – em especial Agostinho. Cícero, quando utiliza a expressão, ressalta sobretudo a dimensão do dever que se espera dos magistrados no exercício de sua função. Todos os que têm um cargo devem servir não ao interesse próprio, mas à utilidade comum, que se confunde com a sociedade humana (no sentido de obedecer às obrigações de reciprocidade que ali se estabelecem naturalmente), assim como com a utilidade da coisa pública (*utilitas rei publicae*) numa perspectiva republicana. Trair a utilidade comum em proveito do egoísmo cobiçoso, como fazem os tiranos, é contra a natureza. É por esse motivo que eles devem ser extirpados da comunidade humana: "O abandono da utilidade comum é contra a natureza; de fato é injusto"[10]. Os dirigentes da cidade devem visar em seus atos à utilidade de todos em conjunto (*utilitas universorum*), mas esta última se identifica apenas com a utilidade comum (*utilitas communis*). A utilidade comum é utilidade do homem como homem (*utilitas hominum*): "Se a natureza prescreve que o homem deseje prover ao bem do homem, seja ele quem for, pela única razão de ser homem, segue-se necessariamente que, segundo a mesma natureza, a utilidade de todos (*omnium utilitas*) é a utilidade comum (*utilitas communis*)"[11]. Isso quer dizer que o homem como parte do cosmo e membro da humanidade deve conformar seu interesse às obrigações da vida em sociedade, lutando contra a *cupiditas* destruidora da comunidade dos homens. A concepção ciceroniana vai longe: a primazia da utilidade comum autoriza o sábio a confiscar os bens de um homem pernicioso que parasite a comunidade[12].

Deve-se ter em mente que, no contexto dessa filosofia estoica, a natureza prescreve o que é utilidade comum e, portanto, dita a conduta daquele que tem a responsabilidade política na qualidade de garantidor da utilidade da coisa pública (*utilitas rei publicae*). Em outras palavras, cabe ao homem sábio e honesto saber o que é essa "vantagem comum" constitutiva da sociedade humana como tal. Durante séculos, pela transmissão e pelo cultivo dos textos da idade clássica, será exigido do homem virtuoso que sirva a utilidade comum e a ela sempre submeta seu interesse próprio. Será necessário o remanejamento utilitarista do século XVIII para inverter inequivocamente a hierarquia dos termos e transformar o interesse próprio em marca da natureza humana e novo fundamento das normas.

Para Cícero, a legislação e a ação governamental deveriam ser sempre "pela utilidade comum" (*communi utilitati*). Cícero não confunde utilidade da "coisa pública", que se impõe a todos, com utilidade "pública", no sentido estrito de interesses do Estado. Seria inconcebível justificar todos os atos do Estado, o qual pode chegar a defender interesses específicos que se oponham à utilidade da sociedade: "São notáveis os casos em que se desdenha a aparên-

---

[10] Cícero, *Les Devoirs* (Paris, Les Belles Lettres, 2002), Livro III, VI-30, p. 85 [ed. bras.: *Dos deveres*, trad. Angélica Chiapeta, São Paulo, Martins Fontes, 1999].

[11] Ibidem, VI-26 e VI-27, p. 83.

[12] Ibidem, VI-31, p. 86.

cia da utilidade pública diante da beleza moral"[13]. Essa oposição propriamente republicana não se encontra no conjunto da doutrina política romana e desaparecerá na época imperial. Aliás, deve-se ressaltar a relativa indistinção, que durará por longo tempo, entre utilidade *comum* e utilidade *pública* (*utilitas publica*): a coisa pública e as obrigações da sociedade humana (*societas hominum*) se confundem. Essa confusão se deve ao fato de que o termo "público" pode ser empregado com dois significados diferentes[14] – aliás, essa dualidade perdura em várias línguas. O público se opõe ao privado, como o comum se opõe ao próprio[15]. De um lado, portanto, ele se opõe a tudo que é do domínio privado, mas não necessariamente se liga ao Estado: por esse motivo fala-se de "leitura pública", isto é, feita diante de todos, ou de "opinião pública", que não é evidentemente a opinião do Estado. De outro lado, o termo "público" designa o que compete ao Estado como tal, a suas instituições e funções: o *publicum* é o tesouro do Estado, os *bona publica* são os bens do Estado. A doutrina política romana nos legou um termo que, embora remeta à comunidade dos cidadãos, pôde ser utilizado para enaltecer e aumentar a dominação da instituição do Estado sobre os sujeitos políticos.

É notável que se ateste cada vez mais o uso da expressão "utilidade pública" nos códigos e constituições do Baixo Império para indicar os interesses específicos do Estado, distintos dos da sociedade, começando a funcionar na prática como "princípio de ação política dos imperadores"[16]. Após a República Romana e diante das múltiplas crises que ameaçavam o império, a *Salus Rei publicae* iria se tornar a alavanca do absolutismo imperial. A oposição ciceroniana entre "utilidade da coisa pública" e "utilidade pública", no

---

[13] Ibidem, XI-47, p. 95. Ver o comentário de Jean Gaudemet, "*Utilitas publica*", *Revue Historique de Droit Français et Étranger*, n. 29, 1951, citado em Christian Lazzeri e Dominique Reynié, *Politiques de l'intérêt* (Besançon, Presses Universitaires Franc--Comtoises, 1998), p. 11.

[14] Retomaremos esses dois significados de "público" no capítulo 6, assim como na Parte III, "Proposição 1".

[15] Em alguns idiomas, entre os quais o inglês e, em menor grau, o francês e o italiano, a sobreposição bastante marcada das duas noções perdurou. Ver Elio Dovere, "Le Discours juridique et moral de l'*utilitas* à Rome", em Alain Caillé, Christian Lazzeri e Michel Senellart, *Histoire raisonnée de la philosophie morale et politique* (Paris, La Découverte, 2001), p. 108-15.

[16] Elio Dovere, "Le Discours juridique et moral de l'*utilitas* à Rome", cit., p. 115. O mesmo vale para a expressão *jus publicum*.

sentido estrito do termo, desaparece à medida que progride o estadismo. É significativo, como se pode deduzir do levantamento minucioso feito por Jean Gaudemet em textos jurídicos, que, sob Teodósio I (século IV), a expressão *utilitas communis* acabe designando apenas as "deliberações das assembleias provinciais, consideradas mais como órgão representativo dos interesses coletivos do que como um serviço de Estado"[17]. Nos séculos IV e V, visto que a utilidade da comunidade se torna secundária em relação aos serviços do Estado, a paisagem doutrinal acaba opondo utilidade pública a utilidade dos particulares (*utilitas privatorum*), afirmando a primazia da primeira.

Contudo, a história não é linear. No Império Cristão do Oriente, a doutrina, reconstituída a partir da compilação jurídica do Código Justiniano no século VI, restabelece a noção de utilidade do comum distinta de utilidade do Estado, mas o faz para afirmar que o cuidado com o bem do *koinón* foi confiado por Deus ao imperador. Segundo Jean Gaudemet, a revivescência das fórmulas ciceronianas em Bizâncio deve-se em parte apenas à influência dos Padres da Igreja. Agostinho, como se sabe, toma de Cícero a definição de república, a qual deve basear-se em dois fundamentos: o direito e a utilidade comum[18]. No entanto, o que se revela aqui é mais seguramente a perenidade da doutrina aristotélica do *koiné sumpheron*. Esse ponto é muito importante para a continuidade do tema no cristianismo até os dias de hoje.

Essas noções, que todas as doutrinas políticas ulteriores usarão em abundância, nos conduzem por certo número de direções identificáveis que esvaziam o comum de seu sentido grego. A primeira direção tomada pela doutrina política romana é a da estatização do comum. A segunda é sua espiritualização no contexto cristão.

A primeira direção leva à doutrina da soberania, que transforma o Estado em detentor do monopólio da vontade comum. A substituição da utilidade comum pela utilidade pública, no sentido estatal da expressão, é um ponto fundamental da história política ocidental. A soberania, que define esse pleno poder do Estado, ocupa o centro do direito público desde Bodin: "República é o reto governo de vários lares e do que lhes é comum, com poder soberano"[19].

---

[17] Jean Gaudemet, "*Utilitas publica*", cit., p. 21.
[18] Santo Agostinho, *La cité de Dieu* (Paris, Le Seuil, 1994), livro XIX, v. 3, p. 133 [ed. bras.: *A cidade de Deus*, trad. Oscar Paes Leme, 11. ed., Petrópolis, Vozes, 2009].
[19] Jean Bodin, *Les Six livres de la république I* (Paris, Livre de Poche, 1993), capítulo 1, p. 57.

Essa mesma noção de soberania será refundada depois por Rousseau, que faz do "bem comum" o objeto próprio da "vontade geral": o bem comum identifica-se então com o "interesse comum", que é "o que há de comum" nos interesses particulares e "constitui o elo social". Dizer que o bem comum constitui o elo social é o mesmo que dizer que esse elo é "efetivado" pela vontade geral, à qual compete "dirigir as forças do Estado de acordo com o objetivo de sua instituição"[20]. Isso mostra a que ponto a noção de "bem comum" é pensada aqui a partir da instituição do Estado.

Evidentemente essa estatização do comum não se faz de um dia para o outro. Os historiadores indicam que as noções romanas nunca deixaram de ser mencionadas nos meios dirigentes das épocas merovíngia e carolíngia[21]. A *res publica* como *persona ficta*, coisa abstrata encarnada ou representada por uma pessoa pública, retorna triunfalmente no século XII, época em que Cícero e o direito romano são redescobertos. Mas é nessa mesma época que o bem comum se torna uma categoria teológica importante. Pedro Abelardo, em sua *Theologia Christiana*, ilustra bem o uso estatizante que se faz da noção quando define a *res publica* como "aquilo cuja administração é realizada em virtude da utilidade comum"[22]. Mas, na realidade, ele reinterpreta as categorias romanas, reportando-as ao modelo de comunidade da Igreja primitiva[23]. Desse modo, a primazia da utilidade comum é identificada com o ideal da sociedade cristã. Tudo que se possui deve ser destinado à utilidade comum[24], maneira de dizer que o próprio deve submeter-se sempre ao comum. Em seu discípulo João de Salisbury, em particular no *Policraticus*, encontra-se a ideia de que o príncipe recebeu a *potestas*, poder de ação, somente para a "utilidade de todos e de cada um". Mas, no contexto cristão, a hierarquia das leis e dos princípios é muito diferente do pensamento romano clássico. Se não existe poder que não venha de Deus, como diz são

---

[20] Jean-Jacques Rousseau, *Du Contrat social* (Paris, Garnier-Flammarion, 2001), p. 65, e nota 64, p. 203: o fim da instituição do Estado é, naturalmente, o próprio bem comum. [ed bras.: *Contrato social*, trad. Eduardo Brandão, São Paulo, Penguin Classics, 2011.]

[21] Ver Yves Sassier, *Structures du pouvoir, royauté et* res publica (Rennes, PUR, 2004).

[22] Citado em Yves Sassier, "Bien commun et *utilitas communis* au XIIᵉ siècle, un nouvel essor?", *Revue Française d'Histoire des Idées Politiques*, n. 32, 2010, p. 251.

[23] Ver John Marenbon, *The Philosophy of Peter Abelard* (Cambridge, Cambridge University Press, 1997).

[24] Yves Sassier, "Bien commun et *utilitas communis*...", cit., p. 252.

Paulo na Epístola aos Romanos (Rm 13,1-2), então o príncipe é apenas o mediador entre a lei divina e a comunidade. Pautar, à maneira antiga, a administração da *res publica* pela utilidade comum leva logicamente à redefinição desta última em novo sentido.

O bem comum vai tomar a segunda direção. Vai "espiritualizar-se", dando à Igreja o monopólio da definição do bem supremo. No século XIII, e em referência mais a Aristóteles do que a Cícero, o "bem comum" (*bonum commune*) aparece como conceito ético e político fundamental, o *locus communis* dos canonistas e legistas. O bem comum, fundamento ético do político, critério do bom governo, torna-se uma arma argumentativa utilizada por todos os protagonistas da grande divisão entre os defensores do império e os do papa.

Evidentemente, o bem comum cristão se distingue do bem soberano segundo Aristóteles. O fim último da existência não é a felicidade no mundo sublunar, mas a beatitude em Deus. Embora tenha havido, inequivocamente, um grande trabalho de assimilação dos textos de Aristóteles a partir do século XIII[25], falar de "revolução aristotélica" talvez tenha sido um exagero, primeiro porque Aristóteles não é a única fonte do pensamento medieval tardio, segundo porque os grandes comentadores de *A política* e da *Ética* fazem interpretações muito peculiares dessas obras. Embora seja um princípio de avaliação da política do príncipe, o bem comum dos escolásticos tem a ver com a Cidade de Deus e inscreve-se na ordem divina, em que cada ser ocupa seu lugar, deve manter sua posição e perseguir seu fim[26]. Os grandes comentadores de Aristóteles, Alberto Magno e Tomás de Aquino, hierarquizam os fins desde o mais elevado, que é a salvação da alma, até o bem da cidade humana. O bem supremo do homem está em Deus, a necessária dedicação à coisa pública é apenas uma etapa de progresso na direção do Criador[27], e a própria *civitas perfecta* é ordenada pela marcha

---

[25] A tradução para o latim de *A política* foi feita em 1260.

[26] Em *The Common Good in Late Medieval Political Thought* (Oxford, Clarendon Press, 1999), Mathew Kempshall mostrou que o "bem comum" dos teólogos deve muito à noção mais agostiniana de *ordo*, que remete, como mostrou Benveniste, a uma categoria indo-europeia que designa "a ordenação, a ordem, a adaptação estrita entre as diversas partes de um todo". Ver Émile Benveniste, *Vocabulaire des institutions indo-européennes* (Paris, Minuit, 1993), v. 2, p. 99-101.

[27] Bénédicte Sère, "Aristote et le bien commun au Moyen Âge: une histoire, une historiographie", *Revue Française d'Histoire des Idées Politiques*, n. 32, 2010, p. 281.

rumo ao bem comum que é Deus. Evidentemente, essa dissociação de homem e cidadão está muito distante do pensamento de Aristóteles, e o mesmo se pode dizer da moral que sustenta o "anseio contínuo da criatura pela beatitude celeste", sem falar da concepção da comunidade cristã como corpo místico[28]. Essa espiritualização do bem comum é acompanhada pela valorização da hierarquia e pela submissão à ordem divina. Nesse sentido, o comum tomista é uma "ordenação" feita segundo o plano de Deus, de responsabilidade dos poderes espiritual e temporal. Compreende-se agora por que essa teologia do bem comum convive harmonicamente com a tese da soberania terrena, desde que esta última continue submissa à lei divina.

A partir dessas poucas observações de reconhecimento, pode-se fazer uma ideia do duplo destino do comum no Ocidente. Estado e Igreja disputaram o monopólio sobre ele, mas pouco a pouco entraram em acordo quanto à divisão dos papéis. Percebe-se então que seria muito leviano retomar hoje, sem nenhuma precaução, a noção teológico-política de "bem comum". Em geral os autores que se arriscam a fazê-lo ignoram a herança que ela carrega: nada menos que a rejeição de uma concepção que faz da práxis humana a fonte das normas. Em vez de servir de emblema para a emancipação, a noção poderia encobrir e justificar formas de dominação arcaicas, visto que uma instituição como a Igreja ainda procura ser detentora do conhecimento do bem comum e, com esse pretexto, exercer certo magistério sobre as relações sociais. Até hoje se veem algumas consequências tirânicas dessa dominação em questões de sexualidade, casamento e família. Por outro lado, convém recordar que a "doutrina social da Igreja", que ainda faz do "bem comum" seu princípio primeiro, soube adaptar ao direito de propriedade, em concordância direta com a escolástica tomista, a tese da origem divina da destinação universal dos bens da terra, desde que o uso da propriedade seja para o bem comum[29]. Considerando o avanço do capitalismo desde alguns séculos, o balanço histórico da doutrina em questão é bastante sombrio.

---

[28] André Modde, "Le Bien commun dans la philosophie de saint Thomas", *Revue Philosophique de Louvain*, v. 47, n. 14, 1949, p. 230.

[29] Pontifício Conselho "Justiça e Paz", "Compêndio da doutrina social da Igreja". Disponível em: <www.vatican.va>. Podemos avaliar a diferença em relação a Aristóteles: enquanto neste o uso do que é privado deve tornar-se comum pela legislação, no tomismo o bem a que se visa com o uso do que é privado é que é comum. Passamos insensivelmente do *uso* comum para o *bem* comum, o que não é sem interesse, já que o uso pode continuar puramente privativo.

Mas vimos acima que os autores que tentam pensar hoje o comum não se contentam em reavivar a velha noção escolástica de "bem comum": querem também articulá-la com a concepção econômica de "bens comuns". Nesse caso, essa retomada é feita à custa da reificação do comum.

A reificação do comum

O segundo perigo que todo pensamento acerca do comum deve evitar é o de inseri-lo na essência de certas coisas exteriores ao homem, uma essência que vedaria ao homem apropriar-se delas. Conviremos em falar de "reificação" do comum no sentido de que este último se identifica com certas propriedades que essas coisas possuem em si mesmas. O conceito a partir do qual essa reificação se produz é o de "coisa comum" (*res communis*), tal como se encontra no direito romano. Assim, esse conceito jurídico é o que tentaremos explicitar primeiro.

Tomaremos da *Eneida*, de Virgílio, o ponto de partida para nossa reflexão. O episódio está no Livro VII. Os troianos conduzidos por Eneias por fim aportam no Lácio, depois de muitas desventuras. Enviam uma embaixada carregada de presentes ao velho rei Latino para rogar a ele que aceite pacificamente os troianos. Recebendo-os no palácio, o rei lhes pergunta o que procuram. Ilioneu, um dos porta-vozes dos troianos, responde invocando um terrível tufão que tiveram de enfrentar: "Levados pela borrasca por tão vastos mares, buscamos para nossos deuses o humilde lugar de uma margem tranquila, bem como ar e água, bens estes oferecidos a todos [*cunctis ... patentem*]"[30]. O fato de o ar e a água serem qualificados por um dos embaixadores troianos como "bens oferecidos a todos" ou "abertos a todos" merece toda a nossa atenção. Na realidade, trata-se de dar a entender a Latino, por meio dessas palavras, que as intenções dos troianos são pacíficas:

---

[30] Virgílio, *L'Énéide* (Paris, La Différence, 1993), p. 317 [ed. bras.: *Eneida*, trad. Carlos Alberto Nunes, 2. ed., São Paulo, Editora 34, 2016]. Paul Veyne (apresentação de *L'Énéide*, Paris, Albin Michel/Les Belles Lettres, 2012, p. 223) faz a seguinte tradução dessa passagem: "Au sortir de ce cataclysme, après avoir traversé tant d'immenses mers, nous ne demandons que l'air et l'eau, ces biens ouverts à tous" ["Ao sairmos desse cataclismo, depois de atravessar tantos imensos mares, pedimos somente ar e água, esses bens abertos a todos"].

pedimos pouca coisa, apenas um lugar à beira do rio, ar e água[31]. O resto é conhecido: a revolta dos pastores, o desencadeamento da guerra que vai levar os italianos comandados por Turno a se armar contra Eneias e seus companheiros. Todavia, não há nenhuma razão *a priori* para suspeitar de um ardil da parte de Ilioneu e dos seus: para eles, a água e o ar são de fato "bens abertos a todos". Como exatamente essa expressão deve ser entendida?

O ar e a água parecem pertencer a uma categoria jurídica singular: a das "coisas comuns" ou *res communes*. Na obra *Les Choses communes* [As coisas comuns], Marie-Alice Chardeaux escreve: "No direito romano, a categoria das *res communes* compreendia o ar, a água corrente, o mar e a costa"[32]. Observando que as *res communes* são frequentemente confundidas com os bens sem dono (*res nullius*), ela esclarece a distinção nos seguintes termos: "Enquanto as coisas comuns são inapropriáveis, os bens de ninguém são simplesmente não apropriados e, por isso mesmo, apropriáveis pelo primeiro ocupante"[33]. Para quem se preocupa com a genealogia da distinção entre *res communes* e *res nullius*, é importante voltar a um jurisconsulto chamado Marciano (primeira metade do século III), que introduziu uma nova classe de coisas no direito romano: a das coisas que são produzidas "em primeiríssimo lugar pela natureza e não vieram ainda a ser propriedade de ninguém". Ele distingue dois tipos de coisas incluídas nessa classe:

> Umas, denominadas *res nullius* (coisas sem dono), são factualmente vacantes: têm propensão a pertencer ao primeiro ocupante que se apossar delas. São assim, por exemplo, os animais selvagens. As outras, denominadas *res communes omnium*, são coisas que, por natureza, não pertencem a ninguém e cujo uso é comum a todos. São elas o ar, a água corrente, o mar e a costa que se estende até onde chegam as águas das marés altas de inverno.[34]

Na realidade, entre todas as coisas repertoriadas e construídas pelo direito romano, a mais problemática é o estatuto jurídico das *res communes*. De fato, elas "estão à margem das divisões usualmente aplicadas às coisas",

---

[31] Paul Veyne indica em nota à sua tradução que "os troianos dão a entender que pedem pouca coisa", o que, de seu ponto de vista, justifica o recurso à restrição [estabelecida pelo par] "*ne... que*" em francês (ibidem).

[32] Marie-Alice Chardeaux, *Les Choses communes* (Paris, LGDJ, 2006), nota 4, p. 1.

[33] Ibidem, p. 3-4.

[34] Ibidem, p. 16-7.

quer se trate da distinção entre as coisas patrimoniais[35] e as coisas extrapatrimoniais, quer se trate da divisão entre as coisas de direito divino e as coisas de direito humano. Uma passagem famosa das *Institutas* de Gaio, adaptada nas *Institutas* de Justiniano, explicita essa segunda distinção nos seguintes termos: as coisas de direito divino compreendem as coisas sacras (lugares e coisas consagradas aos deuses celestes), as coisas religiosas (lugares e sepulturas reservadas às divindades domésticas) e as coisas santas (os recintos urbanos)[36]; por sua parte, as coisas de direito humano compreendem as coisas públicas (inapropriáveis e fora do comércio jurídico) e as coisas privadas (apropriáveis e dentro do comércio jurídico). Tal como as coisas de direito divino, as coisas públicas são designadas pela expressão *res nullius in bonis*, isto é, "coisas pertencentes a um patrimônio que não é de ninguém"[37].

Essa discriminação não impediu certa imprecisão no que se refere à distinção entre coisas públicas e coisas comuns: a costa, por exemplo, é indiferentemente qualificada como "comum" e como "pública"[38]. No entanto, esses dois tipos de coisa podem ser diferenciados em função de três critérios: os respectivos catálogos não se sobrepõem; a inapropriabilidade de cada um não tem a mesma causa, pois as coisas públicas são retiradas do âmbito de apropriação por um ato de direito público, ao contrário das coisas comuns, que não pertencem a ninguém por natureza; enfim, essa inapropriabilidade não tem a mesma intensidade, visto que, para as coisas públicas, ela é institucional e vale permanentemente, o que autoriza qualquer cidadão a opor-se a um uso privativo, enquanto as coisas comuns são passíveis de cair sob o *dominium* provisório do ocupante. Como diz Marie-Alice Chardeaux:

---

[35] Como especifica Yan Thomas ("*Res*, chose et patrimoine. Note sur le rapport sujet-objet en droit romain", *Archives de Philosophie du Droit*, n. 25, 1980, p. 422): a palavra *patrimonium* "significa 'estatuto legal do *pater*', do mesmo modo que *matrimonium* designa o 'estatuto legal da mãe' (o sufixo -*monium* indica a condição jurídica do nome do agente ao qual ele se agrega)". O termo acabará desvinculando-se de qualquer significado estatutário para designar um bem avaliável em dinheiro, "para objetivar-se na esfera da mercadoria".

[36] Sobre a diferença entre *sanctum* e *sacer*, ver Émile Benveniste, *Vocabulaire des institutions indo-européennes*, cit., v. 2, p. 189-90. O *sanctum* é vedado e protegido dos ataques dos homens por punições. É nesse sentido que se pode falar de *leges sanctae*. O sacro é dito *sacer* e significa "consagrado aos deuses".

[37] Marie-Alice Chardeaux, *Les Choses communes*, cit., nota 163, p. 135. Trataremos da importância dessa qualificação no capítulo 6.

[38] Ibidem, p. 17.

Por exemplo, quem constrói um edifício na costa marítima é seu proprietário enquanto ele existir. Mas essa apropriação é necessariamente temporária, porque a natureza é imprescritível. Destruído o edifício, o solo recupera a condição primitiva de coisa comum. De modo que Marciano compara esse direito da natureza, que foi suspenso provisoriamente por um direito humano, à condição de um prisioneiro de guerra, que, assim que transpõe a fronteira, recupera a liberdade original.[39]

No fim das contas, o fato de as *res communes* serem assim postas à parte revela a dificuldade do direito romano para conceber a relação dessas coisas com a esfera do direito como tal. Elas são concebidas mais como um "enclave originário" na propriedade coletiva da era primitiva da humanidade do que como uma categoria plenamente jurídica: naquela época, todas essas coisas teriam sido comuns a todos os homens[40]. Nesse sentido, formam um "curral pré-jurídico", dentro do qual o direito permite a sobrevivência de uma natureza autônoma "como em estado fóssil"[41]. Mas acrescente-se que esse enclave tem função muito precisa, por servir de modelo para todas as coisas públicas – em especial rios, estradas, praças e teatros: à semelhança das coisas comuns, que estão à disposição do uso comum de todos[42], as coisas públicas se destinam ao uso comum de todos, e a única diferença entre elas é que as coisas públicas são subtraídas à esfera de apropriação por um ato de direito público, enquanto se supõe que as coisas comuns sejam como tais em virtude de sua natureza. Justamente essa diferença irredutível é particularmente significativa:

> Se as *res communes* são concebidas como coisas inapropriáveis *por natureza*, isso ocorre precisamente porque não se integram de todo à esfera jurídica. De modo inverso, se as *res communes* tivessem de formar uma categoria plenamente jurídica em Roma, é provável que sua inapropriabilidade não tivesse se fundado sobre sua essência.[43]

---

[39] Ibidem, p. 18.

[40] Ibidem, p. 135. A autora remete o leitor a um texto de Yan Thomas: "*Imago naturae*: note sur l'institutionnalité de la nature à Rome", em *Théologie et droit dans la science politique de l'État moderne*, Actes de la Table Ronde de Rome, École Française de Rome/CNRS, col. École Française de Rome, n. 147, 1991, p. 201 e 203.

[41] Idem. A autora remete novamente o leitor ao texto de Yan Thomas citado na nota anterior, p. 211.

[42] Desse modo, o "*cunctis* [...] *patentem*" do trecho da *Eneida* citado anteriormente ganha todo sentido.

[43] Marie-Alice Chardeaux, *Les Choses communes*, cit., p. 134.

Vê-se, portanto, que o modelo somente pode funcionar quando se abstrai a razão da inapropriabilidade das coisas comuns. A conclusão se impõe por si mesma:

> Em Roma não existem coisas pertencentes a categorias plenamente jurídicas que sejam, *por natureza*, inapropriáveis. As coisas de direito divino e as coisas públicas escapam do âmbito de apropriação e comércio *no direito* (romano). Sua inapropriabilidade resulta de um ato de direito público ou sacro que as destina ao uso dos cidadãos ou a um deus. Diante desses elementos, compreende-se melhor por que as coisas comuns são concebidas no direito romano como coisas inapropriáveis por natureza. É porque não formam uma categoria plenamente jurídica.[44]

Essa conclusão é inevitável por se coadunar perfeitamente com a concepção que o direito romano tem de "coisa" (*res*). Conforme Yan Thomas estabeleceu de maneira muito clara, a oposição metafísica entre sujeito e objeto é estranha a esse direito: não temos, de um lado, sujeitos livres, titulares de direitos subjetivos, e, de outro, coisas exteriores sobre as quais esses direitos são exercidos[45]. Consequentemente, a *res* não é projetada sobre o plano de uma natureza passiva ou da pura exterioridade material. O núcleo semântico da noção remete em primeiro lugar e acima de tudo ao processo, à questão em debate, e a partir desse núcleo é que se passou da "questão" contestada para a "coisa" que originou o conflito:

> O sentido primitivo de *res* oscila, portanto, entre as ideias de litígio, situação litigiosa e objeto que dá ocasião a um contencioso. Donde, por extensão, a situação que deve ser resolvida por um julgamento ou regida por uma lei. Mas o significado central é ainda o de "questão", inserido nas redes do debate contraditório: *res in controversia posita*.[46]

Nessas condições, a *res* não pode aparecer como o lugar inerte de uma violência de direito ou do exercício do domínio unilateral de um sujeito: "Se a *res* é objeto, é acima de tudo de um debate, ou de uma contestação, objeto comum que opõe e une dois protagonistas numa mesma relação"[47]. Todos os significados relacionados aos bens e às coisas patrimoniais são derivados

---

[44] Ibidem, p. 136.
[45] Yan Thomas, "*Res*, chose et patrimoine", cit., p. 425-6.
[46] Ibidem, p. 416. Trataremos da noção de "*res*" no capítulo 6.
[47] Ibidem, p. 417.

e formam-se por volta do fim do século III a.C.[48]. É difícil entender como a noção de uma coisa que seria *por natureza* inapropriável (*res communis*) poderia ter se constituído como categoria plenamente jurídica nesse contexto, uma vez que todas as coisas reconhecidas por esse direito são, na realidade, construídas por ele em relação a um caso ou processo. Trata-se de uma noção concebida como "uma espécie de receptáculo" que agrupa todas as coisas cuja inapropriabilidade se fundamenta em sua própria natureza. O que ela evidencia, mais uma vez, "é a constância das dificuldades para qualificar juridicamente as entidades naturais que preexistem ao direito"[49].

São, portanto, poucas as lições que podemos tirar dessa categoria situada no limite do jurídico. Por isso, não devemos tentar ampliar a categoria de "coisas comuns" herdada do direito romano. Ao contrário, seria conveniente abandoná-la e renunciar de vez à ideia de que existem coisas inapropriáveis por natureza para fundamentar verdadeira e inteiramente o inapropriável no direito[50]. Alguns estudiosos, porém, sugerem acrescentar à lista tradicional – ar, água corrente, mar e costa – a Lua, o espaço extra-atmosférico, o solo e o subsolo do alto-mar, o genoma da espécie humana, as paisagens, as ondas, as obras intelectuais em domínio público, algumas informações, a radiação solar, as espécies animais e vegetais, bem como o silêncio da natureza[51]. ONGs e organizações ligadas às Nações Unidas gostariam de constituir um "patrimônio da humanidade" formado por esses bens comuns, e cada uma faz sua própria lista. Essa inflação da categoria só pode nos levar de modo direto a uma espécie de naturalismo, que é propriamente o que chamamos aqui de *reificação* do comum: pois, por essa palavra, não devemos entender *res* no sentido técnico de "questão" ou "causa" que lhe foi conferido pelo direito romano, mas no sentido, hoje habitual, de coisa material dada como pura exterioridade. Nesse caso, pela extensão proposta, caberia reconhecer em direito que um número cada vez

---

[48] Ibidem, p. 425: "*Res, pecunia, bona*, vemos desenvolver-se na virada dos séculos III e II a.C. uma linguagem dos bens que se situa num plano muito diferente e corresponde a um modo de pensar diferente daquele do vocabulário tradicional. Lidamos agora com termos abstratos, universais, desvinculados de suas conotações familiares e sociais. A 'coisa' já não está inserida num estatuto, mas é tomada separadamente num mundo de objetos que têm um valor próprio, decorrente apenas da troca e da moeda".

[49] Marie-Alice Chardeaux, *Les choses communes*, cit., p. 8.

[50] Ibidem, p. 11.

[51] Ibidem, p. 6-7.

maior de coisas escapa ao domínio do sujeito em virtude das propriedades inscritas na natureza material delas.

Contudo, se examinarmos a questão mais atentamente, veremos que os argumentos invocados para ancorar a inapropriabilidade na natureza das coisas são de dois tipos: ou se classificam como *res communes* as coisas cuja apropriação é inútil em razão de seu caráter inesgotável; ou se subsumem nessa mesma noção as coisas das quais é impossível apropriar-se em razão de seu caráter inapreensível. Na primeira concepção, a abundância explicaria que as coisas comuns se prestem ao uso simultâneo de todos os indivíduos. O jurista Charles Comte escreveu no século XIX:

> Algumas coisas, como a luz dos astros, o ar atmosférico, a água contida na bacia dos mares, existem em tão grande quantidade que os homens não podem submetê-las a nenhum aumento ou diminuição palpável; cada um pode apropriar-se delas tanto quanto exigirem suas necessidades, sem prejudicar o gozo dos outros, sem lhes causar o menor dano.[52]

Encontramos a mesma ideia – expressa com mais clareza – numa publicação mais recente: "As propriedades físicas do ar e da água, assim como seu caráter aparentemente inesgotável, fazem que sua utilização por um sujeito em dados lugar e momento não impeça que outro os use nas mesmas condições, no mesmo lugar e no mesmo instante"[53].

Apesar de úteis, essas coisas não teriam valor em virtude de sua abundância, que tornaria supérfluo um direito privado sobre elas.

Na segunda concepção, o que se destaca é a impossibilidade física da apropriação. Em razão "da distância, da essência fugidia ou da imensidão", às coisas comuns "repugnaria serem encerradas no domínio exclusivo de uma pessoa": "não se cerca a luz", "não se numeram as nuvens". O argumento vale para o ar, "refratário a qualquer apropriação real e permanente" por sua ubiquidade, ou para a água, "elemento fluido e móvel, que escapa tão logo se queira retê-la"[54]. O jurista Jean Domat escreve: "Os céus, os

---

[52] Citado em Pierre-Joseph Proudhon, *Qu'est-ce que la propriété?* (Antony, Tops/Trinquier, 1997), p. 95 [ed. bras.: *Que é a propriedade?*, trad. Raul Vieira, São Paulo, Cultura Brasileira, s.d.].

[53] Gilles Martin, *De la responsabilité civile pour faits de pollution au droit à l'environnement* (tese de doutorado, Universidade de Nice, 1976), p. 115. Citado em Marie-Alice Chardeaux, *Les Choses communes*, cit., p. 109.

[54] Marie-Alice Chardeaux, *Les Choses communes*, cit., p. 116.

astros, a luz, o ar e o mar são bens tão comuns a toda a sociedade dos homens que *ninguém pode* se tornar dono deles nem deles privar os outros. E também a natureza e a situação de todas essas coisas são proporcionais ao uso comum de todos"[55]. Num espírito semelhante, Grócio afirma a propósito do mar:

> Há [...] uma razão natural para que o mar [...] não possa ser possuído como bem próprio. É que a posse somente ocorre no caso de coisas limitadas. Ora, o líquido, por não ter limites próprios, como observou Aristóteles, só pode ser possuído se encerrado dentro de outra coisa.[56]

No mesmo sentido, Joseph Ortolan apresentará nos seguintes termos a categoria das coisas comuns encontrada nos jurisconsultos romanos: "É a natureza dessas coisas que as agrupa nessa classe: por exemplo, é fisicamente impossível a qualquer um ser proprietário do mar, do ar, do Sol, das estrelas"[57].

O que impressiona nessas duas concepções é, em primeiro lugar, a relação singular que elas pressupõem entre o direito e a realidade sobre a qual este incide, relação que denuncia um naturalismo inerente: o direito "se limitaria a validar uma realidade em relação à qual ele seria impotente", não teria de *prescrever* a inapropriabilidade das coisas comuns, apenas a *constataria*[58]. Nesse caso, sua operação se reduziria a certificar a preexistência de uma realidade que lhe imporia uma norma, em vez de ele criar suas próprias realidades pela elaboração de suas próprias categorias. Contra esse naturalismo, é preciso considerar que não existe uma norma natural de inapropriabilidade, que essa norma só pode ser uma norma do direito: "O mar não é uma coisa comum simplesmente por ser abundante. Do mesmo modo, o genoma da espécie humana não é uma coisa comum em razão de seu

---

[55] Jean Domat, *Les Lois civiles dans leur ordre naturel* (Paris, Nicolas Gosselin, 1713), livro I, título III, "Des Choses", seção I, p. 16 (grifo nosso). Note-se que, embora distinga as coisas comuns das coisas públicas (rios, riachos, margens, estradas), Domat submete todas a um regime jurídico idêntico, o das coisas comuns, retirando as coisas públicas do domínio do soberano (Marie-Alice Chardeaux, *Les Choses communes*, cit., p. 34).

[56] Hugo Grócio, *Le Droit de la guerre et de la paix* (trad. J. Barbeyrac, 1759), p. 230 [ed. bras.: *O direito da guerra e da paz*, trad. Ciro Mioranza, Ijuí, Unijuí, 2004], citado em Marie-Alice Chardeaux, *Les Choses communes*, cit., p. 116.

[57] Joseph-Louis-Elzéar Ortolan, *Explication historique des instituts de l'empereur Justinien* (Paris, Joubert Libraire-Éditeur, 1840), livro II, p. 30, citado em Marie-Alice Chardeaux, *Les Choses communes*, cit., p. 112.

[58] Marie-Alice Chardeaux, *Les Choses communes*, cit., p. 116.

caráter comum"⁵⁹. O que nos impressiona, além disso, é que todo o discurso de certa economia política contemporânea apenas retomou argumentos antiquíssimos, dando-lhes roupagem terminológica nova: como veremos adiante[60], na maior parte das vezes os critérios de classificação dos bens (rivalidade, exclusividade etc.) sobre os quais se constrói esse discurso apenas trazem de volta considerações há muito tempo familiares aos juristas[61], com a única diferença, nada negligenciável, de que ele se esforça por integrar à esfera ampliada dos bens (*goods*) aquilo que a argumentação clássica oriunda do direito romano insistia em apresentar como não sendo realmente bens. Quando procuramos o fundamento de uma política dos "bens comuns" nas características dos bens, nós nos condenamos, sem muita consciência disso, a limitá-la a um número muito circunscrito de bens definidos por critérios que o direito e, sobretudo, a economia política estariam em condições de fornecer.

A noção de "patrimônio comum da humanidade", que estreou na esfera do direito internacional há apenas algumas décadas, merece, desse ponto de vista, reexame radical. Sabe-se que essa noção serviu para pensar o estatuto jurídico das "coisas" que se pretendia subtrair da soberania dos Estados, como a Antártida, o espaço extra-atmosférico ou as grandes profundezas marinhas, e que depois se cogitou estendê-la aos recursos genéticos vegetais e ao genoma humano[62]. Também aqui encontramos a ilusão naturalista: além de não levar em conta a complexidade do genoma, que é ao mesmo tempo individual e coletivo, isso significa estabelecer que o que é comum a toda a espécie, do ponto de vista biológico, é também comum em direito, como se da constatação de que uma coisa é comum *de facto* se pudesse inferir que ela é comum de direito[63]. Além do mais, recorrer à noção de "patrimônio" pode causar alguns

---

[59] Ibidem, p. 131.
[60] Ver capítulo 4 deste volume.
[61] A frase de Charles Comte citada por Proudhon e reproduzida anteriormente poderia ser tomada, sem nenhuma dificuldade, como exemplo do critério de não rivalidade. Encontramos também no jurista Demolombe a seguinte afirmação a respeito das ideias: "É que as criações do intelecto, as obras literárias, científicas ou artísticas [...] podem, ao mesmo tempo, ser proveitosas a todos, total e completamente, sem que o gozo de um impeça ou diminua o gozo do outro". Citado em Mikhaïl Xifaras, *La Propriété: étude de philosophie du droit* (Paris, PUF, 2004), p. 380.
[62] Marie-Alice Chardeaux, *Les Choses communes*, cit., p. 191-228.
[63] Ibidem, p. 213-4.

problemas jurídicos, dos quais o mais espinhoso é o de que todo patrimônio requer um sujeito. No caso presente, é óbvio que a humanidade constitui supostamente esse sujeito. Ora, a humanidade como tal é desprovida de personalidade jurídica: "Não sendo sujeito de direito, a humanidade não é titular do patrimônio comum. Eis, pois, um 'patrimônio sem pessoa', um patrimônio sem sujeito". A coerência jurídica da noção de patrimônio sem sujeito é suficientemente duvidosa para que não se insista mais nisso. Na verdade, sob essa noção confusa, tenta-se justificar a subtração de algo da esfera da apropriação com os deveres impostos por essa subtração: "Essa expressão não passa de uma metáfora: remete à ideia de conservação e transmissão"[64].

Diante desse limite evidente do naturalismo, é tentador procurar na universalidade da essência humana outro fundamento para a política do comum. Esse é o caminho que tomam os que gostariam de fazer da essência humana a base de um novo universalismo e de um novo humanismo.

O comum, entre o vulgar e o universal

O comum não poderia se definir pelo humano, pelo pertencimento à humanidade? O que "teríamos em comum", além de nossas diferenças, não seria suficiente para desenhar uma nova política mundial? Mais uma vez, ONGs, juristas e parte do movimento altermundialista gostariam de fazer da humanidade como essência a base de um "mundo diferente". Vimos anteriormente que a Antiguidade não desconhecia esse fundamento do universal. Na filosofia ciceroniana, o comum é fundamentado na sociabilidade própria do gênero humano. O cristianismo prolongou, a sua maneira, essa identificação entre o comum e o universal: como criatura de Deus e animal racional, o homem aspira à beatitude. No registro de uma tradição filosófica persistente, o comum continuou a designar aquilo que é posto como fundamento do copertencimento: "Do ponto de vista da filosofia política, parece que o comum precisa preceder as comunidades, representar a base, o solo, a raiz imutável, a essência, a natureza das comunidades", como indica Judith Revel[65]. E não faltam tentativas de redefinir um bem comum modernizado, apoiadas nas ciências

---

[64] Ibidem, p. 225.

[65] Judith Revel, "Produire de la subjectivité, produire du commun: trois difficultés et un *post-scriptum* un peu long sur ce que le commun n'est pas", apresentado no seminário "Du Public au commun", sessão de 5 dez. 2010, p. 6.

humanas ou até na psicanálise. Nesse essencialismo, ao contrário do anterior, a identidade interna do gênero substitui a identidade material das coisas.

No entanto, em certo momento de sua história, a filosofia também fez questão de dissociar comum e universal, chegando a desvalorizar o primeiro em proveito do segundo. Causa espanto, portanto, que o léxico filosófico tenha acolhido uma acepção tão carregada de desprezo da palavra "comum". Na língua francesa, o termo *commun* [comum] aparece em 1160 com o sentido de *ordinaire* [ordinário], cujo valor pejorativo é acentuado pela proximidade com o substantivo *vulgaire* [vulgar, vulgo], que se forma na mesma época para designar o povo[66]. Isso é patente também na maneira como são designadas, em francês, as partes da casa burguesa que não devem ficar expostas a estranhos por serem o lugar próprio do doméstico. Como observa Judith Revel:

> [Trata-se] ao mesmo tempo do espaço que se subtrai à vista dos eventuais visitantes – que, ao contrário, ficam restritos aos cômodos de "representação" –, do conjunto das funções que não têm lugar no puro teatro das relações sociais (cozinhas, banheiros, despensa, lavanderia) e dos recintos fechados onde se encontram todos aqueles que, apesar de garantirem o funcionamento cotidiano da casa, são paradoxalmente excluídos dela.[67]

Na própria linguagem da filosofia, a palavra "comum", em especial no período clássico, ganha o sentido de "vulgar", em ressonância com o *vulgus* latino que designa, precisamente, o "comum dos homens". Aliás, é quando aparece a expressão pejorativa *homme du commun** no século XVII que o termo se consagra na linguagem filosófica. Assim, no final da segunda das *Meditações metafísicas*, como parte da análise do pedaço de cera, o termo latim *vulgus*, que aparece duas vezes numa mesma frase, é justamente traduzido em francês por *commun* [comum]: "Mas aquele que deseja elevar seu saber acima do comum [*supra vulgus*] deve envergonhar-se de encontrar ensejo para duvidar das invenções da linguagem comum [*ex formis loquendi quas vulgus invenit*]"[68]. Logo em seguida, referindo-se ao momento em

---

[66] *Dictionnaire historique de la langue française* (org. Alain Rey, Paris, Le Robert, 1992), p. 455.
[67] Judith Revel, "Produire de la subjectivité, produire du commun", cit., p. 6.
* Literalmente, "homem do comum". (N. T.)
[68] Descartes, *Méditations métaphysiques* (Paris, Le Livre de Poche, 1990), p. 75 [ed. bras.: *Meditações metafísicas*, trad. Maria Ermantina Galvão, 2. ed., São Paulo, Martins Fontes, 2005]. (O latim diz literalmente: "Formas de falar que o vulgo inventa".)

que nota a cera pela primeira vez, Descartes diz: "acreditei conhecê-la pelo sentido exterior ou, ao menos, pelo senso comum [*sensu communi*], como é chamado, isto é, pelo poder imaginativo"[69]. Desse modo, deve-se fazer a distinção entre "bom senso", ou entendimento, e "senso comum" (*sensus communis*), ou imaginação, o que é uma maneira de dizer que o "bom senso" é "bom" apenas na medida em que não é "comum"[70]. Para avaliar essa desvalorização epistemológica do "comum", é preciso saber também que a expressão "senso comum" ou "sensação comum" (*koiné aisthésis*) vem de Aristóteles, para quem ela não parece designar um sexto sentido* especial que se some aos sentidos exteriores, mas a percepção de objetos em comum por diferentes sentidos exteriores[71].

Seja como for, esse sentido de "vulgar" continua ainda por muito tempo a ser associado ao termo "comum" na linguagem filosófica. No § 40 da *Crítica da faculdade de julgar*, Kant deplora que o são entendimento, ainda não cultivado, tenha:

> a honra aflitiva de ser designado pelo termo *senso comum* (*sensus communis*) – e isso de tal maneira que, por trás dessa palavra, *comum* (não só em nossa língua, que comporta certa ambiguidade nesse ponto, mas também em muitas outras línguas), entende-se o *vulgar*, o que se encontra por toda parte e cuja posse não é absolutamente um mérito nem um privilégio.[72]

O propósito de Kant é dar a entender, com a expressão *sensus communis*, a "Ideia de um senso comum a todos", isto é, uma "capacidade de elevar-se acima das condições subjetivas e particulares do juízo, dentro das quais

---

[69] Ibidem, p. 77.

[70] A célebre frase "O bom senso é a coisa mais bem distribuída do mundo" não deve ser tomada ao pé da letra, como se todos os homens fossem igualmente providos de bom senso.

* Note-se que, em francês, a mesma palavra (*sens*) é usada para designar "senso" e "sentido" nas acepções presentes neste parágrafo. (N. E.)

[71] Sobre esse ponto, ver Jacques Brunschwig, "En quel sens le sens commun est-il commun?", em Gilbert Romeyer Dherbey (org.), *Corps et âme* (Paris, Vrin, 1996), p. 208. Um exemplo de "sensação comum" é o movimento: o movimento não é percebido por um sentido em particular, mas por diferentes sentidos ao mesmo tempo, como o movimento de tal objeto, que tem tal cor, faz tal barulho etc.

[72] Emmanuel Kant, *Critique de la faculté de juger* (Paris, Garnier-Flammarion, s.d.), p. 278 [ed. bras.: *Crítica da faculdade de julgar*, trad. Daniela Botelho B. Guedes, São Paulo, Ícone, 2009].

tantos outros estão encerrados, e refletir sobre seu próprio juízo a partir de *um ponto de vista universal* (que somente podemos determinar na medida em que nos colocamos do ponto de vista do outro)"[73]. Como se vê, Kant, contrariamente ao uso mais corrente, trata de dissociar o comum do vulgar, ligando o comum ao universal, o que equivalia a um enobrecimento semântico. A máxima do "pensamento alargado", "pensar colocando-se no lugar de todo outro", ordena que nos elevemos à universalidade e, certamente, que não nos regulemos pela generalidade, que aceita apenas o maior número. É nessa condição que o gosto, como faculdade estética de julgar, "poderia ter o nome de senso comum a todos"[74], mesmo que esse senso comum não possa pretender exibir regras objetivas coercitivas. Nesse sentido, o *Gemeinsinn* é um princípio subjetivo de orientação capaz de ajudar a formar o juízo de gosto.

A reabilitação kantiana do senso comum deve muito, sem dúvida, ao conceito de *common sense*, elaborado no século XVIII por Shaftesbury, mas ao mesmo tempo é notavelmente diferente dele. De fato, este último entende o senso comum como um senso *da* comunidade, um "senso do bem público e do interesse comum"[75]. Trata-se menos de uma faculdade particular do que de um equivalente social e político de *moral sense*, uma disposição para formar representações adequadas do bem moral. Enquanto o *good sense* designa a faculdade natural de distinguir o verdadeiro do falso, o *common sense* designa uma disposição para formar representações adequadas do bem público, ou seja, o que poderíamos chamar de "disposição para o bem comum"[76]. Deve-se notar que esse significado social e político é muito diferente do preconizado por Thomas Reid. Neste último, o *common sense* é comparado ao *good sense* e adquire valor genuíno de conhecimento, tornando-se a fonte dos juízos naturais comuns a todos os

---

[73] Ibidem, p. 280.
[74] Idem.
[75] Lorde Shaftesbury, *Characteristics of Men, Manners, Opinions, Times*, I, p. 104, citado no verbete "Common sense", em Barbara Cassin (org.), *Vocabulaire européen des philosophies* (Paris, Le Seuil/Le Robert, 2004), p. 241.
[76] Barbara Cassin (org.), *Vocabulaire européen des philosophies*, cit., p. 242. É dessa forma, aliás, que se deve entender o título do panfleto de Thomas Paine, *Common Sense*, que expõe em 1776 todos os argumentos que legitimam a revolta das colônias americanas.

homens. Contudo, deve-se notar, na esteira de Gadamer[77], que o senso comum kantiano não é herdeiro desse significado social e político, uma vez que vale apenas como juízo estético. Sabe-se que Hannah Arendt tentou atribuir esse significado ao senso comum do § 40 da terceira *Crítica*. Com esse intuito, traduziu o alemão *allgemein* por "geral", e não por "universal", e fala do "ponto de vista geral", de modo que se entenda o próprio juízo político por esse prisma, sem determinar o horizonte da comunidade de juízo – parece não se tratar nem da humanidade como tal, nem de dada comunidade política em particular. Mas, como ela própria reconhece, o ponto de vista a que Kant se refere quando fala do "pensamento alargado" é o do espectador que julga: "Ele não diz como *agir*. Ele não diz nem mesmo como aplicar às situações particulares da vida política a sabedoria que descobrimos aos nos colocarmos no 'ponto de vista geral'. [...] Kant diz como levar os outros em consideração; não diz como associar-se aos outros para agir"[78]. De todo modo, o importante é que o comum foi por ele submetido à exigência formal de universalidade e, como tal, permaneceu dissociado da dimensão do agir.

Percebemos ainda melhor a polarização sofrida pelo termo "comum" quando prestamos atenção à maneira como se tentou muito cedo distinguir comum e universal. Na verdade, a distinção é mais antiga do que se acredita em geral. Aristóteles distinguiu muito nitidamente o geral ou comum (*koinon*) do universal (*katholou*)[79]. Enquanto o universal é determinado pelos limites de um gênero (por exemplo, "homem" ou "animal"), o comum significa o que é comum a vários gêneros. Do ponto de vista da extensão do termo, portanto, o comum é superior ao universal. Explica-se assim que o mais comum, isto é, o "transgenérico" ou comum a todos os gêneros, seja ao mesmo tempo o mais indeterminado: desse modo, o ser em geral, que é "comum a todas as coisas", uma vez que todas as coisas *são*, não pode cons-

---

[77] Hans-Georg Gadamer, *Vérité et méthode* (Paris, Le Seuil, 1996), p. 47 e seg. [ed. bras.: *Verdade e método*, trad. Flávio Paulo Meurer, 13. ed., Petrópolis/Bragança Paulista, Vozes/Editora Universitária São Francisco, 2013].

[78] Hannah Arendt, *Juger: sur la philosophie politique de Kant* (Paris, Le Seuil, 1991), p. 72 [ed. bras.: *Lições sobre a filosofia política de Kant*, trad. André Duarte de Macedo, Rio de Janeiro, Relume-Dumará, 1994].

[79] Sobre essa distinção, remetemos o leitor a Pierre Aubenque, *Le Problème de l'être chez Aristote* (Paris, PUF, 1972), p. 210 [ed. bras.: *O problema do ser em Aristóteles*, trad. Cristina de Souza Agostini e Dioclézio Domingos Faustino, São Paulo, Paulus, 2012].

tituir um gênero por falta de delimitação, sem a qual não existe gênero. Não existe nada que o ser exclua e não existe nada que seja superior ao ser e no qual o ser possa ser incluído como espécie. Nesse sentido, o ser é um termo comum, mas não um universal. Por outro lado, o universal é superior ao comum na medida em que ganha em compreensão o que perde em extensão. Em resumo, o universal está do lado da determinação, o comum está sempre sob ameaça de indeterminação e, quanto mais comum, mais indeterminado é. O que se deduz do discurso de Aristóteles é que, *stricto sensu*, somente existe ontologia do mais comum e, nessa medida, o discurso sobre o ser é o discurso mais vazio que existe. Em suma, ou o comum se identifica com o universal, e então se torna objeto do discurso mais positivo que existe, o da ciência – pois somente existe ciência do universal, como gosta de repetir Aristóteles –, ou terá a generalidade vazia daquilo que excede o universal, e então não haverá muito a dizer sobre ele, a não ser de forma puramente negativa.

De que modo essa observação pode afetar o discurso do homem sobre o próprio homem e, por consequência, a forma como a relação do homem com os outros homens é captada pelo pensamento? À primeira vista, a generalidade do mais comum é pouco capaz de repercutir sobre a concepção do vínculo entre os homens: de que maneira o comum do ser pode concernir à natureza desse vínculo? No entanto, uma tradição insistente, que tem suas razões para falar em nome de Aristóteles, tentou desvalorizar o comum em benefício do universal, em particular quando se tratava de refletir sobre a relação dos homens com sua própria essência. É nesse ponto que somos levados de volta à linguagem da filosofia política. O que está em questão, mais precisamente, é o que é comum a todos *dentro de um mesmo gênero*, isto é, entre os indivíduos que pertencem a um mesmo gênero (nesse caso, a humanidade), e não mais o que é comum a vários gêneros e *a fortiori* a todos os gêneros (o ser como transgenérico).

Isso é atestado de maneira muito clara por dois adendos da *Enciclopédia das ciências filosóficas* de Hegel. O primeiro (Ad. 1 do § 163) faz um esclarecimento relativo à natureza do conceito. Comete um equívoco acerca do nascimento de um conceito (por exemplo, o de planta) quem o representar como uma operação que deixe de lado o particular pelo qual as diversas plantas se diferenciariam e estabeleça apenas "o que lhes é comum": "É da mais alta importância, tanto para o conhecimento como para nosso comportamento prático, que o que é simplesmente comum [*das bloss Gemeinschaftliche*] não seja confundido com o que é verdadeiramente geral [*dem wahrhaft Allgemeinen*], o universal"[80]. Depois de se valer do exemplo do princípio da personalidade como constituinte da universalidade do homem, princípio que apenas com o cristianismo seria reconhecido na história, Hegel remete ao *Contrato social* de Rousseau: nessa obra estaria expressa de modo pertinente a "diferença entre o que é simplesmente comum e o que é realmente geral" na forma da distinção entre "vontade *geral*" e "vontade *de todos*". De fato, esclarece Hegel, "a vontade geral é o *conceito* da vontade"[81]. Em outras palavras, a vontade geral é o universal, ao passo que a vontade de todos é apenas o comum. Se assim parece a Hegel, é em virtude da definição dada pelo próprio Rousseau: a vontade de todos "é apenas uma soma de vontades particulares"[82]. Segue-se uma crítica direta: "Rousseau, no que diz respeito à teoria do Estado, teria elaborado algo mais profundo se houvesse mantido essa diferença diante de seus olhos"[83]. A crítica feita a Rousseau é por ignorar em sua teoria a distinção entre o comum e o universal que ele próprio apontara. O que está em causa aqui não é nada mais que a fundamentação positiva do Estado na universalidade da essência humana. Ao afirmar que o Estado é resultado de um contrato, Rousseau teria fracassado em realizar essa fundamentação, porque teria ignorado a diferença entre universal e comum: basear o Estado num contrato não é baseá-lo na essência humana, mas no livre-arbítrio e no consentimento dos indivíduos, isto é, no "*elemento-comum* que surge dessa vontade singular *consciente*"[84].

O segundo adendo (Ad. 2 § 175) estabelece a mesma distinção entre comum e universal a partir do exame da forma de juízo que Hegel chama de "juízo da soma total". Por exemplo, "Todos os homens são mortais"; ou então: "Todos os metais são condutores elétricos"[85]. Nesses juízos, encontra-se

---

[80] Hegel, *Encyclopédie des sciences philosophiques I: la science de la logique* (Paris, Vrin, 1970), p. 592 [ed. bras.: *Enciclopédia das ciências filosóficas*, trad. Paulo Meneses, 2. ed., São Paulo, Loyola, 2005].

[81] Ibidem, p. 593.

[82] Jean-Jacques Rousseau, *Du Contrat social*, cit., p. 68.

[83] Hegel, *Principes de la philosophie du droit* (Paris, PUF, 1998), p. 315 [ed. bras.: *Princípios da filosofia do direito*, trad. Orlando Vitorino, São Paulo, Martins Fontes, 2009].

[84] Idem.

[85] Ibidem, p. 599.

a forma mais familiar e habitual da universalidade, a que procede do ponto de vista subjetivo pelo qual tomamos juntos os indivíduos para determiná-los como "todos": "O universal aparece aqui apenas como vínculo exterior, que abarca os seres singulares dotados de consistência por si mesmos e indiferentes ao universal. Na realidade, porém, o universal é o fundamento e o solo, a raiz e a substância do singular". A "vontade de todos", como soma, consiste precisamente em tal vínculo exterior. Hegel prossegue opondo o universal verdadeiro, como fundamento dos indivíduos, ao universal superficial, como traço de união exterior aos indivíduos: "Se tomarmos, por exemplo, Caio, Tito, Semprônio e os outros habitantes de uma cidade ou país, o fato de todos serem homens não é apenas uma coisa que eles têm em comum, mas é seu *universal*, seu *gênero*, sem o qual esses indivíduos não seriam em absoluto"[86].

O que cabe a todos os indivíduos apenas por ser "comum a eles" é da ordem de uma universalidade puramente nominal, como mostra o exemplo do lóbulo auricular:

> Observou-se que os homens, ao contrário dos animais, têm em comum entre si [*miteinander*] o fato de serem dotados de um lóbulo auricular. Contudo, é evidente que, mesmo que um ou outro venha a não ter lóbulo auricular, seu ser, seu caráter, suas capacidades etc. não seriam alterados por causa disso, ao passo que, ao contrário, não haveria nenhum sentido em supor que Caio possa porventura não ser homem e, ainda, ser valente, instruído etc.[87]

Percebe-se claramente por esse exemplo a oposição entre o que é comum *aos* homens, ou o que eles têm *de* comum *entre* si, e o universal constituído pelo gênero (a essência humana): um homem privado de lóbulo auricular nem por isso deixa de ser homem no sentido de "estar dentro do (*im*) universal", e somente por esse fundamento interior é que lhe é dado ser valente ou instruído, uma vez que essas qualidades particulares só poderão pertencer a um homem se "ele for, antes de tudo, um homem como tal". Em resumo, o que é simplesmente comum aos homens (o lóbulo auricular) lhes é acidental e exterior, ao passo que o que é de fato universal (sua humanidade) lhes é essencial e os determina interiormente. À luz dessa oposição, é compreensível a insatisfação de Hegel tanto com o "ponto de vista

---

[86] Idem.

[87] Idem.

universal" de Kant como com a "vontade de todos" de Rousseau: o primeiro porque é apenas um ponto de vista subjetivo que não procede da essência humana; a segunda porque não passa de uma soma.

A única maneira de escapar do naturalismo e do essencialismo é estabelecer em princípio que não é em razão de seu caráter comum que certas coisas são, ou melhor, devam ser coisas comuns, assim como não é em razão de sua identidade de essência ou pertencimento a um mesmo gênero que os homens têm alguma coisa *em* comum, e não simplesmente alguma coisa *de* comum. O comum, no sentido que o entendemos aqui, não se confunde com uma propriedade compartilhada por todos os homens (razão, vontade, perfectibilidade etc.). Não é tampouco a humanidade como coletivo, o que Kant chama de "conjunto da espécie humana", não é o que todos os homens têm em comum, ainda que se esclareça que esse comum "não deve ser interpretado em termos de pertencimento": "O indivíduo humano não pertence à humanidade como pertence a uma família, tribo, casta ou Estado-nação. Ele compartilha a humanidade com todos os outros seres de sua espécie, o que é muito diferente"[88]. Pode-se dizer que a essa humanidade entendida como coletivo corresponde um "Estado universal dos homens", desde que se especifique que esse Estado tem realidade apenas no mundo suprassensível[89]. Em última análise, o comum não é nem a humanidade como essência moral ou dignidade (*Menschheit*), nem a humanidade como espécie (*Menschengattung*), nem a humanidade como aptidão para simpatizar com os outros homens (*Humanität*), que não deixa de ter relação com a faculdade de pensar colocando-se no lugar do outro, da qual falamos anteriormente[90]. O comum deve ser pensado como co-atividade, e não como copertencimento, copropriedade ou copossessão.

Pela mesma razão de fundo, rechaçamos Nietzsche quando ele deprecia o universal, reduzindo-o a uma norma mediana à qual todos os homens deveriam se adequar, para melhor lhe opor o "nobre" ou o "raro". Não só porque assim se joga com muita facilidade o comum como "vulgar" contra o comum como "universal" genérico, fazendo do primeiro a verdade do segundo, mas também e sobretudo porque o comum no sentido em que o compreendemos não define *a priori* um tipo de homem – psicológico ou social –, indepen-

---

[88] Catherine Colliot-Thélène, *La Démocratie sans "demos"* (Paris, PUF, 2011), p. 138.
[89] Ibidem, p. 137.
[90] Para a distinção desses três sentidos em Kant, ver ibidem, p. 132-3.

dentemente da atividade prática dos próprios indivíduos. No § 43 de *Para além do bem e do mal*, Nietzsche afirma que não pode haver "bem comum" (*Gemeingut*) porque o que é realmente um bem não pode ser comum:

> "Meu juízo é *meu* juízo: os outros não têm facilmente direito a ele", talvez diga certo filósofo do porvir. Devemos renunciar ao mau gosto de querer estar de acordo com muita gente. "Bem" não é mais um bem quando é o vizinho que o tem na boca. E como poderia haver um "bem comum"?! A palavra contradiz a si mesma: *o que pode ser comum tem sempre pouco valor.*[91]

Trata-se aqui, em essência, do valor do juízo, valor como algo que revela certo tipo de homem, e o juízo que tem realmente valor é aquele que não procura a concordância dos outros – ao contrário da ideia kantiana de um *sensus communis* como regra do juízo "aberto" –, mas obtém valor de sua raridade e tem raridade pelo tipo de homem que o enuncia.

Comum e práxis

Contra essas formas de essencializar o comum, contra toda crítica ao comum que o reduza à qualidade de um juízo ou de um tipo de homem, é preciso afirmar que *somente* a atividade prática dos homens pode tornar as coisas comuns, do mesmo modo que *somente* essa atividade prática pode produzir um novo sujeito coletivo, em vez de afirmar que tal sujeito preexista a essa atividade na qualidade de titular de direitos. Se existe "universalidade", só pode tratar-se de uma universalidade *prática*, ou seja, a de todos os indivíduos que, em dado momento e em dadas condições, se encontram engajados numa mesma tarefa. O comum pode ser repensado apenas se romper com o confronto metafísico entre sujeito livre e coisa material oferecida ao domínio soberano desse sujeito. Por isso, empenhamo-nos em promover aqui o uso do substantivo, falando *do* comum, em vez de nos satisfazer com o adjetivo "comum". Não que não possamos nos permitir falar *dos* comuns para designar os objetos construídos e sustentados por nossa atividade, o que já é uma forma de substantivação, mas sobretudo porque abdicaremos de falar dos "bens comuns" ou mesmo do "bem comum" em geral. *O comum não é um bem*, e o plural nada muda nesse aspecto, porque ele não é um objeto ao qual deva tender a vontade, seja para possuí-lo, seja para constituí-lo.

---

[91] Nietzsche, *Par-delà bien et mal* (Paris, Garnier-Flammarion, 2000), p. 93 [ed. bras.: *Para além do bem e do mal*, trad. Mário Ferreira dos Santos, Petrópolis, Vozes, 2014].

O comum é o princípio político a partir do qual devemos construir comuns e ao qual devemos nos reportar para preservá-los, ampliá-los e lhes dar vida. É, por isso mesmo, o princípio político que define um novo regime de lutas em escala mundial.

Pela mesma razão de fundo nos negaremos a invocar um misterioso senso que já estaria ativo na conduta das pessoas comuns (*the common men*) e consistiria, antes de tudo, no sentimento intuitivo das "coisas que não devem ser feitas"[92]. Preferiremos, em suma, o conceito de "economia moral da multidão", ou de "economia moral dos pobres", elaborado pelo historiador Edward Palmer Thompson para indicar um conjunto de práticas e valores que visam à defesa dos interesses da comunidade contra uma agressão das classes dominantes[93]. O comum não é nem um princípio moral abstrato, nem um tipo de homem. Os homens que agem para construir o comum não se deixam enquadrar previamente num tipo psicológico identificável, nem numa categoria social de contornos definidos: eles são o que suas práticas fazem deles. De maneira geral, e em conformidade com uma das visões mais profundas de Marx (em sua "6ª tese sobre Feuerbach"), estabeleceremos aqui que *são as práticas que fazem dos homens o que eles são*. E é a partir de suas práticas que se pode explicar o movimento das sociedades, na medida em que, como sublinhou Marx, a sociedade é "produto da ação recíproca dos homens"[94].

Não faremos do comum, portanto, o equivalente de um princípio abstrato de "solidariedade", que pode valer tanto para brincadeiras de criança como para combates militares[95]. Tampouco o confundiremos com

---

[92] Essa é definição, consideravelmente vaga e negativa, que se encontra no ensaio de Jean-Claude Michéa *Impasse Adam Smith* (Castelnau-le-Lez, Climats, 2002), p. 94.

[93] Em *A formação da classe operária inglesa* (publicado em inglês em 1963 e traduzido para o francês em 1988), Thompson dava o exemplo dos saques de lojas em períodos de alta de preços. Posteriormente, ele definiu essa economia nos seguintes termos: "Uma visão tradicional das normas e das obrigações sociais, das funções econômicas de que se apropriam as diversas partes da comunidade" ("The Moral Economy of the English Crowd in the Eighteenth Century", *Past and Present*, v. 50, 1971, p. 76-136).

[94] Karl Marx, Carta a Annenkov, 28 de dezembro de 1846, *Correspondance* (Paris, Éditions Sociales, 1964), tomo I, de novembro de 1835 a dezembro de 1848, p. 448.

[95] Peter Linebaugh afirma no início de *Stop Thief!* (Oakland, PM, 2014): "A solidariedade humana tal como é expressa no lema 'todos por um e um por todos!' é o fundamento da prática do comum [*the fondation of commoning*]. Na sociedade capitalista, esse princípio é autorizado apenas nos jogos infantis ou no combate militar" [traduzido para o português a partir de versão dos autores para o francês].

a concepção sociológica que, desde Auguste Comte, viu na interdependência geral das atividades o fundamento das obrigações morais e a base ou a razão dos edifícios políticos. Essa grande ideia, que podemos ver como uma reinterpretação "social" da representação economicista da divisão do trabalho, foi sistematizada por Durkheim ou ainda pelo jurista Léon Duguit, para quem a sociedade é "uma grande cooperativa"[96]. Ela não deixa de ter certo vínculo com a primeira inspiração do socialismo – antes de suas duas degenerescências no século XX, a totalitária e a social-democrata –, que via na cooperação do trabalho nas oficinas um modelo de reorganização da sociedade concebida como grande "associação". Mas, apesar de visões extraordinárias que frequentemente caem no esquecimento, nem a sociologia nem o socialismo souberam extrair todas as implicações políticas da intuição de que a atividade humana é sempre co-atividade e coobrigação, cooperação e reciprocidade. E isso por uma razão sem nenhum mistério. A trajetória política ocidental que acabou atribuindo ao Estado o monopólio da "utilidade comum" conduziu, de um lado, à administração burocrática da produção e, de outro, à gestão securitária do "social" como domínio intermediário entre o Estado e o mercado. Dito de outra maneira, os esforços que desde o século XIX tentaram renovar o pensamento político e a reflexão social para enfrentar o capitalismo não conseguiram fundar uma política plenamente coerente do comum.

Negamo-nos a excluir o "social" e o "econômico" da instituição do comum, como gosta de fazer certa filosofia política "republicana" ou "democrática". Para ela, a práxis política racional não pode se confundir com as atividades de produção e troca, em certa medida animais e mecânicas, sempre forçosamente entregues ao reino da necessidade ou ao campo da racionalidade instrumental, como se esse suposto hermetismo do político e do econômico pudesse ser minimamente real nas sociedades contemporâneas. Pode-se ver nisso um profundo retrocesso em relação ao que representaram o socialismo no século XIX e o feminismo no século XX: a irrupção na cena política dos trabalhadores e das mulheres, até então excluídos do "comum". Esses movimentos operaram uma ruptura no pensamento político, transformando o trabalho, todas as atividades e todas as relações sociais em questões diretamente dependentes do debate público.

---

[96] Léon Duguit, *Souveraineté et liberté: leçons faites à l'Université de Columbia* (Paris, Félix Alcan, 1920-1921), p. 167-8.

Essa separação entre o comum e o econômico em Arendt ou Habermas se explica em grande parte pela experiência totalitária do século XX. Para eles, a única alternativa possível diante da destruição de toda e qualquer deliberação racional parecia residir na proteção – bastante desesperada, aliás – de uma esfera da "ação" ou de um "agir comunicacional" diante da colonização econômica. A expansão do capitalismo, tal como se efetua hoje, nos proíbe esse tipo de esperança. A época nos obriga a retomar tudo "desde a raiz".

I
O SURGIMENTO DO COMUM

Neste início do século XXI, o princípio político do comum emerge das lutas democráticas e dos movimentos sociais. Inaugura-se com ele um novo tempo da emancipação. Está se formando um novo discurso teórico que, ligado aos movimentos altermundialistas, bebe de fontes teóricas múltiplas. A primeira parte deste livro apresenta o contexto histórico desse surgimento e mapeia criticamente as primeiras elaborações teóricas do comum.

Não há um movimento de oposição ao capitalismo que não seja marcado pelo destino trágico das revoluções do século XX. O comunismo de Estado continua a comprometer a alternativa. E, diante dos desastres crescentes gerados pelo capitalismo, existe o perigo de aparecerem aqui ou ali reabilitações mais ou menos sofisticadas de regimes que se autodenominaram "comunistas". No entanto, apesar desse peso, a tendência é de invenção ou, mais exatamente, de descoberta de um comum que não seja simples simulacro. Propomo-nos aqui, em primeiro lugar, reexaminar uma série de modelos de comunismo que foram maneiras de travestir o comum, no sentido que lhe demos no capítulo 1: o de obrigação que todos impõem a si mesmos. Insistimos em que a pretensa "realização" do comum pela propriedade de Estado nunca foi mais do que a destruição do comum pelo Estado (capítulo 2).

Essa destruição do comum só poderia levar os Estados comunistas ao fracasso, o que contribuiu para o triunfo da racionalidade neoliberal em todo o mundo a partir dos anos 1980. Desde então, a *doxa* não parou de martelar que não havia caminho imaginável que não o do capitalismo. Mas, a partir dos anos 1990, surgiram em quase todo o mundo grupos militantes e intelectuais que retomaram o fio da contestação da ordem dominante.

A ênfase crítica recaiu sobre a "apropriação", pelo capital, dos recursos naturais, dos espaços públicos, das propriedades do Estado. Foi uma época de predação generalizada, orquestrada por oligarquias que se fartavam com a riqueza coletiva, e de ampliação, comandada pelos grandes oligopólios, dos direitos de propriedade sobre o conhecimento, a natureza e a vida. A teoria crítica viu na "expropriação" e na "despossessão" os principais fenômenos do capitalismo contemporâneo. Foi nesse contexto que o comum se tornou tema recorrente nos novos discursos. Mas isso ocorreu sob uma forma muito particular: a dos "comuns" que são objeto dos novos "cercamentos". Como se construiu essa relação analógica com a pré-história do capitalismo, e o que ela acarreta como efeito teórico e político (capítulo 3)?

O tema da "pilhagem" e do "roubo" parece essencialmente negativo, reativo, defensivo. De fato, os processos visados pela crítica exigem, logicamente, uma resistência a esse grande assalto à mão armada que o capital desenfreado está cometendo. Mas a constituição de uma nova economia política dos comuns em torno de Elinor Ostrom contribuiu para dar conteúdo positivo ao comum. As pesquisas empíricas de Ostrom, assim como sua teoria institucionalista da ação coletiva, mostram que o mercado e o Estado não são os únicos sistemas possíveis de produção, que formas institucionais muito diversas em todo o mundo podem propiciar a seus membros recursos duradouros e em quantidades satisfatórias, por meio da criação e da renovação instituída de regras de gestão comum. Esses trabalhos, graças à difusão que tiveram nos Estados Unidos e em outros países, hoje são referência para inúmeros movimentos no mundo. Eles propõem um modelo de ação e pensamento que se estendeu aos novos comuns da informação e do conhecimento. Embora esse fenômeno de difusão discursiva deva ser estudado em si mesmo, também é imprescindível uma reflexão crítica sobre o conteúdo dessa economia política e, em especial, sobre a reificação dos "bens", constitutiva do discurso econômico como tal, que parasita e paralisa um pensamento genuíno acerca da instituição do comum. Mesmo reconhecendo o importante papel histórico dos trabalhos de Ostrom, também apontamos seus limites, que devem ser superados por uma teoria não *dos* comuns, mas *do* comum (capítulo 4).

Foi precisamente a essa tarefa que se dedicaram dois teóricos importantes, Michael Hardt e Antonio Negri, além de economistas e juristas próximos a eles. A teoria *do* comum que eles começaram a construir na trilogia *Império*, *Multidão* e *Commonwealth* marca época na história dos pensamentos críticos. Mas, infelizmente, é comprometida por pressupostos – a nosso ver, insustentáveis – que sustentam a natureza essencialmente "rentista" do capitalismo contemporâneo, a autonomização crescente do "trabalho imaterial" e o desenvolvimento espontâneo de um comunismo informacional e reticular. Embora a maneira como esses teóricos compreendem o comum pareça bastante moderna, por levar em conta os últimos avanços tecnológicos, isso não passa de ilusão. Mostramos que eles retomam o modelo teórico da "força coletiva" concebido por Proudhon. Apesar de largamente esquecido, ele ainda é essencial para compreender os debates socialistas do século XIX e, em particular, para compreender como Marx, em oposição a Proudhon, elaborou seu próprio modelo, o qual faz do capital o motor do comum. Essa genealogia tem apenas um objetivo: abrir caminho para uma nova teoria do comum que será objeto da segunda parte deste livro (capítulo 5).

2
A HIPOTECA COMUNISTA,
OU O COMUNISMO CONTRA O COMUM

Muito antes da queda dos "sistemas socialistas", o comunismo burocrático de Estado impediu progressivamente a possibilidade de outro tipo de sociedade, e o fez num grau muito maior do que se poderia imaginar. Ainda não soubemos tirar *em toda a extensão* as consequências práticas e teóricas do nascimento, desenvolvimento e declínio dos Estados comunistas, entre os quais se encontram alguns dos piores regimes da história, como o stalinismo, o maoismo e o polpotismo. Diante dos regimes criminosos hoje designados por esses nomes, diante da constatação esmagadora da quase destruição do movimento operário em suas formas e projetos históricos, com frequência prevaleceu a angústia – o que não impediu alguns de passar para o campo dos vencedores e outros de se comprazer na denúncia do "complô capitalista contra o socialismo". Quantas desculpas não foram inventadas para conjurar a "dissonância cognitiva", como diz Festinger, entre o ideal de emancipação e a sinistra realidade do terror de Estado[1]? No

---

[1] A reabilitação de Stálin por Domenico Losurdo, em nome do "contexto objetivo" e do "comparatismo", indica que a oposição ao capitalismo e ao neoliberalismo poderia alimentar "contra-histórias" pretensamente desmistificadoras, mas que apenas banalizam as formas terroristas do comunismo burocrático. Ver Domenico Losurdo, *Staline, histoire et critique d'une légende noire* (Bruxelas, Aden, 2011) [ed. bras.: *Stálin: história crítica de uma lenda negra*, trad. Jaime A. Clasen, Rio de Janeiro, Revan, 2010] e *Fuir l'histoire? La Révolution Russe et la Révolution Chinoise aujourd'hui* (Paris, Delga, 2007). Já Alain Badiou só admite que uma crítica a Stálin era e continua sendo necessária para acrescentar que a única crítica "rigorosa" foi a feita por Mao: "A crítica política de Stálin e de sua visão terrorista do Estado deveria ser conduzida de maneira rigorosa, do ponto de vista da própria política revolucionária, e Mao fez mais do que esboçá-la em muitos de seus textos" (ver "A ideia do comunismo",

entanto, existe outro caminho, que consiste em examinar com lucidez o que nos ensina a história do comunismo a fim de abrir um novo futuro para as lutas de emancipação.

De fato, toda verdadeira política do comum deve enfrentar doutrinas e práticas que se valeram do comunismo ao longo da história. Que tipo de "comum" havia nas diferentes formas de comunismo? E, mais precisamente, que relação cada uma dessas formas tinha com o que às vezes se apresentava como um comum realmente existente? Podemos ter uma primeira ideia recordando uma gênese lexical que diz muito sobre as pontes lançadas entre os diversos períodos. Sabemos que a palavra aparece num texto escrito por Victor d'Hupay de Fuveau em 1785 e que na época designava uma "comunidade de regime moral econômico" que seria praticada por pequenos grupos (denominados "pelotões"), constituídos de indivíduos de diferentes estados ou profissões, e supostamente substituiria os monges nos mosteiros despovoados. Acontece que esse autor era amigo de Restif de La Bretonne, que introduziu a expressão "comunismo de comunidade" em sua autobiografia (*Monsieur Nicolas*) para designar um entre nove modos de governo[2]. Não podemos ficar indiferentes ao fato de essa palavra, em seu sentido político, surgir com esse significado nos anos 1790; de vir carregada da lembrança da insurreição das comunas do século XII; de estar ligada aos eventos revolucionários da Comuna de Paris e à Conspiração dos Iguais de Babeuf; e de, ao mesmo tempo, atestar a sobrevivência das comunidades e dos costumes rurais[3]. Como não ficar intrigado com um termo que foi usado primeiro para designar os oficiais das comunas urbanas, os membros das comunas rurais ou comunidades religiosas, e tornou-se, a partir do fim do século XVIII, o nome de uma aspiração política à "igualdade real" e à "abolição da propriedade"? As palavras ditas por Sylvain Maréchal em seu *Manifesto dos iguais*, em 1796, ressoarão ainda por muito tempo: "Chegou a hora de fundar a República dos Iguais, esse grande asilo aberto a todos os

---

em *A hipótese comunista*, trad. Mariana Echalar, São Paulo, Boitempo, 2012, p. 143). Veremos mais adiante, neste mesmo capítulo, em que a figura de Mao e sua ligação com a experiência da Revolução Cultural fazem pensar.

[2] Ver Jean-Luc Nancy, "Communisme, le mot", em Alain Badiou e Slavoj Žižek (orgs.), *L'Idée du communisme* (Paris, Lignes, 2010), p. 198.

[3] Remetemos o leitor ao *Manifeste des égaux*, de Sylvain Maréchal, e ao fragmento do *Projet d'un décret économique*, em Philippe Buonarroti, *Conspiration pour l'égalité dite de Babeuf* (Paris, Baudouin Frères, 1830), t. II, 29ª peça, p. 305.

homens. Chegou o dia da restituição geral. Famílias lamuriosas, vinde sentar-vos à mesa comum preparada pela natureza para todos os seus filhos". É exatamente a natureza que, para os partidários da comunidade em torno de Babeuf, impõe essa grande partilha, a realização da "felicidade comum" e da comunidade dos bens, termos que eles tornaram sinônimos absolutos[4]: "Tendemos a algo mais sublime e equitativo, o bem comum ou a comunidade dos bens! Não haverá mais propriedade individual das terras, a terra não é de ninguém. Exigimos, queremos o gozo comunal dos frutos da terra: os frutos são de todos". E essa "santa empresa", como ele a chama, exige todos os sacrifícios dessa civilização mentirosa: "Pereçam, se necessário for, todas as artes, desde que nos reste a igualdade real!" – declaração em que ecoa a lembrança das leituras apaixonadas dos discursos de Rousseau e dos códigos da natureza de meados do século XVIII.

Após esse período inaugural, como indica Jacques Grandjonc, todos os grandes países europeus foram invadidos por um léxico fecundo, criado a partir da raiz latina *communis* (*commum*, *common*, *gemein*), raiz que se impôs no vocabulário revolucionário dos anos 1830-1840. Mas de que modo a palavra "comunismo", que pretendia designar a "excelência da comunidade", à maneira de Restif, acabou significando um absolutismo de Estado que serviu de "modelo" de poder e organização econômica em vastas extensões do planeta um século depois? Os principais aspectos do comunismo burocrático são bem conhecidos hoje. Victor Serge foi um dos primeiros a resumi-los numa frase que tem o mérito da concisão: "monopólio burocrático e policial – ou melhor, terrorista – do poder"[5].

Para muitos, as esperanças que nasceram com a Revolução Russa, as ilusões que ela espalhou, os debates que suscitou, as cisões que provocou ficaram para trás. Teríamos partido definitivamente para outra coisa, o que nos dispensaria de qualquer retrospectiva do passado. Será? Na China, o capitalismo de Estado ainda se apoia no comunismo e na herança maoista, os opositores do capitalismo permanecem estranhamente calados a respeito do balanço do "socialismo que realmente existiu", não faltam

---

[4] Ver Philippe Riviale, *L'Impatience du bonheur: apologie de Gracchus Babeuf* (Paris, Payot, 2001), p. 275.
[5] Victor Serge, "Postface Inédite: trente ans après (1947)", em *L'an I de la Révolution Russe* (Paris, La Découverte, 1997), p. 468 [ed. bras.: *O ano I da Revolução Russa*, trad. Lólio Lourenço de Oliveira, São Paulo, Boitempo, 2007].

admiradores de Fidel Castro, e podemos nos perguntar se alguns intelectuais que invocam o pensamento crítico não sentem uma saudade meio envergonhada dos tempos felizes da juventude, em que podiam acreditar na virtude dos Estados comunistas sem peso na consciência. Um novo e curioso silêncio se espalhou entre esses intelectuais após o "choque Soljenítsin", a conversão capitalista da economia chinesa e a queda do Muro de Berlim[6]. Contrastando com a algazarra e as denúncias boquirrotas dos apologistas do neoliberalismo, esse silêncio transforma o comunismo burocrático no grande buraco negro do pensamento político atual e não deixa de contribuir para o bloqueio do futuro que marca nossa época. Ele é o principal sintoma dessa perturbação que invadiu o mundo intelectual e político e o levou a afastar-se da busca de uma política alternativa, ou, de modo mais geral, a mostrar-se incapaz de produzir uma forma crível de tal política.

Ora, só haverá um novo pensamento possível do futuro se nos permitirmos reexaminar o que foram as grandes formas do comunismo. Por este último termo, entenderemos as diversas doutrinas e práticas que atribuíram essa designação a si mesmas, valeram-se de uma antiga tradição ou mantiveram o termo para mudar seu sentido num contexto doutrinal radicalmente novo. Três grandes concepções de comunismo se sucederam ao longo da história. A primeira se prendeu ao valor supremo da "comunidade", cujo princípio é a unidade na e pela igualdade. A segunda, com Marx, adotou o termo e nele introduziu um novo conteúdo, o de "sociedade" como realidade específica que se define pela capacidade de auto-organização, pelo dinamismo de suas forças imanentes, pelas faculdades e energias de seus membros, que exigem coordenar-se de forma democrática para desenvolver-se plenamente em seu gênero. Uma história diferente começou no século XX com os Estados comunistas, período em que o poder do partido único se impôs sobre a administração pública e a sociedade – poder esse que tinha uma relação apenas retórica com as formas doutrinais que o precederam e desenvolveu modos de governo fundados no princípio do terror. Mas, para além dessa periodização, nos interessa sobretudo

---

[6] A negação dos *gulags* perdurou. Foi necessário o surgimento da "literatura dos campos", como o admirável *Récits de la Kolyma*, de Varlam Chalámov (Rieux-en-Val, Verdier, 2003) [ed. bras.: *Contos de Kolimá*, São Paulo, editora 34, 2015-2017], para que a realidade fosse admitida até mesmo pelos partidos comunistas. Ver a síntese de Jean-Jacques Marie, *Le Goulag* (Paris, PUF, 1999).

chegar ao que Max Weber chamou de "tipos ideais", isto é, construir modelos de inteligibilidade capazes de nos ajudar a distinguir aquilo que muitas vezes se apresenta na história em formas mistas e híbridas. Para isso, temos de tentar isolar os traços mais significativos da realidade estudada, mesmo correndo o risco de negligenciar outros aspectos menos pertinentes para a construção desses modelos.

O comunismo da "comunidade de vida"

Num texto clássico em que tenta dar uma definição sociológica do socialismo, Durkheim faz uma oposição entre socialismo e comunismo. Segundo ele, essas duas doutrinas são confundidas com grande frequência. O comunismo é uma utopia – se não atemporal, ao menos trans-histórica – que visa à constituição de uma comunidade de iguais que consomem bens em comum. Durkheim considera que a fonte principal dessa utopia, se não a única, é *A república*, de Platão[7]. A utopia comunista dá ênfase às consequências morais da propriedade privada em geral e não, como faz o socialismo, à oportunidade de determinada organização econômica que surge num momento preciso da história. Contra a propriedade como fonte de imoralidade, "base pervertida da sociedade", segundo os termos de Restif de La Bretonne[8], é preciso valorizar a "excelência da comunidade" baseada na reciprocidade, expressão prática da verdadeira moral e única fonte real de felicidade, que só pode ser comum. A respeito dos comunistas, Durkheim escreve:

> Sua ideia fundamental, que é a mesma por toda parte, com formas que diferem pouco entre si, é que a propriedade privada é fonte de egoísmo, e do egoísmo decorre a imoralidade. Ora, essa proposição não visa a nenhuma organização social em particular. Se é verdadeira, aplica-se a todos os tempos e a todos os países; convém tanto ao regime da grande indústria como ao da pequena. E não visa a nenhum fato econômico, pois a insti-

---

[7] Segundo Durkheim, "todas as teorias comunistas que depois foram formuladas derivam do comunismo platônico, do qual não são mais do que variedades". Ver Émile Durkheim, *Le Socialisme* (Paris, Félix Alcan, 1928), lição 2 [ed. bras.: *Socialismo*, trad. Angela Ramalho, Rio de Janeiro, Relumé-Dumará, 1993].

[8] Ver Jacques Grandjonc, *Communisme/Kommunismus/Communism: origine et développement international de la terminologie communautaire prémarxiste des utopistes aux néobabouvistes, 1785-1842* (Trier, Karl-Marx-Haus, 1989), v. 2, p. 332.

tuição da propriedade é um fato jurídico e moral que afeta a vida econômica, mas não faz parte dela. Em resumo, o comunismo cabe inteiro num lugar comum de moral abstrata, que não é de nenhum tempo nem de nenhum país.[9]

Esse tipo de comunismo visa organizar a existência de um grupo humano com base na comunidade dos bens e das práticas de consumo. Tem o aspecto de ascese coletiva, de renúncia à propriedade pessoal, visando ao aperfeiçoamento moral e/ou à preparação para a salvação. Por meio do compartilhamento de bens, o indivíduo se funde na comunidade para purificar-se e aperfeiçoar-se. Esse compartilhamento permite a mudança, o aperfeiçoamento moral e o progresso espiritual do indivíduo. O comunismo se volta inteiramente para a rejeição da riqueza, uma vez que o interesse econômico é suspeito de ser um agente de dissolução da integridade do grupo. De modo inverso, a prática do compartilhamento, principalmente por intervir no consumo coletivo dos bens coletivamente possuídos, é um meio de purgação, um vetor de saúde moral, assim como um caminho de salvação religiosa no mundo cristão.

Uma das principais fontes de inspiração desse ideal de comunidade de vida possibilitada pela comunidade dos bens é inegavelmente *A república*, de Platão. Para este último, trata-se, acima de tudo, de salvar a cidade do perigo mortal da dissensão e da guerra civil, proibindo-se qualquer posse privada aos guardiães da cidade, porque essa posse os desviaria da tarefa de defender sua cidade dos inimigos: "Pois, assim que possuírem privadamente (*idian*) terra, habitação e dinheiro, eles vão se tornar administradores de seus bens, lavradores, em vez de guardiães da cidade; e em vez de serem os companheiros defensores dos outros cidadãos, vão se tornar seus tiranos e inimigos [...]"[10]. Em seu projeto, os dirigentes são "protetores e auxiliares", que se designam entre si como "coguardiães", e os membros do povo são chamados de "doadores de salário" e "nutrizes". Os primeiros recebem sua subsistência dos segundos, como salário pela guarda que efetuam, e devem gastá-la em comum. Percebe-se que a extensão da comunidade dos bens é restrita, já que vale apenas para os guardiães, em virtude da função específica em que são investidos; ela não se aplica aos lavradores e artesãos, que

---

[9] Émile Durkheim, *Le Socialisme*, cit.
[10] Platão, *La République* (Paris, Garnier-Flammarion, 2002), p. 213 [ed. bras.: *A república*, trad. J. Guinsburg, 2. ed., São Paulo, Perspectiva, 2014].

são proprietários privados, de modo que a igualdade entre guardiães pressupõe como condição fundamental a desigualdade entre guardiães e produtores. Que espécie de unidade essa disposição cria? O termo "comunidade" (*koinónia*) aparece inúmeras vezes no texto de *A república*. A propósito dos guardiães, que são proibidos de tocar em ouro e prata e não possuem casa privada, Platão escreve: "Que sejam assíduos nas sissítias e vivam em comunidade [*koiné zen*], como os que estão em expedição militar"[11]. Mas a expressão mais forte é incontestavelmente "comunidade do prazer e da dor" (*hedónes te kai lupés koinónia*), presente numa passagem que justifica a comunidade das mulheres e dos filhos como a melhor das comunidades. Em virtude dessa comunidade, argumenta Platão, todos os cidadãos se alegram e se afligem da mesma maneira com seus ganhos e perdas: todos dizem, ao mesmo tempo e do mesmo objeto, "é meu" e "não é meu". Realiza-se assim uma unidade que torna a cidade uma única pessoa: assim como uma pessoa com um dedo machucado sofre por inteiro e, ao mesmo tempo, na parte que dói, também a cidade inteira sente dor por aquele cidadão que foi prejudicado.

O ideal platônico se define, portanto, por uma homologia estrutural entre a comunidade política e a "comunidade de corpo e alma" que constitui o homem individual[12]. É essa homologia que faz da unidade da comunidade política uma unidade *substancial*, e é ela também que permite medir a distância que separa o "viver em comum" (*koiné zen*) de Platão e o "viver junto" (*suzen*) de Aristóteles, que exclui esse tipo de unidade[13]. Toda crítica ao comunismo platônico enunciada no capítulo 2 do livro II de *A política* alega que o excesso de unidade leva a cidade à ruína, fazendo-a retroceder ao estado de família e indivíduo. Tendo em vista, de modo explícito, a afirmação de que a cidade perfeitamente una é aquela em que todos os cidadãos dizem ao mesmo tempo "isso é meu" e "isso não é meu", Aristóteles acusa Platão de cometer um paralogismo, valendo-se do duplo sentido da palavra "todos" (*pantes*): "todos" tanto pode aplicar-se a cada indivíduo em particular (sentido distributivo) como pode designar todos

---

[11] Ibidem, p. 212. (O termo "sissítia" designa as refeições feitas em comum; é revelador a respeito disso que Pierre Leroux veja a prática dessas refeições comunitárias em Esparta como uma forma precoce de socialismo).

[12] Ibidem, p. 282-3.

[13] Ver capítulo 6 deste volume.

os cidadãos considerados em conjunto (sentido coletivo). Ora, é somente no segundo sentido que o tomam aqueles que possuem em comum mulheres e filhos, de modo que deveriam dizer "isso é *nosso*" e não "isso é meu"[14]. O que está em jogo nessa crítica é a irredutibilidade da unidade do "nós" da cidade à unidade de um "eu": sendo composta de elementos especificamente diferentes, a cidade não pode ter com uma de suas partes a mesma relação afetiva que uma pessoa individual tem com tal ou tal parte sua. Para Platão, ao contrário, a unidade da cidade tem como unidade substancial o caráter de uma unidade de *indivisão*, o que implica que a relação do todo com a parte seja redutível a uma relação do todo consigo mesmo.

Nessa perspectiva, a comunidade dos bens não está inscrita numa tipologia comparativa das diferentes formas de propriedade, não vale como "propriedade comum", em oposição à "propriedade privada", mas é estabelecida de imediato como condição de uma comunidade de vida que é, acima de tudo, uma comunidade moral. É exatamente essa ideia que exercerá profunda atração intelectual sobre os primeiros pensadores do comunismo. Todavia, seria um equívoco ver nas utopias comunitárias apenas réplicas da cidade platônica, como parece ser o caso de Durkheim. Tanto no Ocidente como no Oriente, as origens do ideal comunitário são múltiplas, e algumas são alheias ou anteriores à herança grega de Platão. A dimensão religiosa, que Durkheim estranhamente deixa de lado, deve ser ressaltada por ser deveras flagrante no comunismo do início do século XIX[15]. Aliás, esse comunismo dos anos 1830-1840 remete-se com frequência às origens religiosas formuladas tanto no *Antigo Testamento* como nos *Atos dos apóstolos* para fundamentar a legitimidade da supressão da propriedade privada, a qual é posta como responsável por todas as injustiças e desigualdades. A prevalência do tema da partilha, da renúncia à propriedade pessoal, da comunidade de bens, permite pensar que esse primeiro movimento que invoca o comunismo está fortemente enraizado

---

[14] Aristóteles, *Les Politiques*, cit., p. 142-3.

[15] Ver o artigo de Gérard Raulet, "Communisme", em Michel Blay (org.), *Grand dictionnaire de philosophie* (Paris, Larousse, 2003). As pesquisas de Engels sobre as seitas comunistas e a guerra dos camponeses, ao contrário, enfatizam essa dimensão religiosa. Ver, por exemplo, Friedrich Engels, "Contributions à l'histoire du christianisme primitif", *Le Devenir Social*, 1894. Esse ponto é longamente exposto em Pierre Dardot e Christian Laval, *Marx, prénom: Karl* (Paris, Gallimard, 2012), p. 622.

numa longa tradição judaico-cristã, que, aliás, ele não deixava de reconhecer[16]. A revolução igualitarista molda-se, assim, na forma pré-constituída da comunidade[17].

Samuel, o "primeiro dos profetas", teria sido o primeiro a criar, fora das cidades, comunidades em que a regra de vida era a partilha dos bens. Vários movimentos de tipo comunista surgiram mesmo antes do cristianismo, como a comunidade essênia[18]. A acreditarmos nos *Atos dos apóstolos*, a primeira comunidade cristã de Jerusalém, por volta de 35-37 d.C., baseava-se na renúncia à propriedade privada e na comunhão dos bens. Aliás, é possível identificar nos *Atos dos apóstolos* algumas das fórmulas mais canônicas do comunismo, que se perpetuaram muito além da tradição cristã:

> 42. Eles seguem fielmente os ensinamentos dos apóstolos, a comunhão fraterna, a fração do pão e as orações. [...] 44. Todos os que aderem unem-se e põem tudo em comum. 45. Vendem as propriedades, os bens e dividem

---

[16] Proudhon, que não apreciava os comunistas, ressalta em escritos de forte cunho anticlerical como a Igreja exaltou certa forma de comunismo em sua história e em algumas de suas formas institucionais, embora continuasse amplamente feudal: "Por uma contradição que lhe é própria e resulta diretamente de seu dogma, a Igreja, no que diz respeito à organização do trabalho e da propriedade, é ao mesmo tempo comunista e feudal. É comunista, ao considerar que a comunidade pura, sem distinção do teu e do meu, é o ideal de associação humana; esse ideal, segundo ela, teria sido realizado no Paraíso terrestre, e, com a graça de Jesus Cristo, ela espera realizá-lo por meio dos estabelecimentos cenobíticos. A Igreja é feudal em virtude do pecado original que destruiu a lei da caridade e criou para sempre a desigualdade entre os homens. Ora, como essa desigualdade é invencível e, por outro lado, nem todos podem entrar nas comunidades religiosas, a Igreja julgou que o mais conveniente era regulamentar a desigualdade, conferindo-lhe forma hierárquica e amenizando-a com o contrapeso dessas comunidades ou com instituições beneficentes" (Pierre-Joseph Proudhon, *De la justice dans la Révolution et dans l'Église*, Paris, Fayard, 1989, t. I, p. 389).

[17] Não é sem interesse o fato de Babeuf, que não usa a palavra "comunista", falar ao menos em um texto de "comunitistas" para designar os adeptos da "comunidade dos iguais". Ver Jacques Grandjonc, *Communisme/Kommunismus/Communism*, cit., v. 2, p. 301-4.

[18] Em *De l'humanité* (1840), Pierre Leroux atribui grande importância aos essênios. Ele os considera os antecessores de Jesus porque praticavam a igualdade e a fraternidade irrestritas, em oposição às duas outras "seitas judaicas": os saduceus, que para ele representavam o individualismo, e os fariseus, que restringiam a prática da caridade ao âmbito da Igreja. Ver Pierre Leroux, *De l'humanité* (Paris, Fayard, 1985), p. 160, 460 e seg.

o dinheiro entre todos, segundo a necessidade de cada um. 46. Dia após dia, perseveram de comum acordo em ir ao Templo. Partilham o pão em casa e tomam o alimento com alegria e simplicidade de coração.[19]

E mais adiante:

32. A multidão dos que aderem tem um só coração, um só ser. Ninguém diz de seus bens: "É meu!", mas tudo que é deles é em comum. 33. Com grande poder, os apóstolos dão testemunho da ressurreição do senhor Jesus. 34. Entre eles, nada falta a ninguém; todos os que eram proprietários de terras e casas vendem-nas e trazem o dinheiro da venda. 35. Depositam-no aos pés dos apóstolos; é dado a cada um segundo suas necessidades.[20]

Os *Atos* escritos por Lucas transmitem ao cristianismo ocidental e oriental esse ideal comunitário, condição da busca de Deus, e com ele certas fórmulas e ritos que duraram até nossos dias, como a refeição em comum[21]. Um dos princípios que entraram na doutrina cristã pelas mãos dos Padres da Igreja, em especial por Agostinho, é que Deus criou o mundo segundo o princípio da unidade da comunidade, que exige que as riquezas sejam comuns. Todo o movimento monástico será impregnado por essa ideia. Na regra de são Basílio (século IV), por exemplo, a norma é a comunhão: "Que tudo seja comum a todos, e ninguém tenha nada de seu, nem roupa, nem sapato, nada que seja de uso do corpo". A comunhão é entendida não apenas do ponto de vista espiritual, mas também do material, como "pôr em comum" os bens, como partilha, simbolizada pela refeição realizada em comum. A regra de são Bento, que no século VI se inspirou em são Basílio, exprime essa ideia com veemência quando pergunta "se os monges devem ter alguma coisa sua". A resposta está no capítulo 33: "Que tudo seja comum a todos [*omniaque omnium sint communia*], assim como está escrito. Que ninguém diga que uma coisa lhe pertence nem tenha a temeridade de apropriar-se dela". E a regra promove uma verdadeira repressão de qualquer veleidade à propriedade:

1) Em primeiro lugar, do mosteiro é preciso extirpar pela raiz esse vício [da propriedade]. 2) Que ninguém tenha a temeridade de dar ou receber

---

[19] *Atos dos apóstolos*, 2, 42-6.
[20] Idem, 4, 32-5.
[21] Sobre a refeição como rito sagrado, ver Georg Simmel, "Sociologie du repas", *Sociétés*, v. 37, 1992, p. 211-6 [ed. bras.: "Sociologia da refeição", trad. Edgard Malagodi, em *Estudos Históricos*, Rio de Janeiro, n. 33, jan.-jun. 2004, p. 159-66].

qualquer coisa sem a permissão do abade; 3) nem possuir nada de seu, seja o que for, livro, tábua, estilo, em suma, absolutamente nada, 4) já que não é mais lícito aos monges ter a sua disposição nem seu corpo nem suas vontades. 5) Eles devem esperar e aguardar do padre do mosteiro tudo que lhes for necessário. E ninguém poderá ter nada que o abade não tenha dado ou permitido.

Nota-se a diferença com relação à *koinónia* platônica, da qual falamos acima: para que todos formem "um só coração", não mais se trata de agir de modo que todos possam dizer ao mesmo tempo e da mesma coisa "isso é meu", mas de proibir que alguém diga "isso é meu". Há uma mudança significativa aqui, que corresponde à distinção entre a *epistrophé* platônica e a *metanoia* cristã, estabelecida por Michel Foucault em *A hermenêutica do sujeito*. A conversão platônica consiste em desviar-se das aparências para elevar-se ao conhecimento do ser, enquanto a conversão cristã efetua um rompimento no modo de ser do sujeito pelo qual este último renuncia a si próprio[22]. A cidade de *A república* não exige de cada "guardião perfeito", isto é, de cada dirigente, que renuncie a sua vontade própria – em compensação, exige que alcance o domínio de si mesmo pelo conhecimento do verdadeiro; a comunidade da vida monástica, ao contrário, implica que cada "ovelha" renuncie inteira e definitivamente a qualquer vontade própria por submissão integral à pessoa do pastor – obediência do noviço ao mestre. É nesse sentido que a governamentalidade pastoral tem como correlato um modo de individualização que acarreta uma espécie de destruição do eu por meio da mortificação da vontade própria[23].

Essa renúncia total, meio de buscar a Deus, se baseia num princípio teológico importante: Deus doou sua criação aos homens. É o que diz uma passagem famosa de santo Ambrósio, significativamente citada por Constantin Pecqueur nos anos 1840:

> A terra foi criada para ser comum a todos, ricos e pobres. Ricos, por que vos arrogais o direito de propriedade? A natureza não reconhece ricos. [...] Visto que a terra foi dada em comum a todos os homens, ninguém pode

---

[22] Michel Foucault, *L'Herméneutique du sujet* (Paris, EHESS/Gallimard/Le Seuil, 2001), p. 201-3 [ed. bras.: *A hermenêutica do sujeito*, trad. Márcio Alves da Fonseca e Salma Tannus Muchail, São Paulo, Martins Fontes, 2014].

[23] Idem, *Sécurité, territoire, population* (Paris, EHESS/Gallimard/Le Seuil, 2004), p. 179-83 [ed. bras.: *Segurança, território, população*, trad. Eduardo Brandão, São Paulo, Martins Fontes, 2009].

dizer-se proprietário senão da porção que baste a suas necessidades dentre as coisas que tirou do fundo comum, e obteve por violência. [...] A natureza fornece em comum todos os bens a todos os homens. Deus criou todas as coisas a fim de que o gozo delas fosse comum a todos e a terra se tornasse posse comum de todos. A natureza engendrou, pois, o direito de comunidade; foi a usurpação que criou a propriedade privada.[24]

Entregar nossos bens pessoais à comunidade, ser uno com ela, é saldar uma dívida, é retornar a Deus pela entrega dos bens que lhe pertencem, porque ele os criou. Pôr os bens em comum é reconhecer uma dívida com o Criador, essa seria a mensagem de Cristo. O ideal da comunidade total tem duas dimensões: exemplifica e intensifica o tipo dominante de vínculo humano baseado na dívida simbólica, a herança mais antiga das sociedades tradicionais, e ao mesmo tempo promete a salvação individual pela perfeição de vida a que convoca. A unidade absoluta da comunidade na qual cada um deve se fundir não exclui a individualização: ela é o meio para isso. Em outras palavras, a individualização é produzida paradoxalmente como resultado da renúncia a si mesmo. Esse desapego voluntário desprende do mundo, desfaz os laços antigos, faz da nova comunidade o contexto da salvação pessoal. Não se trata de criar o paraíso na terra, mas de preparar-se para entrar nele.

Numerosos movimentos mais ou menos heréticos assumiram esse ideal até muito tarde, voltando-o, se necessário, contra a governamentalidade de tipo pastoral e sua hierarquia em nome do princípio de igualdade absoluta entre todos os membros da comunidade. Em *Segurança, território, população*, Foucault vê esse comunismo igualitarista como uma forma de "revolta de conduta", ao lado do "ascetismo" e da "mística", indicando que essa exigência pode adquirir tanto uma forma religiosa – cada um é guia, pastor ou sacerdote, o que significa que ninguém o é – como uma forma econômica – ausência de posse pessoal de bens[25]. A referência aos taboritas é bastante esclarecedora: eles representam a ala radical do movimento hussita, que reconhece o direito de cada indivíduo, leigo ou sacerdote, interpretar as Escrituras segundo seus próprios conhecimentos e preconiza a abolição da propriedade privada, dos impostos e, mais amplamente, de toda

---

[24] Citado em Jacques Grandjonc, *Communisme/Kommunismus/ Communism*, cit., nota 123, p. 52.

[25] Michel Foucault, *Sécurité, territoire, population*, cit., p. 214.

e qualquer autoridade humana ("Todos os homens viverão juntos como irmãos, nenhum estará sujeito ao outro"). Após a derrota do exército taborita em 1434, essa tradição sobreviveu na seita dos irmãos morávios, defensores dos comuns rurais²⁶. Também é possível ligar essa exigência de igualdade absoluta na comunidade aos *diggers* de Gerard Wistanley, no século XVII, à "República Comunista Cristã dos Guaranis", no Paraguai, ou ainda aos irmãos da vida comum, na Holanda, que deram origem às "pequenas escolas" na Europa. Esse ideal será transmitido até os séculos XVIII e XIX. Morelly, em seu *Código da natureza**, considerava Jesus a personificação do ideal comunista, e Cabet o chamava de "príncipe dos comunistas". Alguns comunistas do século XIX acreditavam ser continuadores diretos de Jesus. E Cabet não hesitará em dizer que a "comunidade dos bens" foi "proclamada por Jesus Cristo, por todos os seus apóstolos e discípulos, por todos os Padres da Igreja e todos os cristãos dos primeiros séculos etc."²⁷. Essa será também a base doutrinal dos comunistas alemães na Liga dos Justos, contra os quais Marx e Engels lutarão nos anos 1840. Em uma palavra, esse comunismo que prega a "comunidade dos bens, dos trabalhos e dos gozos", segundo a fórmula transmitida por Philippe Buonarroti, e à qual devemos acrescentar a comunidade da educação, continua dominado pelo *modelo moral da comunidade*, a qual, ao estabelecer a igualdade e destruir a propriedade individual, deveria erradicar todas as fontes sociais do egoísmo e da inveja. Se não é Deus que funda essa obrigação, é a natureza que a exige. O artigo primeiro de *Analyse de la doctrine de Babeuf* [Análise da doutrina de Babeuf] diz o seguinte: "A natureza deu a cada homem direito igual ao gozo de todos os bens"; e o artigo 3: "A natureza impôs a cada um a obrigação de trabalhar; ninguém pode, sem crime, subtrair-se ao trabalho"²⁸.

Contudo, não é possível reduzir o comunismo igualitarista e proletário do fim do século XVIII e da primeira metade do século XIX a uma espécie de nova heresia, a despeito da referência religiosa e da relação de hostilidade que o movimento manifesta em relação a uma Igreja oficial, acusada de ter abandonado e traído a mensagem crística. Ainda que essa forma de comunismo de

---

²⁶ Ibidem, nota 11, p. 222.
* Trad. Denise Bottmann, 2. ed., Campinas, Editora da Unicamp, 2013. (N. E.)
²⁷ Étienne Cabet, *Voyage en Icarie* (Paris, Béthune et Plon, 1842), p. iii.
²⁸ Philippe Buonarroti, *Conspiration pour l'égalité dite de Babeuf*, cit., t. II, p. 137 e 142.

ascendência religiosa continue muito influente até o século XIX, tanto nos meios franceses quanto nos alemães, autores como Restif, Babeuf, Buonarroti ou mesmo Cabet incorporaram a ela novas dimensões que Durkheim não consegue captar. Em primeiro lugar, a dimensão revolucionária: a comunidade das propriedades instaurada por um governo revolucionário põe fim à guerra entre ricos e pobres. É a solução definitiva para o conflito das classes. Esse comunismo já não é concebido apenas como um pôr em comum bens e propriedades com o intuito de renovar moralmente a humanidade, mas como uma *organização coletiva e igualitária do trabalho* guiada pela preocupação com a justiça social e o bem-estar material de todos os membros da comunidade nacional[29]. Não há dúvida de que a "felicidade comum" continua fundamentada na moral da partilha e na reivindicação de igualdade real, mas adquiriu um caráter mais material que enfatiza a satisfação das necessidades da grande massa da população pela reorganização das relações sociais e, sobretudo, pela abolição da propriedade privada, pelo trabalho em comum e pela divisão igualitária dos bens. A *despropriação* da nação é o único meio de alcançar a igualdade e implica que a nação se transforme numa comunidade real, cuja direção competirá a uma administração de Estado. Os "comunitistas", ainda que idealizem a comunidade como o meio da igualdade, mudam sua escala. O artigo primeiro do projeto de decreto econômico dos iguais promulga que "será estabelecida na República uma grande comunidade nacional", cujos bens comuns serão explorados por todos os membros e cujos frutos serão partilhados entre todos, segundo regras legais[30]. O trabalho é regulado por uma "administração suprema", que divide os membros da comunidade em classes, estabelece a relação e as modalidades dos trabalhos que devem ser executados, fixa por regulamento a quantidade de bens a ser consumidos.

A preocupação moral não desaparece de repente. Ao contrário, continua central, mas o que está em jogo para os que falam em nome do comunismo desloca-se para questões relativas a produção, consumo, eficiência e bem-estar econômico em escala nacional. Significativamente, o trabalho é invocado como argumento contra a propriedade pessoal. Como tudo vem do trabalho, e como cada um trabalha tanto quanto os outros, tudo é propriedade comum, tudo pertence a todos, todos os gozos consumíveis devem ser igualmente distribuídos: "como, ao entrar na sociedade, cada um contribui em igual medida (a totalidade

---

[29] Ver Claude Mazauric, *Babeuf, écrits* (Paris, Le Temps des Cerises, 2009), p. 77 e seg.
[30] Philippe Buonarroti, *Conspiration pour l'égalité dite de Babeuf*, cit., t. II, p. 305.

de suas forças e seus meios), segue-se que os encargos, as produções e as vantagens devem ser igualmente repartidos"[31]. Com uma organização do trabalho de acordo com certa divisão de tarefas, armazéns públicos para distribuir os produtos e meios de transporte para deslocá-los, a comunidade se torna funcional em escala nacional ou até mundial[32]. Os comunistas da primeira metade do século XIX podem continuar impregnados do velho modelo moral de comunidade, mas a combinam com a racionalidade organizacional da indústria nascente. E, embora procurem aplicar o modelo tradicional de comunidade dos bens à sociedade nacional, apelando para uma "administração suprema" encarregada de dirigir a economia e a sociedade com regulamentos policiais severos e ascéticos, nem por isso são "arcaicos" ou "retrógrados".

A exemplo de muitos socialistas da época, tentam conjugar duas preocupações de maneira sempre singular: afiliar-se a uma longa tradição moral e religiosa, sem dúvida, mas também responder de forma nova e pertinente à desregulação econômico e social. Nos anos 1830 e 1840, eles começam a romper com a preocupação puramente moral e religiosa, fazendo com que a "felicidade da humanidade regenerada" (Cabet) dependa da organização social igualitária e da prosperidade econômica, segundo um esquema que vai do vínculo social voluntário (associação) a sua eficiência econômica e seus efeitos benéficos sobre a moralidade operária. A eterna aspiração à comunidade de bens será realizada com muito mais facilidade pelos efeitos do "progresso industrial" do que nos tempos antigos, quando estava em jogo apenas o sacrifício da riqueza pessoal[33]. Na Icária, as oficinas são rigidamente disciplinadas, tudo é eficiência, precisão e pontualidade. Nesse primeiro modelo, unidade moral da comunidade, administração superior encarregada da regulamentação da vida cotidiana e organização racional da atividade econômica são indivisíveis. Mas não é fácil conciliar a exigência de igualdade absoluta com a exigência de distribuição funcional dos indivíduos por uma instância superior[34].

---

[31] Ibidem, t. I, p. 87.

[32] Ibidem, t. II, p. 215.

[33] "O desenvolvimento atual e sem limites da força produtora mediante o uso do vapor e de máquinas pode assegurar a igualdade de abundância", afirma Étienne Cabet. Ver idem, *Voyage en Icarie*, cit., p. iii.

[34] Donde, aliás, os problemas insolúveis encontrados pela comunidade icariana em razão de um conflito insuperável entre o princípio igualitário e a organização ordenada pelo pai da comunidade. Ver Jacques Rancière, "Communistes sans communisme?", em Alain Badiou e Slavoj Žižek (orgs.), *L'Idée du communisme*, cit., p. 235.

O comunismo da "associação de produtores"

O segundo modelo de comunismo herda em grande parte as características específicas do socialismo moderno. Dissemos que Durkheim contrapunha "comunismo" a "socialismo". Para ele, o "socialismo" é especificamente moderno: visa à organização coletiva das funções da produção econômica. Como recorda, o "socialismo", ao contrário do comunismo utópico, vê-se plenamente contemporâneo do capitalismo industrial e tem como princípio reparar e reconstituir o vínculo social que foi desfeito pela ordem mercantil, graças a um modelo de organização produtiva baseado na divisão das tarefas e na hierarquia das "capacidades". Portanto, não é prolongamento de uma "ideia comunista" que teria se originado na Bíblia ou em Platão. A palavra de ordem da maioria de seus representantes não é nem comunhão de bens nem consumo coletivo, mas organização do trabalho segundo a lógica da *associação*[35]. Ao velho modelo moral da "comunidade de bens" opõe-se o novo modelo da "associação de indivíduos"[36]. Enquanto o velho comunismo continuava governado pela figura antiga da *comunidade* de bens, segundo a lógica da dívida simbólica, o socialismo moderno é governado pela figura da *sociedade* dos indivíduos, lugar de uma *enérgeia* que precisa ser organizada, fonte de forças que precisam ser coordenadas e de um poder próprio de que seus membros devem se reapropriar[37]. Nesse sentido, a diferença entre esses dois modelos

---

[35] Durkheim tende claramente a subestimar esse aspecto associacionista do socialismo moderno em favor de uma concepção nitidamente estatista.

[36] Aliás, os inventores do socialismo moderno às vezes marcam sua oposição ao velho comunismo da forma mais explícita possível. Os saint-simonianos atacaram todos os que os acusavam de não terem instaurado igualdade perfeita na distribuição dos bens e de terem defendido uma desigualdade baseada nas competências produtivas. Considérant, por sua vez, denunciou a confusão entre comunistas e societários. Ver *Doctrine de Saint-Simon. Exposition* (Paris, Au Bureau de l'Organisateur, 1831), p. 183, e Victor Considérant, *Exposition abrégée du système phalanstérien de Fourier* (3. ed., Paris, Librairie Sociétaire, 1845), p. 27-8.

[37] Ferdinand Tönnies, em sua célebre obra de 1887, fez da oposição entre "comunidade" (*Gemeinschaft*) e "sociedade" (*Gesellschaft*) o grande princípio explicativo de sua "sociologia pura". A primeira é entendida como "organismo vivo" e opõe-se à segunda, que é "entendida como agregado mecânico e artefato". Em *Communauté et société*, (Paris, PUF, 2010), p. 7 [ed. bras.: "Comunidade e sociedade como entidades típico-ideais", trad. Carlos Rizzi, em Florestan Fernandes (org.), *Comunidade e sociedade: leituras sobre problemas conceituais, metodológicos e de aplicação*, São Paulo, Edusp/Companhia Editora Nacional, 1973]. Ao situar a comunidade viva num

está no fato de que o socialismo – assim como a sociologia, aliás – parte da sociedade como realidade *sui generis*, lugar de interações e movimentos que têm autonomia e exigem organização específica, original e racional. Trata-se de organizar forças sociais imanentes, dando-lhes uma forma associativa adequada a sua natureza. Nesse sentido, o socialismo e a sociologia são herdeiros dos inventores da "sociedade civil", cuja essência é econômica. Mas a "sociedade" dos socialistas está desvinculada de seu complemento político, o "governo econômico", ainda muito semelhante ao "governo dos legistas". Esse lugar do poder separado da sociedade se dissolve na "associação dos produtores", de modo que a própria política está fadada à pura e simples extinção[38]. A melhor definição do socialismo é dada por Pierre Ansart:

> Para Saint-Simon, como para Marx e Proudhon, a tarefa da revolução será libertar as forças sociais anteriormente oprimidas, destruir os poderes de alienação e exteriorização e tornar possível o livre desenvolvimento da atividade social. Não se trata apenas de aumentar as possibilidades de realização social dos indivíduos ou de permitir um melhor desenvolvimento das forças produtivas, mas também de devolver aos membros da sociedade o domínio total de sua ação, possibilitando assim o advento de uma sociedade livre de qualquer obstáculo interno, uma sociedade "em ato", segundo a expressão que Proudhon toma de empréstimo a Saint-Simon. A revolução marcaria a passagem de uma sociedade regida por relações políticas de obediência para uma sociedade inteiramente dedicada à atividade administrativa, atividade voltada para as coisas, na qual as relações de dominação não poderiam intervir. A classe dos industriários, ou proletários, anteriormente dominada pelo poder da política ou do capital, realizaria um movimento de reapropriação que a tornaria dona de si mesma e de seu agir. Ela substituiria a autonomização das instituições pela dinâmica de suas forças e pela imediatidade de suas necessidades.[39]

---

passado essencialmente rural, ele só pode considerar que o comunismo é "primitivo". Quanto ao socialismo, que "já está presente na ideia de sociedade", pressupõe o desenvolvimento do individualismo como próprio da grande cidade e se empenha para dirigir o comércio e o trabalho pelo mecanismo do Estado (ibidem, p. 265-6).

[38] Isso foi muito bem formulado por Marx em *Miséria da filosofia*: "No curso de seu desenvolvimento, a classe laboriosa substituirá a antiga sociedade civil por uma associação que excluirá as classes e seu antagonismo, e não haverá mais poder político propriamente dito, uma vez que o poder político é precisamente o resumo oficial do antagonismo na sociedade civil". Ver Karl Marx, *Misère de la philosophie*, em *Œuvres: Économie I* (Paris, Gallimard, 1968, col. La Pléiade), p. 136 [ed. bras.: *Miséria da filosofia*, trad. José Paulo Netto, São Paulo, Boitempo, 2017, p. 147].

[39] Pierre Ansart, *Marx et l'anarchisme* (Paris, PUF, 1969), p. 525-6.

A sua maneira, Marx e Engels participam da virada socialista e associacionista, redefinindo o comunismo como uma "associação livre dos produtores". Por conseguinte, do ponto de vista deles, a oposição estabelecida por Durkheim entre "socialismo" e "comunismo" não tem nenhuma pertinência: o "comunismo", tal como eles o compreendem, é essencialmente "moderno", nunca "arcaico". Para eles, a oposição não reside entre "socialismo" e "comunismo", mas *no próprio comunismo*, entre "comunismo utópico" e "comunismo científico". De fato, eles vão conferir ao comunismo uma dimensão que mal havia sido esboçada por alguns de seus representantes. Pretendem substituir a perspectiva *moral e religiosa*, ainda bastante presente no socialismo de Owen e Saint-Simon, por uma concepção do desenvolvimento histórico que se pretendia exclusivamente *científica*. A ideia de que a ciência deve substituir a política decerto não é nova, a própria expressão "socialismo científico" vem de Proudhon, não de Marx. Para este último, o novo comunismo será científico por se basear no conhecimento das leis da evolução das sociedades, em especial no conhecimento objetivo da meta de todo desenvolvimento histórico, meta que as massas devem adotar conscientemente por meio de suas experiências de luta. Em resumo, "comunismo" designa não mais um projeto de cidade ideal, mas o "movimento *real* que supera o estado de coisas atual"*, ou ainda, segundo a expressão dos *Manuscritos de 1844*, a "figura necessária [...] do futuro próximo"**. Marx e Engels não se limitam a dizer, como Cabet, que nunca foi tão fácil criar a comunidade dos bens como depois que a indústria possibilitou a abundância ilimitada; eles se esforçam por deduzir do desenvolvimento do capitalismo a necessidade do comunismo, e por fazer da luta de classes o meio pelo qual o capitalismo engendrará uma formação social superior. O próprio movimento da propriedade privada e do capital será, para Marx, a base "tanto empírica quanto teórica"*** do comunismo, como diz o terceiro dos *Manuscritos de 1844*. Portanto, o comunismo é ao mesmo tempo teoria científica (conhecimento do movimento) e prática revolucionária que visa à transformação consciente das

---

* Karl Marx e Friedrich Engels, *A ideologia alemã* (trad. Rubens Enderle, Nélio Schneider e Luciano Cavini Martorano, São Paulo, Boitempo, 2007), p. 38. (N. E.)

** Karl Marx, *Manuscritos econômico-filosóficos* (trad. Jesus Ranieri, São Paulo, Boitempo, 2003), p. 113. (N. E.)

*** Ibidem, p. 104.

condições de vida, ao se impor aos homens. Esse é o sentido da outra definição que se encontra em *A ideologia alemã*:

> O comunismo distingue-se de todos os movimentos anteriores porque revoluciona os fundamentos de todas as relações de produção e de intercâmbio precedentes e porque pela primeira vez aborda conscientemente todos os pressupostos naturais como criação dos homens que existiram anteriormente, despojando-os de seu caráter natural e submetendo-os ao poder dos indivíduos associados.[40]

O comunismo é apresentado como um acordo harmonioso entre as "tendências objetivas" e a "dimensão subjetiva" da história, como se a consciência da necessidade histórica inscrita no movimento real devesse inevitavelmente nascer das contradições econômicas e dos conflitos de classe, tornando vazio de sentido o próprio projeto utópico[41].

Nessa perspectiva, cabe à crítica da economia política mostrar como o desenvolvimento das contradições do capitalismo gera por si mesmo as condições históricas a partir das quais o comunismo se torna necessário. Esse trabalho teórico é que permitirá estabelecer de modo científico a lei de transformação histórica que extinguirá o capitalismo. É esse exatamente o sentido explícito de inúmeras passagens da obra e da correspondência de Marx, e uma das mais conhecidas se encontra no fim do capítulo 24 do Livro I de *O capital* – a pretensa "acumulação primitiva" –, em que ele explica que a produção capitalista, tendo destruído a pequena propriedade individual dos produtores independentes, será por sua vez destruída pelos próprios mecanismos do desenvolvimento capitalista, "com a mesma necessidade de um processo natural"[42]. Marx e Engels fundamentam a demonstração num esquema histórico simples. O capital expropriou os produtores para poder se desenvolver. Um dia, os produtores organizados pelo capital serão os mais fortes e numerosos e expropriarão o capital. O desfecho da história se dá como "expropriação dos expropriadores"[43]. Em última análise,

---

[40] Karl Marx e Friedrich Engels, *A ideologia alemã*, cit., p. 67.
[41] Para a análise dessa tensão interna ao pensamento e à obra de Marx, remetemos o leitor a nossa obra *Marx, prénom: Karl*, cit.
[42] Karl Marx, *O capital*, Livro I (trad. Rubens Enderle, São Paulo, Boitempo, 2013), p. 832.
[43] Marx sustenta sua demonstração em considerações importantes, que, como veremos adiante, interpretam de maneira peculiar o que Proudhon escreveu sobre esse tema.

a questão que se coloca para Marx é: como o capitalismo gera as condições do comunismo ou, dito de outro modo, *como o capital gera o comum a partir de si mesmo, isto é, pela lógica interna de seu próprio processo?* Essa lógica é a da "negação da negação": a integração mais completa da força de trabalho na grande empresa mecanizada produz uma socialização do trabalho e uma concentração do capital que constituem a condição de passagem para outro regime de propriedade e para novas relações de produção. A socialização capitalista é estabelecida como condição para a associação dos produtores. Por um estranho ato de fé, o que impossibilita o domínio do processo produtivo pelo trabalho torna-se seu "pressuposto".

A história não confirmou o caráter ineluctável da "expropriação dos expropriadores", não demonstrou que a cooperação planejada e organizada pelo capital tivesse criado condições para a gestão coletiva da produção e das trocas. Marx continua prisioneiro da falsa simetria estabelecida por ele mesmo entre a passagem da sociedade feudal para a sociedade burguesa e a passagem desta para a sociedade comunista. Para ele, a revolução é um "parto", segundo a metáfora obsessivamente empregada por ele, na medida em que a forma superior de sociedade está contida na forma que a precede, pois o próprio capitalismo cria as condições materiais de sua superação. No entanto, essas condições do comunismo que ele supõe que serão produzidas pelo desenvolvimento do capital não se parecem em nada com o que permitiu a constituição do poder econômico da burguesia. Cornelius Castoriadis constatou isso em 1955, revelando a distância que começava a tomar em relação ao pensamento de Marx. Ainda que o capitalismo tenha de fato produzido fábricas, proletários em massa, concentração de capital, aplicação da ciência à produção, seus pressupostos têm muito pouco a ver com as condições da revolução burguesa:

> Mas onde estão as relações de produção socialistas já realizadas nessa sociedade, tal como as relações de produção burguesas existiam na sociedade "feudal"? Porque é evidente que essas novas relações não podem ser simplesmente as realizadas na "socialização do processo do trabalho", a cooperação de milhares de indivíduos dentro das grandes unidades industriais: essas são relações de produção típicas do capitalismo altamente desenvolvido.[44]

---

[44] Cornelius Castoriadis, "Sur le contenu du socialisme", *Socialisme ou Barbarie*, n. 17, jul. 1955, reproduzido em *Le Contenu du socialisme* (Paris, 10/18, 1979), p. 91 [ed. bras.: "Sobre o conteúdo do socialismo", em *Socialismo ou barbárie: o conteúdo do socialismo*, trad. Milton Meira do Nascimento e Maria das Graças de Souza Nascimento, São Paulo, Brasiliense, 1983].

A "socialização" capitalista não pode ser confundida com a associação de produtores: como lembra Castoriadis, ela se caracteriza pelo antagonismo entre a "massa dos executantes" e "um aparelho separado de direção da produção". Isso o leva a dizer que, se a revolução burguesa é "negativa" – no sentido de que lhe basta tornar legal um estado de fato, eliminando uma superestrutura já irreal em si mesma[45] –, a revolução socialista é "essencialmente positiva", porque deve "construir seu regime – não construindo fábricas, mas construindo novas relações de produção cujos pressupostos não sejam fornecidos pelo desenvolvimento do capitalismo"[46]. Crítica que Castoriadis resume na frase: "A transformação capitalista da sociedade se conclui com a revolução burguesa; a transformação socialista começa com a revolução proletária"[47]. Em outras palavras, Marx não pensou na construção do socialismo como estabelecimento de novas relações de produção em consequência da confusão entre "socialização" e "associação"[48], que não é fortuita, mas corresponde à ideia de que existe uma lei de evolução quase natural conduzindo as sociedades ao comunismo. Para dizer o mesmo com outro léxico, a tese de Marx – retomada por diversas variantes do marxismo, até as mais contemporâneas – é a de que existe uma espécie de *produção objetiva do comum pelo capital*, que é ela mesma a condição material da produção consciente do comum pelo trabalho associado.

Esse comunismo pretensamente científico está agonizando por toda parte. A fé se esgotou, apenas alguns velhos crentes ainda se comprazem em agitar o turíbulo para benzer a marcha gloriosa da história. Como

---

[45] Ibidem, p. 89.
[46] Ibidem, p. 90.
[47] Ibidem, p. 92. Apesar de brilhante, a frase não é exata, porque a transformação capitalista se apresenta sobretudo como uma *revolução permanente*... Além do mais, a fórmula de Castoriadis negligencia a construção, por parte do movimento operário, de formas institucionais, regras e valores distintos dos da ordem individualista burguesa (ver capítulo 9 deste volume).
[48] Essa confusão aparece na passagem da "associação [*Assoziation*] dos trabalhadores", realizada nas fábricas pela divisão do trabalho e pela cooperação, para a "associação [*Verein*] de homens livres", evocada no capítulo 1 de *O capital*. Além disso, no *Manifesto [Comunista]* de 1848, a mesma palavra (*Assoziation*) designa tanto uma tendência objetiva do capital quanto a forma da sociedade do futuro. Ver Pierre Dardot e Christian Laval, *Marx, prénom: Karl*, cit., p. 627-9.

acreditar que o desenvolvimento do capitalismo seja uma fase necessária, ainda que dolorosa, para que surja um novo modo de produção? Saímos dessa era de fé no progresso da humanidade, já não acreditamos na narrativa da infalível emancipação humana que pressupõe e justifica as lentas gestações e os partos difíceis. É significativo do esgotamento dessa antiga crença que o comunismo seja apresentado hoje por alguns de seus arautos como uma "Ideia reguladora", à maneira de Kant, em total ruptura com a tese marxiana de "movimento real que supera o estado de coisas atual". O comunismo adquire então o estranho status de "crença moral", análoga aos famosos "postulados da razão prática", pelo efeito que exerce sobre a vontade: da mesma maneira que "quero acreditar" em Deus porque preciso dessa suposição para trabalhar pela realização do soberano bem[49], "quero acreditar" no comunismo porque preciso dessa suposição para agir aqui e agora em prol da causa da emancipação. Limitamo-nos a registrar que essa segunda forma de crença, ao contrário da primeira, renuncia a apresentar-se por meio da adesão à necessidade histórica. Isso, ao menos, é uma maneira de reconhecer que essa adesão morreu e é inútil tentar ressuscitá-la. Não há por que lamentar ou alegrar-se, isso é fato. O que não significa que o comunismo se resuma, como disse François Furet, ao "passado de uma ilusão". Significa, ao contrário, que um momento está terminando e talvez comece um novo tempo de emancipação, que não terá muito a ver com suas formas históricas anteriores. Mas isso pressupõe olhar de frente as realizações históricas que, apresentando-se como comunistas, foram inteiramente regidas pela figura do Estado-partido. Nenhuma evasiva deve nos desviar desse confronto necessário, muito menos a analogia enganadora que consiste em transformar o comunismo numa "hipótese", à maneira de uma conjectura matemática a exigir demonstração[50]: com isso se deve entender que as tentativas de demonstração de uma hipótese política fazem parte dessa hipótese, do mesmo modo que as tentativas de demonstração de uma hipótese matemática fazem parte desta última.

---

[49] Ver Emmanuel Kant, *Critique de la raison pratique* (Paris, Garnier-Flammarion, 2003), p. 271-2 [ed. bras.: *Crítica da razão prática*, 3. ed., trad. Valerio Rohden, São Paulo, WMF Martins Fontes, 2011]. De fato, o que Badiou nomeia "componente subjetivo" da Ideia de comunismo corresponde ao efeito que o postulado kantiano da razão prática produz na vontade.

[50] Alain Badiou dá o exemplo do teorema de Fermat. Ver Alain Badiou, *A hipótese comunista*, cit., p. 10.

A única função desse paradoxo ruim é subtrair o fracasso empírico da hipótese da lógica da invalidação, ou melhor, transformar o fracasso em fracasso "aparente"⁵¹, de modo que o fracasso da demonstração da hipótese ainda seja um momento da justificação da hipótese. O mais preocupante, porém, está na conclusão revoltante autorizada por esse tipo de raciocínio: será possível reduzir o terror de Estado stalinista ou maoísta a uma "tentativa de demonstração" da hipótese comunista e lançar milhões de vítimas na conta da "justificação" dessa hipótese?

O comunismo de Estado, ou a captura burocrática do comum

Apesar das últimas cidadelas ainda de pé na China e na Coreia do Norte, o ciclo estatal do comunismo iniciado em 1917 se encerra um século depois. Deve ter revelado e acentuado certas falhas do marxismo e da social-democracia e, sobretudo, dado um rosto totalmente inédito ao comunismo: o de um Estado terrorista que se assenhoreou não só do monopólio da violência arbitrária, mas também do monopólio do discurso sobre o mundo social, o pensamento, a arte e a cultura, o futuro das sociedades. As circunstâncias dessa trajetória são usadas em geral para justificar toda a infâmia de uma sequência de crimes, a repressão de Kronstadt, os campos de concentração, os processos e, até o fim, a arbitrariedade policial e a prática da espionagem e da delação das burocracias conservadoras. O próprio Trótski, que acabaria vitimado pelo sistema terrorista, chegou a justificá-lo contra Kautsky: "O grau de encarniçamento da luta depende de uma série de condições internas e internacionais. Quanto mais perigosa e encarniçada for a resistência do inimigo de classe vencido, mais o sistema de coerção se transformará inevitavelmente em sistema de terror"⁵².

Sem dúvida, as aparências históricas jogam a favor desse exercício de justificação. A guerra civil, o cerco militar, a fome, a desorganização industrial parecem ter determinado, em lugar dos próprios dirigentes, certo número de medidas que rapidamente possibilitaram a instauração da ditadura do partido, em vez do tipo de sociedade que Lênin ou Trótski pretendiam construir antes da revolução – uma sociedade bastante próxima

---

⁵¹ Idem.
⁵² Leon Trótski, *Terrorisme et communisme* (Paris, 10/18, 1963) [ed. bras.: *Terrorismo e comunismo*, trad. Livio Xavier, Rio de Janeiro, Saga, 1969].

do modelo da Comuna de Paris, em grande escala[53]. Mas essas "condições internas e internacionais" não explicam tudo. As decisões foram tomadas e assumidas em função de um postulado compartilhado inclusive por muitos dos que seriam destruídos pelo stalinismo: o partido que constrói, controla e governa o novo Estado está com a razão, porque é iluminado pela "ciência do comunismo". No fim, o ideal democrático da livre associação dos produtores foi suplantado por formas de dominação e servidão que não tinham nenhuma relação com a cultura da crítica, a análise objetiva dos fatos e a rejeição dos dogmas, aspectos que constituíam a ética intelectual de Marx[54].

Desde muito cedo, a estatização total da indústria e das trocas, o enfraquecimento das instituições sob controle operário, o recrutamento dos sindicatos, vistos como engrenagens da direção das fábricas e do governo, a criação da Tcheká, o monopólio político do partido único e a rejeição das tendências internas do partido instilaram os germes que alguns anos depois, com a derrota das revoluções e a ascensão dos fascismos, possibilitaram a Stálin conquistar ascendência sobre o partido, eliminar todos os opositores e todos os rivais possíveis e iniciar a coletivização agrícola forçada e a planificação burocrática. A grande virada stalinista ocorre quando o déspota, à frente da administração pública, inicia a "acumulação primitiva" com base no terror de massa, seguindo a lógica dupla de exploração abusiva da mão de obra nas unidades de produção sob controle do Estado e de ameaça de fuzilamento ou deportação para campos de trabalho forçado.

Foi a época do "socialismo num país só", que não tinha mais nada a ver com a esperança contida no marxismo revolucionário, como observou Victor Serge, em 1947, no balanço que fez da experiência revolucionária:

---

[53] Em *O Estado e a revolução* [ed. bras.: trad. Edições Avante! e Paula Almeida, São Paulo, Boitempo, 2017] ou nas *Teses de abril* [ed. bras.: em Slavoj Žižek (org.), *Às portas da revolução: escritos de Lenin de 1917*, trad. Daniela Jinkings, Fabrizio Rigout e Luiz Bernardo Pericás, São Paulo, Boitempo, 2005], Lênin ainda tem em mente um esquema explicitamente antiestatal do poder.

[54] Rosa Luxemburgo criticou desde cedo a política bolchevique de supressão das liberdades democráticas em *A Revolução Russa* (1918) [ed. bras.: trad. Isabel Maria Loureiro, Petrópolis, Vozes, 1991]: "A condição pressuposta tacitamente pela teoria da ditadura segundo Lênin e Trótski é a de que a transformação socialista é uma coisa para a qual o partido da revolução tem uma receita pronta no bolso, bastando que seja aplicada com vigor".

"O grande fato essencial é que em 1927-1928, por meio de um golpe violento no partido, o Estado-partido revolucionário torna-se um Estado policial-burocrático, reacionário, no terreno social criado pela revolução"[55]. Devemos recordar ainda, depois das análises extraordinárias de Marc Ferro sobre a Revolução de 1917, que desde os primeiros anos do regime o partido já não tinha muito a ver sociologicamente com a organização revolucionária de 1917, por ter incorporado milhares de jovens de origem plebeia que comporiam um novo grupo social cujos interesses específicos e cuja mentalidade os tornariam instrumento fácil de ser manipulado pela direção[56].

Sem dúvida nenhuma, o destino da revolução comunista no século XX não foi uma fatalidade. Houve bifurcações decisivas e condições propícias, mas não insuperáveis, que conduziram à burocratização com que o próprio Lênin acabou por se preocupar, embora tarde demais[57]. Ainda que seja estúpido e inútil imputar a Marx a responsabilidade pelo *gulag*, é importante identificar o que, dentro do movimento socialista e comunista, favoreceu desde antes da Revolução de Outubro o desenvolvimento dessas práticas administrativas dentro do partido e do Estado.

O ideal de militantes-soldados obedientes, a constituição de oligarquias dirigentes e o dogmatismo das autoridades tiveram sua cota de responsabilidade na construção das organizações burocráticas. Compreendemos mal a história trágica da burocratização "soviética" quando não recuperamos a lógica institucional que, desde antes da Revolução de Outubro, transformou o partido no dispositivo central que se arrogava a legitimidade da "direção política das massas" e dava um espaço fictício à pluralidade dos órgãos próprios das classes populares (sovietes, sindicatos, cooperativas etc.)[58]. Assim, pouco

---

[55] Victor Serge, *L'An I de la révolution russe*, cit., p. 467.
[56] Ver Marc Ferro, *La Révolution de 1917* (Paris, Albin Michel, 1997), em particular o capítulo 16, "L'État: des soviets à la bureaucratie" [ed. bras.: *A revolução russa de 1917*, trad. Maria P. V. Resende, 2. ed., São Paulo, Perspectiva, 1988].
[57] Ver Moshe Lewin, *Le Dernier combat de Lénine* (Paris, Minuit, 1967).
[58] Essa lógica de substituição da classe operária pelo Partido está no centro da contestação da "oposição operária", cuja representante mais conhecida é Aleksandra Kollontái. Essa corrente nasceu em 1920, em oposição à tese da "direção única das empresas" defendida pelos dirigentes do partido bolchevique. Tentou em vão defender a ideia da "criatividade da classe operária" no desenvolvimento do comunismo e fazer prevalecer a "atividade autônoma das massas" no desenvolvimento econômico e social, em vez da administração burocrática.

após a tomada do poder e depois de tê-los apoiado taticamente, os bolcheviques acabaram com os órgãos autônomos da classe operária e da população russa – comitês de fábrica, comitês de bairro, milícias – que haviam se formado entre fevereiro e outubro de 1917. Marc Ferro, embasado em arquivos, mostrou que, desde fevereiro de 1917, "escritórios" dos partidos controlavam o soviete dos deputados de Petrogrado, delegados dos partidos substituíram os representantes dos diferentes comitês de fábrica e bairro cuja composição era genuinamente popular, novas camadas de *apparatchiks* assumiram em poucos meses posições de poder determinantes na nova administração e, por fim, houve a bolchevização e a estatização progressiva das instituições proletárias[59]. A atividade democrática foi rapidamente corroída por duas formas de burocratização: a que vinha de cima e consistia na colonização, pelo partido, dos órgãos populares até então autônomos e a que vinha de baixo e se traduzia no desenvolvimento de um aparelho que tomava o lugar das assembleias gerais. Desde o princípio da revolução, essa dupla "captura burocrática" da democracia dos comitês e sovietes desencadeou uma monopolização do poder efetivo pelo partido que se revelou irreversível[60].

O Estado-partido, instrumento de imposição da lógica produtivista

Vemos que, num contexto histórico determinado, algumas práticas podem resultar na captura da energia democrática por parte do Estado, no confisco da realidade do poder por um partido que se tornou a única instituição dirigente do Estado[61]. A inversão do projeto socialista é impressionante, e é compreensível que tenha desembocado no fracasso final do movimento operário. Em vez de *retomar* as forças da sociedade, então monopolizadas pelo Estado e pelo capital, a revolução desaguou na criação de um Estado controlado pelo

---

[59] Ver Marc Ferro, *Des Soviets au communisme bureaucratique* (Paris, Gallimard/Julliard, 1980). Esse historiador é um dos poucos que escreveram uma verdadeira história institucional da Revolução de 1917.

[60] Ver ibidem, p. 112.

[61] Ver as análises de Cornelius Castoriadis, "Le Rôle de l'idéologie bolchevique", *Socialisme ou Barbarie*, n. 35, 1964, reproduzido em *L'Expérience du mouvement ouvrier*, cit., e sobretudo as de Claude Lefort, *Éléments d'une critique de la bureaucratie* (Paris, Droz, 1971).

partido, ou melhor, de um Estado-partido que pretendia *substituir* em tudo as forças e as interações da sociedade para dirigir seu "desenvolvimento" a partir de cima. À classe operária só restava obedecer cegamente e trabalhar. Como sublinhava Trótski da maneira mais crua em *Terrorismo e comunismo*: o operário soviético "está subordinado ao Estado, está submetido a ele em todos os aspectos, pela simples razão de que é *seu* Estado"[62]. Nessa concepção, o comum acabava identificando-se pura e simplesmente com a propriedade estatal.

A denominação mais usual para esse tipo de regime é "totalitarismo". Isso acabou dando a entender que o essencial desse regime está na negação dos direitos individuais, em oposição ao "Estado de direito", único capaz de salvaguardá-los, o que levou à crença de que o liberalismo seria a única filosofia apta a barrar a patologia moderna que consiste em fazer o Estado absorver todos os meios de toda a vida social, econômica e cultural. A caracterização do totalitarismo como negação do indivíduo, ou como recusa à divisão da sociedade, é insuficiente[63]. Deixa de lado aquilo que constitui a singularidade histórica do fenômeno, isto é, não só a apropriação dos meios de produção pelo Estado, mas também a apropriação dos instrumentos de controle da população em nome da "direção da sociedade pelo partido". Em outras palavras, nesse tipo de regime os órgãos de Estado exercem seu poder terrorista como olhos e braços do partido iluminado pela ciência da história, partido que pretende ser fonte e mola de toda a vida coletiva e individual ao reduzir esta última a uma função econômica programável.

Se quisermos explicar esse processo, convirá analisar brevemente a ilusão marxiana da *produção objetiva do comum pelo capital*. Essa ideia, que em Marx se associava a uma forte tendência evolucionista, levou muitos marxistas a acreditar que o socialismo em países economicamente atrasados

---

[62] Leon Trótski, *Terrorisme et communisme*, cit., p. 252, citado em Cornelius Castoriadis, "Le Rôle de l'idéologie bolchevique", cit., p. 406.

[63] É desnecessário esclarecer que tal concepção só pode ser atribuída ao pensamento de Hannah Arendt à custa de uma impostura intelectual que precisa ser denunciada: ela relaciona insistentemente o fenômeno totalitário ao questionamento das condições de *ação*, cujo traço específico é pôr os seres humanos em *relação* uns com os outros (*inter-esse*). Assim como cabe rejeitar a leitura "liberal", é importante recusar veementemente a leitura conservadora, da qual Alain Finkielkraut se tornou representante: em ambos os casos, tanto o apego de Arendt à tradição dos conselhos revolucionários quanto sua crítica implacável ao princípio do Estado-nação são, se não escamoteados, pelo menos omitidos.

deveria *esperar* o desenvolvimento burguês das forças produtivas. Ora, as revoluções do século XX estouraram em países que em grande medida continuavam atrasados. Como diz Cornelius Castoriadis:

> Quis a ironia da história que a primeira revolução vitoriosa ocorresse num país onde, para dizer o mínimo, a população não estava "unida e disciplinada pelo próprio processo da produção capitalista". E coube ao partido bolchevique e ao terror totalitário de Stálin a responsabilidade de unificar e homogeneizar a sociedade russa.[64]

O Estado-partido se constituiu assim como o principal agente de industrialização e controle disciplinar da população. Foi ele que lançou as bases da cooperação forçada e explorou a força coletiva que organizava diretamente com seus próprios meios. Em vez de o processo de produção "organizar, unir e instruir" a classe operária apenas em virtude de seu mecanismo interno, foi o Estado-partido que "organizou, uniu e instruiu" a classe operária, submetendo-a pela violência às normas do pior tipo de produtivismo. A "proletarização" se deu sob a férula direta do Estado, que comandou uma forma de "acumulação primitiva" em marcha forçada.

Yves Cohen mostrou a natureza desse modo de produção burocrático e o caráter original das relações sociais por ele tecidas. A administração sufocou qualquer possibilidade de política: "O Estado provê tudo, é a voz do proletário e do povo. O partido é o lugar da verdade e do direito, e estes não têm espaço senão na subordinação". Em outras palavras, a política é esvaziada porque monopolizada por um partido que não tolera nenhuma diferença ou discórdia possível: "Todos têm a palavra formalmente, todo proletário, todo trabalhador, todo elemento do povo, e até todo o povo, porque todos falam por meio do partido". De modo que "a desqualificação da política não deixa nada mais do que a administração"[65]. Essa racionalidade administrativa pode ser vista como o cumprimento inesperado e paradoxal da velha profecia

---

[64] Cornelius Castoriadis, *Écrits politiques 1945-1997: Quelle démocratie?* (Paris, Sandre, 2013), t. I, p. 608. Castoriadis se refere a uma frase famosa do capítulo 24 do Livro I de *O capital*, segundo a qual a classe operária seria "instruída [na tradução francesa, "*disciplinée*", disciplinada], unida e organizada pelo próprio mecanismo do processo de produção capitalista". Ver Karl Marx, *O capital*, cit., p. 832.

[65] Yves Cohen, "Administration, politique et techniques. Réflexion sur la matérialité des pratiques administratives dans la Russie stalinienne (1922-1940)", *Les Cahiers du Monde Russe*, v. 44, n. 2-3, p. 269-307, e *Le Siècle des chefs: une histoire transnationale du commandement et de l'autorité (1890-1940)* (Paris, Amsterdã, 2013).

saint-simoniana, no sentido de que o partido único realizou *pela violência* a substituição do "governo dos homens" pela "administração das coisas", o que teve como resultado infalível a administração dos homens como coisas. Essa administração se torna o meio de um poder potencialmente ilimitado quando, por uma razão ou outra, a direção pessoal ou oligárquica impõe sua vontade ao partido e ao Estado administrativo.

Em vez de explicar tudo pela longa história do Estado russo, devemos nos perguntar se esse devir burocrático não é fruto – ou talvez mais que isso – da lógica de partido que se impôs no movimento operário e até hoje foi pouco examinada. Essas "deformações" ou "degenerescências" burocráticas foram em geral explicadas, e às vezes justificadas, pelas "circunstâncias", como é o caso da tentativa muito sintomática de Domenico Losurdo de relativizar os crimes de Stálin e reabilitar sua personalidade. Ora, os primeiros sinais da burocratização aparecem *antes* da guerra civil e da intervenção estrangeira. Eles estão ligados, na realidade, a práticas muito antigas de organização interna dos partidos social-democratas, práticas que os bolcheviques levaram ao extremo. Se Lênin se tornou o teórico mais firme do partido dirigente já em 1902, foi porque considerava que tal partido era necessário para realizar a revolução num país em que a ampliação das relações sociais capitalistas estava longe de se concluir. A disciplina férrea justifica-se, antes de tudo, pela obrigação de *produzir* a unidade do proletariado, difundindo nele uma consciência de classe que somente poderia vir de fora, e não do próprio mecanismo de produção capitalista. Apresentando-se como condição e fiador da consciência e da unidade da classe operária, o partido aspirava à exclusividade da representação dos interesses proletários, do mesmo modo que, após a revolução, o "Estado socialista" se apresentaria como representante da classe operária e fiador da unidade do povo para legitimar o monopólio absoluto do poder burocrático do Estado[66]. Ao afirmar que detinham e encarnavam o saber histórico, partido e Estado se arrogaram o direito de impor à sociedade, pela força, a verdade da história. Em outras palavras, a lógica de partido reintroduziu o jogo da representação do soberano e do povo, no qual a unidade deste último repousa sobre a unidade de seu representante. Nesse sentido, Hannah Arendt não estava errada ao considerar que a ditadura de partido único era o "último estágio do desenvolvimento do Estado-nação em geral e

---

[66] Sobre esse ponto, ver as citações de Trótski e Lênin em Castoriadis, "Le Rôle de l'idéologie bolchevique", cit., p. 407.

do sistema multipartidário em particular"⁶⁷. Contudo, nesse caso não se tratou de qualquer partido, mas de uma forma particular de partido que desde o início visou produzir a unidade do proletariado para conquistar o poder de Estado e, uma vez realizado esse objetivo, *continuou* a produzir essa unidade por meio da organização do trabalho e da produção.

O comum da democracia contra o comum de produção do Estado

A lógica de partido não demorou a impor sua própria dinâmica institucional. Fez o partido único representar o papel de instrumento da criação de um comum de produção que o capital não pudera constituir por seu próprio desenvolvimento nacional. Essas condições particulares explicam por que as revoltas para romper o monopólio estatal do comum tentaram fazer com que o comum da democracia fosse reconhecido em sua forma mais direta na esfera da produção, ou seja, no terreno em que o monopólio se exerce com mais violência no cotidiano de milhões de indivíduos.

Esse foi o caso, em particular, da Revolução Húngara de 1956. Num texto publicado em 1976, "A fonte húngara", Castoriadis pôs em evidência o que constituía a radicalidade dessa revolução:

> Na Rússia, na China e em outros países que se apresentam como "socialistas" realiza-se a forma mais pura e extrema – a forma total – de capitalismo burocrático. A Revolução Húngara de 1956 foi a primeira e, até o momento, *a única revolução total contra o capitalismo burocrático total* – a primeira a anunciar o conteúdo e a orientação das futuras revoluções na Rússia, na China e em outros países.⁶⁸

Por que exatamente se tratou de uma "revolução total"? Porque significou a destruição prática da separação entre a estrita esfera "política" reservada ao governo e o resto da vida social, reservado à produção e ao trabalho, isto é,

---

⁶⁷ Hannah Arendt, *L'Humaine condition* (Paris, Gallimard, 2002, col. Quarto), p. 570 [ed. bras.: *A condição humana*, trad. Roberto Raposo, 12. ed., Rio de Janeiro, Forense Universitária, 2014].

⁶⁸ Cornelius Castoriadis, "La Source hongroise", em *Écrits politiques 1945-1997*, cit., p. 577 (grifo nosso) [ed. bras.: "A fonte húngara", em *Socialismo ou barbárie,* trad. Milton Meira do Nascimento e Maria das Graças de Souza Nascimento, São Paulo, Brasiliense, 1979, p. 257-87].

representou ao mesmo tempo a "desprofissionalização da política", ou sua abolição como esfera especial de competência, e seu correlato, a "politização universal da sociedade"[69]. De fato, a importância dos conselhos operários se deve a três coisas: a) o estabelecimento da "democracia direta", isto é, da "igualdade política verdadeira" ou "igualdade quanto ao poder"; b) seu enraizamento em "coletividades concretas", que não se resumiam apenas às fábricas; c) "suas reivindicações relativas à autogestão e à abolição das normas de trabalho"[70]. Assim, se a palavra de ordem da burguesia nascente havia sido: "Nenhuma taxação sem representação", o princípio que se destaca de imediato do programa e da atividade dos conselhos operários húngaros enuncia-se como: "*Nenhuma execução sem participação igual de todos na decisão*"[71]. Não é difícil reconhecer nessa formulação o princípio do comum em sua forma mais pura: apenas a coparticipação na decisão produz a coobrigação na execução da decisão. E é preciso dar à reivindicação da abolição das normas de trabalho, em particular, um sentido eminentemente positivo. Ela significa que "os encarregados de levar a bom termo uma tarefa são os que têm o direito de decidir o ritmo do trabalho", e que a única instância habilitada a decretar regras a esse respeito é o coletivo dos que terão de se moldar a elas[72]. Essa exigência rompe o cerne da crença no caráter puramente técnico da organização da produção e ao mesmo tempo derruba a primazia habitualmente concedida ao ponto de vista dos especialistas a fim de estabelecer a primazia do ponto de vista da utilização dos instrumentos de produção[73].

A China maoísta oferece outro exemplo comovente de resistência popular às normas capitalistas/produtivistas impostas pelo Estado-partido. Num ensaio luminoso, Jean François Billeter, fino conhecedor da China e de sua história, escreve: "A fome que Stálin organizou na Ucrânia de 1933 a 1934 e que causou milhões de mortes (8 milhões em 1933, segundo estimativas) não é apenas um

---

[69] Ibidem, p. 594 e 596.
[70] Ibidem, p. 593.
[71] Ibidem, p. 603.
[72] Ibidem, p. 605.
[73] Ibidem, nota 1, p. 599: "Por mais incrível que pareça, Lênin e Trótski viam a organização do trabalho, a gestão da produção etc. como questões puramente *técnicas*, sem relação, segundo eles, com a 'natureza do poder político', que continuava 'proletário', pois era exercido pelo 'partido do proletariado'. Um eco disso é o entusiasmo de ambos pela 'racionalização' capitalista da produção, o taylorismo, o trabalho por peça etc.". Sobre a primazia do ponto de vista dos usuários dos meios, ver ibidem, p. 606.

precedente. É o exercício da 'luta de classes' no qual Mao Tsé-tung se inspirou diretamente"[74]. Ele distingue quatro grandes momentos na "reação em cadeia" que arrastou a China a se submeter cada vez mais à racionalidade mercantil: o primeiro vai de 1920 a 1949, o segundo de 1949 a 1957, o terceiro de 1957 a 1979 e o quarto de 1979 até hoje. Detendo-se no terceiro momento, ele mostra que, na mente dos dirigentes, a experiência do "Grande Salto Adiante" foi comandada pelo objetivo de "criar, custe o que custar, e depressa" uma potência industrial capaz de rivalizar com as maiores. Essa lógica implacável, que prevalece sob uma forma diferente nos países capitalistas, "exige que todas as relações sociais e toda a existência humana sejam submetidas às exigências da produção". Referindo-se ao historiador Jasper Becker, que estima que 30 milhões de pessoas morreram vítimas da fome nos anos 1959-1961[75], Billeter considera que essa foi a "maior onda de fome não apenas da história da China, mas de toda a história", e esclarece que essas vítimas morreram não de cansaço nem de doença, "mas unicamente de fome, em silêncio, enquadradas por um regime que continuava dono da situação". Em vez de ver o Grande Salto como pura irrupção do irracional, ele não hesita em afirmar:

> Tratava-se de bater recordes de produção para fazer da China uma nação industrial. Para tanto, o campesinato foi submetido a uma proletarização brutal, que deveria ser irreversível. Até mesmo a vida em família tinha de ser abolida, porque freava essa transformação. Assim como os campos nazistas, o Grande Salto é um revelador. Deve ser posto não à margem, mas no centro da história contemporânea.[76]

Com isso, podemos verificar exemplarmente que o comunismo de Estado pretendia suprir a ausência de processo espontâneo de produção do "comum" pela grande indústria capitalista recorrendo aos métodos de coerção estatal em escala inédita: seus objetivos eram criar do nada um

---

[74] Jean François Billeter, *Chine trois fois muette* (Paris, Allia, 2010), p. 51.
[75] Jasper Becker, *La Grande famine de Mao* (Paris, Dagorno, 1998).
[76] Jean François Billeter, *Chine trois fois muette*, cit., p. 50. Também sobre esse tema, ler a grande obra de Yang Jisheng, *Stèles: la grande famine en Chine 1958-1961* (Paris, Le Seuil, 2012). Yang Jisheng, apesar de mostrar particularmente bem a responsabilidade de Mao na coletivização forçada dos campos chineses, não se esquece de frisar que o partido constituiu uma máquina muito eficaz para vetar qualquer verdade sobre os efeitos dessa política. Os que ousavam dizer o que tinham visto eram tratados como "elementos estranhos à classe operária", "elementos degenerados", "oportunistas de direita" ou "maus elementos", sofrendo consequências repressivas (ibidem, p. 187).

"comum de produção", do qual havia uma carência cruel, e, por interiorização de uma lógica hiperprodutivista, produzir o "homem novo" capaz de derrotar o capitalismo em seu próprio terreno.

Acuado depois do desastre do Grande Salto, Mao fez tudo que pôde para recuperar o poder de 1962 a 1966. Billeter analisa da seguinte maneira o método que ele pôs à prova de 1966 a 1968:

> Em 1966, não tendo alcançado seus objetivos por meios regulares, ele escolhe outros. Sabendo da frustração da juventude, em particular dos estudantes, ele a lança contra os que lhe resistem dentro do aparelho do partido. Assegurando-se de antemão do apoio do Exército por intermédio de Lin Piao (Lin Biao), pede sua intervenção cada vez que a rebelião estudantil se desvia do curso por ele desejado ou ultrapassa os objetivos por ele estabelecidos implicitamente. Quando, depois, os militares tentam lhe impor a vontade, ele volta a incitar a rebelião, se necessário contra eles. Mao brinca com fogo, porque corre o risco de ver a rebelião transformar-se uma hora ou outra num autêntico movimento de emancipação social e política, sobretudo quando ela ganha a adesão dos jovens operários, e de, chegado o momento, ter de esmagar num banho de sangue o princípio de revolução verdadeira que ele próprio desencadeara. Foi o que acabou fazendo em 1968, com a ajuda do Exército.[77]

Essa análise condensa de maneira notável o que se pode aprender com a leitura do livro de Hua Linshan *Os anos vermelhos*[78]. Aluno de colégio em Guilin no momento em que estourou a rebelião, o autor conta como caiu no meio de uma guerra civil extremamente violenta e reconstitui as dúvidas que o assaltaram no auge da confusão e o estado de espírito em que se encontrava. A partir de janeiro de 1968, quando o Comitê Central ataca as "tendências ideológicas esquerdistas" dos rebeldes e começam os primeiros massacres, as perguntas que o atormentam giram cada vez mais em torno dos verdadeiros motivos da Revolução Cultural[79].

---

[77] Jean François Billeter, *Chine trois fois muette*, cit., p. 52-3.

[78] Hua Linshan, *Les Années rouges* (Paris, Le Seuil, 1987) [ed. bras.: *Os anos vermelhos*, Rio de Janeiro, Zahar, 1988]. Jean François Billeter a considera a "melhor obra que se publicou a respeito da Revolução Cultural, seja em que língua for" (Jean François Billeter, *Chine trois fois muette*, cit., p. 53).

[79] Essas questões são formuladas nos seguintes termos: "Por que o Comitê Central quer nos atacar? Que erros ideológicos cometemos? Não é patente que o grupo preparatório massacra a população? Então por que somos impedidos de lutar contra isso? Onde foram parar os princípios da Revolução Cultural? O que o presidente Mao está pensando? E por que, afinal, essa Revolução Cultural?" (Hua Linshan, *Les Années rouges*, cit., p. 292).

O que aparece com toda a clareza é que a juventude estudantil e operária tomou ao pé da letra os princípios de democracia invocados pelo grupo dirigente, em particular a referência ao modelo da Comuna de Paris. Sabe-se que, no pensamento de Mao, não se tratava de pôr em prática o "direito de eleger e destituir os quadros". Nada mostra melhor seu cinismo do que a forma como voltou atrás na denominação inicial "Comuna de Xangai", adotada em março de 1967. Na verdade, tratava-se originalmente de criar uma forma de poder que centralizasse numa única e mesma organização as funções que antes eram repartidas entre o partido e o governo. O que motiva a mudança de nome é o temor de que uma "comuna" não seja uma organização suficientemente forte para garantir o controle do poder[80]. Contudo, do ponto de vista dos protagonistas da rebelião, os princípios de controle e revogabilidade dos dirigentes foram brandidos primeiro em nome do presidente Mao, antes de se mostrarem, para muitos, incompatíveis com as próprias bases do regime. Conforme escreve Billeter, Hua Linshan mostra que "Mao Tsé-tung assumiu o risco de desencadear uma verdadeira revolução para atingir seus fins", mas também que "estudantes, operários e outros aproveitaram a ocasião para *agir de acordo com seus próprios fins*, por eles descobertos durante a ação, e essa ação, tornando-se autônoma, trazia em seu bojo a negação do regime"[81]. Mandado ao campo para ser reeducado após a onda de repressão, Hua Linshan revela nas últimas páginas desse testemunho comovente a conclusão a que finalmente chegou:

> Agora eu compreendia por que o presidente Mao havia desencadeado a Revolução Cultural. Ele queria implantar medidas que lhe pareciam necessárias, mas iam contra a vontade da população. Portanto, para que fossem aplicadas, precisava ter o poder absoluto. Foi aí que entramos. Ele nos usou e nos lançou contra as organizações de base do partido. E, para atrair nosso apoio, ofereceu os princípios da Revolução Cultural. Era um grande embuste. Nunca lhe passou pela cabeça aplicar aqueles princípios.[82]

Portanto, se a Revolução Cultural foi um fenômeno contraditório, não o foi por ter sido uma "saturação do motivo do partido", que não ousou

---

[80] Sobre esse ponto, ver Roderick Macfarquhar e Michael Schoenhals, *La Dernière révolution de Mao* (Paris, Gallimard, 2009), p. 217-20.

[81] Jean François Billeter, *Chine trois fois muette*, cit., p. 54.

[82] Hua Linshan, *Les Années rouges*, cit., p. 367.

questionar essa mesma "forma"⁸³, mas por ter visto estudantes e operários indo contra o Estado em nome da exigência de um *comum político*, o da Comuna de Paris, que eles queriam *estender à esfera da produção*. Quanto ao nome "Mao", não designa a invenção, "dentro do espaço do Partido-Estado", de um "terceiro recurso" além do "formalismo" e do "terror", que seria o da "mobilização política de massa"⁸⁴, mas uma combinação de manipulação cínica, mentira e terrorismo sem equivalentes. Nesse sentido, é apenas o nome de um dos maiores criminosos de Estado da história do século XX, ao lado de Stálin e Hitler.

Libertar o comum da captura pelo Estado

Agora é possível dimensionar melhor a estranha mudança de rumo que levou à inversão do projeto inicial. O "socialismo" ou "comunismo científico" não era apenas aquele imperativo de racionalização e coordenação das atividades econômicas por um órgão central ao qual Durkheim tendia a reduzi-lo. Sem sombra de dúvida, tomado nessa acepção restrita, ele inspirou políticas produtivistas preocupadas em favorecer a centralização industrial. Mas também continha ambições democráticas: principalmente, a de estender a democracia ao mundo econômico e profissional, a de afirmar que a democracia não pode se deter às portas de oficinas, fábricas e fazendas. Para muitos de seus partidários, não se tratava de reinstaurar a "comunidade", na qual o indivíduo se submete ao todo encarnado por um líder e um partido, mas de reorganizar a sociedade de acordo com princípios de gestão e legislação que dão poder real, retribuição justa e reconhecimento a todos os que participam da obra comum. Essa democracia econômica da associação rejeitava a coordenação única das atividades pelo mercado, mas não confiava ao Estado a responsabilidade de comandar tudo, como ocorria com os babovistas, adeptos de uma "administração suprema". O socialismo, por

---

[83] Sabemos que o julgamento de Alain Badiou é este: Mao seria ao mesmo tempo o "nome supremo do Partido-Estado" e o "nome daquilo que, no partido, não é redutível à burocracia de Estado". Ver Alain Badiou, *A hipótese comunista*, cit., p. 89. Isso é deduzir enganosamente do caráter contraditório da Revolução Cultural o caráter "intrinsecamente contraditório" do próprio nome de Mao, como se esse nome refletisse fielmente em si mesmo o curso contraditório e convulsivo da revolução.

[84] Ibidem, p. 96.

consistir na organização democrática da cooperação dos trabalhadores em funções diferenciadas, não era negação da diversidade social e da diferenciação profissional; seus principais teóricos viam a democracia econômica e social sobretudo como a solução do problema causado por essa diversidade. Jaurès falava, nesse sentido, de um "comunismo das energias". Em outras palavras, o socialismo levantou como problema a instituição da cooperação econômica e social e respondeu com a fórmula da associação livremente consentida e coletivamente gerida pelos produtores – a ponto de pensar algumas vezes, como Proudhon, que "a oficina dissolverá o governo". As experiências de gestão cooperativa, autogestão e conselhos operários que ocorreram desde então foram todas marcadas por essa aspiração à democracia econômica.

É possível compreender melhor, então, a diferença de lógica entre os três modelos analisados: comunidade dos bens, associação de produtores e Estado burocrático. O primeiro pressupõe uma unidade primeva e gostaria de encontrá-la por meio da igualdade perfeita e da negação de qualquer propriedade. O segundo, que denominamos "socialismo" (como Durkheim) ou, mais estritamente, "comunismo científico" (como Marx), pressupõe, ao contrário, uma diferenciação social das atividades e visa coordená-las segundo um princípio de justiça e mérito que somente a democracia da gestão pode assegurar, mas permanece atado à suposição infundada da produção objetiva do comum pelo capital. O terceiro pretende organizar administrativamente a sociedade – material passivo que aguarda ser moldado, distribuído em classes e categorias e dirigido em tudo por um saber "científico" dominado e encarnado por uma organização superior. A distinção entre essas três formas "ideal-típicas", afora as hibridações efetivas que produziram, parece fundamental para refletirmos sobre uma alternativa ao capitalismo que não nos condene à repetição histórica.

Do primeiro modelo para o segundo quase não há passagem possível, uma vez que a lógica da associação livre dos indivíduos colide violentamente com a distribuição autoritária dos membros da comunidade em funções predeterminadas[85]. Entre o segundo e o terceiro, a ideia de um comum na esfera da produção material pode permitir alguma articulação, mas apenas

---

[85] O julgamento de Marx sobre *A república* de Platão é inapelável: "*A república* de Platão, na medida em que nela a divisão do trabalho é desenvolvida como o princípio formador do Estado, não é mais do que uma idealização ateniense do sistema de castas do antigo Egito [...]" (Karl Marx, *O capital*, Livro I, cit., p. 441).

até certo ponto: isto porque, enquanto o segundo modelo postula que esse comum é *dado* no próprio processo de produção, o terceiro atribui ao Estado a responsabilidade de *criar* esse comum mediante métodos de coerção. Por fim, entre o terceiro e o primeiro vislumbra-se certa proximidade em virtude da atribuição à "administração suprema" da tarefa de distribuir os indivíduos em suas respectivas funções. Aliás, em última análise, é isso que explica a pluralidade de sentidos da noção de hipótese elaborada por Alain Badiou, embora seja difícil articular esses sentidos uns aos outros. Vimos, de fato, que essa noção pode remeter tanto à suposição moral kantiana – o comunismo do "como se" – quanto à hipótese matemática – o comunismo "confirmado por seus fracassos". Mas convém não esquecer o terceiro sentido: a Ideia eterna que deve comandar a ação dos reis filósofos de *A república* – o comunismo *sub specie aeternitati*. Platão descreve estes últimos como "artistas pintores que trabalham conforme o modelo divino", desenhando o esboço da constituição política. Por isso devem tomar a cidade e o caráter dos homens como se fossem uma "tábula para o esboço", limpá-la, apagar alguns traços e desenhá-los de novo até que "tenham tornado o caráter humano o mais agradável possível ao deus"[86]. Esses legisladores tentariam elevar o homem ao modelo divino por meio da "limpeza da alma". Podemos compreender agora a importância dessa referência: Badiou se reporta ao mesmo tempo ao modelo platônico da comunidade dos bens e ao modelo do comunismo de Estado, ignorando olimpicamente o modelo de associação dos produtores. Como acabamos de ver, sua crítica à "forma-partido"[87] é muito superficial e não toca no essencial: o recurso à coerção e ao terror para mudar a alma humana. A referência platônica ganha todo o sentido então: permite salvar o núcleo duro do comunismo de Estado e, ao mesmo tempo, rejeitar tudo o que, nesse modelo, ainda se abeberava na ideia de comum material na esfera da produção.

---

[86] Platão, *La République*, cit., p. 340. Sobre esse ponto e sobre a dificuldade de articular os três sentidos da noção de hipótese, remetemos o leitor ao texto da conferência de Pierre Dardot no colóquio da Universidade Paris-VIII, "Puissances du communisme" (jan. 2010): "Le Communisme n'est pas une hypothèse". Disponível em: <www.questionmarx.typepad.fr>.

[87] É importante falar em "forma *do* partido" e não em "forma-partido": este último termo dá a entender que o partido é uma forma apenas no sentido de "método" ou "meio", embora tenha sido desde a origem a forma *de* um conteúdo, o conteúdo de um contra-Estado em formação.

Haverá quem pergunte por que a construção desses modelos é pré-requisito para as reflexões sobre aquilo que nestas páginas se entende pelo nome de "comum". É que ela nos ensina, no mínimo, a distinguir o comum e seus simulacros: o comum, ao menos no sentido de obrigação que todos impõem a si mesmos, não pode ser nem postulado como *origem que deve ser restaurada*, nem *dado imediatamente* no processo de produção, nem *imposto de fora*, do alto. É importante, acima de tudo, atentar para a última parte desta conclusão: a pretensa "realização" do comum na forma de propriedade do Estado só pode ser a destruição do comum pelo Estado. Consequentemente, se, apesar de tudo, alguma coisa do comum sobreviveu nos subterrâneos das sociedades dominadas por essa propriedade, foi à custa da resistência a esse apoderamento pelo Estado[88].

---

[88] A captura burocrática do comum nunca foi completa e acabada, porque a sociedade continuou a viver, a cultura continuou a se desenvolver fora dos aparelhos oficiais de enquadramento e, com frequência, contra eles. Nem a violência policial mais brutal, nem a socialização burocrática que pretendia criar o "homem novo" impediram a formação de uma opinião pública, de modelos de comportamentos e de práticas que escapam e resistem à lógica vertical do Estado-partido. Ver Alexandre Sumpf, *De Lénine à Gagarine* (Paris, Gallimard, 2013, col. Folio).

3
A GRANDE APROPRIAÇÃO
E O RETORNO DOS "COMUNS"

A ruína do comunismo de Estado não impediu a luta contra o capitalismo globalizado e financeirizado. Desde os anos 1990, apareceram em quase todo o mundo novos grupos militantes e correntes de pensamento que retomaram o fio da contestação da ordem dominante. Eles destacam os efeitos invasivos e destruidores do neoliberalismo e afirmam a necessidade de uma nova ordem mundial, alicerçada em princípios diferentes daqueles da concorrência, do lucro e da exploração abusiva dos recursos naturais. O altermundialismo, no fim do século XX, é testemunha da recomposição de uma esfera anticapitalista de dimensões mundiais, constitutiva de um momento de conjunção das mobilizações ambientalistas, dos movimentos sociais tradicionais e das contestações mais específicas às políticas neoliberais. Em todos os manifestos, plataformas e declarações publicados nos últimos dez anos em nome da luta "contra a globalização", o termo "comuns" ou a expressão "bem(ns) comum(ns)" servem para traduzir lutas, práticas, direitos e formas de viver que se apresentam como contrários aos processos de privatização e às formas de mercantilização que se desenvolveram a partir dos anos 1980. A palavra "comum", como adjetivo ou substantivo, no singular ou no plural, começou a funcionar como bandeira de mobilização, palavra de ordem da resistência, fio condutor da alternativa. É por esse motivo que a atual convergência das mobilizações contra o neoliberalismo que se faz em nome do *comum* marca um novo momento na história das lutas sociais contra o capitalismo em escala mundial.

Mas foi principalmente em referência aos *commons* – que traduzimos aqui por "comuns" – que *o* comum, no singular, se tornou a categoria central do anticapitalismo contemporâneo. Essa categoria surge no início do século XXI, o que poderia parecer curioso à primeira vista, dada a antiguidade histórica do que o francês chama de *communaux**. A militante indiana Vandana Shiva resumiu a grande tendência atual referindo-se à "guerra da água" na Bolívia: "Se a globalização é o cercamento final dos comuns (*the ultimate enclosure of the commons*) – nossa água, nossa biodiversidade, nossa comida, nossa cultura, nossa saúde, nossa educação –, recuperar os comuns é o dever político, econômico e ecológico de nosso tempo"[1].

Lembremos que por "comuns" se entende primeiramente o conjunto de regras que permitia aos camponeses de uma mesma comunidade o uso coletivo de caminhos, florestas e pastos, segundo o costume[2]. O termo recebeu conteúdo mais amplo, compreendendo tudo o que pudesse se tornar alvo de privatizações, processos de mercantilização, pilhagens e destruições realizados em nome ou a pretexto do neoliberalismo. Hoje o termo tem valor crítico, tornou-se o significante oponível à grande apropriação das riquezas que caracterizou as últimas décadas, a fórmula que, por sua lógica reversa, designa a grande pilhagem praticada pela pequena oligarquia do "1%" denunciada pelos ocupantes do Zuccotti Park, em Nova York. Esse termo contém, ao menos em germe, uma orientação universal das lutas contra o neoliberalismo: recuperação coletiva e democrática dos recursos e dos espaços açambarcados por governos e oligopólios privados; "a água é nossa", disseram os camponeses e os membros das cooperativas de Cochabamba, "as cidades são de todos", disseram os ocupantes das praças de Madri, Cairo, Nova York e Istambul. A ideia de comuns se tornou global em dois sentidos: ela compreende tipos extremamente variados de recursos, atividades e práticas e diz respeito a todas as populações do mundo[3].

O "paradigma dos comuns" também recebe forte impulso dos movimentos ambientalistas, mas sob uma ótica um pouco diferente. Nesse caso,

---

* Trata-se, como disseram os autores na introdução deste volume, de "terras utilizadas coletivamente". Traduziremos o termo aqui simplesmente por "comunais". (N. T.)

[1] Vandana Shiva, "Water Democracy", em Oscar Olivera e Tom Lewis, *Cochabamba: Water War in Bolivia* (Cambridge, South End Press, 2004), p. xi. Citado em Pierre Sauvêtre, *Crises de gouvernementalité et généalogie de l'État aux XXe et XXIe siècles. Recherche historico-philosophique sur les usages de la raison politique* (tese de doutorado, Institut d'Études Politiques de Paris, novembro de 2013), p. 905.

[2] Trataremos desse ponto nos capítulos 6 e 7 deste volume.

[3] Ver Donald M. Nonini, *The Global Idea of the "Commons"* (Nova York, Berghahn Books, 2007).

já não se trata de defender o livre acesso aos recursos comunitários confiscados pelos interesses privados, ou de proteger a propriedade pública da privatização; trata-se de proteger os "bens comuns" naturais contra a exploração sem limites – portanto, de proibir ou restringir o acesso a esses recursos ou o uso deles. Vemos aqui que a noção de "comuns" tem como novidade o fato de abranger os dois tipos de bens que a tradição jurídica de origem romana tendia a separar: as "coisas comuns" e as "coisas públicas"[4]. De um lado, portanto, o movimento ambientalista defende os comuns definidos como "recursos comuns naturais" contra a predação e a destruição operadas por uma fração da população mundial, enquanto, de outro, os movimentos antineoliberais e anticapitalistas atacam sobretudo a grande liquidação de "bens públicos". Mas os sentidos diferentes que o termo "comuns" pode assumir no novo léxico político, conforme o ângulo de visão, não se opõem; ao contrário, podem até se conciliar, como ocorre manifestamente na "batalha da água", que opõe as populações que lutam para fazer do acesso à água um direito humano fundamental, de um lado, e os poderosos grupos econômicos que militam a favor de sua mercantilização e exploração privada, de outro[5]. O que dá sentido à junção desses diferentes aspectos dos comuns numa designação única é a exigência de uma nova forma, mais responsável, duradoura e justa, de gestão "comunitária" e democrática dos recursos comuns[6]. Para alguns autores, essa é uma mudança importante na maneira de conceber a ação política, tanto em seus fins como em seus meios; em suma, uma nova "revolução na revolução"[7]. Embora não sejam excluídas das políticas desejadas pelas mobilizações populares – como a nacionalização do gás na Bolívia –, as antigas soluções estatizantes que faziam da propriedade pública a solução necessária e sufi-

---

[4] Sobre essa distinção no direito romano, ver o capítulo 1 deste volume.
[5] Ver Olivier Hoedeman e Satoko Kishimoto (orgs.), *L'Eau, un bien public* (Paris, Charles Léopold Mayer, 2010).
[6] Essa dimensão será tratada no capítulo 4 deste livro.
[7] Raúl Zibechi, *Disperser le pouvoir. Les Mouvements comme pouvoirs anti-étatiques. Soulèvement et organisation à El Alto* (Paris, Le Jouet Enragé/L'Esprit frappeur, 2009). A expressão "revolução na revolução" remete ao título de uma obra famosa de Régis Debray (Paris, Maspero, 1967) [ed. bras.: *Revolução na revolução*, São Paulo, Centro Editorial Latino Americano, 1967]. Na época, aplicava-se à estratégia do "foco de guerrilha" [foquismo], que supostamente suplantaria a do partido de tipo leninista. Retomada em 2003, significa que os comuns, por sua vez, substituíram o foco.

ciente para os problemas econômicos e sociais de uma população nacional já não são vistas da mesma maneira, depois que governos de quase todo o mundo venderam as empresas públicas a preço de banana e estabeleceram alianças estreitas com as grandes multinacionais.

Como avaliar a pertinência teórica e o alcance político dessa reintrodução da categoria "comuns" no pensamento crítico? O que ganhamos com a compreensão do capitalismo contemporâneo, interpretando analogicamente seu desenvolvimento como a repetição histórica do grande movimento de despossessão iniciado no fim da Idade Média nos campos europeus? Trata-se também de saber se as práticas e os espaços dos comuns que caracterizaram as sociedades pré-capitalistas podem nos ajudar a captar a originalidade de práticas e espaços novos como a internet. Como veremos, essa analogia tem suas razões e tem também seus limites. Em outras palavras, a grande apropriação é, ao mesmo tempo, uma das grandes tendências da época e o parâmetro de leitura dominante que explica por que recorrer aos comuns como uma analogia. Mas ler as transformações do mundo apenas do ângulo negativo da expropriação leva a uma interpretação parcial e lacunar dos processos em curso, ou mesmo à delimitação do pensamento do comum a uma reflexão estratégica essencialmente defensiva.

O novo "cercamento" do mundo

O movimento dos "comuns" é uma resposta a um dos aspectos mais evidentes do neoliberalismo: a "pilhagem" realizada pelo Estado e pelos oligopólios privados daquilo que até então era de domínio público, do Estado social, ou estava sob controle das comunidades locais. A imensa transferência de bens e capitais do Estado para o setor privado, em que consistiram as "terapias de choque" e as "transições para a economia de mercado" dos antigos países comunistas a partir do fim dos anos 1980 e durante os anos 1990, foi um dos aspectos mais marcantes dessa grande apropriação. Mas houve outras medidas nos países capitalistas do "centro" ou da "periferia" que abriram ao capital campos de atividade econômica e esferas sociais que estavam fora do domínio direto deste desde o fim do século XIX: cessão de companhias ferroviárias públicas, de empresas estatais de exploração de carvão, siderurgia, estaleiros, produção e distribuição de água, gás e eletricidade, correios, telefonia e televisão; privatização parcial dos mecanismos de assistência social, aposentadoria, ensino superior, educação e saúde; introdução de mecanismos de concorrência e critérios de rentabilidade no conjunto dos serviços públicos. Os efeitos nas relações sociais foram consideráveis. Em cerca de trinta anos, as desigualdades se aprofundaram, o patrimônio dos mais ricos cresceu vertiginosamente, a especulação imobiliária acelerou a segregação urbana. As formas de integração das classes populares na sociedade nacional foram alteradas, as organizações operárias e os partidos de esquerda perderam a função mediadora, e os dispositivos de redistribuição de renda não desapareceram, mas sua capacidade de integração sofreu diminuição notável. Em resumo, a sociedade se polarizou, fragmentou e despolitizou.

Embora tenham variantes locais, essas tendências têm também caráter universal, uma vez que estão ligadas à generalização das políticas neoliberais ocorrida a partir dos anos 1980. O "Consenso de Washington", teorizado por John Williamson em 1990, resumiu perfeitamente as diferentes faces dessas políticas implantadas primeiro na América Latina e depois no resto do mundo. Essa grande virada neoliberal foi muitas vezes simplificada e identificada com o triunfo do "todo-mercado" (*tout-marché*). É bem verdade que a ideologia oficial de Thatcher e Reagan ia nesse sentido. Na realidade, a implementação efetiva da lógica concorrencial em todos os campos nunca foi exclusividade dos atores privados. Como Marx viu desde cedo, e como Polanyi repetirá, há muito tempo o Estado é um agente ativo na construção dos mercados. A nova onda de apropriação das riquezas é, mais do que nunca, obra conjunta do poder público e das forças privadas, em particular das grandes empresas multinacionais, em todo o mundo. Aliás, é isso que explica a recomposição das classes dominantes, semiprivadas e semipúblicas, nacionais e ao mesmo tempo mundiais, cujos membros ocupam ampla gama de posições de poder no aparelho de Estado, na mídia e no sistema econômico, monopolizam postos-chave tanto nos partidos da direita tradicional como na esquerda "moderna", praticam intensivamente a "*revolving door*" [porta giratória] entre setor mercantil e função pública, ao mesmo tempo que desenvolvem uma verdadeira consciência de seus interesses comuns, sob disfarce de "realismo" econômico e "seriedade" de gestão. Aliás, essa hibridação neoliberal do "público-privado" favoreceu o surgimento de um novo conceito de poder, a "governança", permitindo que fosse superada no plano da representação a oposição cada vez mais enganadora entre propriedade pública e propriedade privada.

Concentrando-se nas práticas de apropriação e espoliação, a reivindicação dos comuns pretende reatar com certa tradição de luta contra a duradoura expansão da lógica proprietária que forneceu o arcabouço jurídico ao capitalismo. Assim, a atual ampliação do campo da propriedade privada e o crescimento da mercantilização são concebidos por muitos autores como um "segundo movimento de cercamento dos comuns" – de acordo com a expressão do jurista estadunidense James Boyle[8] –, que repete e generaliza em todos os campos, em especial no campo da biodiversidade e da criação intelectual e científica, o primeiro movimento de cercamento que ocorreu na Europa ocidental entre os séculos XV e XIX[9].

O paradigma dos comuns define-se expressamente *contra* a expansão da lógica proprietária e mercantil com a qual o neoliberalismo é usualmente identificado. A acreditarmos em David Bollier, essa "pilhagem silenciosa" diz respeito a todos os comuns (e em seu livro se encontra o catálogo mais completo deles), entre os quais se encontram, ao lado dos recursos naturais e dos espaços públicos, o patrimônio cultural, as instituições educacionais e a comunicação[10]. Esse movimento geral de "cercamento" seria comandado pelas grandes empresas, com o apoio de governos submissos à lógica do mercado. A mercadorização (*commodification*), o peso cada vez maior das grandes empresas (*corporatization*) e a pressão da lógica proprietária (*propertization*) vão de par e não conhecem limites políticos ou morais. O que é verdadeiro nos Estados Unidos é verdadeiro também em todas as outras regiões do mundo, em decorrência da pressão das grandes multinacionais apoiadas pelos governos: estaríamos diante de um formidável fortalecimento mundial dos direitos de propriedade e, com ele, de uma nova expansão do capitalismo, ainda que esse termo não seja sempre empregado pelos defensores dos comuns. Certos exemplos são particularmente significativos dessa expansão: os camponeses autóctones expropriados do controle das sementes pelas grandes multinacionais da indústria agroalimentar, como a Monsanto; o desenvolvimento de patentes sobre seres vivos por

---

[8] Ver James Boyle, "The Second Enclosure Movement and the Construction of the Public Domain", *Law and Contemporary Problems*, v. 66, n. 1 e 2, 2003. Ver também James Boyle, *The Public Domain: Enclosing the Commons of the Mind* (New Haven, Yale University Press, 2008).

[9] James Boyle, "The Second Enclosure Movement and the Construction of the Public Domain", cit.

[10] Fazemos referência aqui ao importante livro de David Bollier, *Silent Theft: The Private Plunder of our Common Wealth* (Nova York, Routledge, 2003).

pressão das empresas de biotecnologia[11]; ou ainda a monopolização das patentes dos *softwares* mais usados no mundo pelas gigantes da informática, como a Microsoft.

Denunciar os "novos cercamentos" é enfatizar um conjunto de tendências inseparáveis da atual globalização capitalista. O termo "cercamento" faz pensar, sobretudo, no açambarcamento de terras e recursos naturais praticado em escala mundial. Tomaremos os dois exemplos muito eloquentes da terra e da água. Um dos mais notáveis é o chamado *land grabbing*, que agrava os efeitos destruidores do livre-comércio, do agronegócio e das biotecnologias sobre a agricultura camponesa em todo o mundo. Trata-se de uma prática de açambarcamento das terras aráveis dos países do Sul – África subsaariana, Indonésia, Filipinas, Brasil, Argentina, Uruguai etc. – por aquisição e, sobretudo, locação de longo prazo (de 25 a 99 anos)[12]. Esse açambarcamento, que já representa quase 2% das terras cultiváveis no planeta, é praticado por empresas multinacionais e Estados de países emergentes do Sul (China e Índia) ou de países do Norte (Estados Unidos e Reino Unido), que desejam aumentar sua segurança alimentar e energética e possibilitar que suas empresas e centros financeiros lucrem especulando com terras e preços agrícolas[13]. Essa tendência se acentuou depois da crise alimentar de 2007 e é estimulada pela especulação financeira. Em 2011, o açambarcamento de terras representava 80 milhões de hectares. As transações, realizadas na maioria das vezes sem consulta às populações locais, ocorrem em geral entre os Estados que controlam as terras e os investidores. É o que acontece em muitos países africanos. Os efeitos na agricultura camponesa, na natureza dos produtos cultivados e na alimentação das populações locais fazem pensar que essa aplicação direta e brutal do poder do capital mundial sobre as terras agrícolas dos países pobres apenas repete a mercantilização da terra na Europa séculos atrás e causa consequências da mesma natureza, mas em escala muito maior. O aumento do preço dos terrenos disponíveis, a interdição do

---

[11] Ver Jeremy Rifkin, *Le Siècle biotech* (Paris, La Découverte, 1998) [ed. bras.: *O século da biotecnologia*, trad. Arão Sapiro, São Paulo, Makron Books, 1999].

[12] Ver Gilles van Kote, "La Course aux terres ne profite pas aux pays du Sud", *Le Monde*, 27 abr. 2012; e o extraordinário documentário de Alexis Marant, *Planète à vendre* (França, Arte France/Capa, 2010).

[13] Ver o projeto "Land Matrix", que faz o recenseamento das transações de terras em regime de *land grabbing*, disponível em: <http://landmatrix.org>.

acesso às antigas terras comuns, a posse das terras mais férteis, a escolha de produções destinadas à exportação, a propagação de organismos geneticamente modificados (OGM), herbicidas e pesticidas associados acarretam, em todo o mundo, a expropriação e o êxodo dos camponeses para as favelas das megalópoles do Terceiro Mundo, bem como o aumento do preço dos gêneros alimentícios para toda a população. Esse açambarcamento espetacular, que parece apenas completar a gama de práticas e instrumentos que restringiram a produção de víveres em favor das culturas de exportação, na verdade também acelera drasticamente a transformação capitalista da agricultura e a destruição das comunidades camponesas.

A apropriação das terras agrícolas está diretamente ligada ao açambarcamento da água em benefício das grandes culturas de exportação. De forma mais geral, o controle capitalista da água é outro exemplo de mecanismo que apresenta semelhanças com os mecanismos históricos da expropriação dos "comuns"[14]. Embora a gestão da água das grandes cidades do mundo continue sob controle público, o comércio da água cresceu nos anos 1980. Esse mercado mundial é dominado por um número muito pequeno de oligopólios, entre as quais há duas empresas francesas – Suez Environnement (antiga Lyonnaise des Eaux) e Veolia (antiga Compagnie Générale des Eaux). Elas estão presentes em dezenas de países em todos os continentes, com o apoio ativo da Organização Mundial do Comércio (OMC), do Banco Mundial e de governos nacionais, mas também da Unesco, membro organizador do Conselho Mundial da Água, grupo de *lobby* a favor da privatização da água. Os defensores da privatização se justificam invocando o montante de investimentos necessários para enfrentar o crescimento das populações urbanas e possibilitar o acesso à água potável a mais de 1 bilhão de seres humanos, bem como a implantação de serviços sanitários básicos a quase 2,5 bilhões de habitantes. De ponto de vista deles, os municípios e os Estados não têm capacidade de mobilizar dinheiro suficiente para construir, recuperar e manter as redes de produção e distribuição de água potável, ao passo que as empresas privadas poderiam reunir esses meios, se tivessem liberdade para atribuir à água – considerada um "bem econômico" banal, isto é, uma mercadoria – um preço vantajoso. Com muita frequência, o resultado da privatização da gestão da água, quando ocorre, é o aumento do preço para o usuário, considerado um consumidor "racional",

---

[14] Ver Riccardo Petrella (org.), *Eau: res publica ou marchandise?* (Paris, La Dispute, 2003).

o que tem como consequência a restrição do acesso à água para as populações mais pobres. A corrida tecnológica iniciada pelas "grandes" do setor para propor novas soluções ao crescimento da demanda – reciclagem de águas servidas, dessalinização – leva a pensar que o processo mercantil ainda não acabou, apesar das inúmeras lutas que ocorreram desde os anos 1990[15]. Entre essas lutas, a de Cochabamba é emblemática. A Lei 2.029 sobre a privatização da água, votada em outubro de 1999, contra a qual os camponeses e a população dos *barrios* se revoltaram, tinha todas as características de uma lei de confisco e expropriação: além da privatização da gestão pública municipal, ela proibia a atividade local das cooperativas autônomas de bairro que haviam perfurado poços ou dos camponeses que haviam instalado reservatórios coletivos de água de chuva[16].

Mas, além desses exemplos, todo o "ambiente" humano é afetado de múltiplas maneiras por essa ampliação mercantil e proprietária. Bens de primeira necessidade, como alimentos ou medicamentos, são governados cada vez mais estritamente pela lógica mercantil imposta pelos oligopólios mundiais; cidades, ruas, praças e transportes públicos são transformados em espaços de comércio e publicidade; o acesso às instituições culturais, aos equipamentos esportivos e aos locais de lazer e descanso torna-se cada vez mais difícil em vista das tarifas cada vez mais elevadas que são cobradas dos usuários-clientes; os serviços públicos, desde hospitais até escolas, passando por penitenciárias, são construídos e cogeridos por empresas privadas; as instituições públicas de pesquisa e as universidades são "dirigidas" com objetivos de rentabilidade; florestas, mares, rios e subsolo são submetidos a uma exploração industrial cada vez mais intensiva; e todo o patrimônio cultural pertencente ao "domínio público" é instado a tornar-se um "capital" cujo valor os museus e as bibliotecas devem expandir. Essa grande apropriação, em toda a variedade de suas manifestações, acarreta fenômenos maciços de exclusão e desigualdade, contribui para acelerar o desastre ambiental, transforma a cultura e a comunicação em produto comercial e atomiza cada vez mais a sociedade em indivíduos-consumidores indiferentes ao destino comum.

---

[15] Marc Laimé, "La Marchandisation de l'eau s'accélère", *Le Monde Diplomatique*, 19 mar. 2008.

[16] Ver Oscar Olivera, "Privatization", em Oscar Olivera e Tom Lewis, *Cochabamba: Water War in Bolivia*, cit.; e Pierre Sauvêtre, *Crises de gouvernementalité et généalogie de l'État aux XXe et XXIe siècles*, cit., p. 921.

O paradigma do "cercamento dos comuns"

Nessas condições, entende-se por que um dos "parâmetros de interpretação" mais utilizados para compreender a natureza dessa nova "grande transformação" pela qual estamos passando se baseia na analogia histórica com os "cercamentos contra os comuns". O livro de Peter Linebaugh dedicado à *Magna Carta* é a melhor ilustração[17]. Partindo de uma referência do subcomandante Marcos em 1994 à *Magna Carta* inglesa de 1215, Linebaugh propõe uma interpretação do neoliberalismo e dos movimentos que se opõem a ele em quase todo o mundo: encena-se hoje, no palco mundial, uma história que a Europa, especialmente a Inglaterra, percorreu a partir do século XIII, a história da destruição dos *commons* rurais pelos cercamentos[18]. É, portanto, por um *raciocínio analógico* bastante sedutor que se tende a equiparar todas as formas de resistência anticapitalista à luta de defesa dos "comuns" e que práticas e saberes com raízes longínquas na história são relacionadas às mais sofisticadas ferramentas de comunicação e informação manipuladas pelos novos *commoners* da internet.

A analogia proposta por Linebaugh é, na realidade, um eco erudito de uma referência mais difusa que surgiu em meados dos anos 1990 não só no movimento zapatista, mas também na América do Norte e do Sul, na Índia e depois na Europa. Segundo David Bollier, o "paradigma dos comuns"[19] teve, de imediato, alcance polêmico e estratégico, uma vez que visa diretamente ao predomínio do modelo econômico de mercado e à ideologia dos direitos de propriedade, apresentados como as únicas maneiras de melhorar a eficiência econômica e a prosperidade de todos. Esse mesmo autor defende que se trata de uma forma cultural nova que se abre diante de nós"[20], ou de um movimento social, muito semelhante ao dos ambientalistas, que apresenta três dimensões: científica, normativa e mobilizadora. Ele permitiria, em particular, repensar a ação política, redefinir seus objetivos e reconsiderar suas formas. Nesse sentido, convém observar desde já que a

---

[17] Peter Linebaugh, *The Magna Carta Manifesto: Liberties and Commons for All* (Berkeley, University of California Press, 2009).

[18] Falaremos mais detidamente do alcance dessa referência no capítulo 7 deste livro.

[19] David Bollier, "Growth of the Commons Paradigm", em Charlotte Hess e Elinor Ostrom (orgs.), *Understanding Knowledge as a Commons* (Cambridge, MIT Press, 2007), e David Bollier, *Silent Theft*, cit.

[20] David Bollier, "Growth of the Commons Paradigm", cit., p. 29.

categoria dos "comuns" foi reintroduzida nos meios acadêmicos da ciência política estadunidense pelos trabalhos de Elinor Ostrom e seus colaboradores. Eles mostraram que, em muitos lugares do mundo, a gestão coletiva dos recursos comuns continuava viva e escapava da lógica do mercado e da administração do Estado, sem provocar o mínimo desperdício[21].

O "paradigma dos comuns" tem dois aspectos: um defensivo e outro ofensivo. Apresenta-se, em primeiro lugar, como um movimento de defesa dos comuns, entendendo-se, por "comuns", todos os "recursos comuns" existentes, que devem permanecer à disposição de uma comunidade restrita ou de toda a sociedade. Para Bollier, se tomássemos consciência de que "recursos comuns" são não só as paisagens, a água, o ar, as ideias, a ciência, as ondas de rádio e a internet, mas também as relações sociais, a educação e o compromisso cívico, poderíamos desenvolver estratégias de proteção dos *commons* contra a invasão do mercado e as práticas de apropriação que constituem o "roubo silencioso" daquilo que pertence a todos[22]. Mas esse paradigma apresenta também uma vertente mais ofensiva, que atua pela promoção das práticas comuniais que podem se desenvolver com base nos "recursos comuns". Segundo Bollier:

> Os comuns constituem o humo em que nascem novas práticas sociais comuniais (*commoning*); estas nos fornecem pistas eficazes para repensarmos nossa ordem social, nossa governança política e nossa gestão ambiental. Os comuns tornam possíveis novas energias ascendentes capazes de redesenhar nossas instituições políticas.[23]

Essa nova cultura política nos possibilitaria compreender que a riqueza não é criada apenas pelos donos do capital ou pelos *managers* (como reza a cartilha neoliberal universalmente compartilhada por governos de direita e de esquerda), mas também por comunidades ou sociedades cujos membros põem em comum saberes e competências a fim de criá-la. O crescimento da internet e as comunidades virtuais que se formaram nos últimos trinta anos seriam a prova factual de que valor não se resume a preço comercial. Melhor: as práticas colaborativas que se desenvolveram

---

[21] Falaremos mais longamente desses trabalhos no capítulo 4 deste livro.
[22] Ver David Bollier, *Silent Theft*, cit.
[23] Idem, "Les Communs: ADN d'un renouveau de la culture politique", em Association Vecam (org.), *Libres savoirs: les biens communs de la connaissance* (Paris, C&F, 2011), p. 306.

na internet e levaram a realizações de grande alcance, como o movimento dos *softwares* livres ou a construção de enciclopédias no estilo da Wikipédia, comprovam a existência de outra economia política e de outra concepção de riqueza, a das redes, cujas primeiras bases foram assentadas por teóricos como Yochai Benkler[24].

Esse "paradigma dos comuns" foi desenvolvido por autores muito ligados aos movimentos sociais globais. Um dos textos mais emblemáticos a esse respeito é, sem dúvida, o de Naomi Klein, "Reclaiming the Commons" [Recuperando/Reivindicando os comuns], escrito em 2001 na esteira da primeira grande mobilização "antiglobalização" de Seattle e do primeiro Fórum Social de Porto Alegre. Naomi Klein propõe uma definição do movimento altermundialista a partir da reivindicação dos *commons*[25]. Se, como diz ela, se trata de uma "coalizão de coalizões", a questão é saber o que permite essa articulação de movimentos ligados a causas aparentemente tão diferentes. Isso se deve, segundo ela, à tomada de consciência de uma ameaça comum que contém dois aspectos: "a privatização de todos os aspectos da vida cotidiana e a transformação de toda atividade e todo valor em mercadoria"[26]. O *slogan* do movimento, "O mundo não está à venda", expressa precisamente a exigência de defender e promover os comuns como bens inalienáveis. A resposta de todos os que lutam no mundo pelo respeito aos espaços públicos e pelo fim dos OGM controlados pelas multinacionais agroalimentares, contra a mercantilização e a privatização da saúde e da educação e a favor do acesso universal à água, pela mobilização contra as atividades industriais e agrícolas poluentes, e muitos outros, tem o mesmo "espírito": a "recuperação dos comuns"[27]. A altermundialização não se opõe à "globalização" em geral: trata-se de um movimento que se opõe à privatização do mundo e luta pelo controle democrático das trocas e da exploração dos recursos comuns, afirma Naomi Klein. Essas lutas não visam defender parques industriais nacionais ou particularidades culturais ou sociais, mas obedecem a uma leitura "global" dos processos em curso e das

---

[24] Ver Yochai Benkler, *La Richesse des réseaux: marchés et libertés à l'heure du partage social* (Lyon, Presses Universitaires de Lyon, 2009).

[25] Naomi Klein, "Reclaiming the Commons", *New Left Review*, n. 9, maio-jun. 2001.

[26] Ibidem, p. 82.

[27] Idem. O termo inglês *reclaiming* é, evidentemente, muito difícil de traduzir. Ele tem vários significados, que vão de "reivindicação" a "reforma", passando por "revogação".

formas de luta. Para Naomi Klein, essa é uma das principais características do movimento *antiglobalization*. Isso foi possibilitado, observa ela, pela própria ação das multinacionais, que por ambição imperialista criaram as condições e impuseram a necessidade de uma coalizão internacional e intersetorial das resistências. O processo de globalização comandado pelos grandes oligopólios e pelas organizações internacionais encarregadas de redigir as leis do comércio e das finanças é que favorece, por si mesmo, a tomada de consciência da interdependência das questões ambientais, sociais e econômicas.

É justamente isso que permite expressar, por seu caráter geral e abstrato, a categoria "comuns". Essa categoria tem, de fato, a vantagem de englobar todos os elementos da realidade, todas as práticas, todas as instituições, todos os títulos e estatutos ameaçados pela lógica proprietária e mercantil, a qual é resumida pela categoria geral e abstrata de "cercamento". Permite coligar forças díspares que são alvo da mesma lógica adversa. David Bollier sublinha:

> Evocando os comuns, podemos começar a construir um vocabulário compartilhado para designar o que nos pertence coletivamente e devemos gerir de forma responsável. Podemos reconquistar o controle de um patrimônio intergeracional que vai da atmosfera e dos oceanos ao genoma humano e à internet, passando pelo espaço público e pelo domínio público. Todos esses bens coletivos são objeto de exploração, privatização e mercantilização agressivas.[28]

De fato, a força desse novo paradigma dos comuns advém da coalizão entre lutas diversas, que ele parece prometer, lutas cujo princípio parece ter se constituído na convergência dos movimentos sindicais, ambientalistas e altermundialistas em Seattle, em 1999. Poderíamos dizer, usando o vocabulário gramsciano de Ernesto Laclau e Chantal Mouffe, que a noção de "comuns" é um desses termos que garantem uma "cadeia de equivalência" entre lutas em campos muito diferentes[29]. Esse valor estratégico, aliás, é enfatizado por aqueles que, como Philippe Aigrain, militam há muito tempo por uma "coalizão dos bens comuns", reunindo ambientalistas que

---

[28] David Bollier, "Les Communs: ADN d'un renouveau de la culture politique", cit., p. 307.
[29] Ernesto Laclau e Chantal Mouffe, *Hégémonie et stratégie socialiste: vers une politique démocratique radicale* (Besançon, Les Solitaires Intempestifs, 2009).

lutam pela defesa dos "bens comuns físicos" e programadores que lutam pela promoção dos "bens comuns informacionais"[30].

Mas o que Naomi Klein desejava ao reinvestir na categoria de comuns era a conexão entre o "bem-estar local" e os processos mundiais mais abstratos, a fusão entre os movimentos de defesa ou criação de modos de vida mais conviviais, mais democráticos, mais autônomos, e a luta contra a onipotência das grandes empresas[31]. A temática dos comuns tem poder de atração porque parece ser capaz de estabelecer a ligação entre as lutas *contra* os aspectos mais nocivos do neoliberalismo (mercantilização, privatização, aquecimento climático etc.) e as lutas *a favor* de uma nova organização social, baseada em novos princípios de solidariedade, partilha, respeito ao meio ambiente e à biodiversidade. A defesa dos comuns, para Naomi Klein, inscreve-se no horizonte de uma democracia totalmente refundada num autogoverno local[32]. Esse é um dos aspectos mais fundamentais do retorno dos comuns: não se trata mais de recorrer ao Estado para que ele defenda as populações, mas de promover formas de controle democrático dos recursos comuns. Como formulou com muita clareza Oscar Olivera, um dos líderes bolivianos da "guerra da água": "O cerne das questões levantadas pela privatização da água em Cochabamba era quem decidiria o presente e o futuro da população, dos nossos recursos e das condições em que vivemos e trabalhamos. Queremos decidir essas questões por nós mesmos e para nós mesmos"[33].

Renovação das lutas contra o neoliberalismo

O surgimento e a difusão mundial da reivindicação dos comuns estão ligados a uma série de lutas que, desde meados dos anos 1990, têm em comum

---

[30] Ver Philippe Aigrain, "Pour une coalition des biens communs", *Libération*, 25 ago. 2003. Disponível em: <http://paigrain.debatpublic.net/docs/bienscommuns.pdf>.

[31] Era essa relação entre local e global que Pierre Bourdieu admirava na luta de José Bové na época em que este liderava a Confédération Paysanne.

[32] As posições dos defensores dos comuns não são todas tão radicais. David Bollier, por exemplo, ressalta que a defesa dos comuns não significa pôr em dúvida o mercado como tal, mas visa antes a um "equilíbrio" entre os recursos comuns e as forças do capitalismo. Ver David Bollier, *Silent Theft*, cit., p. 3.

[33] Oscar Olivera, "Privatization", citado em Pierre Sauvêtre, *Crises de gouvernementalité et généalogie de l'État aux XXe et XXIe siècles*, cit., p. 921. Trataremos mais precisamente da dimensão política da gestão dos comuns no próximo capítulo.

o fato de se oporem a aspectos particularmente perniciosos e intoleráveis das políticas neoliberais. A categoria dos "comuns" não foi mobilizada pelos protagonistas das lutas que ocorreram entre o fim dos anos 1990 e o início dos anos 2000, em especial na América Latina, mas decorre sobretudo da leitura retroativa das novas características dessas lutas. Ela torna visível a maneira como se esboçam formas de poder e movimentos que contestam tanto as relações sociais capitalistas baseadas na propriedade privada dos recursos naturais quanto os modos tradicionais de gestão burocrática dos "bens públicos". Portanto, permite expressar ao mesmo tempo a unidade e a enorme variedade dessas formas e movimentos, sua participação num campo de lutas mundiais e sua localização singular. Bastante exemplar dessa articulação entre "local" e "global" é o movimento zapatista, uma vez que se caracteriza em especial pelo elo estreito que procura estabelecer, na teoria e na prática, entre a defesa das comunidades indígenas de Chiapas, vítimas de expropriação e exploração, e a "luta a favor da humanidade contra o neoliberalismo". Foi por esse motivo que, desde a insurreição de 1º de janeiro de 1994 – data em que entrou em vigor o Tratado Norte-Americano de Livre-Comércio (Nafta) – até o início dos anos 2000, ele exerceu forte atração sobre muitos intelectuais e militantes. Simultaneamente à busca prática de um novo universalismo, já se identificam nesse movimento de grandes repercussões mundiais a rejeição às antigas formas organizacionais de tipo leninista e guevarista e a enorme atenção dada aos procedimentos de discussão e decisão que serão a marca dos movimentos antineoliberais e altermundialistas do início do século XXI[34].

De modo mais geral, a América Latina, por ter sido submetida bem mais cedo do que outras regiões do mundo às duríssimas políticas neoliberais e aos famigerados "planos de ajuste estrutural" do Fundo Monetário Internacional (FMI), é também o subcontinente onde ocorreram os primeiros grandes movimentos populares de contestação ao neoliberalismo e os primeiros triunfos desse combate. Pensamos em especial na revolta de dezembro de 2001 em Buenos Aires, que fez o presidente em exercício renunciar. Essa revolta inaugurou um período de mobilização extremamente forte de diversos setores da população portenha, reunidos em centenas de assembleias populares, lado a lado com *piqueteros* desempregados

---

[34] Ver Jérôme Baschet, *La Rébellion zapatiste: insurrection indienne et résistance planétaire* (Paris, Flammarion, 2005).

e assalariados que ocuparam quase duzentas "empresas recuperadas", colocando-as "sob gestão operária". Mas não resta dúvida de que a "batalha da água" e, em seguida, a "batalha do gás" na Bolívia foram as lutas que deram esperanças de outras vitórias em outros campos e começaram a popularizar o "retorno dos comuns", antes mesmo das lutas em torno da remunicipalização da água na Itália.

Dos eventos bolivianos que, entre 2000 e 2005, levaram à contestação em massa da privatização da distribuição de água em Cochabamba, em benefício da empresa estadunidense Bechtel, e ao questionamento do acordo de exportação de gás firmado pelo governo com um consórcio multinacional, por enquanto ficaremos com as lições mais marcantes. A mobilização popular em Cochabamba, embora não tenha chegado a criar uma forma política completamente nova e duradoura, como mostrou Franck Poupeau[35], ao menos fez surgir práticas e instituições de autogoverno no transcorrer da luta que merecem atenção. A criação das assembleias participativas transformou os usuários da água em "atores" preocupados em fazer parte da gestão do recurso; essas assembleias reativaram antigas formas deliberativas comunitárias que se misturaram a formas democráticas urbanas e sindicais e reinvestiram nelas. O objetivo da luta e a subjetividade dos indivíduos mobilizados mostraram coerência, uma vez que a organização da luta pela recuperação do recurso comum já esboçava o que deveria ser sua gestão futura. A luta, portanto, não era apenas econômica e social, pois possibilitou levantar a questão da forma política geral da sociedade. Contudo, esse processo político boliviano, embora avançado, foi impedido pela prevalência do modelo "desenvolvimentista", que atribui ao Estado o privilégio da gestão centralizada dos recursos.

Não há dúvida de que, nas lutas dessa época, ainda é poderosa a crença nas soluções estatais, administrativas e centralizadas, maciçamente adotadas pela esquerda no século XX. Ao mesmo tempo, porém, a reconfiguração do Estado-empresa, aliado aos oligopólios e submisso às organizações do Consenso de Washington ou à União Europeia, induz à procura de novos caminhos políticos. É o que mostram o discurso e as lutas altermundialistas dos anos 2000, apesar das múltiplas confusões e hesitações. Oito anos após

---

[35] Ver Franck Poupeau, "La Bolivie et le paradoxe des 'communs'. Sept thèses commentées sur le processus de transformation politique actuel", apresentado no seminário "Du public au commun", sessão de 15 dez. 2010.

o texto de Naomi Klein, encontramos a reivindicação dos "comuns" no "Manifesto pela recuperação dos bens comuns", lançado no Fórum Social Mundial de Belém do Pará, em 2009:

> A privatização e a mercantilização dos elementos vitais para a humanidade e para o planeta estão mais fortes que nunca. Depois da exploração dos recursos naturais e do trabalho humano, esse processo se acelera e se estende ao conhecimento, à cultura, à saúde, à educação, às comunicações, ao patrimônio genético, aos seres vivos e a suas modificações. O bem-estar de todos e a preservação da Terra são sacrificados pelo lucro financeiro de uns poucos. As consequências desse processo são nefastas. Elas são visíveis e notórias: sofrimento e morte dos que não têm acesso a tratamentos patenteados e são negligenciados pelas pesquisas voltadas para o lucro comercial, destruição do meio ambiente e da biodiversidade, aquecimento climático, dependência alimentar dos habitantes dos países pobres, empobrecimento da diversidade cultural, redução do acesso ao conhecimento e à educação em razão do estabelecimento do sistema de propriedade intelectual sobre o conhecimento, impacto nefasto da cultura consumista.

É a mesma ideia que, agora no singular, se encontra no projeto da Declaração Universal do Bem Comum da Humanidade, redigida por François Houtard e proposta no Fórum Mundial de Alternativas, à margem do Rio+20, em junho de 2012, e no Fórum Social Mundial de Túnis, em 2013. Dessa vez, no entanto, os bens comuns não precisaram ser identificados um a um: eles foram agrupados na categoria geral de Bem Comum, cujo fundamento natural é a Mãe Terra, termo inspirado nos movimentos indigenistas da América Latina, e que deve "servir de base para a convergência dos movimentos sociais e políticos".

A extensão e o sucesso da categoria dos comuns, que hoje faz parte do léxico da contestação *antiglobalization*, devem-se em grande parte a seu caráter ao mesmo tempo sedutor e "flutuante". Os textos oscilam entre o plural "comuns" ou "bens comuns" e o singular "bem comum", como assinalamos acima[36]. Mas, ao menos por enquanto, o significado do termo "comuns" é, acima de tudo, crítico. Em primeiro lugar, manifesta certa rejeição contra a grande apropriação neoliberal e, em segundo, diz respeito às próprias justificações do capitalismo. Contestar o cercamento dos comuns é retomar a crítica à propriedade privada como condição absoluta da riqueza social.

---

[36] Ver capítulo 1 deste volume.

Direito de propriedade e concorrência pela inovação

É incontestável que a disputa em torno da propriedade privada se deslocou ao longo dos dois últimos séculos: passou da argumentação teológica e moral[37] para a argumentação sobre eficácia econômica, mais exatamente sobre o papel do Estado na atividade econômica. No século XX, Mises e Hayek, entre muitos outros teóricos do capitalismo contemporâneo, criticaram a planificação centralizada; Friedman e congêneres atacaram em seus *best-sellers* a coerção estatal sobre as escolhas econômicas[38]; George F. Gilder explicou, em *Wealth and Poverty* [Riqueza e pobreza], que o capitalismo de livre mercado é a melhor maneira de diminuir a pobreza. Toda essa literatura apologética pretendia mostrar que o capitalismo era muito superior ao socialismo para aumentar a produção e atender às necessidades da população. Mas há outros textos que defenderam a propriedade privada sob ângulos mais originais e renovaram o debate sobre os "comuns". O importante artigo "The Tragedy of the Commons" [A tragédia dos comuns], do biólogo estadunidense Garrett Hardin, foi publicado na revista *Science* em 1968 e teve papel de destaque nesse sentido. Segundo Hardin, os *commons* – termo que compreende tanto o ar que respiramos e os parques públicos como os mecanismos de seguridade social – são infalivelmente objeto de superexploração por parte de indivíduos racionais que desejam, acima de tudo, maximizar seus ganhos pessoais à custa dos outros. O autor vê esse comportamento como a principal razão pela qual os direitos e as práticas dos comuns foram abandonados no passado em benefício da propriedade individual. Por um desses paradoxos de que a história intelectual está cheia, esse ataque violento aos comuns foi um dos vetores do "retorno dos comuns" ao debate teórico e político[39].

No entanto, outro tema ensejou a renovação da justificação dos direitos de propriedade e contribuiu para que estes fossem ampliados e fortalecidos nas três últimas décadas: a *inovação*. Joseph Schumpeter foi um pioneiro na matéria e deu ao empreendedor a função – fundamental, segundo ele – de

---

[37] Para uma reconstituição das grandes linhas dessa argumentação, ver o capítulo 6 deste volume.

[38] Ver Milton e Rose Friedman, *Capitalism and Freedom* (Chicago, University of Chicago Press, 1982) [ed. bras.: *Capitalismo e liberdade*, trad. Luciana Carli, 2. ed., São Paulo, Nova Cultural, 1985].

[39] Trataremos mais adiante, no capítulo 4, do argumento desse artigo.

"quebrar a rotina" em todos os aspectos da vida econômica, a ponto de vê-lo como o principal agente do progresso tecnológico tanto quanto como responsável pelos ciclos e pela instabilidade inerentes ao capitalismo. A "redescoberta" dessas teses nos anos 1980 corresponde a um momento de intensificação da concorrência pela inovação entre os grandes grupos multinacionais. Como já observara Schumpeter, esses grupos tentam captar a renda tecnológica por meio da posse de patentes que lhes dão o monopólio temporário da exploração. Em vez de se condenar os monopólios em nome da concorrência pura e perfeita em mercados ideais, o que se fez foi considerar da forma mais positiva os efeitos das "práticas monopolistas" no "perpétuo furacão" da "destruição criadora" que caracteriza a dinâmica do capitalismo[40]. Admitiu-se, como Schumpeter, que a concorrência a que se entregam as grandes empresas pressupõe a implantação de "funções orgânicas" de proteção e restrição, que são as próprias condições de seu dinamismo. É protegendo-se com patentes e outras práticas sigilosas que as empresas se tornam capazes de investir e inovar. Em outras palavras, com a elevação do risco acarretada pelo tipo de concorrência a que estão fadadas, as empresas devem consolidar e variar as práticas de monopólio[41].

Essa argumentação econômica foi acompanhada de uma espécie de novo senso histórico, que fez do fortalecimento dos direitos de propriedade um dos fatores mais importantes do crescimento econômico ocidental. Douglass C. North e Robert Paul Thomas, dois historiadores "neoinstitucionalistas" da economia, fizeram uma releitura do desenvolvimento ocidental pela perspectiva dos efeitos dos direitos de propriedade sobre o crescimento econômico. Esses autores propõem uma "explicação exaustiva" da história econômica que "entra em acordo com a teoria neoclássica tradicional"[42] e se baseia numa hipótese utilitarista simplificada: "o crescimento econômico exige apenas que uma parte da população sinta esse desejo de enriquecimento" e, "se uma sociedade não apresenta crescimento econômico, é porque a

---

[40] Ver Joseph A. Schumpeter, *Capitalisme, socialisme et démocratie* (Paris, Payot, 1990), em especial o capítulo intitulado "Le Capitalisme peut-il survivre?" [ed. bras.: *Capitalismo, socialismo e democracia*, trad. Sérgio Góes de Paula, Rio de Janeiro, Zahar, 1984].

[41] Ver Blandine Laperche (org.), *Propriété industrielle et innovation* (Paris, L'Harmattan, 2001).

[42] Douglass C. North e Robert Paul Thomas, *L'Essor du monde occidental: une nouvelle histoire économique* (Paris, Flammarion, 1980), p. 5.

iniciativa econômica não foi estimulada"[43]. O crescimento econômico repousa em grande parte, portanto, nos dispositivos institucionais de estímulo ao enriquecimento pessoal. Ao contrário da história econômica usual, que vê a tecnologia, as economias de escala ou o capital humano como fatores decisivos do progresso material, North e Thomas veem as instituições e os direitos de propriedade como os critérios compartilhados pela trajetória econômica dos diferentes países desde a Idade Média. Segundo o raciocínio desses autores, que parece diretamente extraído de Bentham, para favorecer o crescimento "deve-se instigar os indivíduos, por meio de certos estímulos, a empreender as atividades desejáveis do ponto de vista social"[44]. A codificação jurídica dos direitos de propriedade possibilita destinar os ganhos e as perdas da atividade econômica ao indivíduo que trabalhou e investiu. Se o indivíduo não puder colher os frutos de sua própria atividade, seu desejo de enriquecimento não será estimulado.

A lição que se deve tirar disso é que apenas direitos exclusivos sobre a terra ou a produção seriam capazes de incitar os indivíduos a agir. Tal como na tese de Hardin, o raciocínio consiste em supor indivíduos movidos por um único tipo de motivação, o móbil financeiro e, mais profundamente, em supor um "homem econômico" universal que nada mais demandaria senão realizar seu desejo de enriquecimento por intermédio de instituições e direitos adequados a sua natureza. O erro desse "institucionalismo" utilitarista não consiste na sobreavaliação dos efeitos das instituições, mas em considerar que a instituição resulta de um cálculo de custos/benefícios e, portanto, reflete a essência interesseira do indivíduo. Assim, o nascimento do Estado-nação é analisado como consequência da expansão do mercado. Os bens públicos, como a justiça e a proteção oferecidas pelo Estado, são desejados e comprados por meio de impostos, porque são mais "rentáveis" que as proteções e as justiças privadas[45]. Aliás, Douglass North deu uma definição precisa das instituições, cuja característica é ser perfeitamente tautológica:

> Ao longo da história, as instituições foram elaboradas pelos seres humanos para criar a ordem e reduzir a incerteza nas trocas. Ao lado das limitações normais da economia, elas definem o conjunto das escolhas, determinando, portanto, os custos de transação e produção e, desse modo, a lucratividade

---

[43] Ibidem, p. 8.
[44] Ibidem, p. 9.
[45] Ibidem, p. 15.

e a possibilidade de entrar numa atividade econômica. As instituições fornecem a estrutura de estímulo de uma economia. Conforme a maneira como evolui, essa estrutura determina a mudança econômica na direção do crescimento, da estagnação ou do declínio.[46]

Os dois historiadores admitem, é claro, que foram necessárias condições históricas particulares para acarretar o desenvolvimento desses direitos exclusivos e dessas proteções públicas; entre essas condições, o fator demográfico é dado como variável decisiva. Mas o essencial do raciocínio está no postulado do homem egoísta. As diferenças de crescimento entre os países se explicariam pela atitude dos Estados, que favorecem de forma muito variável a implantação e o fortalecimento dos direitos de propriedade. A economia da França e a da Espanha, por exemplo, permaneceram durante bom tempo estagnadas, segundo os autores, em razão de sua incapacidade de criar esse sistema de direitos que estimula a produtividade econômica, ao contrário da Inglaterra e dos Países Baixos[47]. North e Thomas dão grande importância à criação de um novo tipo de direito de propriedade no século XVII, as patentes, e a sua incorporação à *Common Law*: foram as patentes que garantiram ao inventor uma parte cada vez maior dos lucros auferidos com a exploração econômica das invenções[48]. Sem superestimar o impacto dessas teses neoinstitucionalistas, que se pretendem "revolucionárias", devemos observar que elas revelam uma mudança clara na leitura clássica da Revolução Industrial. Não foram nem o século XVIII nem o XIX que "inventaram" o capitalismo: foram as transformações ocorridas nos quadros institucionais durante os séculos anteriores que possibilitaram o crescimento. A conclusão política que se deve tirar disso é cristalina: a prosperidade, para North e Thomas, sempre dependeu da organização de direitos de propriedade produtivos e, em particular, de um "dispositivo de direitos de propriedade que definia os lucros que seriam auferidos com a inovação e garantia ao inovador participação cada vez maior nesses lucros"[49].

---

[46] Douglass C. North, "Institutions", *The Journal of Economic Perspectives*, v. 5, n. 1, 1991, p. 97-112. Disponível em: <www.aeaweb.org/articles?id=10.1257/jep.5.1.97>. Trataremos mais adiante, no capítulo 10, dessa questão decisiva das instituições, abordada a partir da explicação do ato de instituir.

[47] Douglass C. North e Robert Paul Thomas, *L'Essor du monde occidental*, cit., p. 167.

[48] Ibidem, p. 215.

[49] Idem.

De certo ponto de vista, os historiadores neoliberais que quiseram reescrever a história econômica sob o ângulo da teoria dos direitos de propriedade apenas tomaram para si o que Bentham estabeleceu dois séculos antes. Embora o indivíduo nasça com disposições que o orientam primordialmente para o interesse próprio – nem que seja pela preocupação com sua integridade física –, é só na sociedade e graças às garantias jurídicas por ela oferecidas que ele se torna realmente um homem econômico capaz de perseguir racionalmente seu interesse bem calculado. Mas esse novo institucionalismo não surgiu num momento qualquer. Desenvolveu seus argumentos quando a patente, instrumento de garantia das grandes empresas, começava a se transformar em ferramenta estratégica importante na concorrência, como bem mostra a tendência, nas últimas três décadas, ao aumento acelerado do número de patentes no mundo. É também o que mostram fenômenos igualmente notáveis que surgiram nos Estados Unidos nos anos 1970 e 1980, como a ampliação da possibilidade de obter patentes para novos campos, em especial o das artes, das letras e do intelecto em geral, mas também o campo da vida. Procedimentos comerciais, *softwares*, substâncias encontradas em plantas podem ser objeto de patentes, pela equiparação entre "descoberta" científica e invenção comercializável. Os direitos dos donos de patentes também foram reforçados, tanto em nível nacional como internacional, e sua validade foi prorrogada. Os tribunais de justiça encarregados de julgar os litígios pendem a favor dos donos de patentes, que se queixam de falsificações ou imitações fraudulentas. Por fim, novas instituições públicas em busca de mais fundos podem registrar patentes, em particular universidades e institutos de pesquisa públicos – como prevê desde 1980 o *Bayh-Dole Act* nos Estados Unidos[50].

A reivindicação dos comuns contra a "propriedade intelectual"

Dissemos anteriormente que o retorno do tema dos comuns era uma resposta à constatação da grande pilhagem realizada pelos oligopólios ativamente auxiliados pelas elites governantes. Agora podemos observar que o ângulo de ataque da crítica é mais preciso e visa à grande tendência, verificada nas últimas décadas, ao fortalecimento dos direitos de propriedade sobre a informação, o conhecimento, a cultura e, por extensão, os elementos

---

[50] Ver Dimitri Uzunidis (org.), *L'Innovation et l'économie contemporaine: espaces cognitifs et territoriaux* (Paris, De Boeck, 2004).

constitutivos dos seres vivos – em outras palavras, ao fortalecimento da "propriedade intelectual" praticado pelos governos neoliberais. Sobre esse ponto, o discurso do jurista esttadunidense James Boyle é particularmente esclarecedor. Segundo ele, o primeiro movimento de cercamento foi o da terra, e o segundo é o dos "comuns intangíveis da mente". O aumento do número de patentes nos Estados Unidos e no mundo comprova essa corrida acelerada aos cercamentos jurídicos no campo intelectual. Existe hoje um mercado mundial de direitos de propriedade sobre o conhecimento; ou, mais exatamente, a patente permite criar mercados de conhecimento ao criar juridicamente um conhecimento de tipo especial, codificável e mercantilizável. O argumento que leva à ampliação desse mercado e, com ela, à transformação do conhecimento é o da concorrência: o país, ou a empresa, que não cria cercamentos perderá posições no mercado mundial.

Com o cercamento do domínio intelectual, campos inteiros da vida e da cultura abrem-se para as atividades lucrativas das empresas privadas. A atribuição de patentes às sequências genômicas, a ampliação e o prolongamento dos direitos de *copyright*, a proteção reforçada das marcas registradas são alguns exemplos disso. Essa tendência pode ser encontrada em todos os níveis: está presente na guerra travada pelos países desenvolvidos para cobrir os campos econômico, social e cultural com patentes exclusivas, expressa-se pelas transformações regulamentares e organizacionais que submetem a pesquisa pública e as universidades às leis do sigilo comercial, manifesta-se na criação de acordos internacionais que generalizam as novas interpretações restritivas dos direitos de propriedade. O Nafta, em 1992, e depois o Acordo sobre Aspectos dos Direitos de Propriedade Intelectual relacionados ao Comércio (ADPIC ou Trips, na sigla em inglês), em 1994, quando foi criada a OMC, são dois momentos decisivos, seguidos por uma longa série de acordos bilaterais que vão na mesma direção. Esses acordos são dirigidos contra as tendências "desenvolvimentistas" dos antigos países colonizados que, nos anos 1960 e 1970, fizeram a legislação evoluir a seu favor, com o intuito de acelerar as transferências de tecnologia e os avanços no campo da saúde pública. Derrubando o movimento a partir dos anos 1980, os países mais poderosos se dotaram de meios de pressão e instrumentos de sanção para impor regras que lhes garantissem a remuneração de suas rendas tecnológicas e de suas marcas de prestígio[51].

---

[51] Ver Amy Kapzincski e Gaëlle Krikorian, *Access to Knowledge in the Age of Intellectual Property* (Nova York, Zone Books, 2010).

A aliança estratégica de empresas multinacionais e governos em torno dos "direitos de propriedade intelectual" é, na realidade, o que fundamenta, em contraposição, a unidade do movimento dos comuns. Foram a ampliação do campo da propriedade a novos objetos e a mudança da teoria e da prática da propriedade que exigiram uma resposta tão universalizante como é a dos comuns. A expressão "propriedade intelectual" foi introduzida em 1967, com a criação da Organização Mundial da Propriedade Intelectual (OMPI), entidade subordinada à Organização das Nações Unidas (ONU). Mas foi durante as negociações da Rodada Uruguai – que resultaram na criação da OMC e na assinatura do Trips em 1994 – que certo número de indústrias de lazer e entretenimento de massa, farmacêuticas, agroquímicas, informáticas e biotecnológicas fizeram uma aliança, acima das diferenças entre os ramos e da concorrência entre empresas de um mesmo setor, para tornar a "propriedade intelectual" um fator de grande importância nos acordos comerciais. Como sabemos, essa aliança se efetivou com a fusão de dois tipos de direitos, até então ligados a registros e setores distintos e com histórias diferentes: a "propriedade literária e artística", protegida pelo "direito autoral" – cuja versão anglo-saxã é o *copyright* – e a "propriedade industrial" – protegida por patente[52]. Essa fusão entre o que estava relacionado à criação artística e o que dizia respeito aos procedimentos de fabricação industrial apoiou-se em discursos cada vez mais numerosos que identificavam descobertas científicas, saberes acadêmicos ou tradicionais, marcas etc. como "informações" de valor econômico cada vez maior na "economia do conhecimento" que, por isso, tinham de ser protegidas de maneira cada vez mais eficaz. Assim, a construção e o fortalecimento dos direitos de propriedade intelectual completaram a ampliação da lógica do valor para o vasto domínio do "imaterial", invocando a necessidade

---

[52] Ver a síntese de Mélanie Dulong de Rosnay e Hervé Le Crosnier, *Propriété intellectuelle: géopolitique et mondialisation* (Paris, CNRS, 2013), p. 13-4. Richard Stallman faz uma crítica sem concessões aos amálgamas introduzidos pela noção de "propriedade intelectual": "Se você quiser refletir claramente sobre os problemas colocados por patentes, *copyrights*, marcas registradas e diversas outras leis, a primeira coisa é esquecer a ideia de pôr todas no mesmo saco e tratá-las como assuntos separados. A segunda é rejeitar as perspectivas estreitas e a imagem simplista veiculada pelo termo 'propriedade intelectual'. Trate separadamente cada um desses assuntos, em sua inteireza, e terá a oportunidade de examiná-los corretamente". Ver Richard M. Stallman, "Você disse 'propriedade intelectual'? É uma miragem sedutora"; disponível em: <www.gnu.org/philosophy/not-ipr.pt-br.html>.

de um sistema jurídico de restrições e reservas temporárias em número cada vez maior e com defesas cada vez melhores. É o que Maurice Cassier destacou a propósito da patente:

> A justificação não é mais o autor ou o inventor, é o investidor. Os juristas observam que a patente é uma ferramenta econômica de reserva de mercados e abre a possibilidade de criar, estender e proteger os mercados. É um novo modelo que se está estabelecendo. Os investimentos em pesquisa devem ser recuperados, de acordo com a problemática do retorno do investimento, e não mais de acordo com a outra, antiga, da recompensa do inventor.[53]

Mikhaïl Xifaras, por sua vez, mostrou que houve várias fases na concepção dos direitos autorais, e que estes não tinham sido identificados de imediato com títulos de propriedade intelectual. A seu ver, ocorreu uma verdadeira "revolução teórica" quando privilégios temporários foram identificados com a propriedade:

> A propriedade designa agora reserva exclusiva, e não mais domínio físico, e seu arquétipo são os direitos dos criadores. Entretanto, por mais que seja nominal, o triunfo da expressão "propriedade intelectual" é de grande importância prática. Hoje é opinião geral que ele favorece enormemente a extensão desses direitos a novos objetos, o fortalecimento das prerrogativas de seus titulares, a convergência dos regimes jurídicos dos diversos tipos de criação e o fortalecimento ideológico de sua legitimidade ("propriedade" soa melhor que "monopólio temporário").[54]

O caso mais flagrante é o da apropriação privada dos seres vivos permitida pelo fortalecimento da propriedade intelectual. Durante muito tempo, era evidente que os seres vivos não eram patenteáveis, porque a patente concernia, salvo raras exceções, a criações técnicas de natureza industrial. A razão de fundo, como lembra Maurice Cassier, era que "a natureza que se desenvolve fora do homem pertence ao bem comum, é inapropriável, é do domínio da descoberta"[55]. As primeiras brechas surgiram no entreguerras com relação às sementes, mas nos anos 1980 houve uma ruptura fundamental, quando a Suprema Corte dos Estados Unidos aceitou a patente

---

[53] Entrevista com Maurice Cassier, *Nouveaux Regards*, n. 15, 2001.
[54] Mikhaïl Xifaras, "Le Copyleft et la théorie de la propriété", apresentado no seminário internacional "Propriété et communs: les nouveaux enjeux de l'accès et de l'innovation partagés", Paris, 25 e 26 de abril de 2013. Disponível em: <www.eurozine.com/articles/2010-04-13-xifaras-fr.html>.
[55] Entrevista com Maurice Cassier, cit.

de uma bactéria, alegando que houve intervenção humana. Isso significou uma quebra no limite entre a descoberta e a invenção. Estava aberto o caminho para a patenteabilidade de todo tipo de ser, uma vez que "tudo aquilo que, na natureza, é extraído, isolado, tornado acessível e, mais ainda, modificado pelo inventor pode ser objeto de patente", como observa Maurice Cassier. O caso mais famoso, e mais contestado, é o da Myriad Genetics, que possuía o monopólio dos genes responsáveis pelo câncer de mama e ovário e, portanto, o monopólio dos testes e do conhecimento das populações de risco. Sem questionar a propriedade privada dos genes, a Suprema Corte estadunidense, por uma decisão de junho de 2013, quebrou o monopólio e abriu a pesquisa desses genes à concorrência.

A corrida pelas patentes é o princípio da "biopirataria", que leva empresas do Norte a explorar as "reservas biológicas e genéticas" dos países do Sul e registrar patentes de substâncias ou genes para garantir a propriedade dos usos comercializáveis que eventualmente possam ser extraídos delas. Essa patenteação consiste em transformar saberes indígenas em invenções de empresas ocidentais, de modo que, em consequência de acordos comerciais internacionais, as populações locais se veem impedidas de usar as propriedades das plantas como bem entenderem. É exemplar o caso do *neem*, ou amargosa, largamente utilizado na Índia há milhares de anos. As virtudes dessa planta são conhecidas em diferentes campos da agricultura, da medicina e da cosmética. A Índia vem difundindo seus usos há séculos, mas em poucos anos eles foram objeto de 64 patentes pedidas por várias empresas privadas que queriam apropriar-se dessas qualidades de forma exclusiva. A gigante da agricultura W. R. Grace, proprietária de uma patente relativa às virtudes fungicidas da planta, instalou uma usina de processamento de sementes que conseguiu captar grande parte de suas sementes disponíveis, o que fez aumentar os preços e diminuir o uso livre. Uma forte mobilização da sociedade indiana, apoiada mundialmente, conseguiu anular a patente no Instituto Europeu de Patentes. A prova de que as virtudes fungicidas do *neem* eram conhecidas há séculos foi dada por um manuscrito védico. Como destaca o Collectif Français contre la Biopiraterie, "a maior parte dos saberes tradicionais não possui registro escrito e, por isso, fica em situação difícil no mundo jurídico das patentes"[56].

---

[56] Collectif Français contre la Biopiraterie, "Biopiraterie", em Association Vecam (org.), *Libres savoirs*, cit., p. 143.

Um dos aspectos mais notáveis dessa apropriação dos seres vivos é, sem dúvida, o fato de, a partir dos anos 1980, empresas como a Monsanto terem conseguido impor-se como "deuses da vida", segundo Vandana Shiva, sobre milhões de agricultores que dependem de sementes patenteadas e comercializadas. Estas têm a extraordinária particularidade, permitida pelas disposições legais internacionais sobre a propriedade intelectual, de não poderem ser reaproveitadas e renovadas pelos camponeses, privando-os assim de seus saberes, de suas experiências e, em última análise, de toda sua soberania sobre a produção. Favorecendo a monocultura, a semente comercial da Monsanto e de três outras empresas que dividem o mercado mundial mudou a agricultura em muitos países. Na Índia, a Monsanto controla 95% da produção de algodão. O aumento dos custos, como consequência dos *royalties* acumulados pela empresa, levou muitos camponeses a se endividar até quebrar. Essa dependência extrema provocou uma onda de suicídios que obrigou as autoridades indianas a se questionarem sobre a desregulamentação do mercado de sementes[57].

A "grande narrativa" da expropriação dos comuns

Acabamos de ver que o retorno dos comuns correspondia a uma conjuntura histórica muito precisa, que convertia o controle das empresas sobre recursos estratégicos, como o "conhecimento", em trunfo fundamental sobre a concorrência. Devemos agora avaliar a pertinência dessa referência histórica aos comuns que se encontra na base do novo paradigma. Será mesmo que a transformação geral do capitalismo à qual assistimos hoje pode ser interpretada à luz das experiências históricas passadas, como a do cercamento das terras comunais?

Para decidir, devemos lembrar certo número de textos clássicos dedicados ao nascimento do capitalismo agrícola na Europa. Esses textos souberam evidenciar a violência social representada pelo movimento dos cercamentos e expropriação dos camponeses[58]. O primeiro texto que cabe citar são as

---

[57] Vandana Shiva, "Monsanto and the Seeds of Suicide", *The Asian Age*, 27 mar. 2013.
[58] Os historiadores contemporâneos deram continuidade a essas narrativas. Referimo--nos em especial a Edward P. Thompson, *La Guerre des forêts: luttes sociales dans l'Angleterre du XVIIIe siècle* (Paris, La Découverte, 2014), Christopher Hux, *Le Monde à l'envers* (Paris, Payot, 1977), ou Ellen Meiksins Wood, *L'Origine du*

famosas considerações de Thomas More em *A utopia*, do início do século XVI, nas quais denuncia, entre grupos e indivíduos cujo comportamento pode afligir um país, parasitas da nobreza, mercenários sanguinários, salteadores e todas as pessoas gananciosas que se apropriam das terras para criar ovelhas. Porque, como diz um dos porta-vozes do autor, o maior mal vem dos rebanhos de ovelhas que cobrem a Inglaterra. "Normalmente tão dóceis, tão fáceis de alimentar com tão pouco, eis que se tornaram [...] tão vorazes, tão ferozes, que devoram até os homens, devastam e despovoam campos, fazendas, aldeias"[59]. More descreve essa corrida à apropriação nos seguintes termos:

> De fato, em todas as regiões do reino, onde se encontra a lã mais fina e, por consequência, a mais cara, os nobres e os ricos, sem mencionar alguns abades, santos personagens, não satisfeitos em viver à larga e preguiçosamente das rendas e receitas anuais que a terra garantia a seus ancestrais, sem fazer nada pela comunidade (lesando-a, deveríamos dizer), não deixam mais espaço para a cultura, demolem as fazendas, destroem as aldeias, cercam todas as terras para formar pastos fechados, deixam de pé apenas a igreja, que transformarão em estábulo para suas ovelhas.[60]

Esse açambarcamento das terras, segundo More, é uma das piores violências cometidas contra os camponeses, e acarreta as mais sinistras consequências não apenas para eles, mas também para toda a sociedade:

> Assim, pois, para que um único glutão de apetite insaciável, temível flagelo da pátria, possa fechar com uma única cerca alguns milhares de arpentes de um único ocupante, os rendeiros serão expulsos de suas casas, amiúde despojados de tudo que possuíam, ludibriados por mentiras ou coagidos por atos de violência. A menos que, à força de tanta fustigação, sejam levados pelo cansaço a vender seus bens. O resultado é o mesmo. Partem miseravelmente homens, mulheres, casais, órfãos, viúvas, pais com crianças pequenas, famílias mais numerosas que ricas, embora a terra precise de trabalhadores.[61]

---

capitalisme: une étude approfondie (Montréal, Lux, 2009) [ed. bras.: *A origem do capitalismo*, trad. Vera Ribeiro, Rio de Janeiro, Zahar, 2001]. Ver também Michael Perelman, *The Invention of Capitalism: Classical Political Economy and the Secret History of Primitive Accumulation* (Durham, Duke University Press, 2000).

[59] Thomas More, *L'Utopie, ou Le Traité de la meilleure forme de gouvernement* (1516) (Paris, Garnier-Flammarion, 1987), p. 99 [ed. bras.: *A utopia*, trad. Luís de Andrade, São Paulo, Nova Cultural, 2000].

[60] Ibidem, p. 99-100.

[61] Ibidem, p. 100.

Quatro séculos depois, Polanyi exporá nos mesmos termos as consequências dos cercamentos:

> Com toda a razão se diz que os cercamentos foram uma revolução dos ricos contra os pobres. Os nobres e os senhores subverteram a ordem social e abalaram o direito e o costume dos tempos antigos, empregando violência, às vezes, e, com frequência, pressões e intimidações. Roubaram literalmente a parte dos bens comunais que cabia aos pobres e derrubaram as casas que estes, graças à força até então inquebrantável do costume, consideraram suas durante muito tempo, suas e de seus herdeiros. O tecido da sociedade se rasgava; as aldeias abandonadas e as casas em ruínas eram testemunhas da violência com que a revolução se desencadeava, punha em risco as defesas do país, devastava suas cidades, dizimava sua população, transformava o solo esgotado em poeira, fustigava os habitantes e transformava aqueles honestos lavradores numa turba de mendigos e ladrões.[62]

Essas passagens são notáveis porque parecem escritas não para denunciar a invasão das terras inglesas pelas ovelhas, mas para descrever os efeitos devastadores do uso do milho e da soja geneticamente modificados e dos herbicidas a eles associados sobre as comunidades rurais da Índia ou da América Latina.

Em meados do século XIX, Marx apresentará no capítulo 24 de *O capital* um dos quadros mais impressionantes dessa expropriação. Considerando que as práticas de pilhagem foram necessárias para implantar o capitalismo, ele descreve longamente o processo histórico que privou os pequenos proprietários do uso coletivo das terras comunais e favoreceu sua expulsão das sociedades rurais. Antes que pudesse se desenvolver a violência econômica que engole e tritura os "trabalhadores livres" na fábrica moderna, foi preciso privá-los das possibilidades de trabalho e subsistência em suas comunidades rurais e aldeãs. Para "liberar" os trabalhadores de seus laços de dependência com a família, o clã, a aldeia, a corporação de artesãos ou a terra – portanto, para produzir as "condições fundamentais da produção capitalista"[63] –, foi preciso antes destruir as condições da antiga existência feudal e comunitária. Marx lembra que, desde o século XV e, sobretudo, a partir do século XVI, uma massa da população, composta por camponeses

---

[62] Karl Polanyi, *La Grande transformation: aux origines politiques et économiques de notre temps* (Paris, Gallimard, 1983), p. 61 [ed. bras.: *A grande transformação: as origens de nossa época*, trad. Fanny Wrobel, 2. ed., Rio de Janeiro, Elsevier, 2012].

[63] Karl Marx, *O capital*, Livro I, cit., p. 786.

independentes, rendeiros e trabalhadores agrícolas, foi expulsa de suas terras pela concentração fundiária e pela substituição dos direitos de propriedade feudais pelos direitos de propriedade modernos. Um dos aspectos dessa transformação econômica e social foi a eliminação das terras e dos costumes comunais, paralelamente à apropriação dos bens da Igreja durante a Reforma e à apropriação das terras devolutas. O cercamento das terras comunais e a introdução de pastos em grande escala são dados como os fatores mais importantes dessa revolução econômica que criou as condições do capitalismo.

Contrariando a concepção idílica dos economistas, que imaginavam a origem do capital na prudente poupança dos trabalhadores mais meritórios e previdentes, Marx lembrava que a "pretensa" acumulação primitiva, apresentada favoravelmente pelos economistas burgueses, foi acima de tudo violência e despossessão: "Na história real, como se sabe, o papel principal é desempenhado pela conquista, a subjugação, o assassínio para roubar, em suma, a violência"[64]. Essa pilhagem é praticada de acordo com "pequenos e independentes métodos privados", antes de passar aos métodos legais e de grande escala no século XVIII[65]. Baseando-se em testemunhos de época, Marx expõe toda "a série de pilhagens, horrores e opressão que acompanha a expropriação violenta do povo, do último terço do século XV até o fim do século XVIII"[66]. Esse roubo continuou de forma absolutamente legal no século XIX por métodos de *clearing* do campo, isto é, de limpeza das terras de seus habitantes, tornados inúteis. Marx destaca as consequências do roubo das propriedades comunais: queda do salário dos trabalhadores jornaleiros, empobrecimento dos pequenos proprietários e rentistas, êxodo rural, desertificação do campo e criação de uma população supranumerária sem eira nem beira. Com a usurpação das terras comunais, os grandes fazendeiros puderam se tornar criadores de grandes rebanhos, o que aumentou a estrumação necessária à cultura das terras e fez crescer ainda mais rendimentos e receitas.

Trata-se, diz Marx, de uma "expropriação [que] está gravada nos anais da humanidade com traços de sangue e fogo"[67]. A instauração de novas

---

[64] Ibidem, p. 786.
[65] Ibidem, p. 796.
[66] Ibidem, p. 799.
[67] Ibidem, p. 787.

relações de produção no campo e na cidade foi um modelo de "violência extraeconômica" que precedeu o desenvolvimento do sistema capitalista; este, uma vez lançado, exerceu a violência que lhe é própria, a "econômica", sobre aqueles que ele subjugava, o que em geral bastava para manter a ordem social: "a coerção muda exercida pelas relações econômicas sela o domínio do capitalista sobre o trabalhador"[68]. Na fase que precedeu essa implantação das relações capitalistas, ao contrário, foi a violência mais crua, tanto privada como estatal, que reinou e se abateu sobre pobres, mendigos e vagabundos, como também, aliás, sobre os operários das cidades que quisessem manter vínculos de associação profissional. A relação social do capital e do trabalho, que possibilitou criar um vasto mercado no qual os assalariados compram os produtos de seu próprio trabalho, assumiu ares de justiça e equilíbrio: havia uma troca pacífica de equivalentes segundo regras contratuais. Assim foi apagado da história esse roubo primeiro sofrido pelas populações. E para descrever esse processo histórico, unicamente dentro dos limites desse propósito, Marx retomou a afirmação de Proudhon: "Propriedade é roubo!".

Nem por isso ele idealizava o uso dos bens comunais ou falava deles com nostalgia, como Proudhon. O que lhe interessava, acima de tudo, era o "processo histórico de separação entre produtor e meio de produção"[69]. O que lhe importava, fundamentalmente, era a supressão da propriedade privada para a massa camponesa, uma propriedade privada que só podia sobreviver graças aos comuns:

> No que resulta a acumulação primitiva do capital, isto é, sua gênese histórica? Na medida em que não é transformação direta de escravos e servos em trabalhadores assalariados, ou seja, mera mudança de forma, ela [a acumulação] não significa mais do que a expropriação dos produtores diretos, isto é, *a dissolução da propriedade privada fundada no próprio trabalho.*[70]

A sequência histórica sobre a qual repousa toda a argumentação apresenta uma sucessão de três momentos, segundo a lógica da "negação da negação": em primeiro lugar, a propriedade privada *individual* dos meios de produção baseada no trabalho pessoal; em segundo lugar, a propriedade privada *capitalista* baseada na expropriação dos pequenos proprietários;

---

[68] Ibidem, p. 808.
[69] Ibidem, p. 786.
[70] Ibidem, p. 830 (grifo nosso).

e, por último, a propriedade *social* dos meios de produção[71]. A expropriação em massa realizada pelo capitalismo consistiu, portanto, na destruição do vínculo imediato entre trabalho e propriedade. Marx, ao contrário de Proudhon, não tinha intenção alguma de defender essa relação direta do pequeno produtor com seu meio de produção e os frutos de seu trabalho. Muito pelo contrário, querer conservá-la seria tentar frear o movimento da história rumo à concentração do capital e à socialização dos trabalhadores, seria retardar o momento derradeiro da "expropriação dos expropriadores". A demonstração de Marx é fundamental aqui: o capitalismo é uma produção mais *social* do que a produção por ele destruída, e, de toda maneira, está condenado pela história. Apenas os economistas obtusos acreditam que o capitalismo é o reino da propriedade privada em geral, quando, na verdade, é mais fundamentalmente a destruição da propriedade privada dos produtores diretos. Portanto, a destruição dos "comuns" não é em si uma aberração histórica. Vestígios de antigas relações sociais de produção, os comuns possibilitavam que uma população de pequenos camponeses se mantivesse em suas terras, mas vivendo na mediocridade econômica e até mesmo no embotamento intelectual e político. Isso significa que Marx não parecia considerar falacioso o argumento da "melhoria" (*improvement*) nas formas de cultivo que acompanhou o movimento dos cercamentos[72]. O desenvolvimento das forças produtivas justificou historicamente o desaparecimento dos comuns e, com eles, de certa sociedade rural que, de todo modo, estava condenada pela entrada no mercado dos antigos bens comunais e dos antigos camponeses, tornados "proletários fora da lei".

O tema dos "comuns" não ocupa lugar privilegiado na concepção de evolução histórica elaborada por Marx, ao menos na maior parte de seu trabalho teórico. A revolução comunista não pode ter o objetivo de "recuperar" os comuns condenados pela marcha histórica. Se os *commons* tradicionais não têm espaço no futuro das sociedades, é porque sua eliminação teve papel decisivo na evolução histórica: essa grande *predação* foi de fato condição da *exploração*. Essa concepção da necessidade da eliminação dos comuns será um elemento-chave no marxismo, ao menos em suas versões

---

[71] Sobre essa sequência, remetemos o leitor a nossa introdução em *Marx, prénom: Karl*, cit., p. 641-7.

[72] Locke entendia por *improvement* o aumento do rendimento das terras cercadas, o que, a seu ver, justificava a apropriação privada.

mais ortodoxas[73]. Alguns autores a contestaram, como Karl Polanyi em *A grande transformação*. Este, ao considerar a expropriação dos camponeses ligada à criação de um mercado da terra, rompeu com a visão linear do desenvolvimento histórico. Interpretando as grandes agitações políticas do século XX como uma *reação* à mercantilização do homem e da natureza numa sociedade de mercado e como apelo à construção de barreiras para resistir à invasão do capitalismo, ele deu um sentido muito diferente ao socialismo. Contudo, o próprio Marx demonstrou certo arrependimento nas famosas cartas a Vera Zassúlitch, quando aventou que os vestígios da propriedade comunal na Rússia poderiam servir de ponto de apoio à revolução comunista, o que poria em xeque o esquema histórico da sucessão dos modos de produção que, ainda assim, ele insistia em defender[74].

O imperialismo como exacerbação da violência capitalista

Marx, porém, não se contentou em situar essa grande pilhagem no início do capitalismo. Via a colonização, dessa vez em escala mundial, como um roubo generalizado envolvendo a extração de metais preciosos e a transferência de matérias-primas para a indústria, sem esquecer o tráfico de escravos, antecipando boa parte da literatura anticolonialista e anti-imperialista da segunda metade do século XX[75]. Mas distinguia duas fases diferentes na história dos países capitalistas desenvolvidos. A primeira, como vimos, era marcada pela predominância da "violência extraeconômica" necessária à expropriação em massa dos pequenos produtores independentes; a segunda caracterizava-se pela prevalência da violência econômica nas relações entre o capital e o trabalho numa esfera capitalista que chegara à maturidade.

---

[73] Harvey retoma a cantilena marxista sobre os aspectos positivos da acumulação primitiva. Ver David Harvey, *Le Nouvel impérialisme* (Paris, Les Prairies Ordinaires, 2010), p. 193 [ed. bras.: *O novo imperialismo*, trad. Adail Sobral e Maria Stela Gonçalves, 6. ed., São Paulo, Loyola, 2012]. Desde Jaurès já se encontra forte crítica aos antigos bens comunais perpetuados pelo costume. Ver capítulo 8 deste volume.

[74] Ver Pierre Dardot e Christian Laval, *Marx, prénom: Karl*, cit., p. 648 e seg.

[75] Ver, por exemplo, Pierre Jalée, *Le Pillage du Tiers Monde* (Paris, Maspero, 1965) [ed. port.: *A pilhagem do terceiro mundo*, trad. Angela Sarmento, Lisboa, Sá da Costa, 1980]; André Gunder Frank, *Capitalisme et sous-développement en Amérique Latine* (Paris, Maspero, 1968); Samir Amin, *Accumulation on a World Scale: a Critique of the Theory of Underdevelopment* (Nova York, Monthly Review Press, 1974).

É essa cronologia evolucionista que Rosa Luxemburgo contesta quando defende, em *A acumulação do capital* (1913), que, paralelamente à extração do mais-valor, o capitalismo segue praticando uma pilhagem contínua dos recursos das zonas não capitalistas ou pré-capitalistas[76]. Para ela, o capitalismo só pode se ampliar subordinando regiões ou grupos sociais "exteriores" ao capitalismo, que não são compostos nem de operários nem de capitalistas. Em outras palavras, a destruição do campesinato e do artesanato, as colônias e as conquistas territoriais não pertencem apenas ao *passado* do capitalismo desenvolvido: elas são sua condição permanente. É isso que torna necessários o imperialismo e a luta feroz que as potências capitalistas desenvolvidas travam entre si para tomar o controle dos territórios ainda não estruturados pelo mecanismo capitalista de exploração. É isso também que explica o colonialismo doméstico das zonas rurais, que cada Estado nacional pratica no território sob seu domínio. Para ela, todos esses processos constituem a simples postergação do desmoronamento inexorável do capitalismo, porque, conquistados esses territórios, já não haverá nenhum "exterior" para escoar a produção e obter lucro.

A pergunta que Rosa Luxemburgo se faz não diz respeito à raiz histórica do capitalismo, mas às condições de sua expansão. Ela explica que o capitalismo só pode continuar a prosperar no vínculo que mantém com seu "meio não capitalista": "O capitalismo continua a crescer graças a suas relações com as camadas e os países não imperialistas, prosseguindo a acumulação à custa deles, mas ao mesmo tempo dividindo-os e reprimindo-os para implantar-se em seu lugar"[77]. Os meios para conseguir isso são múltiplos: venda de mercadorias, pilhagem dos recursos locais, desenraizamento das populações e formação de novos proletários. A consequência é um processo contínuo de destruição da "economia natural camponesa e patriarcal":

> Na Europa, seu primeiro ato foi abolir a economia natural feudal por meio da revolução. Nos países de além-mar, o capital marcou sua entrada no cenário mundial submetendo e destruindo as comunas tradicionais;

---

[76] Rosa Luxemburgo, *L'Accumulation du capital (II)*, em *Œuvres IV* (Paris, Maspero, 1972), p. 116-7 [ed. bras.: *A acumulação do capital*, trad. Marijane Vieira Lisboa e Otto Erich Walter Maas, 3. ed., São Paulo, Nova Cultural, 1988] Ver a retomada das análises de Rosa Luxemburgo em Hannah Arendt, *Les Origines du totalitarisme: l'impérialisme* (Paris, Gallimard, 2002, col. "Quarto"), p. 402 e seg. [ed. bras.: *As origens do totalitarismo*, trad. Roberto Raposo, São Paulo, Companhia das Letras, 2013].

[77] Rosa Luxemburgo, *L'Accumulation du capital (II)*, cit., p. 145.

desde então, esses atos acompanham constantemente a acumulação [...], é dessa forma que ele transforma os habitantes em compradores de mercadorias capitalistas e ao mesmo tempo acelera sua própria acumulação, saqueando diretamente os tesouros e as riquezas naturais reunidos pelos povos subjugados.[78]

Louis Althusser assinalou a importância desse tema quando escreveu a respeito do capítulo sobre a acumulação primitiva do Livro I de *O capital*: "Esses meios são os da pior violência, do roubo e dos massacres que abriram estrada para o capitalismo na história humana". E acrescentou:

> Esse último capítulo contém riquezas prodigiosas que não foram ainda exploradas: em especial a tese (que devemos desenvolver) de que, em pleno século XX, o capitalismo nunca deixou de empregar, e continua a empregar nas "margens" de sua existência metropolitana, isto é, nos países coloniais e ex-coloniais, *os meios da pior violência*.

Desejando retomar nos anos 1960-1970 as análises marxianas da "violência extraeconômica", Althusser tinha em mente sobretudo as "periferias" coloniais. Sua concepção, por isso mesmo, era claramente mais restritiva que a de Rosa Luxemburgo, que incluía no processo de dominação e destruição tudo o que não fosse capitalista *nos próprios países capitalistas*.

A "despossessão" como modo de acumulação típico do capitalismo financeiro

A fase neoliberal do capitalismo levou certo número de autores e militantes a ver a mercantilização crescente da vida social e cultural e as políticas neoliberais de privatização como uma nova forma de colonização interna, segundo concepção aparentemente muito semelhante à de Rosa Luxemburgo. É o caso, entre outros, de David Harvey. Este, não sem ligação com o movimento altermundialista, desenvolveu uma teoria da "acumulação por despossessão" que interessa diretamente aos nossos propósitos. Embora desconfie das analogias entre os "cercamentos" e os *commons*, ressaltando com toda a razão que nem todos os *commons* têm a mesma natureza dos pastos de Garrett Hardin[79], Harvey tende a usar essa analogia quando

---

[78] Ibidem, p. 144-5.
[79] David Harvey, "The Future of the Commons", *Radical History Review*, n. 109, 2011.

identifica a privatização neoliberal ao cercamento dos comuns[80] ou quando, de modo mais geral, frisa a importância da *despossessão*. Chega a ver esta última como uma modalidade específica de acumulação, ao lado da *exploração*, que caracteriza o processo de reprodução ampliada analisado por Marx em seus grandes textos de crítica da economia política. Segundo Harvey, a despossessão não é um tipo historicamente ultrapassado de acumulação primitiva, mas uma forma *permanente* da acumulação do capital que, na época do capitalismo financeiro, tende a tornar-se o modo dominante e explica a "nova explosão de cercamentos"[81].

Vejamos em detalhes. A lógica predatória, expressa pelo conceito de "despossessão", não é típica dos primeiros tempos do capitalismo. Ela é *efeito contínuo* da expansão do capital sobre a vida, a cultura, as relações sociais. David Harvey, como Rosa Luxemburgo, distingue dois "aspectos" de um "processo orgânico": "acumulação por reprodução ampliada" – extração do lucro na atividade econômica normal – e "acumulação por despossessão" – espoliação por manipulações e especulações que estão ligadas ao poder financeiro e ao poder estatal, ambos em estreita conivência, a ponto de formarem o "nexo Estado-finanças" (*the state-finance nexus*), que é o "sistema nervoso central" da acumulação do capital[82]. Em outras palavras, autonomizando-se graças à superacumulação no processo de reprodução ampliada, as finanças, de mãos dadas com o Estado, fizeram da despossessão um modo dominante de acumulação.

A despossessão, segundo Harvey, é um dos processos mais gerais da história humana e ultrapassa o quadro exclusivo do capitalismo. Mas desempenha papel importante na evolução deste último, porque possibilita a ele estender-se e acelerar a concentração da propriedade e a centralização do capital. Ela continua a atuar na periferia, pilhando recursos e destruindo culturas, e age no centro do sistema, eliminando os menores e mais fracos, como se pode observar nos momentos de crise, quando acionistas e proprietários individuais são espoliados em massa por *hedge funds* e bancos.

---

[80] Idem, *Le Nouvel impérialisme*, cit., p. 186. O texto em inglês fala de um "*new round of 'enclosure of the commons'*".

[81] Ibidem, p. 176. "Despossessão" não deve ser confundida com "alienação", conceito que não é central em Harvey.

[82] Idem, *O enigma do capital e as crises do capitalismo* (trad. João Alexandre Peschanski, São Paulo, Boitempo, 2010), p. 52-3.

A lógica predatória atua também por intermédio da ação governamental, quando sistemas de aposentadoria por repartição simples são substituídos por seguros privados ou quando universidades públicas perdem força em benefício de estabelecimentos privados. Opera também pela apropriação privada de espaços, recursos naturais e produções científicas. Em resumo, está em ação sempre que o capital não se contenta em reproduzir seu próprio funcionamento e, por pressão da concorrência e da corrida pela rentabilidade, tenta crescer e aumentar seu controle sobre a natureza e a sociedade.

A "acumulação por despossessão" é um incremento de valor que se produz não por meio dos mecanismos endógenos clássicos da exploração capitalista, mas do conjunto dos meios políticos e econômicos, que permite à classe dominante apossar-se – se possível sem custos – do que não era de ninguém ou do que era até então propriedade pública ou patrimônio cultural e social coletivo. O grande interesse do conceito de "acumulação por despossessão" não se deve apenas à reatualização da problemática de Rosa Luxemburgo, mas também ao fato de que pretende explicar as práticas propriamente neoliberais de privatização das empresas públicas, da administração pública, dos órgãos de assistência social, das instituições de saúde e educação, cuja extensão já mencionamos. De fato, segundo Harvey, a principal característica do neoliberalismo é ampliar os domínios que podem ser objeto de predação. O capitalismo, para se reproduzir, precisa estender-se *permanentemente* para além das zonas geográficas ou dos grupos sociais que já se encontram sob seu domínio, como mostrou Rosa Luxemburgo, mas também precisa renovar, aprofundar e estender sua influência nos países que já estão sob seu domínio. O estágio do capitalismo financeiro caracteriza-se exatamente pela necessidade desse novo processo de despossessão, no decorrer do qual o que até então conseguira escapar da dominação capitalista acaba sofrendo uma forma ou outra de colonização.

Segundo Harvey, as crises do capital não são tanto crises de superprodução de mercadorias, ligadas ao subconsumo das massas de assalariados explorados, como pensava Rosa Luxemburgo, e sim crises de superacumulação de capitais. Sobre esse ponto, Harvey pretende ser fiel à análise marxiana das contradições do capitalismo. As práticas neoliberais de despossessão se desenvolveram em escala mundial para responder ao problema causado pelo excedente endêmico de capital, que estava ocioso por falta de investimentos rentáveis:

O que a acumulação por despossessão possibilita é a liberação de um conjunto de ativos (inclusive força de trabalho) a custo muito baixo (zero, em alguns casos). O capital superacumulado pode se apropriar desses ativos e encontrar imediatamente uso rentável para eles. [...] Nos últimos anos, a privatização (da moradia social, das telecomunicações, dos transportes e da água na Grã-Bretanha, por exemplo) abriu vasto campo ao domínio do capital superacumulado. A queda da União Soviética e a posterior abertura da China suscitaram a liberação maciça de ativos até então indisponíveis no fluxo principal de acumulação do capital. O que teria acontecido com o capital superacumulado nos últimos trinta anos se não tivessem aparecido esses novos terrenos de acumulação?[83]

Apesar de constatar a enorme diversidade dos processos concretos de despossessão e o caráter contingente de numerosos eventos que favoreceram o desenvolvimento desse processo, Harvey observa que sua coerência se encontra numa contradição econômica e que sua resposta está nas políticas de privatização e liberação dos mercados. No fundo, o que parece novo na teoria da "acumulação por despossessão" segue um esquema de pensamento tradicional no marxismo: o Estado pode agir muito, é certo, mas nunca é mais do que a mão mais ou menos visível da lógica profunda do capital.

Se Harvey insiste tanto nessa dimensão global, é porque se preocupa com a estratégia. O enfraquecimento do movimento operário deixa em suspenso a questão do sujeito social e político capaz de travar uma luta anticapitalista de grande amplitude. Donde sua interrogação sobre a capacidade dos "despossuídos" de todos os horizontes para aliar-se e combaterem juntos o capitalismo neoliberal, especialmente no período inaugurado pela crise financeira de 2008 e no contexto de políticas agressivas de austeridade que aceleram os fenômenos reunidos por ele com o termo "despossessão". Podemos entrever a possibilidade de uma grande aliança entre todas as vítimas dessa despossessão, renovando as lutas populares que resistiram ao movimento dos cercamentos e foram descritas por historiadores como Thompson, Hill ou Tilly? Não entraremos nesse debate, tampouco discutiremos a concepção – bastante ortodoxa, em última análise – de Harvey sobre o caráter "progressista" da despossessão, uma vez que, a seu ver, ela possibilitaria acelerar o movimento rumo ao socialismo[84]. O que nos interessa aqui é mostrar como a temática da predação se "cristalizou" no

---

[83] Idem, *Le Nouvel impérialisme*, cit., p. 177-8.

[84] Idem, *O enigma do capital*, cit., p. 202, e *Le Nouvel impérialisme*, cit., p. 192-4.

marxismo contemporâneo. Mas isso nos coloca diante de um problema de fundo: a analogia com a expropriação dos "comuns" leva a valorizar o aspecto do "roubo" e da "pilhagem", em detrimento da análise clássica da exploração do assalariado.

Limites do paradigma do "cercamento dos comuns"

Toda ação política nova precisa inventar sua própria linguagem e o faz tentando aproveitar experiências e análises passadas. Não há o que criticar nisso. Entretanto, devemos nos perguntar o que esse vocabulário permite pensar e, ao mesmo tempo, o que proíbe pensar. Não há dúvida de que hoje a problemática do "roubo", da "pilhagem" e do "cercamento" domina a análise crítica de nossa situação. Os aspectos produtivos do *commoning*, embora não sejam ignorados, como vimos, ficam em segundo plano na maioria das vezes ou dificilmente se integram numa abordagem essencialmente negativa. Harvey, no fundo, é um bom intérprete desse novo espírito crítico. Sem dúvida, sua explicação é a mais elaborada do ponto de vista teórico, mas será que é perfeitamente adequada à realidade com que temos de lidar? Como Harvey mostra até sem querer, esse modo de análise nos leva a pensar que estamos às voltas sobretudo com a conquista de domínios públicos e de bens comuns pelo capitalismo financeiro, em razão de uma superacumulação do capital no centro do sistema. Mas esse tipo de análise não é capaz de estabelecer concretamente as ligações entre essa privatização e o que acontece no centro do capitalismo, nas empresas privadas, nas relações de trabalho, no mercado de emprego e no âmago dos serviços públicos sujeitos ao *new public management*, processos hoje amplamente descritos por uma literatura sociológica e econômica abundante. No fundo, a ideia de que o movimento de cercamento é a forma principal da acumulação capitalista corresponde a uma concepção que tende a privilegiar as lutas urbanas, ambientais e culturais, que parecem portadoras de mais esperança e radicalidade do que os modos de resistência às novas formas de exploração capitalista nas empresas e administrações públicas. Também corresponde, obviamente, a um momento histórico mais marcado pela *defesa* de tudo o que ainda não foi completamente submetido ao capital na vida cotidiana do que pela mobilização *ofensiva* dos que dependem diretamente de sua lógica, a saber, os assalariados do setor privado e, cada vez mais, os dos serviços públicos submetidos à gestão neoliberal. Enfim, esse tipo de concepção corresponde a um período em que a propriedade pública das empresas já não se mostra como a solução que representou durante muito tempo na história do socialismo e do movimento operário. Harvey tem grande lucidez sobre todas essas questões. Também está bem consciente de que as novas lutas, cuja diversidade é proporcional aos diferentes aspectos da despossessão, estão tentando encontrar uma visão alternativa ao socialismo e ao comunismo dos últimos dois séculos, mas não enxerga até que ponto a abordagem essencialmente negativa da despossessão ou do cercamento é insuficiente para constituí-la[85].

A questão, no fim das contas, é saber se não trocamos um pensamento que já não se sustenta por outro que corre o risco de nos levar a um impasse teórico e político. O primeiro é o que nos foi legado pelo marxismo em sua versão dominante, para o qual o comum é uma produção objetiva do capital. É o caminho da *superação por dentro*. Para o segundo, o comum deveria ser recuperado apenas fora da esfera capitalista *stricto sensu*, e seria suficiente defender e desenvolver comuns externos ao capitalismo para superá-lo. É o caminho da *difusão por fora*. Para muitos, esse caminho é o único concebível hoje, visto que a chamada propriedade "coletiva" redundou apenas no capitalismo de Estado. Como afirmou Naomi Klein, sem dúvida com pouca cautela, o movimento *antiglobalization* teria a intenção de proteger o mundo da privatização geral, defendendo os recursos e os espaços comuns localmente situados: proteger o mundo seria defender os pequenos mundos comuns. Mas, nesse caso, será que a estratégia dos "comuns" não se resumiria à criação de pequenos insulamentos exemplares, à disseminação de boas práticas de compartilhamento e solidariedade, com um cunho deliberadamente exterior à lógica proprietária e estatal (o que sem dúvida seria um eco tanto do movimento zapatista como das comunidades de *hackers*)? John Holloway deu a fórmula: seria "mudar o mundo sem tomar o poder"[86]. Por mais sedutora que seja, ela se esquece de questionar as formas de dominação do capital sobre o trabalho, bem como, aliás, os efeitos do Estado sobre a sociedade e a maneira de superá-los. Ora, nada garante que, para pensar as novas formas de luta e conceber alternativas, tenhamos de negligenciar a forma como o capital exerce sua dominação

---

[85] Idem, *Le Nouvel impérialisme*, cit., p. 201.
[86] John Holloway, *Mudar o mundo sem tomar o poder* (trad. Emir Sader, São Paulo, Boitempo, 2007).

sobre o trabalho nas empresas ou nas administrações públicas submetidas à lógica da concorrência e do gerenciamento empresarial. O modo de funcionamento do capitalismo na era neoliberal não pode ser reduzido aos processos de "cercamento" e "despossessão". Não resta dúvida de que esses fenômenos não pertencem exclusivamente à pré-história do capitalismo industrial, mas estão longe de resumir as novas formas de dominação e exploração nas empresas e administrações públicas. Compete tanto à crítica teórica quanto à ação rearticular os processos de apropriação e opressão, e não dissociá-los.

A apropriação é acelerada por pressão da concorrência entre oligopólios e entre Estados pelo controle das fontes de renda e lucro. Apoderar-se das fontes e dos fatores de rentabilidade e fortalecer os direitos de propriedade para garantir rendas monopolísticas são armas de guerra usadas pelos atores capitalistas e instrumentos de poder utilizados sobre todos os membros da sociedade. A ampliação e o aprofundamento das relações capitalistas caminham de mãos dadas. E nisso, sem dúvida, está a contribuição mais importante da referência à acumulação primitiva. Quando deixa de ser considerada uma fase dentro de certa periodização dos modos de produção e passa a ser vista como uma dimensão inerente à reprodução do capital, a acumulação se mostra como um processo contínuo de *separação* entre, de um lado, os indivíduos e, de outro, as condições e os meios que eles herdaram e desenvolveram em sua luta para viver de forma mais ou menos autônoma em relação ao aparelho capitalista de produção e consumo[87]. Marx via na acumulação primitiva essencialmente a separação inaugural entre os indivíduos e os meios de produção como condição histórica do capitalismo, separação que a acumulação do capital vai depois reproduzir e ampliar de modo incessante como sua condição indispensável. Por isso, ele próprio pensava o processo dessa acumulação como *continuidade* do momento de ruptura histórica da acumulação primitiva[88]. Podemos observar que, hoje, o processo de separação implica outras condições de autonomização relativa dos indivíduos em relação ao capital: meios e condições de se garantir contra riscos à vida, consumo, cuidados de si, instrução, diversão e comunicação.

---

[87] Massimo De Angelis, "Marx and Primitive Accumulation. The Continuous Character of Capital's 'Enclosures'", *The Commoner*, n. 2, set. 2001.

[88] Karl Marx, *Théories sur la plus-value* (Paris, Éditions Sociales, 1976), t. III, p. 318. Sobre esse ponto, ver Pierre Dardot e Christian Laval, *Marx, prénom: Karl*, cit., p. 548.

Mas essa separação não é somente despossessão, pois introduz uma nova relação de dependência e submissão e, com essa relação, uma mudança geral dos vínculos sociais, das identidades e das subjetividades. E é exatamente isso que Marx entendia por reprodução ampliada do capital quando enfatizava que o capital, quando começava a funcionar de maneira autônoma, isto é, segundo suas próprias leis de acumulação ilimitada, continuava a produzir as condições de seu próprio funcionamento[89] e, entre essas condições, o tipo de indivíduo de que necessita, nesse caso o "trabalhador livre" obrigado a vender sua força de trabalho. Como veremos adiante, uma das condições de seu funcionamento atual não é tanto o "roubo" do que até então era exterior a ele – pouco importa que seja chamado de "vida" ou "conhecimento" –, mas a submissão completa e a transformação radical da sociedade e da subjetividade.

Devemos notar, porém, a grande diferença entre o paradigma dos comuns e a concepção marxiana de acumulação primitiva. Marx tinha em vista apenas a expropriação dos pequenos produtores independentes pelo capital, isto é, a expropriação da pequena propriedade privada baseada no trabalho individual. Os comuns eram apenas a condição coletiva da independência individual, aquela mesma independência que a eliminação dos comuns destruiu para possibilitar que os "trabalhadores livres" se tornassem "ingredientes" do capital. Já passamos dessa fase. A relativa autonomia conquistada pelos assalariados, isto é, pelos trabalhadores já separados de seus meios de produção, não mais diz respeito apenas à pequena propriedade individual, mas àquilo que Robert Castel denominou significativamente "propriedade social" dos assalariados, constitutiva da "sociedade salarial"[90]. As lutas sociais dos séculos XIX e XX de fato possibilitaram a criação de um conjunto de direitos, títulos e serviços burocraticamente administrados, ligados a educação, saúde, direito do trabalho e moradia social. O que chamamos de "social" designa propriamente o conjunto de dispositivos que visam atender às necessidades coletivas em bases diferentes

---

[89] Aquilo que Marx, usando linguagem herdada de Hegel, denomina suas "próprias pressuposições". Sobre esse ponto, ver Pierre Dardot e Christian Laval, *Marx, prénom: Karl*, cit.

[90] Ver Robert Castel, *Les Métamorphoses de la question sociale: une chronique du salariat* (Paris, Fayard, 1995), p. 268 e seg. [ed. bras.: *As metamorfoses da questão social*, trad. Iraci D. Poleti, 8. ed., Petrópolis, Vozes, 2009]. Ver também Donald. M. Nonini, *The Global Idea of "The Commons"*, cit., p. 6.

das do mercado, ou que visam impedir que o trabalho seja reduzido a mercadoria. Esse vasto domínio, que assegura certa independência coletivamente organizada dos indivíduos diante do capital, é atacado hoje em nome da primazia da lógica concorrencial e da eficiência dos mercados. Poderíamos observar, de maneira ainda mais fundamental, que aquilo que se convencionou chamar de "crise da democracia" (isto é, a dominação direta das potências econômicas e financeiras nos processos de decisão política) é apenas um dos aspectos da separação entre os indivíduos e os meios e as condições políticas de sua autonomia coletiva.

Naturalmente, a questão central aqui é saber o que devemos entender por neoliberalismo. Os dispositivos de poder que o caracterizam e consistem em orientar a conduta segundo a norma generalizada do *cada vez mais* não obedecem apenas à lógica negativa da despossessão, da demissão e do desmantelamento. As políticas neoliberais, que se aplicam a todas as esferas da sociedade, não foram feitas apenas para oferecer ativos baratos ao capital financeiro ou possibilitar às classes dominantes a revanche pelos anos de relativas "vacas magras" do período keynesiano-fordista. A despossessão, como indica bastante bem o termo, pressupõe que se tire dos seres humanos aquilo que lhes pertence, que se roube deles um bem, um direito, uma força ou uma essência. Ora, o traço fundamental da governamentalidade neoliberal é realizar a transformação de todas as relações sociais, portanto da relação dos homens com as coisas. Ela tem como singularidade a tendência a submeter sistematicamente a reprodução social em todos os seus componentes – salarial, familiar, político, cultural, geracional, subjetivo – à reprodução ampliada do capital. A despossessão é apenas um momento desse processo que mais parece uma metabolização da realidade social, processo que Marx chamava de "subsunção ao capital". As elites políticas não se compõem apenas de "testas de ferro" do capital financeiro: elas participam e contribuem em seu próprio nível e nas práticas correntes, legais ou ilegais, para a grande simbiose entre capital e Estado, transformado em grande empresa[91]. Instilando cada vez mais concorrência nas engrenagens sociais, adaptando as diferentes esferas sociais e políticas à nova norma geral da *competitividade*, as políticas neoliberais trabalham para pôr em sintonia cada vez mais fina a reprodução da sociedade e a reprodução do

---

[91] Ver Sheldon S. Wolin, *Democracy Incorporated: Managed Democracy and the Specter of Inverted Totalitarianism* (Princeton, Princeton University Press, 2008).

capital. Não que a primeira seja apenas reflexo da segunda: ela é ao mesmo tempo seu resultado e, mais decisivamente, sua condição.

Em resumo, não é tanto de despossessão como modo de acumulação específica que devemos falar, mas de produção contínua das condições sociais, culturais, políticas e subjetivas de ampliação da acumulação do capital, ou ainda do *devir-mundo* do capital por meio da governamentalidade neoliberal. Se a natureza, a cultura e a sociedade são interiorizadas pelo capital como condições imanentes a seu próprio desenvolvimento, é compreensível que o capital, numa inversão imaginária radical, apareça cada vez mais como condição inevitável e intransponível da vida em todos os seus aspectos, introduzindo com isso o sentimento de que não se pode sair desse "cosmo". Portanto, o que o neoliberalismo favorece não é tanto uma "acumulação por *despossessão*", mas uma acumulação por *subordinação* ampliada e aprofundada de todos os elementos da vida da população: consumo, transporte, lazer, educação, saúde, uso dos espaços e do tempo, reprodução social e cultural e, por fim, as subjetividades. Podemos compreender agora o fato de a luta ter se expandido, de não se referir apenas aos locais de produção, mas também aos espaços urbanos, aos modos de troca e circulação, aos sistemas de educação, formação e pesquisa, às atividades de lazer e às práticas de consumo. Confrontada com a lógica desse "cosmocapital" que parece se desenvolver por uma espécie de autoengendramento, essa luta é levada a globalizar-se: ela adota a estrutura de coordenação e associação de setores em luta, organizando em pontos centrais das cidades (a "praça") o encontro e a reunião de todos aqueles que são afetados por essa dominação geral. No fundo, é essa necessidade prática de resistência global que explica o surgimento da categoria dos "comuns" a partir dos anos 1990. Ela designa e confedera os mais diversos modos de resistência à subsunção da sociedade, da subjetividade e da vida ao capital. A palavra "comuns" é uma palavra de ordem, um símbolo. Mas essa categoria, por aparentemente representar elementos que sempre existiram – na natureza, na sociedade e na inteligência –, encontra seus limites na heterogeneidade dos "bens" e dos "dados" que são objeto dos "novos cercamentos".

4
CRÍTICA DA ECONOMIA POLÍTICA DOS COMUNS

A difusão da temática dos comuns, como acabamos de ver, está intimamente ligada ao desenvolvimento de movimentos de contestação ao neoliberalismo, seja na América Latina, nos Estados Unidos ou na Europa. Mas também encontrou apoio teórico numa literatura acadêmica produzida por pesquisadores, sobretudo estadunidenses, que criaram uma economia política de traços originais. O desafio não é pequeno: reside na superação de uma distinção constitutiva do nosso modo de pensar jurídico e econômico: a distinção entre bens privados e bens públicos, propriedade privada e propriedade pública, mercado e Estado.

Essa oposição ainda está muito presente nos movimentos de contestação. Denunciar a *mercantilização do mundo* muitas vezes significa limitar-se a defender os serviços *públicos* nacionais ou reivindicar a ampliação da intervenção do Estado. Ainda que legítima, essa reivindicação fica no terreno do adversário, porque se recusa a questionar um antagonismo constituído exatamente para *fazer do mercado a regra e do Estado a exceção*. Essa posição, que concebe o Estado como lugar de resistência à invasão do mercado, justifica duplamente a divisão do trabalho entre mercado e Estado, uma vez que atribui a um e outro uma esfera que lhe seria "própria". Pelo menos desde os anos 1950, a teoria econômica padrão admite plenamente a legitimidade da produção pública ou governamental, alegando que certos bens seriam *por natureza* da alçada da apropriação privada, enquanto outros seriam, também *naturalmente*, da alçada da ação estatal. Essa economia política não faz mais do que obedecer aos princípios da filosofia política que, pelo menos desde Hobbes, atribuem ao Estado a dupla função de proteger a propriedade dos bens privados e fornecer bens públicos que os átomos egoístas são incapazes de fornecer apenas por seus meios. O próprio Adam Smith aceitava esse quadro. Assim, tanto na filosofia política como na economia clássica, as entidades "Mercado" e "Estado" foram consideradas os dois polos necessários e suficientes para o bom funcionamento da sociedade. A economia política dos comuns pretende justamente sair dessa oposição entre Estado e mercado, tanto no plano prático quanto no plano teórico.

Essa teoria, cuja representante mais conhecida é Elinor Ostrom, "Prêmio Nobel de Economia"[1] em 2009, tem por objeto as condições práticas e institucionais que possibilitem gerir em comum recursos. Com isso, ela se distanciou (ainda que não inteiramente) da economia padrão, que distribui os diferentes tipos de bens e os diferentes tipos de produção de acordo com sua natureza intrínseca. Trazendo à tona a dimensão *institucional* das práticas de gestão dos recursos, ela realiza uma ruptura teórica cuja importância não pode ser subestimada. Contudo, ela só conseguiu trazer à tona essa dimensão institucional permanecendo dependente dos quadros naturalistas do pensamento econômico dominante, isto é, considerando que certos recursos exigem, como que por natureza, gestão coletiva. O "comum", nessa economia política institucional, é um qualificativo que se aplica a recursos naturalmente "comuns", os quais, em razão de suas características próprias, são geridos com mais racionalidade pela ação coletiva do que pelo mercado ou pelo Estado[2]. Inserindo-se nesse modo de raciocínio econômico, o comum encontraria seu verdadeiro significado numa tipologia de bens estabelecida de acordo com critérios técnicos: haveria bens que seriam por

---

[1] Como se sabe, o prêmio Nobel é mais especificamente um prêmio de economia concedido pelo Banco da Suécia "em memória de Alfred Nobel". Os trabalhos de Elinor Ostrom foram desenvolvidos no âmbito de um grupo interdisciplinar de pesquisas criado por ela e seu marido, Vincent Ostrom, em 1973, na Universidade de Indiana – Workshop in Political Theory and Policy Analysis. Para uma apresentação histórica das pesquisas sobre os comuns, ver Charlotte Hess, "Is There Anything New under the Sun? A Discussion and Survey of Studies on New Commons and the Internet", artigo apresentado na oitava conferência da International Association for the Study of Common Property, realizada em Bloomington, Indiana, de 31 de maio a 4 de junho de 2000. Disponível em: <http://dlc.dlib.indiana.edu/dlc/bitstream/handle/10535/384/iascp2000.pdf?sequence=1>.

[2] Esse é o sentido da definição aparentemente minimalista que afirma um comum como "um recurso compartilhado por um grupo de pessoas". Ver Charlotte Hess e Elinor Ostrom (orgs.), *Understanding Knowledge as a Commons*, cit.

natureza "comuns" e, consequentemente, propícios à gestão coletiva, assim como haveria outros que, por natureza, seriam públicos ou privados, em razão de suas particularidades intrínsecas. Foi com esse espírito que Elinor Ostrom e sua equipe, após terem estudado casos de gestão coletiva de recursos naturais em nível microssocial, desenvolveram um programa de pesquisa sobre os "comuns do conhecimento" em escala muito mais ampla.

As consequências desse fundo naturalista não são poucas, e vão em sentidos contrários. Se o comum é uma dimensão natural de certos bens, isso pode justificar a existência, no oceano de bens fornecidos pelo mercado e pelo Estado, de uma economia especial que deveria ser preservada para que a especificidade dos "bens comuns" seja respeitada. A tese não tem nada de revolucionário e é até bem conservadora. Mas, em outro sentido muito diferente, conseguindo-se demonstrar – ou fazer acreditar – que os bens mais essenciais ao funcionamento da economia e da sociedade são por natureza "comuns", parece ter sido resolvida, ao mesmo tempo, a questão da saída do capitalismo. Essa é, sem dúvida, a vertente seguida por parte da reflexão crítica contemporânea. E a prova é o texto de André Gorz intitulado "A saída do capitalismo já começou", em que ele explica que, com a "economia do conhecimento", "a zona de gratuidade se estende irresistivelmente":

> A informática e a internet minam pela base o reino da mercadoria. Tudo que é traduzível em linguagem digital e reproduzível, comunicável sem custo, tende irremediavelmente a tornar-se um bem comum, ou mesmo um bem comum universal, quando é acessível a todos e utilizável por todos.

E acrescenta mais adiante: "Trata-se de uma ruptura que mina o capitalismo pela base"[3].

Como veremos, não é aderindo à tipologia naturalista dos "bens" que se pode depreender a dimensão específica do comum, mas, ao contrário, fazendo sua crítica. E essa crítica somente é possível a partir da abertura teórica realizada pelos trabalhos de Ostrom sobre o *governo* dos comuns. De fato, essa nova problemática, quando compreendida corretamente em todas as suas implicações, tende a demolir o modo de raciocinar naturalista dos economistas, e isso em dois planos: pondo em dúvida a natureza supostamente egoísta do ser humano e a classificação dos bens de acordo com uma predestinação de natureza.

---

[3] André Gorz, *Écologica* (Paris, Galilée, 2007), p. 37 e 39 [ed. bras.: *Ecológica*, trad. Celso Azzan Júnior, São Paulo, Annablume, 2010].

"Bens privados" e "bens públicos"

O discurso econômico dominante impregnou de tal maneira o debate público e a elaboração teórica que acabou contribuindo amplamente para formar a ideia que temos até hoje do "comum". A economia política raciocina como o direito, em termos de "bens", ainda que as definições dadas por cada uma dessas disciplinas sejam diferentes. No campo jurídico, os bens são definidos como coisas apropriáveis, como também ocorre, aliás, no campo da contabilidade. Na economia padrão, um bem econômico é visto como tal pela satisfação da necessidade que possibilita, pelo tipo de consumo a que está relacionado e, consequentemente, pela lógica de sua produção, comercial ou não. Portanto, o comum é uma propriedade dos bens, e não das instituições. Ora, os comuns (*commons*) não são redutíveis aos bens comuns (*common goods*).

Devemos compreender primeiro o que se entende por "bem comum" (*common good*). Essa expressão é confundida muitas vezes com a expressão "bem coletivo" ou "bem público", que são perfeitamente sinônimas. O que distingue um bem público, ou coletivo, de um bem privado, ou privativo? Segundo a doutrina geral dos bens econômicos, os bens, em virtude de suas qualidades próprias (técnicas e econômicas), devem ser produzidos em sua maioria por empresas privadas e destinados a mercados concorrenciais[4]. Mas existem bens que, por suas características específicas, têm "naturalmente" vocação para serem produzidos pelo Estado ou por organizações sociais (igrejas, sindicatos, partidos, associações), capazes de exercer disciplina sobre seus membros para garantir essa produção de uma maneira ou de outra. Em resumo, os bens públicos não são produzidos pelo mercado, pois a satisfação das necessidades às quais atendem não é compatível com o pagamento individual voluntário desse tipo de bem.

Os bens privados são exclusivos (ou excluíveis) e rivais[5]. Um bem é "exclusivo" quando seu detentor ou produtor, pelo exercício do direito de propriedade que tem sobre esse bem, pode impedir que qualquer pessoa que se recuse a comprá-lo pelo preço exigido tenha acesso a ele. Um bem é

---

[4] Sobre esse ponto, as distinções econômicas são herança do direito civil romano e da divisão dos bens conforme sua natureza (ver nossa análise sobre "a reificação do comum" no capítulo 1 deste volume).

[5] Para uma exposição dessa doutrina, ver Luc Weber, *L'État acteur économique* (Paris, Economica, 1997).

rival quando sua compra ou utilização por um indivíduo diminui a quantidade do bem disponível para o consumo de outras pessoas. Um bem público "puro" é um bem não exclusivo e não rival. Um bem não exclusivo é um bem que não pode ser reservado por seu detentor aos que estão dispostos a pagar por ele; um bem não rival é um bem ou um serviço que pode ser consumido ou utilizado por um grande número de pessoas sem custo suplementar de produção, porque o consumo de uma não diminui a quantidade disponível para as outras. Os exemplos clássicos apresentados nos cursos de economia são a iluminação das ruas, o ar que respiramos, os fogos de artifício, a luz de um farol ou a defesa nacional. A existência das necessidades às quais os bens públicos atendem justifica a intervenção do Estado, segundo as teses clássicas formuladas por Richard Musgrave e Paul Samuelson nos anos 1950[6]. Segundo Richard Musgrave, uma das funções do Estado é velar pela alocação ótima dos recursos econômicos, o que o obriga a subvencionar ou realizar de modo direto a produção dos bens que não poderiam ser produzidos pelo mercado em razão de suas particularidades intrínsecas. Portanto, os *public goods*[7] são definidos negativamente como bens que não podem ser produzidos de forma espontânea pelo mercado, o qual atende apenas os interesses privados por um ato de compra voluntário. Eles constituem uma "falha do mercado" (*failure of market*). Por serem, de certo modo, defeituosos ou deficitários no que se refere à norma comercial, alguns bens devem ser produzidos pelo Estado ou por uma instituição sem fins lucrativos, ao menos se considerados necessários ao bem-estar da população ou à eficiência econômica. Se ninguém puder ser excluído do consumo desses bens, ou se o consumo deles por parte de um indivíduo não diminuir o consumo dos outros, significará que eles propiciam gozo a todos sem exclusividade e sem rivalidade, e seu financiamento e sua produção só podem

---

[6] Ver Richard Musgrave, *The Theory of Public Finance. A Study in Public Economy* (Columbus, McGraw-Hill, 1959) [ed. bras.: *Teoria das finanças públicas: um estudo de economia governamental*, trad. Auriphebo Berrance Simões, São Paulo, Atlas, 1976], e a apresentação canônica de Paul Samuelson, *L'Économique I* (Paris, Armand Colin, 1982), p. 224 [ed. bras.: *Economia*, trad. Robert Brian Taylor, 17. ed., Rio de Janeiro, McGraw-Hill, 2004].

[7] A expressão *public goods*, que traduzimos por "bens públicos", é ambígua, porque parece significar que apenas o Estado tem condições de produzi-los. O discurso econômico também emprega o sinônimo "bens coletivos", que tem o defeito de provocar confusão com "bens comuns".

ser feitos com base em certa coerção – moral quando se trata de igreja ou associação, política quando se trata do Estado. Nem toda falha do mercado obriga o governo ou a coletividade local a intervir, mas as características intrínsecas do bem podem justificar essa intervenção.

A justificação da intervenção política em economia está intimamente ligada à figura do "carona" (*free rider*), isto é, do indivíduo calculista que prefere deixar por conta dos outros o peso de pagar pelos bens dos quais ele pode tirar proveito porque não são exclusivos, ou que não tem intenção de assumir os danos causados por sua própria atividade (caso do poluidor). É importante observar aqui que a lógica que preside essa distinção dos bens de acordo com sua natureza repousa sobre um fundamento utilitarista muito elementar, segundo o qual o indivíduo "racional" é egoísta, calculista e maximizador, e nunca tem outra motivação que não seu interesse pessoal. O modelo é sustentado pelo postulado do homem econômico que não pode ter gozo que não seja egoísta e desconhece qualquer desejo de "fazer em comum" e "consumir em comum". Mancur Olson, em *A lógica da ação coletiva* (1965), mostrou que um indivíduo desse tipo não tem nenhum motivo para agir coletivamente para produzir um bem do qual outros poderiam tirar proveito sem arcar com os custos, e que, ao contrário, tem todo o interesse em deixar que os outros arquem de uma maneira ou de outra com o custo do bem, pois tirará proveito do resultado da ação coletiva do mesmo modo que os que contribuíram para obtê-lo[8]. Portanto, a imposição ou qualquer forma de coerção política ou moral é a única solução para o fornecimento dos bens coletivos. Podemos compreender agora por que, em grande número de casos, os "bens públicos" são bens fornecidos pelo Estado. É verdade que Olson fez questão de deixar claro que as interações regulares entre indivíduos dentro de grupos mais ou menos pequenos tendem a reduzir o comportamento de oportunismo e malandragem, isto é, de "carona".

Desde os anos 1950, a teoria se refinou, mostrando que os exemplos clássicos de bens públicos constituem apenas uma categoria muito particular de "bens públicos puros" que deveriam ser incorporados a uma teoria mais geral de "externalidades", isto é, efeitos benéficos ou não das atividades

---

[8] Mancur Olson, *La Logique de l'action collective* (Bruxelas, Éditions de l'Université Libre de Bruxelles, 2011 [1965]) [ed. bras.: *A lógica da ação coletiva*, trad. Fábio Fernandez, São Paulo, Edusp, 2015].

privadas para a coletividade. Poderíamos imaginar, por exemplo, que o mercado produzisse *de per si* poucas externalidades positivas, como as que o ensino produziria se fosse integralmente pago pelos usuários, ou então que produzisse um excesso de externalidades negativas, como a poluição atmosférica, se não existisse nenhuma regulamentação pública em matéria de emissões de gases do efeito estufa. Não é a maneira de consumir que se leva então em conta, mas as consequências de determinada atividade para a sociedade. Contudo, quer se trate de bens públicos, quer de externalidades, o que justifica a intervenção pública é sempre a *falha do mercado*, em razão das próprias características dos bens, quer se trate de seu consumo, quer de seus efeitos.

Um bem público é determinado negativamente, portanto, no âmbito de uma teoria que vê o mercado como mecanismo normal de alocação dos recursos. Não discutiremos aqui se essas características específicas são suficientes para justificar a intervenção pública. Entretanto, devemos assinalar a fragilidade das fronteiras estabelecidas pelos teóricos da economia pública dos anos 1950. Desde então, os neoliberais não se abstiveram de mostrar que o fato de certos serviços terem natureza especial não tornava obrigatória sua produção pelo Estado. A doutrina da União Europeia, para tomarmos apenas esse exemplo, renunciou aos vocábulos "bem" ou "serviço público", preferindo empregar o termo "serviço de interesse geral", o que deixa espaço para uma produção privada condicionada por especificações fixadas pelas autoridades públicas. E vimos no capítulo anterior como a teoria dos direitos de propriedade deu caução acadêmica às políticas de privatização e mercantilização.

O economista raciocina a partir de um duplo postulado sobre a natureza intrínseca dos bens e o comportamento do homem econômico, o que supostamente deveria justificar a divisão da produção de bens e serviços entre o mercado e o Estado. Na realidade, porém, as coisas não acontecem segundo um raciocínio econômico que excluiria da definição dos bens a política ou a ética. O fornecimento de um bem pelo Estado ou pelo mercado está ligado não apenas a sua natureza, mas também a fatores políticos, culturais, sociais e históricos que não podem ser obliterados pela teoria, como faz a economia padrão[9].

---

[9] Existem bens cujo consumo é individualizável, como a educação, e que podem ser fornecidos pelo Estado ou pelo mercado, da mesma forma que um farol pode ser público ou privado. O uso das estradas pode ser gratuito, mas o das rodovias, pago.

A descoberta dos "bens comuns"

Alguns economistas perceberam que, baseando a divisão legítima da produção entre o mercado e o Estado em considerações técnicas como rivalidade e exclusividade e limitando-se a contrapor bens públicos puros a bens privados puros, era impossível classificar exaustivamente todos os bens econômicos. Foi a partir dessa constatação que Elinor Ostrom desenvolveu seu trabalho sobre a gestão dos recursos comuns.

Quando as duas qualidades dos bens econômicos – rivalidade e exclusividade – são combinadas, como foi feito nos anos 1970, é possível distinguir não dois, mas quatro tipos de bens. Ao lado dos bens puramente privados (rivais e exclusivos), como os docinhos comprados no supermercado, e dos bens puramente públicos (não rivais e não exclusivos), como a iluminação pública, a defesa nacional ou a luz de um farol, existem bens híbridos ou mistos. Existem "bens de clube" (*club goods*), que são exclusivos e não rivais, como pontes e rodovias, nas quais se podem instalar pedágios, ou os espetáculos artísticos ou esportivos, que são pagos, mas cujo consumo individual não é diminuído pelo consumo dos outros espectadores. Existem outros bens mistos, os chamados "bens comuns" (*common goods*), que são, por sua vez, não exclusivos e rivais, como as zonas de pesca, os pastos abertos e os sistemas de irrigação, isto é, bens cujo acesso dificilmente se pode restringir ou proibir, exceto pela fixação de regras de uso. Ostrom chamou esses últimos bens de "fundos de recursos comuns" (*common-pool resources* ou CPR). Esses bens podem ser objeto de exploração individual, mas haverá risco de diminuição ou mesmo de esgotamento da quantidade global do recurso se todos tentarem maximizar sua utilidade pessoal. Esses bens podem ser fornecidos pelo poder público, como no caso de um parque nacional. Mas, segundo Ostrom, seu uso não pressupõe necessariamente a escolha entre propriedade individual e propriedade pública. Muito pelo contrário, esses bens podem ser objeto de uma gestão coletiva duradoura e eficiente, como mostraram os estudos empíricos de certos casos suíços, japoneses, espanhóis e filipinos realizados por Ostrom e sua equipe. Essa abordagem original, que recorre ao institucionalismo e pretende construir uma teoria da ação coletiva auto-organizada e autogovernada[10], está ligada a um questionamento histórico das práticas

---

[10] Ver Elinor Ostrom, *Gouvernance des biens communs: pour une nouvelle approche des ressources naturelles* (Paris, De Boeck, 2010). Essa tradução francesa apresenta inúmeros problemas, a começar pela curiosa mudança do subtítulo. O leitor pode

centenárias, ou mesmo milenares, dos "comuns" – que durante muito tempo foram sistematicamente diminuídos.

O debate em torno da "tragédia dos comuns"

Para compreender as implicações dessa economia dos comuns, devemos ressituá-las no contexto do amplo debate em torno do artigo de Garrett Hardin "The Tragedy of the Commons"[11]. Em 1968, ele acreditou poder mostrar que, antes mesmo do movimento de cercamentos, as terras comunais já haviam sido destruídas pela superexploração a que foram submetidas por criadores de ovelhas movidos unicamente por interesses egoístas.

O raciocínio de Hardin fundamenta-se no postulado da racionalidade do comportamento do homem econômico, que não pode ou não quer levar em consideração os efeitos da exploração descontrolada de um recurso comum. O propósito desse texto famoso diz respeito à superpopulação, que o malthusiano Hardin considera o principal problema da humanidade. Sua intenção é combater a ideia de que uma população possa atingir situação coletiva ótima quando cada um decide sua fecundidade de acordo com interesses pessoais. A liberdade dada às famílias de ter tantos filhos quanto desejem leva irremediavelmente à ruína da humanidade. Como o mundo é finito, liberdade em matéria de fecundidade é algo impossível. Em suma, isso significa pôr Malthus contra Smith, mostrando que não se pode depositar esperanças numa capacidade qualquer de autorregulação da população por uma espécie de "mão invisível" demográfica. Hardin retoma – sem explicitar, aliás – um debate de longo alcance ligado historicamente à questão do comunismo. Que tudo seja de todos, que o mundo seja um banquete aberto a todos era a ideia do discurso comunista de Morelly:

> O mundo é uma mesa suficientemente abastecida para todos os convivas, e suas iguarias ora pertencem a todos, porque todos têm fome, ora apenas a alguns, porque os outros estão saciados; desse modo, ninguém é seu dono absoluto nem tem o direito de pretender sê-lo.[12]

---

reportar-se à obra original: *Governing the Commons: The Evolution of Institutions for Collective Action* (Cambridge, Cambridge University Press, 1990).

[11] *Science*, 13 dez. 1968. Disponível em: <http://science.sciencemag.org/content/162/3859/1243>.

[12] Étienne-Gabriel Morelly, *Code de la nature* (Paris, La Ville Brûle, 2011), p. 44 [ed. bras.: *Código da natureza*, trad. Denise Bottmann, São Paulo, Editora da Unicamp, 2013].

Significava negar, em nome da satisfação prioritária das necessidades elementares, a ideia de que haveria insuficiência dos bens necessários e, portanto, negar a ideia de que não haveria lugar para todos na Terra. Essa posição é o exato oposto da que será tomada por Malthus, a quem Hardin se remete:

> O homem nascido num mundo já ocupado [...] não tem direito algum de reclamar o mínimo alimento e, na realidade, está sobrando. No grande banquete da natureza, não há talher disponível para ele; ela lhe ordena que se vá e não tardará a executar sua própria ordem.[13]

Não existe "almoço de graça": essa é a chave do que Hardin chama de a "tragédia dos comuns".

Para ilustrar sua tese, ele imagina pastos de livre acesso, nos quais cada pastor "racional" estaria interessado em aumentar sem limite o número de cabeças de seu rebanho, o que fatalmente resultaria na superexploração das terras comunais. De fato, se cada um aumentar diretamente sua utilidade pessoal ampliando o número de animais, a "desutilidade" acarretada pela superexploração atingirá a todos. O que ele chama de "tragédia" – termo empregado no sentido dado pelo filósofo Alfred Whitehead[14] – é um processo irreversível e inevitável que se deve ao fato de que cada indivíduo é estimulado a se comportar de forma egoísta para maximizar seu ganho, sem se preocupar com o preço que será pago coletivamente em consequência de seu comportamento:

> Cada indivíduo está encerrado num sistema que o leva a aumentar seu rebanho sem limite num mundo que, por sua vez, é limitado. A ruína é o destino para o qual se precipitam todos os homens, cada um perseguindo seu interesse mais prezado numa sociedade que acredita na liberdade dos comuns. A liberdade de exploração de um comum leva à ruína de todos.

---

[13] Ver Thomas Robert Malthus, *Essai sur le principe de population* (Paris, Garnier-Flammarion, 1992), p. 36-7 [ed. port.: *Ensaio sobre o princípio da população*, trad. Eduardo Saló, Lisboa, Europa-América, 1999].

[14] Ver Alfred N. Whitehead, *Science and the Modern World* (Nova York, Mentor, 1948), p. 17 [ed. bras.: *A ciência e o mundo moderno*, trad. Hermann Herbert Watzlawick, São Paulo, Paulus, 2006]. Para Whitehead, a concepção grega de natureza, "em que cada coisa tem seu papel" e caminha para seu fim, como a arte trágica conduz os destinos a seu termo, é a base da ciência moderna: "Sua visão [isto é, dos grandes trágicos] do destino, implacável e indiferente, conduzindo um incidente trágico ao seu fim inevitável, é a própria visão da ciência" (ibidem, p. 27).

O propósito de Hardin, como podemos ver, não é tão simples como às vezes se quis acreditar. O que ele põe em dúvida não é a existência dos comuns como tais, mas a "liberdade" de explorá-los de forma ilimitada. A grande lição que ele pretende tirar da fábula dos pastores "racionais" opõe-se diretamente à fábula das abelhas de Mandeville: se cada um puder maximizar sem limites sua utilidade individual, a humanidade não se aproxima da "maior felicidade para o maior número", como diz a fórmula benthamiana que Hardin tanto gosta de citar, mas da ruína coletiva.

Mas a que espécie de "comuns" ele se refere? É típico de sua demonstração misturar todas as formas de recursos comuns numa única categoria, que teria as características genéricas de seu exemplo. Os pastos superexplorados podem ser comparados a oceanos sem peixes e baleias, ao ar ou à água dos rios contaminados pelo comportamento dos poluidores? E em que medida pastos, oceanos, rios e o ar das cidades podem ser classificados na mesma categoria dos dispositivos do Estado-providência ou dos parques naturais? Em certo número de casos é evidente que, para impedir a destruição dos recursos naturais, há necessidade de impor limites de acesso, cotas de exploração, taxações ou controles. A liberdade total de acesso ao lençol freático durante a "revolução verde" na Índia levou ao esgotamento acelerado do recurso. Os estados indianos encorajaram os agricultores mais ricos a tirar água de poços que estes podiam perfurar com toda a liberdade, em detrimento de formas de irrigação como canais e reservatórios, que foram abandonados. Um grupo de especialistas estima que, daqui a vinte anos, metade da necessidade de água do país já não poderá ser suprida[15]. A consequência provável dessa superexploração da água se coaduna bastante bem com a conclusão de Hardin sobre a "ruína dos comuns". Mas ele não levou em consideração que esse processo destruidor se deve à ausência total de regulamentação pública e à falta de freios dos interesses privados dos perfuradores de poços e dos agricultores mais ricos, que revendem a água aos camponeses mais pobres e a intermediários que a mandam em caminhões-pipa para os moradores das cidades. O comportamento do egoísta calculista e maximizador não nasce espontaneamente: é um produto social e, no caso em questão, consequência direta do desenvolvimento de uma agricultura capitalista com apetite voraz por água.

---

[15] Julien Bouissou, "Agriculture, surexploitation des nappes. L'Inde est menacée par une pénurie d'eau", *Le Monde*, 10 ago. 2013.

Na realidade, o que Hardin chama de "comuns" é um amálgama de casos muito diversos. Ele confunde o que o direito romano denominava *res communis* – o que não pertence a ninguém e não é apropriável, como o mar ou o ar – e *res nullius* – aquilo que não tem dono, mas de que é possível apropriar-se, como o peixe pescado no mar[16]. Sobretudo, confunde essas "coisas" com a livre exploração, sem restrição de bens retirados de um estoque disponível e limitado. De fato, o argumento de Hardin baseia-se num sofisma que consiste em introduzir em seu modelo um comportamento economicamente "racional", isto é, movido apenas pela lógica do interesse pessoal, num contexto normativo que exclui precisamente esse tipo de comportamento, uma vez que as regras dos comuns são feitas para prevenir o risco de superexploração. A fábula de Hardin não consegue conceber a existência de uma "economia moral" – segundo palavras de Edward P. Thompson – que presidiria as regras consuetudinárias do uso dos comuns, o que é um grande contrassenso no plano histórico. Segundo Hardin, essa consequência destrutiva do livre acesso ao recurso comum só pode ser evitada pela apropriação individual ou pela nacionalização e centralização do recurso comum. Em resumo, afora o mercado e o Estado, não existe terceiro termo.

Uma literatura abundante, de inspiração neoliberal, escorou-se nesse tipo de demonstração para mostrar as vantagens da propriedade privada e ressaltar a ineficiência de qualquer gestão pública e coletiva em geral. O fracasso dos serviços públicos e dos sistemas de proteção social decorreria do fato de que eles são vítimas de "caronas", que aproveitam as vantagens sem pagar por elas. O fato de a tese de Hardin ter sido interpretada principalmente em sentido neoliberal se deve a sua ressonância em correntes fortes do pensamento econômico dominante, que renovavam a argumentação a favor da propriedade privada e contra qualquer forma de propriedade comum ou estatal, acusada de transferir os custos de uso para a coletividade e levar ao esgotamento dos recursos. A teoria dos direitos de propriedade ressaltava, assim, que apenas a propriedade privada possibilita "internalizar as externalidades", sejam elas positivas, sejam negativas, enquanto as outras formas de propriedade têm o defeito de jogar o peso das externalidades negativas sobre os outros e impedir que cada um goze o rendimento merecido por seu esforço[17].

---

[16] Ver no capítulo 1 deste volume: "A reificação do comum".

[17] A propriedade privada também permitiria reduzir o custo da negociação, limitando-o a um pequeno número de pessoas que deveriam resolver os problemas na vizinhança

A instituição no cerne dos comuns

A principal contribuição da nova economia política dos comuns é justamente o fato de ter evidenciado a confusão de Hardin entre livre acesso total e organização coletiva, ou seja, de ter entendido que os *commons* tinham a originalidade de ser objeto de uma regulação coletiva auto-organizada. Elinor Ostrom mostra – embora não de maneira suficientemente explícita – que esses comuns naturais devem ser definidos não tanto como "coisas" físicas que preexistiriam às práticas ou domínios naturais aos quais se aplicariam regras, mas como relações sociais entre indivíduos que exploram certos recursos em comum, segundo regras de uso, compartilhamento ou coprodução – isto é, para retomarmos a excelente expressão de Yochai Benkler, como "espaços institucionais"[18]. Aliás, é sem dúvida assim que devemos entender a mudança terminológica importantíssima que substitui *common good* por *commons*[19]. Toda a contribuição da nova economia política dos comuns reside nessa ênfase na necessidade de diversas regras práticas que possibilitem a produção e a reprodução dos recursos comuns. Como escreve David Bollier, "o paradigma dos comuns não considera em primeiro lugar um sistema de propriedade, contratos e mercados, mas normas e regras sociais, bem como mecanismos legais que deem aos indivíduos a possibilidade de compartilhar a propriedade e o controle dos recursos"[20]. A ênfase no estabelecimento coletivo de regras de ação prática – em que, segundo Ostrom, consistem as instituições – introduz uma concepção *governamental* dos comuns concebidos como sistemas institucionais de incitação à cooperação.

---

bilateralmente, enquanto a propriedade comum implicaria que cada um negociasse com cada coproprietário, o que é uma maneira curiosa de encarar a deliberação coletiva. Ver Harold Demsetz, "Toward a Theory of Property Rights", *The American Economic Review*, v. 57, n. 2, maio 1967, p. 357.

[18] Charlotte Hess e Elinor Ostrom (orgs.), *Understanding Knowledge as a Commons*, cit., p. 5, e Yochai Benkler, "L'Économie politique des biens communs", disponível em: <www.april.org/files/documents/PoliticalEconomyCommonsFr.pdf>. A versão original encontra-se em *Upgrade*, v. 4, n. 3, jun. 2003, *Open Knowledge*, disponível em: <www.cepis.org/upgrade/index.jsp?p=2144&n=2179>.

[19] Na tradução de *commons* para *biens communs*, em francês, ou *beni comuni*, em italiano [ou "bens comuns", em português] perde-se o essencial da ruptura realizada por Elinor Ostrom.

[20] David Bollier, "Growth of the Commons Paradigm", em Charlotte Hess e Elinor Ostrom (orgs.), *Understanding Knowledge as a Commons*, cit., p. 29.

Por instituição, Elinor Ostrom entende um "conjunto de regras realmente postas em prática por um conjunto de indivíduos para organizar atividades repetitivas que têm efeitos sobre esses indivíduos e, eventualmente, sobre outros"[21]. Acrescenta que "essas regras práticas, ou regras de fato, são em geral diferentes das regras formais, decretadas pelo Estado e pela administração pública, ou inscritas num regulamento interno: elas representam o que as pessoas realmente fazem. São elas as realmente utilizadas e praticadas por meio das ações individuais e coletivas dos participantes"[22]. Uma instituição "que dá certo" (*successful*) é uma instituição que, para durar, é capaz de adaptar-se às mudanças de circunstâncias e tem meios de regular os conflitos internos. Nesse sentido, segundo Ostrom, há um vínculo estreito entre a perenidade do comum, a faculdade de ensejar a evolução das regras e a "diversidade institucional", que traduz a adaptação dos indivíduos às diferenças de condições de produção. Os recursos comuns podem ser explorados por grupos de tamanhos diferentes, mas, para durar, precisam obedecer a um sistema particular de regras coletivas que dizem respeito às "operações" produtivas, aos limites do grupo e aos procedimentos pelos quais as regras são elaboradas e modificadas. Essas "regras constitucionais" determinam as condições institucionais de discussão e elaboração das "regras operacionais". Como escreve com toda a razão Olivier Weinstein, "o sistema hierarquizado de regras que rege um comum e sua governança aparece assim *como um verdadeiro sistema político*". Em resumo, os comuns são instituições que possibilitam a gestão comum, de acordo com regras de vários níveis estabelecidas pelos próprios "apropriadores". Benjamin Coriat propõe definir os "comuns fundiários", em suas palavras, como "conjuntos de recursos coletivamente governados, mediante uma estrutura de governança que assegure a distribuição de direitos entre os parceiros que participam do comum [*commoners*] e vise à exploração ordenada do recurso, permitindo sua reprodução em longo prazo"[23].

---

[21] Elinor Ostrom, "Pour des systèmes irrigués autogérés et durables: façonner les institutions", *Coopérer Aujourd'hui*, n. 67, nov. 2009, p. 9.

[22] Idem. Segundo Elinor Ostrom, dois erros devem ser evitados. Não se devem confundir regras práticas com regras formais, e não se deve acreditar que não possam existir instituições fora daquelas criadas pelo Estado.

[23] Benjamin Coriat, "Des communs 'fonciers' aux communs informationnels: traits communs et différences", apresentado no seminário internacional "Propriété et communs: les nouveaux enjeux de l'accès et de l'innovation partagés", Paris, 25 a 26 de abril de 2013. Ver também, no mesmo seminário, os comentários de Olivier

Não há necessidade de privatizar os comuns, impondo o quadro exclusivo dos direitos de propriedade, como queriam os institucionalistas neoliberais, tampouco recorrer ao Leviatã para controlar e forçar os indivíduos a obedecer ao soberano, único detentor da informação. Há na sociedade formas coletivas de entrar em acordo e criar regras de cooperação que não são redutíveis ao mercado e ao comando estatal. E isso pode ser evidenciado empiricamente em muitos casos em que alguns grupos dispensaram sem nenhum prejuízo a coerção do Estado ou a propriedade privada para evitar a famosa "tragédia dos comuns".

O "quadro analítico" dos comuns

Numa obra de 1990 sobre o governo dos comuns, Elinor Ostrom apresenta o quadro de sua análise institucional da gestão dos comuns. Ela estuda a gestão de recursos comuns em diferentes casos, todos envolvendo um pequeno grupo de pessoas capazes de estabelecer regras coletivas do uso de uma propriedade comum. A gestão da produção dos recursos comuns naturais – pastos, pesqueiros, florestas, sistemas de irrigação etc. – obedece a certo número de princípios institucionais que a teoria procura evidenciar. A abordagem de Ostrom não tenta descobrir um modelo único; estabelece um quadro analítico de variáveis que interagem e condicionam a implantação de formas de ação. Não existe uma maneira única de gerir bem os comuns, transponível para todas as situações. Embora a teoria de Ostrom abra grande espaço para a diversidade e a dinâmica das instituições, o que ela visa mostrar, sobretudo, é a necessidade de regulamentar certo número de questões fundamentais para que um sistema de exploração se torne perene. O comum deve ter limites definidos com clareza, pois convém identificar a comunidade a que ele diz respeito; as regras devem ser bem adaptadas às necessidades e condições locais e estar em conformidade com os objetivos; os indivíduos a que se referem essas regras devem participar com regularidade das instâncias encarregadas de modificar tais regras; o direito desses indivíduos de estabelecer e modificar essas regras lhes é atribuído pelas autoridades externas; são coletivamente fixados um dispositivo

---

Weinstein, "Comment comprendre les 'communs': Elinor Ostrom, la propriété et la nouvelle économie institutionnelle".

de autocontrole (*self-monitoring*) dos membros e um sistema progressivo de sanções; os membros da comunidade têm acesso a um sistema pouco oneroso de resolução de conflitos e podem contar com um conjunto de atividades divididas entre eles para cumprir as diferentes funções de regulação.

Essa lista de princípios de gestão do comum é um tanto decepcionante à primeira vista. No entanto, põe em evidência uma dimensão fundamental que a teoria econômica padrão não mostra: o elo estreito entre a norma de reciprocidade, a gestão democrática e a participação ativa na produção de certo número de recursos. É que o comum não reúne consumidores do mercado ou usuários de uma administração exteriores à produção, mas *coprodutores* que juntos estabelecem regras coletivas para si mesmos. Nesse sentido, a problemática dos comuns põe em questão não apenas a economia dos bens privados, mas também a dos bens públicos, que lhe é complementar, como vimos antes. Para além do mercado e do Estado, existem formas de atividade e produção ligadas a comunidades produtoras que a economia política foi radicalmente incapaz de levar em consideração até o momento presente. É o que mostram também os resultados dos trabalhos empíricos sobre os comuns do conhecimento, âmbito em que a produção deve corresponder a condições sociais e políticas precisas. Nesse caso, a produção econômica dos recursos é inseparável do compromisso cívico, tem íntima ligação com o respeito às normas de reciprocidade e pressupõe relações entre iguais e modos de elaboração democrática das regras. De certa forma, essa economia política dos comuns retoma à sua maneira as tradições de pensamento do socialismo, que via a cooperação como antídoto à lógica capitalista da concorrência.

A teoria dos comuns possibilita, sobretudo, ressaltar o caráter *construído* dos comuns. Ao contrário do que os libertários são tentados a pensar diante da expansão da internet, nada leva a crer que um comum possa funcionar sem regras instituídas, que possa ser considerado um objeto natural, que "livre acesso" seja sinônimo de *laissez-faire* absoluto. O espontaneísmo não vale: a reciprocidade não é um dom inato, do mesmo modo que a democracia não é um dado humano eterno. É melhor que o comum seja pensado como a construção de um quadro regulamentar e de instituições democráticas que organizem a reciprocidade e evitem comportamentos do tipo "carona", apontado por Garrett Hardin, ou a passividade dos usuários dos "guichês" do Estado. De certa forma, a teoria dos comuns é perfeitamente *contemporânea* do neoliberalismo, que pensa, acompanha e favorece a criação de objetos mercantis e a construção de mercados mediante o desenvolvimento dos direitos de propriedade, das formas de contrato e dos modos construídos de concorrência. Ela possibilita elaborar um *construtivismo teórico*, mas em sentido oposto, e, no plano prático, convida ao estabelecimento de conjuntos de regras que possibilitem a ação coletiva.

Esse sistema de regras é uma invenção coletiva que se transmite, mas pode mudar conforme as circunstâncias e as exigências; é também um conjunto de incentivos que orientam o comportamento dos indivíduos. Nesse sentido, Elinor Ostrom se insere na problemática da governamentalidade neoliberal, segundo a qual a conduta dos indivíduos só pode ser dirigida por um conjunto de incentivos e desincentivos: "Apesar de informais e invisíveis à primeira vista, as instituições mudam o comportamento dos indivíduos. Elas definem os incentivos, positivos ou negativos, a comportar-se de tal ou tal maneira, e indicam os resultados que as pessoas podem esperar"[24]. A abordagem de Ostrom deve ser vista como uma dissidência do neoinstitucionalismo, cujo método consiste em depreender um referencial analítico (*analytical framework*) que possibilite compreender um fenômeno econômico a partir das instituições que orientam os comportamentos e "estruturam a interação humana", segundo a definição de North[25].

Contudo, para Ostrom, já não se trata de elogiar as virtudes dos direitos de propriedade, como faziam North e outros teóricos; ao contrário, trata-se de mostrar que um conjunto de regras pode incentivar os indivíduos a renunciar aos comportamentos oportunistas e adotar conduta cooperativa. Melhor, trata-se de mostrar que, com frequência, as próprias regras produzem "incentivos perversos" elevam os indivíduos a esses comportamentos oportunistas que "destroem os comuns". Ostrom interpreta os dilemas dos comuns à luz do "dilema do prisioneiro". Numa situação em que as decisões individuais são interdependentes, mas os indivíduos não podem se comunicar e deliberar sobre uma regra comum, vencem as estratégias não cooperativas. Mas isso se deve unicamente à estrutura da situação imaginada

---

[24] Elinor Ostrom, "Pour des systèmes irrigués autogérés et durables: façonner les institutions", cit., p. 9-10.

[25] Segundo North, "as instituições são as regras do jogo de uma sociedade ou, em termos mais formais, são os limites elaborados pelos homens para moldar suas interações". Ver Douglass C. North, *Institutions, Institutional Change and Economic Performance* (Cambridge, Cambridge University Press, 1990), p. 3.

pelos teóricos dos jogos. Na realidade, quando os indivíduos podem se reunir, conversar, decidir juntos, as estratégias cooperativas se tornam viáveis e pode-se estabelecer um acordo que não seja imposto de fora. Nem sempre é o que ocorre, como sublinha Ostrom: pode acontecer que indivíduos interessados em proteger um recurso comum não consigam protegê-lo porque "podem simplesmente não ter capacidade de comunicar-se entre si, não dispor de meios para estabelecer confiança entre si ou não ter consciência de que devem compartilhar um futuro em comum"[26]. E acrescenta, embora não como um obstáculo importante, que com frequência as relações de força e as estruturas de dominação internas do grupo impedem o estabelecimento de um acordo: "Por outro lado, indivíduos poderosos que se aproveitam da situação atual, enquanto outros são vítimas dela, podem criar obstáculos aos esforços aceitos pelos menos poderosos para mudar as regras do jogo"[27].

Mais em geral, Ostrom retoma certos esquemas fundamentais típicos das doutrinas neoliberais de Hayek ou da *public choice* [escolha pública] e lhes dá um sentido inédito. Dois aspectos particulares dessas doutrinas continuam muito presentes em suas análises: de um lado, a ideia de que os indivíduos racionais são os mais capazes de criar instituições que lhes permitam interagir e diminuir a incerteza[28]; de outro, a tese da "eficiência adaptativa", que encontramos tanto em North como em Hayek, segundo a qual as únicas instituições que sobrevivem são as que dão mostra de adaptabilidade a novas condições internas e externas.

Todavia, a hipótese da racionalidade individual criadora de soluções *ad hoc* é compensada pela referência insistente à realidade social que condiciona o governo do comum. Diferentemente de North, que deseja unificar as ciências sociais ao fazer do comportamento individual racional a fonte da coação institucional sobre as condutas, Ostrom sugere que sempre é preciso levar em conta as condições sociais que favorecem ou impedem a elaboração das regras práticas. A própria capacidade de elaborar coletivamente

---

[26] Elinor Ostrom, *Gouvernance des biens communs*, cit., p. 35.

[27] Idem.

[28] Quando North explica, seguindo Ronald Heiner, que as instituições são racionais porque diminuem a incerteza própria das interações humanas, acredita ter descoberto uma verdade profunda, mas esquece que autores clássicos como Hume já haviam abordado essa questão.

as regras de uso depende de um sistema de normas próprias à comunidade e da possibilidade de se estabelecer comunicação entre os indivíduos. Sob esse ângulo, o institucionalismo de Ostrom se distancia do individualismo metodológico dominante e toma de empréstimo à sociologia o modelo de indivíduo socializado e à psicologia cognitiva a teoria da aprendizagem[29]. É que existe uma arte social – chamada por Ostrom de *crafting*, termo que remete ao trabalho habilidoso do artista e do artesão – distinta da aplicação de um sistema de regras imposto de cima e de fora por acadêmicos e especialistas. Esse caráter "artesanal", explica ela, provém do fato de que cada modo de governo de um comum é único e de que "as instituições criadas devem estar ajustadas às especificidades de cada situação e ao mesmo tempo poder adaptar-se às evoluções da situação"[30]. Em matéria de comum, portanto, não existe *one best way*[31]. A criação das instituições pressupõe um longo trabalho de imaginação, negociação, experimentação e correção das regras, cujo efeito prático sobre as condutas pode mudar com o tempo:

> Para compreender melhor como as regras institucionais afetam o comportamento dos protagonistas e saber ajustar essas regras, é preciso investir tempo e recursos consideráveis. A escolha das instituições não é, portanto, uma decisão que se toma de uma vez por todas, num ambiente conhecido. Ao contrário, é investimento contínuo, num ambiente incerto e flutuante.[32]

Elinor Ostrom, retomando as ferramentas dos teóricos da ação racional, pensa a instituição em termos econômicos de "capital social", tão indispensável para a existência do comum quanto o capital físico[33]. No entanto, para além desse vocabulário econômico, o processo de *crafting* das instituições é profundamente sociológico e político. O conjunto dos incentivos à cooperação mobiliza um saber próprio do grupo social encarregado do comum e, com frequência, pressupõe condições políticas exteriores que possibilitem

---

[29] Ver Jean Pierre Chanteau e Agnès Labrousse, "L'Institutionnalisme méthodologique d'Elinor Ostrom au-delà des communs: quelques enjeux et controverses", *Revue de la Régulation*, n. 14, 2013.

[30] Elinor Ostrom, "Pour des systèmes irrigués autogérés et durables", cit., p. 8.

[31] Ibidem, p. 13.

[32] Idem.

[33] O estabelecimento de regras é compreendido como um investimento num capital social capaz de produzir renda (ver Elinor Ostrom, "Constituting Social Capital and Collective Action", em Robert O. Keohane e Elinor Ostrom (orgs.), *Local Commons and Global Interdependance* (Londres, Sage, 1995), p. 125 e seg.

e encorajem o autogoverno do comum. Por isso, Ostrom observa a propósito da implantação de um sistema de irrigação:

> Tal processo implica a criação de novas formas de relação entre os indivíduos. Isso não tem nada a ver com o estabelecimento de um regulamento interno padrão para os camponeses. É fruto de discussões e negociações entre usuários e fornecedores, e entre os próprios usuários. Em vez de redigir um modelo de organização que deva ser aplicado em todos os casos, os responsáveis pelas empresas de irrigação precisam reforçar a capacidade dos aguadeiros e dos camponeses de conceber suas próprias instituições: são eles que têm mais condições de levar em consideração todas as especificidades da situação. Tal processo não se dá espontaneamente. É de responsabilidade do Estado e dos investidores desempenhar papel ativo nisso.[34]

Limites da análise institucional dos comuns

A análise de Elinor Ostrom – embora em certos pontos rompa com os pressupostos da economia neoclássica dominante, ao mostrar que os comuns exigem engajamento voluntário, pressupõem vínculos sociais densos e requerem normas de reciprocidade claras e fortes – não tem a intenção de fazer do comum um *princípio geral de reorganização da sociedade*. Sua teoria é, na realidade, um apelo pragmático à pluralidade de formas de atividades, direitos de propriedade e regras em matéria econômica. A seu ver, os problemas de produção podem ser tão diferentes que não há como existir apenas uma maneira correta de produzir. A construção dos comuns se impõe em certas situações particulares, para certos bens específicos, o que de maneira alguma põe em questão a racionalidade dos mercados ou do Estado. Essa diversidade está ligada à racionalidade individual, que permite a escolha das melhores soluções. Segundo Ostrom, são os indivíduos egoístas racionais que criam os mercados, apelam para o Estado ou constroem os comuns para responder melhor a situações diferentes. Como ela poderia acreditar que as instituições moldam subjetividades diferentes e, conforme assinala Olivier Weinstein, que o interesse da construção dos comuns reside não só na eficiência produtiva, mas também no desenvolvimento de comportamentos diferentes e de novas subjetividades[35]? Elinor Ostrom não é anticapitalista, tampouco antiestatista. Ela é liberal. Favorável à diversidade

---

[34] Elinor Ostrom, *Crafting Institutions for Self-Governing Irrigation Systems* (São Francisco, ICS Press, 1992), p. 8.

[35] Olivier Weinstein, "Comment comprendre les 'communs'", cit., p. 15.

institucional, confia na liberdade dos indivíduos para inventar por si próprios, sem coerção governamental, os acordos contratuais mais vantajosos para eles[36]. Sua teoria se atém, na realidade, à crítica da teoria dos direitos de propriedade exclusivos e da pretensão do Estado de dar soluções "sem ir a campo". Por esse ângulo, sua análise é uma espécie de protesto acadêmico contra a desvalorização sistemática da cooperação social que a apologia dos direitos de propriedade e a justificação "socialista" da intervenção do Estado operam conjuntamente. No entanto, ela parece subestimar o peso do contexto econômico e político geral e dá a entender que o arquipélago dos comuns poderia sobreviver nas águas geladas do mercado e do Estado, graças à racionalidade superior dos comuns em certo número de casos bastante específicos. Como acreditar que arranjos institucionais locais podem não sofrer as coerções do capitalismo sobre as formas de organização? Seria necessário pressupor indivíduos que não estivessem imersos na economia global, não sofressem os efeitos dela, não importassem a lógica dela para as comunidades a que pertencem ou para os locais onde trabalham.

Na realidade, os conceitos empregados limitam a análise. Oriundos do *corpus* da economia padrão e da teoria dos jogos, eles dificilmente explicam as relações de poder e os fenômenos de exploração. A obliteração da questão do poder em cada "comunidade" remete à ausência, na análise, das grandes tendências históricas que levaram à destruição de muitos comuns tradicionais. Como também não leva em conta as relações de poder internas ao grupo, a teoria de Ostrom não pode considerar os efeitos de dominação sistêmica sobre os comportamentos. Limitando-se aos arranjos locais, ela deixa de conceber as relações hierárquicas que podem existir entre as diferentes formas de produção e os diferentes tipos de relação social; em termos mais simples, ela não diz nada acerca do sistema social como um todo[37]. No entanto, as instituições estão sempre "incrustadas" numa sociedade e são parte integrante de uma história[38].

---

[36] Significativa é a retomada bastante consensual dessa questão na colaboração de Mark Pennington ao opúsculo do Institute of Economic Affairs, "Elinor Ostrom, Common-Pool Ressources and the Classical Liberal Tradition", em Elinor Ostrom, *The Future of the Commons: Beyond Market Failure and Government Regulation* (Londres, IEA, 2012).

[37] Olivier Weinstein, "Comment comprendre les "communs"", cit., p. 32.

[38] J. Rogers Hollingsworth e Robert Boyer (orgs.), *Contemporary Capitalism: The Embeddedness of Intitutions* (Cambridge, Cambridge University Press, 1997), p. 2. Nesse sentido, os autores escrevem que "as instituições estão incrustadas numa cultura em que suas lógicas são fundamentadas simbolicamente, estruturadas organizacionalmente, limitadas técnica e materialmente e sustentadas politicamente" (ibidem, p. 2).

O que ocorre é que o postulado da diversidade institucional impede Ostrom de refletir sobre a possível constituição política do comum como racionalidade alternativa generalizável[39]. *A fortiori*, ela ignora a questão de como poderíamos desenvolver outras instituições fundadoras a partir do comum, em resumo, de como poderíamos passar *dos* comuns *para o* comum. Na realidade, ela não propõe nenhum princípio generalizável de organização; aliás, recusa-se a propô-lo, promovendo uma análise "policêntrica" da realidade econômica. Por esse ângulo, ela fica muito aquém da ambição da teoria da regulação, por exemplo, quando esta tenta compreender como evoluem as "instituições fundadoras que estruturam as sociedades contemporâneas"[40].

Os limites dessa nova economia institucional dos comuns decorrem, por fim, do fato de ela não ter se libertado inteiramente das hipóteses fundamentais que servem de base para a teoria dos bens privados e públicos[41]. Ela continua prisioneira do postulado de que a forma e o âmbito da produção dos bens devem depender das qualidades intrínsecas dos próprios bens. Desse ponto de vista, a resposta que a teoria econômica dos comuns deu à tese de Hardin é problemática. Se os recursos naturais de estoque limitado podem ser objeto das instituições descritas nas pesquisas, supõe-se que os outros bens sejam "naturalmente" produzidos de forma mais eficiente pelo mercado ou pelo Estado. Ora, se há uma realidade histórica que os economistas precisariam levar em consideração é a de que o movimento dos cercamentos não decorreu da súbita percepção por parte dos proprietários fundiários acerca da "natureza" da terra como bem exclusivo e rival, mas da transformação das relações sociais nos campos ingleses, como mostraram recentemente os notáveis trabalhos de Ellen Meiksins Wood[42]. A nova teoria dos comuns, portanto, é apenas um refinamento da teoria dos bens

---

[39] Olivier Weinstein, "Comment comprendre les 'communs'", cit., p. 31.

[40] Robert Boyer, *Théorie de la régulation: l'état des savoirs* (Paris, La Découverte, 2002), p. 8 [ed. bras.: *Teoria da regulação: uma análise crítica*, trad. Renée Barata Zicman, São Paulo, Nobel, 1990].

[41] Encontramos essa tipologia desde 1977; ver Vincent Ostrom e Elinor Ostrom, "Public Goods and Public Choices", em Emanuel S. Savas, *Alternatives for Delivering Public Services* (Boulder, Boulder Westview Press, 1977).

[42] Ver Ellen Meiksins Wood, *L'Origine du capitalisme: une étude approfondie* (Montreal, Lux, 2009) [ed. bras.: *A origem do capitalismo*, trad. Vera Ribeiro, Rio de Janeiro, Zahar, 2001].

públicos dos anos 1950 e reproduz as limitações próprias de um naturalismo que buscava classificar cada bem de acordo com seu caráter intrínseco.

Enfim, embora sua análise conduza a uma redefinição do indivíduo em razão de seu engajamento social na gestão do comum, Ostrom não vai além da concepção do ator racional, que age sempre comparando benefícios esperados e custos previstos[43]. Ela reproduz assim a visão de calculadores individuais que fazem a escolha institucional do comum para conseguir vantagens estritamente privadas. O papel que ela destina às normas coletivas que pesam no cálculo individual ou a importância que ela atribui às variáveis de situação e, em particular, à estrutura econômica e política do país apenas ressaltam a insuficiência do postulado neoclássico[44], que, apesar de todas as intenções realistas destacadas por Ostrom, tenderia a impingir a "visão teórica da prática como relação prática com a prática", segundo expressão de Pierre Bourdieu[45]. Supor que a escolha da gestão coletiva depende de cálculos de indivíduos racionais é esquecer que o comum não é decretado a partir de fora, assim como não é resultado de um agregado de decisões individuais tomadas isoladamente, mas decorre de um processo social com lógica própria.

De um comum a outro

A linguagem dos comuns não é só "descritiva e performativa", como sublinha David Bollier, mas é sobretudo inclusiva. Possibilita pensar, segundo um mesmo esquema, formas de atividade, mobilização e relação que, à primeira vista, não têm muito a ver umas com as outras. Em meados dos anos 1990, pareceu a Elinor Ostrom e aos pesquisadores que a seguiram que, com a difusão das tecnologias digitais, a rápida expansão da internet e a constituição de comunidades de troca e colaboração em rede, abria-se um novo domínio, ao qual se podia aplicar o quadro de análise dos dilemas da ação coletiva. Mas, ao mesmo tempo, era preciso atentar para a especificidade desses "novos comuns", que não tinham semelhança com os recursos hídricos, as florestas, a pesca, a fauna e a flora, em foco nas primeiras

---

[43] Elinor Ostrom, *Gouvernance des biens communs*, cit., p. 231.
[44] Ibidem, p. 244.
[45] Pierre Bourdieu, *Le Sens pratique* (Paris, Minuit, 1989), p. 136 [ed. bras.: *O senso prático*, trad. Maria Ferreira, 3. ed., Petrópolis, Vozes, 2013].

análises dos "comuns naturais" realizadas por Ostrom[46]. Devemos nos perguntar aqui o que implica para essa economia política a extensão do conceito de "comuns" às atividades "cognitivas", "digitais" ou "informacionais", tão distantes da gestão dos recursos naturais. Os limites naturalistas da análise por acaso são superados quando passamos a bens de características distintas?

Convém lembrar, em primeiro lugar, que o conhecimento de que se trata aqui deve ser tomado no contexto específico da teoria econômica. O significado do termo "conhecimento" (*knowledge*) é extremamente vago nesse campo. É definido como um recurso produzido e partilhável, sem considerações acerca de objeto, pertinência ou uso. Portanto, a economia entende por "conhecimento" tanto ideias ou teorias quanto informações ou dados, qualquer que seja sua forma. Charlotte Hess e Elinor Ostrom incluem no termo, por exemplo, "todas as ideias inteligíveis, informações e dados", estendendo-o a todas as formas de criação intelectual e artística[47]. Há muito tempo a ciência econômica mais convencional reconheceu nesses recursos cognitivos e informacionais fatores estratégicos de competitividade e crescimento, o que a levou a desenvolver o conceito, hoje amplamente banalizado, de "economia do conhecimento". Portanto, reivindicar o conhecimento como um comum, nesse contexto, não tem apenas implicações acadêmicas. O que está em jogo é uma contraestratégia "global" que, para certos autores, possibilitaria refundar a "economia do conhecimento" sobre novas bases e entrar numa nova sociedade não capitalista, como cogitava André Gorz.

As práticas de pôr em comum por meio de difusão de trabalhos científicos ou artísticos, criação de *softwares* livres e construção de enciclopédias colaborativas são exemplos desses "novos comuns do conhecimento" que põem em prática valores de engajamento social e reciprocidade. Esse tipo de "comuns", objeto de interesse cada vez maior nos Estados Unidos, tem particularidades que o distinguem dos chamados comuns "naturais". A primeira é que não se referem necessariamente a comunidades pouco numerosas, como é o caso da exploração coletiva de recursos comuns naturais. Comunidades virtuais abertas,

---

[46] A expressão *new commons* abrange domínios muito mais extensos do que os comuns do conhecimento, dos quais trataremos na sequência deste capítulo.

[47] Charlotte Hess e Elinor Ostrom (orgs.), *Understanding Knowledge as a Commons*, cit., p. 8.

vastas redes internacionais de pesquisadores, universos prolixos e prolíficos da blogosfera: não estamos mais lidando com os mesmos fenômenos e os mesmos tipos de problema. Como antes lembramos, Elinor Ostrom, em vez de se opor às análises de Mancur Olson, para quem o *free riding* podia ser neutralizado em grupos restritos, fez do critério do tamanho um elemento decisivo do contexto que possibilitava ou impossibilitava a coprodução de regras comuns. Ela mostrava desse modo que os modelos não cooperativos de Hardin, de Olson ou do dilema do prisioneiro são "úteis para prever os comportamentos no âmbito de recursos comuns de grande escala, nos quais ninguém se comunica, cada um age de modo independente, não se dá nenhuma atenção aos efeitos das ações dos diferentes atores, e o custo de qualquer tentativa de mudar a estrutura da situação é elevado"[48]. É justamente essa a questão teórica do estudo de práticas de cooperação muito mais amplas, que levam a perguntar se a mudança de escala obriga a uma mudança na análise dos "comuns". David Harvey, num texto dedicado ao "futuro dos comuns", enfatiza o fato de que, nos casos mais típicos apresentados por Elinor Ostrom, nunca há mais do que uma centena de coproprietários, e esse tamanho reduzido das comunidades que administram a propriedade comum favorece uma perspectiva idílica que apaga a dimensão hierárquica em proveito das relações interpessoais diretas. Ora, para Harvey, os problemas e as soluções não são os mesmos quando se passa de uma escala para outra e, sobretudo, quando se passa do plano local para o plano mundial: "As lições que aprendemos com a gestão dos recursos naturais na experiência das pequenas comunidades de economia solidária não podem ser traduzidas em solução mundial, a menos, mais uma vez, que se recorra a uma estrutura hierárquica de tomada de decisão"[49]. De fato, podemos nos perguntar como a mesma categoria de "comum" poderia dar conta de "coisas" tão diferentes como a gestão familiar do conteúdo de uma geladeira, uma biblioteca municipal, o conhecimento científico ou a atmosfera do planeta, alegando que, em todos esses casos, trata-se de "recursos compartilhados". Embora tenha razão ao criticar certa aversão – típica da esquerda radical – à hierarquia, ou mesmo à organização, e certa idealização abusiva da "horizontalidade" da mobilização, que às vezes leva a impasses políticos e fracassos desmoralizadores por não se saber criar modelos organizacionais duradouros e adequados ao objeto das

---

[48] Elinor Ostrom, *Gouvernance des biens communs*, cit., p. 221.
[49] David Harvey, "Quel avenir pour les communs?", *Revue des Livres*, n. 11, maio-jun. 2013.

reivindicações e ao tamanho do movimento (Occupy Wall Street, Indignados), Harvey esquece que trabalhos de Ostrom e sua equipe, e de muitos outros pesquisadores depois deles, interessaram-se por práticas que envolviam grupos muito maiores, regidos por conjuntos de normas comuns. É o caso precisamente das pesquisas de Hess e Ostrom sobre os "novos comuns do conhecimento", a propósito dos quais se estabeleceu um modelo de análise que transpõe para esses novos objetos as características dos comuns naturais[50].

O conhecimento é naturalmente comum?

Segundo Ostrom e sua equipe, a questão das regras de uso é fundamental em todos os tipos de comuns. Mas essas regras podem variar de um tipo para outro. Os "comuns tradicionais", segundo a denominação que receberam, são ameaçados por comportamentos humanos de superexploração relacionados à concorrência e à acumulação privada de riquezas. Portanto, as regras coletivas de uso visam instaurar um compartilhamento equitativo e em nível ótimo que não esgote, mas, ao contrário, renove o recurso de água, peixes ou pasto. Não acontece o mesmo no campo do conhecimento. Pode-se até mesmo dizer que os problemas são inversos. As regras de uso devem buscar impedir a rarefação artificial do recurso, provocada por direitos de propriedade, patentes, barreiras de acesso etc., isto é, tudo o que se classifica hoje, segundo James Boyle, como "novos cercamentos". Enquanto os recursos naturais são recursos raros, simultaneamente não exclusivos e rivais, os comuns do conhecimento são bens não rivais, cuja utilização por uns não apenas não diminui a dos outros, mas tende a aumentá-la. Dito nos termos de Hess e Ostrom: a diferença entre os comuns do conhecimento e os recursos naturais é que estes são "subtrativos" – ou rivais –, ao contrário daqueles. É que, uma vez produzido, o conhecimento pode ser difundido, sobretudo com os novos meios de difusão, a um custo marginal muito pequeno ou mesmo sem custo algum. Por isso, quanto mais o conhecimento útil for compartilhado e quanto mais gente houver na rede ou na comunidade de conhecimento, mais valor ele terá[51]. Essa propriedade, muito bem traduzida pela expressão "quanto mais loucos somos, mais rimos", levou alguns a dizer que os comuns do

---

[50] Charlotte Hess e Elinor Ostrom (orgs.), *Understanding Knowledge as a Commons*, cit., p. 5.

[51] Idem.

conhecimento são verdadeiras "cornucópias". Dito de outro modo, eles se somam ou acumulam: não só não perdem valor quando consumidos, como o ganham e, sobretudo, possibilitam a produção de mais valor. O conhecimento aparece então como um bem essencialmente produtivo, porque seu consumo por uma pessoa não só não diminui o saber das outras, como, ao contrário, possibilita que ele aumente, pois favorece a produção de novos conhecimentos. Encontramos aqui a observação frequentemente citada de Thomas Jefferson:

> Se a natureza fez uma única coisa menos passível que as outras à propriedade exclusiva, essa coisa é o efeito do poder de pensar que denominamos "ideia". Um indivíduo pode conservar a propriedade exclusiva da ideia enquanto a guardar para si mesmo; mas a partir do momento em que ela é divulgada, torna-se irresistivelmente propriedade de todos, e aquele que a recebe não pode desfazer-se dela. Seu caráter particular é que a propriedade de ninguém sobre uma ideia é diminuída pelo fato de outros a possuírem em sua totalidade. Aquele que recebe uma ideia de mim recebe um saber que não diminui o meu, do mesmo modo que aquele que acende sua vela na minha recebe luz sem me deixar na escuridão.[52]

Podemos adivinhar o interesse que um grande número de movimentos e autores nutre por essa característica "natural", capaz, segundo eles, de subverter as próprias bases da economia mercantil. Mas convém considerarmos ainda a vertente naturalista, que, aliás, está bem clara nas palavras de Jefferson. Com muita frequência, a análise se baseia na suposta propriedade intrínseca que o conhecimento teria como bem público puro e que consistiria em sua cumulatividade e produtividade naturais. Essa categorização econômica é sedutora: tende a transformar qualquer barreira no domínio do conhecimento em intervenção antinatural. Invertendo o naturalismo liberal, transforma os cercamentos do conhecimento em construções antiprodutivas porque antinaturais. Na realidade, nem os cercamentos nem os comuns do conhecimento são "naturais". Eles dependem de dispositivos legais, quadros regulamentares e instituições que favoreçam ora a restrição

---

[52] Thomas Jefferson, carta a Isaac Mcpherson, 13 de agosto de 1813, citado em Peter Levine, "Collective Action, Civic Engagement and the Knowledge Commons", em Charlotte Hess e Elinor Ostrom (orgs.), *Understanding Knowledge as a Commons*, cit., p. 250, e Lawrence Lessig, *L'Avenir des idées: le sort des biens communs à l'heure des réseaux numériques* (Grenoble, Presses Universitaires de Grenoble, 2005). Ver também o comentário de James Boyle a essa carta, *The Public Domain*, cit.

do conhecimento, a ponto de reservar a alguns o acesso a ele, ora sua livre difusão. Não é a "natureza" do conhecimento que faz sua produtividade, são as regras jurídicas e as normas sociais que garantem ou não sua extensão e fecundidade. Como mostra Nancy Kranich a respeito dos métodos e estratégias empregados por editores privados para extorquir as bibliotecas e as universidades estadunidenses, não há nada na natureza do conhecimento que naturalmente faça dele um recurso compartilhado[53]. E não são as tecnologias digitais que, por si sós, podem ser suporte dessa disseminação natural do conhecimento. Segundo Kranich, a prova é dada pelo desenvolvimento dos cercamentos comerciais ou governamentais que, com frequência cada vez maior, limitam ou proíbem o acesso ao conhecimento. A dificuldade ou a proibição de acesso não é novidade: isso acontece em todos os lugares onde o conhecimento continua reservado a castas de iniciados ou classes favorecidas. Foram instituições específicas, como escolas, bibliotecas públicas, institutos científicos e universidades, que contribuíram muito para difundir o saber e estimular a pesquisa. E justamente essas instituições são enfraquecidas ou transformadas pela ampliação da lógica da propriedade intelectual. Ao constituir essa categoria jurídica e estendê-la a bens imateriais cada vez mais numerosos, como vimos no capítulo anterior, juristas e legisladores deixaram proliferar monopólios de duração cada vez maior, com o intuito de criar rendas econômicas cada vez mais bem protegidas, supostamente para encorajar a inovação. O que os direitos de propriedade exclusiva mostraram foi, sobretudo, seu efeito nefasto sobre a criatividade e a difusão de obras e ideias. Por oposição, os comuns digitais provaram sua força criativa e inovadora. A contraofensiva é poderosa, pois permite mobilizar comunidades muito amplas de colaboradores no processo de inovação e produção. Essa produtividade se deve à invenção de regras técnicas e sociais e de dispositivos legais que favoreçam práticas cooperativas e traduzem certa ética do compartilhamento. Como ressaltou Benjamin Coriat, um comum informacional é sempre resultado de "atos fundadores e constitutivos"[54].

Segundo Charlotte Hess e Elinor Ostrom, o problema fundamental do conhecimento se resume hoje a um problema de captura digital. Segundo

---

[53] Nancy Kranich, "Contering Enclosures: Reclaiming the Knowledge Commons", em Charlotte Hess e Elinor Ostrom (orgs.), *Understanding Knowledge as a Commons*, cit.

[54] Benjamin Coriat, "Des communs 'fonciers' aux communs informationnels", cit., p. 18.

elas, embora o conhecimento seja um bem público puro, ao mesmo tempo não exclusivo e não rival, existem meios técnicos de transformá-lo em um bem que seja propriedade exclusiva de um detentor que só aceite cedê-lo mediante pagamento. Por ser capturável pelas novas tecnologias, o conhecimento é comparável a um recurso comum, muito semelhante aos comuns naturais. Por isso "precisa ser gerido, controlado e protegido para que lhe sejam garantidas sustentabilidade e preservação"[55]. É nesse sentido exato que se deve falar de "comuns do conhecimento" ou "comuns da informação". A abordagem deve ficar bem entendida: é por *ter deixado* de ser bem público puro que o conhecimento *precisa* ser visto como um comum, isto é, pertencer aos mesmos quadros analíticos dos "comuns naturais". A produtividade do conhecimento tem de ser garantida por regras muito semelhantes às que protegem a renovação do estoque dos produtos naturais. Não poder ou não querer estabelecer essas regras sociais conduziria diretamente ao que Michael Heller denominou "tragédia dos anticomuns", a propósito dos direitos de propriedade no campo da pesquisa biomédica[56]. Trata-se de impedir o esgotamento da inovação e da criação gerado pelos direitos de propriedade e pela comercialização. Na verdade, Hess e Ostrom consideram que os comuns do conhecimento são mais vulneráveis do que se imagina. A centralização da informação em *sites* privados ou públicos gera o temor do desaparecimento dos recursos de informação. Mas, sobretudo, a criação de cercamentos por parte do mercado ou do governo, como evidenciaram Boyle e Bollier, pode acarretar um bloqueio do acesso ao conhecimento e a extinção dos fluxos de informação. O desafio é "saber como combinar sistemas de regras e normas próprias a esses novos comuns para garantir um acesso geral ao conhecimento que reforce as capacidades dos indivíduos e ao mesmo tempo dê reconhecimento e apoio aos que criam o conhecimento em suas mais variadas formas"[57]. Os comuns do conhecimento, portanto,

---

[55] Ibidem, p. 10.

[56] Michael Heller e Rebecca S. Eisenberg, "Can Patents Deter Innovation? The Anticommons in Biomedical Research", *Science*, v. 280, n. 5.364, 1998, p. 698-701. Ver também Michael Heller, "The Tragedy of the Anticommons: Property in the Transition from Marx to the Markets", *Harvard Law Review*, v. 111, n. 3, jan. 1998, p. 621-88. Disponível em: <www.unc.edu/courses/2007fall/geog/804/001/Heller%201998%20 Tragedy%20of%20the%20Anticommons.pdf>.

[57] Charlotte Hess e Elinor Ostrom (orgs.), *Understanding Knowledge as a Commons*, cit., p. 15.

são comuns não por causa da natureza "não subtrativa" do recurso, mas dos dispositivos que protegem a produção do conhecimento contra o cercamento e a comercialização. Insiste-se menos nos aspectos técnicos e mais nas regras sociais. As novas tecnologias são objeto de usos muito diferentes, ou mesmo antagônicos, e às vezes por parte das mesmas instituições, como podemos observar no caso das universidades estadunidenses, que praticam o registro sistemático de patentes ao mesmo tempo que oferecem livre acesso a cursos *on-line*[58].

Essa é a lição que Hess e Ostrom, a despeito de seu ponto de partida naturalista, tiram da análise dos comuns do conhecimento – contra a ideologia espontânea dos *hackers*, para os quais a liberdade de trocas pressuporia antes de tudo ausência de regras. Embora domínios importantes do conhecimento já tenham sido reduzidos a elementos mercantis ou estejam ameaçados de sê-lo, convém observar, com Elinor Ostrom e seus colaboradores, que é possível reorganizá-los como comuns no plano jurídico, caso se deseje subtraí-los da lógica proprietária ou mesmo da dominação direta do capital e da exploração comercial. Os pesquisadores que criaram a noção de "comuns do conhecimento" apoiaram-se sobretudo no modelo de auto-organização de comunidades acadêmicas, que se beneficiaram das possibilidades de trabalho em comum oferecidas pelas novas tecnologias da informação e elaboraram um conjunto de regras que permitiu o funcionamento dessas comunidades.

"Bases constitucionais" dos comuns do conhecimento[59]

A inovação e a produtividade intelectual dependem do fortalecimento das regras e das normas que garantem a liberdade de circulação e o crescimento do conhecimento por meio do acesso comum aos resultados. Podemos verificar a validade dessa afirmação considerando alguns exemplos "canônicos" de comuns do conhecimento, a começar pela internet. É sabido que a "rede das redes" nasceu de um conjunto de iniciativas e reflexões e, em particular, da criação de uma pequena comunidade de pesquisadores que

---

[58] Ibidem, p. 10.

[59] Ver Pierre-André Mangolte, "Le Logiciel libre comme commun créateur de richesses", apresentado no seminário internacional "Propriété et communs: les nouveaux enjeux de l'accès et de l'innovation partagés", Paris, 25 a 26 de abril de 2013.

haviam estabelecido entre si regras de trocas igualitárias e recíprocas. Foi sobretudo com verbas públicas e no âmbito da pesquisa pública que tomou corpo essa internet primitiva, ao mesmo tempo universitária e não comercial. O texto de fundação dos criadores da Arpanet*, que fazia parte do Network Working Group no fim dos anos 1960 e início dos anos 1970, diz: "Esperamos promover intercâmbio e discussão, em detrimento de propostas autoritárias". Vinte anos depois, um dos membros do grupo fundador escreveu: "Criou-se assim uma comunidade de pesquisadores em rede que acreditavam profundamente que a colaboração tem mais eficácia que a competição"[60]. Como Patrice Flichy observa, com toda a razão, não foi a tecnologia que impôs o trabalho universitário em rede, mas, ao contrário, foi a decisão de trabalhar de forma cooperativa, mediante a troca de informações, que permitiu a descoberta não planejada de todas as potencialidades da rede. Esse modelo cooperativo, que atendia à necessidade dos criadores, informou as práticas e moldou as ferramentas que depois se disseminaram muito além dos círculos da pesquisa científica.

A comunidade universitária contribui até hoje para moldar as práticas de intercâmbio e cooperação, como se vê pelo sucesso cada vez maior do *peer-to-peer*. Se a instituição universitária foi capaz de abrigar o nascimento da rede, as duas condições para que isso acontecesse foram a ética cooperativa dos acadêmicos e o conjunto de regras, explícitas ou não, que impediram a apropriação exclusiva dos resultados do trabalho comum. Nisso, a internet, por mais nova que pareça, é cria de uma velha tradição, a da "ciência aberta". Nos anos 1940, o sociólogo estadunidense Robert King Merton chegou a certo número de características capazes de definir o *"ethos* da ciência", o qual, a seu ver, condicionava o progresso do conhecimento. Entre esses componentes éticos, ao lado do universalismo, do altruísmo, da integridade moral e do ceticismo organizado, Merton distinguia o "comunismo", termo estranho vindo de um sociólogo pouco inclinado a simpatizar com o regime homônimo. O que ele na época designava por esse termo remetia à ideia de que a

---

* A Advanced Research Projects Agency Network, criada apenas para fins militares, foi a primeira rede operacional de computadores e precursora da internet. (N. T.)

[60] Robert Braden, *Who's Who in the Internet*, RFC 1251, 1991, p. 3-4. Citado em Patrice Flichy, "Comment Internet est devenu un marché", em Philipe Steiner e François Vatin, *Traité de sociologie économique* (Paris, PUF, 2009), p. 479. Disponível em: <www.ietf.org/rfc/rfc1251>.

ciência pressupõe uma organização das relações entre os cientistas que torne o conhecimento um verdadeiro patrimônio comum universal, que todos os cientistas vão enriquecendo à medida que avançam em seus trabalhos e do qual podem se valer para continuar suas pesquisas. Em outras palavras, para Merton, o "comunismo" era um aspecto essencial da ciência aberta, que somente poderia se desenvolver, segundo ele, caso os pesquisadores fossem autônomos em relação aos poderes econômicos e políticos e pudessem se contentar com remunerações simbólicas e progressões ordinárias na carreira[61]. Isso significava que a ciência era incompatível com as normas do capitalismo, como o próprio Merton ressaltava de forma muito clara. De modo que o financiamento da ciência não poderia em hipótese alguma depender da antecipação dos resultados, como se fosse um investimento privado, mas deveria vir da contribuição geral da sociedade ou, na ausência dela, de fundos criados para apoiar filantropicamente a pesquisa, sem nenhuma contrapartida contratualizada.

Esse *ethos* da ciência, presente na criação da rede, também serviu de princípio à constituição, nos anos 1980, de bases de dados abertas ao livre acesso de pesquisadores. Os universitários estadunidenses, diante do encarecimento das publicações científicas, criaram sistemas eletrônicos para difundir suas pesquisas, portais de revistas e bases de dados que praticavam os princípios da "ciência aberta" em grande escala, contra as práticas mercantis de editoras ou "empreendedores universitários" que tentavam monopolizar os resultados de suas pesquisas por meio de patentes. Esse mesmo espírito anima o movimento dos *softwares* livres, que, por meio do livre acesso ao código-fonte, pretende estabelecer e pôr em prática "regras de liberdade" que permitam a cada participante estudar e melhorar o funcionamento do programa e redistribuir cópias dele[62]. Aliás, foi a revolta ética contra a imposição de *softwares* privados em detrimento de sistemas livres que deu a Richard Stallman, programador do laboratório de inteligência artificial do MIT[63], a ideia de criar um novo regime de proteção jurídica que definisse uma propriedade comum

---

[61] Robert K. Merton, "The Normative Structure of Science" (1942), em *The Sociology of Science* (Chicago, University of Chicago Press, 1973), p. 267-78.

[62] Hervé Le Crosnier, "Leçons d'émancipation: l'exemple du mouvement des logiciels libres", em Association Vecam, *Libres savoirs*, cit., p. 180.

[63] Ver Richard Stallman, "O projeto GNU", disponível em: <www.gnu.org/gnu/thegnuproject.pt-br.html>. Sobre a história do *software* livre, ver a tese de Sébastien Broca, *L'Utopie du logiciel libre: la construction de projets de transformation sociale en lien avec le mouvement du* free software (Universidade Paris-I, jan. 2012).

"aberta", isto é, baseada na abertura do código-fonte[64]. A Free Software Foundation, criada em 1985 por Stallman, tinha como objetivo, segundo Philippe Aigrain, "construir o conjunto de ferramentas de *software* necessárias para os usos gerais da informática, garantindo que essas ferramentas fossem e permanecessem disponíveis em regime de bens comuns"[65].

Após anos de esforço, os *softwares* livres mobilizam milhares de desenvolvedores e atingem milhões de usuários. O sistema operacional GNU/Linux, utilizado na maioria dos *sites* atuais, é resultado desse tipo de colaboração. Outros projetos de desenvolvimento fizeram grande sucesso, como o Firefox, o Apache e o Debian. Conforme destaca Aigrain, a principal contribuição de Stallman foi a proteção do projeto de desenvolvimento do sistema GNU[66] sob a General Public License (GPL), que, publicada em 1989, cria um verdadeiro comum a partir da definição dos direitos e deveres dos usuários[67]. A comunidade de uso e produção é protegida e delimitada por um regime jurídico de propriedade intelectual comum denominado *copyleft*, termo inventado por Don Hopkins, amigo de Stallman, para frisar bem a oposição ao regime de *copyright*. Trata-se de um conceito geral que define um conjunto de princípios aplicáveis às licenças de distribuição do *software* e visa proteger o direito não de um autor único, mas de uma comunidade de usuários-produtores. A ideia central do *copyleft* é permitir que qualquer um execute o programa, tenha acesso ao código-fonte, possa distribuí-lo e modificá-lo[68]. Todos podem utilizar os resultados

---

[64] Segundo palavras de Robert Stallman, a introdução de computadores e impressoras Xerox em seu laboratório, com sistemas operacionais próprios que ele não podia divulgar, "significava que o primeiro passo para utilizar um computador era prometer não ajudar ao próximo". Ficava proibida assim qualquer comunidade baseada na cooperação. A regra decretada por quem tivesse o monopólio de um *software* era: "Quem compartilha com o próximo é pirata. Quem quiser alterações precisará nos suplicar para fazê-las" (ver Robert Stallman, "O projeto GNU", cit.)

[65] Phillipe Aigrain, *Cause commune: l'information entre bien commun et propriété* (Paris, Fayard, 2005), p. 109.

[66] Após se demitir do cargo que ocupava no MIT, Richard Stallman criou, com o projeto GNU, um sistema operacional para computadores chamado Unix, compatível com o sistema utilizado pelas universidades.

[67] Ver o estudo de Mélanie Clémente-Fontaine, "Sur la valeur juridique de la Licence publique générale de GNU", *Multitudes*, n. 5, 2001.

[68] Ver Mikhaïl Xifaras, "Le Copyleft et la théorie de la propriété", *Multitudes*, n. 41, 2010.

acumulados pela comunidade, inclusive para usos comerciais, e dar sua contribuição, mas não reservar para si a exclusividade dos resultados dos desenvolvimentos, porque estes são comuns.

Em suma, o *copyleft* aplica às avessas a lógica do *copyright*, fazendo-o servir ao objetivo contrário àquele para o qual foi concebido: o *copyleft* não é uma maneira de restringir a utilização de um *software*, mas um meio de mantê-lo "livre", isto é, não apropriável de modo exclusivo, "para que toda a comunidade possa se beneficiar dele". O *copyleft exclui a exclusão*, e é nisso, aliás, que se distingue da entrega pura e simples ao domínio público, visto que impõe aos usuários a regra de livre acesso às alterações introduzidas. O *copyleft* não é uma negação da propriedade, mas um uso paradoxal do direito do criador sobre sua criação, o qual é livre para utilizá-la como quiser e decidir como distribuí-la, com o intuito de assegurar o enriquecimento contínuo do comum[69]. Como ressalta Pierre-André Mangolte, "a cláusula *copyleft* fornece um quadro institucional igualitário e perene, favorável ao desenvolvimento prolongado dos *softwares* livres e à implementação de formas de produção em cooperação"[70]. Hoje, a gama de licenças propostas pelo movimento dos *creative commons* possibilita produzir o comum em múltiplos domínios. Trata-se de um sistema de regras criado por especialistas em informática e juristas, que permite disponibilizar a todos obras culturais, científicas, artísticas e intelectuais, com licenças especiais. Essas licenças criam um direito particular de *copyright* que exige, por exemplo, a menção da origem ou da autoria de uma obra, mas possibilita proibir os usos comerciais dela. Cabe mencionar aqui como o movimento "livre" tirou sua força dos estreitos laços que se estabeleceram entre técnicos de informática e teóricos do direito apaixonados pelas novas tecnologias, como James Boyle, Eben Moglen, Lawrence Lessig e Yochai Benkler. Essa aliança entre programadores e juristas confirma a ideia de que os comuns do conhecimento pressupõem uma arquitetura técnica e normativa que resista às estratégias comerciais e à lógica proprietária.

Evidentemente, o uso desses *softwares* livres foi combatido pelos grandes oligopólios, que tentaram impor seus padrões; a exceção digna de nota é a

---

[69] Para Mikhaïl Xifaras, o *copyleft* não é uma alternativa global à propriedade: "Portanto, trata-se menos de uma *subversão* da propriedade do que da *neutralização* dos efeitos do exclusivismo considerados política e moralmente deletérios". Ver idem.

[70] Pierre-André Mangolte, "Le Logiciel libre comme commun créateur de richesses", cit., p. 4.

IBM, que a partir de 1999 se apoiou no movimento dos *softwares* livres seguindo uma lógica comercial. Stallman e muitos outros deram prioridade à liberdade de uso e criação, como indica bastante bem a expressão *free software*. Para eles, a propriedade, ainda que seja um direito legítimo quando se refere a um bem material, deixa de sê-lo no caso da criação intelectual, que apresenta problemas específicos e muito diversos, conforme o caso. Há abuso contraproducente quando se estende a categoria da propriedade aos bens imateriais, como os *softwares*, porque estes não são "objetos", mas processos coletivos de desenvolvimento que, por definição, são intermináveis. Como ressalta Mikhaïl Xifaras, foi em nome de um "utilitarismo particularmente altruísta e cívico" que Stallman combateu a aplicação do *copyright* aos *softwares*. As repercussões sociais do movimento "livre" não são menos interessantes. Existem atualmente comunidades de coprodução digital de todas as formas e tamanhos. Vimos o crescimento rápido e contínuo da enciclopédia Wikipédia, que, após sua criação, em 2001, tornou-se o exemplo mais visível desses novos tipos de recurso colaborativo, com milhões de artigos, centenas de milhões de visitantes e milhares de autores. O princípio é conhecido: uma "enciclopédia livre que todos podem editar", como diz o *slogan*. Encontramos nesse exemplo a característica principal da cooperação digital, que pressupõe o estabelecimento de regras que facilitem a livre difusão dos conteúdos e estimulem a redação de artigos, organizando a vigilância coletiva das alterações. Poderíamos citar ainda o rápido crescimento dos recursos educacionais abertos (*open educational resources*), alimentado por instituições ou educadores que se tornam colaboradores de um comum educacional através da disponibilização *on-line* de cursos, conferências, exercícios ou jogos pedagógicos livremente compartilhados sob a licença *creative commons*.

A esses exemplos clássicos e às vezes repetitivos caberia acrescentar as evoluções mais recentes, que transformam esses comuns do conhecimento em "comuns de fabricação". Desde meados dos anos 2000, o movimento *maker* transfere os princípios da cooperação digital para o mundo da produção material. Ele combina as tecnologias de escritório que permitem a autofabricação digital (em particular as impressoras 3D) e a colaboração *on-line* dos membros da comunidade *maker*[71]. Alguns gostam de imaginar uma

---

[71] Ver Chris Anderson, *Makers: la nouvelle révolution industrielle* (Paris, Pearson, 2012) [ed. bras.: *Makers: a nova revolução industrial*, trad. Afonso Celso Cunha Serra, Rio de Janeiro, Elsevier, 2012.]

profunda reformulação da concepção e produção de bens materiais, que se alinharia à produção de serviços digitais e não mais exigiria a mobilização de capitais fixos. Essa nova forma de produção seria individualizada e, sobretudo, isenta de patentes; a concepção dos produtos seria "livre". As regras do "livre" poderiam reger não só todo o vasto campo da "internet dos objetos", como também os produtos mais tradicionais, graças à descrição digital dos objetos e à "mixagem" colaborativa dos arquivos. Além desses poucos exemplos que dão asas à imaginação e ao profetismo, caberia citar as práticas de compartilhamento de dados, informações ou obras na internet, o surgimento das mídias participativas e todas as práticas cooperativas e colaborativas de menor porte, reunidas em torno de centros de interesse específicos, que foram beneficiadas pela interconexão dos computadores pessoais, sem falar do crescimento fulgurante das redes sociais, que, apesar de cooptadas pela lógica mercantil, pressupõem a comunidade de conteúdos para poder se desenvolver.

A internet, por sua profusão, multiplicidade e diversidade de colaboradores, constitui, sem sombra de dúvida, um conjunto de recursos produzidos e tornados comuns por internautas que dão e recebem reciprocamente. Mas porventura esse espaço liberado e emancipador nos livrará da propriedade privada e nos fará passar do capitalismo cognitivo para o "comunismo informacional", como se pergunta Mikhaïl Xifaras? A singularidade desses movimentos, em particular do *free software*, é terem encontrado uma gama de anteparos jurídicos para evitar os efeitos negativos da exclusividade constitutiva da "propriedade intelectual" que tende a impor-se como direito comum sobre o campo do imaterial. As licenças do *software* livre e do *open source* formam a "base constitucional" do comum do conhecimento em todas as suas formas, desde a arte livre até o *open access* de universitários e pesquisadores, e aparecem como condição primordial da criação de riqueza coletiva por uma comunidade de usuários[72]. A questão que se coloca é se a resposta dos defensores do *free software* e do *open source* à ampliação da propriedade intelectual é um modelo generalizável que nos possibilite questionar a dominação da lógica proprietária – não apenas no campo digital e informacional, mas em todos os setores da produção – e dar forma a um novo tipo de sociedade.

---

[72] Ibidem, p. 5.

Uma nova ética generalizável?

Os teóricos do "espírito *hacker*" dão grande importância à ampliação prática do *ethos* da ciência aberta para o desenvolvimento de *software* e à contestação dos novos cercamentos[73]. Para muitos comentaristas, que tendem a extrapolar a partir de certo número de tendências observáveis, a ética e a estética dos *hackers* estariam subvertendo a economia e a sociedade. O *hacker*, termo que designa tanto o programador apaixonado como o usuário talentoso, não é um "lobo solitário" que age por conta própria no mundo da informática nem um simples *geek* preocupado unicamente com o desempenho da máquina[74]. No jargão, "o termo *hacker* subentende a adesão à comunidade global definida pela rede e o respeito à ética característica dessa comunidade"[75]. A *hacker ethic*, tal como exposta por algumas obras, tem várias dimensões. Baseia-se em certo *ethos* da alegria, no engajamento em favor da liberdade, numa relação com a comunidade orientada para a "doação generalizada". Essa ética não deriva da influência de um guru. A acreditar nas pesquisas da antropóloga estadunidense Gabriella Coleman, que nos anos 2000 estudou o mundo dos *hackers* em seu país, a ética *hacker* é uma construção progressiva, que se elaborou à medida que a prática colaborativa se expandia e os entraves criados pela lógica proprietária se interpunham concretamente. Essa ética não nasceu do nada, portanto, mas herdou, ao menos em parte, os valores da contracultura dos anos 1960, o que ajudou a transformar uma ferramenta técnica num projeto social e político do ciberespaço[76]. Muitas vezes, foram ex-*hippies* da Califórnia que alimentaram o imaginário de "comunidades

---

[73] Eric Steven Raymond teve o cuidado de distinguir o *hacker*, que é apaixonado por programação (originalmente, *hacker* era quem fabricava móveis usando machado) e o *cracker*, que é o pirata informático. Ver Eric Steven Raymond, *CyberLexis, le dictionnaire du jargon informatique* (Paris, Masson, 1997), p. 148. O *cracker* também é chamado de *dark-side hacker*, a exemplo de Darth Vader, personagem de George Lucas (o "lado negro da Força").

[74] O meio desenvolvedor é, na realidade, mais heterogêneo do que admitem os teóricos do *hacking*. A divisão entre partidários do *free software* e defensores da *open source*, que parece misteriosa se vista de fora, diferencia duas atitudes muito distintas, e a primeira está nitidamente mais interessada em evidenciar os valores estruturantes do meio.

[75] Eric Steven Raymond, *CyberLexis*, cit., p. 148.

[76] Patrice Flichy, "Comment Internet est devenu un marché", cit., p. 472.

virtuais" criadas com base nos contatos que cada indivíduo pode estabelecer livremente a partir de um computador pessoal. Essas comunidades não se reúnem somente por interesses acadêmicos, como ocorria nos primórdios da internet, mas por gostos comuns em matéria de música ou literatura, por exemplo.

Para o filósofo Pekka Himanen, o espírito *hacker* é uma nova ética do trabalho, que põe a paixão e a solidariedade acima da busca do lucro e da eficiência[77]. Alguns não hesitam em pintar o *hacker* como um "anti-*homo oeconomicus*"[78]. Ao contrário do trabalhador alienado da indústria, o *hacker* seria um *artista do comum*, sem nenhuma pretensão ao gênio inspirado e solitário do romantismo. Ele situa sua prática numa dinâmica estética coletiva, cuja justificação um tanto idealizada lembra o discurso dos grupos de vanguarda artística do século XX[79]. Caso se concorde com Himanen, essa nova ética do trabalho estaria suplantando a moral puritana, baseada no sacrifício e na renúncia, e propagando-se progressivamente por toda a economia, a ponto de deixar entrever um novo espírito geral, capaz de moldar um sistema econômico de novo tipo[80].

Gabriella Coleman resume a estética *hacker* nos seguintes termos: "Os *hackers* tendem a valorizar a brincadeira, o chiste e a habilidade; tentam com frequência pregar peças por meio da manipulação do código-fonte, fazer piadas ou então, misturando ambas as coisas, escrever um novo código cheio de humor"[81]. Stallman foi um dos primeiros a apontar essa dimensão de

---

[77] Pekka Himanen, *L'Éthique hacker et l'esprit de l'information* (Paris, Exils, 2001) [ed. bras.: *A ética dos hackers e o espírito da era da informação: a diferença entre o bom e o mau hacker*, trad. Fernanda Wolff, Rio de Janeiro, Campus, 2001].

[78] Ver Howard Rheingold, *The Virtual Communauty: Homesteading on the Electronic Frontier* (Nova York, Harper Perennial, 1994) [ed. port.: *A comunidade virtual*, trad. Helder Aranha, Lisboa, Gradiva, 1996], e mais recentemente Yochai Benkler, *La Richesse des réseaux: marchés et libertés à l'heure du partage social* (Lion, Presses Universitaires de Lyon, 2009).

[79] Séverine Dussolier, "Open Source and Copyleft. Authorship Reconsidered?", *Columbia Journal of Law and Arts*, n. 26, 2002-2003, p. 281 e seg.

[80] Para uma análise crítica desse tipo de extrapolação sociologicamente pouco fundamentada, ver Sébastien Broca, "Du Logiciel libre aux théories de l'intelligence collective", *Tic&société*, v. 2, n. 2, 2008.

[81] E. Gabriella Coleman, *Coding Freedom: The Ethics and Aesthetics of Hacking* (Princeton, Princeton University Press, 2013), p. 17.

alegria compartilhada na prática do *hacking*[82]. A brincadeira criativa é a principal motivação do *hacker*, que, para ser reconhecido em sua comunidade, deve mostrar-se capaz de rir de si mesmo, ter malícia e habilidade. Isso confere a sua atividade características deliberadamente opostas ao trabalho coercitivo que predomina na sociedade capitalista. A atividade de *hacking*, baseada na paixão e não na obrigação, romperia as fronteiras entre o trabalho e o lazer, e faria deste último não mais um momento de passividade e isolamento, mas de agir coletivo.

As comunidades *hacker*, além de se caracterizarem pelo bom humor – sempre associado à *performance* no sentido estético do termo –, também constituem um meio que se aglutina em torno de valores fundamentais ligados a certo liberalismo radical. A liberdade de expressão, de associação e de acesso à informação e à cultura é princípio fundamental e intangível para o meio *hacker*. Em outras palavras, o movimento *hacker* contrapõe ao neoliberalismo e à ideologia da propriedade intelectual o princípio da liberdade pessoal de expressão que se encontra nas bases do liberalismo. O lema "*Code is speech*" [Código é discurso] significa que o desenvolvedor de *software* deve gozar das mesmas liberdades de que goza todo cidadão. Se ele não goza dessas liberdades em consequência da apropriação privada, é porque o discurso não é livre. Como lembra Himanen, "a liberdade de expressão e o respeito aos dados pessoais são princípios fundamentais para os *hackers*"[83]. É nesse sentido que se deve ver no espírito *hacker* um ressurgimento dos movimentos estadunidenses pela proteção e ampliação das liberdades civis fundamentais, que estão sendo ameaçadas ou violadas pelas agências de vigilância policial e pelos oligopólios da *web*. A criação da Electronic Frontier Foundation (EFF) por Mitch Kapor e John Perry Barlow, em 1990, é um momento-chave na definição dos ciberdireitos e na defesa da independência do ciberespaço. A sensibilidade política do meio cresceu à medida que o controle da *net* se tornava uma questão fundamental para os poderes de Estado totalitários ou "liberais". A aliança estreita entre as

---

[82] Richard Stallman, "On Hacking", disponível em: <https://stallman.org/articles/on-hacking.html>. Diz ele: "É difícil dar uma definição simples de uma coisa tão variada como o *hacking*, mas penso que essas atividades têm em comum o sentido da brincadeira, da habilidade e da exploração. Assim, o *hacking* implica a exploração dos limites do possível, dentro do espírito da habilidade brincalhona. As atividades que exigem essa habilidade brincalhona têm um '*hack value*'".

[83] Pekka Himanen, *L'Éthique hacker et l'esprit de l'information*, cit., p. 94.

grandes empresas da *net* e os Estados transformou o ciberespaço num espaço de vigilância, no qual potencialmente não existem mais limites à intrusão dos poderes nos dados e nos intercâmbios pessoais[84].

A ética *hacker* seria, portanto, uma atualização dos ideais do liberalismo moral e político mais tradicional, muito mais do que uma prefiguração de um comunismo informacional. Além disso, teria um matiz libertário herdado da contracultura dos anos 1960 e 1970. A criatividade somente seria possível no contexto menos regulado e menos hierárquico possível. É o que mostra, por exemplo, Eric Raymond num texto clássico da literatura *hacker*, no qual opõe a criatividade do "bazar" cooperativo à "catedral" das empresas clássicas de informática. É muito comum na literatura *hacker* que a horizontalidade, a igualdade e a total liberdade sejam apresentadas como principais trunfos das redes colaborativas e regularmente contrapostas à obsessão das empresas e das administrações públicas por preceitos e controle[85]. É claro que as coisas não são tão simples e, com muita frequência, o trabalho de coordenação e seleção das colaborações é feito por uma hierarquia informal, ou por um "ditador benevolente" (*benevolent dictator*), termo aplicável a líderes de projetos colaborativos, como Linus Torvalds. Mesmo sendo preciso considerar com cautela essas formas de idealização do meio e de suas práticas[86], cabe perguntar se essa ética, alimentada por uma literatura que visa tanto descrevê-la como construí-la, não traduziria um conjunto de normas difusas de solidariedade e ajuda mútua que coíbem os comportamentos oportunistas do *free riding*. Nesse sentido, a ética *hacker* tem mais ou menos a mesma função das normas coletivas que fundamentam o estabelecimento de regras e instituições no caso dos comuns naturais. Em todo caso, seja qual for o grau (às vezes considerável) de extrapolação que encontramos nos comentários, deve-se ter em mente que as práticas desenvolvidas no domínio dos *softwares* livres, das mídias

---

[84] Em alguns países, o movimento *hacker* já tem papel muito ativo na mobilização cívica e política a favor das liberdades. É o caso da Tunísia, onde o *hackerspace* milita contra o sigilo, ferramenta da ditadura, e a favor do *open gov*. Ver Élodie Auffray, "Stallman et le 'libre', champions de Tunis", *Libération*, 6 maio 2012.

[85] Eric Steven Raymond, "The Cathedral and the Bazaar", disponível em: <www.unterstein.net/su/docs/CathBaz.pdf>. Sobre esse aspecto, ver também Pierre-André Mangolte, "Le Logiciel libre comme commun créateur de richesses", cit., p. 10-3.

[86] Para uma síntese dos trabalhos sobre as práticas dos colaboradores, ver Sébastien Broca, *L'Utopie du logiciel libre*, cit., p. 131 e seg.

participativas, dos *sites* colaborativos, do compartilhamento de dados etc. mostraram que os fatores sociais, cívicos e éticos têm papel fundamental na criatividade intelectual e estética exigida pela produção digital de certos bens e serviços. E essa demonstração prática ocorreu contra a concepção dominante de que só é eficaz o estímulo financeiro assegurado pela propriedade na esfera do conhecimento.

"Livre" e "comum"

De acordo com formulação hoje famosa de Stallman, a liberdade deve ser entendida não no sentido de *free beer*, mas no sentido de *free speech*. Os autores importantes nesse meio, como o jurista estadunidense Lawrence Lessig, veem na liberdade, definida como ausência de regulação pelo mercado ou pelo Estado, o *nec plus ultra* do movimento do *software* livre e, mais em geral, da mobilização em prol de uma internet criativa, vista como um "comum da inovação"[87]. Um recurso livre é, segundo Lessig, um recurso "à disposição de todos"[88]. Lessig – como Stallman, aliás – acredita que a luta já não é entre o mercado e o Estado, mas entre a propriedade exclusiva da informação e do conhecimento e o recurso de acesso livre. A internet é o melhor exemplo desse "recurso livre", isto é, "que se possui em comum". Isso significaria que, ao contrário do que acontece com os comuns naturais, no caso dos comuns do conhecimento entraríamos num universo que não deveria ser regido por nenhuma norma ou lei? Aqui, é imediata a confusão entre navegar de *site* em *site*, tirando deles o que quisermos, e coproduzir conhecimentos e informações. Alguns autores parecem muito distantes das lições de Ostrom quando fazem do *open access* uma nova *terra nullius*, da qual qualquer um poderia se apossar para fazer qualquer uso[89].

Podemos nos perguntar se essa ênfase do movimento do *software* livre nas liberdades de uso, difusão e modificação, que supostamente originariam uma *free culture*, não tende a esconder o principal, isto é, a constituição de comunidades de cousuários e coprodutores. Porque o

---

[87] Lawrence Lessig, *L'Avenir des idées*, cit., p. 29.
[88] Ibidem, p. 16-7.
[89] Yann Moulier-Boutang, "Droit de propriété, *terra nullius* et capitalisme cognitif", *Multitudes*, n. 41, 2010.

movimento do *software* livre não é apenas a reiteração da utopia da livre circulação da informação e da transparência generalizada que a informática possibilita. O alcance da "liberdade" e da "abertura" construídas pelas regras do compartilhamento consiste em que o fruto da colaboração de centenas ou milhares de internautas não seja de propriedade exclusiva de nenhum membro da comunidade, mas possa ser utilizado e modificado por todos.

Um comum de conhecimento pressupõe regras, que variam conforme a tarefa coletiva que se pretenda realizar, as competências exigidas e o tamanho da comunidade. A seleção dos membros, a coordenação das colaborações, a arrecadação de fundos, a manutenção dos arquivos, tudo isso implica um trabalho de construção do comum para que este seja produtivo e duradouro. Convém acrescentar que as regras de "abertura" podem mudar de um projeto cooperativo para outro. Enquanto a Wikipédia concede uma abertura bastante ampla para a colaboração, há projetos em que os desenvolvedores são mais estritamente selecionados em termos de competências e adesão à filosofia do *software* livre. É o que se deduz da descrição que Sébastien Broca faz do projeto do sistema operacional Debian, que tem grandes afinidades com a arquitetura dos comuns naturais analisados por Elinor Ostrom e sua equipe, em especial pela distinção que faz entre o plano das regras constitucionais e o dos procedimentos operacionais, ou ainda pela criação de uma instância de resolução de conflitos (o *Technical Committee*)[90].

O mais enganador na interpretação da "liberdade" da internet é, sem dúvida, a omissão da série de regras incorporadas pelo sistema tecnológico como tal, sistema que facilita ou atrapalha certos modos de troca e trabalho comum. Segundo Lessig, "o código é a lei". Por código, ou arquitetura, entenda-se o conjunto de princípios e instruções contidos na infraestrutura constituída por máquinas e programas da *web*, cuja característica inicial era a de não ser controlado centralmente e, por conseguinte, poder desenvolver-se em função dos programas e dos conteúdos com que cada um podia contribuir. Segundo Lessig, "o sistema é construído, estruturado, para continuar aberto a toda inovação que se apresente"[91]. Como ressaltou em sua primeira obra, datada de 1999, no ciberespaço não há nada "natural",

---

[90] Sébastien Broca, *L'Utopie du logiciel libre*, cit., p. 145.
[91] Lawrence Lessig, *L'Avenir des idées*, cit., p. 53.

tudo é escolha, tudo foi construído de acordo com uma lógica que favorecia a liberdade de circulação das informações[92]. Ora, o código, que é o verdadeiro regulador do sistema, é passível de mudança[93]. Um de seus princípios arquitetônicos mais importantes baseia-se nos protocolos TCP/IP, de modo que as trocas de dados sejam feitas sem que as redes tenham conhecimento de seus conteúdos e sem que se possa ligar os dados ao remetente. Essa arquitetura elementar inicial impossibilitava que um agente poderoso, como o Estado ou uma grande empresa de telecomunicações, regulasse as interações entre os internautas, uma vez que, segundo o princípio do *end-to-end* ("ponta a ponta"), o desenvolvimento da troca de dados e da internet em geral ocorria fora do alcance de qualquer interferência central. Outro princípio importante era o da absoluta "neutralidade" da *net*, princípio este relacionado à circulação dos "pacotes" de dados nas redes. Dizer que a internet se construiu sobre um princípio de neutralidade significa que todos os "pacotes" são tratados de forma estritamente igual, seja qual for o conteúdo[94]. Evidentemente, essa condição é ameaçada pela força dos oligopólios internéticos, que, concentrando-se e aliando-se, poderiam mudar radicalmente o ciberespaço, de acordo com uma lógica mercantil facilitada pela acumulação de dados sobre os internautas e guiada pela busca do máximo ganho publicitário.

No fim dos anos 1990, Lessig já percebera a forma como governos e grandes empresas começavam a mudar o código internético para controlar o ciberespaço, segundo interesses cada vez mais interligados. Identificação do internauta, coleta de informações pessoais, espionagem generalizada praticada por empresas e agências de informação, tudo isso se somou ao "código primitivo" e alterou a natureza do ciberespaço. Assim, lutar pela liberdade na internet é defender a liberdade pessoal contra a dupla ameaça da dominação das empresas e da vigilância dos governos. Mas também é defender um espaço do comum que não é regido pela lógica do mercado nem pela censura política do Estado.

---

[92] Idem, *Code and Other Laws of Cyberspace* (Nova York, Basic Books, 1999).
[93] Ver o artigo de Lawrence Lessig, "Le Code fait loi. De la liberté dans le cyberspace", disponível em: <https://framablog.org/2010/05/22/code-is-law-lessig/>.
[94] Ver Valérie Schafer e Hervé Le Crosnier, *La Neutralité du net: un enjeu de communication* (Paris, CNRS, 2011).

A ilusão do "comunismo tecnológico"

Alguns comentaristas, partindo de observações parciais e considerações gerais sobre o conhecimento, veem no desenvolvimento da internet o advento iminente de um comunismo informacional generalizado. Num texto que imita com bastante habilidade o *Manifesto Comunista**, Eben Moglen, professor da Escola de Direito da Universidade Columbia, sugere que a luta de classes se deslocou para o campo do conhecimento e agora opõe, de um lado, os "criadores", aliados dos trabalhadores, e, de outro, a classe proprietária. Um dos aspectos interessantes desse texto é que ele reproduz a tensão encontrada em Marx entre uma lei da história que levaria necessariamente à sociedade emancipada e uma análise das relações antagônicas entre as classes, que por si mesma não permite apontar o vencedor antes do fim do combate. Diz ele:

> O avanço da sociedade digital, do qual a burguesia é promotora involuntária, substitui o isolamento dos criadores (devido à concorrência) pela combinação revolucionária (devida à associação). [...] A própria rede, liberada do controle de grandes provedores de conteúdo e de proprietários de banda, torna-se o *locus* de um novo sistema de distribuição, baseado na associação entre pares sem controle hierárquico, que substitui o sistema coercitivo de distribuição de música, vídeo e outros bens imateriais.[95]

As comunidades de internautas seriam a prefiguração de uma nova organização social e política baseada na cooperação generalizada que a ligação dos computadores em rede possibilita.

Essa posição é, muitas vezes, ambígua. Temos o direito de nos perguntar, ao ler os autores que defendem esse tipo de tese, se o advento da sociedade comunista dependerá de um movimento social poderoso, que se dotará dos instrumentos de luta e criará instituições novas que correspondam aos princípios de uma sociedade baseada na cooperação, ou se as transformações do capitalismo e as necessidades de criação de valor dentro da economia do conhecimento não conduzirão por si mesmas à sociedade comunista reticular. Assim, podemos encontrar essas duas lógicas, misturadas, nos mesmos autores. Obviamente, Hardt e Negri escapam desse determinismo tecnológico quando veem o futuro da sociedade no crescimento do movimento do

---

* Trad. Álvaro Pina, São Paulo, Boitempo, 1998. (N. E.)
[95] Eben Moglen, "Le Manifeste du Point-Communiste" ("The Dot Communist Manifesto"), jan. 2003, disponível em: <www.gibello.com/publi/transl/dcm/dcm_fr.html>.

software livre e fazem da *open source* a matriz da sociedade futura: "Podemos ver a democracia da multidão como uma sociedade *open source*, isto é, uma sociedade cujo código-fonte é revelado, permitindo a todos colaborar na resolução de seus problemas e criar programas sociais mais eficientes"[96]. Embora, em tal concepção, seja grande o risco de que a política seja equiparada à resolução de problemas técnicos, ainda assim podemos imaginar que a sociedade futura só poderá surgir de um combate político que consiga impor o "livre" e o "aberto"[97].

Para outros autores, ou para esses mesmos autores em momentos diferentes, o modelo cooperativo triunfará sem nenhuma dificuldade, graças a uma lógica imanente do próprio capital: este funcionaria cada vez mais com base em redes e criaria valor captando a livre cooperação de cérebros, produtora do conhecimento coletivo[98]. Segundo essa tese, as empresas procuram captar as externalidades positivas geradas pela comunicação social e pela cooperação cognitiva, principais fontes de criação de valor econômico. Encontrando uma espécie de protótipo econômico na exploração do trabalho colaborativo do *software* livre, esse capitalismo cognitivo se espraia à medida que as empresas se conscientizam da importância econômica das comunidades virtuais. Com esse novo "modo de produção", baseado na interconexão das inteligências via rede, criam-se as condições da superação do capitalismo[99]. André Gorz caiu algumas vezes nesse viés tecnicista quando sustentou, por exemplo, que "o computador aparece como a ferramenta universal, universalmente acessível, pela qual todos os saberes e todas as atividades podem ser, em princípio, postas em comum"[100]. Reconhecemos aqui formas utópicas – às vezes antigas –, cujo princípio recorrente consiste em extrapolar os efeitos de certos sistemas de organização ou dispositivos técnicos para transformá-los em modelos de organização da sociedade. Seja a organização

---

[96] Michael Hardt e Antonio Negri, *Multitude*, cit., p. 385.
[97] Ver Sébastien Broca, *L'Utopie du logiciel libre*, cit., p. 97 e seg.
[98] Ver, por exemplo, Maurizio Lazzarato, *Les Révolutions du capitalisme* (Paris, Les Empêcheurs de Penser en Rond, 2004), p. 115 e seg. [ed. bras.: *As revoluções do capitalismo*, trad. Leonora Corsini, Rio de Janeiro, Civilização Brasileira, 2006].
[99] Trataremos mais especificamente dessa concepção do comum no próximo capítulo.
[100] André Gorz, *L'Immatériel: connaissance, valeur et capital* (Paris, Galilée, 2003), p. 21 [ed. bras.: *O imaterial: conhecimento, valor e capital*, trad. Celso Azzan Jr. e Celso Cruz, São Paulo, Annablume, 2005].

industrial em Saint-Simon, seja a cibernética em Norbert Wiener um século e meio depois, estas são sempre formas econômicas e técnicas que servem de apoio às projeções futuristas de reorganização social total.

Os "comuns do conhecimento" vistos do ponto de vista do capital

Quando se consulta o discurso gerencial, nota-se que o capitalismo conexionista enveredou pelo caminho do comum há mais de uma década. A influência do capitalismo vem se renovando pelo uso de novas tecnologias e pela instrumentalização comercial da necessidade de agregar-se, comunicar-se e inventar em comum. Isso não prova o caráter inevitável do advento da democracia do comum por intermédio do capitalismo cognitivo, mas demonstra a capacidade das empresas de "navegar com qualquer vento", construindo *quase comuns* gerenciais e comerciais, internos e externos. Uma literatura empresarial abundante mostra todo o esforço que se faz hoje para repensar o modelo econômico das empresas a partir da economia das redes e identificar e elaborar dispositivos que permitam criar um sucedâneo de comum direcionado para as finalidades capitalistas[101]. Embora não seja fácil criar cooperação dentro das empresas, essa precisa ser a tarefa primordial dos novos *managers*, diz Olivier Zara. Inteligência coletiva e gestão do conhecimento são dois recursos fundamentais para o bom desempenho das empresas[102]. A gestão da inteligência coletiva "favorece uma nova arte de se trabalhar em conjunto, baseada no compartilhamento, na mútua ajuda intelectual e na cocriação", afirma ele candidamente[103]. Trata-se de substituir o *command and control* pelo *connect and collaborate*[104].

Essa gestão da cooperação, típica do "novo espírito do capitalismo" descrito por Luc Boltanski e Ève Chiapello[105], esbarra obviamente nos

---

[101] Ver John Hagel III e Arthur G. Armstrong, *Bénéfices sur le net* (Paris, Organisation, 1999), e John Hagel III e Marc Singer, *Valeur sur le net* (Paris, Organisation, 2000).

[102] Olivier Zara, *Le Management de l'intelligence collective: vers une nouvelle gouvernance* (Paris, M21, 2008).

[103] Ibidem, p. 26.

[104] Ibidem, p. 29-30.

[105] Luc Boltanski e Ève Chiapello, *Le Nouvel esprit du capitalisme* (Paris, Gallimard, 1999) [ed. bras.: *O novo espírito do capitalismo*, trad. Ivone C. Benedetti, São Paulo, WMF Martins Fontes, 2009].

limites determinados pelo próprio objetivo da empresa – a rentabilidade –
e pelos métodos que fazem da incitação estritamente individual a subir na
carreira e ganhar cada vez mais o suprassumo da motivação dos assalariados[106].
Para Olivier Zara, a cooperação dentro das empresas nunca é espontânea,
exige estímulos, ferramentas, modos específicos de organização, enfim, toda
uma "arte" que o gestor deve dominar de maneira cada vez mais refinada.
Mas essa cooperação organizada não tem nada a ver com democracia: "As
empresas não são democráticas (salvo exceções) e, para sua sobrevivência
e desenvolvimento duradouro, *é preferível que não sejam democráticas*"[107].
A nova governança capitalista consiste em criar um comum "interno",
mobilizando as ideias e os conhecimentos dos "colaboradores" sem jamais
dar a entender que os assalariados poderiam participar minimamente da
decisão coletiva. A inovação está menos nisso do que no *marketing*, que visa
criar comunidades de consumidores que, por sua vez, constituirão uma
parte importante do valor financeiro da empresa, conforme o volume e a
densidade dos vínculos estabelecidos entre eles.

Desde tempos atrás, os profissionais do *marketing* adquiriram o hábito
de coletar informações pessoais sobre os clientes, criar bases de dados sobre
os consumidores para direcionar individualmente as sugestões publicitárias
e vender os arquivos para outras empresas. As práticas dos marqueteiros
estão indo cada vez mais longe na organização da "base constitucional" de
seu próprio desenvolvimento. A empresa já não precisa apenas seduzir um
mercado composto de átomos passivos que não se conhecem nem se comu-
nicam entre si; ela deve também construir um "capital-cliente", isto é, uma
comunidade de consumidores convidados a entrar em universos de marcas,
participar da definição dos produtos, transformar-se em coprodutores da
inovação. Ao contrário de certa visão ingênua que entende o capital como
simples captador parasitário da livre conexão dos cérebros, estamos lidando
aqui com estratégias de *marketing* cada vez mais elaboradas, que organizam
a *colaboração gratuita dos clientes*. O objetivo é não só fidelizá-los, dar um
sentido mais coletivo ao consumo, como também, cada vez mais, explorar
informações que eles podem fornecer sobre si mesmos ou sobre os assalariados

---

[106] Ver Thomas Coutrot, *L'Entreprise néolibérale, nouvelle utopie capitaliste?* (Paris, La Découverte, 1998). Evidentemente, convém não dar por certas as "novas" problemáticas gerenciais, que indicam tendências, não realizações já concluídas.

[107] Olivier Zara, *Le Management de l'intelligence collective*, cit., p. 229 (grifo nosso).

com os quais mantêm contato ou, o que é ainda melhor, suscitar a criatividade que um conjunto de pessoas dotadas de competências diversas pode demonstrar e, por fim, tirar proveito de um trabalho em grande parte voluntário. Esse é o motor do *crowdsourcing*, que se apoia na colaboração gratuita e espontânea dos usuários para avaliar ou propor novos produtos, melhorar os serviços de venda ou pós-venda. Por meio da internet, como escreve Jeff Howe, "as pessoas comuns, que usam seu tempo livre para criar conteúdo, resolver problemas e até fazer P&D institucional, [tornaram-se] uma nova reserva de mão de obra barata"[108].

O segredo do sucesso gerencial reside hoje na capacidade de construir um comum comercial, caso se acredite no que dizem os "gurus" da gestão. Segundo John Hagel e Arthur Armstrong, as empresas devem apoiar-se na organização de "comunidades virtuais com fins lucrativos", verdadeiros vetores de lucro na nova economia. Neste caso, as comunidades virtuais não são mais os espaços de liberdade e compartilhamento imaginados pelos herdeiros da contracultura, mas novas formas comerciais. A estratégia vencedora consiste, portanto, em não se limitar a fornecer informações sobre produtos em *sites*, mas criar comunicação entre os clientes a partir de um centro de interesse comum, que tenha relação com os produtos que se quer vender ou com os serviços que os consumidores podem prestar uns aos outros, mediante comissão paga ao intermediário. A construção dessas comunidades pelas empresas é imprescindível, em vista da lei dos rendimentos crescentes, segundo a qual "quanto mais se vende, mais se vende". Esse princípio assegurou o sucesso da Microsoft e, mais tarde, do Facebook[109].

Nesses mercados de rendimento crescente, é preciso ser o primeiro para tirar pleno proveito da dinâmica monopolizadora, que pode ser fulgurante, como ocorre com as operadoras de redes sociais, a exemplo do Twitter[110]. Esses casos mostram como a comunidade de consumidores determina o valor da empresa, ou melhor, como a comunidade virtual possibilita baixar os custos

---

[108] Jeff Howe, "The Rise of Crowdsourcing", *Wired*, n. 14, jun. 2006; disponível em: <www.wired.com/2006/06/crowds/>. Citado em Sébastien Broca, *L'Utopie du logiciel libre*, cit., p. 117.

[109] Ver John Hagel III e Arthur G. Armstrong, *Bénéfices sur le net*, cit., p. 19.

[110] E não se pode dormir no ponto: "Quem aspira ao papel de criador ou proprietário de uma comunidade precisa se lançar depressa e com determinação para ter as melhores chances de ser o primeiro a reunir uma massa crítica em determinado campo" (ibidem, p. 95).

de produção pelo uso de mão de obra gratuita. Essa *transformação da comunidade em capital* deve-se à maneira como a lógica da rede é instrumentalizada pelo *marketing*. Quanto maior a rede, maior o valor financeiro da empresa. Segundo Hagel e Armstrong, a regra do jogo consiste em que o organizador da comunidade virtual "explore o valor representado por seus membros"[111].

Se os consumidores de bens ou serviços alimentam o conteúdo de *sites* ou fóruns de empresas com avaliações, conselhos ou informações, também podem participar da pesquisa e do desenvolvimento dos produtos. O consumo torna-se produção ou coprodução da mercadoria; os consumidores-usuários são transformados em coprodutores voluntários da inovação, segundo esquema teorizado por Eric von Hippel[112]: com frequência cada vez maior, a inovação é criada por comunidades heterogêneas de pessoas com competências diversas, e essa diversidade é precisamente a fonte da fertilidade criadora. Para alguns, o modelo do projeto coletivo *on-line* vai tomar ao menos parcialmente o lugar da empresa clássica na elaboração do produto, porque possibilita reduções substanciais de custos, utilizando para a parte de P&D um componente de trabalho voluntário prestado por uma comunidade formada com base numa paixão ou num interesse. Na "wikinomia", siglônimo inventado por Don Tapscott e Anthony D. Williams, consumidores (ou "prossumidores") reunidos em comunidades *on-line* "participam da criação de bens e serviços, em vez de se limitarem a consumir produtos prontos"[113]. Para eles, abre-se uma nova era em que bilhões de indivíduos participarão voluntariamente da produção de riquezas de que as empresas poderão se apropriar. Como dizem, com bastante ingenuidade, Tapscott e Williams, assistiremos à implementação de "modelos que outrora eram apenas sonho".

Para as empresas, a situação seria a seguinte: "explorar o novo modo de colaboração ou morrer". Isso as obrigaria a se organizar de maneira radicalmente diferente[114]. Essa extensão do campo da organização cooperativa pelo capital visa ao uso produtivo do tempo e das motivações que excedem o

---

[111] Ibidem, p. 77.

[112] Ver Eric Vonhippel, *Democratizing Innovation* (Cambridge, MIT Press, 2005).

[113] Don Tapscott e Anthony D. Williams, *Wikinomics: Wikipédia, Linux, YouTube, comment l'intelligence collaborative bouleverse l'économie* (Paris, Pearson-Village Mondial, 2007), p. 1.

[114] Ibidem, p. 14.

tempo de uso da força de trabalho assalariada. O tempo livre dos assalariados, dos aposentados e dos estudantes torna-se tempo produtivo voluntário. O consumo e o lazer são incorporados no tempo de produção das mercadorias. Yann Moulier-Boutang engana-se quando se arrisca a dizer que "a inteligência empresarial consiste atualmente em converter em valor econômico a riqueza já existente no espaço virtual do digital"[115]. Tudo indica que a "inteligência empresarial" consiste, ao contrário, em construir a cooperação gratuita dos clientes, em produzir conhecimento coletivo que será diretamente incorporado no ciclo produtivo, e a custo muito baixo. O comum é desde já uma categoria gerencial que serve para acrescentar à exploração clássica dos assalariados a exploração inédita dos consumidores-usuários[116].

Temos o direito de nos perguntar se as empresas que incorporam essas comunidades *on-line*, e "já vislumbram os dividendos das aptidões e do gênio coletivo", conseguirão tirar proveito por muito tempo dessa mão de obra gratuita e desenvolver-se a partir desse modelo de exploração do trabalho colaborativo gratuito[117]. Os defensores da tese da revolução digital do capitalismo parecem convencidos de que ainda restam motivações poderosas para explorar. O consumidor não se torna cooperador por coerção econômica, como no caso do assalariado, mas pela sedução, pelo prazer de compartilhar, pela valorização de suas competências, pelo reconhecimento que recebe dos outros, pela paixão que pode investir numa atividade voluntária etc. É evidente que a integração numa comunidade de consumidores não é novidade: ela já fazia parte da lógica do *branding*, que transformava em marqueteiro voluntário qualquer consumidor que aceitasse usar o símbolo ou o logotipo de uma marca. Quando a mercadoria é uma marca significativa para o consumidor, uma comunidade simbólica se torna atraente e funciona como reservatório identitário. Mas, hoje, o *marketing* espera mais que uma participação não remunerada na força de venda; ele visa a uma contribuição não paga na força de produção, uma mão de obra gratuita e voluntária a serviço da empresa. Seu objetivo é fazer com que os

---

[115] Yann Moulier-Boutang, "Droit de propriété, *terra nullius* et capitalisme cognitif", cit., p. 167. Para uma discussão sobre esse ponto, ver o próximo capítulo.

[116] As formas de exploração se somam e se articulam. Observe-se que as empresas, incluindo as mais modernas, ainda recorrem à corveia – hoje denominada "estágio" –, imposta às novas gerações de aspirantes a assalariados.

[117] Don Tapscott e Anthony D. Williams, *Wikinomics*, cit., p. 3.

consumidores arregacem as mangas e transformá-los em coprodutores da mercadoria e de sua própria sujeição. E isso ela só consegue explorando as insatisfações relacionadas ao trabalho assalariado coercitivo, ultrapassando os limites das "motivações extrínsecas" monetárias a fim de instrumentalizar melhor as "motivações intrínsecas" não monetárias e as aspirações ao trabalho em comum, para empregarmos as categorias psicológicas utilizadas na gestão dos "recursos humanos". Os comuns comerciais do capital digital seriam o vetor de uma nova era democrática: "Estamos nos transformando numa economia por nós mesmos: uma vasta rede mundial de produtores especializados que permutam e intercambiam serviços para divertir-se, manter-se ou aprender. Está surgindo uma nova democracia econômica na qual desempenhamos papel de destaque"[118]. Como podemos ver, não se trata de contar apenas com a cooperação espontânea dos cérebros através dos computadores, ou com uma "produção de conhecimento pelo conhecimento" que derivaria da própria dinâmica cognitiva[119]. É a empresa que constrói o quase comum comercial, propondo um quadro de interação para tirar proveito dele. Para a empresa, trata-se de "monetarizar" os ecossistemas que ela concebeu e pôs à disposição dos clientes criadores. Em outras palavras, o capital é que está no comando para produzir o comum dos conhecimentos. No fim das contas, só nos resta constatar a semelhança entre as teses que promovem o anarcocomunismo informacional e as que louvam os méritos do capitalismo digital. Com frequência, os mesmos argumentos são utilizados, as mesmas ilusões técnicas são alçadas a verdades absolutas. Mas há uma dimensão que os promotores da nova empresa em rede gostam de ressaltar: a do caráter *construído* dos quase comuns comerciais. Homenagem do vício à virtude? Seja como for, o caminho rumo ao capitalismo cognitivo não tem nada de nascimento espontâneo, de processo natural. O conhecimento não é nem naturalmente raro nem naturalmente abundante. A produção, a circulação e o uso do conhecimento dependem das instituições que organizam e moldam as práticas. Ao contrário do que

---

[118] Ibidem, p. 17.
[119] Sobre esse ponto, ver Antonella Corsani, "Éléments d'une rupture. L'hypothèse du capitalisme cognitif", em Christian Azaïs, Antonella Corsani e Patrick Dieuaide (orgs.), *Vers un capitalisme cognitif: entre mutations du travail et territoires* (Paris, L'Harmattan, 2001), p. 183-4. Ver também Enzo Rullani, "Le Capitalisme cognitif: du déjà vu?", *Multitudes*, n. 2, 2000.

afirma certo espontaneísmo tecnicista, os "efeitos de rede" não nascem naturalmente do simples fato da interconexão dos computadores, mas são engendrados por um sistema de regras, inclusive técnicas, que favorecem o compartilhamento, a discussão, a criação coletiva, a paixão, o prazer do jogo. Aliás, a valorização dos efeitos da tecnologia digital nem sempre é sinônimo de fascinação ou ingenuidade. Autores como Stallman ou Lessig mostraram bastante bem que certas características da arquitetura tecnológica poderiam favorecer a constituição de comunidades, enquanto outras poderiam destruí-las[120].

Yochai Benkler, em seu esforço para constituir uma nova "economia política da informação em rede", mostrou a fragilidade das estruturas da *web* diante dos meios acumulados pelas grandes empresas para, em associação com as agências de segurança policial dos Estados, controlar as novas redes de comunicação. Embora um obstáculo material à descentralização dos meios de comunicação e à produção da informação tenha sido afastado graças à disseminação do computador pessoal e à interconexão cada vez mais intensa dos internautas, nada garante que essa condição técnica e econômica essencial à constituição de um novo espaço público seja suficiente para garantir o futuro da informação democrática e da cultura nascida da produção comum. Se, como defende Benkler, a internet deu origem a um novo ambiente informacional muito mais propício à vitalidade da democracia política ou até mesmo à criação coletiva de uma "nova cultura popular"[121], isso se deve, sem dúvida, à "propriedade política" da tecnologia, que permite o contato direto entre os internautas, a oferta comum dos recursos, a cooperação na produção das informações[122]. Mas, como também

---

[120] Richard Stallman resume da seguinte maneira essa posição cautelosa: "Os computadores e a *web* tornam mais fáceis o trabalho colaborativo e a melhora contínua das publicações. [...] A mentalidade proprietária também poderia igualmente ter a intenção deliberada de nos privar dessa vantagem da internet". Ver "Éthique et communauté du hacker. Un entretien avec Richard M. Stallman", 2002; disponível em: <www.gnu.org/philosophy/rms-hack.fr.html>.

[121] Yochai Benkler, *La Richesse des réseaux*, cit., p. 45.

[122] Yochai Benkler se refere aos trabalhos de Langdon Winner sobre a tecnologia; ver "Les Artefacts font-ils de la politique?", em *La Baleine et le réacteur* (Paris, Descartes & Cie, 2002), p. 45 e seg. Segundo Winner, existem tecnologias que se prestam a diferentes usos políticos e outras que são inflexíveis, portanto têm consequências para a organização social que são determinadas *ab initio*. Para Benkler, as mídias de

explica Benkler, a exemplo de Stallman e Lessig, a tecnologia da internet por si só não determina esta ou aquela forma social e política; quando muito, ela a possibilita e facilita. Outros "esquemas de utilização" das tecnologias podem se servir de estratégias muito diferentes e induzir relações sociais muito diversas[123]. Portanto, é em termos de uma "batalha" que atravessa todo o campo das novas tecnologias que devemos abordar a questão do comum do conhecimento, rechaçando qualquer profetismo que veja a tecnologia digital como o advento inexorável de uma sociedade livre[124].

Mais em geral, convém extrair os principais ensinamentos da economia política dos comuns iniciada por Ostrom e sua equipe na Universidade de Indiana. Essa análise marca uma ruptura com o naturalismo da ortodoxia econômica padrão, ao mesmo tempo que reconhece, no plano teórico, a atualidade e a efetividade de práticas coletivas muitas vezes bastante antigas. Essa teoria introduz a dimensão fundamental das *instituições* no nascimento e na gestão dos comuns, o que permite concluir que não é tanto a qualidade intrínseca do bem que determina sua "natureza" de comum, mas é o sistema organizado de gestão que institui como um comum uma atividade e seu objeto. Ainda que, lendo esses trabalhos dos anos 1980, se tivesse a impressão de que apenas os "recursos naturais" podem pertencer à alçada de um governo do comum, os desenvolvimentos ulteriores sobre produção, difusão e manutenção dos conhecimentos e da informação tendem a mostrar que, para Ostrom e sua equipe, a variável institucional certamente depende de considerações de eficiência e, portanto, de adequação entre o tipo de recurso e as regras de produção, mas também de *escolhas normativas*. Dessa forma, Ostrom responde ao dogma econômico dominante com dois argumentos. Mostra, em primeiro lugar, que um sistema institucional de organização da gestão comum pode ser muito mais adequado à "durabilidade" dos recursos ou à produção dos conhecimentos do que o mercado e o Estado. Mas, sobretudo, ela realiza um deslocamento decisivo, situando a questão do comum

---

difusão unilateral parecem ser do segundo tipo, mas as coisas são menos claras no que se refere à internet. É isso que o distingue dos partidários do comunismo informacional, para os quais a tecnologia da internet é, essencial e irrevogavelmente, democrática.

[123] Yochai Benkler, *La Richesse des réseaux*, cit., p. 48-9. Ver a notável pesquisa de Robert W. McChesney, *Digital Disconnect: How Capitalism is Turning the Internet against Democracy* (Nova York, The New Press, 2013).

[124] Yochai Benkler, *La Richesse des réseaux*, cit., p. 54 e seg.

no campo da ação coletiva e de suas condições políticas. Aliás, esse deslocamento na direção das regras de governo é que permitiu pôr num mesmo plano os *commons* ditos naturais e os *commons* do conhecimento, e ampliar a análise para a questão fundamental do meio ambiente ou da democracia em nível mundial, como fez Ostrom no fim de sua carreira.

Nesse sentido, o surgimento do "paradigma dos comuns" deve muito a ela. Mostrando que as ameaças ao meio ambiente e ao compartilhamento livre dos recursos intelectuais estão ligadas à natureza das regras de uso – que podem ser explícitas ou implícitas, formais ou informais, reais ou potenciais – e que os destroem ou impedem seu desenvolvimento, ela leva a compreender o caráter perigoso de comportamentos econômicos guiados pela lógica de apropriação que esgotam irremediavelmente os recursos naturais. Por outro lado, destaca os riscos de subprodução intelectual e cultural ligados à privatização do conhecimento que ameaça a criatividade e a comunicação, refreando a coprodução de ideias e obras e prejudicando o uso do patrimônio público. Em ambos os casos, a análise nos convida a procurar as regras que permitam escapar desses perigos. Sobre esse ponto, Elinor Ostrom, embora tenha sido extremamente prudente quanto às conclusões práticas que deveriam ser tiradas de suas análises, não deixou de reconhecer a importância política de seu trabalho. Chegou a ressaltar – dando razão a Hardin no que diz respeito à dimensão dos desafios – que os dilemas dos comuns não estão relacionados apenas aos recursos locais das pequenas comunidades, mas que muitos problemas enfrentados pelas nações e pelo mundo, sejam eles políticos, sociais, ambientais ou militares, estão sujeitos à terrível lógica do "dilema do prisioneiro", que se impõe a indivíduos encalacrados numa racionalidade estritamente individual e incapazes de encontrar uma solução cooperativa: "O mundo depende, em grande parte, de recursos sujeitos à possibilidade de uma tragédia dos comuns"[125]. Portanto, na realidade, essa é sempre uma tragédia da cooperação impossível quando os indivíduos são prisioneiros de seu próprio interesse. Deslocando as questões da produção para as instituições, Ostrom iniciou, mas não terminou, a crítica do naturalismo econômico; e, sobretudo, fez do comum uma dimensão e um princípio do agir, uma lógica que exige uma nova teoria.

---

[125] Elinor Ostrom, *Governing the Commons*, cit., p. 3.

5
COMUM, RENDA E CAPITAL

Como dissemos no início deste livro, devemos a Michael Hardt e Antonio Negri a introdução da categoria "comum" (no singular) no pensamento político crítico e sua difusão entre o público militante. Com o abandono do termo no plural, foi dado um passo conceitual que merece reconhecimento e análise atenta. Nesse novo universo teórico[1], já não cabe mais ler o presente do capitalismo como uma repetição contínua de suas origens. Conforme confessavam em *Multidão*, Hardt e Negri encontraram certa dificuldade para referir-se a "comuns", "termo designativo dos espaços comuns pré-capitalistas que foram destruídos pelo advento da propriedade privada. Ainda que mais desajeitada, a expressão 'o comum' ressalta o conteúdo filosófico do termo e também que não se trata de um retorno ao passado, mas de um fenômeno novo"[2]. O comum seria, sobretudo, a dimensão oculta e a condição ignorada do capitalismo mais moderno. Não é o que ele destrói, mas o que explora e, em certa medida, o que produz: "Nossas formas de nos comunicar, colaborar e cooperar não apenas se baseiam no comum: elas o produzem, numa espiral dinâmica e expansiva. Hoje, essa produção do comum tende a situar-se no centro de toda forma de produção social, por mais local que seja"[3].

Mais importante ainda é que essa análise *do* comum, ao contrário da problemática *dos* comuns, não deixa de lado a relação capital/trabalho,

---

[1] Um universo que Pierre Sauvêtre batizou, com muito acerto, de "ontologia histórica do comum". Ver Pierre Sauvêtre, *Crises de gouvernementalité et généalogie de l'État aux XXe et XXIe siècles*, cit., p. 1.015.

[2] Michael Hardt e Antonio Negri, *Multitude*, cit., p. 9.

[3] Idem.

ainda que a maneira de considerá-la seja altamente discutível, como veremos adiante. O comum é o princípio filosófico que deve permitir que se conceba um futuro possível para além do neoliberalismo; de acordo com Hardt e Negri, ele é a única chave para um futuro livre do capitalismo. É também uma categoria que deve nos permitir escapar de qualquer nostalgia do socialismo de Estado, de qualquer monopólio estatal sobre serviços públicos burocratizados. O comum está além do público e do privado. Sem dúvida, em muitos pontos, o uso do conceito de comum por Hardt e Negri ainda parece muito vago, talvez porque o próprio conceito esteja mal definido. Mas o essencial do passo que foi dado é o lugar eminente reservado ao comum tanto na explicação do funcionamento do capitalismo atual como nas lutas que tendem a superá-lo. Em contraste com o "paradigma dos comuns", estamos lidando com o outro polo do pensamento contemporâneo do comum. Já não se trata de concebê-lo a partir de sua destruição, mas de sua produção. Não é tanto uma questão de defendê-lo, mas de promovê-lo e instituí-lo. Houve avanços que não subestimamos. Contudo, como veremos adiante, a teoria do comum proposta pela trilogia de Hardt e Negri – em especial pelo terceiro volume, *Commonwealth*, inteiramente dedicado a ela – reedita sem querer um antigo esquema que marcou profundamente a doutrina socialista e anarquista. Em termos mais simples, essa teoria moderna do comum repete Proudhon até em algumas de suas formulações mais notáveis. À sua maneira, segundo uma observação profunda de Lorenzo Coccoli, ela também vê o *roubo* de uma força independente do capital como um modo central de acumulação[4]. Hardt e Negri escrevem: "O capital é predador, como dizem os analistas do neoliberalismo, na medida em que tenta açambarcar e expropriar a riqueza comum produzida autonomamente"[5]. Aqui, não temos as privatizações ou as colonizações mercantis dos espaços naturais ou urbanos e dos serviços públicos como principais meios de apropriação, e sim a renda

---

[4] Como mostrou Lorenzo Coccoli, a problemática do roubo hoje em dia prevalece, inclusive na literatura marxista, sobre a ideia marxiana central de que, na ordem econômica, é realmente o capital que põe a cooperação em ação para explorar seus frutos. É bastante curioso que a literatura sobre o *management* esteja longe de desconhecer a importância desse aspecto coletivo da exploração dos "recursos humanos". Ver Lorenzo Coccoli, "'Property is (still) Theft!' From the Marx-Proudhon Debate to the Global Plunder of the Commons", *Comparative Law Review*, v. 4, n. 1, 2013; disponível em: <www.comparativelawreview.unipg.it/index.php/comparative/article/view/73>.

[5] Michael Hardt e Antonio Negri, *Commonwealth*, cit., p. 196.

financeira como alavanca da captura do comum produzido pelo trabalho imaterial. Estranhamente, porém, essa reedição do esquema proudhoniano do "roubo" fica velada por trás de uma referência constante a Marx.

Pensar o comum hoje exige que estejam claras as duas óticas que dividiram o socialismo. Tal é o objeto deste capítulo, cujo propósito é esclarecer os debates contemporâneos por meio de uma exploração *arqueológica*. A primeira ótica, a proudhoniana, apoia-se numa concepção que vê o comum como a dimensão de um dinamismo propriamente social, que Proudhon denomina "força coletiva". Essa força imanente e espontânea é alvo de um roubo cometido pela propriedade. A segunda, de Marx, tem por princípio que o comum não é espontâneo, mas produto do capital e, mais especificamente, de seu poder de comando sobre o trabalho por meio da organização da cooperação produtiva. Em resumo, segundo Marx, o capital, em seu frenesi de enriquecer, produz o comum para seu próprio interesse, transformando a força coletiva dos trabalhadores por ele organizada em força coletiva do capital.

O primeiro modelo é o que convencionaremos chamar de *força social espontânea do comum*. É em Proudhon, sem dúvida, que encontramos sua primeira formulação. Ela é correlata de certa análise da exploração como "roubo". O que os indivíduos e as sociedades produzem espontaneamente é objeto de uma subtração em benefício de indivíduos ou classes mediante certo número de dispositivos jurídicos e políticos, sobretudo a propriedade privada e o Estado. Para Proudhon, que segue e modifica a linha indicada por Saint-Simon, o comum corresponde à *natureza espontânea do social*. Nisso Proudhon segue uma vertente que já era a da economia política clássica, em especial de Smith, que, vendo o trabalho como causa da riqueza, só podia justificar renda e lucro como uma extração posterior.

A esse modelo sociológico e antropológico do comum responde o de Marx, que se parece vagamente com ele e lhe deve muito, mas, na realidade, é bastante diferente. Para ele, não há dúvida de que o "social" é característico do homem, mas não deve ser visto como essência eterna, e sim como um desenvolvimento de formas históricas específicas. No modo de produção capitalista – e referimo-nos aqui em particular às análises de *O capital* sobre a cooperação na grande indústria –, o capital é que organiza o comum e o põe inteiramente a seu serviço para produzir o excedente necessário à acumulação. O que está em jogo para Marx é o próprio conceito de capital, fundamento da sociedade burguesa. O capital, como valor que se valoriza, produz mais-trabalho e mais-valor. Não há atividade econômica, não há trabalho para os operários se não houver lucro. A extração capitalista não ocorre somente após a produção, que, como tal, é comandada pela busca do lucro. Aliás, por uma inversão típica da ideologia do patronato, o salário necessário ao consumo operário é que aparece em geral como extração ilegítima sobre a renda capitalista (o famoso "custo do trabalho"). A cooperação produtiva instaurada pelo capital é o fundamento objetivo do comunismo. O esquema explicativo é, portanto, o da *produção histórica do comum pelo capital*[6]. Essa gestação histórica do comum é a base do progressismo marxista, que vê o desenvolvimento das forças produtivas como condição para o estabelecimento de uma sociedade de tipo superior.

No primeiro caso, visto que a cooperação independe em grande parte da submissão prévia ao capital, a saída reside na organização de novas relações entre trabalhadores que driblem o poder de extração da propriedade, possibilidade dada, de certa forma, pelas competências profissionais e relacionais. No segundo caso, a saída reside na expropriação dos proprietários, isto é, na apropriação do capital pelos trabalhadores individuais, tornados membros do grande trabalhador coletivo, de modo que a cooperação não mais ocorra sob o comando do capital, mas seja realizada pelos próprios trabalhadores. Essa divergência antiga é fundamental para entender a atual dificuldade em se pensar o comum. Não cabe aqui decidir entre um ou outro, e sim, com as grandes linhas do debate em mente, fazer duas perguntas: em que medida o esquema explicativo baseado na captura rentista do comum é adequado à compreensão da organização do trabalho e das mutações subjetivas próprias do neoliberalismo? Em que medida a concepção de uma produção do comum pelo capital permite explicar a passagem para um "mundo" pós-capitalista? Desconfiamos que essas duas perguntas não sejam apenas teóricas; elas são também estratégicas.

Definindo o comum

O conceito de "comum", proposto com discrição em *Império* e depois de maneira cada vez mais franca em *Multidão*, remete, em primeiro lugar, a uma atividade de produção historicamente específica: a das multidões. Favorecendo as interações de todas as naturezas, criando múltiplas redes de comunicação

---

[6] Como vimos no capítulo 2 deste volume, esse esquema está no cerne da segunda figura do comunismo.

e circulação de fluxos, a globalização permite que os indivíduos produzam o "comum": "Uma vez que a multidão não é nem uma identidade (como o povo) nem uma uniformidade (como as massas), suas diferenças internas precisam descobrir o comum que lhes permita comunicar-se e agir em conjunto"[7]. Essa "produção do comum" pela interação social é considerada a força dinâmica e subversiva do Império, o que o empurra adiante e o excede. Esse é o outro nome, aliás, do que Negri chama de "potência das multidões". Mas em *Commonwealth*, último volume da trilogia, o conceito de comum se torna mais sincrético, pois engloba significados muito heterogêneos, que devem fazer parte da arquitetura intelectual da "altermodernidade", e ao mesmo tempo condensa e projeta uma posição filosófica sobre as tendências atuais do capitalismo e das lutas sociais.

De acordo com o primeiro significado, o comum designa a "riqueza comum do mundo material (ar, água, frutos da terra e todas as dádivas generosas da natureza), apresentada muitas vezes nos textos do pensamento europeu clássico como herança de toda a humanidade que deve ser partilhada entre todos". Nada disso é realmente original, uma vez que, como lembram Hardt e Negri com toda razão, durante muito tempo fomos tributários dessa perspectiva teológica da dádiva de Deus para pensar o comum. Mas podemos nos perguntar por que, para pensar a alternativa ao neoliberalismo, deveríamos conservar esse significado teológico do "comum natural" que nos faz recuar tanto. O segundo significado do termo designa "mais significativamente" o "comum artificial" constituído pelos "resultados da produção social necessários à interação social e à produção posterior, como conhecimentos, linguagens, códigos, informação, afetos etc."[8]. Isso quer dizer que o comum não é uma dádiva divina, ou um dado natural, mas designa o que é ao mesmo tempo condição e resultado da atividade humana em toda a sociedade. O comum, além de seu significado teológico, recebe aqui um sentido antropológico. O agir humano pressupõe condições e recursos comuns, tais como os "hábitos" sociais que adquirimos por meio da experiência social, e esse agir produz, reproduz e transforma essas condições e recursos[9]. O comum

---

[7] Michael Hardt e Antonio Negri, *Multitude*, cit., p. 9.

[8] Idem, *Commonwealth*, cit., p. 8 e 234.

[9] Sobre esse aspecto da "produção do comum", ver Michael Hardt e Antonio Negri, *Multitude*, cit., p. 233 e seg.

é o conjunto das condições e dos resultados da atividade humana, a um só tempo "recursos comuns" e "produtos comuns". Essa generalidade antropológica do comum tende a reduzir a "produção do comum" à "comunicação" dos linguistas, ao "hábito" dos pragmatistas estadunidenses ou mesmo à "cultura" das ciências sociais.

Hardt e Negri não se contentam com esses dois significados antigos e heterogêneos do comum. Acrescentam um terceiro, mais original e também mais ajustado à linha teórica seguida há muito tempo por eles, estreitamente ligada às características do "capitalismo cognitivo" e do "trabalho imaterial". De um lado, a produção capitalista precisa explorar tudo que diz respeito ao comum, nos dois sentidos gerais previamente definidos, e em particular submeter toda a vida social a seus próprios fins, mas também precisa cada vez mais ter acesso livre aos recursos "imateriais" comuns que se encontram em plena expansão na nova forma de produção "biopolítica"[10]. Isso se deve ao fato de que, "mais do que nunca, a hegemonia do trabalho imaterial está na origem de relações e formas sociais comuns"[11]. Se o comum é, nesse sentido, cada vez mais a condição para o funcionamento do capitalismo contemporâneo, que se baseia no trabalho imaterial, é também o produto mais promissor para a sociedade comunista futura. Conforme a tradição marxista dominante, o capitalismo cognitivo gera por si mesmo as condições de sua própria superação:

> O conteúdo do que é produzido – inclusive ideias, imagens e afetos – é facilmente reprodutível e, portanto, tende a tornar-se comum, a resistir bravamente aos esforços jurídicos e econômicos para privatizá-lo ou submetê-lo ao controle público. A transição já se encontra em andamento: respondendo a suas próprias necessidades, a produção capitalista contemporânea abre a possibilidade e estabelece as bases de uma ordem social e econômica alicerçada no comum.[12]

O trabalho imaterial de forte intensidade cognitiva é um operador universal e espontâneo do comum. Essa afirmação se encontra no princípio

---

[10] O conceito foi tomado de empréstimo de Michel Foucault, mas recebeu sentido diferente. Ele não mais designa uma política de normalização, mas uma produção da "vida", da sociedade, da inteligência coletiva e da subjetividade autônoma. Ver Michael Hardt e Antonio Negri, "La Production biopolitique", *Multitudes*, n. 1, mar. 2000.

[11] Ibidem, p. 141.

[12] Idem, *Commonwealth*, cit., p. 11.

da teoria do comum de Hardt e Negri[13]. Baseia-se na hegemonia da rede como "forma comum que tende a definir nossa maneira de compreender o mundo e agir sobre ele"[14] e na própria essência do conhecimento como conteúdo inapropriável e não controlável que põe em xeque a lógica do valor e sua medida.

Por fim, de acordo com o quarto significado, que pertence à esfera da luta social e política, o comum se apresenta como um fazer coletivo da multidão. Uma nova forma de organização social democrática se encontra em germe nas lutas conduzidas tanto pelos trabalhadores colaborativos e imateriais quanto pelas multidões pobres em todo o mundo. A *common wealth* (em duas palavras separadas), isto é, a "riqueza comum" produzida pelos trabalhadores, é traduzida no plano político por formas políticas que anunciam a *Commonwealth* (em uma única palavra), constituída não mais como "república da propriedade", mas como processo de instituição política do comum.

Sem dúvida, com esses quatro significados do comum ambiciona-se dar grande amplitude ao conceito, mas eles se articulam com dificuldade. Para sermos mais exatos, a unidade do conceito parece puramente retórica, quando é referida a uma nova "razão biopolítica" de inspiração vitalista que reuniria seus aspectos[15]. Essa mistura de significados teológico-jurídicos, antropológicos, econômicos e políticos no mesmo conceito de "comum" não nos ajuda a esclarecer a concepção do comum e, menos ainda, a elaborar uma nova política. Para questionar a pertinência desse amálgama, basta constatar que, na definição de Hardt e Negri, encontram-se, ao mesmo tempo, o que é dado desde sempre pela natureza, o que é engendrado de modo universal pela vida social, o que é resultado de um trabalho imaterial historicamente dominante na época do capitalismo cognitivo e, por fim, o que caracteriza as lutas mais recentes.

Na verdade, a unidade conceitual do comum não é dada a partir das realidades que ele pretenda explicar, mas com base num espinosismo

---

[13] Remetemos o leitor às análises de Michael Hardt e Antonio Negri sobre a hegemonia do trabalho imaterial na produção biopolítica: "La Production biopolitique", cit., p. 134 e seg. Para uma análise crítica dessa tese, ver Pierre Dardot, Christian Laval e El Mouhoub Mouhoud, *Sauver Marx? Empire, multitude, travail immatériel* (Paris, La Découverte, 2007).

[14] Michael Hardt e Antonio Negri, *Multitude*, cit., p. 177.

[15] Ver Michael Hardt e Antonio Negri, *Commonwealth*, cit., p. 167 e seg.

"comunizado" que funciona como chave universal. O ser é afirmação e autodesenvolvimento de uma potência: a natureza, a vida social, o trabalho imaterial e as lutas são manifestações e meios de afirmação dessa potência. Assim, basta estabelecer que potência e produção são idênticas, que ser e comum são sinônimos, para sustentar um discurso sobre o comum como princípio trans-histórico que vale desde a origem dos tempos até a sociedade superior para a qual estamos nos dirigindo.

Uma das contradições com que os autores deparam deve-se à tentativa de definir um conceito positivo do comum como *produção*, sem conseguirem deixar de incluir em sua definição elementos naturais, sociais e intelectuais. Ora, a unidade desses elementos díspares só se encontra na operação do capital que, de fora, capta a riqueza comum em toda sua imensidão e diversidade. Nesse sentido, o comum parece não poder existir senão como o conjunto dos recursos disponíveis confiscados pelo capital para atingir seus próprios objetivos de rentabilidade. Em resumo, Hardt e Negri não vão além de uma definição *negativa* do comum como alvo de um "roubo" e de uma "captura". Assim, o espinosismo "comunizado" conjuga-se com um neoproudhonismo que só consegue conceber a exploração como "captação ilegítima dos produtos do trabalho *a posteriori*", segundo expressão que poderia perfeitamente ter saído da Primeira Dissertação sobre a Propriedade*, de Proudhon, tamanha a conformidade com seu pensamento[16]. Há nisso não só um profundo retrocesso em relação à análise do capitalismo de Marx, como também uma cegueira com graves consequências a respeito das formas contemporâneas de exploração dos assalariados e das transformações induzidas pelo neoliberalismo nas relações sociais e nas subjetividades[17]. O próprio sentido das lutas travadas hoje em dia sai profundamente afetado dessa definição. Para Hardt e Negri, o que importa não é que elas expressem uma revolta contra a opressão intolerável do neoliberalismo, cujos aspectos mais negativos, em particular no trabalho, são negligenciados; o importante é que elas sejam

---

* *Premier mémoire sur la proprieté*, designação comumente usada em francês para a obra proudhoniana *O que é a propriedade, ou Pesquisa sobre o princípio do direito e do governo*, de 1840. (N. E.)

[16] Nós mesmos já apontamos esse proudhonismo em *Sauver Marx?*, cit., p. 56.

[17] Sobre todas essas questões, ver Stéphane Haber, *Penser le néocapitalisme: vie, capital et aliénation* (Paris, Les Prairies Ordinaires, 2013), p. 163-80.

a prova clara da "potência das multidões", conforme a ontologia histórica que fundamenta sua análise.

A "instituição do comum" é entendida não como uma determinação do segundo pela primeira, mas, ao contrário, como uma determinação da primeira pelo segundo. Em outras palavras, o comum existiria e se desenvolveria independentemente de sua instituição – como "propriedade", digamos, da produção biopolítica. A instituição por vir é pensada à maneira de uma coincidência finalmente encontrada entre a forma política e a natureza e o dinamismo da atividade produtiva, no lugar das antigas e ultrapassadas formas político-jurídicas que parasitam a produtividade essencial do ser e travam a produção do comum. Acima de tudo, então, a instituição do comum está ligada a uma exigência clássica de "adequação" ou "correspondência", no sentido de que nem as instituições da propriedade privada nem as instituições públicas que asseguram o controle estatal sobre os meios de produção são adequadas à produção biopolítica. Obviamente, ao contrário do esquema escolástico, a "superestrutura jurídico-política" desceu à base, por assim dizer, para então "emergir". Mas podemos nos perguntar se isso não leva a certa passividade: por que se esforçar para inventar um mundo diferente, se o capitalismo cognitivo conduz necessariamente a sua superação, em razão de seu próprio movimento interno, e se "natureza é, na verdade, apenas outro nome para o comum"[18]?

Capitalismo cognitivo, renda e roubo

Pode parecer curioso relacionar o tipo de reflexão realizada por Hardt e Negri a um pensamento do século XIX tão "fora de moda" como o de Proudhon. Por acaso o conteúdo de seus trabalhos não é relativo, acima de tudo, às transformações mais recentes da sociedade e da economia? Esse paralelo levanta outra questão: podemos criticar Hardt e Negri por radicalizarem certo otimismo marxista para o qual as condições da superação do capitalismo já estão reunidas, e por aderirem de maneira profunda, ainda que inconsciente, ao proudhonismo? Os autores retomam o pensamento de Proudhon em decorrência do diagnóstico que fazem das relações entre o trabalho imaterial e o capitalismo. Para dizer à maneira de Marx, eles apostam numa espécie de *regressão* do controle direto exercido pelo capital sobre os trabalhadores, de modo que, fazendo o caminho

---

[18] Michael Hardt e Antonio Negri, *Commonwealth*, cit., p. 171, citado em Stéphane Haber, *Penser le néocapitalisme*, cit., p. 168.

inverso, o capitalismo passaria novamente, ao menos segundo uma de suas tendências, da "subsunção real do trabalho ao capital" a sua "subsunção formal", e, mais ainda, da subsunção formal à não submissão do trabalho ao capital no interior do capitalismo[19]. Hardt e Negri não ignoram essa tendência, aliás: "O movimento da subsunção real à subsunção formal corresponde em certos aspectos ao reaparecimento recente de velhas formas parasitárias da apropriação capitalista"[20]. É isso que está em jogo em seu postulado, segundo o qual o trabalho já teria se emancipado do comando do capital, porque este último seria incapaz de organizar a cooperação dos cérebros naquilo que ela tem de mais criativo e fecundo. Não é difícil adivinhar a consequência, que vai ao encontro de um modo de pensar bastante antigo em Negri: na realidade, o comunismo já está constituído; ele é o inverso ainda mascarado do capitalismo.

Cumpre recordar que, para Marx, o capital primeiro submeteu o "trabalho livre", isto é, o trabalho separado de suas condições de produção, e deixou inalterado o processo de trabalho tradicional preexistente. Apropriou-se dos ofícios, dos gestos, das ferramentas que existiam antes dele para incorporá-los em seu ciclo de reprodução sem reorganizá-los, redefini-los e remodelá-los, fazendo isso numa etapa posterior de seu desenvolvimento. Reproduzindo continuamente as condições de sua própria expansão, ele revoluciona sem cessar a relação com os assalariados que integra em sua maquinaria. Submete-os de forma cada vez mais estrita à lógica de acumulação, transformando-os em puros e simples "ingredientes" de seu funcionamento, impondo-lhes gestos e ritmos, deslocamentos e comportamentos etc. O trabalho vivo do trabalhador incorpora-se no processo de autovalorização do capital, não mais como trabalho de um indivíduo mais ou menos qualificado, e sim como elemento de um "trabalho socializado" ou "trabalho comum" (*vergesellschafteter* ou *gemeinsamer*), submetido ao sistema de máquinas que é a "aplicação consciente das ciências da natureza, da mecânica, da química etc., com objetivos precisos, da tecnologia etc."[21]. A tese principal

---

[19] Ver a revista *Multitudes: Capitalisme cognitif: la démocratie contre la rente*, n. 32, 2008, em especial o artigo de Antonio Negri e Carlo Vercellone, "Le Rapport capital/travail dans le capitalisme cognitif".

[20] Ver Michael Hardt e Antonio Negri, *Commonwealth*, cit., p. 306.

[21] Karl Marx, *Manuscrits de 1863-1867: Le Capital. Livre I* (Paris, Éditions Sociales, 2010), p. 186-7 [ed. bras. *O capital: crítica da economia política*, Livro I: *O processo de produção do capital,* trad. Rubens Enderle, Boitempo Editorial, São Paulo, 2013].

dos defensores do capitalismo cognitivo diz que a cooperação não é, ou deixou de ser, efeito da dominação direta do capital sobre o trabalho vivo, mas, ao contrário, é um processo exterior, social e comum, no sentido de se desenvolver na sociedade, fora dos locais de produção: "O trabalho cognitivo e afetivo produz, via de regra, cooperação, independentemente da autoridade capitalista, inclusive nas circunstâncias em que a exploração e as exigências são maiores, como nos *call centers* ou nos serviços de fornecimento de refeições"[22].

A ideia de que hoje o valor é criado fora e antes de qualquer organização capitalista do trabalho retoma o esquema de força coletiva espontânea que sofreria, de fora, uma extração de tipo essencialmente rentista. Essa tese parte da constatação de que o processo produtivo mobiliza cada vez mais o conhecimento, seguindo uma intuição já presente em Marx, num trecho famoso dos *Grundrisse*, mas dando-lhe uma inflexão bastante singular, ou mesmo subvertendo completamente seu significado[23]. Segundo essa tese, o capitalismo estaria deixando de ser industrial e se tornando "cognitivo". A criação de valor já não depende do capital fixo, mas do uso comum dos saberes que os próprios trabalhadores possuem e incorporam. É por isso também que não é apenas o trabalho que muda, é o objeto produzido. A produção se torna "biopolítica", no sentido de que, produzindo o imaterial (conhecimentos, imagens, afetos etc.), ela produz a subjetividade humana. Yann Moulier-Boutang define o novo capitalismo da seguinte maneira:

> O modo de produção do capitalismo cognitivo, se quisermos lhe dar uma descrição concreta, mas suficientemente geral para abranger todas as variedades de situação (produção de bens materiais, serviços, signos e símbolos), baseia-se no trabalho de cooperação de cérebros reunidos em rede por intermédio de computadores.[24]

Esse capitalismo cognitivo teria um "devir renda", não porque o mau capital financeiro parasita o bom capital produtivo, mas porque hoje o capitalismo só consegue se acumular impondo *cercamentos* sobre o conhecimento e tirando

---

[22] Michael Hardt e Antonio Negri, *Commonwealth*, cit., p. 195.

[23] Ver Antonio Negri, *Marx au-delà de Marx* (Paris, L'Harmattan, 1996). E adiante, neste capítulo: "Comum do capital e comum operário".

[24] Yann Moulier-Boutang, *Le Capitalisme cognitif*, cit., p. 87.

dele rendas parasitárias crescentes[25]. Isso decorre do fato de que a cooperação no trabalho já não é organizada pelo capital, que agora tem apenas a função de captar e distribuir rendimentos, pois o fator determinante da produção contemporânea passou a ser, diretamente, a "cooperação de cérebros": "Poderíamos dizer até que o capital, em vez de fornecer cooperação, *expropria a cooperação* como elemento central da exploração da força de trabalho biopolítica"[26]. O ponto-chave da demonstração reside na ideia de que o "lugar da mais-valia"* é o comum: "A exploração é a apropriação privada da mais-valia comum, no todo ou em parte"[27]. Prevalência do trabalho imaterial na criação do valor, expropriação do comum e predominância da extração rentista por parte das finanças caminham juntas. Desconectando-se do processo de produção, o capital toma a forma mais líquida e volátil de capital financeiro. Diante do comum intelectual e produtivo autonomizado, o capital não passa de uma força rentista e parasitária que se desligou da produção. Essa explicação pretende ser fiel a Marx, que explicava que a renda capitalista não desempenha mais nenhuma "função, ao menos nenhuma função normal, no processo de produção"[28]. Carlo Vercellone, um dos principais teóricos dessa corrente, escreve: "Em resumo, a renda apresenta-se como crédito ou direito de propriedade sobre recursos materiais e imateriais que dão direito à dedução sobre o *valor a partir de uma posição de exterioridade em relação à produção*"[29]. Se o lucro capitalista

---

[25] Ver Carlo Vercellone, "La Nouvelle articulation salaire, profit, rente dans le capitalisme cognitif", *European Journal of Economic and Social Systems*, v. 20, 2007, p. 45-64. Ver também Carlo Vercellone, "Il ritorno del rentier", *Posse*, nov. 2006, p. 97-114. E ainda Bernard Paulré, "Finance et accumulation dans le capitalisme post-industriel", *Multitudes*, n. 32, 2008, p. 77-89.

[26] Michael Hardt e Antonio Negri, *Commonwealth*, cit., p. 195.

* Preferiu-se, aqui, manter o termo como usado no texto citado (*plus-value*), em vez de na tradução para *Mehrwert* hoje considerada mais correta (mais-valor, ou *plus-de-valeur*, em francês). Ver também nota 30, dos autores, na página seguinte. (N. E.)

[27] Idem, *Multitude*, cit., p. 184.

[28] Karl Marx, *O capital: crítica da economia política*, Livro III: *O processo global da produção capitalista* (trad. Rubens Enderle, São Paulo, Boitempo, 2017), p. 944. Citado em Carlo Vercellone, "La Nouvelle articulation salaire, profit, rente dans le capitalisme cognitif", cit.

[29] Carlo Vercellone escreve ainda: "A fonte da 'riqueza das nações' repousa cada vez mais sobre uma cooperação produtiva que se desenvolve fora do recinto das empresas". Ver Carlo Vercellone, "La Nouvelle articulation salaire, profit, rente dans le capitalisme cognitif", cit., p. 58.

já não vem da uma extração de mais-valia[30], a partir da organização da cooperação, isso se deve ao lugar do conhecimento dentro da produção e ao fato de que esse conhecimento está incorporado em indivíduos, está do lado do "trabalho vivo" e não pode ser codificado e controlado pelo capital.

Portanto, o capital estaria abandonando a direção da produção e dedicando-se a organizar artificialmente a raridade mediante "novos cercamentos", a fim de captar renda, o que teria como consequência frear ou bloquear a produção e a circulação dos conhecimentos. Nesse caso, a contradição estaria situada entre capitalismo rentista – que gostaria de submeter a cooperação cognitiva e o "trabalhador coletivo do *general intellect*" – e sociedade do conhecimento, que se organiza fora dessas relações de submissão, fora das fábricas e dos escritórios, apoiando-se nas instituições do *welfare state*[31]. Em todo caso, ela não passa pelos locais do trabalho diretamente explorado, a propósito dos quais os autores citados não têm muito a dizer, a não ser ressaltar que "o fenômeno-chave não é mais a acumulação de capital fixo, mas a capacidade de aprendizagem e criação da força de trabalho". Isso é dar pouca importância a todos os estudos dedicados às mutações do trabalho e à natureza perfeitamente ambígua da "autonomia" dada aos assalariados[32].

Para esses teóricos, o trabalho cognitivo "está no centro do processo de valorização do capital, portanto tem o poder de romper com os mecanismos da produção capitalista"[33]. É como se a prevalência do conhecimento na produção já desse origem a um comum que, por sua expansão progressiva, explodiria o envoltório capitalista que o trava. Os argumentos apresentados são de vários tipos. A direção do trabalho já não se faz pelos métodos taylorianos de antigamente, mas por negociação no mercado, trate-se quer das

---

[30] O conceito de *surplus value* empregado por Marx é traduzido em francês tradicionalmente por *plus-value* ["mais-valia"] e, mais recentemente, por *survaleur* ["sobrevalor"]. A expressão ganha quando é mais exatamente traduzida por "mais-valor", como propomos em nosso livro *Marx prénom: Karl*, cit. [ver também a já citada edição dos livros de *O capital*, Karl Marx – N. E.] Mantivemos a tradução usual nesse trecho para facilitar a leitura, mas utilizaremos o termo "mais-valor" nas próximas ocorrências.

[31] Ver Antonio Negri e Carlo Vercellone, "Le Rapport capital/travail dans le capitalisme cognitif", cit.

[32] Ibidem, p. 43.

[33] Ibidem, p. 44.

relações entre as empresas subcontratadas e a empresa-mãe, quer do vínculo criado com trabalhadores mais independentes: "A lógica tayloriana de distribuição de tarefas é substituída pela lógica cognitiva de obrigação de resultados"[34], e isso por meio de um poder de comando monetário indireto que passa pelo mercado. A teoria de Ronald Coase, que explica a existência da empresa pela diminuição dos custos de transação que ela gera, seria então coisa do passado, ao menos em parte[35]. Por outro lado, a nova organização do trabalho dá mais autonomia a assalariados mais criativos e autônomos: "A fonte principal do valor hoje reside na criatividade, na polivalência e na força de invenção dos assalariados, e não no capital fixo e no trabalho de execução rotineira"[36].

Negri e Vercellone escrevem:

A maior importância da dimensão cognitiva do trabalho corresponde à afirmação de uma nova hegemonia dos conhecimentos mobilizados pelo trabalho em relação aos saberes incorporados no capital fixo e na organização administrativa das empresas. Mais ainda: o trabalho vivo é que cumpre hoje grande número das principais funções antes cumpridas pelo capital fixo. Portanto, o conhecimento é cada vez mais compartilhado coletivamente e subverte tanto a organização interna das empresas quanto as relações das empresas com o exterior.[37]

A "economia do conhecimento", designação oposta a "capital cognitivo", repousa sobre uma intelectualidade difusa e livre, diretamente produtora de comum, que é explorada pelo capital como se fosse uma "dádiva da natureza". Na realidade, é resultado das instituições do *welfare state*, que asseguram as produções coletivas do ser humano para e pelo ser humano (saúde, educação, pesquisa pública e universitária etc.)[38] e a prática de salários diferidos e socializados, cujo efeito é livrar da dominação do capital a

---

[34] Carlo Vercellone, "La Nouvelle articulation salaire, profit, rente dans le capitalisme cognitif", cit., p. 57.

[35] Num artigo clássico, "The Nature of the Firm" [A natureza da empresa] (1937), Ronald Coase explica a existência das empresas pelo fato de que estas permitem que se obtenham "internamente" bens e serviços a custos mais baixos do que se fossem obtidos "externamente", no mercado.

[36] Idem.

[37] Antonio Negri e Carlo Vercellone, "Le Rapport capital/travail dans le capitalisme cognitif", cit., p. 42.

[38] Ibidem, p. 43.

criação e a difusão dos saberes. Visto que o conhecimento se tornou independente do capital fixo detido pela classe burguesa, e trabalho e capital voltaram a ser estranhos um ao outro, o rendimento do capital é menos lucro que renda obtida pela "privatização do comum", isto é, pela implantação de múltiplas formas de direitos de propriedade. É isso que nos permite compreender não só o aumento considerável das patentes, mas também as grandes retiradas de dividendos sobre os resultados das empresas, ou a multiplicação dos "direitos de acesso" aos serviços e meios de comunicação. Percebe-se que a categoria cercamentos desempenha papel fundamental nesse raciocínio analógico. Como escreve Carlo Vercellone, se a renda é o que um proprietário recebe após a expropriação do comum, temos o direito de estabelecer um "traço de união que englobe numa lógica única os primeiros cercamentos referentes à terra e os 'novos cercamentos' referentes ao saber e aos seres vivos"[39].

É incontestável que essa tese leva em consideração certo número de modificações ocorridas no processo de trabalho e no acesso dos consumidores a bens e serviços. Agora, explicar completa e satisfatoriamente essas modificações é outra história. A principal crítica que lhe pode ser feita é a de que subestima o enquadramento e o comando do trabalho pelas novas formas de governamentalidade neoliberal nas empresas e confunde a autonomia operária com as novas formas de poder por meio das quais o capital molda o processo do trabalho cognitivo e as subjetividades. Não que os autores desconheçam o que chamam de "prescrições da subjetividade", mas é que não as reconhecem pelo que são, isto é, as novas formas de subsunção do trabalho ao capital que passam pela orientação flexível e indireta das condutas. Por isso podem escrever, sem perceber o que essa afirmação tem de contraditório com a tese da autonomia do trabalho imaterial: "A prescrição da subjetividade a fim de obter a interiorização dos objetivos da empresa, a obrigação de resultados, a gestão por projetos, a pressão do cliente, bem como a coerção pura e simples ligada à precariedade, são os principais meios" encontrados pelo capital para resolver um problema que eles consideram "inédito" – o da busca de mobilização dos conhecimentos e do envolvimento subjetivo dos assalariados detentores de saberes coletivos. Os autores acrescentam:

---

[39] Carlo Vercellone, "La Nouvelle articulation salaire, profit, rente dans le capitalisme cognitif", cit., p. 49.

As diversas formas de precarização da relação salarial constituem também e sobretudo um instrumento pelo qual o capital tenta impor (e aproveitar gratuitamente) o envolvimento/a subordinação total dos assalariados, sem reconhecer e sem pagar o salário correspondente a esse tempo de trabalho não integrado e não mensurável pelo contrato oficial de trabalho.[40]

O erro, portanto, não consiste em ignorar esses métodos e formas de emprego, mas em considerá-los "externos à produção", quando, na verdade, são modalidades de submissão do trabalho intelectual ao capital, perfeitamente imanentes às formas contemporâneas do processo de valorização do capital.

É precisamente por ter cada vez mais necessidade de extrair valor a partir dos recursos intelectuais e psíquicos que o capital desenvolve técnicas mais "psicológicas" de controle, que fazem o assalariado assumir toda a carga e toda a responsabilidade das "metas". O trabalho, sobretudo o intelectual, não é "livre"; ao contrário, é cada vez mais constrangido pela pressão do mercado e pelas técnicas de poder, que medem seu rendimento com formas diversas de avaliação. As empresas não ficam paradas, à espera de que a renda cognitiva lhes caia no colo. Elas tentam codificar o saber vernáculo, explorar os saberes difusos e, sobretudo, reformular o conhecimento e a linguagem, organizando e dirigindo ao mesmo tempo a "cooperação-competição" dos assalariados para obter deles produtividade máxima.

Há dois erros nesse raciocínio analógico. O primeiro consiste em pensar que a intelectualidade difusa existente fora das empresas é produzida fora da esfera de ação e influência do capitalismo, apesar de talvez nunca ter sido tão claro que os sistema educacional está sob o domínio cada vez mais forte da lógica de mercado[41], isso sem mencionar a poderosa máquina produtora de entretenimento e lazer de massa que contribui para moldar as subjetividades neoliberais. Os autores esquecem que, se o capital depende cada vez mais dos conhecimentos, estes, por sua vez, se transformam em informação decomponível em unidades monetizáveis e, desse modo, incorporam-se no processo de valorização do capital, tornando-se um dos elementos de base do "capital humano", isto é, uma dimensão fundamental da subjetividade capitalista. Em outras palavras, não apenas o conhecimento, como também a língua, sofre uma mutação da qual podemos ter uma

---

[40] Antonio Negri e Carlo Vercellone, "Le Rapport capital/travail dans le capitalisme cognitif", cit., p. 45-6.

[41] Ver Christian Laval et al., *La Nouvelle école capitaliste* (Paris, La Découverte, 2011).

primeira ideia quando nos familiarizamos com a abundante literatura "operacional" do *management*, do *marketing* e das finanças.

O segundo erro reside na ideia de que o capital já não tem função ativa e estruturante na atividade laboral dos trabalhadores do conhecimento e na atribuição de valor ao conhecimento. O que acontece é exatamente o contrário. Na realidade, há uma confusão entre novos modos de submissão do trabalho intelectual e maior "autonomia" do trabalho, como se o capital tivesse se tornado inteiramente financeiro e a principal competência do administrador consistisse "no exercício de funções essencialmente financeiras e especulativas", enquanto "as funções reais de organização da produção [ficariam] cada vez mais a cargo dos assalariados"[42]. Ao contrário do que diz esse tipo de diagnóstico, a sociologia do trabalho das últimas décadas mostrou como mudaram o campo, o peso e os meios do comando hierárquico, e como as direções empresariais buscam obter uma sujeição mais "interior", baseada na "motivação" e na adesão aos objetivos da empresa, o que poderíamos chamar de *subsunção subjetiva* do trabalho ao capital, variante e grau superior da "subsunção real" analisada por Marx. Se o corolário da "subsunção formal" era o mais-valor absoluto extraído pelo prolongamento da jornada de trabalho, o corolário da "subsunção real" é o mais-valor extraído pelo incremento da produtividade. A subsunção subjetiva do trabalho ao capital tem como corolário um mais-valor extraído por um modo de subjetivação particular que chamamos de "ultrassubjetivação", e cujo princípio é a interiorização da ilimitação do capital e a submissão do que há de mais íntimo à injunção do "mais". A consequência disso é a derrubada dos limites do direito do trabalho, em especial dos limites legais do tempo de trabalho.

Como mostraram El Mouhoub Mouhoud e Dominique Plihon[43], a divisão tayloriana do trabalho continua muito presente nos sistemas de produção e nas empresas mais "cognitivas". O trabalho intelectual de criação e desenvolvimento de produtos e métodos, assim como a atividade no campo do *design*, do *marketing*, da gestão empresarial e da fabricação, está muito longe de corresponder a essa visão idealizada e narcisista do

---

[42] Antonio Negri e Carlo Vercellone, "Le Rapport capital/travail dans le capitalisme cognitif", cit., p. 47.

[43] El Mouhoub Mouhoud e Dominique Plihon, *Le Savoir et la finance: liaisons dangereuses au cœur du capitalisme contemporain* (Paris, La Découverte, 2009).

"trabalhador-artista-inventor" que seria cada vez mais independente do capital fixo. Quanto à pesquisa científica, à edição e ao ensino, é difícil ver o que poderia nos levar a pensar que "as funções de produção [nesses campos] estão cada vez mais nas mãos dos assalariados", num momento em que por toda a parte se implantam métodos de quantificação de tempos e resultados, formas de gestão de procedimentos e prescrições burocráticas das metas da atividade e dos *process*. Contrariando a tese principal dos teóricos do trabalho imaterial, a relação assalariada não se abranda por causa da incorporação dos saberes nos indivíduos; ao contrário, ela se tensiona e endurece com a introdução de dispositivos que têm como alvo a subjetividade dos trabalhadores. Aliás, tudo é feito para reduzir a zero até mesmo a aparência de que os assalariados possam constituir um "trabalhador coletivo" do *general intellect*. As técnicas de poder empregadas têm o efeito de fazer com que os sujeitos sejam governados como se fossem capitais individuais que têm de entrar numa relação híbrida de concorrência e cooperação – "coopetição", como diz a atual gestão empresarial – e produzir o máximo desempenho econômico. Essas técnicas não são neutras nem roubam numa etapa posterior o que teria sido resultado de uma produção pura de comum, mas derivam ativamente da lógica da autovalorização do capital.

Proudhon: o comum como força social espontânea

Poderíamos ficar com a impressão de que a concepção do comum como produção imanente do trabalho imaterial é uma ideia nova, a tal ponto parece alimentar-se das mais recentes formas de atividade e tecnologias. Na realidade, é uma estranha combinação de duas grandes concepções do dinamismo histórico: a de Proudhon e a de Marx. A primeira caiu no esquecimento, apesar de pesquisas e publicações recentes, ao passo que a posteridade teórica e política da segunda ganhou o alcance que todos conhecemos. Portanto, para nossa investigação sobre as relações entre o capital e o comum, é importante analisarmos a disputa teórica entre esses dois homens.

Dissemos na introdução deste capítulo que o modelo proudhoniano é o da *força social espontânea do comum* e que o modelo de Marx está subordinado à *produção histórica do comum pelo capital*. Proudhon elaborou um princípio analítico da exploração que é também um princípio de reorganização social. Denomina-o "força coletiva", para indicar que essa força se distingue das forças individuais. É essa força coletiva que se encontra na origem do "direito de albinágio", expressão que em Proudhon designa a exploração do trabalho de outrem pelo proprietário. O princípio dessa "força coletiva", que ele apresenta como sua grande descoberta, é também um de seus grandes argumentos contra o comunismo ou, ao menos, contra certo comunismo, baseado no ideal da comunidade dos bens. Proudhon quis abrir uma terceira via entre o "regime proprietário" e o "regime comunitário", nome que ele dá ao comunismo da época[44]. Em 1848, em *Solução do problema social*, ele resume seu projeto em termos inequívocos: "Entre a propriedade e a comunidade, construirei um mundo"[45]. Isso porque a propriedade, assim como a comunidade, e o capitalismo, assim como o comunismo, baseiam-se na exploração dessa força coletiva. E também porque, no plano da compreensão da sociedade, tanto o individualismo quanto o coletivismo são igualmente insuficientes para explicar sua natureza. Como absolutismo do Estado ou do indivíduo, as "soluções" comunista e individualista levam à destruição da vida social. A unidade, seja a do Estado no comunismo, seja a do indivíduo segundo o individualismo proprietário, sempre prevalece, tanto sobre a pluralidade dos indivíduos na sociedade como sobre a composição plural do indivíduo: "O homem só é homem pela sociedade, que, de sua parte, só se sustenta pelo equilíbrio e harmonia das forças que a compõem"[46]. No fundo, o que é a sociedade? Uma força imanente que procede da pluralidade de seres sociais igualmente plurais, ou seja, o emprego da força da união como tal, que é superior à soma das unidades individuais.

A sociologia proudhoniana baseia-se, portanto, numa descoberta primordial: a da irredutibilidade da "força coletiva" à soma das forças individuais. Ela reconhece sua dívida para com os economistas, em primeiro lugar Adam Smith e sua famosa análise da fábrica de alfinetes[47]. A propósito da análise smithiana da divisão do trabalho, Proudhon afirma: "Todo o

---

[44] Ver capítulo 2 deste volume.

[45] Pierre-Joseph Proudhon, *La Solution du problème social* (Paris, Lacroix, 1868), p. 131 [ed. bras.: *Solução do problema social*, trad. Plínio Augusto Coelho, São Paulo, Edusp, 2015].

[46] Idem, *Qu'est-ce que la propriété? Premier Mémoire*, em *Œuvres complètes* (Paris, Marcel Rivière, 1924), v. 4, p. 310.

[47] Ver Pierre-Joseph Proudhon, *De la création de l'ordre dans l'humanité*, em *Œuvres complètes* (Paris, Marcel Rivière, 1926), v. 5, p. 299 e seg.

problema da transformação social reside nisso"⁴⁸. Mas, segundo ele, Smith se equivocou ao tomar a divisão como princípio fundamental. Ele não viu que a "associação de vários homens numa comunidade de engenhos" é o princípio do crescimento da produtividade. Essa força coletiva que nasce da "associação das forças" não concerne apenas aos "trabalhadores em atualidade de serviço", isto é, trabalhadores que produzem juntos e simultaneamente; ela concerne a "todas as operações sucessivas, realizadas com um objetivo comum e para um fim idêntico"⁴⁹. A associação da qual resulta essa força coletiva é a "cadeia indissolúvel que une os trabalhadores: todos contribuem para uma obra única, a riqueza social"⁵⁰. Precisamente essa riqueza é roubada dos trabalhadores por aquele que detém a propriedade, e é essa riqueza que a nova ordem deve devolver aos trabalhadores.

Na Primeira Dissertação sobre a Propriedade, de 1840, Proudhon afirmava o seguinte:

> O capitalista, dizem, pagou *as jornadas de trabalho* dos operários; para sermos exatos, devemos dizer que o capitalista pagou tantas vezes *uma jornada* quanto foi o número de operários que ele empregou cada dia, o que não é a mesma coisa. Pois essa imensa força que resulta da união e da harmonia dos trabalhadores, da convergência e da simultaneidade de seus esforços, ele não pagou. Duzentos granadeiros ergueram o obelisco de Luxor em algumas horas; será de se supor, por acaso, que um único homem teria conseguido erguê-lo em duzentos dias? Contudo, na conta do capitalista, a soma dos salários teria sido a mesma. Pois bem, um deserto que se queira cultivar, uma casa que se queira construir, uma fábrica que se queira pôr a produzir, tudo isso é um obelisco, é uma montanha que se tem de mudar de lugar. A mais modesta das riquezas, o menor dos estabelecimentos, a implantação da mais insignificante das indústrias, qualquer coisa exige o concurso de trabalhos e talentos tão diversos que um único homem não seria suficiente.⁵¹

Essa força coletiva vem do "concurso" de vários indivíduos com funções e talentos diferentes, e pode ser produzida segundo vários arranjos possíveis. Enquanto Adam Smith, como outros, pôs em evidência o efeito da divisão do trabalho e da coordenação das tarefas, em Proudhon ela vem também de pôr em comum forças individuais exercidas simultaneamente e aplicadas

---

⁴⁸ Ibidem, p. 300.
⁴⁹ Ibidem, p. 318.
⁵⁰ Idem.
⁵¹ Idem, *Qu'est-ce que la propriété?*, cit., p. 215.

a uma mesma tarefa, como no exemplo do obelisco de Luxor. É inequívoco que a força coletiva depende do número de braços ou cérebros, mas deriva sobretudo das relações estabelecidas entre as forças individuais, da diversidade das funções associadas, da harmonia das relações entre indivíduos. Portanto, há diversas maneiras de fazer o princípio coletivo agir na economia. Em *La Capacité politique des classes ouvrières* [A capacidade política das classes operárias], Proudhon distingue, entre as "forças econômicas", a divisão do trabalho, as máquinas, a concorrência, a associação, o crédito e a união das forças simultâneas, que é apenas uma de suas modalidades: "Denomino forças econômicas certas formas de ação cujo efeito é multiplicar a potência do trabalho muito além do que ela seria, se fosse deixada inteiramente à mercê da liberdade individual"[52]. Percebe-se melhor, sem dúvida, o princípio da condenação da propriedade: ela é o instrumento jurídico da apropriação privada dos frutos do trabalho em comum. Propriedade e força coletiva são antagônicas, ao menos até certo ponto, dado que também há artesãos e camponeses proprietários que não roubam os efeitos da força coletiva, mas, ao contrário, podem produzir força coletiva não só pela troca mútua como também pela concorrência. Vemos, com esse exemplo, que nem toda propriedade é roubo, mas apenas aquela que propiciar rendimentos sem trabalho, porque não é um direito sobre um trabalho próprio, segundo o princípio de Locke, mas um direito de propriedade sobre o trabalho alheio.

Proudhon estende esse princípio fundamental da produção a toda a vida social, a toda ação política. A análise econômica fornece a chave da sociedade porque mostra que a combinação de forças individuais produtoras de um efeito majorado é o segredo de toda atividade humana. Para Proudhon, o elo social como tal é a fonte de toda riqueza e encontra-se no princípio de toda produtividade econômica e fecundidade intelectual e espiritual. Como observou Pierre Ansart, "Proudhon substitui a noção de força técnica ou material pela noção de relação social como fundamento da força coletiva"[53]. O ser social é força. Esse é o cerne de sua ontologia, o núcleo de sua sociologia.

---

[52] Idem, *La Capacité politique des classes ouvrières*, em *Œuvres complètes* (Paris, Marcel Rivière, 1923), v. 3, p. 185. Sobre o inventário das "forças econômicas", ver ibidem, p. 185 e seg., e *Les Confessions d'un révolutionnaire*, em *Œuvres complètes* (Paris, Marcel Rivière, 1927), v. 7, p. 217.

[53] Pierre Ansart, *Marx et l'anarchisme*, cit., p. 157.

Todas as formas de relação social têm como efeito gerar mecanismos multiplicadores da força individual. Existe uma força ativa e criadora do grupo como tal que provém do fato de que toda ação e toda produção são uma *co-ação* e uma *co-produção*, e a fábrica é apenas um exemplo particular disso. A partir do momento em que os indivíduos agrupam suas forças, há força coletiva: "A resultante dessas forças agrupadas, que não deve ser confundida com a soma delas, constitui a força ou a potência do grupo"[54].

Embora a força coletiva seja imanente ao elo social, as relações sociais são distintas: de um lado, relações de cooperação simultânea ou sucessiva na produção; de outro, relações de comutação entre produtores independentes. Na fábrica predomina a cooperação de forças simultâneas; na sociedade, a divisão do trabalho entre produtores especializados. Nos dois casos, certa combinação do trabalho gera um efeito produtivo que se traduz num excedente de riqueza em comparação com a simples soma de forças individuais. Podemos ver como Proudhon raciocinou. A geração típica da força coletiva ocorre ao se pôr em comum esforços de maneira simultânea. Todos realizam ao mesmo tempo uma tarefa que não poderia ser executada por uma sucessão de esforços individuais. Proudhon compara esse efeito de composição – "concurso de forças" – à divisão do trabalho na fábrica, que é também um efeito da organização do trabalho, mas de um tipo diferente, que consiste em assegurar a coerência da série sucessiva de operações por efetuar. Enfim, ele estende essa análise à divisão social do trabalho entre funções diferentes e aos intercâmbios daí decorrentes na sociedade. Desse modo, a sociedade inteira pode ser vista como o lugar dessa *co-ação* dos indivíduos mediante a relação de comutação ou de reciprocidade. E tudo o que facilita esses intercâmbios aumenta a força coletiva.

Essa potência coletiva não é consequência de uma escolha, não é expressão da racionalidade individual do indivíduo interesseiro, assim como não é resultado de um poder exterior. Nem o indivíduo nem o Estado são causa dela; é a sociedade em si que possui um dinamismo próprio e ocasiona esses efeitos produtivos. Proudhon rejeita tanto o nominalismo individualista que nega a realidade específica do social quanto o realismo que opõe ao indivíduo o todo visto como entidade separada. A sociedade consiste em relações que não se deixam nem reduzir a seus elementos nem resolver numa entidade separada dos elementos.

---

[54] Pierre-Joseph Proudhon, *De la justice dans la Révolution et dans l'Église*, cit., t. II, p. 693.

Essa realidade *sui generis* da força coletiva não é apenas econômica: ela é social. E por dois aspectos. A sociedade é ao mesmo tempo produzida e produtora, graças à atividade laboriosa: "O trabalho é a força plástica da sociedade", é ele que molda a sociedade e determina seu movimento. É o trabalhador coletivo que plasma a sociedade. Mas é também a composição social das atividades e das funções que possibilita a realização concreta da "riqueza social". Isso não se deve apenas ao fato de ser sempre um grupo de trabalhadores que executa a operação produtiva, ou então de a produção pressupor a divisão do trabalho, mas, acima de tudo, ao fato de que todo trabalho, mesmo quando parece individual, é social e coletivo. Proudhon chega a se perguntar se, vista desse ângulo, existe de fato alguma força puramente individual, invertendo assim as concepções imediatas que temos sobre a relação entre forças individuais e forças coletivas: "A partir do momento em que o homem trabalha, a sociedade está nele. [...] Na sociedade trabalhadora, [...] não há trabalhadores, há um trabalhador, único, diversificado ao infinito"[55].

O ser em sociedade é um "homem coletivo", imediatamente plural, parte integrante de uma comunidade de ação, devedor antes de ser criador. Nossa dita força "individual" já é força coletiva, graças à combinação, que existe em cada um de nós, de todos os componentes múltiplos recebidos pela educação e pela socialização contínua: não é ela resultado da multiplicidade de fontes e fatores? Engana-se redondamente quem acredita que o indivíduo é um átomo, que ele é a fonte da riqueza e, por isso, lhe cabe todo o mérito por seus talentos:

> Do mesmo modo que a criação de todo instrumento de produção é resultado de uma força coletiva, assim também o talento e a ciência num homem são produto da inteligência universal e de uma ciência geral lentamente acumulada por uma multidão de mestres, mediante a assistência de uma multidão de engenhos inferiores.[56]

Acaso será preciso esclarecer que essa ideia proudhoniana de "capital humano" não tem nada a ver com as teorias neoliberais baseadas em conceito homônimo? Muito semelhante ao que Marx chamará de "*intelecto geral*" nos *Grundrisse*, ela chega a ser radicalmente contrária a essas teorias,

---

[55] Idem, *Carnets*, 11 mar. 1846 (Paris, Marcel Rivière, 1960-1974), t. II, p. 39; citado em Pierre Ansart, *Proudhon, textes et débats* (Paris, Livre de Poche, 1984), p. 254.

[56] Pierre-Joseph Proudhon, *Qu'est-ce que la propriété?*, cit., p. 235-6.

uma vez que esse capital não pode ser visto como propriedade pessoal que dê direito a uma renda equivalente:

> O talento é bem mais criação da sociedade do que dom da natureza; é um capital acumulado, e quem o recebe é apenas seu depositário. Sem a sociedade, sem a educação que ela dá e sem suas poderosas ajudas, a mais bela natureza ficaria muito abaixo das mais medíocres aptidões, no próprio gênero que deveria constituir sua glória.[57]

Esse é o cerne da argumentação de Proudhon contra as teses "capacitárias" e desigualitárias de saint-simonianos e fourieristas.

A ciência social completa e verdadeira começa com essa descoberta da força coletiva que é objeto de roubo por parte do grupo proprietário e de alienação por parte do Estado[58]. Em vez de o fruto do arranjo entre os que produzem ou os que intercambiam ficar nas mãos dos que estão envolvidos na cooperação direta ou no intercâmbio, poderes exteriores vêm apropriar-se, para seu próprio benefício, do excedente de riqueza social produzido pelas relações sociais, sejam elas de cooperação, sejam de comutação. Todas as forças coletivas, fruto das relações de produção e troca, são alienadas à propriedade privada e ao Estado. Proudhon começou pela análise da exploração do trabalho pela propriedade e prosseguiu com uma crítica da alienação estatal. É que a exploração do homem pelo homem e o governo do homem pelo homem obedecem a uma única e mesma lógica de usurpação e roubo. Em sua famosa obra de 1840 *O que é a propriedade?*, Proudhon procura demonstrar que essa força coletiva é precisamente a matéria e o alvo da exploração. Dirige-se aos proprietários nos seguintes termos: "Ao pagar todas as forças individuais, você não paga a força coletiva; por conseguinte, sempre resta um *direito de propriedade coletiva* que você não adquiriu e do qual desfruta injustamente"[59]. É essa força coletiva que constitui a substância do lucro ou "albinágio", como diz Proudhon. Os capitalistas praticam a apropriação gratuita das forças coletivas. No fundo, a teoria da exploração de Proudhon é bastante simples: o salário é individual e corresponde à manutenção do operário, à satisfação de suas necessidades elementares; o lucro é constituído pela extorsão do fruto dessa força coletiva. O capital, escreve Proudhon, é, portanto, "trabalho acumulado, concretizado,

---

[57] Ibidem, p. 278.
[58] Ver o comentário de Pierre Ansart em *Marx et l'anarchisme*, cit., p. 152 e seg.
[59] Pierre-Joseph Proudhon, *Qu'est-ce que la propriété?*, cit., p. 217 (grifo nosso).

solidificado"⁶⁰, cuja captação é possibilitada pela propriedade privada. Recapitulando a demonstração, ele explica que, "sendo a força coletiva de cem trabalhadores incomparavelmente maior que a de um trabalhador elevado a cem, essa força não era paga pelo salário de cem indivíduos; por conseguinte, [...] havia um *erro de conta* entre operários e patrões"⁶¹.

A alienação política da sociedade pelo Estado obedece à mesma lógica. Um único e mesmo mecanismo funciona nos fenômenos de dominação política e exploração econômica: a alienação da força coletiva. Isso explica, aliás, a profunda unidade e a enorme coerência de seu discurso. Proudhon mostra que a realidade histórica é a apropriação dos resultados da potência social pelo Estado⁶². O poder da sociedade é açambarcado por um indivíduo ou classe que se apropria da força coletiva de um povo que se torna incapaz de se governar. O Estado é uma impostura. Sua força, que é real, vem da colaboração das forças associadas na sociedade.

Então por que há submissão ao Estado e respeito à propriedade? A causa não está na esfera da aberração. Existe uma lógica na sujeição, uma verdade no acatamento da exploração. Essa aceitação do poder se deve à percepção de que o movimento de cada um está necessariamente integrado numa força coletiva que é encarnada e ao mesmo tempo representada por uma figura dessa potência social. Nada somos sem os outros e, como precisamos nos integrar num conjunto para produzir essa força coletiva, devemos nos submeter à autoridade que encarna essa força coletiva, quer se trate do proprietário, quer do Estado. Proudhon escreve:

> Portanto, não é o explorador, não é o tirano, que os trabalhadores e os cidadãos seguem: a sedução e o terror contam pouco nessa submissão. É o poder social que eles consideram, poder mal definido no pensamento deles, mas fora do qual sentem que não podem sobreviver; poder cujo princípio, seja qual for, mostra-lhes sua chancela, que eles temem romper com a revolta.⁶³

Atacar a propriedade do capitalista seria atacar a própria força produtiva, atacar o Estado seria culpar a sociedade como tal. Nos dois casos, seria atacar a potência social, isto é, a potência da associação nessas duas formas, cooperativa e comutativa. Seria, portanto, atacar a si mesmo como ser social.

---

⁶⁰ Idem, *De la création de l'ordre dans l'humanité*, cit., p. 312.
⁶¹ Ibidem, p. 302.
⁶² Idem, *De la justice dans la Révolution et dans l'Église*, cit., t. II, p. 706.
⁶³ Ibidem, p. 708.

A usurpação ou o roubo operado pela autoridade política se deve ao fato de que, embora o poder social provenha da relação entre grupos de trabalhadores e membros da sociedade, essa relação deve ser regulada e equilibrada pelo direito[64]. É esse papel indispensável do "justiceiro" que constitui a força do poder usurpador, é graças a essa função jurídica de regulação das trocas e das cooperações que os Estados e os capitalistas se mantêm. Justiça, palavra-chave do raciocínio de Proudhon, é a regulação ou, mais exatamente, a autorregulação das relações sociais, sem a qual não haveria nem atividade comum nem produtividade social, função de justiça que foi açambarcada por grupos de legistas a soldo dos proprietários para "justificar" sua injusta extração. A justiça real nunca será a lei produzida pelo legislador soberano; ela só pode derivar das maneiras concretas e variadas de estabelecer o equilíbrio entre as partes, fixar contratualmente suas relações e assegurar a equidade das trocas conforme o "valor verdadeiro" dos bens e dos serviços. A justiça é imanente à atividade econômica e social, o direito econômico ou social é precisamente o que dá forma às relações entre os indivíduos. Ao pretender dar "força de lei" a esse direito, o poder do legislador pôde impor-se como transcendência em relação aos indivíduos. Esse é o princípio da negação de Proudhon ao individualismo e ao comunismo.

Isso o leva a fazer uma crítica sistemática do comunismo, que Marx retomará quase palavra por palavra nos *Manuscritos parisienses**, de 1844. O comunismo acredita ver na propriedade estatal uma saída para a exploração econômica imposta pela propriedade privada do capitalista. Ora, se é de fato uma mudança de proprietário, a propriedade comunitária não será uma mudança de relação entre os trabalhadores e seu produto. Os comunistas, em vez de ver a solução na associação regulada das forças múltiplas e diversas, erigem a comunidade proprietária do capital coletivo em única fonte de riqueza, de forma simétrica aos liberais que, partindo da "hipótese individualista", pressupõem que a riqueza vem do indivíduo isolado. Mas, como mostra Proudhon antes de Marx, nesse tipo de comunismo é a propriedade que leva a melhor sobre a atividade livre. Proudhon asseverava: "Comunidade

---

[64] Remetemos o leitor ao capítulo 9 deste volume, no qual expomos a concepção proudhoniana do direito.

* Trata-se da obra *Manuscritos econômico-filosóficos* (trad. Jesus Ranieri, São Paulo, Boitempo, 2004). (N. E.)

é propriedade"⁶⁵. Em outro lugar, escreveu: "Coisa singular! A comunidade sistemática, negação refletida da propriedade, é concebida sob influência direta do preconceito de propriedade; e é a propriedade que se encontra no fundo de todas as teorias dos comunistas"⁶⁶. Na realidade, a alienação no comunismo será levada ainda mais longe, porque a comunidade não é apenas proprietária das ferramentas e dos produtos, mas também dos indivíduos. A comunidade é o ápice da propriedade, pois tudo pertence à comunidade como pessoa moral.

Os socialistas e os comunistas continuam apegados à fórmula da propriedade comunitária porque são vítimas da ilusão que apresenta o capital e o Estado como as fontes da riqueza. Em *Sistema das contradições econômicas*, Proudhon ataca os socialistas, que querem se apropriar do capital e do Estado, sem perceberem que ambos são órgãos derivados de funções primordiais: "O capital e o poder, órgãos secundários na sociedade, são sempre os deuses que o socialismo adora; se o capital e o poder não existissem, ele os inventaria. Preocupado com o capital e o poder, o socialismo ignorou completamente o sentido de seus próprios protestos"⁶⁷. Na verdade, comunistas e socialistas caem na armadilha da relação de simetria: à propriedade individual eles opõem a propriedade comunitária, que é propriedade dos que controlam a comunidade proprietária. O que eles chamam de "emancipação" é, na realidade, opressão política absoluta e uma nova forma de exploração. Os comunistas hipostasiam a força coletiva e a transformam em apanágio do Estado, como se este fosse a origem daquela. Mas é porque acreditam que o poder e a força vêm do centro e do alto, e não da atividade dos indivíduos. No fundo, o que há aqui é apenas um ideal de Estado organizador que generaliza a polícia e, portanto, fica apenas com seu lado reacionário, o da pura coerção. Segundo Proudhon, o caminho que se deve tomar é diferente: o do direito econômico, da democracia industrial, da federação comunalista – caminho que abandonamos, se não na prática, ao menos na reflexão, e devemos retomar⁶⁸.

---

⁶⁵ Pierre-Joseph Proudhon, *Systèmes des contradictions économiques ou Philosophie de la misère*, em *Œuvres complètes* (Paris, Marcel Rivière, 1923), v. 1, t. 2, p. 301 [ed. bras.: *Sistema das contradições econômicas, ou Filosofia da miséria*, trad. J. C. Morel, São Paulo, Ícone, 2003].

⁶⁶ Idem, *Qu'est-ce que la propriété?*, cit., p. 326.

⁶⁷ Idem, *Systèmes des contradictions économiques ou Philosophie de la misère*, cit., v. 1, t. 1, p. 284.

⁶⁸ Ver, neste volume, capítulo 9 e parte III, "Proposição 9".

Marx: a produção histórica do comum pelo capital

Proudhon intui o elo íntimo entre a força coletiva e o direito e, como veremos mais adiante, com isso antecipa a relação entre comum e instituição. Mas, para ele, o direito continua exterior e posterior à força coletiva; ele é a *constatação* de um elo social que o precede. Em uma palavra, a força coletiva é livre e espontânea, e seus frutos são roubados pelos proprietários privados ou estatais, de forma que essa propriedade privada e pública é em essência *rentista*. Ela não organiza nem cria nada; é fundamentalmente negativa. Nega *a natureza espontânea do social*. A análise marxiana constitui-se precisamente contra essa concepção que identifica lucro e renda, e faz desta última o modelo pelo qual todas as formas sociais da exploração devem ser pensadas[69]. É, sem dúvida, essa divergência de fundo que causa toda a hostilidade de Marx ao pensamento proudhoniano a partir da segunda metade dos anos 1840. Dito isso, Marx tomou muita coisa de empréstimo ao pensamento de Proudhon sobre a força coletiva e chegou a assimilar dimensões muito importantes desse pensamento.

Já em 1842, Marx leu e elogiou *O que é a propriedade?*, de Proudhon. Pouco tempo depois, escreveu em *A sagrada família* (1843): "O escrito de Proudhon *O que é a propriedade?* tem o mesmo significado para a economia social moderna que o escrito de Sieyès *O que é o Terceiro Estado?** tem para a política moderna". E acrescenta, o que não é um cumprimento insignificante: "Sua obra é um manifesto científico do proletariado francês"**. Sabemos que os dois tiveram longas conversas em Paris, em 1844, e, embora Marx tenha depois frisado que tentara em vão explicar Hegel a seu interlocutor, poucas vezes lembrou que seu pensamento ainda em formação foi marcado de modo duradouro por aquilo Proudhon lhe ensinara e que, na época, eles tinham um fundo comum. Aliás, em *A sagrada família*, ele reconhece que deve a Proudhon a ideia da negação da propriedade pela ação revolucionária do proletariado. Embora Marx torça um pouco as coisas a seu favor, é verdade que a ideia de que o trabalho deve necessariamente

---

[69] Sobre essas questões, ver Lorenzo Coccoli, "'Property is (still) theft!'", cit.

* Obra de Emmanuel Joseph Sieyès traduzida em língua portuguesa como *A Constituinte burguesa* (org. e introdução de Aurélio Wander Bastos, Rio de Janeiro, Freitas Bastos, 2009). (N. E.)

** Karl Marx e Friedrich Engels, *A sagrada família* (trad. Marcelo Backes, 3. reimp., São Paulo, Boitempo, 2016), p. 44 e 54. (N. E.)

destruir a propriedade está presente na Primeira Dissertação sobre a Propriedade: "Dado que todo trabalho humano resulta necessariamente de uma força coletiva, toda propriedade torna-se, pela mesma razão, coletiva e indivisa: em termos mais precisos, o trabalho destrói a propriedade"[70]. Essa fatalidade não está muito distante da frase famosa de Marx que lembramos anteriormente: "A produção capitalista produz, com a mesma necessidade de um processo natural, sua própria negação". Não nos estenderemos sobre o desentendimento entre os dois nem sobre a luta de Marx contra os proudhonianos na Internacional[71]. Preferimos enfatizar a maneira como Marx utilizou, à sua própria maneira, a intuição proudhoniana sobre a força coletiva, em especial no que diz respeito à cooperação.

Ao contrário das aparências teorizadas pela economia política, o capital não é uma propriedade privada que gera magicamente o lucro pessoal: o capital é produzido pela cooperação dos produtores. Como Marx e Engels já escreviam no *Manifesto* de 1848:

> O capital é um produto coletivo e só pode ser posto em movimento pelos esforços combinados de muitos membros da sociedade, em última instância pelos esforços combinados de todos os membros da sociedade. O capital não é, portanto, um poder pessoal: é um poder social.[72]

Esse "poder social", expressão que, de certo modo, lembra a formulação proudhoniana, não é espontâneo: deve ser precisamente moldado pelo poder do capital para ser empregado como tal na produção. O capítulo 11 do Livro I de *O capital*, que trata da "cooperação", traz uma análise muito clara. Tomando a ideia de Proudhon, Marx constata que a força coletiva de indivíduos

---

[70] Pierre-Joseph Proudhon, *Qu'est-ce que la propriété?*, cit., p. 346.

[71] As circunstâncias do desentendimento definitivo são conhecidas. Em maio de 1845, Marx sugere que Proudhon seja o correspondente francês de uma rede de informação comunista. Proudhon recusa a proposta, o que precipita o rompimento. Em 1847, Marx escreve um texto violentamente antiproudhoniano, *Miséria da filosofia*, em resposta a *Sistema das contradições econômicas ou Filosofia da miséria* (1846). É o início de uma longa série de textos hostis a Proudhon e de uma batalha política que se prolongará na luta contra Bakúnin e seus partidários na Internacional. Não obstante, após tê-lo chamado de "socialista do Império", no obituário de Proudhon, Marx reconhecerá sua grande coragem, em particular quando enfrentou uma Assembleia Nacional furiosamente hostil em 31 de julho de 1848.

[72] Karl Marx e Friedrich Engels, *Manifesto Comunista* (2. ed., trad. Álvaro Pina, São Paulo, Boitempo, 2010), p. 52-3.

cooperantes é sempre superior à soma dos trabalhos individuais. Trata-se, em suma, de um traço próprio da espécie, na medida em que o homem é um "animal social". Antes mesmo da grande indústria, caracterizada pela organização planejada e racionalizada do trabalho cooperativo, a simples reunião de vários trabalhadores numa mesma oficina conduz a um "espírito de competição" que eleva a produtividade. Mas, quando consegue sistematizar a cooperação no "trabalhador coletivo", associando-o à maquinaria, o capital mostra toda sua capacidade de "criação de uma força produtiva que tem de ser, por si mesma, uma força de massas"[73]. O capital possibilitou um salto na história da espécie, permitindo que a "força produtiva do trabalho social" atingisse uma potência nunca igualada: "Ao cooperar com outros de modo planejado, o trabalhador supera suas limitações individuais e desenvolve sua capacidade genérica [*Gattungsvermögen*]"[74].

A natureza social do homem encontra na cooperação capitalista uma de suas formas históricas mais desenvolvidas. Esse "trabalhador coletivo" é o "animal social" cuja socialização é sistematizada e planejada pelo capital. Este se apropria da natureza *social* da espécie e a leva a seu mais pleno desenvolvimento. Concentrando-se, ele "socializa" massas cada vez mais amplas de proletários: "A concentração de grandes quantidades de meios de produção nas mãos de capitalistas individuais é, pois, a condição material para a cooperação de trabalhadores assalariados, e a extensão da cooperação, ou escala da produção, depende do grau dessa concentração"[75]. Mas essa cooperação requer uma direção, um comando, métodos de vigilância, tarefas que constituem função específica do capital quando o trabalho se torna cooperativo, função esta que não é apenas técnica, mas também está ligada ao antagonismo entre "o explorador e a matéria-prima de sua exploração"[76]. Se o capital forma e organiza a cooperação, é para se aproveitar dos frutos dessa força coletiva sem ter de pagar integralmente por ela, como já mostrara Proudhon antes de Marx: "O capitalista paga o valor de cem forças de trabalho autônomas, mas não paga a força de trabalho combinada das cem". Quando o capitalista põe essas forças para cooperarem entre si, elas deixam de ser cem forças de trabalho individuais e passam a ser forças

---

[73] Karl Marx, *O capital*, Livro I, cit., p. 401.
[74] Ibidem, p. 405.
[75] Idem.
[76] Ibidem, p. 406.

de trabalho que deixaram de pertencer a si mesmas e foram incorporadas ao capital[77], de modo que essa força coletiva organizada pelo capital aparece aos olhos dos trabalhadores sempre como efeito da autoridade do capitalista, como poder heterônomo do capital. A força produtiva do trabalho social aparece como "força produtiva que o capital possui por natureza, como sua força produtiva imanente"[78].

Esses operários não passam de ingredientes do processo de produção, elementos desse capital que se autodesenvolve às cegas, subordinando a força viva do trabalho:

> Como cooperadores, membros de um organismo laborativo, eles próprios não são mais do que um modo de existência específico do capital. A força produtiva que o trabalhador desenvolve como trabalhador social é, assim, força produtiva do capital. A força produtiva social do trabalho se desenvolve gratuitamente sempre que os trabalhadores se encontrem sob determinadas condições, e é o capital que os coloca sob essas condições.[79]

A divisão do trabalho na manufatura e a maquinaria própria da grande indústria apenas aprofundam essa incorporação do trabalhador no capital. O trabalhador tem cada vez menos independência em relação ao capital. Sua força de trabalho individual não é mais nada: ela é absorvida no trabalhador global.

A análise de Marx traz à luz o que Proudhon não viu, isto é, que a cooperação não é de modo nenhum espontânea, que é produzida pelo capital, que o nível de cooperação depende sempre do montante de capital nas mãos do capitalista, mesmo no caso das formas mais simples de cooperação. Decorre disso que a exploração não pode ser analisada como roubo do que existia antes, ou do que era produzido fora da relação entre capital e trabalho, isto é, como simples captação de uma força coletiva autônoma, porque essa força coletiva é, na realidade, organizada pelo capital em função de suas necessidades e de seu desenvolvimento. É o capital que dá origem à cooperação sistemática, é ele que produz as formas de organização do trabalho que permitirão aumentar a taxa de exploração por

---

[77] Ibidem, p. 408.
[78] Idem. Ver também Karl Marx, *Grundrisse. Manuscritos econômicos de 1857-1858: esboços da crítica da economia política* (trad. Mario Duayer e Nélio Schneider, São Paulo, Boitempo, 2011), p. 386-7.
[79] Idem, *O capital*, Livro I, cit., p. 408.

intermédio da cooperação e da maquinaria. Em resumo, o que Marx denomina "apropriação de trabalho alheio" é muito mais que simples apropriação*: pressupõe a submissão e a incorporação da vítima no sistema de organização do trabalho.

Marx "assimilou" e transformou as análises de Proudhon sobre a força coletiva para integrá-las em sua própria concepção do dinamismo do capitalismo. Aliás, encontramos essa mesma assimilação/transformação no que diz respeito à história política da França. Marx "digere" Proudhon para compreender a particularíssima dinâmica histórica que fará da Comuna de Paris a antítese do Império. Quando, ao falar da burocracia francesa, Marx opõe o Estado parasita à sociedade ativa, ele está muito próximo de Proudhon[80]. Essa centralização estatal cumpre a mesma função que a concentração do capital na produção. Negando a sociedade, o Estado se torna, no decorrer de sucessivas revoluções, cada vez mais centralizado, isolado, alheio à sociedade – tanto, diz Marx, que a conscienciosa revolução, aperfeiçoando e concentrando o poder executivo, coloca-o "diante dos seus olhos como pura acusação para concentrar nele todas as suas forças de destruição"[81]. Dezenove anos depois, na mensagem à Internacional intitulada *A guerra civil na França*, Marx reconhece a "constituição comunal" como traço original e inaugural da Comuna, mas a isola completamente de suas raízes proudhonianas. Em Marx, o advento do comunismo só pode vir de um movimento histórico que crie suas condições. O comum da economia e o comum da política, a livre associação dos produtores e o federalismo político das comunas só podem surgir no terreno conflituoso criado pelo capital

---

* Os autores usam a palavra *vol*, que em francês significa "roubo", mas a tradução mais apropriada para o termo adotado por Marx nos *Grundrisse* é "apropriação". (N. E.)

[80] Alguns trechos revelam uma semelhança impressionante com as teses de Proudhon. Por exemplo, em *O 18 de brumário de Luís Bonaparte*, ele apresenta o Estado centralizado francês como uma "terrível corporação de parasitas, que envolve o organismo da sociedade francesa como uma membrana". Mais adiante, ele profere esta frase sobre a centralização do Estado: "Todo e qualquer interesse *comum* foi imediatamente desvinculado da sociedade e contraposto a ela como interesse mais elevado, *geral*, subtraído à atividade dos próprios membros da sociedade e transformado em objeto da atividade governamental" (Karl Marx, *O 18 de brumário de Luís Bonaparte*, trad. Nélio Schneider, São Paulo, Boitempo, 2011, p. 140-1). Ver Pierre Dardot e Christian Laval, *Marx, prénom: Karl*, cit., p. 273 e seg.

[81] Karl Marx, *O 18 de brumário de Luís Bonaparte*, cit, p. 140. É nessa passagem que Marx faz esta paráfrase da famosa frase de Shakespeare: "Bem falado, velha toupeira!".

e pelo Estado, na medida em que contribuíram para produzir as forças coletivas destinadas a destruí-los.

Comum do capital e comum operário

Escrevemos alhures sobre o que essa concepção dialética que Marx opõe a Proudhon tem de problemático. Como acreditar que a grande indústria mecanizada e automatizada possa dar origem ao indivíduo total, polivalente, capaz de desenvolver todas as suas faculdades, e, de forma correlata, como acreditar que a socialização forçada e dominada dos trabalhadores na empresa redunde *necessariamente* na associação de indivíduos livres? Que o capital cria as bases objetivas do antagonismo entre ele e os operários é algo que podemos admitir; que as lutas operárias para a limitação da exploração exprimem um desejo nascente de reapropriação dos frutos do trabalho é algo que podemos conceber em relação à história do movimento operário. Porém, consideradas as formas assumidas pelo capitalismo desde meados do século XIX, é muito mais difícil pensar que o desenvolvimento da cooperação e da maquinaria engendrará um indivíduo plenamente social, que desenvolverá todas as suas faculdades graças ao aumento de seu tempo livre[82].

Se o comum, na forma de trabalho social, encontra sua forma mais desenvolvida na "aplicação consciente das ciências da natureza" à produção, como explica Marx nos *Grundrisse* e no capítulo 6 de *O capital*, então estamos lidando com aquela necessidade histórica que leva à "expropriação dos expropriadores". O que se deduz do célebre "Fragmento sobre as máquinas", dos *Manuscritos econômicos de 1857-1858* – ao qual tanta importância o operaísmo italiano deu – é exatamente a tendência à redução progressiva do trabalho social ou comum (isto é, a cooperação produtiva) a um trabalho de supervisão e regulação de um "sistema automático da maquinaria", do qual os operários são apenas engrenagens dotadas de intelecto[83], tendência esta que permitiria aos trabalhadores liberar-se em grande parte do trabalho direto e dedicar-se a seu próprio desenvolvimento. Esse fragmento, crucial para a concepção do comum, merece análise atenta. Não se trata apenas de um escrito preparatório de *O capital*; trata-se de uma

---

[82] Karl Marx, *Grundrisse*, cit., p. 593-4.
[83] Ibidem, p. 580.

espécie de momento teórico singular no percurso de Marx[84]. Ele ousa fazer uma projeção futura de certas tendências que já se encontram em ação no presente do capitalismo: no caso em questão, a tendência do capital a mobilizar a ciência para seu próprio proveito e o efeito contraditório dessa mobilização sobre a dominação dos trabalhadores pelo capital. De saída, devemos observar que essa previsão marxiana é o oposto da tese de Hardt e Negri sobre a autonomização do conhecimento, uma vez que a ciência não reside, como Marx indica de maneira muito clara, na consciência do operário, mas está "concentrada" no capital fixo, que se tornou efetivamente o sistema de combinação das forças produtivas em detrimento das forças de trabalho imediatas. O trabalho vivo perde toda independência, é "reduzido à impotência": "A atividade do trabalhador [...] é determinada e regulada em todos os aspectos pelo movimento da maquinaria, e não o inverso"[85]. As capacidades intelectuais são completamente açambarcadas pelo capital.

É a ciência incorporada nos mecanismos da máquina que permite a dominação total do capital sobre o trabalho: "A ciência, que força os membros inanimados da maquinaria a agir adequadamente como autômatos por sua construção, não existe na consciência do trabalhador, mas atua sobre ele por meio da máquina como poder estranho, como poder da própria máquina"[86]. Lendo essas linhas, poderíamos pensar que Marx descreveu os efeitos de um taylorismo que só foi implantado meio século depois. Na realidade, esse "sistema automático da maquinaria" é a continuação de uma tendência, já iniciada com a manufatura, de separar cada vez mais radicalmente o operário dos meios de produção, que o dominam e transformam em simples momento da combinação de forças naturais: "A tendência do capital é conferir à produção um caráter científico, e o trabalho direto é rebaixado a um simples momento desse processo"[87]. Seguramente não é a ciência como tal que é responsável pelo progresso tecnológico. O sistema

---

[84] No curso que dedicou aos *Grundrisse* (publicado em *Marx au-delà de Marx*, cit.), Antonio Negri ressaltou o caráter excepcional dos escritos de 1857-1858. Sem aderir à ideia central desse curso, segundo a qual Marx teria derrubado o objetivismo, dando à subjetividade revolucionária do proletariado todo seu alcance histórico e teórico, concordamos com Negri que há nessa obra passagens muito originais e de grande riqueza para a compreensão do pensamento de Marx.

[85] Karl Marx, *Grundrisse*, cit., p. 581.

[86] Idem.

[87] Ibidem, p. 583.

das máquinas faz parte do movimento pelo qual o capital desenvolve técnicas e dispositivos visando extrair mais-valor. Fiel às lições de Smith e Babbage, Marx situa a possibilidade do sistema de máquinas na tendência à decomposição-recomposição dos trabalhos imediatos na manufatura e, depois, de forma mais sistemática, na grande indústria. É a divisão do trabalho e a cooperação em sua forma capitalista que tornam possível a maquinaria, e esta, por sua vez, é combinação das forças naturais e cooperação planejada das máquinas. Segundo Marx, o capitalismo transforma, de maneira aparentemente inexorável, o "simples processo de trabalho em um processo científico, que submete as forças da natureza a seu serviço e as faz atuar assim a serviço das necessidades humanas", reduzindo o trabalho direto à impotência "diante do trabalho comunitário representado no capital, concentrado nele"; o trabalho nunca é mais produtivo que "nos trabalhos em comum que submetem a si as forças da natureza"[88]. Graças ao frenesi de acumulação, a cooperação forçada pelo comando do capital transforma-se numa combinação de forças naturais submetidas pela atividade científica e pela maquinaria. A partir daí, o trabalho cooperativo central, nevrálgico, é o da atividade científica que permite a objetivação desse comum "concentrado" no capital fixo. Em última análise, o sistema automático das máquinas *constitui o "comum capitalista" em sua forma mais perfeita.*

Mas de onde vem esse saber que se incorpora no capital fixo? A resposta de Marx é ambígua, uma vez que, ao menos em alguns aspectos, assume feição muito proudhoniana, e é certamente isso que possibilitou a interpretação que Negri faz dela. O capital se apropria "gratuitamente" do desenvolvimento social do intelecto geral, escreve ele[89]. Trata-se de um roubo de elementos do progresso social que o capital não produz nem organiza. Todavia, Marx compreende que a ciência, assim como o valor, embora seja um dos "pressupostos" históricos do capital, acaba se tornando um "resultado" do capital, na qualidade de condição de seu desenvolvimento posterior. Longe de permanecer em estado livre e "selvagem" na sociedade, a ciência se transforma numa esfera de atividade profissional cada vez mais submetida aos imperativos econômicos e cada vez mais racionalizada, com o intuito de objetivar-se no capital fixo: "A invenção torna-se um negócio e a aplicação da ciência à própria produção imediata, um critério que a

---

[88] Ibidem, p. 584.
[89] Ibidem, p. 582.

determina e solicita"⁹⁰. Marx foi acusado de certo positivismo. Contudo, cabe observar que, para ele, a "ciência" é um índice de alto desenvolvimento social e, ao mesmo tempo, uma das criações mais importantes do capitalismo. Aliás, ele não hesita em dizer que a maquinaria apenas se desenvolve realmente quando "o conjunto das ciências já se encontra cativo a serviço do capital"⁹¹.

Na verdade, é num momento *posterior* que o intelecto geral, ou, dito de outra forma, a intelectualidade, que nasce da vida social e a alimenta, poderá tornar-se realmente a nova fonte de riqueza, no lugar do dispêndio de trabalho. O que era dominação total do trabalho vivo é também, como exige a dialética, meio de emancipação do trabalho. O capital, não devemos nos esquecer, é uma "contradição viva", que "trabalha [...] pela sua própria dissolução como a forma dominante da produção"⁹². Embora se aproveite da maquinaria para produzir cada vez maior quantidade de mais-trabalho, ele produz, involuntariamente, contra sua própria vontade, as bases de um sistema muito diferente de riqueza, que se baseia não na quantidade de trabalho não paga aos operários, mas no desenvolvimento da ciência e da tecnologia que criam cada vez mais tempo disponível. Assim, a contradição seria entre a tendência ao aumento de mais-trabalho em benefício dos capitalistas e a tendência à liberação de tempo livre em proveito dos trabalhadores e de toda a sociedade. Numa passagem muito esclarecedora, Marx escreve:

> O capital dá o seu aporte aumentando o tempo de trabalho excedente da massa por todos os meios da arte e da ciência, porque a sua riqueza consiste diretamente na apropriação de tempo de trabalho excedente, uma vez que sua finalidade *é diretamente o valor*, não o valor de uso. Desse modo, e a despeito dele mesmo, ele é instrumento na criação dos meios para o tempo social disponível, na redução do tempo de trabalho de toda a sociedade a um mínimo decrescente e, com isso, na transformação do tempo de todos em tempo livre para seu próprio desenvolvimento.⁹³

O pleno desenvolvimento do indivíduo social, permitido por esse aumento do tempo disponível, nova base da riqueza, não aparece como uma

---

⁹⁰ Ibidem, p. 587.
⁹¹ Idem.
⁹² Ibidem, p. 583.
⁹³ Ibidem, p. 590.

tendência unilateral para Marx, ainda que ele a suponha inexorável: a produção será cada vez mais decorrente da "*combinação* da atividade da sociedade [que] aparece como o produtor"[94]. A sociedade, isto é, "os indivíduos em relações recíprocas, relações que eles tanto reproduzem quanto produzem de maneira nova", só aparece como o verdadeiro sujeito da produção (o "produtor") conforme essa produção resulte de um processo do qual o capitalismo é apenas um momento necessário. Ela adquire então o aspecto desse indivíduo social, esse "ser humano em formação", "em cujo cérebro existe o saber acumulado da sociedade"[95]. É somente no fim desse processo que o "intelecto geral" se tornará a riqueza real dos indivíduos e controlará o "processo vital da sociedade"[96]. Assim, a emancipação encontra seu fundamento no movimento do capital:

> Nessa transformação, o que aparece como a grande coluna de sustentação da produção e da riqueza não é nem o trabalho imediato que o próprio ser humano executa nem o tempo que ele trabalha, mas a apropriação de sua própria força produtiva geral, sua compreensão e seu domínio da natureza por sua existência como corpo social – em suma, o desenvolvimento do indivíduo social. O *roubo de tempo de trabalho alheio, sobre o qual a riqueza atual se baseia*, aparece como fundamento miserável em comparação com esse novo fundamento desenvolvido, criado por meio da própria grande indústria.[97]

É esse fundamento que condena irrevogavelmente a polaridade entre o mais-trabalho da massa, como "condição para o desenvolvimento da riqueza geral", e o "não trabalho dos poucos", como "condição do desenvolvimento das forças gerais do cérebro humano"[98]. Graças a ela, pode iniciar-se uma nova lógica:

> [a do] livre desenvolvimento das individualidades e, em consequência, a redução do tempo de trabalho necessário não para pôr trabalho excedente, mas para a redução do trabalho necessário da sociedade como um todo a um mínimo, que corresponde à formação artística, científica etc. dos indivíduos por meio do tempo liberado e dos meios criados para todos eles.[99]

---

[94] Ibidem, p. 591.
[95] Ibidem, p. 594.
[96] Ibidem, p. 589.
[97] Ibidem, p. 588 (grifos do original).
[98] Idem.
[99] Idem.

Em outras palavras, a redução do trabalho necessário amplia proporcionalmente o não trabalho a toda a massa, que então pode dedicar-se à riqueza real, redefinida como "força produtiva desenvolvida de todos os indivíduos"[100].

Devemos convir que Marx demonstra aqui uma imaginação antecipadora que não é única na história do socialismo. Basta pensar, por exemplo, nas conferências de William Morris, que desenvolve essa visão de um futuro socialista no qual as qualidades criadoras e estéticas dos indivíduos poderão desenvolver-se mais porque as máquinas os terão liberado da labuta mais ingrata[101]. Em Marx, porém, há uma maneira de detectar os embriões do futuro no movimento do capitalismo que, ainda hoje, é bastante surpreendente e, digamos com todas as letras, muito pouco crível tendo em vista a história efetiva. Ele exagera a tendência ao desenvolvimento das forças produtivas, que, para ele, cria as "condições materiais para fazê-lo [o capitalismo] voar pelos ares"[102], a ponto de não cogitar que a alta da produtividade possa modificar a composição do consumo e das necessidades. Em resumo, Marx subestima a capacidade que o capital tem de submeter o "processo vital da sociedade".

Outro ponto merece discussão. Trata-se de sua concepção de ciência, saber ou intelecto. De fato, é possível reconhecer uma capacidade de antecipação pouco comum quando Marx ressalta, mais de um século antes das sementes geneticamente modificadas, que a agricultura "torna-se simples aplicação da ciência do metabolismo material"[103]. Mas, enfatizando unilateralmente o alcance libertador do saber, ele subestima a moldagem da atividade intelectual e de seus resultados pelo capital. O saber parece incorporar-se no capital fixo, afetando o indivíduo apenas pelo aspecto potencialmente libertador que ele tem sobre o tempo de trabalho necessário, e contribuir de modo direto para a "combinação da atividade humana" ou para o "desenvolvimento do intercâmbio humano"[104]. Ora, se há uma lição que se deva aprender com o movimento do capital, é a de que os saberes da gestão, da organização, do comércio, da comunicação, que adquiriram um

---

[100] Ibidem, p. 591.

[101] Ver William Morris, *Comment nous vivons, comment nous pourrions vivre* (Paris, Rivages, 2013).

[102] Karl Marx, *Grundrisse*, cit., p. 589.

[103] Ibidem, p. 588.

[104] Idem.

alcance considerável em razão das solicitações do aparato produtivo, estão muito longe de constituir "ciências" que seriam capturadas de seu rico meio social pelo capital para favorecer a independência da riqueza em relação ao tempo de trabalho. Assim, o que escapa em grande parte a Marx é toda a dimensão normativa e prescritiva dos saberes sobre o homem e a sociedade.

Já vimos antes até que ponto Marx quis acreditar na conversão "historicamente necessária" da *socialização* imposta pelo capital em *associação* voluntária dos trabalhadores, ou seja, na conversão da cooperação coagida em cooperação espontânea[105]. Todo o trabalho histórico de constituição de uma classe mediante as instituições que ela cria para si e as lutas que ela trava é desconsiderado. Porque Marx, embora tenha analisado bem o desenvolvimento do comum produzido pelo capital em sua autonomização progressiva em relação ao trabalho vivo, não faz análise semelhante da autonomização do movimento operário, da constituição dos operários em classe, da formação de um *comum propriamente operário*, independente do movimento do capital. Em contraste, ao menos nesse ponto, cumpre reconhecer que Proudhon tem o mérito de demonstrar certa clarividência: melhor do que Marx, e antes dele, Proudhon soube pensar em termos institucionais as condições da conquista de autonomia pelo movimento operário[106]. Esse atraso de Marx será compensado em parte pela lição tirada da Comuna de Paris. Em todo caso, ele teve grande peso no desenvolvimento do fetichismo do partido de vanguarda entre muitos de seus discípulos.

O que encontramos precisamente em Marx é a ideia de que as condições produzidas pelo capitalismo permitem a organização dos trabalhadores e, com ela, sua união, sua solidariedade, sua combatividade contra a exploração. As formas de submissão cada vez mais sofisticadas, que tiram mais partido da produtividade que do prolongamento do tempo de trabalho, estão ligadas ao mesmo tempo a novas formas de cooperação. Estas geram um "trabalhador coletivo", de modo que este, organizando-se sobre suas próprias bases, desenvolvendo sua independência organizacional e lutando cada vez mais resolutamente contra o capital, tende a constituir-se num novo sujeito histórico. Incorporando os trabalhadores em seu grande mecanismo de extração de mais-valor, o capitalismo cria um novo terreno para

---

[105] Ver, no capítulo 2 deste volume, "O comunismo da 'associação de produtores'".
[106] Ver, no capítulo 9 deste volume, "'Constituição social'".

a luta de classes e para o nascimento de uma subjetividade antagonista. Portanto, embora tenda a introduzir a finalidade histórica na forma de necessidade inexorável, Marx é quem analisa da maneira mais precisa as condições concretas das lutas que se desenvolvem nesse novo terreno. E, nesse caso, é de um comum muito diferente que se trata: o comum que o movimento operário obtém ao criar suas próprias instituições, independentemente da submissão estrita à lei de reprodução do capital.

Saindo dos dois modelos

Esse exame da história teórica nos permitiu estabelecer um ponto fundamental para um *novo pensamento do comum*. O confronto entre Proudhon e Marx nos possibilita entender como se forma hoje certo número de ilusões a respeito da gênese do comum. A teoria de Hardt e Negri, que se apresentou nos últimos anos como particularmente ambiciosa e original, ganha nova luz quando somos capazes de vê-la como a retomada de um esquema espontaneísta de produção do comum. Essa operação tem Marx como referência, e não Proudhon. Isso só é possível graças à descontextualização e à reinterpretação do discurso de Marx sobre a ciência. Fazendo de Marx um visionário que teria previsto a suposta autonomia dos conhecimentos no trabalho imaterial, Hardt e Negri lhe atribuem o que caberia de direito a Proudhon, por exemplo, quando afirmam que "a produção repousa [...] sobre trabalhadores que cooperam espontaneamente, *sem a mediação* constituída pela disciplina e pelo controle capitalista"[107]. Se coincidem com Proudhon, é na pouca importância que dão à organização do trabalho intelectual, por se negarem a considerar as formas de submissão a que ele está sujeito. Só podem fazer isso retomando a concepção naturalista segundo a qual o conhecimento seria por natureza um comum inapropriável, porque não excludente. Assumindo a ideia de bens "naturalmente" comuns, podem afirmar que o capitalismo cognitivo está condenado pela expansão ilimitada do conhecimento: "Quando compartilho uma ideia ou uma imagem com vocês, a capacidade de pensar que ela me oferece não diminui; ao contrário, nossa troca de ideias e imagens intensifica minhas aptidões"[108].

---

[107] Michael Hardt e Antonio Negri, *Déclaration: ceci n'est pas un manifeste* (Paris, Raisons d'Agir, 2013), p. 23 (grifo nosso).

[108] Idem, *Commonwealth*, cit., p. 373.

Essas formulações estão estritamente desvinculadas da tipologia dos bens elaborada pela nova economia institucional dos comuns.

Do marxismo, porém, Hardt e Negri conservam o otimismo histórico. Podemos dizer até que, nesse ponto, eles são de um marxismo absolutamente ortodoxo. Trata-se, portanto, de uma operação estranha, fonte de certa ambiguidade: ainda que seja essencialmente parasitário, o capital é "criador" das condições do comunismo. Tentando resolver a falsa simetria entre a passagem do feudalismo para o capitalismo e a do capitalismo para o comunismo que há em Marx, eles escrevem: "Podemos reconhecer desde já – na autonomia da produção biopolítica, na centralidade do comum e na separação, comum a ambos, da exploração e do comando capitalista – a formação da nova sociedade dentro da casca da antiga"[109].

Na realidade, não existe expropriação de um comum inerente a uma "produção biopolítica" fundamentalmente criadora, como se a cooperação no trabalho cognitivo e afetivo estivesse inscrita em novas formas de produção que teriam se tornado autônomas em relação a um capital puramente parasitário. A organização da produção, do conhecimento e da vida pelo capital nunca foi tão direta, tão minuciosa e tão abrangente[110]. O que ocorre é uma subsunção real do trabalho intelectual, que substitui as formas já ultrapassadas – por serem "artesanais", irregulares e descontínuas – de expropriação do patrimônio cultural e do trabalho intelectual.

Pela afirmação demasiado simples e factualmente equivocada de uma autonomia intrínseca e irreversível do trabalho intelectual, Hardt e Negri se esquivam da questão fundamental de saber por quais formas concretas o comum se produz ou se reproduz hoje[111]. Enfrentar seriamente essa questão pressupõe indagar-se sobre as novas condições da luta que trabalhadores e

---

[109] Ibidem, p. 301. Ver Patrick Rozenblatt, "Vers de nouvelles formes de coopération dans le travail", *Futur Antérieur*, set. 1994.

[110] Michael Hardt e Antonio Negri jogam com o sentido das palavras quando identificam a lógica da extração rentista sobre a cooperação intelectual com uma subsunção real do trabalho e da sociedade ao capital que não teria mais nada de "orgânica". Ver Michael Hardt e Antonio Negri, *Commonwealth*, cit., p. 198.

[111] Michael Hardt e Antonio Negri escrevem: "A estrutura reticular constitui o modelo de uma organização absolutamente democrática que *corresponde às formas dominantes da produção econômica e social*, sendo também a arma mais poderosa contra a estrutura do poder estabelecido" (grifo nosso). Ver Michael Hardt e Antonio Negri, *Multitude*, cit., p. 113.

cidadãos encontram pela frente. Também pressupõe examinar os tipos de prática que eles empregam e as instituições que eles criam para escapar tanto quanto possível do domínio que o capital exerce sobre sua vida e suas atividades. Esse é o campo de investigações que devemos abrir. Para tanto, temos de ir além da disputa entre Proudhon e Marx e rejeitar as hibridações mais ou menos confusas desses modelos. Isso pressupõe não se ater ao postulado sociológico ou econômico para o qual o comum nasce "naturalmente" da vida social ou da acumulação do capital. Temos de conceber outro modelo teórico do comum, um que explique melhor a criatividade histórica dos homens e, portanto, seja mais "operacional" no plano estratégico. Esse outro modelo teórico parte das práticas coletivas e das lutas políticas, coloca-as no centro da análise e não as toma apenas como "resistências" à dominação e como "contestações" à ordem: ele as resgata teoricamente como fontes de instituição e direito. Pois parece ser o momento de pensarmos de modo sistemático a *instituição do comum*.

II
DIREITO E INSTITUIÇÃO DO COMUM

As abordagens examinadas na primeira parte deste livro tendem ou a pensar o comum como inteiramente imanente à "produção biopolítica", à maneira de Hardt e Negri, ou a restringir o espaço dos comuns aos "serviços públicos" e aos bens produzidos por eles, como faz certo altermundialismo, ou, ainda, a transformar o comum em qualidade intrínseca de certos "bens", como no discurso da economia política padrão e, em menor medida, nos trabalhos de Ostrom. Por mais variadas que sejam, essas abordagens ou associam de maneira explícita o comum à propriedade pública ou estatal, ou abrem a possibilidade de atrelar o comum à propriedade, ainda que deixem indeterminada a forma de propriedade especificamente adequada aos "bens comuns". Por isso, é preciso enfrentar a questão da relação do comum com o direito de propriedade. Se o comum não está dado no ser do social nem inscrito nele como "tendência" que bastaria incentivar, é porque o comum é primeiro e acima de tudo uma questão de direito, ou seja, de determinação do que *deve* ser. O desafio é afirmar um direito novo, rejeitando as pretensões de um direito antigo. Nesse sentido, é *direito contra direito*: ou o direito de propriedade é estabelecido como direito exclusivo e absoluto, e o comum fica apenas com um espaço residual, nos interstícios ou nas margens que a propriedade deixa de ocupar; ou o comum constitui o princípio de um novo direito que refundará toda a organização da sociedade, caso em que o direito de propriedade deve ser radicalmente contestado.

O *capítulo 6* apresentará a genealogia desse direito de propriedade, mostrando que ele se constituiu tardiamente na história do Ocidente, como, aliás, a suma divisão do direito em direito privado e direito público, a qual muitos imprudentemente afirmam remontar ao direito romano. O que aparecerá, então, é que a alternativa não é entre propriedade comum e propriedade privada, mas entre o inapropriável e a propriedade, seja privada, seja estatal.

O *capítulo 7* examinará as pretensões do "direito comum" (a *Common Law* anglo-saxã) de constituir um direito dotado do poder de autoaperfeiçoamento indefinido a partir da perpetuação dos antigos costumes. Trataremos de estabelecer que o direito do comum não pode identificar-se com o direito consuetudinário, visto que este último é elaborado por um corpo de especialistas, advogados e juízes ocupados em selecionar o que nos costumes é compatível com o respeito à propriedade privada.

No *capítulo 8*, investigaremos se o direito do comum não poderia ser da alçada de um direito consuetudinário específico, que não ignorasse a realidade dos antagonismos sociais, mas, ao contrário, se afirmasse de modo imediato e direto como direito exclusivo da pobreza, em oposição ao direito dos privilegiados. Com tal intuito, nos deixaremos guiar pela argumentação de Marx no debate sobre o "furto de madeira", em 1842, mas não sem discutirmos a coerência da noção de "pobreza".

No *capítulo 9*, veremos como se constituiu, a partir do fim do século XIX, um "direito proletário" que, por um lado, é herdeiro do antigo direito das guildas e dos companheiros* e, por outro, soube criar novas instituições a partir da experiência original do movimento operário nascente. A atenção que daremos a essa dimensão de criatividade jurídica nos permitirá evidenciar a insuficiência da transmissão inconsciente dos usos: um direito do comum só pode ser produzido por um ato consciente de instituição.

O *capítulo 10* será inteiramente dedicado à elucidação da natureza da instituição como ato, contra certa propensão a privilegiar o instituído em detrimento do instituinte. Examinaremos os caracteres distintivos da prática que institui as regras, ou "práxis instituinte": esta não é nem o reconhecimento retroativo do que já existe, nem uma "criação a partir do nada", mas traz o novo à existência a partir das condições existentes e mediante a transformação destas. Para ter alguma chance de vir à luz, o direito do comum deve provir dessa práxis, e não contar apenas com a difusão espontânea dos usos.

---

* No original, "*droit* [...] *des compagnons*" (literalmente, "direito dos companheiros"). Na França, o *compagnonnage* é uma derivação das corporações de ofício na qual a figura do mestre inexiste, sendo caracterizada pelo valor da fraternidade. Seus integrantes (os *compagnons*) se consideram pares e completam sua formação passando períodos em diferentes oficinas. (N. E.)

6
O DIREITO DE PROPRIEDADE E O INAPROPRIÁVEL

Devemos repensar o comum tomando a questão pela raiz. Para realizar o que chamamos de "inversão no método", que é o próprio sentido desta obra, convém examinarmos a longa história que, desde o tempo dos gregos, asfixiou a concepção do comum como dimensão irredutível da vida social. A propriedade, pública ou privada, impôs-se como mediação natural entre os homens e as "coisas", e entre os próprios homens. O comum, afastando-se de seu vínculo com o agir, transformou-se em comunidade substancial e envolvente, como se seus "membros" só pudessem ser considerados partes de um corpo natural, místico ou político. Ora, a lição que podemos tirar de nossa pesquisa arqueológica é que há outras maneiras de pensar o "viver junto" e o agir comum, muitas outras leituras possíveis da história de nossas sociedades além daquelas que veem nela o advento glorioso da "civilização" do indivíduo proprietário ou, então, a espera do retorno final à propriedade comum. Ler os gregos e os latinos sob esse ângulo não é procurar uma "origem" do comum, mas refazer o percurso que, no Ocidente, encobriu o pensamento do "pôr em comum" constitutivo de toda comunidade política tal como aparece em certo número de autores, sobretudo em Aristóteles. Engana-se quem considere "desvio" esse "retorno" aos textos antigos. A reflexão e a ação políticas contemporâneas estão retomando, em situação histórica totalmente diferente, uma concepção que a filosofia grega e o direito romano nos permitem recuperar e levar mais longe: o comum, no princípio daquilo que nos faz viver juntos, é *o inapropriável como tal*. Daí a tese que defenderemos aqui: *se o comum tiver de ser instituído, ele só poderá sê-lo como inapropriável – em hipótese alguma como objeto de um direito de propriedade.*

A atividade de "pôr em comum" (*koinónein*) como instituição do comum (*koinón*)

Em *Governing the Commons* ["O governo dos comuns", em tradução livre], Elinor Ostrom cita este trecho do capítulo 3 do Livro II de *A política*, de Aristóteles, dirigido contra a tese platônica da comunidade de mulheres e filhos: "Realmente, há muito pouco cuidado com o que é comum a um número muito grande de pessoas [*to pleistón koinón*]: de fato os indivíduos se preocupam principalmente com o que lhes é próprio [*tón idión*] e menos com o que é comum [*tón koinón*], ou apenas na medida em que ele diz respeito a cada um"[1]. A alternativa entre próprio e comum é colocada de imediato em termos de propriedade: o que é comum a um número muito grande de pessoas é o que essas pessoas possuem em comum – mulheres e filhos na cidade platônica –, do mesmo modo que aquilo que é próprio a cada um é o que cada um possui de próprio – mulher e filhos na maioria das cidades. O que está em questão aqui é a qualidade ou a intensidade da preocupação (*epimeleia*) que o possuidor tem com o que possui em comum com muitos outros: se ele se preocupa pouco, é, sobretudo, porque se preocupa "principalmente", isto é, de maneira prioritária, com o que lhe é próprio, e não porque a preocupação diminui de maneira diretamente proporcional ao número de possuidores. Daí a questão formulada mais adiante, no início do capítulo 5 do mesmo Livro II, a propósito da constituição política excelente: "A propriedade será comum ou não será comum?", em outras palavras: "A questão é se a melhor solução é a posse e o uso comum dos bens [*ktéseis*]"[2].

Aristóteles via três soluções possíveis: ou a terra é privada e os produtos são consumidos em comum, ou a terra é comum e os indivíduos trabalham em comum, mas os produtos são divididos conforme as necessidades de cada um, ou a terra e seus produtos são ambos comuns. Supondo-se que aqueles que cultivam a terra sejam cidadãos que trabalham por conta própria – e não escravos que trabalham por seus proprietários –, a repartição desigual dos lucros e perdas levará a brigas frequentes. Aristóteles prossegue, enunciando

---

[1] Elinor Ostrom, *Gouvernance des biens communs*, cit., p. 15. Citamos o texto de Aristóteles diretamente da tradução francesa de Pierre Pellegrin, *Les Politiques*, cit., p. 144.

[2] Aristóteles, *Les Politiques*, cit., p. 150.

uma observação de alcance geral: "De maneira geral, é difícil viver junto [*suzen*] e pôr em comum [*koinónein*] todos os bens humanos, sobretudo nesse domínio"[3]. Como podemos ver, o que gera polêmica são os inconvenientes relacionados à "propriedade em comum" (*koinas tas ktéseis*). A propriedade em comum deriva de uma atividade de comunhão que se refere única e exclusivamente a bens (literalmente "aquisições"). A dificuldade apontada por Aristóteles diz respeito à relação entre o viver junto e a comunhão de todos os bens. Como já vimos[4], o erro de Platão foi ter confundido o "viver junto" (*suzen*) com o "viver em comum" (*koiné zen*), e é em razão dessa confusão que ele justifica a comunhão dos bens (ao menos entre os guardiães). Mas se, como Aristóteles, julgarmos irredutível a distinção entre o *sun* ("junto") e o *koiné* ("comum"), a ponto de ela afetar a natureza da atividade de "viver" (*zen*), consideraremos difícil conciliar com a especificidade do "viver junto" a exigência de pôr em comum todos os bens entre os cidadãos de uma mesma cidade: uma cidade não pode ter a mesma unidade da família ou, *a fortiori*, do indivíduo, por isso é preferível combinar a "propriedade privada" dos bens com o "uso comum" destes[5].

Isso quer dizer que o "viver junto" não implica "pôr em comum" (*koinónein*)? É inegável que isso seria contraditório com o fato de que esse viver é apanágio dos que vivem numa comunidade (*koinónia*) política. A realidade desse tipo de comunidade se deve à "atividade de pôr em comum palavras e pensamentos" (*koinónein logon kai dianoia*s)[6]. Como observa Pierre Aubenque, o verbo *koinónein* "não pode ter aqui o sentido passivo de participação numa ordem existente, mas designa a comunicação ativa e recíproca que possibilita *constituir* essa ordem"[7]. Se preferirmos, é a "participação" não no sentido do pertencimento, mas no sentido da "igualdade no tomar parte". Portanto, se tivermos entendido bem a lição aristotélica naquilo que ela tem de intransponível, não é a comunidade política que, uma vez constituída, garante a instauração da atividade de pôr em comum num contexto preexistente, mas

---

[3] Ibidem, p. 151 (traduzimos literalmente por "bens humanos", em vez de "bens deste mundo").
[4] Ver capítulo 2 deste volume.
[5] Aristóteles, *Les Politiques*, cit., p. 152.
[6] Idem, *Éthique à Nicomaque*, IX, 10 (Paris, Vrin, 1990), p. 468 (tradução modificada).
[7] Pierre Aubenque, *Problèmes aristotéliciens: philosophie pratique* (Paris, Vrin, 2011), p. 209 (grifo nosso).

é, ao contrário, a atividade de pôr em comum que faz existir o comum da comunidade política. Não que se trate do exercício de um "poder constituinte" no sentido moderno do termo[8], mas simplesmente porque pôr em comum é a atividade que propicia a existência do comum e o ampara em toda a sua duração. Dito de forma mais geral e indo muito além do sentido estrito do discurso aristotélico, *todo verdadeiro comum político deve sua existência a uma atividade contínua e constante de pôr em comum.*

Esse ponto é fundamental para nós. É o início da compreensão que se pode ter do comum como instituição – logo, da própria instituição. Por esse aspecto, a interpretação que Arendt faz de Aristóteles merece ser discutida, uma vez que ela compreende "pôr em comum palavras e ações" como uma atividade que só pode ocorrer em um contexto prévio, estabelecido pelo legislador na qualidade de "arquiteto" da constituição. É claramente a preocupação de separar o "fazer" (*poiésis*) do legislador e o "agir" (*práxis*) do homem político que leva Arendt a ver as coisas dessa forma. O fundador é o artesão que fabrica as leis, o político é aquele que age no interior do "baluarte" das leis. Nesse sentido, para Platão e Aristóteles, a atividade de construir esse baluarte, bem como a de produzir as leis, seriam "atividades pré-políticas" mais legítimas que a política e a ação propriamente ditas, porque se trata de um fazer artesanal, isto é, de *poiésis* e não de *práxis*[9]. Ao atribuir a Aristóteles essa valorização do fazer em detrimento do agir, Arendt acaba interpretando ao contrário a passagem de *Ética a Nicômaco* (1.141b 25-29) em que se distinguem dois tipos de "política": a primeira, denominada *nomothetiké*, é "legislativa", no sentido de ser relativa às "leis"; a segunda, denominada especificamente *politiké*[10], é relativa à ação e à deliberação, porque conduz à adoção de "decretos" cuja peculiaridade é decidir casos particulares e temporários. Logo em seguida, Aristóteles acrescenta: "É por isso que *administrar a cidade* é expressão reservada aos que entram na especificidade dos assuntos, pois são os únicos que realizam a

---

[8] Sobre esse sentido, ver capítulo 10 deste volume.

[9] Hannah Arendt, "Condition de l'homme moderne", em *L'Humaine condition*, cit., p. 216.

[10] Aristóteles, porém, esclarece que a designação *politiké* é comum à espécie legislativa (ver *Éthique à Nicomaque*, cit., p. 293), o que é suficiente para excluir a hipótese de essa segunda espécie se situar fora da política, portanto, de ser "pré-política": *politiké* é ao mesmo tempo a designação genérica que abrange as duas espécies e a designação específica da segunda espécie.

tarefa, sendo nisso semelhantes aos artesãos"[11]. Ora, significativamente, Arendt entende essa frase como "apenas os legisladores agem como artesãos"[12], ou seja, o contrário do que o fragmento diz: quem age como artesãos são os "administradores", isto é, os que deliberam visando à adoção de decretos, não os "legisladores", que, nesse sentido, são comparáveis aos mestres que dirigem os artesãos. Não há nada nessa frase que permita atribuir a Aristóteles a tese do caráter pré-político da legislação, por ser ela "poiética": a atividade administrativa é subordinada à atividade legisladora, assim como o particular (do decreto) é subordinado ao universal (da lei). Aliás, isso vai tão longe que Aristóteles não hesita em afirmar, nessa mesma obra, que as leis são "obra da política" (*politikés erga*)[13], o que seria incompreensível se ele situasse a legislação no pré-político. O que ele quer dizer com isso é que a legislação não tem justificação em si própria, mas que esta vem de antes, da deliberação política[14]. As regras de justiça, ou seja, as leis, instituem-se apenas no nível da comunidade política, o que significa que a lei é ao mesmo tempo o efeito e a causa dessa comunidade: é efeito no sentido de que "somente numa *pólis* há atividade legisladora"; é causa no sentido de ser a lei que diferencia a *pólis* dos aglomerados sociais que não são políticos[15]. Nesse sentido, a legislação é plenamente política e pertence à ordem do *koinónein*. No fundo, por mais estranho que possa parecer, a leitura distorcida de Arendt traz de volta a figura antidemocrática do grande nomóteta criador e instituidor da Lei (segundo o modelo de Licurgo, Sólon ou Numa). Ora, qualquer pensamento que tome como princípio a emancipação e a autonomia deve romper inequivocamente com essa figura mitológica.

Retomemos o fio de nossa demonstração. Lendo com atenção os textos de Aristóteles, distinguimos dois tipos muito diferentes de "pôr em comum": o pôr em comum todos os "bens", que compromete ou impede o comum político do "viver junto", e o das "palavras", dos "pensamentos" e das "ações", que, ao contrário, constitui esse mesmo comum naquilo que ele tem de irredutível. Entre as duas, há uma diferença decisiva: a segunda não dá

---

[11] Ibidem, p. 294.
[12] Hannah Arendt, "Condition de l'homme moderne", cit., nota 3, p. 216.
[13] Aristóteles, *Éthique à Nicomaque*, cit., p. 531 (Tricot fala de "produtos", Pierre Aubenque, de "obras").
[14] Pierre Aubenque, *Problèmes aristotéliciens*, cit., p. 81.
[15] Ibidem, p. 83.

ensejo à apropriação, não existe propriedade comum "de palavras e pensamentos", ao passo que pode haver propriedade comum de "bens", mesmo que essa propriedade não seja desejável, visto que projeta sobre a cidade um excesso de unidade que só pode prejudicá-la. Como sabemos, a solução de Aristóteles no que diz respeito à propriedade de bens não é a propriedade comum, mas o uso comum da propriedade privada[16]. Em todo caso, quando temos uma visão de conjunto do problema, é difícil evitarmos a seguinte conclusão: a atividade de comunhão que constitui o comum político não é uma atividade de apropriação, porque o comum político não é objeto de propriedade, seja de propriedade comum, seja de propriedade privada. O comum político é radicalmente *exterior à propriedade*, porque não é um "bem", e somente existe propriedade, privada ou comum, daquilo que é um bem. Em resumo, embora possa haver "bens comuns", *o comum não é um bem* – ao menos no sentido de alguma coisa que se possa adquirir e da qual se possa dispor da maneira que se queira, por exemplo, cedendo-a por meio de troca (o que o grego designa pelo termo *ktésis*).

Mas não é só isso. O comum político, seja qual for o tipo de constituição que reja a cidade, alinha-se a certa determinação da "vantagem comum" (*koiné sumpheron*). Isso significa que é preciso haver certa concordância sobre o que é justo: "O justo é o bem político (*politikon agathon*), isto é, a vantagem comum"[17]. Numa comunidade política bem constituída, essa determinação se efetua pelo caminho privilegiado da deliberação em comum sobre o que é justo fazer ou não fazer[18], deliberação coletiva que "põe em comum palavras e pensamentos" de que se tratou mais acima. Portanto, o pertencimento a essa comunidade pressupõe no indivíduo "a vontade e a capacidade de se comunicar, partilhar, comungar, participar"[19]. Isso quer dizer que apenas um homem que compartilhe com outros homens essa capacidade de pôr em comum pode formar uma comunidade política com eles. É exatamente a atividade de pôr em comum –

---

[16] Ver capítulo 1 deste volume.

[17] Aristóteles, *Les Politiques*, cit., p. 246. O grego distingue o bem no sentido de útil ou apropriado (*agathon*) do bem no sentido de aquisição e posse (*ktésis*): a vantagem comum, que não é o "interesse geral" de determinada filosofia política, constitui um bem no primeiro sentido, mas não no segundo, porque não pode ser objeto de posse.

[18] Devemos esclarecer que, para Aristóteles, o poder deliberativo é o poder exercido pela assembleia dos cidadãos.

[19] Pierre Aubenque, *Problèmes aristotéliciens*, cit., p. 171.

atualização dessa capacidade na deliberação – que funda a comunidade, e não o inverso: "O pertencimento é consequência, e não causa, da participação"[20], o que significa que *apenas a atividade de pôr em comum determina o pertencimento efetivo à comunidade política*. Mas, como a deliberação é relativa ao justo e ao injusto, isso implica que é a deliberação sobre o bem político que constitui o comum político, que o faz existir como "ordem". Aristóteles diz isso com a seguinte fórmula: "A justiça é a ordem [*táxis*] da comunidade política"[21]. Não se deve entender com isso que a justiça seja a ordem que emana da comunidade política, mas, ao contrário, que a justiça é em si mesma a atividade de "ordenação da comunidade política"[22]. A determinação intencional e racional das regras de justiça provém diretamente da participação ativa dos cidadãos na deliberação coletiva. O comum político, portanto, precisa ser instituído ativamente pela atualização da capacidade "natural" de pôr em comum[23].

Isso esclarece bastante o que chamamos de "inversão no método", pela qual devemos remontar ao agir comum como origem de todo comum, em vez de apresentar o comum como um dado natural, independente do agir humano, como substância que se pode representar, coisa que se pode possuir e trocar. Trata-se de estabelecer que o comum provém de uma atividade de pôr em comum que produz direito – no sentido daquilo que Aristóteles denomina o "justo" –, mas excluindo a possibilidade de que esse direito possa ser um direito de propriedade sobre o comum. Todavia, diferentemente de Aristóteles, não restringiremos o comum político à esfera da "cidade" – no sentido antigo de *pólis* grega ou no sentido moderno de Estado: não só porque, hoje, toda participação num comum adquire necessariamente dimensão política, mas também porque a única política capaz de devolver a esse antigo

---

[20] Ibidem, nota 1. Para evitar qualquer confusão entre causa e consequência, Pierre Aubenque traduz o verbo *koinónein* por *communiquer* (no sentido de "pôr em comum" ou "participar") e não, como fazem outros tradutores franceses, por *appartenir à une communauté* ["pertencer a uma comunidade" ou "viver em comunidade"].

[21] Aristóteles, *Les Politiques*, cit., p. 93 (aqui adotamos a tradução de Pierre Aubenque).

[22] Pierre Aubenque, *Problèmes aristotéliciens*, cit., p. 172. Portanto, devemos dar a *táxis* não o sentido de ordem estabelecida pela comunidade política e suas instâncias, mas o sentido ativo de ordenação que faz com que exista a comunidade política, sentido este que remete diretamente à atividade de comunhão.

[23] Com isso se explica que a "natureza" invocada por Aristóteles não dispensa os homens de instituir a comunidade política. Nesse sentido, o naturalismo aristotélico é o oposto da naturalização do comum analisada na primeira parte deste livro.

termo seu sentido fundamental de *koinónein* – "igualdade no tomar parte"[24], que é o próprio "pôr em comum" – é a política que tem o comum como objeto, princípio e centro de gravidade, qualquer que seja sua escala. Dessa perspectiva, a política do Estado-nação não tem nenhum privilégio particular, muito pelo contrário. Podemos recordar aqui a tese que enunciamos logo de início: *o comum a ser instituído só pode ser instituído como o indisponível e o inapropriável, não como possível objeto de um direito de propriedade.*

A "ilusão da propriedade coletiva arcaica"[25]

Para estabelecê-la, começaremos examinando a concepção que situa a "propriedade comum" nas origens da história, de tal maneira que se mostra o "restabelecimento" dessa forma de propriedade como tarefa atribuída a toda a história humana, mais ou menos como se a própria história fundamentasse um direito de apropriação do comum que caberia à humanidade realizar conscientemente. Essa concepção foi a base de um "materialismo histórico" que acreditava poder apoiar-se em dados históricos inequívocos para estabelecer a sucessão dos modos de produção caracterizados por formas de propriedade diferentes, desde o "comunismo primitivo" até o "comunismo superior". É sabido de todos que Marx viu a "propriedade comum" como forma de propriedade original, cuja existência podia ser estabelecida entre romanos, germanos e celtas, bem como entre eslavos e indianos[26]. Sua paixão por história e etnografia, transmitida a Engels, explica-se em grande parte por essa busca de um "comunismo primitivo". Bem mais difícil é saber o que ele entendia exatamente por essa "propriedade comum" e que relação estabelecia entre propriedade comum e propriedade individual. De fato, Marx sempre se recusou a contrapor essas duas propriedades. Isso

---

[24] Como observa Hegel em seu texto sobre o direito natural, os gregos tinham o verbo *politeuein* para designar a participação ativa nos assuntos públicos. Seria inexato traduzir esse verbo por "fazer política", pois essa expressão pressupõe a constituição da política como atividade especializada, reservada a uma minoria de profissionais: *politeuein* significa "tomar parte" nos assuntos públicos como coisa própria a todos os cidadãos, o que implica o "pôr em comum" ou *koinónein*.

[25] Tomamos essa frase de empréstimo a Alain Testart, que com ela intitula a primeira parte de seu texto "Propriété et non-propriété de la terre", *Études Rurales*, n. 165 e 166, jan.-jun. 2003, p. 1.

[26] Karl Marx, *O capital*, Livro I, cit., nota 30, p. 152.

aparece claramente na célebre frase do capítulo 24 do Livro I de *O capital*, segundo a qual a "negação da negação" restabelece não a "propriedade privada", mas a "propriedade individual" "sobre a base da cooperação e da posse comum da terra e dos meios de produção"[27]. Mas talvez apareça melhor na passagem dos *Grundrisse* sobre as "formas que precederam a produção capitalista", na qual Marx compara a forma romana da propriedade pública à antiga forma germânica da propriedade comum.

Vamos retomar brevemente os dados históricos nos quais Marx tentou basear sua concepção de revolução e considerar como podia interpretá-los com esse trabalho de comparação entre forma romana e forma germânica. A forma romana repousa especificamente sobre a distinção entre *ager publicus* (ou domínio público) e propriedade familiar privada. A instituição do *ager publicus* teve papel importante durante toda a história da República Romana, desde as origens arcaicas até o início do Império[28]. Quando conquistou a Itália, Roma confiscou parte das terras dos vencidos, que se tornou propriedade do povo romano, e ali assentou colonos oriundos da baixa plebe. Tratava-se, portanto, do "conjunto dos imóveis que faziam parte do domínio do Estado e, por isso mesmo, eram inalienáveis e imprescritíveis, embora não se destinassem ao serviço público"[29]. Esses bens podiam ser concedidos em lotes aos cidadãos da plebe, mas como "possessão" (*possessio*), não como "propriedade" (*dominium*), o que significa que se atribuíam a esses cidadãos o uso e o gozo privado de dada parcela, mas não o direito de delimitá-la[30]. Posteriormente, o Estado adquiriu o hábito de conceder o

---

[27] Ibidem, p. 832. Para uma interpretação dessa frase, ver Pierre Dardot e Christian Laval, *Marx, prénom: Karl*, cit., p. 641 e seg.

[28] Marx leu em 1855 *Histoire romaine*, de Barthold Georg Niebuhr; no capítulo intitulado "Du domaine public et de la jouissance de ce domaine" [Do domínio público e do gozo desse domínio], o autor explica a origem e a natureza do *ager publicus*. Ver Paul Sereni, *Marx, la personne et la chose* (Paris, L'Harmattan, 2007), p. 152-4.

[29] Segundo a definição do verbete "*Ager publicus*" (tomo IV, p. 133) do monumental *Dictionnaire des antiquités grecques et romaines*, de Daremberg e Saglio (Paris, Hachette), cuja publicação se estendeu de 1877 a 1919. Niebuhr é citado na nota 16, quando se trata da *deditio* [rendição], fórmula solene pela qual se podia anexar um território estrangeiro ao *ager publicus* (o outro caminho era a força, após a destruição de uma cidade).

[30] Paul Sereni, *Marx, la personne et la chose*, cit., p. 144. Em *Lettre à M. Blanqui sur la propriété*, de 1841, Proudhon cita o exemplo da República Romana para justificar sua concepção de "posse" como forma de apropriação que exclui o direito absoluto e a soberania ilimitada sobre as coisas (ibidem, p. 147-8).

gozo quase gratuito de grandes extensões de terras públicas a seus credores, que na maioria das vezes eram membros da *nobilitas*. Da perspectiva adotada por Marx nos *Grundrisse*, o que caracteriza a Roma da Antiguidade é certo tipo de articulação entre a propriedade comum e a posse privada, de modo que o fato de pertencer ao Estado constitui a pressuposição dessa posse. Só esse pertencimento dá acesso à apropriação privada do solo: "O proprietário privado de terras só pode sê-lo como romano, mas, sendo romano, ele é proprietário privado de terras", de modo que "o cidadão [...] é e deve ser proprietário privado"[31]. De fato, para Marx, a questão romana por excelência é: "Que modo de propriedade cria os melhores cidadãos?". Ora, o melhor cidadão é justamente aquele para o qual pertencer ao comum do Estado é garantia de ter posse privada, o que tem a vantagem de respeitar certa igualdade entre camponeses livres e independentes, cada um dos quais tem igual direito à posse de um lote particular.

Se examinarmos as páginas dedicadas à comparação entre a forma germânica e a forma romana de propriedade, veremos que a relação da primeira com a segunda é de inversão. Entre os germanos, explica Marx, o *ager publicus* aparece como simples "complemento da propriedade individual"; entre os romanos, ao contrário, o domínio público aparece "como existência econômica particular do Estado, ao lado [*neben*] dos proprietários privados"[32]. Como devemos entender esse "ao lado"? Os proprietários privados, que são privados "no sentido próprio do termo", isto é, no sentido de que são "privados de" qualquer porção do *ager publicus*, são os mais ricos, os que já possuem um *ager privatus*. Isso é pura consequência do fato de que as terras do domínio público são destinadas originalmente àqueles cidadãos que não têm nenhuma cota própria de terra. Assim, os proprietários privados, "no sentido próprio do termo", não são os plebeus a quem o Estado concede a posse de um lote de terra, mas os patrícios que estão literalmente "excluídos do *ager publicus*". Temos, portanto, duas formas de apropriação privada: a da "posse" e a da "propriedade", das quais a primeira é obtida por atribuição de partes da terra comum e a segunda só existe fora dessa terra. Nessas condições, afirmar que, entre os germanos, o domínio público é apenas "complemento da propriedade individual" é afirmar que, para eles, a "propriedade individual" tem primazia em relação à propriedade

---

[31] Karl Marx, *Grundrisse*, cit., p. 392 e 398.
[32] Ibidem, p. 396.

comum. Essa propriedade individual é, na verdade, a da residência familiar, que forma um "centro autônomo de produção" separado dos outros por "longas distâncias". Portanto, se há um *ager publicus*, é na forma de "terra comunal" ou "terra do povo", que é a "área de caça, área de pastagem, área de extração de lenha etc.". Em vez de o pertencimento ao domínio público ser "pressuposto" ou "condição" da apropriação privada da terra, como na forma romana, nesse caso é a propriedade individual da família que condiciona o acesso aos bens comunais, sendo estes últimos propriedade comum de várias famílias que se reconhecem como membros de uma mesma "tribo" (*Stammwesen*). A inversão consiste, portanto, no fato de que aquilo que é "pressuposto" na forma romana é "resultado" na forma germânica: nesse último caso, a propriedade comum resulta das relações mútuas entre os proprietários individuais ou, como diz Marx, de "sua *assembleia efetiva* para fins comunitários"; nesse sentido, ela aparece como mero "acessório comunitário" das apropriações individuais da terra[33].

Desse ponto de vista, o que determina o valor da propriedade comum dos antigos germanos é a *separação entre o comum e o estatal*; de fato, é essa separação que autoriza sua projeção nas origens da história. No *ager publicus* germânico como "comum originário", podemos dizer que houve um "público ainda não estatal" que, apenas em virtude de sua existência passada, prescreveria ao "comum do futuro" que realizasse todas as virtualidades de um público não estatal no e pelo enfraquecimento do Estado. Em todo caso, o privilégio desse comum original é pôr em evidência a possibilidade de distinção entre o que é simplesmente individual e o que é privativamente individual; de fato, esse comum apenas prolongava uma apropriação individual que não era em si mesma "privada", no sentido de *dominium* ou direito exclusivo e ilimitado sobre alguma coisa. Podemos falar de "posse", sem dúvida, desde que acrescentemos que essa posse tem a particularidade de não ser nem atribuída nem garantida pelo Estado, ao contrário da *possessio* romana da qual gozavam os plebeus. Como vimos, o germano é proprietário individual *e* membro de uma tribo, de modo que, se tem participação no terreno comum (de caça, pastagem etc.), é *como* proprietário individual. Ele não conhece a propriedade "privada" no sentido do que é exclusivo e excludente: se em Roma o rico proprietário exclui todos os outros, sendo ele mesmo "privado de" acesso ao comum, na Germânia o proprietário individual tem acesso ao

---

[33] Ibidem, p. 397 e 396.

comum na qualidade de proprietário individual[34]. Portanto, Marx acredita ter razões bem fundamentadas para falar de uma "propriedade efetivamente comum dos proprietários individuais, e não da associação desses proprietários dotada de existência particular, como na cidade, separada deles próprios como indivíduos singulares"[35]. Assim, a forma germânica como forma original seria um exemplo duplo de propriedade comum *não estatal* e propriedade individual *não privada*. Assim, compreende-se melhor sua importância para a concepção materialista da história.

Do ponto de vista histórico e antropológico, a questão que se apresenta é saber se, com a antiga forma germânica, estamos realmente diante de uma "propriedade comum" do solo, como Marx afirma várias vezes. Na obra *Avant l'histoire*[36], Alain Testart tenta discernir o "sentido da história" na evolução das primeiras formas de vida social a partir daquilo que ele chama de "invenção da riqueza". Observa que as sociedades que a etnografia assemelhou ao Neolítico (Melanésia e América do Norte) só veem uma "vantagem" na riqueza: a consideração social ou estima propiciada por sua posse. Não existe salariato; portanto, não existe poder sobre aqueles que recebem por seu trabalho e, sobretudo, não existe possibilidade de a riqueza produzir riqueza, sendo investida em terras. Falta, por completo, a base da distinção em classes sociais: a terra não pode "ser arrendada pelo proprietário e lhe propiciar um rendimento, o aluguel, que também podemos chamar de renda fundiária"[37]. O *status* de proprietário é condicionado pelo uso efetivo do objeto de propriedade, o que implica que a falta de uso leva, ao cabo de alguns anos, à perda do título de propriedade. Daí a distinção que Testart faz entre duas formas muito diferentes de propriedade: a forma historicamente mais antiga é a que ele denomina "usufundada", porque "se fundamenta no uso contínuo no decorrer do tempo e na medida em que esse uso pode ser demonstrado"[38]. Esse condicionamento da propriedade pela

---

[34] Paul Sereni, *Marx, la personne et la chose*, cit., p. 159.

[35] Karl Marx, *Grundrisse*, cit., p. 397.

[36] Alain Testart, *Avant l'histoire: l'évolution des sociétés de Lascaux à Carnac* (Paris, Gallimard, 2012).

[37] Ibidem, p. 407.

[38] Ibidem, p. 408. Testart cita estas palavras de um antropólogo a respeito dos inuítes: "Em princípio, a situação é a seguinte: *a posse pessoal é condicionada pelo uso real da propriedade*; um homem que não utiliza sua armadilha para pegar raposas deve permitir a outro indivíduo que a utilize" (ibidem, p. 409).

efetividade atestada do uso ao longo do tempo impossibilita a propriedade fundiária, porque o lavrador e o proprietário são uma única e mesma pessoa. Em oposição, nossa forma de propriedade é "fundiária", porque "se fundamenta na consideração dos fundos, independentemente do trabalho que estes suscitem ou do uso que é feito deles": o fato de o proprietário cultivar a terra, arrendá-la ou deixá-la inculta não muda em nada seu estatuto de proprietário[39]. Consequência disso é que a riqueza não pode ter as mesmas funções nos dois regimes de propriedade: no regime de propriedade fundiária, a riqueza é a base do poder econômico, uma vez que se torna fonte de rendimentos mediante investimento; no regime de propriedade usufundada, o excesso de riqueza converte-se em prestígio social somente por ocasião de festas suntuosas, porque não pode ser investido.

Partindo dessa distinção fundamental, Testart apresenta a hipótese geral de que as sociedades de tipo neolítico conhecem apenas a propriedade usufundada da terra e esboça o sentido da evolução social destacando três grandes conjuntos que, segundo ele, formam "três mundos": o "mundo I" agrupa todas as "sociedades sem riqueza", que conhecem apenas a propriedade usufundada; o "mundo II" compreende todas as "sociedades com riqueza e propriedade usufundada"; o "mundo III" inclui todas as "sociedades com riqueza e propriedade fundiária". A sucessão histórica desses três mundos – do "mundo I" ao "mundo II" e do "mundo II" ao "mundo III" – define uma forma de "sentido da história" ligada à importância crescente da riqueza. Convém esclarecer que esses mundos correspondem a nossos períodos arqueológicos apenas de forma aproximada: por exemplo, embora as sociedades de tipo neolítico pertençam ao "mundo II", não podemos fazer o Neolítico coincidir com esse mundo, uma vez que certas sociedades da Idade do Ferro também pertencem a ele, assim como certas sociedades de caçadores-coletores sedentários e estocadores, como as da Califórnia, embora não fossem agrícolas[40]. Essa hipótese geral derruba o pressuposto de que as sociedades de caçadores-coletores –, assim como as sociedades do Neolítico, que muito provavelmente herdaram das primeiras a propriedade usufundada – seriam sociedades em que não existia propriedade ou a propriedade existia apenas na forma de propriedade coletiva. O que causa embaraço aqui é precisamente a *confusão entre propriedade usufundada e propriedade coletiva*. Porque a propriedade usufundada, por mais que exclua

---

[39] Idem.
[40] Ibidem, p. 410.

a miséria e a expropriação do trabalhador, ou seja, a existência de camponeses sem terra, não exclui as desigualdades, as hierarquias:

> É uma verdadeira propriedade – e não, como se disse, apenas um usufruto – e uma propriedade dos meios de produção, capaz de gerar desigualdades e pesadas dependências. Mas *não permite a expropriação do trabalhador*, não permite, para empregar a linguagem de Marx, a separação do trabalhador de seus meios de produção. Desde que o trabalhador trabalhe sua terra, ninguém pode tomá-la dele.[41]

Portanto, é preciso tomar cuidado para não deduzir precipitadamente da ausência de separação entre trabalhador e meios de produção a ausência de desigualdades em decorrência de uma suposta propriedade coletiva desses meios. Do fato de que "a miséria nasce com a propriedade fundiária" deve-se concluir que as sociedades de tipo neolítico não eram "sociedades de luxo e miséria", mas não que eram "sociedades igualitárias". A ideia de uma "sociedade igualitária" nas origens da história fica assim destituída de caráter de evidência antropológica.

O exemplo dos antigos germanos, tão valorizado por Marx, merece ser analisado. Esse povo bárbaro pertence tanto à Idade do Ferro como ao "mundo II" (riqueza e propriedade usufundada). Apoiando-se nos textos clássicos relativos à propriedade fundiária – dois excertos de *A Guerra das Gálias*, de César, e um texto de *Germânia*, de Tácito –, Testart se distingue dos que preferiram ver essas obras como "provas do caráter coletivo – público ou comunitário – da propriedade da terra"[42]. Nenhum desses autores utiliza a expressão *ager publicus* para caracterizar a propriedade das terras nem fala de *populus* ou *civitas*. Ao contrário, veem "ausência de propriedade" porque não têm uma noção adequada, apta a explicar a diferença entre o regime de propriedade dos germanos e aquele ao qual estavam acostumados. Apenas a noção de propriedade usufundada pode explicá-la, ao menos por duas razões. A primeira é que as terras cultivadas são nitidamente distintas das terras cultiváveis não cultivadas: a abundância destas é que torna factível a partilha[43],

---

[41] Ibidem, p. 417.
[42] Ibidem, p. 431.
[43] Ibidem, nota 3, p. 430. Tácito escreve (os colchetes de "terras" são nossos): "A extensão das [terras] não cultivadas torna fácil essa partilha. As [*arva*] mudam no decorrer dos anos e há mais terras [agricultura] do que as que são lavradas". Testart esclarece na mesma nota que Tácito contrapõe *ager* (a terra em geral) e *arvum* (a terra lavrada, semeada).

uma vez que, "não sendo propriedade, o que não é cultivado" pode ser partilhado, ao passo que o que é cultivado, sendo de uso concreto, não pode ser partilhado. É exatamente o que se encontra na propriedade usufundada. O segundo motivo é que tanto César como Tácito falam de uma "redistribuição anual das terras". Também nesse caso, trata-se de uma prática que condiz com a propriedade usufundada: "Cada indivíduo, embora não tenha nenhum direito sobre uma terra que não cultiva, tem direito, ao mesmo tempo, de ter uma terra para cultivar"[44]. As terras são atribuídas em função das necessidades, mas essas necessidades variam conforme a posição social de cada indivíduo (o que Tácito chama de *dignatio*), ou seja, do número de clientes e escravos que dependem dele. Portanto, a distribuição não é igualitária, mas a terra ainda não é "um meio de dominação social", porque os poderosos não podem acumulá-la, espoliando os humildes de seu quinhão. Além do mais, cabe esclarecer que, no caso dos germanos, a propriedade usufundada não é herdada – diferentemente do que ocorre de modo geral. Resumindo, estamos diante de uma sociedade profundamente desigualitária que, no entanto, não é uma "sociedade de classes" no sentido de Marx, isto é, uma sociedade em que os trabalhadores são separados dos meios de produção, que se tornam propriedade exclusiva dos não trabalhadores.

O que acontece com o "sistema político" nesse tipo de sociedade (a sociedade do "Mundo II") e, mais em particular, no caso dos antigos germanos? Alinhando-se à opinião geral, Testart postula para o conjunto do Neolítico europeu "sociedades sem Estado". Mas toma o cuidado de distinguir três grandes categorias de sociedade[45]: a primeira caracteriza-se pela "ausência de qualquer poder de função", o que significa que o poder deriva não da função, mas da riqueza despendida de maneira ostensiva; a segunda caracteriza-se pela existência de "conselhos" que funcionam como assembleias soberanas em todos os níveis da vida social (aldeia, tribo, confederação), a exemplo da "democracia primitiva" à qual se refere Morgan quando fala dos iroqueses; a terceira caracteriza-se pela "organização baseada em linhagem", típica da África, que sempre se define por referência a um ancestral fundador e por solidariedade ou corresponsabilidade (por exemplo, no caso de um membro ter uma dívida), e cujo chefe é o mais velho em linha direta. As instituições dos antigos germanos nos põem diante de uma

---

[44] Ibidem, p. 431.
[45] Ibidem, p. 451-7.

espécie de "democracia militar", segundo Engels[46], que permite associá-los à segunda categoria. De fato, o comando exercido pelos generais não depende de um poder reconhecido que lhes garanta obediência: "Vão à guerra apenas os que querem", porque gostam do chefe e da expedição planejada; "não há serviço militar obrigatório"[47]. Por isso, os exércitos germânicos são "pequenos exércitos privados autossustentados pela pilhagem", que se baseiam, antes de tudo, no vínculo pessoal da "camaradagem guerreira". Acrescente-se a isso uma "assembleia do povo" (também denominada *concilium*), à qual são submetidas as "grandes questões" discutidas previamente pelos "chefes".

Por tais características, a organização política dos antigos germanos se diferenciava não apenas da organização política dos romanos, mas também da dos gauleses da mesma época, que faziam recrutamento em massa de tropas e convocação para assembleia do povo em armas, assim como a cobrança de impostos. Tudo isso parece atestar a existência de Estados entre eles. "A diferença entre os germanos, que só participavam das guerras se estas fossem de seu agrado, e os que eram obrigados a guerrear é a diferença entre não Estado e Estado"[48]. A antiguidade da forma da assembleia do povo na Europa, a semelhança entre as assembleias populares dos antigos germanos e o *thing* na Escandinávia medieval e na Islândia, a ausência de tradição análoga no Oriente Próximo ou no Extremo Oriente são indícios convergentes que levam Testart à "hipótese de um fundo comum antiquíssimo na Europa, com regimes do tipo 'democracia primitiva' desde o início do Neolítico"[49]. Dessa perspectiva, os gregos não teriam "inventado" a democracia, mas teriam "aperfeiçoado uma forma muito antiga", dando-lhe instituições mais adequadas ao novo regime da cidade[50]. Mostra-se então um contraste nítido entre o Oriente do quarto e do terceiro milênio a. C. e a Europa bárbara do segundo e do primeiro milênio a. C.: enquanto no Oriente as invenções do bronze, da cidade, da escrita e do Estado se difundiram de forma associada, a Europa bárbara acatou a invenção do bronze e

---

[46] Engels emprega a expressão apenas uma vez, mas não a define de modo claro e não a reserva exclusivamente aos germanos (ibidem, nota 2, p. 483).
[47] Ibidem, p. 482.
[48] Ibidem, p. 485.
[49] Ibidem, p. 488.
[50] Ibidem, p. 488-9.

rejeitou as outras três. Na esteira de Pierre Clastres, pode-se explicar essa rejeição por "uma espécie de presciência dos horrores do despotismo", vinculada à preocupação excessiva com a divisão da sociedade. É mais plausível, porém, atribuir-lhe causa "política": o que permitiria explicar o motivo dessa rejeição é a tradição multimilenar da "democracia primitiva", que se caracteriza, acima de tudo, pela existência de uma "assembleia que designa os chefes guerreiros, conferindo-lhes poder de delegação e sendo, por isso mesmo, capaz de destituí-los". Em resumo, as instituições da democracia não eram favoráveis ao nascimento do Estado, ao contrário das organizações por linhagem[51]. Percebe-se que o exemplo dos antigos germanos está muito longe da imagem idealizada de sociedade igualitária baseada numa "propriedade individual realmente comum". A verdade é que ele apresenta uma combinação de propriedade usufundada, desigualdades e hierarquias sociais muitas vezes bastante pronunciadas e "democracia militar", em que o poder dos chefes é limitado por uma assembleia. Portanto, se havia um "comum não estatal", não era o da terra, mas aquilo que essa assembleia encarnava, uma vez que ela não era propriedade de ninguém, não podia ser confiscada por um chefe e implicava certa forma de "igualdade no tomar parte".

De maneira mais ampla, é preciso recusar a tese da propriedade arcaica coletiva ou comum, tese bastante difundida na segunda metade do século XIX, que será adotada por Marx e Engels com intuitos facilmente identificáveis. Em retrospectiva, ela aparece essencialmente ligada à maneira como esse século se pensou a partir da categoria "individualismo"[52]. Em sentido estrito, o direito de propriedade é o mais "absoluto" dos direitos sobre as coisas (*plena in re potestas*), por implicar que seu titular goze da totalidade dos seguintes direitos: direito de uso (*usus*), direito sobre os frutos (*fructus*) – também denominado direito de gozo, que abrange tanto os "frutos naturais" como os "frutos civis", isto é, os rendimentos de um bem – e, por último, o direito de abusar (*abusus*) ou dispor, tanto destruindo a coisa e alterando sua substância quanto vendendo-a ou dando-a[53]. Evidentemente, a faculdade de dispor da coisa, seja para destruí-la, seja para alterar sua substância, é primordial na definição do direito de propriedade, e é a partir daí que convém esclarecer a noção em geral imprecisa de "propriedade coletiva".

---

[51] Ibidem, p. 511.
[52] Alain Testart, "Propriété et non-propriété de la terre", cit., p. 16-7.
[53] Ibidem, p. 3.

Segundo Testart, é possível distinguir três sentidos no direito francês: a "propriedade indivisa", cujo caso típico é o dos herdeiros; a propriedade das pessoas morais (uma abadia na Idade Média ou uma sociedade nos dias atuais); e a propriedade pública. Em relação à primeira, não há dúvida de que se trata de uma propriedade privada sujeita à condição de concordância dos outros membros da coletividade – bastante restrita, de resto. No caso das pessoas morais, trata-se de uma propriedade coletiva, mas apenas "nominal", no sentido de que só é "coletiva" em referência à coletividade em nome da qual é gerida. Quanto à propriedade pública, grande parte dela se identifica com a propriedade de Estado, que não se confunde com a propriedade dos cidadãos porque eles não têm acesso a ela; outra parte (estradas, espaços comunais etc.) é acessível a todos, mas não é propriedade dos cidadãos. A conclusão é inequívoca: "A propriedade pública nunca é propriedade de todos"[54]. Quando examinamos sob a luz dessas definições a situação da África, onde ainda existem partidários da ideia de propriedade coletiva da terra, percebemos que ali também essa hipótese é insustentável, apesar das comparações às vezes ensaiadas com o *mir* russo ou as comunas rurais na França. A "aldeia" é a única candidata séria à propriedade coletiva da terra. O problema é que ela não goza de nenhum dos direitos que constituem o direito de propriedade: nem direito de uso, nem direito de *fructus*, nem direito de dispor ou alienar[55]. O chefe da aldeia divide as terras não ocupadas entre os chefes de família, mas isso não é suficiente para tornar a aldeia proprietária dessas terras. De fato, essas terras não ocupadas, as únicas efetivamente geridas pela comuna, não são da ordem da propriedade coletiva, mas da "não propriedade": elas não são bens e não são passíveis de apropriação; nesse sentido, são *res nullius*[56]. Além do mais, a categoria de usufruto – os indivíduos particulares seriam apenas usufrutuários – também não pode ser considerada, porque só tem sentido em oposição ao proprietário verdadeiro ou "nu-proprietário", que não existe nesse caso[57]. Portanto, temos de admitir que "os homens e suas famílias é que são os verdadeiros proprietários da terra na África"[58].

---

[54] Ibidem, p. 7.
[55] Ibidem, p. 14-5.
[56] Ibidem, p. 23-5. Sobre a *res nullius*, ver capítulo 1 deste volume.
[57] Ibidem, p. 16.
[58] Idem.

O advento do individualismo proprietário

Como se constituiu, nessas condições, esse "individualismo possessivo", para usarmos o conceito de C. B. Macpherson, que representou a humanidade civilizada como uma associação de proprietários privados? Em primeiro lugar, foi preciso reinterpretar e desviar o curso da longa tradição teológica datada do *Livro dos Salmos* e já evocada anteriormente[59], que fazia da terra um dom da graça de Deus a suas criaturas. Originalmente Deus é o único dono (*dominus*) da terra, mas o pecado levou os homens a organizar-se de tal maneira que pudessem viver em conformidade com a ordem natural, da qual a conservação da vida é uma das primeiras exigências. Gozar dos bens de seu próprio trabalho, assegurar os meios de viver dignamente por meio da economia e da constituição de um patrimônio pessoal são coisas que pressupõem um direito de propriedade baseado na razão, como indica Tomás de Aquino na *Suma teológica**. Discutindo as teses de são Basílio e santo Ambrósio sobre a comunidade dos bens, Tomás de Aquino distingue a propriedade como tal, que é a de Deus em sua soberania absoluta sobre a criação, e os usos da terra organizados pelo direito positivo, que é a expressão da razão humana e torna lícita a posse dos bens externos:

> A comunidade de bens é dita de direito natural não porque o direito natural prescreva que tudo seja possuído em comum e nada seja próprio, mas porque a divisão das posses é estranha ao direito natural; ela depende das convenções humanas e, por isso, será da alçada do direito positivo, como se estabeleceu acima. Assim, a propriedade não é contrária ao direito natural, mas acrescenta-se a ele por uma especificação da razão humana.

Portanto, a propriedade privada não é exatamente "natural", como dirá depois o dogma católico lembrado pelo papa Leão XIII em 1891, na encíclica *Rerum novarum*, inteira e explicitamente dirigida contra a doutrina socialista da propriedade coletiva[60]; mas a posse para prover às próprias

---

[59] Ver capítulo 2 deste volume.

* Tomás de Aquino, *Suma teológica*, II-II, questão LXVI, art. 2. (N. E.)

[60] Leão XIII, *Rerum novarum: da condição dos operários*, 15 de maio de 1891. O alvo da encíclica é o socialismo: "Por tudo que acabamos de dizer, compreende-se que é absolutamente necessário repudiar a teoria socialista da propriedade coletiva, porque é prejudicial àqueles mesmos a que se quer socorrer, é contrária aos direitos naturais dos indivíduos, desnatura as funções do Estado e perturba a tranquilidade pública. Que fique bem assente, pois, que o primeiro fundamento que se deve estabelecer para todos os que querem sinceramente o bem do povo é a inviolabilidade da propriedade privada". A Igreja Católica marcou assim a sua adesão incondicional aos princípios ideológicos do capitalismo.

necessidades é lícita, porque necessária à vida. Inspirando-se até certo ponto nas observações de Aristóteles sobre os problemas apresentados pela propriedade comum de bens, Tomás de Aquino defende a propriedade privada, referindo-se às incitações da vantagem pessoal:

> É até mesmo necessária à vida humana, por três razões: 1ª) Cada um gere o que lhe pertence de próprio com mais zelo do que aquilo que é comum a todos ou a muitos, porque cada um, fugindo do esforço, deixa aos outros o cuidado de prover à obra comum; é o que acontece quando há muitos servos. 2ª) Existe mais ordem na administração dos bens quando o cuidado de cada coisa é confiado a uma pessoa, ao passo que haveria confusão se todos se ocupassem indistintamente de tudo. 3ª) A paz entre os homens é mais garantida se cada um se encontra satisfeito com o que lhe pertence; assim, vemos litígios frequentes entre os que possuem alguma coisa comum e indivisa.*

A razão humana mostra a necessidade prática da divisão das posses e da garantia delas pela lei positiva. É essa a *guinada* instituída pela escolástica, que encontramos mais tarde sob a pluma de Leão XIII:

> O que em nós se avantaja, o que nos faz homens, nos distingue essencialmente do animal, é a razão ou a inteligência, e em virtude dessa prerrogativa deve reconhecer-se ao homem não só a faculdade geral de usar as coisas exteriores, mas ainda o direito estável e perpétuo de as possuir, tanto as que se consomem pelo uso, como as que permanecem depois de nos terem servido.

O argumento escolástico serviu, portanto, para romper com o ideal da comunidade de bens dos primeiros cristãos e dos Padres da Igreja, dando "naturalmente" ao homem, isto é, conforme sua essência de ser racional, não apenas o direito como o dever de "dominar a natureza". Esse argumento repousa, acima de tudo, na ideia de que o homem é "de certo modo, em si mesmo, sua lei e sua providência", e isso porque "tem o poder de escolher as coisas que julga mais capazes de prover não somente ao presente, mas também ao futuro", como escreve Leão XIII. A justificação da propriedade pela natureza racional do homem permite desqualificar as frequentes referências que os comunistas e os socialistas faziam aos quatro evangelistas e aos Padres da Igreja no século XIX:

> Não se oponha também à legitimidade da propriedade particular o fato de que Deus concedeu a terra a todo o gênero humano para a gozar, porque

---

* Tomás de Aquino, *Suma teológica*, II-II, questão LXVI, art. 2. (N. E.)

Deus não a concedeu aos homens para que a dominassem confusamente todos juntos. Tal não é o sentido dessa verdade. Ela significa, unicamente, que Deus não assinou uma parte a nenhum homem em particular, mas quis deixar a limitação das propriedades à indústria humana e às instituições dos povos. Aliás, posto que dividida em propriedades particulares, a terra não deixa de servir à utilidade comum de todos, atendendo a que não há ninguém entre os mortais que não se alimente do produto dos campos. Quem os não tem, supre-os pelo trabalho, de maneira que se pode afirmar, com toda a verdade, que o trabalho é o meio universal de prover às necessidades da vida, quer ele se exerça num terreno próprio, quer em alguma parte lucrativa cuja remuneração sai apenas dos produtos múltiplos da terra, com os quais ela se comuta.

A justificação da propriedade pelo vínculo com o trabalho e a necessidade não poderia ter sido mais bem formulada. É preciso dizer que a Reforma já batera na mesma tecla, enaltecendo os grandes méritos do trabalhador e do poupador e denunciando os vícios – e até os crimes – que são o ócio, o parasitismo social e a luxúria. Calvino sustentara que o verdadeiro dom de Deus não era tanto a natureza, e sim a propriedade privada necessária ao bem da comunidade. Consumara-se uma revolução completa: não foi apenas a terra que Deus deu em comum aos homens, mas a faculdade de raciocínio, o gosto pelo trabalho, a consciência de si mesmo e do corpo, em suma, tudo que faz da propriedade privada um direito genuinamente sagrado. Tanto no catolicismo como no protestantismo, abriam-se assim as portas para a naturalização do capitalismo e das desigualdades sociais.

Mas o argumento escolástico não era suficiente. Locke irá bem além, consagrando a propriedade privada como um direito natural. No capítulo 5 de *Segundo tratado sobre o governo*, ele pretende fundamentar a propriedade no direito natural de cada indivíduo sobre sua própria pessoa, seu corpo e suas faculdades, portanto sobre seu trabalho, que nada mais é que suas faculdades postas em prática[61]. Assim, o direito de propriedade sobre o mundo exterior tem como justificação primeira e incontestável a propriedade de si mesmo. O direito de posse não é justificado por motivos de simples conveniência e utilidade, como pode conceber a razão humana, mas por um direito fundamental que cada um tem sobre si mesmo. Sabe-se que,

---

[61] John Locke, *Le Second traité du gouvernement* (Paris, PUF, 1994), § 27 [ed. bras.: *Segundo tratado sobre o governo civil*, trad. Magda Lopes e Marisa Lobo da Costa, Petrópolis, Vozes, 1994].

em Locke, a propriedade é entendida em vários sentidos diferentes. Em sentido geral, a propriedade é um conceito que engloba "a vida, a liberdade e os bens". Contra a tese absolutista que dá a propriedade da terra a Adão e seus sucessores, Locke lembra que a terra é originalmente de todos. Desse modo, ele se vincula à interpretação da comunidade primitiva em termos de "comunidade positiva", contra a ideia de "comunidade negativa" defendida por Grócio e Pufendorf: a comunidade existia não no sentido de que nada era de ninguém, mas no sentido de que Deus fez os homens copossuidores da terra e de todos os bens da natureza[62]. Deus, porém, não deu a terra em comum para que ficasse infecunda, e sim para o uso produtivo. É o trabalho que confere a legitimidade e a medida da propriedade dos bens. A primeira propriedade é a de si mesmo. O direito de propriedade se baseia no direito de autoconservação, o que, por associação, permite justificar a propriedade de tudo que procede do esforço pessoal do indivíduo, despendido por meio de seu próprio corpo. Os bens que me pertencem são como prolongamentos, frutos e meios de conservação do meu corpo pessoal. O axioma desse novo regime normativo é o do indivíduo proprietário de seu eu e de seu corpo. Essa evidência primordial da propriedade de si por parte do indivíduo proprietário será reiterada para tornar o direito de propriedade um direito natural e sagrado e, ao mesmo tempo, uma condição da vida e da comodidade[63]. Esse individualismo proprietário é um ponto do dogma econômico que se encontra intacto na economia neoclássica até hoje predominante. Léon Walras escreveu:

> As faculdades pessoais são propriedade do indivíduo por direito natural. Em outros termos, toda pessoa pertence a si mesma, porque toda pessoa, isto é, toda criatura racional e livre, tem o direito e o dever de perseguir seus objetivos e cumprir seu destino, e é responsável por esse perseguir, por esse cumprir. Aplica-se aqui o princípio da desigualdade das posições que nos ordena o gozo proporcional aos nossos esforços. [...] Aliás, sendo o indivíduo proprietário de

---

[62] Ver sobre esse ponto: Pierre Dardot e Christian Laval, *La Nouvelle raison du monde*, cit., p. 82.

[63] John Locke, *Le Second traité du gouvernement*, cit., § 44, p. 34: "[É] evidente que, ainda que as coisas da natureza sejam dadas em comum, o homem possuía em si mesmo – porque é senhor de si mesmo e *proprietário de sua pessoa* e das ações ou do *trabalho* dessa mesma pessoa – *o grande fundamento da propriedade*; o que constituía a maior parte das coisas que ele utilizava para o sustento e prazer de sua vida, depois que a invenção das artes tinha melhorado as condições de sua existência, tudo isso era perfeitamente seu e não pertencia em comum aos outros".

suas faculdades pessoais, será proprietário de seu trabalho e proprietário de seu salário, bem como dos produtos, das rendas consumíveis ou dos capitais novos que forem adquiridos por ele com seu salário.[64]

O argumento burguês teve grandes defesas em momentos cruciais, quando a classe proprietária se sentiu ameaçada. Adolphe Thiers, para enfrentar o perigo socialista, chegou a invocar um "instinto natural do homem, da criança e do animal, propósito único, recompensa indispensável do trabalho" em sua defesa da propriedade, em 1848[65]. Thiers se aplica "laboriosamente", como ele mesmo diz, a justificar a propriedade por sua universalidade social e naturalidade corporal, e isso diante do perigo representado pelos inimigos da sociedade. Diz ele que, onde quer que haja sociedade, há propriedade: trata-se de um "fato geral, universal, sem nenhuma exceção"[66]. É porque, para ele, o instinto de propriedade está ligado a nossa faculdade universal de ter sensação e consciência de nossa individualidade espiritual e corporal: "Primeiro eu, depois as minhas faculdades físicas ou intelectuais, meus pés, mãos, olhos e cérebro, em uma palavra: minha alma e meu corpo"[67]. A convenção social soma-se a esse "instinto" quando o homem se torna sedentário e estabelece leis mais firmes e mais bem elaboradas:

> Assim, à medida que se desenvolve, o homem se torna mais apegado ao que possui, mais proprietário, em suma. Em estado bárbaro, dificilmente é proprietário; em estado civilizado, é proprietário com paixão. Disseram que a ideia da propriedade estava perdendo força no mundo. Isso é um erro de fato. Ela está se regrando, especializando e afirmando, em vez de enfraquecer.[68]

Não se pode questionar esse fato ao mesmo tempo natural e convencional sem regredir, porque a civilização nada mais é que a propagação, o fortalecimento e o refinamento do direito de propriedade: "Em todos os povos, por mais rudes que sejam, encontra-se a propriedade, primeiro como fato e depois como ideia, ideia mais ou menos clara, conforme o grau de

---

[64] Léon Walras, *Études d'économie sociale: théorie de la répartition de la richesse sociale* (Paris, F. Pichon, 1896), p. 214-5.
[65] Adolphe Thiers, *De la propriété* (Paris, Paulin, Lheureux et Cie, 1848), p. 39.
[66] Ibidem, p. 22.
[67] Ibidem, p. 36.
[68] Ibidem, p. 28.

civilização a que chegaram, mas sempre invariavelmente consolidada"[69]. É fácil compreender então que todos os que queiram questionar o direito de propriedade não passam de bárbaros para Thiers e, como tais, precisam ser esmagados, coisa que a burguesia francesa não se incomodará de fazer em junho de 1848 e maio de 1871. Todos esses argumentos burgueses são baseados na ideia de que a propriedade repousa exclusivamente sobre as faculdades individuais e, mais em particular, no trabalho individual, única fonte de riqueza. É impossível imaginar o homem de outra maneira que não seja como trabalhador independente – "Trabalha para si próprio", repete Thiers – e proprietário. E, se há desigualdades, usurpações, estas podem ser reduzidas ou consideradas decretadas pelo exercício necessário das faculdades – que a natureza não distribuiu uniformemente entre os homens.

A essa argumentação jusnaturalista, cuja referência à teologia é bastante clara, mistura-se um argumento utilitarista sobre a incitação da vantagem pessoal, que, como vimos anteriormente, já se encontrava esboçado na justificação tomista da propriedade. Pelo trabalho e pela propriedade o homem saiu da miséria e conheceu o bem-estar e a prosperidade. "O homem, que foi jogado nu na terra nua, passou da miséria à abundância pelo exercício das poderosas faculdades que Deus lhe deu", explica doutamente Thiers[70]. A propriedade é garantia de prosperidade, justifica-se pelas consequências que acarreta. Hume e, sobretudo, Bentham se livrarão da ganga jusnaturalista e teológica que envolvia a doutrina de Locke, ainda que este buscasse fundamentalmente conciliar direito natural e utilidade, que, segundo ele, deveriam caminhar juntos, como "no princípio do mundo"[71]. Assim, o combate que Bentham trava com William Blackstone, grande defensor dos direitos absolutos da propriedade, visava alijar do sistema jurídico qualquer referência estranha ao princípio de utilidade. Todo direito é uma "criação imaginária", uma "entidade fictícia" inteiramente moldada pela autoridade política, que é estabelecida em vista dos efeitos que pode produzir sobre a motivação e a ação humana. O que, em Locke, ainda dependia de um direito natural e, portanto, do Ser todo-poderoso que era sua origem absoluta, agora é imputado exclusivamente à autoridade terrena,

---

[69] Ibidem, p. 25.
[70] Ibidem, p. 95.
[71] Ver John Locke, *Le Second traité du gouvernement*, cit., § 51: "O direito e a vantagem caminhavam juntos".

e isso a partir de fundamentos filosóficos que são em grande parte os mesmos desenvolvidos por Locke em *Ensaio acerca do entendimento humano**.

Bentham estabelece relação estreita entre a definição jurídica e política das ficções do direito e as possibilidades de "felicidade para o maior número" que se poderia esperar delas[72]. A preocupação dessa doutrina é explicar que o indivíduo proprietário não é um ser genérico que obedece ao desejo divino de conservação da vida, mas resultado da construção política mais capaz de corresponder ao funcionamento humano governado pela busca do prazer e pela fuga da dor. A instituição da propriedade só é justificável por sua utilidade, o que não deixou de inquietar muitos liberais apegados ao caráter sagrado do direito de propriedade. Porque, como mostrou Polanyi, foi exatamente com argumentos utilitaristas que muitas limitações do direito de propriedade foram postas em prática a partir de meados do século XIX, possibilitando o nascimento do Estado social, do imposto sobre sucessões e do direito trabalhista. Foi com essa ótica que certos economistas, desejando promover a indústria e o comércio, tentaram limitar o peso da renda agrícola, chegando a cogitar, como Léon Walras, a nacionalização das terras para abolir o poder nefasto e o papel parasitário dos "feudalismos fundiários"[73].

Não há muita dúvida de que a abordagem utilitarista, em especial pelo desenvolvimento da economia política, acabou prevalecendo sobre a versão teológica e jurídica do direito natural à propriedade. É sobretudo por razões de eficácia econômica que ela vem sendo defendida há séculos: trata-se de uma instituição inseparável do mercado, sendo este visto como o melhor sistema de alocação de recursos jamais inventado pelos homens. A posse pessoal gera uma produtividade superior a qualquer outra forma de propriedade, coletiva ou comum, porque o indivíduo dedica-se com mais zelo, empenha-se mais, esperando resultados que lhe pertencerão de direito. Por isso Locke e depois Condillac diziam que, embora os Estados Unidos tivessem terras fertilíssimas, estas só seriam fecundas se ali fossem introduzidos verdadeiros direitos de propriedade. Com o utilitarismo, consuma-se o

---

* Trad. Anoar Aie, 5. ed., São Paulo, Nova Cultural, 1991. (N. E.)

[72] Ver Christian Laval, *Jeremy Bentham: les artifices du capitalisme* (Paris, PUF, 2003). E também Stephen G. Engelmann, *Imagining Interest in Political Thought: Origins of Economic Rationality* (Durham, Duke University Press, 2003).

[73] Léon Walras, *Études d'économie sociale*, cit., p. 237.

divórcio entre a moral natural da fraternidade e da compaixão e a economia proprietária e mercantil.

Não há nada mais significativo dessa mutação intelectual em torno da questão da propriedade, que acabou acontecendo às claras no século XIX, do que o tratamento reservado à noção de *res communes* pelos juristas defensores do direito de propriedade como direito exclusivo e absoluto. Aqueles que defendiam a ideia de comunidade primitiva reduzida a "comunidade negativa" tentaram primeiro conciliar essa ideia com a de coisas que seriam comuns em si mesmas e por natureza – como afirma o direito romano. Assim, podemos ler no *Tratado do direito de domínio de propriedade*, de Robert-Joseph Pothier (1777):

> Os primeiros homens possuíram em comum todas as coisas que Deus concedeu ao gênero humano. Essa comunidade não era uma comunidade positiva, como a que existe entre várias pessoas que tenham em comum o domínio de uma coisa na qual cada uma tem sua parte; era uma comunidade denominada por aqueles que trataram dessas matérias "comunidade negativa", a qual consistia em que essas coisas eram comuns a todos, não pertencendo mais a um do que aos outros. [...] Tendo-se multiplicado o gênero humano, os homens partilharam entre si a terra e a maioria das coisas que existiam na superfície; o que coube a cada um começou a pertencer-lhe privativamente [...], essa é a origem do direito de propriedade. Nem tudo entrou nessa partilha; restaram muitas coisas e várias permanecem ainda hoje no antigo estado de comunidade negativa. Essas coisas são as que os juristas denominam *res communes*.[74]

A questão, porém, é saber por que certas coisas ficaram e devem ficar de fora da partilha que institui a propriedade privada. Como observa Mikhaïl Xifaras a propósito da posição do jurista Jean-Baptiste-Victor Proudhon, a noção de *res communes* "é fragilizada pela adoção da premissa teológica de comunidade negativa"[75]. De fato, o estado de comunidade negativa não significa que todos são copossuidores de forma indivisa, mas que nada pertence a ninguém; estritamente falando, as coisas são *res nullius* (de ninguém) e não *res communes*. Apenas estão vacantes e à espera de um dono, o que permite justificar com mais facilidade o estabelecimento posterior da

---

[74] Robert-Joseph Pothier, *Traité du droit de domaine de propriété* (Paris, Debures Père, 1777), t. 1, n. 21, p. 23-4; citado em Marie-Alice Chardeaux, *Les Choses communes*, cit., nota 81, p. 120.

[75] Mikhaïl Xifaras, *La Propriété*, cit., p. 378.

propriedade privada. Mas, sob essa perspectiva, o domínio dado por Deus ao homem deveria compreender, logicamente, o mar, o ar e o fogo, do mesmo modo que as coisas materiais, pois esses quatro elementos não são superiores ao homem. "Em outras palavras, é difícil entender por que o raciocínio que permite passar da inapropriabilidade dos quatro elementos (terra, água, ar e fogo) à apropriação de um deles (terra) não poderia ser repetido no caso dos outros três"[76], e por que apenas a água, o ar e o fogo deveriam continuar sendo "coisas comuns" – supondo-se mais uma vez que esse status é compatível com a tese da comunidade negativa.

Significativamente, para Charles-Bonaventure-Marie Toullier, a categoria *res communes* compreende não só o que é inapropriável por natureza, "mas também o que é apropriável e de que ninguém ainda se apropriou – por exemplo, os peixes, cuja condição é de estar à espera de quem os pescará"[77]. Para Charles Demolombe, a distinção entre *res communes* e *res nullius* é relativizada pela perspectiva de um aumento indefinido do poder dos homens: a única diferença entre as duas espécies de coisas é que as *res communes*, "mesmo pertencendo à comunidade negativa, não são apropriáveis no estado atual do poder dos homens", enquanto as *res nullius* são imediata e diretamente apropriáveis[78]. Mas é sobretudo Augustin-Charles Renouard que inverte de maneira clara a abordagem clássica dessa distinção: se, em direito puramente humano, tudo o que foi objeto de apropriação é apropriável, as *res communes* são de todos "até que seja apresentada a prova factual do contrário, isto é, até que não mais o sejam"[79]. Para se ter uma ideia do alcance dessa inversão, basta lembrar a posição

---

[76] Idem. O leitor notará que Pierre-Joseph Proudhon volta o argumento do caráter vital dos quatro elementos contra Charles Comte em *Qu'est-ce que la propriété?*, cit., p. 95: "Ora, se o uso da água, do ar e do fogo exclui a propriedade, o mesmo deve acontecer com o uso do solo. [...] A terra, como a água, o ar e a luz, é um objeto de primeira necessidade, do qual cada um pode se servir livremente, sem prejudicar o gozo de outrem; então por que a terra é objeto de apropriação? A resposta do sr. Ch. Comte é curiosa: Say afirmou ainda há pouco que é porque ela não é *fugaz*; o sr. Ch. Comte assegura que é porque ela não é *infinita*. A terra é uma coisa limitada; portanto, seguindo o sr. Ch. Comte, deve ser objeto de apropriação. Parece que ele deveria dizer, ao contrário, que, portanto, ela não deve ser objeto de apropriação".

[77] Mikhaïl Xifaras, *La Propriété*, cit., p. 379.

[78] Ibidem, p. 381-2.

[79] Idem.

de Domat sobre as *res communes* (céus, astros, luz, ar e mar)[80]. Renouard diz o seguinte a respeito dela:

> Essa passagem expõe a causa final do grande fato da inapropriação constatado por ele. A soberana harmonia que preside à criação pôs fora do alcance do domínio particular as principais coisas sem cujo gozo a vida se tornaria impossível para os que se vissem excluídos delas, caso fossem objeto de apropriação. É indispensável que todos respirem o ar, que o sol brilhe para todos. Devemos *inverter* os termos da proposição de Domat, se quisermos voltar a sua explicação jurídica. Não é porque esses bens são comuns a todos que ninguém se torna dono deles; *é porque ninguém se torna dono deles que eles são comuns a todos*. Enquanto, na ordem das leis providenciais, o caráter comum do uso é a causa de inapropriação desses bens, em direito humano ela é seu efeito.[81]

A conclusão se impõe sem dar margem a dúvidas: no dia em que os homens conseguirem apropriar-se deles, eles deixarão *ipso facto* de ser comuns.

Summa divisio ("suma divisão"): direito público e direito privado

A retração do comum e seu confinamento a certas "coisas naturalmente comuns" estão relacionados à bipolarização da doutrina jurídica e do pensamento político acerca do "público" e do "privado" que se prolongará na economia política pela oposição entre Estado e mercado.

Se a divisão do direito em direito público e direito privado é de certo modo recente no Ocidente, isso ocorre porque ela tem como pressuposto fundamental a constituição desse individualismo proprietário. O argumento será o de que a distinção entre propriedade pública e propriedade privada já existia em Roma na Antiguidade. Restava saber se essa distinção já implicava a divisão do direito em direito público e direito privado, o que é absolutamente contestável. Como vimos, na comparação de Marx entre forma germânica e forma romana, o que caracteriza esta última é, acima de tudo, certo tipo de articulação entre propriedade privada familiar e propriedade pública. Propriedade pública é propriedade do Estado, na medida em que este se identifica com o *populus romanus*. É essa ficção jurídica que legitima tanto a distribuição de partes do *ager publicus* aos plebeus quanto a exclusão dos patrícios, que já

---

[80] Ver a citação no capítulo 1 deste volume.
[81] Citado em Mikhaïl Xifaras, *La Propriété*, cit., p. 385 (grifos nossos).

possuíam terras próprias. Desse modo, a propriedade pública tem uma relação dupla com o "privado": de garantia interna, no caso da "posse" privada dos plebeus, e de exterioridade negativa, no caso da propriedade privada exclusiva dos patrícios. Mas o que acontece de fato com o público em si? É evidente que a noção de domínio público inalienável e imprescritível, do qual se concedem partes a particulares, não é suficiente para esgotar a questão. No entanto, uma vez que esse domínio público é propriedade do Estado, caberá concluir por generalização que há identidade entre o *publicum* e o estatal? Será possível limitar-se à concepção que vê o público como puro negativo da propriedade privada do *dominus*? Acaso não se estará correndo o risco de estabelecer o público e o privado numa relação quase especular no nível das categorias jurídicas? E será mesmo preciso considerar essa divisão como a *summa divisio* (suma divisão) intransponível do direito romano, como há muito tempo nos convida a fazer a recepção desse direito no Ocidente?

O que favoreceu durante muito tempo essa definição redutora e simplificadora da categoria de "público" no direito romano foi, sem sombra de dúvida, o fato de que a atenção dos juristas se concentrou sobretudo na figura do indivíduo-proprietário (*dominus*) com poder absoluto sobre a coisa possuída (*res*), em especial o de aliená-la no processo de troca mercantil. O valor insubstituível do direito romano deriva então de sua capacidade de antecipar-se ao desenvolvimento da troca na era moderna. Nesse sentido, a atitude de Marx revela uma percepção muito difundida ao longo do século XIX. O que explica a relativa continuidade e o vigor persistente do direito romano, muito além da sociedade que o viu nascer, é que ele foi o primeiro a deduzir a igualdade e a liberdade como "pressupostos" da relação de troca entre sujeitos proprietários. Assim, o *servus* é definido como alguém que não pode adquirir bens pela troca[82], o que comprova *a contrario* que é preciso ser livre para poder trocar. Em outras palavras, esse direito conseguiu isolar as determinações abstratas da "pessoa jurídica" como determinações do "indivíduo da troca". É dessa forma que o direito romano "se antecipa" ao direito da sociedade industrial, embora seja relativo a um estágio de desenvolvimento muito rudimentar da troca[83]. Evidentemente, pode parecer que a essa interpretação subjaz certa visão teleológica da história do direito, mas, ao menos, valeu da parte do autor o reconhecimento de certa

---

[82] Ver Karl Marx, *Grundrisse*, cit., p. 188 (Marx se refere às *Institutas* de Justiniano).
[83] Ibidem, p. 189.

autonomia do direito em relação a uma infraestrutura econômica dominada pelo trabalho forçado, não pelo valor de troca.

De maneira mais geral, o que está em questão aqui é o "uso" do direito romano, ou melhor, os diferentes "usos" que foram e ainda podem ser feitos dele hoje. No contexto atual da globalização, a ênfase na continuidade atemporal do direito romano permite sobretudo que se justifique a reativação do "pandectismo" na forma de um *usus modernus pandectarum*[84]. Nesse caso, o alto grau de abstração das categorias desse direito é que autorizaria sua transposição para nossos sistemas jurídicos, passando por cima das especificidades nacionais. Por exemplo, segundo Reinhard Zimmermann, o princípio latente do direito europeu dos contratos – pelo qual contratos baseados apenas no consentimento informal têm força coercitiva – nada mais é que o "direito romano em roupagem moderna"[85]. O que se pretende é, substancialmente, restaurar a ideia de "direito comum europeu" – cuja elaboração ficaria a cargo de especialistas em direito (professores, juízes, legisladores). De fato, a expressão "direito comum" (*jus commune*) foi empregada em tempos passados para qualificar o direito canônico da Igreja Católica Romana, oriundo da revolução pontifícia dos séculos XI-XII. Esse direito era o de uma organização pan-europeia que se tornou o "primeiro Estado moderno"[86]. Várias das regras desse "novo" direito comum europeu foram tiradas do direito romano tal como registrado num conjunto de textos compilados entre 529 e 534, por ordem do imperador bizantino Justiniano[87], e comentados

---

[84] Retomamos aqui uma tese enunciada por Paolo Napoli em sua apresentação durante a sessão de 6 de abril de 2011 do seminário "Du public au commun", dedicada ao conflito entre os diferentes usos do direito ("L'Histoire du droit et le commun. Quelques éléments de réflexion", p. 4). O termo "pandectismo" foi formado a partir de *Pandectas*, que deriva do grego *pandectai*, "que contém tudo". Sobre as *Pandectas*, ver a nota 87 abaixo.

[85] Reinhard Zimmermann, "Roman Law and European Legal Unity", em Arthur Hartkamp et al. (orgs.), *Towards a European Legal Code* (Londres, Wolters Kluwer, 1994), p. 72 (citado em Paolo Napoli, "L'Histoire du droit et le commun", cit., p. 5).

[86] Harold J. Berman, *Droit et révolution: l'impact des réformes protestantes sur la tradition juridique occidentale* (Paris, Fayard, 2010), p. 34 [ed. bras.: *Direito e revolução: a formação da tradição jurídica ocidental*, São Leopoldo, Editora Unisinos, 2006].

[87] *Pandectas* e *Institutas*. As *Pandectas* são mais conhecidas como *Digesto* (o título latino com o qual foram promulgadas em dezembro de 533 é *Digesta, sive Pandecta Juris*). Muito utilizado no Império Bizantino, mas pouco conhecido no Ocidente, esse compêndio do direito romano foi redescoberto na Itália em meados do século XI e tornou-se ponto de partida para um direito científico, ensinado nas universidades.

e glosados à exaustão por juristas universitários a partir do fim do século XI. Ora, esse direito romano acadêmico também foi qualificado de *jus commune* aplicável a todos os países da Europa ocidental[88]. Direito canônico e direito romano eram dois direitos designados como *jus commune*, aos quais se fazia referência, aliás, com a expressão *utrumque jus* ("ambos os direitos")[89]. Considerado nessa perspectiva histórica, o projeto de Zimmermann procede da ilusão de que o direito romano, tal como foi reconhecido tardiamente em sua dimensão de *jus commune*, poderia ser visto como o "precedente analógico da globalização", ilusão do mesmo tipo daquela que associa retrospectivamente o renascimento do direito romano no século XII ao renascimento da forma política imperial[90]. Com aparência de visão tecnicista e a-histórica do direito, o que temos, na realidade, é uma "operação de poder" cuja implicação é clara: a valorização da forma contratual herdada do direito romano corresponde perfeitamente à lógica da globalização dos mercados, que tende a fazer a contratualização das relações sociais prevalecer sobre a inflexibilidade da "lei"[91].

Deve-se notar, ademais, que esse projeto "neopandectista" privilegia justamente as categorias do direito privado romano. Isso mostra até que ponto ele se instala na divisão entre direito público e direito privado, ou melhor, até que ponto ele confere, à sua maneira, primazia ao direito privado nas condições da globalização, contribuindo ativamente para fortalecê-la. Ora, acontece que a divisão do direito em direito público e direito privado é uma criação recente, e não um princípio saído diretamente do próprio direito romano, ao contrário do que nos levaria a crer certa tradição já bem estabelecida. Um dos primeiros juristas a empregar a expressão "direito civil" para referir-se ao direito de bens, contratos e, de maneira mais geral, a todos os ramos do direito referentes às relações entre particulares, foi Johann Apel, em *Methodica* (1535), que fundou a ciência alemã do direito. De fato, originalmente o *jus civile* romano compreendia todas as regras que regiam os cidadãos romanos, portanto não apenas o que, a partir do século XVI, se convencionou chamar "direito privado", mas também o direito constitucional, o direito administrativo, o direito penal e o direito

---

[88] Harold J. Berman, *Droit et révolution*, cit., p. 82.
[89] Ibidem, p. 223.
[90] Segundo expressão de Paolo Napoli, "L'Histoire du droit et le commun", cit., p. 2.
[91] Ibidem, p. 6.

eclesiástico, bem como outros ramos do "direito público". Como observa Harold J. Berman, "a distinção nítida entre direito público e direito privado e a concepção de *jus civile* relativa sobretudo (mas não exclusivamente) ao direito privado só se tornaram marcas características do pensamento jurídico ocidental a partir do século XVI"[92].

A obra de Apel foi aprofundada e sistematizada por seu colega Konrad Lagus, que em 1543 publicou sua própria *Methodica*. Lagus fez várias classificações do direito em função da distinção aristotélica das causas. De acordo com o critério das "causas materiais", isto é, com relação ao objeto de cada tipo de direito, ele subdivide o "direito civil" em "direito público" e "direito privado", considerando a divisão entre "direito público" e "direito privado" fundamental quanto às "causas finais", isto é, quanto às finalidades do direito: o primeiro se refere aos interesses públicos (*res publicae*), e o segundo, aos interesses privados (como contratos ou danos causados a terceiros)[93].

Nas últimas décadas do século XVI, Nicolas Vigelius e Johannes Althusius deram prosseguimento ao projeto de sistematização do direito iniciado por seus predecessores. Em *Methodus universi iuris civilis* (1561), Vigelius se emancipa completamente da ordem imposta pelas compilações do direito romano, não mais identificando o "direito civil em seu conjunto" com o "direito romano como tal", e sim com o "direito como tal", isto é, com a totalidade do direito em vigor no Império, nas cidades e nos territórios da Alemanha. Dividiu então o direito civil em dois tipos: direito público e direito privado, chegando a subdividir detalhadamente cada um deles: o direito público em funções legislativas, executivas e judiciárias, e o direito privado em direito das pessoas, dos bens, das sucessões, das obrigações etc. Althusius também segue a tradição de Lagus e Vigelius e, em suas duas obras, *Jurisprudentia romana* (1586) e *Dicaelogica* (1603), divide o direito em direito público e direito privado. A nova ciência do direito, cujos fundamentos

---

[92] Harold J. Berman, *Droit et révolution*, cit., p. 210. Na nota 52 (ibidem, p. 681), o autor nos remete nos seguintes termos à obra de Hans Müllejans *Publicus und Privatus im römischen Recht und im älteren kanonischen Recht unter besonderer Berücksichtigung der Unterscheidung Ius publicum und Ius privatum* (Munique, M. Hueber, 1961): "Müllejans concluiu de seu minucioso estudo das fontes que os juristas romanos e os primeiros canonistas não distinguiam claramente [entre um] *ius publicum*, isto é, um direito relativo aos assuntos do Estado ou ao domínio eclesiástico, [e] um *ius privatum*, isto é, um direito referente aos assuntos privados das pessoas".

[93] Ibidem, p. 214-5.

foram elaborados por todos esses juristas alemães protestantes do século XVI, "constituiu a base do novo *jus commune* europeu do século XVI ao XVIII", algo como um terceiro *jus commune*. Este se distingue tanto do direito canônico quanto do direito romano das Compilações de Justiniano – que se valeu desses dois direitos, mas também do direito régio e principesco, do direito feudal, do direito urbano e comercial[94].

A conclusão que se tira de toda essa análise é que, em vez de constituir o princípio supremo do direito romano, *a divisão da totalidade do direito em direito público e direito privado remonta quando muito ao fim da primeira metade do século XVI*, e o direito civil ou pende para o direito privado, sem se assimilar a ele – como em Apel –, ou se estende a todo o direito com o nome de "direito civil em seu conjunto" – como em Lagus e Vigelius[95].

Domínio público, propriedade do Estado e *res nullius*

Vimos acima que fórmulas como *utilitas publica*, *utilitas rei publicae* ou *utilitas communis* puderam conviver longamente nos autores latinos clássicos e nos juristas mais tardios[96]. O que era então realmente a noção de *publicum*, elaborada por um direito que ainda não erigira em princípio diretor a divisão entre público e privado? Foi Yan Thomas quem lançou novas luzes sobre essa questão num artigo intitulado "La Valeur des choses: le droit romain hors la religion" [O valor das coisas: o direito romano fora da religião][97]. Tomando ao revés a concepção que considera a soberania do indivíduo proprietário sobre as coisas fundamento do direito romano, ele evidencia o caráter *derivado* e nada originário do direito privado: o pertencimento das "coisas" à esfera da apropriação e da troca foi constituído, na realidade, "contornando-se" uma operação de "criação de reserva", graças à qual algumas coisas foram "retiradas" dessa esfera e "destinadas aos deuses ou à cidade". A jurisprudência da época imperial qualifica essas coisas de *res nullius in bonis*[98]. Ambas as expressões soam estranhas, se admitirmos que fazem parte de um "patrimônio"

---

[94] Ibidem, p. 223.
[95] Ver a tripartição realizada por Kant dois séculos depois em *Doctrine du droit*.
[96] Ver o capítulo 1 deste volume.
[97] Yan Thomas, "La Valeur des choses. Le droit romain hors la religion", *Annales, Histoire, Sciences Sociales*, v. 57, n. 6, 2002, p. 1.431-62.
[98] Ibidem, p. 1.444. Sobre essa noção, ver capítulo 1 deste volume.

de bens transmitidos pelos pais a seus descendentes, portanto coisas que estão "nos bens de alguém" (*alicuius in bonis*) e não coisas que não estão "nos bens de ninguém" (*nullius in bonis*). A dificuldade está em entender como aquilo que pertence a um patrimônio (*in bonis*) pode ao mesmo tempo não possuir titular (*nullius*), que é o caso justamente dos deuses e da cidade. Sobre essas coisas, o direito fala de modo expresso que sua alienação é proibida ou que com elas não se faz comércio. Como diz Paolo Napoli, Yan Thomas estabelece desse modo que a distinção entre as coisas que são "apropriáveis" e as coisas que são "inapropriáveis" não ocorre "em virtude da natureza objetiva de cada uma, mas em razão de uma *decisão institucional*"[99]. Não há forma melhor de dizer que a instituição do indisponível ocupa posição central "na economia geral do direito romano", pondo à parte, negativamente, um conjunto de coisas que têm em comum o fato de serem disponíveis, avaliáveis e apropriáveis: "A instituição de reservas consagradas faz com que, por contraste, o resto do mundo, que nada mais é que o do direito privado, apareça como virgem de sacralidade e religião. Nele, todos as coisas podem ser objeto de apropriação e alienação, e subordinam-se a procedimentos civis de avaliação"[100]. Em termos mais resumidos, "essa consagração liberava todo o resto"[101].

Mas que "coisas" são essas que o direito situava na área do "sagrado", do "religioso" ou do "público" para indicar que escapavam do espaço jurídico da troca mercantil? Uma fonte citada por Yan Thomas esclarece que ninguém podia comprar uma coisa cuja "alienação é proibida, como os sítios sagrados e religiosos ou as coisas das quais não se faz comércio, *não porque pertençam à cidade, mas porque são destinadas ao uso público*, como o Campo de Marte"[102]. O texto distingue claramente o que é da esfera da "propriedade da cidade" daquilo que é da esfera do "uso público". Essa distinção ocorre *dentro* do próprio espaço público, e é isso que a torna importante: de um lado, "uma zona de dominialidade, da qual o Estado dispunha livremente, por exemplo, concedendo ou vendendo suas terras públicas"; de outro, "uma zona de 'uso público' (praças, teatros, mercados, pórticos, estradas, rios, tubulações de água etc.), cuja indisponibilidade se impunha de forma absoluta": as coisas que diziam respeito a esse uso eram excluídas de qualquer apropriação privada,

---

[99] Paolo Napoli, "L'Histoire du droit et le commun", cit., p. 6 (grifo nosso).

[100] Yan Thomas, "La Valeur des choses", cit., p. 1.432.

[101] Ibidem, p. 1.433.

[102] Ibidem, p. 1.435 (grifos nossos).

"[não] em razão da titularidade estatal, mas por causa de sua destinação"[103]. Precisamente por essa destinação ou afetação, eram "livremente acessíveis a todos", como se cada membro do *populus* tivesse um direito de uso sobre elas ligado a sua própria qualidade de cidadão. A essas coisas, das quais faziam parte os templos e as basílicas, os juristas se referiam como *res usibus publicis relictae*, isto é, "coisas deixadas para uso público", chegando muitas vezes a especificar que eram deixadas "perpetuamente" para esse uso[104]. Em compensação, quando se tratava de bens que pertenciam a uma cidade e podiam ser empenhados em caso de endividamento, eles diziam que não se deve entender "público" no sentido daquilo que é destinado ao uso público, mas "no sentido daquilo que pertence, por assim dizer, ao patrimônio das cidades" (*si qua civitatium sunt velut bona*)[105]. O interesse despertado por essa distinção é que ela nos faz compreender que o direito romano não admitia apenas um conceito de "público", mas dois diferentes: o "público" do *uso* público e o "público" da *propriedade* pública. De fato, o primeiro tipo de público era inapropriável pela cidade ou pelo Estado, enquanto o segundo fazia parte de seu patrimônio. Como exemplo, cabe lembrar o que se disse acima sobre as terras do *ager publicus*: se o Estado podia atribuí-las a particulares a título de posse privada, era justamente por não serem do âmbito do uso público, mas de propriedade pública que autorizava usos privados, o que não é a mesma coisa. Os documentos oficiais chegam a diferenciar o local originalmente consagrado (determinado templo) e o domínio territorial atribuído a ele (as terras destinadas ao templo): enquanto o local consagrado era absolutamente indisponível, os bens ligados a ele não eram indisponíveis. Isso é tão verdadeiro que a ampliação do patrimônio de destinação não mudava a construção jurídica: "A coisa constituída como sagrada, à qual depois podem se agregar outros bens, é a única que permanece perpetuamente indisponível. Ela é, podemos dizer, imortal do ponto de vista jurídico"[106]. Não é uma pessoa, mas uma coisa em si mesma indisponível e "representada pelos administradores públicos do sagrado"[107].

---

[103] Idem.

[104] Ibidem, p. 1.436.

[105] Idem.

[106] Ibidem, p. 1.444. Yan Thomas dá como exemplo um edifício sagrado destruído por um terremoto: tendo sido consagrado, o local não se tornava profano e "continuava a escapar de qualquer domínio e de qualquer ato de venda".

[107] Ibidem, p. 1.445.

Por conseguinte, devemos tomar cuidado para não confundir os dois tipos de *res nullius*: de um lado, a *res nullius in bonis*, da qual acabamos de tratar, que é inapropriável, inalienável e indisponível; de outro, a categoria das "coisas sem dono", "denominadas simplesmente *res nullius*". Apesar da semelhança com a primeira designação, esta última se refere a um regime jurídico "estritamente inverso", visto que "designa o estado das coisas factualmente vacantes, das quais o primeiro ocupante se apropria livremente". Elas "não caíram ainda sob a propriedade de ninguém", mas são apropriáveis pelo primeiro dono, que é também o primeiro ocupante. E é a essa categoria que o direito se refere para qualificar a natureza: "Animais selvagens que podem ser caçados e pescados, pedras ou pérolas apanhadas na orla, tesouros descobertos, ilhas que nascem no mar ou o leito dos rios"[108]. De modo inverso, a costa marítima é absolutamente inapropriável, seu regime é "comparado ao das estradas públicas ou dos sítios religiosos e sagrados"[109]. Entre esses dois tipos de *res nullius*, portanto, a diferença é que as *res nullius in bonis* saem definitivamente da esfera privada, o que implica "a suspensão da relação entre sujeito e objeto que comporta o livre domínio de um pelo outro", ao passo que as *res nullius* têm por vocação incluir-se nessa esfera, tornando-se assim objetos numa relação de domínio[110]. No entanto, seja

---

[108] Ibidem, p. 1.448. Na história do direito, a qualificação *res nullius* "está tradicionalmente ligada à abundância. Se ela não pertence a ninguém e todos podem usá-la como quiserem, sem constrangimento, é porque não há temor de que falte: existe em profusão. Para Grócio, que escrevia no século XVII, o arenque é o símbolo dessa profusão". Ver Martine Rémond-Gouilloud, "Ressources naturalles et choses sans maître", em Bernard Edelman e Maria Angèle Hermitte, *L'Homme, la nature et le droit* (Paris, Christian Bourgois, 1988), p. 222. Portanto, a situação de escassez pode fazer uma coisa sair da esfera da *res nullius* e entrar na da *res communis*, o que mostra que o pertencimento de uma coisa a uma esfera ou a outra sempre se decide historicamente, e nunca em função de uma suposta "essência".

[109] Yan Thomas, "La Valeur des choses", cit., nota 47, p. 1.448.

[110] Idem. Já encontramos esse esclarecimento na obra de Henri Allart, *De l'occupation en droit romain, des brevets d'invention en droit français* (Paris, Imprimerie Moquet, 1877), no início de um desenvolvimento sobre as coisas sem dono passíveis de aquisição por *occupatio*: "É importante prevenir aqui certa confusão com as palavras: vimos que as coisas *divini juris* – *sacrae, religiosae, sanctae* – são denominadas *res nullius* no sentido de não pertencer *nem poder* pertencer a ninguém, uma vez que sua natureza e sua destinação são inconciliáveis com qualquer ideia de apropriação privada. As *res nullius*, das quais vamos falar agora, são as que ainda não pertencem a ninguém, mas *podem* entrar no nosso patrimônio" (grifos nossos).

por "sair para sempre" da esfera de apropriação (*res nullius in bonis*), seja por "entrar originariamente" nessa mesma esfera (*res nullius*), as coisas são sempre consideradas do ponto de vista de "sua constituição jurídica, verdadeira construção política da mercadoria"[111].

Aqui, portanto, as "coisas" não fazem parte de um discurso que trate de seu ser de coisas, isto é, da ontologia. A pergunta "o que é uma coisa?" não tem propósito. Não se trata do que as coisas são em si mesmas por sua natureza intrínseca, antes do direito e independentemente dele, mas apenas de sua qualificação no direito e pelo direito. O termo *res* não deve ser entendido no sentido de "designação" que se estenda a todas as coisas do "mundo exterior, natural e social", mas, de maneira precisa e imediata, no sentido de uma "qualificação" que implica a execução de toda uma série de procedimentos pelos quais as próprias coisas são avaliadas. Cabe lembrar que o sentido primitivo de *res* remetia tanto ao processo ou litígio como ao objeto que dava ensejo ao litígio, tanto à disputa como ao seu objeto: "A *res* romana não era concebida nem como *Sache* [coisa] nem como *Gegenstand* [objeto], porém, mais precisamente, como 'caso' (*res* correspondendo aqui ao grego *ta pragmata*) ou processo (*res*), comportando qualificação e avaliação da coisa litigiosa (*res*)"[112]. É apenas a partir dessa concepção que se pode compreender a diferença entre as coisas patrimoniais e comerciais, cujo valor é estimado por um juiz em termos de preço, e as coisas inestimáveis e inapreciáveis – porque indisponíveis – cujo *uso* – e não *propriedade* – era debatido nos processos[113]. No caso dessas últimas coisas, nenhuma multa podia compensar sua perda para a cidade: ainda que se previssem multas no âmbito penal, o que prevalecia no civil era a obrigação da restituição em espécie ou "obrigação da própria coisa" (*res ipsa*)[114].

É de se perguntar por que essa distinção – que é interna ao espaço ou domínio público – entre o público do "uso" e o público da "propriedade" pode nos ajudar a pensar o comum em sua especificidade e irredutibilidade. Resposta: porque a destinação ao uso público é o que, no direito romano, se aproxima mais daquilo que entendemos por "instituição do comum".

---

[111] Idem.

[112] Ibidem, p. 1.449 e 1.454. Sobre esse ponto, ver também o capítulo 1 deste volume.

[113] Ibidem, p. 1.461.

[114] Ibidem, p. 1.462. O que significava que alguém que construísse uma casa num local sagrado era obrigado a devolver o local ao deus.

De fato, as coisas que têm essa destinação não ficam à total disposição do Estado, pois não são passíveis de nenhuma espécie de apropriação, seja ela estatal, seja privada, e o essencial reside justamente nisso: em certo sentido, que já mencionamos anteriormente a propósito da pretensa "propriedade comum" dos germanos, o comum nada mais é que o *público não estatal*, desde que se especifique que essa qualificação não significa que ele é objeto de propriedade, mas apenas que é algo que está absolutamente *fora* do alcance da propriedade. O que desperta interesse nessa abordagem, portanto, é o fato de que ela realiza uma singular "combinação entre certa destinação institucional e o uso de várias pessoas, isto é, a multidão dos cidadãos", para citarmos a feliz formulação de Paolo Napoli[115].

Entretanto, embora seja correto dizer que a interdição, valendo tanto para a cidade quanto para os indivíduos, "não consagra a vitória do Estado sobre o indivíduo", é discutível afirmar que ela consagra a "soberania da práxis" liberada por tal combinação[116]. A questão que interessa aqui é saber se o que é reunido sob o termo genérico "práxis" não merece ser mais bem diferenciado: enquanto o uso de todos os cidadãos é efetivamente coletivo, a destinação institucional é, em contrapartida, ato de uma corporação restrita de profissionais do direito. Por que deveríamos aceitar que a destinação, que certamente é a condição para o uso coletivo, não seja ela própria coletiva? O uso coletivo do comum acaso não fica comprometido, quando sua instituição é reservada a uma minoria de técnicos e especialistas? Há de se convir que essa abertura de um espaço público reservado ao uso tem a vantagem de "deslocar o problema transcendental da titularidade subjetiva" "por força da destinação das coisas"[117]: já não há um sujeito que seja o titular de um direito de propriedade sobre esse espaço, seja ele o Estado, seja o indivíduo, e os cidadãos que gozam coletivamente de um *direito de uso* sobre as coisas reservadas para tal estão privados de qualquer *direito de propriedade* sobre elas. Nesse sentido, o reconhecimento de tal direito de uso efetua a destituição do sujeito proprietário como titular de direitos. Contudo, o que acontece com o ato de destinação em si? Acaso se deve continuar a atribuí--lo a um sujeito distinto da coletividade dos usuários, constituído pelo conjunto dos legisladores, juristas e juízes? E o que pensar do estatuto dos

---

[115] Paolo Napoli, "L'Histoire du droit et le commun", cit., p. 7.
[116] Idem.
[117] Ibidem, p. 6.

"administradores do sagrado", encarregados de representar as coisas indisponíveis? Será possível estabelecer uma dissociação entre a destinação ou a instituição – reservadas a alguns – e o uso – coletivo – sem correr o risco de reintroduzir por vias tortas a figura do sujeito do domínio, ainda que na forma de uma corporação?

Uso e administração do indisponível

Para resolver essa dificuldade, o próprio Paolo Napoli indica um caminho que nos parece promissor, desde que se perceba como ele pode nos dispensar de ter de identificar um sujeito do comum que, como tal, seja titular de direitos particulares sobre o comum. *Porque não há nem pode haver sujeito do comum.* De fato, embora o uso do comum como prática coletiva produza seu sujeito, esse sujeito não é sujeito *do* comum, uma vez que ele não preexiste a essa prática. Portanto, não cabe opor um sujeito "certo", o do uso coletivo, a um sujeito "errado", o do domínio-propriedade. Para compreendermos isso, temos de reconsiderar o velho e desacreditado conceito de "administração" e articulá-lo ao de "uso", do qual se falou tanto até aqui: obteremos então o conceito de "uso administrativo", ou "uso administrativo comum", com o que não "deslocaríamos" a "subjetividade abstrata da titularidade sobre as coisas", mas, de modo mais radical, a "superaríamos"[118].

Na filosofia ocidental moderna, há duas grandes maneiras de definir esse conceito de administração, e ambas implicam, embora de forma contrária, articular administração e *governo*. A primeira é a que Rousseau elabora no verbete "Economia política" da *Enciclopédia*. Segundo ele, deve-se distinguir economia familiar ou doméstica de economia política ou pública. "Governo" é justamente o nome que se dá à economia pública – da alçada, portanto, da "força executora", devendo estar subordinada à "autoridade suprema", ainda denominada "soberania", porque detém o "direito legislativo". Aliás, o princípio dessa subordinação é enunciado no título da primeira regra da economia política: "obedecer em tudo à vontade geral" e "velar pela observância das leis" – essa é a regra que a administração pública, isto é, a "força executora" deve acatar. A segunda regra, que diz respeito ao "governo das pessoas", é "fazer reinar a virtude" – em especial pela

---
[118] Ibidem, p. 8.

educação pública –, e a terceira, que toca à "administração dos bens", prover às necessidades públicas e assegurar a subsistência dos cidadãos.

Vemos que, nessa acepção clássica, administração é identificada pura e simplesmente com governo ou poder executivo, com a consequência de que os "ministros" são apenas "servidores" do soberano[119]. A segunda maneira, antitética, aparece com Saint-Simon na distinção categórica, ou melhor, na oposição entre administração e governo. Todos os projetos esboçados, em especial em *L'Organisateur*, giram em torno de algumas ideias-força: numa sociedade industrial, a política se reduz à "ciência da produção", cujos únicos representantes qualificados são os industriais e os especialistas. Os órgãos reguladores da sociedade, portanto, devem ser compostos por industriais e especialistas, visto que os assuntos coletivos exigem competências especiais, assim como os assuntos privados. Numa sociedade que se tornasse inteiramente industrial, as questões relativas à forma do governo tenderiam a desaparecer: a razão disso é que a ação governamental é necessariamente arbitrária, uma vez que consiste sempre em comandar outros homens, ao contrário dos conselhos administrativos das grandes companhias industriais, que são "administradas" e não "governadas". Como o destino da humanidade é passar do regime "governamental ou militar" para o regime "administrativo ou industrial", a "administração das coisas" acabará substituindo o "governo dos homens".

De um lado, administração é governo, isto é, ação de impor a aplicação da lei; de outro, é irredutível a todo e qualquer governo, precisamente porque, por essência, todo governo é comando, e a administração consiste em gestão racional estritamente pautada na verdade científica. Em uma palavra, a administração consiste ou na execução da vontade geral, o que também é uma maneira de comandar, ou na gestão científica da produção. A investigação de Giorgio Agamben sobre a genealogia do governo no Ocidente[120] é pouco esclarecedora sobre o sentido dessa alternativa, embora se preocupe com ela. A "genealogia" de Agamben tem semelhança puramente nominal com a abordagem de Foucault, ainda que afirme detalhá-la

---

[119] Conforme a etimologia de "ministro" (*minister* significa "servidor"), como Rousseau faz questão de lembrar.

[120] Giorgio Agamben, *Le Règne et la gloire. Homo sacer,* II, 2, Paris, Le Seuil, 2008 [ed. bras.: *O reino e a glória. Homo sacer,* II, 2, trad. Selvino J. Assmann, São Paulo, Boitempo, 2011].

e corrigi-la[121]. Seu objetivo é reduzir os dois ramos da modernidade política aos dois grandes paradigmas elaborados pela teologia cristã dos primeiros séculos da nossa era: a teoria moderna da soberania seria derivada do paradigma da "teologia política" do Deus único e transcendente, e a biopolítica moderna, da "teologia econômica" do Deus trinitário[122]. A proposta tem ao menos o mérito de ser clara, pois trata de demonstrar mais uma vez o "teorema da secularização", segundo o qual as inovações da modernidade não são mais do que transposições de esquemas de origem teológica[123]. Estabelecido esse quadro, pouco importa que o governo dos homens tenha sido pensado em dado momento da história como execução ou gestão: a origem teológica do conceito de governo impede de antemão qualquer dissociação desse tipo, garantindo que esse mesmo conceito se reduza ao de "administração" e "gestão eficiente" dos homens e do mundo. Essa garantia servirá de respaldo a Agamben para reduzir toda a "economia dos modernos" (os fisiocratas, Smith) ao "modelo teológico de governo do mundo"[124], ou para condenar Rousseau pelo erro de ter concebido o governo como poder executivo, deixando de reconhecer que o verdadeiro problema da política não é o da soberania, mas o do governo[125]. O temor é que, dessa perspectiva, a ideia de "administração das coisas", apesar de todos os esforços de Saint-

---

[121] Ibidem, p. 175 [ed. bras., p. 127]. O autor pode considerar "não muito convincente" a maneira como Foucault trata de esclarecer a passagem do pastorado à governamentalidade moderna a partir das "revoltas de conduta" ou "contracondutas" (ibidem, p. 177 [ed. bras., p. 128], mas isso não o autoriza a apresentar sua própria investigação como uma maneira de dar prosseguimento à genealogia foucaultiana da governamentalidade e de fazê-la recuar "até identificar no próprio Deus, pela elaboração do paradigma trinitário, a origem da noção de um governo econômico dos homens e do mundo" (ibidem, p. 175 [ed. bras., p. 126]). A genealogia foucaultiana nada tem a ver com uma caçada filológica à origem teológica dos conceitos da modernidade política, mas se recusa a isso por princípio, uma vez que jamais abandona o terreno das práticas.

[122] Ibidem, p. 17 [ed. bras., p. 13]. Com a expressão "teologia econômica", Agamben quer indicar que o Deus da Trindade (em especial na pessoa do Filho) assume imanentemente a gestão do mundo: o termo "econômica" remete, por sua etimologia (*oikos*, lar) precisamente a uma atividade de direção que se pratica no espaço doméstico.

[123] As últimas linhas da obra são eloquentes nesse sentido: "A modernidade, eliminando Deus do mundo, não só não saiu da teologia, mas, em certo sentido, nada mais fez que levar a cabo o projeto da *oikonomia* providencial" (ibidem, p. 422 [ed. bras., p. 310]).

[124] Ibidem, p. 420 [ed. bras., p. 309].

[125] Ibidem, p. 408-9 [ed. bras., p. 298-9].

-Simon para superar a alternativa entre "legistas" (Rousseau) e "economistas" (Smith), acabe afinal implacavelmente reduzida ao mistério trinitário como se fosse seu segredo mais bem guardado.

Contra essa interpretação teológica da governamentalidade, argumentaremos que o "verdadeiro problema" é subtrair o conceito de "administração" a essa alternativa, livrando-o de todas as representações que essa interpretação vem veiculando nas mais diferentes formas. Em primeiro lugar, as representações de tipo tecnicista aptas a se coadunarem com os termos da alternativa. Pensemos, por exemplo, na concepção weberiana de racionalidade instrumental e no cálculo dos meios que se devem organizar para atingir determinado fim que, por sua vez, é já de saída subtraído a qualquer forma de deliberação. A deliberação sobre os fins, essencial a qualquer atividade política genuína, é precisamente o que a alternativa tem a função de excluir *a priori*: ou porque os fins são sempre prescritos de fora e de cima (nesse caso, pelo poder legislativo soberano), ou porque todos os fins da vontade são neutralizados pelas certezas da ciência e da estatística (a administração como simples gestão da produção).

Em vez de reportar o "servir" de *ministrare* a uma vontade exterior (*ad-ministrare* significa nesse caso "trabalhar sob as ordens de alguém") ou à necessidade impessoal da ciência (*ad-ministrare* significa nesse caso "tornar-se servidor da verdade científica"), seria o caso de pensá-lo nos termos de uma prática coletiva que se refira ao uso do indisponível. Nem governo nem gestão, mas uso coletivo ativo pelo qual todos participam da "coprodução de normas jurídicas *não estatais*"[126]. O indisponível adquiriria dessa forma o estatuto de "categoria prática"[127], o antípoda de qualquer categoria "teológico-política". Nessa condição, e somente nessa condição, a teologia cristã poderia ajudar a pensar alguma coisa como um "uso administrativo" do indisponível. De fato, como lembra Paolo Napoli[128], desde suas origens essa teologia sentiu necessidade de pensar o modo específico de relação que cada

---

[126] A expressão está na conclusão da apresentação de Pierre Dardot na primeira sessão do seminário "Du public au commun", em 3 de novembro de 2010 ("Le Passage du public au commun", p. 9). Encontramos desse modo a igualdade no "tomar parte" que constitui o *koinónein*.

[127] Expressão forte de Paolo Napoli, "L'Histoire du droit et le commun", cit., p. 9.

[128] Ibidem, p. 9. O autor se refere à missão de todos, de "guardar o depósito", anunciada na *Primeira Epístola a Timóteo* (6,20), que se deve entender no sentido "de velar pelo patrimônio comum da fé e prestar contas dele a todo momento" (idem).

cristão deve manter com o depósito de fé que lhe foi confiado em custódia, modo que podemos legitimamente designar como modo "administrativo", por oposição ao modo "proprietário", pois se trata de preservá-lo, não de se apropriar dele. A prática da custódia seria homóloga daquela que define o "depositário" no direito civil[129]: como prática administrativa, autoriza todos os usos que visem preservar a integridade do depósito, "salvo atos de disponibilidade proprietária". Essa exclusão fundadora permite que a história da Igreja seja relida como "uma série de lutas para salvaguardar a indivisibilidade coletiva do depósito comum, do qual ninguém deve ter o domínio", com vistas ao "uso cooperativo do depósito"[130]. Ainda é teológico, mas agora é "teológico-administrativo", não "teológico-político", como em Agamben. Uso do indisponível e administração do indisponível acabam por confundir-se, uma vez que ambos excluem qualquer relação com um sujeito proprietário, chegando em certos casos a induzir uma radical "despersonalização do pertencimento" no plano jurídico[131].

Primazia das práticas criadoras de direito sobre o Estado

O que cabe acrescentar para desfazer qualquer mal-entendido é que o uso administrativo do indisponível só exclui formalmente a apropriação em um dos dois principais sentidos que esse termo pode ter. Até aqui, ao falarmos do "inapropriável", tínhamos em mente apenas o primeiro desses dois sentidos, sem sombra de dúvida o mais usual: aquele que consiste em apropriar-se de alguma coisa, isto é, transformá-la em posse ou propriedade sua, quer essa coisa já seja propriedade de outra pessoa ou de várias – o que implica apoderar-se dela, expropriando os outros ou obtendo-a por meio de troca –, quer esteja vacante e disponível, por não ser propriedade de ninguém – o que é o estatuto da *res nullius*. Esse é o sentido sugerido

---

[129] Idem.

[130] Idem.

[131] Idem. Napoli menciona o modo como os juristas do século XII atribuíram a propriedade dos bens eclesiásticos aos lugares, não às pessoas. Por exemplo, os bens de um mosteiro, após a morte de todos os seus membros, pertenciam aos muros do mosteiro. Ele indica também que essa ficção jurídica foi retomada pela Corte de Cassação italiana em 1953, quando estabeleceu que os muros das casas de uma aldeia eram proprietários dos terrenos comuns que haviam garantido a subsistência dos moradores e haviam ficado muito tempo despovoados.

pela etimologia, que deriva *proprius* de *pro privo*, "a título particular". O segundo sentido é negligenciado, apesar de frequentemente ligado ao primeiro, em especial no discurso de justificação da tomada de posse. De fato, podemos apropriar uma coisa *a* certo fim, isto é, torná-la própria *para* atender a sua destinação: por exemplo, apropriar uma terra à satisfação de certas necessidades humanas mediante seu cultivo. Em certo sentido, ainda se trata do "próprio". No entanto, fala-se de "próprio" de maneira diferente, uma vez que dois tipos de relação muito distintos estão implicados em cada um desses sentidos. No primeiro caso, a relação é de *pertencimento* e vincula uma coisa a uma pessoa ou a várias, excluindo qualquer outro pertencimento: o que possuo como próprio não pode pertencer ao mesmo tempo a outra pessoa, porque me é próprio. No segundo caso, a relação não é de pertencimento, mas de *finalidade* ou *adequação* entre uma coisa e uma ou várias pessoas[132]. Naturalmente, é possível conjugar estreitamente os dois sentidos, por exemplo, argumentando que é a forma específica da relação de pertencimento que, em última análise, decide a relação de finalidade: podemos dizer que apenas o pertencimento da terra a um coletivo de camponeses permite apropriá-la a sua destinação, ao contrário da apropriação privada, que a desvia dessa mesma destinação.

Postula-se de forma mais ou menos implícita que a destinação de uma coisa está inscrita em suas propriedades naturais e tenta-se evidenciar que certa forma de propriedade impede que o objeto seja apropriado para sua finalidade natural. Isso abre a caixa de Pandora das polêmicas em torno da melhor forma de propriedade (privada, estatal, cooperativa, comum etc.). De modo inverso, porém, é possível dissociar radicalmente as duas relações, levantando a questão da apropriação (no sentido da adequação) não diretamente do inapropriável (no sentido daquilo que não pode entrar na esfera do pertencimento), mas da *atividade humana destinada ao inapropriável*, entendendo-se que essa destinação é de natureza social, e não "natural". O efeito será o deslocamento da questão para o terreno do *uso* como prática coletiva: subtraindo-se uma coisa da esfera da propriedade, privada ou estatal, como fazer uso coletivo dela, de modo que possa ser proveitoso para todos? Especificamente, quais são as regras que as práticas devem ser capazes

---

[132] Marx distingue formalmente os dois sentidos de *Aneignung*, em especial quando se trata de salientar a não coincidência entre "apropriação real" no processo de trabalho e forma jurídica da propriedade.

de inventar para impedir que essa coisa seja desviada de sua destinação social por condutas de apropriação predatória? As regras do uso coletivo tomam então, de modo muito preciso, o sentido de regras de apropriação da conduta ao inapropriável. É, portanto, para o âmbito da *produtividade jurídica e normativa do uso*, não para o âmbito do sujeito titular do pertencimento, que essa dissociação orienta a pergunta. Enfatizar tal produtividade não deixa de ter consequências para a relação entre o uso e a própria instituição: com isso, ao uso ou à administração atribui-se uma dimensão *instituinte* absolutamente essencial. Cabe dizer até que são as práticas renovadas do uso do comum que realizam a *instituição continuada* do comum.

Uma concepção de instituição pelas práticas, ou melhor, das práticas como instituição, difere radicalmente da ideia de "institucionalidade" desenvolvida por Pierre Legendre. Para ele, as montagens simbólicas ou "dogmáticas" – as "instituições" – que mantêm as sociedades de pé cumprem uma função lógica de tipo especular, ao construírem um "espelho" no qual os sujeitos podem se apreender de acordo com o lugar que lhes é reservado e assim dar fé e legitimidade à própria instituição. Esta atua como uma instância de garantia por meio de uma "referência fundadora" de natureza mitológica e instaura uma "imagem" da humanidade que não é de natureza mimética, ou seja, a imagem de alguma coisa preexistente na natureza. Por essa construção do espelho normativo indispensável à humanização do sujeito, a instituição é da ordem do "imaginário", e não da "imaginação". Legendre insiste muito na ficção de um grande sujeito social, figura mítica que seria o grande Autor do Texto: as montagens institucionais literalmente "fazem a sociedade falar" e como tal pressupõem ritos, artes e comemorações para manter viva a crença[133]. Essa ficção de um grande Sujeito que fala, de um Autor imaginário da fala que é o Outro absoluto para cada sujeito, garante as identidades ao fundar a legitimidade dos lugares e dos nomes, o que implica que ele seja identificado como o guardião das categorias constitutivas da vida social e política.

Nas sociedades modernas do Ocidente, é o Estado, apoiado pelo discurso da ciência, que cumpre essa função lógica, uma vez que é ele que "fala" legitimamente como origem e garantia do sistema jurídico. É esse sistema que distribui e classifica as coisas e as pessoas no direito civil, e é ele que

---

[133] Ver Pierre Legendre, *De la société comme texte: linéaments d'une anthropologie dogmatique* (Paris, Fayard, 2001).

funciona como ator e operador de um "teatro" que põe em cena esteticamente o fundamento dos discursos normativos. Por essa razão, o Estado deve ser visto como uma função subjetiva. A institucionalidade, da qual o Estado é apenas o modo ocidental, constitui uma dimensão antropológica fundamental, uma vez que está ligada à fala da qual é dotado o animal humano. Assim compreendida, ela aparece como condição e ao mesmo tempo como resultado de uma operação que visa "instituir a vida" (*vitam instituere*), segundo expressão que Legendre toma da tradição romana canônica, registrada na tradução do jurista Marciano (século III) para um trecho de Demóstenes que, inserido no *Digesto* de Justiniano no século VI, designa as prescrições da cidade que *ordenam a vida* dos que residem nela[134]. O efeito mais seguro dessa autonomização da instituição como institucionalidade que cumpre função de especularidade identitária é fazer com que a tradição normativa do Ocidente escape a qualquer transformação oriunda das práticas, pois de imediato estas ficam presas às sedimentações jurídicas que constituem essa tradição. Obviamente, Legendre tem o cuidado de constatar a separação entre a teologia e o direito no século XII, que ele considera, na esteira de Harold J. Berman, a bifurcação fundamental na direção da secularização ocidental. Mas não se poderia atribuir tal poder de transformação da tradição apenas aos juristas, ou mesmo aos civilistas: uma das características mais notáveis do Ocidente é a transferência de legitimidade da teologia para as ciências em geral e para as ciências humanas em particular, transferência que não basta invocar para reduzir modernidade a cientificismo, a economicismo, ou mesmo a gestão empresarial capitalista, como Legendre parece fazer. A herança normativa ocidental, longe de compor um maciço homogêneo, está atravessada pelo, ou até cindida entre, dogma da eficiência capitalista e ideal de autodeterminação do *nomos*, para citarmos apenas a linha de fratura principal, e todas essas linhas de fratura dão ensejo às práticas de transformação social e inovação jurídica (*fictio legis*).

O comum do "ser-em-comum" e o comum do "agir comum"

Vimos que o direito romano, longe de basear-se na divisão entre direito privado e direito público, reservava em seu âmago um espaço para o público

---

[134] Idem, *Sur la question dogmatique en Occident* (Paris, Fayard, 1999), p. 106 e seg.

que escapava tanto ao domínio do Estado como ao domínio do mercado e, mais ainda, que a partir desse lugar reservado ao público não estatal a esfera do comércio de bens podia ser reconhecida como esfera autônoma. Em seguida, tivemos oportunidade de nos convencer de que esse público não estatal subtraído ao comércio era da alçada de um direito de uso. Por fim, mostramos que o exercício desse direito era uma questão de práticas sociais e que apenas essas práticas independentes em relação ao Estado eram capazes de criar direito. Devemos nos perguntar agora em que medida a primazia atribuída a tais práticas de assunção do comum autoriza o discurso sobre o "ser-comum" ou o "ser-em-comum", isto é, um discurso ontológico, cuja necessidade é apontada hoje por várias abordagens.

Desse ponto de vista, um dos ensinamentos mais preciosos das considerações de Yan Thomas sobre o trabalho dos juristas romanos foi o de ter mostrado que a construção política e jurídica das coisas não deixava espaço algum para a ontologia. Ao contrário do que afirmaram os romanistas neotomistas, as coisas institucionalmente destinadas ao uso público não deviam essa destinação a uma suposta natureza objetiva e inerente – como se a natureza das coisas falasse por si mesma –, mas a procedimentos instaurados pelos magistrados. Gostaríamos de estabelecer que, por depender tão só das práticas do uso coletivo, o comum exclui categoricamente qualquer *ontologia do comum*.

Isso vale para a ontologia segundo a qual o comum consiste no ser da produção social espontânea[135]. Porém vale mais ainda para a ontologia que, a pretexto de subtrair o "ser-em-comum" a qualquer substancialização ou reificação comunitária, faz na verdade uma "dissociação entre política e ser-em-comum"[136], cujo efeito é desestimular qualquer *política do comum*. Retomando o termo "comunismo", Jean-Luc Nancy põe os pingos nos is[137]:

> O comunismo não é da ordem da política, portanto. Ele confere à política um requisito absoluto: abrir o espaço comum ao próprio comum, isto é, nem privado, nem coletivo, nem separação, nem totalidade – e assim abrir [o espaço comum] sem autorizar a realização do próprio "comum", nenhuma forma de substantivá-lo ou torná-lo sujeito. *Comunismo é o*

---

[135] Sobre essa ontologia, ver capítulo 5 deste volume.

[136] Jean-Luc Nancy, *La Communauté affrontée* (Paris, Galilée, 2001), p. 34.

[137] Nas notas preparatórias de sua participação na conferência de Londres, "The Idea of Communism", em março de 2009.

princípio de ativação e limitação da política (precisamente onde antes a política fora pensada como assunção do comum, de um ser supostamente comum).[138]

O comum como "ser-*em*-comum" volta-se contra o comum como "ser-comum", que justamente havia sido "assumido" pelo "comunismo" como projeto político, com todas as consequências que já conhecemos. O comunismo do "ser-em-comum" apresenta dois aspectos complementares: de um lado, é "princípio de ativação da política", na medida em que o ser-em-comum é o que possibilita a política; de outro lado, é "princípio de limitação da política", porque define o limite além do qual a política se nega como política ao negar o ser-em-comum[139]. Em que sentido a ontologia está implicada no ser-em-comum? No sentido de que o "com" (o *co-* ou o *com-* de "comunismo") não corresponde a uma propriedade acrescentada ao ser do indivíduo, mas constitui a existência deste último como "co-existência", "ser-com" ou "ser-junto": "*Comunismo* é ser-junto (*Mitsein*), compreendido como pertencente à existência dos indivíduos, o que significa no sentido existencial (em idioma heideggeriano) a essência desses indivíduos"[140].

Que originalidade se pode reconhecer na ontologia do "ser-em-comum" de Jean-Luc Nancy, em comparação com a de Heidegger? O termo *Mitsein* ("ser-com") dá ensejo a uma elaboração no capítulo IV, § 26, de *Ser e tempo*, em seguida à análise do "mundo" desenvolvida no capítulo III. Por isso, a consideração do "ser com outrem" é feita *a partir da* análise do mundo. Porque sou no mundo, compartilho esse mundo com outros, não o inverso: se eu não fosse primeiro e de imediato no mundo, o mundo não seria "mundo comum" (*Mitwelt*) para mim[141]. Como diz Pierre Sauvêtre[142], Nancy radicaliza a proposição de Heidegger, uma vez que a determinação do "ser-com" já não procede do "ser-no-mundo" do *Dasein*, mas constitui

---

[138] Ibidem, p. 208.

[139] Ver Pierre Sauvêtre, *Crises de gouvernementalité et généalogie de l'État aux XXᵉ et XXIᵉ siècles*, cit., p. 183.

[140] Jean-Luc Nancy, "Communisme, le mot", cit., p. 203.

[141] Martin Heidegger, *L'Être et le temps* (Paris, Gallimard, 1972), p. 150 [ed. bras.: *Ser e tempo*, trad. Fausto Castilho, Campinas/Petrópolis, Editora da Unicamp/Vozes, 2014].

[142] Pierre Sauvêtre, *Crises de gouvernementalité et généalogie de l'État aux XXᵉ et XXIᵉ siècles*, cit., p. 190.

a determinação fundamental do próprio ser: "*Com* é a primeira característica do ser"¹⁴³. Ou: "Ser é ser *cum*"¹⁴⁴. O "ser-no-mundo" não precede mais o "ser-com": o "ser-com" é reconhecido como absolutamente primeiro. De modo que, em *comunismo*, nem *-ismo* nem *comum* deveriam valer em si mesmos: "Deve ficar apenas o *cum-*. A preposição latina, considerada preposição universal, pressuposição de toda existência, de toda disposição de existência"¹⁴⁵. Agora podemos entender por que Nancy se permite falar de "co-ontologia" ou "analítica co-existencial" para designar sua abordagem. É precisamente por ser um existencial que o *co-* de comunismo tem sentido muito diferente do *co-* de coletivo:

> O "com" não é um vínculo externo, não é vínculo nenhum. É *ser-junto*. [...] O "com" não tem nada a ver com o que chamamos de "coletivo". [...] O *co-* de "coletividade" não é o mesmo de "comunismo". Não é apenas uma questão de semântica (*munire/ ligare*). É uma questão de ontologia. O *co-* de coletividade é puramente externo, está no "lado a lado" que não implica relação entre os lados ou entre as partes desse *partes extra partes*.¹⁴⁶

A ênfase no *cum*, independentemente de qualquer relação com o mundo, conduz logicamente a uma *quase essencialização* do existencial heideggeriano. Isso explica por que lemos anteriormente que o "ser-com" deve ser entendido "como pertencente à existência dos indivíduos, o que significa no sentido existencial (em idioma heideggeriano) a essência desses indivíduos", ou que com "comunismo" há algo que "toca no 'essencial-existencial'"¹⁴⁷.

Em Roberto Esposito há uma ênfase muito parecida no "ser-com", no sentido do "ser como *cum*", isto é, o ser "como *entre*" ou "como relação"¹⁴⁸, com a única diferença de que nele a comunidade é pensada por oposição ao "próprio" e à "imunidade". Por oposição ao "próprio" como "ter" ou "pertencimento", o comum é "impróprio". Por oposição à "imunidade"

---

¹⁴³ Jean-Luc Nancy, *Être singulier pluriel* (Paris, Galilée, 1996), p. 9.
¹⁴⁴ Idem, "Communisme, le mot", cit., p. 209.
¹⁴⁵ Idem.
¹⁴⁶ Ibidem, p. 204.
¹⁴⁷ Ibidem, p. 203.
¹⁴⁸ Roberto Esposito, *Communauté, immunité, biopolitique: repenser les termes de la politique* (Paris, Les Prairies Ordinaires, 2010), p. 109 e 75. O autor se apoia na passagem do § 26 de *Ser e tempo*, já citado.

como isenção ou exoneração, o comum é "encargo", "dever" ou "lei"[149] que se impõem a todos. Disso resulta que comunidade não consiste na partilha de uma "propriedade", mas na partilha de um "dever" ou "obrigação". Esse *munus* é da ordem de uma "dívida original" que remete a nossa existência de seres mortais, isto é, a nossa finitude: a comunidade fundada por ele não é uma comunidade de destino ou uma comunidade consumada, mas "é comunidade *da* ausência", visto que apenas nossa finitude mortal nos faz seres-em-comum ou seres-com[150]. Em certo sentido, essa finitude é um nada que nos é comum, de modo que esse "nada-em-comum" "é o caráter próprio do nosso ser-em-comum" e não se opõe a ele[151].

Em contraste com essa promoção unilateral do "ser-com", dissociado de qualquer relação com o mundo, a leitura de Hannah Arendt parece mais fiel à tese de Heidegger sobre a primazia do "ser-no-mundo": o mundo, que em Arendt ganha a especificação de "domínio público" ou "mundo comum", está "relacionado às produções humanas, aos objetos fabricados pela mão do homem"; é um "mundo de objetos" que "se encontra entre os que o têm em comum", como um "entremeio" a "ligar e ao mesmo tempo separar os homens"[152]. Como tal, esse mundo "é o que temos em comum não apenas com nossos contemporâneos, mas também com os que passaram e com os que virão depois de nós"[153]. Ao mesmo tempo que é feito de objetos fabricados, ele deve sua realidade de "domínio público" não somente à duração desses objetos, mas também à pluralidade das perspectivas pelas quais ele se apresenta aos homens em função dos lugares diferentes que estes ocupam, pluralidade irredutível a uma "medida comum" ou a um "denominador comum". Se ele é condição essencial da ação política, é na medida em que os homens têm consciência de estar diante de um *mesmo* mundo visto de diferentes pontos de vista. A partir do momento em que essa consciência se extingue, surge a ameaça da "ausência de mundo" (*worldlessness*), que ganhou corpo com o fenômeno totalitário. Nenhuma referência a uma suposta natureza humana poderia nos assegurar contra a destruição do mundo comum: "Nas condições de um

---

[149] Nos sentidos de *munus* privilegiados por Roberto Esposito desde *Communitas* (Paris, PUF, 2000), p. 17-9.

[150] Roberto Esposito, *Communauté, immunité, biopolitique*, cit., p. 48, 29 e 35.

[151] Ibidem, p. 74 e 79.

[152] Hannah Arendt, *L'Humaine condition*, cit., p. 101.

[153] Ibidem, p. 103.

mundo comum, não é a 'natureza comum' dos homens que garante o real; é antes o fato de que, apesar das diferenças de localização e da variedade de perspectivas daí resultantes, todos sempre se interessam pelo mesmo objeto"[154]. O que faz desaparecer o mundo comum e, com ele, a própria política é a unicidade de perspectiva transformada em norma, uma vez que ela aniquila a consciência da identidade do objeto ao destruir a pluralidade das perspectivas. Portanto, nenhum "ser-em-comum" faz parte da constituição da existência, e apenas o interesse ativo dos homens por aquilo que está "entre eles" confere ao mundo a realidade – precária e preciosa – de "mundo comum".

Desse ponto de vista, há uma coerência inegável em se imputar a Arendt o "preconceito antibiologista" e "antinaturalista" de Heidegger e no apelo para se repensar a noção de natureza humana – o *humanitas* do homem, portanto – a partir da "realidade natural" que é a do *bios*[155]. A questão toda está em saber se da ontologia do "ser-em-comum" ou da "vida" se deduz uma política. Fazendo a pergunta sem rodeios: existe uma política do ser-com ou do ser-em-comum? Encontra-se em Nancy uma indicação alusiva à "práxis"[156] que deve mostrar a importância da exigência do ser-em-comum: a da "inequivalência" das singularidades que são "com", em oposição à equivalência mercantil, a da intercambialidade universal. Contudo, essa indicação é expressamente acompanhada de uma ressalva fundamental: a afirmação da inequivalência das singularidades "é tudo que se queira – existencial, artística, literária, sonhadora, amorosa, científica, pensadora, perambulante, lúdica, amigável, gastronômica, urbanística...", mas "não é política"[157]. Não há maneira melhor de dizer que a única função da política é abrir o espaço no qual pode se dar a afirmação do comum da inequivalência. Nesse sentido, não há espaço para uma práxis política do comum. Observação análoga pode aplicar-se à abordagem de Roberto Esposito, para quem a comunidade da ausência constitui uma "forma impolítica" de comunidade, na qual o sentido de "im-" não é de privação (a-político), mas de inversão em relação à forma consumada da comunidade política. Logo, a questão está em saber como uma política poderia decorrer desse pensamento da comunidade como defecção.

---

[154] Idem.

[155] Roberto Esposito, *Communauté, immunité, biopolitique*, cit., p. 194 e 203.

[156] Jean-Luc Nancy, *Vérité de la démocratie* (Paris, Galilée, 2008), p. 58.

[157] Ibidem, p. 48-9. Citado em Pierre Sauvêtre, *Crises de gouvernementalité et généalogie de l'État aux XXe et XXIe siècles*, cit., p. 198-9.

Nesse caso também as indicações são alusivas, quando não discordantes. Na terceira parte de *Communauté, immunité, biopolitique*, encontramos formulações mais precisas sobre essa questão. A partir de uma reflexão sobre a "virada" do nazismo como inversão completa da biopolítica em "tanatopolítica", Esposito levanta a questão da possibilidade de uma biopolítica diferente, de uma "biopolítica afirmativa", que seja "uma política não mais sobre a vida, mas da vida"[158]. No entanto, ele reconhece em seguida que "é bem difícil indicar com precisão onde procurar, como pensar, o que pode significar hoje uma democracia biopolítica capaz de se exercer não sobre os corpos, mas em prol do corpo"[159]. Deve-se salientar como essa afirmação da positividade da vida é difícil de se deduzir do existencial do "ser-com" que Esposito invoca num primeiro momento para fundamentar sua concepção de *communitas*. Como passar do ser-com que "nos determina no distanciamento e na diferença com relação a nós mesmos", como "falta infinita", "dívida não quitável" ou "ausência irremediável"[160], para a vida como "lugar indivisível em que o ser do homem está em perfeita coincidência com sua forma de ser"[161]?

Todas essas abordagens esbarram numa mesma dificuldade de princípio: uma vez afirmada a primazia da ontologia, a passagem para a política só pode ser num salto, simplesmente porque a aposta de deduzir uma política da ontologia é insustentável[162]. Não basta lembrar as palavras de Deleuze – "antes do ser, há a política"[163] –, é preciso ir mais longe e afirmar que a única ontologia ainda possível é a que Foucault denominava "ontologia da atualidade"[164]. Essa tarefa exige que o caráter histórico de nosso "hoje" seja compreendido à luz dos pontos de apoio que ele pode oferecer a uma práxis emancipadora.

---

[158] Roberto Esposito, *Communauté, immunité, biopolitique*, cit., p. 167-8.

[159] Ibidem, p. 227.

[160] Ibidem, p. 28-9.

[161] Ibidem, p. 246. A dificuldade é apontada por Frédéric Neyrat no prefácio da obra (ibidem, p. 19-20).

[162] Pierre Dardot, Christian Laval e El Mouhoub Mouhoud, *Sauver Marx?*, cit., p. 253.

[163] Gilles Deleuze e Félix Guattari, *Mille plateaux* (Paris, Minuit, 1980), p. 249 [ed. bras.: *Mil platôs*, trad. Ana Lúcia de Oliveira, Aurélio Guerra Neto e Célia Pinto Costa, São Paulo, Editora 34, 1995, 2 v.].

[164] Michel Foucault, "Qu'est-ce que les Lumières?", em *Dits et Écrits II* (Paris, Gallimard, [s. d.]), p. 1.506 [ed. bras.: "O que são as Luzes", em *Arqueologia das ciências e história dos sistemas de pensamento (Ditos e escritos 2)*, org. Manoel Barros da Motta; trad. Elisa Monteiro, Rio de Janeiro, Forense Universitária, 2000].

Nenhum "existencial" poderia nos dispensar de referir o comum a uma atividade instituinte: como determinação do agir, ele foge à alternativa enganadora entre ser e ter, entre ser-em-comum (ser-com os outros) e ter-em-comum (a "propriedade", no sentido tanto da "posse" como do "caráter").

Em conformidade com a terminologia já empregada nos capítulos anteriores, denominaremos "agir comum" a ação que institui o comum e dele se encarrega. "Agir comum", não apenas "agir em comum": não se trata do que fazemos juntos, que pode ser tanto uma viagem como um protesto, mas do modo de ação proveniente da coobrigação denotada pelo *munus* latino. Neste ponto, convém ter em conta a ideia de "tarefa" ou "atividade" contida no termo, que Esposito subordina erroneamente à ideia de "lei" ou "dever". Em relação a isso, o sentido original de *communis* merece ser privilegiado, uma vez que não se tratava de designar coisas, mas homens compartilhando encargos ou tarefas: *communis* foi primeiro a designação do compartilhamento de uma tarefa entre homens (*communis* é "aquele que compartilha os encargos") e, depois, a designação dessas coisas que eram compartilhadas entre todos (as *res communes*). Por isso, cumpre estabelecer como princípio que a coobrigação nasce do compartilhamento de uma mesma tarefa ou atividade, não que ela seja primeira e fundadora por ser dada com a "existência", a "condição" ou a "vida". Se o agir comum é um agir instituinte, é precisamente porque consiste na coprodução de normas jurídicas que sujeitam todos os coprodutores, na própria qualidade de coprodutores, no decorrer da realização da tarefa. É por esse motivo que a atividade de instituição do comum só pode ser comum, de forma que o comum é ao mesmo tempo uma qualidade do agir e aquilo que é instituído por esse mesmo agir. Nesse sentido, o modelo do antigo legislador estranho à cidade, que presenteia os habitantes com uma constituição tirada do nada, é um contramodelo, tal como o de uma instância separada que teria a *auctoritas* e à qual caberia a tarefa de perpetuar o ato de fundação[165].

---

[165] Sabe-se que Hannah Arendt atribuía aos constituintes estadunidenses o mérito de terem outorgado autoridade à Corte Suprema dos Estados Unidos. Hannah Arendt, *De la révolution* (Paris, Gallimard, 1985), cap. 5. Tocamos aí nos limites do discurso político de Arendt, por mais justas que sejam suas críticas à ideia de comunidade de natureza como garantia do "mundo comum". Sendo detentora do poder judiciário, a Corte Suprema reserva para si o monopólio do direito, o que é o oposto da coprodução do direito no e pelo uso comum. De maneira mais geral, todo o paradigma político da *fundação* deve ser rediscutido (para uma crítica desse paradigma, ver o capítulo 10 deste volume).

E, visto que o comum que deve ser instituído é o inapropriável – e não a "inequivalência", o "impróprio" ou o "impessoal" –, a coobrigação dos "homens do comum"[166] é a que lhes impõe *usar* esse inapropriável para preservá-lo e transmiti-lo. Assim entendido, o agir comum se confunde com "uso comum do comum", do qual falamos anteriormente.

---

[166] Falaremos de "homem *do* comum", em vez de "homem comum", para estabelecer a distinção entre o homem produzido pela prática do comum e o tipo sociológico ou média estatística a que a segunda expressão remete em geral. (Sobre esse ponto, ver a última seção do capítulo 1 deste volume: "Comum e práxis".)

7
DIREITO DO COMUM E "DIREITO COMUM"

A questão agora é determinar qual a natureza do direito que o agir comum deve produzir, em virtude de seu próprio exercício, de modo que obrigue de fato todos os coatores ou coparticipantes. Vimos há pouco que uso e instituição acabavam se identificando nas práticas criadoras de direito. Poderíamos, por conseguinte, responder afirmando que esse direito deveria ser um direito consuetudinário, e não um direito legislativo, no sentido de direito emanado de uma autoridade soberana ou da vontade de um legislador, uma vez que o direito consuetudinário em geral se apresenta como um direito *comum:* sabe-se que a língua inglesa faz do direito proveniente dos costumes um "direito comum" (*Common Law*) e distingue esse direito da lei ou do decreto de uma autoridade soberana, isto é, do "direito estatuído" (*Statute Law*). Desse modo, é muito lógico que o direito produzido pelo agir comum seja, até em seu próprio teor, um direito comum, em virtude de certa forma de transferência da qualidade do agir para a qualidade do direito produzido por ele. Mas surge de imediato a questão sobre o que faz do consuetudinário um comum: o que se deve entender exatamente por "comum" para que aquilo que é consagrado pelo costume venha a identificar-se com *o* comum, pura e simplesmente?

Afinal, poderíamos argumentar igualmente que o costume está relacionado à contingência, ao local e ao particular e que, nesse aspecto, não há nada menos "comum" que o consuetudinário, uma vez que, ao que parece, o arbitrário, o estapafúrdio e o absurdo podem perfeitamente receber a chancela da tradição. Desse ponto de vista, apenas a universalidade da lei poderia pretender encarnar o comum. Aliás, é exatamente desse modo que o entendem os que opõem o direito legislativo ao direito consuetudinário para exaltar melhor a racionalidade e a universalidade efetivas do primeiro. Como Hegel, que marcará a diferença entre uma simples compilação de costumes, caracterizada por "seu caráter informe, indeterminado e lacunar", e o direito legal moderno, que assume a forma racional de "código" – cujo modelo, para ele, é o Código Civil de 1804 ou Código Napoleônico –, oriundo da enunciação dos princípios do direito em sua universalidade[1]. Nessa perspectiva, o direito romano como tal não funciona como alternativa, ao menos na forma histórica com que chegou até nós, uma vez que pode ter assumido a forma não racional de compêndio legislativo (basta pensar no *Corpus Iuris Civilis* das leis justinianas)[2]. O essencial reside na forma da universalidade que o direito pode adquirir somente quando se torna "lei", no sentido pleno do termo. De sua parte, os defensores mais ardentes da *Common Law* tendem a apresentá-la como resultado de um processo histórico espontâneo de acumulação que seria fundamentalmente irredutível a qualquer codificação formal. Esse direito se identificaria com a "constituição" inglesa, que forma uma espécie de *lex non scripta* (William Blackstone), enriquecida de geração em geração com contribuições sucessivas, que não teriam alterado sua substância e seriam independentes de qualquer processo de *enactment*, isto é, de promulgação.

Hayek foi, sem dúvida alguma, o teórico neoliberal que levou mais longe essa antítese entre lei "posta" (*positus*)[3] por um legislador e direito consuetudinário. Retomando a história intelectual inglesa do século XVII, opõe a corrente do "racionalismo construtivista", encarnada por Francis Bacon e Thomas Hobbes, a uma "tradição mais antiga", ainda vigorosa na Inglaterra "nas obras de grandes juristas versados em *Common Law*, especialmente *sir* Edward Coke e Matthew Hale, opositores de Bacon e Hobbes"[4]. Seguiriam essa última tradição os porta-vozes do "racionalismo crítico":

---

[1] Hegel, *Principes de la philosophie du droit*, cit., § 211, p. 281-2. No que concerne ao Código Civil, remetemos o leitor à edição *on-line* do *Code civil des français* (Paris, De l'Imprimerie de la République, An XII, 1804). Disponível em: <gallica.bnf.fr>.

[2] Como aponta justamente Mikhaïl Xifaras em "Marx, justice et jurisprudence. Une lecture des 'vols de bois'", *Revue Française d'Histoire des Idées politiques*, n. 15, abr. 2002, p. 22.

[3] Friedrich A. Hayek, "La Philosophie juridique et politique de David Hume", em *Essais de philosophie, de science politique et d'économie* (Paris, Les Belles Lettres, 2007), nota 21, p. 169.

[4] Ibidem, p. 175.

Bernard Mandeville, Adam Ferguson, Adam Smith e David Hume. O que distinguiria propriamente essa "espécie" de racionalismo seria a tese do crescimento espontâneo das regras de direito, análogo ao processo de seleção dos organismos vivos demonstrado por Darwin[5]. No século XIX, a escola histórica alemã de direito de Savigny foi "amplamente fundamentada na concepção de uma ordem espontânea elaborada pelos filósofos escoceses do século XVIII"[6]. Dessa forma, delineia-se uma filiação intelectual direta entre os grandes juristas ingleses teóricos da *Common Law* e a escola histórica alemã, o que leva a crer numa continuidade teórica fundamental, em particular no que se refere à noção de "direito natural"; de fato, essa corrente de pensamento rejeitaria o "direito natural deduzido da razão natural", e não o "direito natural que é preciso descobrir" e que não se pode "fazer" ou "decretar" por ser produto de um processo de "crescimento natural", isto é, da experiência prática acumulada[7].

O desconcertante nessa confrontação é que, de ambos os lados, todos estão de acordo em apresentar a alternativa entre direito legislativo e direito consuetudinário como inevitável e insuperável: de um lado, o direito consuetudinário é unanimemente relegado ao campo do informe e do irracional, em benefício exclusivo da forma racional da lei; de outro, ao contrário, é enaltecido como um direito sem legislador, cujo nascimento não deveria nada à deliberação e à decisão de uma vontade. Quando examinada, essa alternativa se revela artificial e infundada, uma vez que pressupõe uma homogeneidade do direito consuetudinário – seja puro compêndio empírico, seja crescimento contínuo – que se mostra problemática, em especial quando são consideradas as profundas transformações por que passou o direito inglês ao longo do século XVII.

Essa confrontação não tem nada de debate acadêmico reservado a historiadores ou filósofos do direito. Implica a apreciação da ideia de que estaríamos ou deveríamos estar nos dirigindo para um direito comum mundial. Certa ideologia evolucionista da *Common Law*, fortemente influenciada por Hayek, gostaria que o atual crescimento da jurisprudência

---

[5] Sobre essa tese, ver Pierre Dardot e Christian Laval, *La Nouvelle raison du monde*, cit., p. 250-1.
[6] Ibidem, p. 169. No capítulo seguinte, voltaremos à escola histórica alemã de Savigny, quando tratarmos dos artigos de Marx sobre os "roubos de madeira".
[7] Ibidem, p. 170.

internacional, em matéria de contratos comerciais ou direito dos investimentos, fosse puro e simples prolongamento dos progressos culturais e jurídicos resultantes das interações econômicas e sociais, que permitiram o surgimento e o funcionamento do mercado concorrencial. Assim, a extensão das práticas da *Common Law* conduziria à criação de uma "ordem espontânea" do mercado mundial. Em resumo, o "comum" do direito, segundo a interpretação neoliberal, não seria mais que o direito comum da propriedade, do contrato e do lucro. Como vimos, é contra essa concepção que os oponentes desse tipo de globalização invocam a defesa e a reabilitação dos *commons*. Ora, precisamente na interpretação da *Common Law*, esses *commons* desempenham papel decisivo. Raramente uma questão de história do direito esteve tão no centro dos grandes conflitos de nossa época.

Um mito nacional: a "continuidade orgânica" da *Common Law*

Foi Harold J. Berman quem mostrou a realidade dessa transformação decisiva, no tomo II de sua história do direito no Ocidente, *Direito e revolução*, já citada[8]. Após estudar a "revolução pontifícia" dos anos 1075-1122, por meio da qual um novo direito, o direito canônico, foi implantado pela Igreja Romana a fim de emancipar-se da tutela dos imperadores, reis e senhores feudais e constituir a si mesma como "Estado moderno" com vocação pan-europeia, Berman aborda a análise das revoluções alemã e inglesa. Estabelece com isso que a tese da oposição plurissecular entre o direito inglês, no qual sobreviveria o direito consuetudinário germânico em sua forma mais pura, e a teoria absolutista, saída da tradição do direito romano, decorre em grande parte de uma projeção retrospectiva no mínimo discutível. Aponta, em particular, que o jurista inglês Bracton (século XIII), autor de um célebre *Tratado sobre as leis e os costumes da Inglaterra*, é indevidamente arrolado pelos partidários dessa tese: segundo eles, remonta a Bracton a hostilidade "nacional" dos ingleses aos direitos "estrangeiros", que seriam o direito canônico e o direito romano, "ao passo que, na verdade, Bracton, em seu grande tratado sobre o direito inglês,

---

[8] Harold J. Berman, *Droit et révolution*, cit. Nas análises a seguir, apoiamo-nos na segunda parte do primeiro tomo desse livro: "La Révolution anglaise et la transformation du droit anglais au XVIIe siècle", p. 335-610.

cita o direito romano em sentido favorável em ao menos quinhentas passagens diferentes"[9].

O que está em questão nessa reconstrução é nada mais nada menos que a ideologia da Revolução Inglesa, segundo a qual a "continuidade orgânica" da história nacional, desde seus primórdios, foi "interrompida apenas pelos regimes despóticos dos Tudor e dos Stuart", de modo que a *Common Law* do país "teria sempre prevalecido sobre os sistemas jurídicos 'estrangeiros', com os quais convivera anteriormente"[10]. Parece que algumas crenças religiosas de inspiração calvinista tiveram papel essencial nesse aspecto. Em primeiro lugar, a que atribui a Deus uma ação direta através da história, "notadamente por intermédio de sua nação eleita, a Inglaterra", o que só poderia alimentar e reforçar a convicção de "que a *Common Law* inglesa se desenvolvera ao longo dos séculos, alcançando progressivamente um estágio avançado de perfeição, e que esse direito era especificamente inglês e superior, ao menos para a Inglaterra, diante de qualquer direito 'estrangeiro'". Em segundo lugar, a crença segundo a qual Deus é um legislador que inspira os fiéis a traduzir a vontade dele em regras e instituições jurídicas: "A filosofia histórica de Coke, Selden e Hale reconhecia na tradição da *Common Law* anterior ao século XVI um equivalente secular do direito bíblico"[11]. Por fim, ainda segundo Berman, a insistência na continuidade histórica do direito inglês a partir do século XVII estava ligada ao "surgimento do regime parlamentar aristocrático, do sistema de partidos políticos (os *whigs* e os *tories*) e da classe profissional de juízes e advogados", da mesma maneira que na Alemanha do século XVI a ênfase na coerência conceitual da ciência do direito esteve ligada ao surgimento da burocracia a serviço da monarquia, do príncipe e de seus conselheiros[12]. Em oposição a essa ênfase com valor de autolegitimação, "que consiste em travestir uma mudança radical para apresentá-la como continuidade do passado"[13], Berman realça o caráter profundo e durável das "inovações" introduzidas no direito inglês a partir da "revolução de 1640-1689".

---

[9] Ibidem, nota 1, p. 725. Entre os defensores dessa tese, o autor menciona o bispo anglicano da era vitoriana William Stubbs, o historiador das ideias políticas Quentin Skinner e o historiador inglês do direito medieval Raoul Charles van Caenegem.

[10] Ibidem, p. 500.

[11] Ibidem, p. 435.

[12] Ibidem, p. 43.

[13] Ibidem, p. 379.

Uma das mais importantes referiu-se à organização dos tribunais e à independência dos juízes em relação à Coroa. Para avaliarmos seu alcance, convém dizermos algumas palavras sobre o sistema de governo dos Tudor. Ao mesmo tempo que reduziram a instrumentos da política real o Conselho do Rei e os Parlamentos (*House of Lords* e *House of Commons*)*, os Tudors criaram tribunais que respondiam de forma mais direta à vontade régia do que os tribunais tradicionais da *Common Law*. Estes últimos tinham sido os primeiros tribunais reais autônomos criados no século XII a partir do Conselho do Rei: Pleitos Comuns[14], Tribunal do Rei (*Common Pleas* e *King's Bench*) e ainda o Tribunal do Tesouro (*Court of Exchequer*), todos designados como tribunais da *Common Law* para se distinguirem das jurisdições eclesiásticas, senhoriais, feudais, urbanas e comerciais. Em oposição a essas antigas jurisdições, os novos tribunais criados pelos Tudor, denominados *Prerogative Courts*, funcionavam "segundo doutrinas e procedimentos derivados em parte do direito canônico tradicional da Igreja Católica Romana e em parte do direito romano secular, tal como vinha sendo estudado durante séculos nas universidades europeias, especialmente em Oxford e Cambridge"[15]. No século XVI, a transferência de parte crescente dos processos judiciais dos tribunais de *Common Law* para as *Prerogative Courts* teve como efeito certa rivalidade entre esses dois tipos de tribunais. No reinado de Jaime I, essa rivalidade resultou em conflito aberto, no qual Coke assumiu posição preponderante ao afirmar a supremacia da *Common Law* sobre qualquer outra jurisdição. A Revolução Inglesa levou à adoção, em 1641, de várias leis pelo Parlamento, duas das quais suprimiam a Câmara Estrelada, a Alta Comissão e outras *Prerogative Courts*, tornando os tribunais da *Common Law* soberanos nas questões civis e criminais[16].

---

* Câmara dos Lordes e Câmara dos Comuns, respectivamente. (N. E.)

[14] Esse tribunal foi criado por Henrique II em 1178 como o primeiro tribunal real permanente. Ver ibidem, p. 455.

[15] Ibidem, p. 355-7. Entre as *Prerogative Courts*, Berman cita o Tribunal da Câmara Estrelada (*Court of Star Chamber*), o Tribunal de Petições (*Court of Requests*), o Tribunal das Marchas (*Court of Marches*) e o Tribunal da Alta Comissão (*Court of High Commission*). A essa lista, devemos acrescentar ainda a Alta Corte do Almirantado (*High Court of Admiralty*) e a Alta Corte da Chancelaria (*High Court of Chancery*), que não eram consideradas *Prerogative Courts*, mas também participavam do fortalecimento do poder real.

[16] Ibidem, p. 361 e 372. A supressão das *Prerogative Courts* foi confirmada por Carlos II em 1660, o que tornava irreversível a decisão de 1641 do Parlamento.

No fim do século XVI, o rei Jaime I havia colhido na teoria absolutista de Jean Bodin, exposta em *Da República* (1576), um modelo de argumentação que lhe permitia justificar o fortalecimento de seu próprio poder, em especial no campo judiciário. Para ele, o que tornava absoluto esse poder era a "ausência de responsabilidade do monarca perante qualquer um, exceto Deus": o rei não só pode revogar a autoridade e a competência de um magistrado, como em sua presença essa autoridade e essa competência são nulas e sem efeito. Segundo essa concepção, o controle judiciário da legalidade das leis e proclamações reais podia ser interpretado como simples "função administrativa", as tarefas do Parlamento podiam ser compreendidas como simples função "consultiva", e todas as cartas e acordos concluídos pelos reis podiam ser interpretados como "atos condicionais e temporários". Berman resume essa atitude nos seguintes termos:

> Quando os juristas ingleses, representando a tradição da *Common Law* no século XVII, invocavam a "herança" das competências judiciárias e parlamentares que permitiam restringir a prerrogativa real, o rei Jaime I podia retorquir que essas competências não passavam de atribuições concedidas por reis anteriores a título de "tolerância" e podiam ser revogadas conforme seu poder discricionário.[17]

Foi nessas condições que sir Edward Coke, primeiro como juiz principal do Tribunal dos Pleitos Comuns, depois como juiz do Tribunal do Rei (de 1606 a 1616) e em seguida como parlamentar, iniciou uma longa batalha para restringir os poderes atinentes à prerrogativa real, subordinando-os à *Common Law* e ao controle do Parlamento. O ponto essencial em torno do qual girou o conflito foi a questão da validade persistente do direito introduzido pelos antecessores de Jaime I: tratava-se de uma "herança" com valor de compromisso para o monarca no poder, ou de simples "tolerância" revogável segundo as conveniências deste último? Coke tinha convicção de que o direito em vigor constituía em si mesmo um "memorial do passado", expressão que deve ser entendida da seguinte maneira: "Os Tudor, os Plantageneta e até mesmo os soberanos normandos e anglo-saxões que, por intermédio de seus conselhos, parlamentos e tribunais, haviam criado ao longo dos séculos um sistema jurídico marcado por existência duradoura, que guardava em seu desenvolvimento contínuo a memória dos significados

---

[17] Ibidem, p. 392-3.

herdados do passado"¹⁸. O mais notável nessa atitude é que ela não consistia em opor à teoria absolutista uma contrateoria alternativa relativa ao direito em geral, mas em defender certa concepção do direito "inglês" compreendido em sua especificidade nacional. Mais exatamente, Coke contribuiu mais do que qualquer outro para reconduzir o direito inglês à *Common Law*, isto é, a um dos ramos que governavam a Inglaterra da época: o direito canônico e o direito romano, embora fossem aplicados por grande número de tribunais ingleses, eram considerados por ele "direito estrangeiro"¹⁹. Foi a partir de Coke que surgiu o hábito de identificar o "direito do país" (*law of the land*) à *Common Law*, isto é, ao direito tradicionalmente aplicado pelos tribunais dos Pleitos Comuns, do Banco de Rei e do Tesouro.

Desse modo, é possível esclarecer o sentido múltiplo do adjetivo "comum" na expressão *Common Law*, tão tipicamente inglesa. Em primeiro lugar, "comum" é entendido, claro, como um direito que unifica os usos e as práticas, a ponto de garantir a todos os súditos do reino o "benefício de uma justiça única"²⁰. Em segundo lugar – e tocamos aqui num ponto decisivo –, o termo se aplicava à razão e à experiência sobre as quais se fundamentava a *Common Law*. De que razão se tratava? Seguramente não da "razão natural" invocada pela escola do direito natural como norma superior ao direito positivo, mas de uma "razão artificial", isto é, de uma razão adquirida pelo esforço e pela arte que de forma alguma poderia confundir-se com a razão natural de uma pessoa em particular, ainda que ela fosse intelectualmente superior a todas as outras, porque era a própria razão do direito. Esse é, em substância, o argumento que Coke opôs a Jaime I numa entrevista que ficou famosa: embora o rei pudesse se prevalecer de uma razão, como os juízes, ele não era especialista no direito de seu reino, e as causas referentes à vida e aos bens de seus súditos "não são decididas de acordo com a razão natural, mas de acordo com a razão artificial e o julgamento do direito". Por conseguinte, é preciso considerar que a *Common Law* "foi aperfeiçoada por um número infinito de homens sérios e sábios e, por força de longa experiência, atingiu tal grau de perfeição para o regime político do reino que o velho adágio se confirma: *Neminem opportet esse*

---

[18] Ibidem, p. 396.

[19] Ibidem, p. 399.

[20] Philippe Raynaud e Stéphane Rials (orgs.), *Dictionnaire de philosophie politique* (Paris, PUF, 2003), p. 108.

sapientiorem legibus, isto é, ninguém pode ser, com base em sua própria razão, mais sábio que as leis, que representam a perfeição da razão"[21].

Não seria demasiado sublinhar a originalidade dessa concepção de razão. Coke não punha em dúvida a existência de uma razão natural e de um direito natural baseado nela – existência reconhecida tanto pelos filósofos escolásticos dos séculos XII ao XIV quanto pelos filósofos humanistas do século XVI –, mas, ao contrário, afirmava com persistência que o próprio direito natural fazia parte da *Common Law*[22]. O que ele fazia era juntar a essa razão outro tipo de razão que havia motivo para chamar de "razão histórica": tratava-se da "razão prática própria de especialistas, de homens experientes que se aplicaram a estudar a matéria, que conheciam sua história e se baseavam nos conhecimentos e na sabedoria de várias gerações sucessivas de outros indivíduos também experientes"[23]. Temos aqui, portanto, uma espécie de "razão artificial histórica", a única que pode explicar a profunda continuidade do direito inglês como direito comum. É nesse ponto precisamente que o primeiro sentido de "comum" se articula ao segundo: se o direito é "comum", no sentido de aplicar-se a todos os súditos do reino, é em primeiro lugar porque, em sua elaboração, ele nasceu do "senso comum" (*common sense*)[24], isto é, de um juízo moral compartilhado por toda a comunidade – no caso, a dos juízes, advogados e especialistas em matéria judiciária, e, por extensão, por todo o povo inglês, cuja história se cristaliza, por assim dizer, na formação desse juízo.

Não seria demais insistir no alcance da proposição implicitamente formulada por Coke e destinada a tornar-se em seguida o primeiro princípio da escola histórica do pensamento jurídico: o direito de uma nação é, antes de tudo, produto de sua história. Com isso não se deve entender apenas que as instituições hoje em vigor decorrem das instituições preexistentes, mas que o passado, acima de tudo o passado longínquo (no caso em foco, o costume da época anglo-saxã) não deve ser visto apenas como um dado, mas como um processo de crescimento dotado de uma finalidade e de uma normatividade para todo o desenvolvimento presente e futuro do próprio

---

[21] Harold J. Berman, *Droit et révolution*, cit., nota 35, p. 730-1, e p. 401.
[22] Ibidem, p. 403.
[23] Ibidem, p. 402.
[24] Ibidem, p. 496 e nota 37, p. 731. Berman destaca a dificuldade para distinguir com precisão essa noção de outras aparentemente muito semelhantes.

direito. Coke gostava de citar o provérbio de Chaucer: "Dos antigos campos deve nascer e crescer um novo trigo"[25]. O que valia em primeiro lugar apenas para a história inglesa acabou adquirindo, sobretudo após Coke, a força singular de um princípio geral que se apresentava como superior tanto ao direito natural como ao positivismo jurídico: a fonte primeira do direito deve ser buscada no costume e no precedente judicial, de modo que as outras fontes – como as noções universais de justiça a que se refere o direito natural ou a vontade do legislador promovida pelo positivismo jurídico – devem se subordinar ao desenvolvimento histórico do sistema de direito proveniente dessa fonte primeira[26].

Todavia, há várias formas de entender essa primazia do costume como fonte do direito. A esse respeito, Berman distingue com muita pertinência *historicismo* e *historicidade:* pelo primeiro ponto de vista, as regras estabelecidas – tal como registradas nos julgamentos pronunciados no passado – "precisam ser preservadas e reiteradas", a fim de garantir a continuidade do direito através das épocas. Pela segunda maneira de entender, a história do direito deve ser vista como "um processo de adaptação das experiências do passado a necessidades que evoluem"[27]. Levando-se em conta essa distinção, cabe situar Coke no campo do "historicismo", visto que ele "permaneceu apegado à concepção de um passado imemorial e de um direito fundamental imutável". O mesmo não acontece com seus dois grandes sucessores, John Selden (1584-1654) e Matthew Hale (1609-1676), ambos partidários da "historicidade". O primeiro, que foi testemunha ocular da tormenta da revolução, deu ênfase ao caráter profundamente evolutivo do direito da *Common Law*, em vez de sua permanência e continuidade. Reconhecia a fissura que a conquista normanda representou na evolução do direito inglês, mas nem por isso deixava de considerar que os períodos britânico, saxão e normando eram "três fases distintas de um desenvolvimento histórico único". Indo muito além de Coke, afirmava que todos os

---

[25] Ibidem, p. 405.

[26] Contra essa ideologia do direito inglês, Jeremy Bentham dirigirá toda a sua ironia, analisando as "falácias" que a compõem. Ele critica, em especial, a crença na "sabedoria dos antigos". Ver Jeremy Bentham, *Manuel des sophismes politiques*, em *Fragment sur le gouvernement, suivi de Manuel des sophismes politiques* (Paris, LGDJ, 1996) [ed. bras.: *Teoria das penas legais e tratado dos sofismas políticos*, trad. Roselene C. S. Oliveira, São Paulo, Edijur, 2002].

[27] Harold J. Berman, *Droit et révolution*, cit., p. 404 e 32.

sistemas de direito, e não só o da *Common Law*, deviam ser reconhecidos em sua dimensão histórica. Portanto, não é a antiguidade em si que constitui a qualidade relativa do direito de um povo, pois isso vale para todos os sistemas de direito, mas sua capacidade de responder às aspirações de um povo em particular[28]. Nessa perspectiva, a fonte das diferenças entre os direitos nacionais está na diversidade dos costumes dos diferentes povos, e um povo tem com outros povos a mesma relação que um indivíduo tem com outros indivíduos. Além disso, Selden renovou o significado da doutrina que fazia do consentimento do povo a pedra de toque da legitimidade de um regime político. Para ele, o consentimento se manifestava precisamente "pelo costume, isto é, pelos tipos e pelas normas de comportamento aceitos de maneira tácita ou expressa pela comunidade", tal como depreendidos pelos *common lawyers*, "em resposta a circunstâncias mutáveis"[29]. Considerado a partir desse esclarecimento, o direito consuetudinário merecia a denominação de "direito comum" por implicar, necessariamente, a adesão de todos, adesão renovada através das gerações e dos séculos pela simples perpetuação dos costumes.

No entanto, é indiscutível que Hale conferiu inigualável envergadura à filosofia inglesa do direito. Além do que já destacamos de sua crítica à teoria da soberania de Hobbes, suas opiniões mais fortes dizem respeito à ideia do desenvolvimento histórico de um sistema jurídico e à noção de "razão artificial". Com relação ao primeiro ponto, Hale compreendia a *Common Law* como um direito consuetudinário em evolução, segundo a lógica de um processo de adaptação a novas necessidades, processo este de autoaperfeiçoamento progressivo – ideia que lorde Mansfield exprimiu muito mais tarde com a seguinte fórmula: "*The Common Law works itself pure*"[30]. Daí a concepção da identidade na mudança, expressa por meio de uma analogia impressionante com o célebre exemplo do navio dos argonautas: assim como esse navio, ao regressar ao porto, era o mesmo que o deixara, apesar dos inúmeros reparos por que passara ao longo do périplo, a ponto de não restar nele "nenhum material original", também é legítimo

---

[28] Ibidem, p. 407-8.
[29] Ibidem, p. 409-10.
[30] Ibidem, p. 422. Frase que podemos traduzir como "O direito comum atinge sua pureza elaborando a si mesmo", o que significa que ele abre progressivamente para a sua própria pureza, portanto consiste num processo contínuo de autoelaboração.

afirmar que as leis inglesas, por mais que tenham sofrido inúmeras "variações" e "acréscimos" ao longo de sua história, mudanças que "ocorreram em etapas sucessivas", "de maneira geral [são] hoje [as] mesmas de seiscentos anos atrás"[31]. Berman explicita com muita clareza o sentido dessa analogia: "Segundo Hale, a natureza do desenvolvimento histórico do direito inglês consiste em que a constituição em seu conjunto – a nau do Estado – elabora-se a partir das sucessivas modificações de seus componentes ao longo dos séculos"[32]. No entanto, é sobretudo pelo segundo ponto, isto é, pela elaboração do conceito de "razão artificial" como resposta às críticas de Hobbes contra Coke, que Hale contribuiu para o progresso da filosofia inglesa do direito.

De fato, ele distingue dois conceitos de razão: de um lado, a "razão nas coisas", isto é, sua "lógica interna" – por exemplo, a relação entre a mola e os ponteiros que faz o relógio funcionar – e, de outro, a "faculdade humana de raciocinar", a que estabelece a relação entre causa e efeito ou percebe a proporção entre linhas e planos etc. Enquanto essa capacidade de raciocinar se encontra em todos os homens, não se pode dizer o mesmo do primeiro tipo de razão: visto que a razão inerente a objetos variados ou atividades variadas difere especificamente, a razão como faculdade deve diferenciar-se ao aplicar-se a esses objetos ou atividades, uma vez que a aplicação a objetos específicos requer métodos específicos e, por consequência, exercício prolongado. Isso vale, em particular, para a ciência do direito, que, de todas as disciplinas, é a mais difícil de compreender, porque trata não da justiça e do bem em geral, mas da "medida do bem e do mal por ocasião de situações concretas". Apenas a posse da razão como faculdade geral (no segundo sentido do termo) não é capaz de assegurar o domínio da ciência do direito. Quem quiser se tornar um *bom* jurista precisará considerar a maneira como as regras podem ser aplicadas a circunstâncias extremamente diversas, para se familiarizar com a "razão" do direito como atividade prática (no primeiro sentido da palavra). Portanto, a competência própria do jurista resulta da aplicação da faculdade geral de raciocínio à razão própria de seu objeto – nesse caso, o direito. Daí a conclusão que Hale não hesita em enunciar: "É razoável que eu prefira uma lei produzida por uma ou duas centenas de indivíduos caracterizados pela sabedoria da idade,

---

[31] Ibidem, p. 423.
[32] Ibidem, p. 424.

por sua experiência e seus interesses, a uma lei nascida de minhas próprias cogitações"³³. Em Hale, essa inferência é tirada da natureza do direito em geral, e não apenas das particularidades do direito inglês da *Common Law*:

> O que Coke chamou de razão artificial traduz-se no pensamento de Hale como combinação da razão inerente ao próprio direito com raciocínios de especialistas do direito que haviam acumulado experiência, assim como de praticantes do direito que demonstravam profundo conhecimento de sua disciplina.³⁴

Agora podemos recapitular os aspectos marcantes da concepção de "direito comum" que prevaleceu a partir da "Revolução Inglesa de 1640-1689". Em primeiro lugar, por se enraizar na história plurissecular do país, esse direito não tem origem determinável: segundo Geldart, a *Common Law* "cresce, mas não nasce"³⁵. Em segundo lugar, se esse direito "cresce", só pode ser no sentido de que evolui com o passar dos séculos, mas sem perder sua identidade fundamental. Em outras palavras, esse processo de crescimento orgânico assegura ao mesmo tempo sua continuidade e seu aperfeiçoamento. Em terceiro lugar, se isso acontece, é porque esse direito é, acima de tudo, um direito dos juízes, e não dos legisladores: ele é da esfera da *judge-made law*, desde que não se entenda literalmente que o juiz "faz" ou "produz" o direito, e sim que o declara ou expõe ao fazer-se seu porta-voz ou intérprete. Segundo Coke, "*judex est lex loquens*", isto é, o juiz é a própria lei, que fala por intermédio dele; portanto, ele tem de dizer o direito (*jus dicere*) e não dar o direito (*jus dare*)³⁶. Nesse sentido, o juiz se submete ao direito, dizendo-o, ao passo que, se o criasse, seria superior a ele. Nessa qualidade, compartilha exatamente a mesma condição do rei, do Parlamento ou de qualquer súdito do reino. Por fim, em quarto lugar, o juiz expressa essa submissão ao direito comum referindo-se em seu julgamento às decisões judiciais do passado: toma forma assim a doutrina do "precedente judicial", com a implicação de que os julgamentos do passado não têm simplesmente valor de exemplificação do direito, e sim de *fonte* do direito. Como diz Berman, os "julgamentos não são simples 'exemplos' do princípio ou da regra, mas

---

³³ Ibidem, p. 426.
³⁴ Ibidem, p. 429.
³⁵ Philippe Raynaud e Stéphane Rials (orgs.), *Dictionnaire de philosophie politique*, cit., p. 108-9.
³⁶ Ibidem, p. 109.

também a 'prova' de seu acolhimento pelos juízes e, por isso, fonte de sua força coercitiva". Porém, como o próprio precedente remete à continuidade do costume, "a fonte do direito reconhecida ao precedente está, por sua vez, ligada à fonte do direito reconhecido ao costume"[37]. O que tem autoridade coercitiva sobre os julgamentos futuros é o *mos judiciorum*, que se confunde com uma "filiação de julgamentos" proveniente da experiência de praticantes e profissionais do direito. A questão é determinar em que medida essa concepção do direito comum, prevalecendo-se dessa continuidade, não presume uma homogeneidade ilusória do costume. O mais simples é pormos à prova a credibilidade e a coerência dessa concepção, examinando uma referência privilegiada pela tradição da *Common Law*.

Uma referência fundadora: a Magna Carta

Trata-se, naturalmente, do texto de 1215, conhecido como Magna Carta. Na perspectiva "historicista" do direito adotada por Coke, para a qual direito positivo e direito natural faziam parte da *Common Law*, a Magna Carta pertencia às leis históricas do Parlamento e, como tal, inseria-se na continuidade imemorial de um direito muito anterior à era Tudor[38]. Se a Carta não adquire o valor de começo absoluto, é porque, em certo sentido, por mais longe que se vá no passado, há sempre uma carta antes da carta. Em 1235, o cronista Roger Wendover relata que o arcebispo Stephen Langton descobriu em 1213 uma carta das "antigas liberdades" datada da época do rei Henrique I (1100-1135). O arcebispo informou aos barões que aquela carta poderia ser o meio de recuperar suas antigas liberdades. Segundo essa história, a Carta de 1215 resultou do compromisso assumido pelos barões de lutar para restabelecer as liberdades reconhecidas por Henrique I[39]. Na verdade, recuperou-se essa carta, que data da ascensão ao trono (1100) e serviu de modelo à Magna Carta. Entre essas duas cartas, houve a do rei Estêvão, em 1136, da

---

[37] Ibidem, p. 453.
[38] Ibidem, p. 403.
[39] Peter Linebaugh, *The Magna Carta Manifesto*, cit., p. 78. Essa obra é uma fonte indispensável de informações sobre a Magna Carta, que é vista de uma perspectiva esclarecedora em geral, apesar da abordagem muitas vezes redutora. Faremos referência constante a ela em nossa discussão. Todas as passagens citadas foram traduzidas por nós.

qual voltaremos a falar em breve. Mas é possível recuar além de 1100, até o Código de Oxford, do rei Canuto (Knut, en dinamarquês), anterior à conquista normanda, pois data de 1018[40], e ainda assim não se pode deixar de pensar que aquele texto se inspirava em precedentes orais perdidos na noite dos tempos. É essencial para a autocompreensão da *Common Law* que todo documento se refira a um precedente, e a grande dificuldade está em determinar, a cada vez, a relação exata pela qual o anterior serviu de modelo ao posterior.

Era muito normal, portanto, que os opositores de Jaime I (1603-1625) se referissem sem constrangimento à Carta de 1215 para justificar sua luta. O engajamento pessoal de Coke na luta contra o absolutismo régio, tanto no reinado de Jaime I como no de seu sucessor, Carlos I, fez-se em nome das liberdades reconhecidas pela Magna Carta, em particular do artigo 39, que estipula que nenhum homem livre pode ser preso, a não ser em virtude de julgamento legal de seus pares ou do direito do país. Nos debates do Parlamento, as seguintes palavras são atribuídas a ele: "A Magna Carta é um companheiro de tal espécie que não terá soberano"[41]. Ou ainda: "A Grande Carta não é uma dama que se deixe levar por um soberano"[42]. Exemplo significativo do uso político que se fazia da Carta na época é que Carlos I soube em 1631 que Coke estava trabalhando num livro sobre a Magna Carta e proibiu-o. Quando Coke estava agonizando, seus gabinetes foram revirados, e seus manuscritos, confiscados. Por instigação do Parlamento, foram publicados postumamente, em 1642, com o título de *Institutes of the Laws of England*; consistiam em comentários linha por linha da Magna Carta, em latim e inglês, acompanhados de numerosas notas explicativas. A intenção do Parlamento era bastante clara: os reformistas ingleses faziam questão de aparecer como restauradores do antigo costume, não como inovadores[43]. Isso confirma a pertinência da observação de Hannah Arendt:

> O fato de a palavra revolução, na origem, significar restauração, isto é, exatamente o contrário do que significa para nós, não é simples bizarrice semântica. As revoluções dos séculos XVII e XVIII, que, para nós, parecem

---

[40] Esses dois documentos estão disponíveis em: <www.earlyenglishlaws.ac.uk>.
[41] Peter Linebaugh, *The Magna Carta Manifesto*, cit., p. 78.
[42] "*Common Law*", em Philippe Raynaud e Stéphane Rials (orgs.), *Dictionnaire de philosophie politique*, cit., p. 110.
[43] Peter Linebaugh, *The Magna Carta Manifesto*, cit., p. 79.

ostentar todos os sinais de um novo espírito, o espírito dos tempos modernos, aspiravam a ser restaurações.⁴⁴

De que modo, então, esse texto podia cristalizar a oposição ao absolutismo régio? Trata-se, no caso, de um documento do qual há ao menos três versões conhecidas: a de 1215, a de 1217 e a de 1225. Em sua forma original, compreende 63 artigos⁴⁵. Em meados de junho de 1215, nos prados de Runnymede, às margens do Tâmisa, o rei João e os barões rebeldes aprovaram o texto e prometeram ser fiéis a seus artigos. Meses antes, em maio de 1215, os barões haviam tomado Londres e retirado sua fidelidade ao rei. Logo, a Carta é uma concessão que os barões arrancaram do rei, uma espécie de tratado que deveria pôr fim a um conflito declarado. O rei João acabara de perder a Normandia na Batalha de Bouvines, em julho de 1214, e em fevereiro de 1215 fez a promessa de conduzir uma cruzada para retomar a Terra Santa das mãos dos infiéis – a Quinta Cruzada. Levantando fundos para reconquistar a Normandia e financiar a cruzada, o rei exigiu dos barões o pagamento de uma quantia de dinheiro (*scutage*), em vez da obrigação do vassalo de fornecer cavaleiros ao seu senhor. Como se vê, Geoffrey Robertson está bem fundamentado quando afirma:

> Data-se usualmente da Magna Carta de 1215 o surgimento de "direitos" concebidos como um conjunto de propostas do povo limitando a soberania, embora esse documento não tenha nada a ver com a liberdade de indivíduos cidadãos: foi assinado por um rei feudal, que estava em disputa com barões truculentos e foi obrigado a ceder a suas exigências.⁴⁶

Seja como for, para além das circunstâncias históricas contingentes que presidiram a redação e a adoção desse documento, este deu sempre ensejo a interpretações políticas divergentes em diferentes momentos capitais da

---

⁴⁴ Hannah Arendt, "De la révolution", em *L'Humaine condition*, cit., p. 362. De sua parte, Harold J. Berman afirma no mesmo sentido: "A revolução puritana foi percebida como uma restauração das antigas liberdades inglesas, já expressas na Grande Carta (*Magna Carta*)", apontando de passagem que, em 1649, podia-se ler no Grande Selo do Commonwealth "Primeiro ano da liberdade restaurada" (Harold J. Berman, *Droit et révolution*, cit., p. 345).

⁴⁵ Para o texto da versão de 1215, ver Peter Linebaugh, *The Magna Carta Manifesto*, cit., p. 81-296.

⁴⁶ Geoffrey Robertson, *Crimes Against Humanity: the Struggle for Global Justice* (Nova York, The New Press, 1999), citado por Peter Linebaugh, *The Magna Carta Manifesto*, cit., p. 22.

história inglesa, em especial no auge dos conflitos constitucionais ocorridos ao longo do século XVII, até mesmo na ala radical da revolução. Assim, enquanto, por um lado, Gerrard Winstanley, fundador de uma famosa comunidade *digger* em Surrey, considerava em 1649 que a Magna Carta era superestimada, pois as melhores leis da Inglaterra não passavam de "jugos e argolas a acorrentar pessoas de certo tipo ao estado de escravas das outras", por outro lado Thomas Tany, considerando-se um "*Commoner of England*", afirmava em 1650 que "a Magna Carta é o ser do nosso ser"[47]. Até hoje, esse texto continua objeto de interpretações opostas. É sabido que, tanto para os velhos liberais como para neoliberais como Hayek, ele é uma verdadeira bíblia em matéria de direitos. Mas o que é menos sabido é que ele foi invocado com frequência em passado recente (e ainda hoje o é) pelos opositores ferrenhos do neoliberalismo como fonte de inspiração bem viva. Não apenas porque a arbitrariedade das detenções de Guantánamo deram novo prestígio ao artigo 39 e ao *habeas corpus* ao qual fora estreitamente associado por Coke, mas também, ou sobretudo, pela mensagem supostamente transmitida pela Carta: os direitos políticos e legais só podem ser garantidos por um fundamento econômico, no sentido de que não podemos ser cidadãos livres sem sermos ao mesmo tempo produtores e consumidores iguais[48]. Qualquer um que tenha um mínimo de familiaridade com esse texto não ignora que ele trata, sobretudo, do reconhecimento das liberdades de "nossos súditos"; mais difícil, porém, é entender o que justifica falar dele como "fundamento econômico" das liberdades políticas, como se ele antecipasse, a sua maneira, um tópos marxista bastante conhecido: o da insuficiência das "liberdades formais", na ausência de direitos econômicos e sociais que garantam sua "realidade". É de se perguntar se essa interpretação não exige demais do texto, para fazê-lo dizer algo que devolveria atualidade política imediata.

Na verdade, estamos diante não de um texto único, mas de um conjunto formado por *dois* textos: desde seu primeiro uso em 1218, a expressão "Magna Carta" distinguia a carta de outro texto, de dimensão mais reduzida, denominado "Carta da Floresta". A primeira carta data de 1215, ou seja, do fim do reinado do rei João (morto em 1216); a segunda foi adotada em 1225, sob Henrique III, filho de João e neto de Henrique II,

---

[47] Ibidem, p. 85.
[48] Ibidem, p. 6. Essa é a posição do próprio Peter Linebaugh.

antes de ser confirmada por um ato de Eduardo I em 1299. Enquanto a primeira carta trata das "liberdades" dos súditos do reino da Inglaterra, a segunda trata de questões relativas à subsistência dos mais pobres. De fato, nada autoriza a ignorar essa segunda carta, considerando-a um apêndice tardio de importância menor. No prefácio à segunda edição de *Institutes of the Laws of England* (1642), Coke explica que a denominação "Magna Carta" não se deve ao fato de essa carta ser mais volumosa que as outras, nem de ser maior que a Carta da Floresta (*Charta de Foresta*), mas à grande importância de seu conteúdo, como se verificou retrospectivamente; explica também que, por esse mesmo motivo, a Carta da Floresta é denominada *Magna Charta de Foresta*, de maneira que as duas são designadas pelo título *Magnae Chartae Libertatum Angliae*, as "Grandes Cartas das Liberdades Inglesas"[49]. Em 1225, as duas cartas foram reeditadas juntas, de forma que depois foram confirmadas juntas. Em 1297, Eduardo I ordenou que as duas se tornassem o direito comum do país e, em virtude de uma lei de Eduardo III, de 1369, foram consideradas uma única lei. As duas foram impressas juntas no início do *English Statutes-at-Large*, o que, segundo Blackstone, marca o estabelecimento final e cabal das duas cartas[50]. A última frase da segunda carta faz referência explícita ao fim da Magna Carta[51]. No que consiste exatamente a unidade dessas duas cartas? Seria uma montagem artificial que cede à ilusão retrospectiva de "fundação", ou o exame do conteúdo respectivo dos dois textos deixaria transparecer a unidade profunda das duas cartas?

A primeira carta contém dois artigos que se referem explicitamente à floresta como domínio régio: os artigos 47 e 48. O artigo 47 diz: "Todas as florestas que foram criadas sob nosso reinado devem ser imediatamente desdominializadas [*disafforested*]. As margens dos rios que foram cercadas sob nosso reinado devem ser tratadas da mesma maneira". O verbo inglês *disafforest* não significa o que designamos hoje como "desflorestar": não se trata da derrubada de árvores ou de desmatamentos praticados na floresta, mas de um ato jurídico que consistia em retirar do domínio régio as florestas antes incorporadas e, por conseguinte, subtraí-las à lei que se aplicava nesse domínio: assim, *disafforest* se opõe juridicamente a *afforest*,

---

[49] Citado por Peter Linebaugh, *The Magna Carta Manifesto*, cit., p. 38.

[50] Ibidem, p. 39. *Statutes-at-Large* eram coleções de leis anglo-saxãs.

[51] Ibidem, p. 300.

que não consiste em plantar árvores, mas em transformar bosques em floresta ou terreno de caça. Esse último ato foi bastante comum a partir da conquista normanda; até então, os reis da Inglaterra gozavam do direito de caçar livremente em suas próprias terras, mas esta não era de modo algum uma prerrogativa da realeza, valendo tanto para o rei como para qualquer outro proprietário de terras. Segundo Henrique de Huntingdon, historiador anglo-normando do século XII, Guilherme, o Conquistador, empregou métodos brutais nas terras reservadas à caça – que ele designava como "Nova Floresta" –, chegando a remover aldeias e populações inteiras para transformar as terras em *habitat* de animais selvagens. Novas terras foram anexadas à floresta sob Henrique I, como se deduz da carta do rei Estêvão em 1136, em que este último promete devolver a área incorporada por seu antecessor[52].

Portanto, havia motivos para se distinguir a floresta *física*, composta de terras arborizadas, e a floresta *legal*, que pertencia ao domínio régio e onde o rei mantinha sua caça. Sabe-se que o rei João tirou muito mais partido da floresta do que seus antecessores, auferindo rendimentos substanciais da anexação de novas áreas. Em 1215, as queixas provocadas por tais excessos chegaram ao auge, tanto que uma "Carta Desconhecida" (*The Unknown Charter*), datada provavelmente da primavera de 1215, consignou a desdominialização das terras incorporadas à floresta régia por Henrique II, Ricardo e João. Alguns meses depois, a Magna Carta de junho de 1215 adotou uma abordagem mais conciliadora: as terras anexadas por João seriam imediatamente retiradas do domínio régio. Mas, em virtude da cruzada, foi concedida ao rei uma trégua na questão das terras dominializadas por seu pai e seu irmão[53], o que explica a formulação mais branda do artigo 47. O artigo 48, por sua vez, afirma:

> Todos os maus costumes relativos a florestas e reservas de caça, guardas das florestas, guardas das reservas, esbirros e seus auxiliares, ou a margens de rios e seus guardas, devem ser objeto imediato de análise por doze cavaleiros juramentados do condado e, nos quarenta dias seguintes ao inquérito, os maus costumes serão inteira e irrevogavelmente abolidos.[54]

---

[52] Jane Winters, "Forest Law", Institute of Historical Research, p. 1 e p. 5, notas 3 e 4, disponível em: <www.earlyenglishlaws.ac.uk>.
[53] Ibidem, p. 4 (tradução nossa).
[54] Peter Linebaugh, *The Magna Carta Manifesto*, cit., p. 290-1 (tradução nossa).

É difícil compreender exatamente o que o texto designa por "maus costumes", e não é muito esclarecedora a referência aos "direitos comuns da floresta", sem qualquer outra precisão. O ato de *afforest*, isto é, de pôr sob a jurisdição da lei régia, pelo qual os reis tentavam fortalecer seu poder diante de barões, condes e cavaleiros, não deixava de implicar a subtração das florestas em questão à esfera do direito comum. A título de confirmação, é possível ler a seguinte afirmação no *Dialogus de Scaccario* (1176), de Richard Fitz Nigel, lorde grão-tesoureiro das Finanças:

> Toda organização das florestas, as penas pecuniárias ou corporais em que se incorre por delito florestal, está fora da jurisdição dos outros tribunais e depende unicamente da decisão do rei ou de qualquer oficial designado por ele. A floresta tem suas próprias leis que se baseiam [...] não na *Common Law* do reino, mas na legislação do rei.[55]

Será que o ato jurídico de desdominialização visava restituir essas terras florestais aos comuns (*commons*) e assim abolir os novos usos que haviam sido introduzidos nas florestas, em decorrência de sua incorporação ao domínio real? Nesse caso, que usos eram esses? Abusos cometidos por barões e senhores, ou práticas coletivas de iniciativa dos pobres? Ou ainda abusos atribuíveis a oficiais régios? Retirar do domínio régio consistia em devolver aos comuns o que a dominialização lhes subtraíra ou em devolver todas essas florestas àqueles que eram seus possuidores privados antes de sua anexação? Se é que não se tratava das duas coisas ao mesmo tempo, pois os comuns eram exclusivamente da ordem do *uso*, não da *propriedade*, no sentido estrito do termo. Em 1215, na época da primeira Carta, havia 143 florestas na Inglaterra, das quais metade eram pastos arborizados (*wood pasture*)[56]; essa expressão, que designa terras onde animais pastam e árvores crescem, não se refere à floresta natural, mas a um processo de seleção ocorrido ao longo de séculos, sob impulso do homem. Árvores mais velhas, principalmente carvalhos, puderam crescer porque vacas, cabras e cervos comeram suas concorrentes. Disso resultou uma paisagem muito peculiar, na qual se encontram misturados o que os ingleses chamam de *coppice* (árvores baixas ou arbustos periodicamente podados), *sucker* (brotos que rebentam das raízes, rebentões) e *pollard* (árvo-

---

[55] Jane Winters, "Forest Law", cit., p. 2 (tradução nossa). Ver também John R. Maddicott, "Magna Carta and the Local Community", *Past & Present*, v. 102, 1984, citado em Peter Linebaugh, *The Magna Carta Manifesto*, cit., p. 34.

[56] Peter Linebaugh, *The Magna Carta Manifesto*, cit., p. 34.

res podadas até uma altura do solo entre 1,80 m a 4,5 m, de maneira que os brotos fiquem fora do alcance do rebanho)⁵⁷.

No espaço assim estruturado, o que se denominava "comuns" era "propriedade" de uma pessoa, mas também objeto de uso coletivo por outras pessoas, as que praticavam o comum (*commoners*). Usualmente, o solo pertencia ao senhor, e as áreas de pasto ficavam para os *commoners*; do mesmo modo, as árvores eram distinguidas em madeira de construção (*timber*), que pertencia ao senhor, e o resto (em especial os ramos secos que se separavam do tronco e caíam no solo) pertencia aos *commoners*⁵⁸. Portanto, pode-se entender – pois não há nada em contrário – que o artigo 48 se pronuncia pela devolução das florestas desdominializadas aos antigos proprietários e também pela restauração de direitos consuetudinários ancestrais ligados a essa propriedade. Mas devemos tomar cuidado para não projetar a categoria moderna de propriedade privada sobre as terras comuns da época medieval. Opondo-se ao professor Hoskins, que, contra todas as evidências, defendia que toda terra comum é propriedade privada, por pertencer a alguém, indivíduo ou corporação, Edward P. Thompson lembra com razão que o "conceito central do costume feudal não é o de propriedade, mas o de obrigações recíprocas"⁵⁹. O regime dominante nas questões fundiárias não era a propriedade exclusiva, mas o "*fee simple*", isto é, o direito real imobiliário ilimitado no tempo. Consequentemente, devemos tomar cuidado para não escamotear a relativa indefinição jurídica dos direitos, que é inseparável desse conceito: "Enquanto as terras incultas eram vastas e não limitadas, proprietários fundiários e praticantes do comum* [*commoners*] coexistiram sem definição precisa de seus direitos"⁶⁰.

---

⁵⁷ Ibidem, p. 32.

⁵⁸ Ibidem, p. 33. Traduzimos *commoners* no mais das vezes por *pratiquants du commun* [praticantes do comum] e às vezes por *usagers du commun* [usuários do comum], quando o contexto assim o requer diretamente; o verbo *to common* por *pratiquer le commun* [praticar o comum] e a forma progressiva substantivada *commoning* por *pratique du commun* [prática do comum].

⁵⁹ Edward P. Thompson, *Customs in Common: Studies in Traditional Popular Culture* (Londres, Merlin Press, 1991), p. 127 [ed. bras.: *Costumes em comum*, trad. Rosana Eichemberg, São Paulo, Companhia das Letras, 2015]. Retornaremos a essa obra essencial no fim deste desenvolvimento para esclarecer a relação entre direito do comum e *Common Law*.

* Em Portugal e na Galícia, o termo *comuneiro* designa aqueles que exploram os chamados baldios. No entanto, por não se tratar do mesmo contexto legal e histórico, optou-se por não usar essa palavra, embora haja grande proximidade quanto aos usos e práticas verificados. (N. E.)

⁶⁰ Edward P. Thompson, *Customs in Common*, cit., p. 133.

Seja como for, somos obrigados a reconhecer que, em pouco tempo, as formulações da Carta de 1215 se tornaram ambíguas. No século XVIII, era difícil um entendimento sobre o sentido que convinha lhes dar. Na edição de 1759 do texto das duas cartas, Blackstone adverte que os bispos de Cantuária e Dublin receavam que a generalidade do artigo 48 pusesse em perigo a própria existência de todas as florestas. Segundo eles, não era intenção das partes que as formulações gerais da Carta acarretassem a abolição dos costumes das florestas, sem os quais as próprias florestas não poderiam ser preservadas[61]. O texto pelo qual o rei João e os barões se comprometeram mutuamente sanciona uma relação precária de forças, e suas disposições não regulamentam nada no mérito da questão, como logo demonstrará, aliás, o rápido recomeço da guerra.

É justamente a experiência longa e dolorosa da guerra que permite explicar uma mudança relevante introduzida no texto da Carta entre 1215 e 1217. Trata-se da redação do artigo 7º, relativo à situação das viúvas: ele diz que a viúva poderá permanecer na casa do marido até quarenta dias após sua morte e, nesse intervalo, terá *"her reasonnable estover in the common"*[62]. Essa formulação apresenta um problema quase insolúvel de tradução por causa da presença da palavra *estover*: essa palavra vem do francês antigo *estovoir*, verbo impessoal equivalente a *falloir* [ser necessário], que significava "o que é de necessidade vital"; o substantivo inglês derivado dessa palavra acabou designando todos os tipos de necessidades permitidas pela lei. Segundo o *Oxford New English Dictionnary on Historical Principles*, referia-se à madeira que um rendeiro (*tenant*)[63] tinha o direito de pegar para consertar sua casa, fabricar instrumentos agrícolas, como arados, cercas ou barreiras, ou abastecer-se de lenha. O inglês antigo tinha a palavra *bote* para denotar os diferentes tipos de *estovers*: havia *housebote* para designar o direito de um rendeiro se abastecer da madeira dos bens de um proprietário fundiário para consertar sua casa; *ploughbote* para designar o direito de cortar a madeira necessária à fabricação ou ao conserto de uma charrua; *cartbote* para o direito de pegar madeira para fabricar ou consertar uma

---

[61] Ibidem, p. 37.
[62] Ibidem, p. 284.
[63] Detentor de uma *tenure*, nesse caso senhorial. [A palavra *tenure* deriva do verbo latino *teneo... tenere* e indica o ato de "reter", "segurar". Para o contexto medieval, alguns historiadores adotam os termos "tenência" (*tenure*) e "terratenente" (*tenant*) – N. R.]

carroça etc.⁶⁴ Assim, a modificação do artigo 7º concede à viúva o direito de retirar do comum, por tempo limitado, o que é razoavelmente necessário a sua subsistência.

Seguindo o mesmo espírito, a Carta dispunha no artigo 33 que "todas as barragens de peixes deveriam ser retiradas do Tâmisa, do Medway e de toda a Inglaterra, exceto na costa marítima", o que na prática significava o reconhecimento do direito de pescar nas águas de outros, em comum com outros⁶⁵. Em relação à situação anterior, essas concessões não eram nada negligenciáveis: em 1184, a Corte Jurídica de Woodstock autorizou os pobres a ter seus *estovers*, mas apenas em condições muito estritas, que tornavam difícil satisfazer as três necessidades básicas: comida, lenha, material de construção. Sem dúvida, pode-se considerar que a Carta representava uma forma de proteção, especialmente contra a tirania local⁶⁶. Mas não se deve exagerar o alcance dessas concessões. Por mais importantes que possam ter sido na época, estavam muito longe de ter o sentido de consagração de um verdadeiro direito *dos pobres ao comum* que hoje em dia alguns tendem a dar a elas, de forma um tanto precipitada. Trata-se muito mais de "liberdades e costumes" – segundo a própria terminologia da Carta – do que de "direitos" no sentido moderno da palavra.

E a segunda Carta, a de 1225, conhecida com o nome de Carta da Floresta, outorgada por Henrique III? Inegavelmente, nesse caso estamos diante de um documento muito mais preciso no que diz respeito aos comuns. Dos dezesseis artigos dessa carta, alguns merecem atenção especial. Isso vale, em primeiro lugar, para um dos primeiros artigos. O artigo 3º não se limita a seguir o caminho da desdominialização aberto pelo rei João: ele o amplia, indo na contramão do processo jurídico de incorporação ao domínio régio, iniciado por seus antecessores imediatos: "Todos os bosques que foram transformados em floresta pelo rei Ricardo, nosso tio, ou pelo rei João, nosso pai, até nossa primeira coroação, serão imediatamente desdominializados, salvo nosso bosque pessoal"⁶⁷. O Artigo 4º devolve a todos que possuem bosques nas florestas – arcebispos, bispos, abades, priores, condes, barões,

---

⁶⁴ Remetemos o leitor ao precioso glossário estabelecido em Peter Linebaugh, *The Magna Carta Manifesto*, cit., p. 302, 306, 308-9.

⁶⁵ Ibidem, p. 40.

⁶⁶ Ibidem, p. 41.

⁶⁷ Ibidem, p. 297.

cavaleiros e outros proprietários fundiários – a posse no estado em que se encontrava quando da primeira coroação do rei Henrique II, avô de Henrique III, declarando-os quites dos danos (usurpações privadas, devastações, desflorestamentos) cometidos nesses bosques após aquela data e até o início do segundo ano da coroação de Henrique III, mas considerando-os responsáveis por tudo que fizessem de semelhante dali em diante[68].

É notável que a continuação do Artigo 3º chega a mostrar preocupação com a preservação dos comuns, inclusive no interior do domínio real:

> Queremos que todas as florestas que foram dominializadas por nosso avô, o rei Henrique, sejam guardadas por homens bons e leais; e, se ele dominializou algum bosque além de seu próprio domínio, causando dano a seu proprietário, esse bosque será imediatamente desdominializado; e se ele dominializou seu próprio bosque, este continuará como floresta: preservando o comum dos pastos naturais [*saving the Common of Herbage*], e outras coisas na mesma floresta, para os que estavam habituados a ter antes todas essas coisas.[69]

Para avaliarmos a importância dessa cláusula, convém esclarecer que a expressão *Common of Herbage* remete à autorização para o rebanho vaguear na floresta. É possível estabelecer um paralelo entre essa autorização e o *agistment*, que remetia à ação de abrir uma floresta para o rebanho por tempo determinado. É justamente essa autorização que o artigo 9º enuncia, quando estipula que "todo homem livre pode abrir seu bosque ao rebanho [*agist*] no interior de nossa floresta, como lhe aprouver, e poderá pegar seu *pawnage*"[70]. O *pawnage* (ou *pannage*) designa especificamente o alimento dos porcos na floresta – essencialmente glandes e nozes de faia – e, por associação, o direito de apascentar os porcos nos bosques, donde a consequência a que chega a continuação do mesmo artigo: "Assim, concedemos a todo homem livre a permissão de conduzir seus porcos livremente". O artigo 7º proíbe monteiros e bedéis de cobrar um imposto chamado "*scotal*", apanhar feixes de trigo ou aveia, ou então tomar carneiros ou porcos no lugar desse imposto.

Os artigos 12, 13 e 14 são particularmente importantes. O artigo 12 declara: "Doravante todo homem livre fará sem risco, em seu bosque, ou em sua terra, ou em suas águas, o que lhe é permitido fazer em nossa floresta;

---

[68] Idem. Talvez sejam dessa ordem os "maus costumes" a que se refere a Carta de 1215.
[69] Ibidem, p. 296-7.
[70] Ibidem, p. 298-9.

moinhos, fontes, charcos, pântanos, diques ou terreno arável, sem cercar [*without inclosing*] esse terreno arável; de modo que isso não constitua incômodo a um de seus vizinhos"[71]. O artigo 13 enuncia: "Todo homem livre terá em seus próprios bosques ninhos de falcões, gaviões, águias e garças; e também terá o mel encontrado no interior de seus bosques"[72]. Por fim, o artigo 14 é relativo ao *chiminage*, espécie de pedágio de estradas. Autoriza que um monteiro que pague sua senhoriagem receba pedágio por cada transporte a cavalo ou carroça e detalha o montante desse pedágio. Ao mesmo tempo, porém, estipula que "os que carregam nas costas capim, cortiça ou carvão para vender, ainda que seja do que vivem, não pagarão pedágio [*chiminage*] a nosso monteiro, salvo se os tiverem recolhido nos bosques de nosso domínio". Trata-se de um passo nada desprezível, considerando-se que, na mesma época, os habitantes de Somerset queixavam-se dos seis *pence* cobrados de cada homem que transportasse madeira nas costas[73].

Como podemos ver, *agistment*, *pannage*, *chiminage* etc. formavam um emaranhado de direitos consuetudinários muito diversos em conteúdo, mas que tinham em comum o fato de permitir que os pobres do reino satisfizessem as necessidades primeiras da vida. Segundo alguns medievalistas, o século XIII inglês presenciou numerosas lutas em torno dos comuns florestais, cuja existência estava ameaçada em razão da pressão econômica exercida pelo crescimento das cidades e pelo avanço do comércio. Em 1290, em Warwickshire, os homens de Stoneleigh enviaram uma petição ao rei, queixando-se de que a perda de seus *estovers* e pastos, em consequência das arroteias senhoriais (áreas onde as árvores haviam sido arrancadas para permitir o cultivo da terra), impossibilitava a sua sobrevivência[74]. Mas reconhecer esse fato não nos autoriza a dissociar a Carta da Floresta dos direitos feudais e senhoriais, aos quais ela se liga consubstancialmente desde a origem, como se a referência a tais direitos pudesse se reduzir a um invólucro ideológico em torno de um conteúdo social "progressista". Se fizermos o esforço de reinseri-la na longa história inglesa, ela se mostrará indissociável do regime agrícola senhorial, que teve seu apogeu do século XII até

---

[71] Ibidem, p. 299. O inglês faz distinção entre *hawkes* e *falcons*, que não mantivemos na medida em que os dois termos significam "falcões".

[72] Idem.

[73] Peter Linebaugh, *The Magna Carta Manifesto*, cit., p. 41-4 e 300.

[74] Ibidem, p. 44.

meados do século XIV. Como diz Berman, sob "esse regime, os camponeses possuíam parcelas de terra, comumente dispersas no domínio 'do' senhor local; e os direitos e obrigações ligados a essas parcelas, bem como os direitos coletivos sobre os comuns, baseavam-se nos costumes senhoriais". Durante o declínio desse regime, a partir do fim do século XIV, "em particular após a grande peste dos anos 1348-1349", os camponeses mantiveram as tenências (*tenures*) consuetudinárias da forma como estavam consignados nos antigos atos. Berman acrescenta:

> Contudo, assim como o desaparecimento progressivo do caráter pessoal e direto das relações entre senhor feudal e vassalo provocara mudanças na própria natureza das tenências (*tenures*) feudais, o desaparecimento progressivo das relações entre senhor fundiário e camponês teve o efeito de mudar a natureza das tenências senhoriais. No século XV, assiste-se nas comunidades rurais ao surgimento de camponeses abastados, os *yeomen*, que adquiriam terras aráveis dos camponeses mais pobres e às vezes chegavam a usurpar partes das terras comuns para consolidar pastos contínuos, destinados sobretudo à criação de ovinos.[75]

Magna Carta: um documento à espera de consumação?

Considerada desse ângulo, a interpretação dada por Coke tem uma lógica própria, que é, como vimos, a da inserção da Magna Carta na continuidade orgânica do direito inglês, que se aperfeiçoa no decorrer da história. Ele apresenta a Carta como "uma lei declaratória que restitui ao súdito seu antigo direito". Ao afirmar: "Em geral um homem pode fazer uso do comum [*common*] na floresta" – empregando o termo *common* como verbo –, ele evidencia a que ponto o comum acabara significando "atividade consuetudinária, e não uma coisa ou recurso"[76]. Nota que o costume tradicionalmente é da competência dos tribunais senhoriais, por ele chamados de "pequenas repúblicas" (*little Commonwealths*) – e estes podem proteger realmente o pobre. Ao mesmo tempo, porém, aponta os desvios que o uso

---

[75] Harold J. Berman, *Droit et révolution*, cit., p. 546-7. Aqui é preciso atenção para a distinção entre "tenência feudal", que caracteriza certo tipo de relação entre senhor e vassalo (em virtude do qual o vassalo é obrigado, por exemplo, a prestar serviços militares ou *scotage*), e "tenência senhorial", que vale para a relação entre o senhor que possui um domínio fundiário e o camponês.

[76] Peter Linebaugh, *The Magna Carta Manifesto*, cit., p. 79.

do comum pode ocasionar – especialmente a concentração excessiva de rebanhos em terras comuns – e enfatiza a integração da Carta da Floresta no conjunto do direito inglês. Aliás, é essa concepção que permite que ele proponha na sessão parlamentar de 1624, entre outras coisas, a supressão da legislação que reprimia a prática dos *cercamentos*, ao mesmo tempo que Jaime I e Carlos I se esforçavam para restringir ao máximo tal prática. Do ponto de vista de Coke, não havia nenhuma incoerência nisso: o direito comum não estava condenado à imobilidade, devia evoluir com o tempo e, em particular, com a mudança de mentalidade. Ora, essa mudança começara a ocorrer no início do século XVII: em 1601 *sir* Walter Raleigh exigira a revogação da legislação contra as cercas agrícolas, em nome dessas mesmas "liberdades inglesas" garantidas pela Magna Carta[77]. Vemos que a referência à "razão comum", por ser capaz de se adaptar a situações novas, pode desempenhar o papel de instância de legitimação. No máximo, podemos detectar na posição de Coke alguma tensão entre o historicismo fundiário e o reconhecimento de certa evolução inevitável da própria *Common Law*.

Não obstante, caberá ver incoerência na forma como Coke subordina a Carta da Floresta à *Common Law*? Peter Linebaugh acredita que sim:

> De um lado, Coke reconhece que a Carta da Floresta, assim como a Magna Carta, "restitui ao súdito seu antigo direito"; de outro, diz que a lei da floresta estava vinculada ao direito comum [*Common Law*] e não podia valer contra leis promulgadas [*enacted*] pelo Parlamento. Ao mesmo tempo que elevava a Magna Carta a lei fundamental, subordinava a Carta da Floresta à lei decretada e à lei dos juízes.[78]

Sabendo-se que *Statute Law* designa o ato prescritivo do Parlamento, e *Judges' Law*, o direito proferido pelos tribunais de direito comum, parece que Coke via as duas cartas não como *a* lei fundamental, mas como um elemento constitutivo do direito inglês que convinha situar na totalidade de seu desenvolvimento, em conformidade com a perspectiva historicista adotada por ele. Por acaso caberá, inversamente, desvincular a Carta da Floresta de qualquer relação com a *Common Law* e com a *Statute Law*, para idealizá-la melhor, vendo-a como o "germe" do comunismo do futuro? A interpretação proposta por Linebaugh baseia-se na ideia de que esse tratado não resolveu

---

[77] Harold J. Berman, *Droit et révolution*, cit., p. 777.
[78] Ibidem, p. 80.

os conflitos que se propunha resolver – o que é exato – e, consequentemente, cabia às gerações seguintes desenvolver os princípios que ele continha em estado latente. Desse modo, *toda* a história inglesa é compreendida à luz do tratamento que se dá a tal ou tal parte da Magna Carta:

> Na grande arca da história inglesa, algumas partes da Magna Carta, isto é, o artigo 39, desenvolveram-se no sentido de dar uma resposta criativa aos acontecimentos, enquanto outras, como o artigo 7º, que concedia à viúva a parte do comum que lhe era razoavelmente necessária, e a Carta da Floresta, cobriam-se de poeira no meio dos pergaminhos.[79]

Caberia sustentar, portanto, que, se o artigo 39 acabou "crescendo", a ponto de encarnar princípios fundamentais (*habeas corpus*, julgamento por um júri, proibição da tortura), muitos outros tornaram-se letra morta, de forma que caberia a nós, hoje, fazer "crescer" (*grow*) os demais artigos[80].

Temos aqui um exemplo impressionante da forma como essa leitura tende a submeter o passado ao futuro. A mesma observação vale para a interpretação de Linebaugh sobre a guerra dos camponeses alemães em 1526. Segundo ele, essa foi a "primeira grande revolta proletária da história moderna" que "exigiu a restauração dos direitos consuetudinários florestais"[81]. No mais puro estilo engelsiano[82], esse historiador metamorfoseia uma exigência de restauração dos antigos direitos em prenúncio da revolução proletária que viria, ou melhor, em primeira página gloriosa dessa revolução. É indiscutível que os dirigentes dessa revolta exigiam, nos artigos 4º a 11 do manifesto conhecido como os "Doze Artigos", a "reversão dos direitos coletivos sobre os bosques e as florestas, em proveito das aldeias (de modo que os aldeões pudessem recolher ali a madeira necessária para as habitações e o aquecimento)", assim como a "reversão dos pastos e dos campos coletivos que haviam sido usurpados" pelos senhores[83]. Também está fora de dúvida que essa revolta não pode ser reduzida a uma reação de inspiração feudal. Em suas reivindicações, os camponeses se referiam a práticas introduzidas apenas no fim do século XV e início do XVI, "quando

---

[79] Ibidem, p. 72.
[80] Ibidem, p. 45.
[81] Ibidem, p. 55.
[82] Do livro *A guerra dos camponeses alemães* [ed. bras. do prefácio em: *Marx & Engels: obras escolhidas*, v. 2, São Paulo, Alfa-Ômega, 1990].
[83] Harold J. Berman, *Droit et révolution*, cit., p. 113.

a nobreza fundiária, diante da deterioração da situação econômica, recorreu muitas vezes a medidas que violavam direitos estabelecidos gerações antes a favor dos camponeses"[84], e sua ação se inspirava na nova fé proclamada pelos reformadores religiosos da época (Lutero, Zwinglio, Thomas Müntzer). Considerada na perspectiva de uma refundação da ordem jurídica, tratava-se menos *da* revolução alemã de 1525 do que de um episódio da revolução alemã de 1517-1555[85]. Mas afirmar que se tratava da "primeira grande revolta proletária da história moderna" é puro anacronismo.

Seja como for, para além do caso particular da revolta dos camponeses alemães, o que merece ser discutido é a compreensão da nossa relação com a Carta e com a reivindicação dos comuns, procedente dela. Só podemos concordar com a ideia de que não nos cabe cumprir a promessa das duas cartas, mas o que nos permite dizer que elas ainda podem nos ajudar a cumprir as *nossas* promessas[86]? Nesse ponto preciso cabe desfazer um equívoco. Fazer do comum o princípio de um novo direito, dando as costas ao direito moribundo da soberania do Estado, exige que deixemos clara nossa relação com as duas cartas: não se trata de considerar esses documentos como se estivessem à espera da realização de todas as suas virtualidades. Portanto, devemos abdicar definitivamente de pensar a produção de novas regras de direito em termos de "crescimento" dos artigos da Carta, o que é outra maneira de dizer que devemos romper com o paradigma organicista-continuísta que se encontra no cerne da ideologia da *Common Law*, em vez de tentar voltá-lo contra o neoliberalismo a partir de dentro. Não há dúvida de que é importante chamar a atenção para o fato de que os "direitos consuetudinários" (*pannage, estovers, chiminage* etc.) adquiriram novos significados ao longo da história inglesa, nas e pelas lutas em que estiveram em jogo. Mas a ênfase nesse ponto não poderia nos fazer esquecer de que nossa tarefa, hoje, não pode consistir em ressuscitar os antigos comuns, ainda que sobre novas bases sociais, nem estabelecer novos comuns a partir do modelo dos antigos, como se bastasse assentar os direitos políticos sobre essa nova base para atualizar a suposta "mensagem social" das duas cartas. Do mesmo modo que a Magna Carta de 1215 não é uma declaração *avant la lettre* dos direitos civis e políticos, a Carta da Floresta de 1225 não é uma

---

[84] Idem.
[85] Ibidem, p. 112.
[86] Ibidem, p. 280.

declaração dos direitos sociais como direitos universais dos pobres, cujo sentido seria fundamentar a primeira. É muito fácil reduzir *a priori* o neoliberalismo a "uma doutrina econômica de globalização e privatização" para fazer a Magna Carta aparecer como o oposto dessa doutrina, com o pretexto de que ela definiria "limites à privatização"[87]. Se pensarmos o neoliberalismo como uma forma de vida pautada pelo princípio da concorrência[88], então a consciência do caráter singular de nossa situação histórica impedirá qualquer comparação precipitada com configurações que pertencem a um passado que já se foi.

Sob essa perspectiva, repetimos, qualquer analogia entre o desmembramento dos comuns do século XV ao XVII e as lutas atuais a favor dos comuns é enganadora, ou mesmo politicamente nefasta. Em primeiro lugar, porque, como estabelecemos acima, não há "comuns do conhecimento" que já teriam se constituído como se constituíam os comuns agrários na época da acumulação primitiva, de modo que a corrida às patentes não pode ser compreendida como uma "nova onda de cercamentos". Em segundo lugar, porque os comuns da época procediam de costumes senhoriais ancestrais e, por isso, faziam parte de uma rede de dependências pessoais em escala local, inserindo cada indivíduo numa pluralidade de comunidades de pertencimento complexamente imbricadas. E, ainda que seja verdade que a Carta da Floresta precede historicamente a construção da grande narrativa da *Common Law* como "autoaperfeiçoamento" infinito, não se pode isolá-la de um contexto histórico e social tão particular, a menos que se oponha outro mito ao do crescimento ininterrupto da *Common Law*. Por último – e uma coisa explica a outra –, como nem todos os "direitos" consuetudinários se equivalem, alguns costumes ou resquícios de antigos costumes (especialmente em matéria de direitos de herança) são obstáculos à constituição de um verdadeiro direito do comum, a tal ponto contradizem a exigência da *prática* do comum (*commoning*). Decididamente, é a dupla relação da *Common Law* com o costume e do costume com o comum que merece ser reexaminada de maneira aprofundada, à luz da história e das práticas que ela permite trazer à luz.

---

[87] Ibidem, p. 11 e 40.

[88] Ver Michel Foucault, *Naissance de la biopolitique* (Paris, EHESS/Gallimard/Le Seuil, 2004) [ed. bras.: *Nascimento da biopolítica*, trad. Eduardo Brandão, São Paulo, Martins Fontes, 2008], e Pierre Dardot e Christian Laval, *La Nouvelle raison du monde*, cit.

Costume, comum, *Common Law*

Mal nos aventuramos na questão e a ambiguidade do conceito de "costume" aparece de maneira impressionante. Como lembra Edward Thompson, o costume é, acima de tudo a lei do lugar (*lex loci*). Como tal, está ligado a uma região ou terra, independentemente de se tratar de domínio senhorial, paróquia, braço de rio, criação de ostras num estuário, parques, pastagens serranas ou floresta. Podemos até lamentar, como faz Thomas Paine, o absurdo que é um costume vincular direitos ao lugar, ou, em outros termos, a uma matéria inanimada, e não à pessoa, independentemente do lugar[89]. Mas o fato é que o costume vinculava, acima de tudo, uma região e não uma pessoa. No entanto, podia apresentar uma grande variedade de graus de determinação. Num extremo, o costume era nitidamente determinado, em razão dos "papéis" atualizados por diferentes tribunais locais; no centro, era menos preciso e dependia da contínua renovação das tradições orais, como na procissão anual ou bienal pela qual eram confirmados os limites de uma comuna; no outro extremo, perdia-se numa zona de indistinção em que se misturavam crenças não escritas, regras improvisadas informalmente e usos estabelecidos na prática, mas nunca estabelecidos em decretos. Era frequente, por exemplo, que o costume fosse submetido a condições tanto de tempo quanto de lugar: por exemplo, as terras de um lugar podiam tornar-se passíveis de uso comum (*commonable*) a partir de certa data e por certo período[90]. De modo geral, os *commoners* haviam desenvolvido, no tempo e no espaço, uma rica variedade de instituições e sanções comunitárias que tinham tornado efetivas certas restrições quanto ao uso do comum, o que, diga-se de passagem, invalida a representação difundida por Garrett Hardin de acesso ao comum "livre para todos" (*free-for-all*)[91].

O que se evidencia, desse modo, é que a própria *lex loci* remete à *práxis loci*, ainda que muitas vezes tenhamos de convir que ela conduz o historiador de forma apenas parcial a essa práxis. Consequentemente, cabe dizer que o costume se situava na interface da práxis e do direito, ou melhor, ele mesmo era essa interface, uma vez que podia ser considerado simultanea-

---

[89] Edward P. Thompson, *Customs in Common*, cit., p. 98 e 136.
[90] Ibidem, p. 124. Em plena era vitoriana, em Nottingham, um testemunho menciona a data usual de 12 de agosto para essa abertura das terras ao uso comum, e lamenta a violência e os abusos cometidos pela população local nessa ocasião.
[91] Ibidem, p. 107-8.

mente práxis e direito[92]. Para corroborar seu discurso, Thompson parte do seguinte trecho da *Lex Custumaria* de Carter (1696):

> Pois um costume nasce e cresce dessa maneira até a perfeição. Quando as pessoas acham que um ato razoável feito uma vez lhes é bom e vantajoso, e que é agradável à sua natureza e disposição, elas o põem em prática e o repetem mais e mais, e assim, pela reiteração frequente e pela multiplicação do ato, ele se torna um costume; e sendo continuado ininterruptamente desde a noite dos tempos, adquire força de direito.[93]

Thompson esclarece que, para esse autor, os "pilares" do costume eram quatro: antiguidade, persistência, certeza e razão. Depois, mais adiante, cita Coke (1641): "Os costumes são como lei ou direito não escrito; e, tendo este sido estabelecido por longo uso e pelo consentimento de nossos ancestrais, foi e é cotidianamente praticado". E acrescenta:

> Adotada essa definição, os direitos secundários do comum em numerosas comunas poderiam ser comprovados pela "antiguidade", pela "persistência", pela "certeza" e pela "razão", *tanto quanto* os direitos dos proprietários fundiários e dos rendeiros estabelecidos pelo costume.[94]

Comparando-se as duas definições, nota-se uma diferença que possibilita compreender toda a ambiguidade do conceito de costume: Carter faz expressamente do caráter "razoável" do ato um elemento determinante da formação do costume, coisa que Coke não fazia. A questão, então, é saber se o costume é razoável em si mesmo ou se há alguns que não são razoáveis e, em caso afirmativo, como discriminar na prática costumes razoáveis e costumes não razoáveis. Como vimos, a Magna Carta não se limitava a consagrar os antigos costumes predominantes no tempo de Henrique II, mas dispunha, pelo artigo 48, que todos os "maus costumes" seriam abolidos, sem especificar se os maus costumes eram identificados pura e simplesmente com os *novos* costumes.

Ao mesmo tempo, isso permite esclarecer a relação da *Common Law* com o costume: em vez de se reduzir a "permitir" ou "confirmar" os costumes "razoáveis" e "indubitáveis", a *Common Law* podia apenas "rejeitar" o costume, caso o considerasse em falta com esses fundamentos – em especial

---

[92] Ibidem, p. 97.
[93] Idem.
[94] Ibidem, p. 128-9.

o da "razoabilidade" – e exclusivamente quando um caso era levado aos tribunais de *Common Law*. Em seus *Commentaries on the Laws of England*, Blackstone faz uma lista de razões que tornam bom um costume: antiguidade, continuidade, uso pacífico, caráter não desarrazoado, certeza, força de obrigação, consistência[95]. Os termos "razoável" e "desarrazoado" podiam ser jargão e, como diz Thompson com certa jovialidade, não deixaram de ser "portas pelas quais um grande rebanho de outras considerações podia balir e grunhir nos campos da *Common Law*". Ele menciona o "caso Gateward" (1607) como exemplar da atitude dos tribunais de *Common Law* diante dos direitos consuetudinários de uso invocados pelos habitantes mais pobres. O tribunal rejeitou a defesa de um homem que invocara o direito do comum na cidade de Stixwold (Lancashire) para justificar o fato de ter ocupado uma casa, alegando que esse homem não tinha nenhum interesse por essa casa. O tribunal arguiu o caráter "não razoável" de tal pretensão, à qual faltavam a "certeza" e a "persistência" que deviam caber ao costume e cujo reconhecimento teria infalivelmente o efeito de desestimular qualquer melhoria (*improvement*) posterior[96]. Thompson observa que o argumento da "melhoria", que depois foi apresentado com frequência como fundamento de inúmeros julgamentos, teve um papel cada vez maior, tornando possível uma espécie de aliança entre a terminologia dos tribunais e os imperativos da economia capitalista de mercado. Nos últimos anos do século XVII e ao longo do século XVIII, os tribunais alegavam cada vez mais que a terra ou o solo de um lorde eram propriedade pessoal dele, e que restringir seu acesso a qualquer parte de seu solo equivaleria a tornar os rendeiros (*tenants*) capazes de resistir a qualquer "melhoria" – o precedente de Gateward tinha feito escola[97]!

No intervalo entre Coke e Blackstone – cerca de um século e meio –, houve endurecimento e sedimentação da noção de propriedade da terra e reificação dos usos das propriedades, que agora podiam, como usos, ser alugados, vendidos ou legados. É significativo dessa mudança o título que Blackstone dá ao segundo volume de seus *Commentaries on the Laws of England*: *Of Rights of Things* [Dos direitos das coisas]. Não que esses direitos fossem novidade; o novo está no lugar agora destinado ao mercado nessa

---

[95] Ibidem, nota 3, p. 129.
[96] Ibidem, p. 130.
[97] Ibidem, p. 134.

matéria, tanto que o autor se refere não aos direitos às (*to*) coisas, mas aos direitos das (*of*) coisas. Isso diz muito sobre o estranho caráter misto que o direito apresentou durante o século XVIII. Os direitos e os usos estavam ligados a uma função ou a um lugar e depois foram considerados "coisas" que comandavam os direitos humanos: assim, a função de guarda de floresta ou de parque, por exemplo, podia ser vendida com todos os poderes, vantagens e direitos vinculados[98]. Mas, ao contrário do que certa história ensinou durante muito tempo com base em documentos oficiais que se conservaram até nós, essa evolução não ocorreu sem choques e confrontos, que se prolongaram muito além do século XVII. Os direitos ligados ao uso do comum provocaram lutas multiformes e contínuas, sobretudo nas seis primeiras décadas do século XVIII. Não eram nada raras as revoltas. Em 1724, por exemplo, durante uma disputa entre a paróquia de Weldon e a de Brigstock pelo direito de uso da madeira na floresta de Rockingham, houve uma tremenda refrega na floresta: os servidores de lorde Gowran de Brigstock derrubaram algumas árvores e seus rendeiros foram enviados ao local com carroças para transportar a madeira. De repente, mais de duzentos homens e mulheres de Weldon apareceram na floresta, armados de machadinhas, alabardas, porretes e picaretas, gritando e ameaçando virar as carroças, assustando os cavalos e levando com eles certa quantidade de *lops and tops*[99].

A história dos comuns florestais nos campos ingleses é cheia de casos desse tipo. Todavia, os trabalhos de Jeanette Neeson sobre a oposição aos cercamentos em Northamptonshire permitiram estabelecer que as revoltas, assim como a oposição parlamentar, inseriam-se num leque muito mais amplo de instrumentos: *lobbying*, cartas, petições, agressão aos inspetores, destruição de arquivos e autos, incêndios propositais, arrombamento de cercados, demolição de muros etc. – práticas que se prolongaram vários anos após o término dos cercamentos[100]. Além disso, durante todo esse período, a incansável atividade de restrição dos comuns ocasionou disputas no campo jurídico, dando lugar muitas vezes a decisões judiciais difíceis de conciliar. Em 1689, por exemplo, o tribunal de Chancery decidiu autorizar

---

[98] Ibidem, p. 136-7.

[99] Ibidem, p. 99. A expressão "*lops and tops*" designa a madeira cortada durante a poda das árvores.

[100] Ibidem, p. 120-1.

a maioria dos proprietários de terras a regulamentar e limitar um comum, apesar de um ou dois rendeiros, de "humor instável", terem resistido e deixado de concordar. Contudo, em 1706, houve um novo caso em Gloucestershire: os proprietários fundiários entraram em acordo para diminuir 5 mil acres de comum, mas o prior da paróquia e nove outras pessoas se opuseram. Está claro que isso era bem mais que um ou dois companheiros de "humor instável", pois o tribunal decidiu que "um direito do comum [*a right of common*] não pode ser mudado sem o consentimento de todas as partes envolvidas"[101]. A dificuldade de apreciação dessas formas variadas de protesto e resistência deriva do fato de que elas foram pouco mencionadas nos arquivos da administração central ou nos jornais londrinos. Em geral a correspondência entre os ecônomos encarregados dos domínios e seus senhores ausentes fornecem mais informações que os relatórios oficiais. Por exemplo, em 1710, Robert Walpole, então secretário da Guerra, recebeu uma carta de seu ecônomo John Wrott em que este descrevia um confronto importante em torno dos direitos do comum de Bedingfield: enquanto estavam lá o xerife de Northamptonshire, lorde Cardigan, e outros fidalgos, "o populacho se juntou de todos os lados, alguns disfarçados com máscaras e capas femininas, outros munidos de machados, picaretas e espadas". A multidão foi dispersada, mas, segundo o ecônomo, "eles ainda insistem em dizer que o direito do comum é deles [*the Right of Common is theirs*] e que no próximo ano esperam ver as cercas derrubadas"[102]. Todos esses casos e muitos outros são suficientes para estabelecer que a luta dos pobres para defender os direitos de uso dos comuns foi longa e obstinada. Apenas por volta de 1850 as últimas resistências foram vencidas e os últimos campos "abertos" foram quase todos cercados[103].

A "guerra da floresta" e o *Black Act* (1723)

Há um episódio absolutamente exemplar, por mostrar a que ponto o direito florestal foi um campo de longos conflitos durante todo o século XVIII. Trata-se da adoção da Lei n. 9 Jorge I c. 22, mais conhecida como *Black*

---

[101] Ibidem, p. 108.
[102] Ibidem, p. 116.
[103] Ibidem, p. 121. Nos campos abertos de Leicester, o movimento de cercamento iniciado em 1708 ainda não havia terminado em 1803! (Ver ibidem, p. 124.)

Act. Essa lei entrou em vigor em maio de 1723 e sua aplicação enfrentou uma resistência ativa e obstinada; foi finalmente revogada em 1823[104]. A lei constituía em si mesma um código penal de extrema severidade, visto que criava de uma só vez cinquenta novas penas capitais, correspondentes ao mesmo número de diferentes delitos. Entre os principais delitos, havia em especial o ato de "caçar, ferir ou roubar um cervo ou gamo, bem como praticar a caça furtiva de lebres e coelhos ou a pesca furtiva". Esses delitos eram punidos com pena capital, "se as pessoas estivessem armadas ou disfarçadas": a lei visava seletivamente a toda pessoa "armada de espada, arma de fogo ou qualquer outra arma ofensiva, de rosto pintado de preto" (daí o nome *Black Act*), que se encontrasse em floresta, tapada, parque ou terreno cercado "onde se mantém usualmente ou se poderia manter um ou vários cervos", assim como qualquer coutada, estrada, landa, comum ou colina[105]. Outras cláusulas, destinadas a acelerar o processo legal, "ignoravam o procedimento consuetudinário e os direitos de defesa da pessoa acusada"[106].

Podemos nos perguntar o que motivou a adoção de semelhante lei, sem debate e por unanimidade na Câmara dos Comuns. No início do século XVIII, houve tumultos na floresta de Windsor e em certas zonas florestais de Hampshire. Em março de 1720, uma proclamação oficial menciona a prática da caça noturna, com disfarces, na floresta de Windsor:

> Catorze homens a cavalo, armados de espingardas, e dois homens a pé com um lebréu perseguiram cervos no fim da tarde em Bigshot Walk; tinham o rosto pintado de preto e alguns usavam "chapéus de palha e outros trajes grosseiros". Quatro cervos foram mortos, um couteiro foi ameaçado.[107]

Em fevereiro de 1723, outra proclamação afirmava que "numerosos indivíduos agitados e mal-intencionados" haviam se associado nos condados de Berkshire e Hampshire com o nome de *Blacks*. "Tinham armas, invadiam as florestas e os parques, matavam e levavam os cervos, salvavam criminosos das mãos da polícia, enviavam cartas com ameaças aos fidalgos para exigir dinheiro e caça, ameaçavam matar e queimar casas, celeiros e

---

[104] Para esse desenvolvimento, referimo-nos diretamente à tradução francesa de *Whigs and Hunters*, de Edward P. Thompson. Ver Edward P. Thompson, *La Guerre des forêts: luttes sociales dans l'Angleterre du XVIIIe siècle*, cit.

[105] Ibidem, p. 18.

[106] Ibidem, p. 19.

[107] Ibidem, p. 23.

moinhos"[108]. Na opinião de Thompson, ao longo do século XVII os confrontos entre contrabandistas e guardas-florestais foram numerosos e, com frequência, no mínimo tão sangrentos quanto o episódio do *blacking*. Para o governo, o que havia de intolerável era: a "reiterada humilhação pública das autoridades; os ataques simultâneos contra a propriedade régia e a propriedade privada; o sentimento de um movimento confederado cujas reivindicações sociais, em particular sob o comando do 'rei João', cresciam cada vez mais; os sintomas de alguma coisa que se assemelhava à guerra de classes"[109]. Os *Blacks* tinham recebido apoio das comunidades florestais "durante um ano ou dois", e esse "deslocamento de autoridade, e não o antigo crime de furto de cervos", era o que fazia a adoção da lei ser tratada pelos dirigentes do Estado como uma verdadeira "emergência"[110]. Para Walpole e a ala dura dos *whigs*, partidários dos Hannover, tratava-se de aproveitar a situação causada pelos tumultos para elevar a propriedade à categoria de valor absoluto, se necessário recorrendo ao terror.

Seja como for, o episódio revela conflitos internos ao próprio direito, e esse não é o aspecto menos interessante. A floresta de Windsor, em que poucos domínios senhoriais eram da Coroa, ensejava uma economia complexa, submetida ao direito florestal (*Forest Law*). Havia séculos que as reivindicações da alta nobreza e da pequena nobreza local rivalizavam com as dos ocupantes consuetudinários, que tinham consolidado "seus direitos de pastagem, extração de turfa, derrubada de árvores e retirada de madeira em seus comuns"[111]. Uma imensa burocracia de agentes florestais encarregava-se de fazer com que esse direito fosse respeitado, mas a posição desses funcionários era complicada, uma vez que "atuavam em parte no âmbito do direito florestal [*Forest Law*] e em parte no âmbito da legislação de Estado [*Statute Law*]". Como "a existência do direito florestal era um bom álibi para fazer uso irregular da legislação do Estado", os juízes dos tribunais florestais relutavam em aplicar as leis do Estado aos delitos cometidos na floresta. Disso resultou um relativo afrouxamento da autoridade florestal. No entanto, a partir de 1716, o direito florestal começou a ser

---

[108] Ibidem, p. 24.

[109] Ibidem, p. 76. "Rei João" (*King John*) era o nome do chefe do bando de caçadores que entre 1720 e 1723 furtavam cervos no Hampshire.

[110] Ibidem, p. 77.

[111] Ibidem, p. 30.

aplicado com mais rigor e esses tribunais foram reativados. Logo, podemos considerar que o *blacking* nasceu como uma "reação à tentativa de reativação da autoridade florestal": os *Blacks* eram "habitantes da floresta, armados, que impunham pela força a definição dos direitos à qual o 'povo do campo' [*country people*] estava habituado"[112]. Se considerarmos as florestas de Hampshire, onde a presença régia era fraca e as propriedades da Igreja eram grandes, veremos que as tenências consuetudinárias e os direitos sobre a madeira eram, no início do século XVIII, os dois pontos principais de conflito entre o bispo e os rendeiros. Estes se queixavam de que os procuradores, que faziam as vezes de juízes, deturpavam e corrompiam o costume em proveito próprio. Em vários casos, o julgamento foi desfavorável aos rendeiros, que foram proibidos de cortar madeira sem permissão, salvo quando se tratava de madeira para reparos. Assim, os habitantes da floresta e rendeiros mais pobres recorreram a suas próprias formas de ação direta para afirmar seus direitos, em especial sobre terras e tapadas comuns. Em 1729, o supervisor geral dos Bosques observava que "os habitantes do campo acreditam ter, nas florestas, uma espécie de direito sobre a madeira", acrescentando que era difícil determinar se "a ideia lhes foi transmitida pela tradição, desde a época em que essas florestas foram assim declaradas pela Coroa, quando havia grandes lutas e disputas a esse respeito"[113].

Qual foi o desfecho dessa guerra das florestas? Segundo os comissários que inspecionaram o domínio em 1809, os habitantes da floresta de Windsor tinham conseguido preservar certos direitos coletivos (*common rights*), em especial o direito de apascentar o rebanho na floresta sem limite de número, o direito de retirar, sem restrição, terra, urze, samambaias, cascalho e areia, o direito sobre o bosque de pastio, sobre a madeira caída, "tufos e ramos" e raízes. Mas, na realidade, conseguiram apenas uma "prorrogação", em razão da "sobrevivência de direitos pré-capitalistas de uso da terra" e à existência dos tribunais florestais, em contradição cada vez mais direta com a "ideia de direito de propriedade absoluto" que inspirou um número cada vez maior de decisões judiciais no século XVIII[114]. Seja como for, o episódio nos ensina muito sobre a natureza do direito e seus diferentes usos. Indiscutivelmente, a oligarquia *whig* usou o direito para fortalecer sua dominação,

---

[112] Ibidem, p. 46.

[113] Ibidem, p. 66.

[114] Ibidem, p. 92.

criando novas leis e tentando mudar as antigas formas jurídicas. Na realidade, porém, várias definições concorrentes do direito enfrentavam-se no campo judicial: "Pois, enquanto foi possível, os dominados – quando conseguiram dinheiro e advogado – lutaram *por* seus direitos e *por meio do direito*"[115]. Essa reflexão leva Thompson a questionar a redução do direito à "superestrutura", tão típica de certo marxismo "bastante esquemático":

> Se examinamos de perto esse contexto agrário, torna-se cada vez mais insustentável a distinção entre o direito, concebido como elemento de "superestrutura", e as realidades das relações e das forças de produção. Pois o direito era com frequência a definição de uma prática agrária real, observada "desde tempos imemoriais".

Devemos reconhecer, portanto, que o direito estava "profundamente imbricado na própria base das relações de produção, as quais, sem ele, teriam sido inoperantes"[116]. Vista dessa perspectiva, a guerra das florestas mostra a "herança de luta em torno do direito e nas formas do direito" transmitida ao século XVIII pelos dois séculos anteriores: "Pois nos séculos XVI e XVII, o direito foi menos um instrumento de poder de classe do que um terreno central de conflitos"[117]. Por isso, é preciso considerar fundamental a distinção entre o poder arbitrário e a autoridade do direito (*rule of law*): a ideia dessa autoridade representa, na verdade, "uma realização cultural de alcance universal", enquanto a própria autoridade representa "um bem humano sem equivalente"[118].

O costume como lugar de conflito

Que lições tirar dessas considerações a um só tempo históricas e políticas? Duas se impõem, que nos aparecem estreitamente interligadas. A primeira é que o direito nacional da *Common Law* nunca foi a simples "formalização" dos costumes locais em matéria de comum. Nesse domínio, a razão em ato

---

[115] Ibidem, p. 106.
[116] Ibidem, p. 107.
[117] Ibidem, p. 113.
[118] Ibidem, p. 117. Como observa judiciosamente o tradutor de *Whigs and Hunters* para o francês, a tradução dessa expressão por "Estado de direito" não dá conta da ideia de "autoridade" ou "reino" contida na palavra inglesa *rule* e, lamentavelmente, presta certo culto ao poder público.

de juízes e especialistas estava muito longe de consagrar *a posteriori* o costume simplesmente por causa de sua antiguidade; ela fazia uma seleção dos costumes, que dependia amplamente da maneira como os tribunais compreendiam a norma do "razoável". Ora, muitos juízes compartilhavam da mentalidade dos proprietários fundiários e da preocupação com a "melhoria" que os distinguia como "homens razoáveis" diante dos juízes[119]. Assim, ao contrário do que diz a ideologia da *Common Law*, a razão dos especialistas judiciários não apenas "descobre" e "declara" um direito já incorporado nos costumes, como também contribui ativamente para moldá-lo e produzi-lo, se necessário desrespeitando o critério de antiguidade e desqualificando os usuários do comum com categorias imprecisas – "ocupantes", "paroquianos", "habitantes", "residentes", "todas as pessoas" etc. Aliás, *Common Law* e costume tiveram relações um tanto confusas no campo do direito. Em 1766, um processo no Tribunal do Rei mostrou claramente a confusão que podia reinar nesse assunto. O caso em questão tratava de pessoas que haviam apanhado cevada num campo parcialmente ceifado. Lorde Mansfield afirmou que "o roubo, seja com aparência de arrendamento, seja de respiga, não deve ser justificado"; porém, outro juiz observou: "O direito de arrendamento aparece em nossos livros". A questão voltou à tona em 1788, por ocasião de uma ação na justiça contra Mary Houghton, viúva de John Houghton, por respigar em campos cercados em Timworth (Suffolk). O caso parece não ter sido argumentado em termos consuetudinários, mas com base no reconhecimento universal do direito na *Common Law*. Contudo, como observa Thompson, apesar de ter deslocado a queixa do campo consuetudinário para o da *Common Law*, a defesa não removeu a dificuldade. De fato, se o costume fazia parte da *Common Law* do reino, então deveria prevalecer em todo o reino e implicar uma prática geral e uniforme. Mas o costume continuava *lex loci*, apesar do julgamento dado pelo tribunal: o tribunal decidiu que a respiga não podia ser reivindicada como um direito em *Common Law*, mas podia ser reivindicada como direito local, pelo costume senhorial ou direito subsidiário da aldeia[120]. De modo geral, nenhuma decisão dos tribunais de *Common Law* tinha impacto direto sobre a prática local consuetudinária[121]. De fato, as "aspirações

---

[119] Edward P. Thompson, *Customs in Common*, cit., p. 137.

[120] Ibidem, p. 139-40 e 143.

[121] Ibidem, p. 144.

comunais", tal como se manifestavam em especial no compáscuo, sobreviveram ainda por muito tempo, em pleno século XVIII. Nesse momento, coexistiram com a mais rígida regulamentação dos direitos do comum pelos direitos subsidiários das aldeias, jurisdições senhoriais e definições rigorosas do direito nacional, a tal ponto que muitas vezes os usos podiam parecer em desacordo com o direito[122]. Como se vê, não há nada mais enganador do que a identificação da *Common Law* com um direito consuetudinário nacional ou mesmo a apresentação da *Common Law* como um direito essencialmente proveniente do costume.

A segunda lição que devemos tirar dessas análises é consequência direta da primeira: se a *Common Law* de fato teve esse papel com relação ao costume na questão do uso do comum, é precisamente porque esse costume foi sempre *lugar de conflito* latente ou declarado entre as forças sociais. Aqui também só podemos aderir ao julgamento de Thompson:

> O direito consuetudinário inglês, não codificado, apresentava outra concepção do direito [diferente da jurisprudência romana], em certos aspectos mais flexível e menos estribado nos princípios – portanto, mais dócil ao "senso comum" da classe dirigente; sob outros aspectos, porém, esse direito era um meio pelo qual o conflito social podia encontrar expressão, em particular quando o sentimento de "justiça natural" dos jurados podia ser ouvido.[123]

Desde o século XIII, os direitos do comum, que eram exercidos conforme um "costume consagrado pelo tempo", também eram objeto de disputas pautadas por formas "consagradas pelo tempo", de maneira que os conflitos relativos aos *botes* e *estovers* eram constantes e, ao longo do século XVIII, não havia floresta ou tapada no país que não tivesse passado por algum episódio dramático de conflito relativo a esses direitos[124]. Citando a queixa apresentada em 1803 pelos rendeiros do domínio senhorial de Cumberland, em Askham – "as violações de nosso antigo costume foram sempre sentidas por nós como muito penosas e tornaram amargas muitas horas de nossa vida" –, o dr. Searle extrai nos seguintes termos o alcance geral desse enunciado: "O costume na época não era nada fixo e imutável, com um mesmo corpo de significados para essas duas classes sociais.

---

[122] Ibidem, p. 128.
[123] Idem, *La Guerre des forêts*, cit., p. 119.
[124] Idem, *Customs in Common*, cit., p. 104.

Ao contrário, sua definição era extremamente variável, conforme a posição de classe, e, por isso, tornou-se um veículo de conflito, e não de consenso"[125].

Podemos resumir perfeitamente o espírito do costume do comum passando mais uma vez a palavra a Thompson:

> O costume agrário nunca era um fato. Era um ambiente. Podemos compreendê-lo melhor com a ajuda do conceito de *habitus* de Bourdieu – um ambiente vivenciado que compreende práticas, expectativas herdadas, regras que determinam os limites dos usos e ao mesmo tempo revelam possibilidades, normas e punições que dependem tanto do direito como das pressões do entorno. O perfil dos usos do direito do comum vai variar de comuna para comuna, segundo incontáveis variáveis: economia da colheita e da estocagem, emprego parcial, extensão do comum e da terra inculta, pressões demográficas, ausência ou vigilância dos proprietários de terras, papel da Igreja, legalismo estrito ou flexibilidade do tribunal, contiguidade de florestas, pântanos ou tapadas, peso relativo dos grandes e dos pequenos proprietários de terras.[126]

Portanto, é preciso levar em consideração que o comum como costume foi sempre uma atividade produtora-confirmadora de direito, cuja dimensão conflituosa era essencial e não contingente. Em vez de tentar estabelecer um paralelo falacioso entre os comuns de antigamente e os comuns de hoje sob o aspecto do conteúdo positivo de uma experiência, devemos assumir inteiramente a seguinte dimensão na situação que nos diz respeito: *o comum não é questão de "gestão" de uma "coisa" ou um "bem", mas consiste numa atividade que só se constrói no e pelo conflito*. Essa é a razão por que é preferível empregar a palavra como verbo, e não como substantivo[127], ou, ao menos, se não houver alternativa, dar ao substantivo o sentido de princípio de uma atividade *sui generis*. A questão, por conseguinte, é saber como discriminar *no interior dos costumes*, de maneira que estes sejam submetidos àquilo que poderíamos chamar de "prova do comum como prática". Nem o comum da "razão comum" praticada na *expertise* judicial, nem o comum no sentido do que não é apenas local por ser comum a todos os membros de uma nação – dois sentidos do "comum" que, como vimos, estão intimamente ligados na ideologia da *Common Law* – poderiam constituir o verdadeiro comum. A questão, portanto, resume-se precisa-

---

[125] Citado em ibidem, p. 110.

[126] Ibidem, p. 102.

[127] Peter Linebaugh, *The Magna Carta Manifesto*, cit., p. 279.

mente em determinar em que consiste essa exigência da prática do comum que é a única capaz de fazer do "direito comum" um direito *do* comum, isto é, um direito baseado no princípio do comum, logo um direito que não se reduza à consagração de todos os costumes apenas pelo seu tempo de existência. Uma vez reconhecido que longevidade e antiguidade excepcional não têm razão alguma de fundar o direito, que a prova do comum não é a prova da duração, mas a prova da prática social, resta-nos perguntar qual é a natureza dessa prática e quais são seus sujeitos.

8
O "DIREITO CONSUETUDINÁRIO DA POBREZA"

No outono de 1842, Marx publica uma série de cinco artigos na *Rheinische Zeitung* – de 25 de outubro a 3 de novembro – sobre a adoção de uma lei pela Dieta Renana que qualificava como furto apanhar gravetos e, por esse motivo, fora designada como "lei referente ao furto de madeira". Foi apontada inúmeras vezes a importância biográfica desses textos de juventude, em que Marx une ao virtuosismo do panfletário a tecnicidade do jurista. Mas esses artigos, para além das circunstâncias que os provocaram, não são apenas uma etapa na formação política de Marx: eles tratam seriamente da questão que abordamos no capítulo precedente, isto é, saber o que faz de um "direito comum" constituído por costumes um "direito do comum".

No artigo 1º da Seção I, a lei determina que:

As regras promulgadas por esta lei quanto ao furto de madeira simples aplicam-se às seguintes defraudações:
1. Toda madeira de árvore ainda não derrubada;
2. Toda madeira verde, fora das florestas, destinada à exploração;
3. Toda madeira quebrada acidentalmente ou derrubada em troncos inteiros cujo aparelhamento ainda não tenha começado;
4. Aparas de madeira trabalhada, ainda não organizadas, que se encontrem nas florestas ou nos depósitos [...].[1]

---

[1] Ver Pierre Lascoumes e Hartwig Zander, *Marx: du "vol de bois" à la critique du droit* (Paris, PUF, 1984), p. 175. Nas páginas seguintes, referimo-nos à tradução dos artigos de Marx publicados nesse volume. No filme de Edgar Reitz, *Heimat II: L'Exode* (2013), cuja primeira cena se passa em 1843, é lida na praça de uma aldeia da Renânia uma proclamação sobre a proibição de apanhar madeira caída naturalmente das árvores.

Podemos ver que o que está em questão é a qualificação jurídica de "furto" aplicada à prática de apanhar gravetos, até então considerada direito de uso coletivo, bem como a concepção de propriedade da qual ela precede como aquilo que dá direito a um gozo privado e exclusivo. A lei subsume os dois atos, o de recolha de gravetos e o do furto de madeira com premeditação, na mesma categoria de furto, definida como "apropriação de madeira alheia"². Essa ofensiva contra os direitos de uso não era um caso isolado na Europa. Como comparação, citamos o Código Florestal votado na França em 1827, sob Carlos X, que reduz ou extingue os direitos de uso dos habitantes das florestas, sejam elas dominiais ou comunais. Esses habitantes "não poderão apanhar ou colher: ervas, folhas secas utilizadas para adubar solos pobres; urzes e giestas, frutos (mirtilos, cogumelos...) ou mesmo glandes e bolotas com as quais os pobres fabricavam óleo e uma espécie de café"³. As próprias atribuições da madeira são rigorosamente regulamentadas: "O camponês não pode apanhar madeira, seca ou verde, nem, como é óbvio, cortar árvores; qualquer infração é severamente punida"⁴. Da mesma maneira, o código limita no espaço e no tempo o direito de ir e vir dos rebanhos – em outras palavras, o pastio no sobosque. A aplicação dessas disposições, em especial a redução dos direitos de *affouage* (madeira para aquecimento) e *maronage* (madeira para construção), teve como consequência o fato de que as necessidades essenciais das comunidades deixaram de ser atendidas, sem contar as pesadas multas que arruinavam os camponeses e a carga financeira imposta às comunas, que se viram obrigadas a manter um ou vários guardas. Nas montanhas do Ariège, a raiva dos camponeses era tanta que, armados e disfarçados de mulheres, enfrentavam guardas e soldados: "Foi a Guerra das Donzelas, de maio de 1829 ao verão de 1830"⁵.

Marx põe fortemente em destaque o que está em jogo na requalificação jurídica da coleta de madeira seca como "furto" quando mostra que essa requalificação é ditada unicamente pelos interesses privados dos proprietários das florestas: estes últimos tencionavam tirar proveito dos gravetos secos,

---

² Pierre Lascoumes e Hartwig Zander, *Marx: du "vol de bois" à la critique du droit*, p. 135.
³ Nadine Vivier, *Propriété collective et identité communale: les biens communaux en France 1750-1914* (Paris, Publications de la Sorbonne, 1998), p. 217.
⁴ Ibidem, p. 218.
⁵ Ibidem, p. 221.

vendendo-os no mercado de lenha, então em pleno crescimento, o que implicava afastar os camponeses pobres que costumavam apanhar esses gravetos para vendê-los e viviam em grande parte dessa venda[6]. Para quem considera legítimos os interesses dos camponeses pobres, a dificuldade está em não cair na armadilha que consiste em recorrer ao direito feudal para contestar a propriedade privada moderna. Marx, porém, não se abstém de citar favoravelmente a ordem da Corte Penal do século XVI, que reserva a qualificação de furto de madeira à "subtração de madeira cortada e [à] derrubada ilícita", e considera que o fato de subtrair à luz do dia frutos que são consumidos de imediato é passível de punição civil, não de punição penal: "A ordem da Corte Penal do século XVI nos convida a *defender* essa ordem contra uma Dieta Renana do século XIX que a acusa de exagerada humanidade e *nós aceitamos o convite*"[7]. Marx adota, portanto, a distinção jurídica entre recolha de gravetos e furto de madeira, mas evita qualquer forma de nostalgia em relação ao feudalismo. Muito pelo contrário, no primeiro artigo sobre o furto de madeira ele acusa este último de ser o "reino animal do espírito", e os direitos consuetudinários dos privilegiados, a "forma animal do direito"[8]. Seja como for, muitas vezes é difícil acompanhar os meandros de uma argumentação que se desenvolve em vários registros ao mesmo tempo e sabe tirar proveito de referências opostas na filosofia alemã do direito (Hegel e Savigny, no caso em questão). Isso deve

---

[6] Pierre Lascoumes e Hartwig Zander, *Marx: du "vol de bois" à la critique du droit*, cit., p. 90-113. Uma lista de contravenções florestais feita por um guarda-florestal em 1845 dá uma ideia da diversidade e da extensão das necessidades atendidas pelos produtos retirados das florestas: furto de mirtilos e outros frutos silvestres, produtos silvestres necessários à produção de escovas e vassouras, comida para o rebanho, madeira para ripas, mourões para a sustentação de varas de lúpulo, estacas, escadas, cavaletes e andaimes, resina retirada de árvores deterioradas etc. (ibidem, p. 95-6).

[7] Ibidem, p. 135 (grifo nosso). Marx reporta-se ao artigo 167 da *Constitutio Criminalis Carolina*, adotada em 1532 pela Dieta Imperial, em Regensburg, que preconiza um tratamento à parte do "furto por necessidade", não submetido ao direito penal, mas ao direito civil, e remete aos costumes ou às compensações (ver Pierre Lascoumes e Hartwig Zander, *Marx: du "vol de bois" à la critique du droit*, cit., nota c, p. 169).

[8] Ibidem, p. 139. Sobre o sentido da expressão hegeliana "reino animal do espírito", ver Pierre Lascoumes e Hartwig Zander, *Marx: du "vol de bois" à la critique du droit*, cit., p. 169, nota d.

ser visto seguramente como um sinal da dificuldade que o próprio Marx encontrou para definir sua posição diante das posições dominantes na época. Como disse muito bem Mikhaïl Xifaras, a dificuldade pode ser enunciada nos seguintes termos: "Como criticar uma lei que, com toda a evidência, é feita no exclusivo interesse dos ricos proprietários de floresta, privando os pobres de um recurso que lhes é essencial, sem parecer defender uma concepção feudal da propriedade?"[9].

Podemos distinguir esquematicamente duas posições no debate da Dieta Renana: de um lado, o conde Von Trips preconiza que a qualificação de furto seja mantida, alegando que é sua ausência que torna tão frequente a subtração de madeira; de outro, o deputado liberal Brust propõe que a recolha seja qualificada como abuso de direito, nesse caso abuso de copropriedade ou usufruto, o que implica reconhecer os camponeses de uma mesma comuna como "usufrutuários de um direito de uso"[10]. Marx sustenta que a recolha não pode ser considerada delito e que ele está plenamente fundamentado no direito. No primeiro dos cinco artigos, logo após referir-se de forma positiva à ordem da Corte Penal, ele frisa a diferença essencial entre o ato de colher galhos e o furto premeditado de madeira, inferindo dessa diferença uma diferença jurídica: "se admitirmos que o fato é diferente por natureza, na prática não poderemos afirmar que ele é o mesmo no plano legal"[11]. Marx distingue de saída não apenas duas, mas três coisas: apropriação de madeira verde, subtração de madeira cortada, recolha de madeira caída no chão. O primeiro ato implica arrancar com violência a madeira de seu "suporte orgânico" e, nesse sentido, constitui um atentado contra o proprietário da árvore através do atentado contra a própria árvore. O segundo ato consiste em subtrair madeira que já é produto do proprietário, uma vez que foi cortada por este último. Esses dois atos, portanto, atentam contra a propriedade. Em contrapartida, o terceiro ato não subtrai nada da propriedade: os gravetos já estão separados da propriedade, a propriedade da árvore não é desrespeitada pela queda acidental dos galhos, de modo que o recolhedor de galhos caídos apropria-se do que já não pertence

---

[9] Mikhaïl Xifaras, "Marx, justice et jurisprudence. Une lecture des 'vols de bois'", cit., p. 10.

[10] Ibidem, p. 11.

[11] Pierre Lascoumes e Hartwig Zander, *Marx: du "vol de bois" à la critique du droit*, cit., p. 135.

à árvore e ao proprietário da árvore. No centro de toda essa argumentação, encontramos certa ideia da relação que deve prevalecer entre a lei e a natureza das coisas ou, para sermos mais exatos, aquilo que Marx chama enigmaticamente de "natureza jurídica das coisas" (*die rechtliche Natur der Dinge*): "A natureza jurídica das coisas não pode guiar-se pela lei, ao contrário, é a lei que deve guiar-se pela natureza jurídica das coisas". Nesse sentido, a lei é o "porta-voz universal e autêntico da natureza jurídica das coisas"[12]. A lei relativa ao furto de madeira dá as costas a essa exigência, violando a natureza jurídica das coisas, em vez de adequar-se a ela, como exige o próprio conceito de lei.

Podemos identificar duas linhas de argumentação organizadas em torno desse eixo conceitual. De acordo com a primeira linha, a lei da Dieta Renana apenas consagra o interesse privado dos proprietários de florestas, denunciando ao mesmo tempo sua parcialidade e sua incompatibilidade com a exigência de universalidade constitutiva da verdadeira lei. De acordo com a segunda linha, é preciso haver uma distinção normativa entre costumes dos "privilegiados" e costumes dos "pobres", sendo apenas estes fundamentados no direito. O que tende a prevalecer, nesse caso, já não é o conceito racional de lei ou de Estado, mas certa relação entre costume e "natureza". O que aparece por essa maneira de proceder é uma tentativa original de superar a antinomia entre direito público e direito consuetudinário, para a qual chamamos a atenção no início do capítulo anterior. Examinaremos sucessivamente essas duas linhas de argumentação e nos perguntaremos de que maneira elas se sobrepõem e que efeitos essa sobreposição produz em termos de inteligibilidade dos fundamentos do direito.

Uma "lei" contrária ao "direito racional"

A inspiração hegeliana da primeira linha de argumentação é facilmente reconhecível: a teoria especulativa do direito fizera a distinção entre direito simplesmente "real", ou empiricamente existente, e direito "efetivo" ou "racional", que é aquilo que efetiva o conceito de lei no direito positivo, e isso dava a possibilidade de criticar o que era irracional no direito "real",

---

[12] Ibidem, p. 136.

por se negar à universalidade da lei[13]. Na opinião de Marx, esse é precisamente o caso da lei votada pela Dieta. Pois, mesmo sendo inegável que seu âmbito é o direito "real", essa lei está em contradição com o direito "efetivo" ou "racional" porque não efetiva o conceito de lei. Como diz Xifaras, "visto que o próprio conceito de lei contém sua universalidade ou a igualdade dos cidadãos como membros do Estado, o conceito de uma lei *para os proprietários* é irracional"[14]. Em primeiro lugar, punindo como crime o que é apenas uma "desordem social", passível no máximo de uma "contravenção policial", a Dieta não percebe que "o solo do Estado está minado quando a desgraça se torna crime ou o crime se torna desgraça" e, desse ponto de vista, "não observa nem mesmo as regras elementares da legislação"[15]. Vendo no transgressor florestal "apenas quem comete um transgressão contra a madeira", ela mostra que é movida exclusivamente pelo interesse privado, pois "a alma mesquinha, endurecida, estúpida e egoísta do interesse só enxerga um ponto, o ponto em que é lesada". De modo inverso, para agir à altura de seu conceito, o Estado:

> também tem de ver em cada transgressor florestal um homem, um membro vivo cujas veias transportam seu próprio sangue, um soldado capaz de defender a pátria, uma testemunha cuja voz precisa ter valor perante o tribunal, um membro da comuna que deve desempenhar funções públicas, um pai de família cuja existência é sagrada e, acima de tudo, um cidadão. O Estado não deve excluir levianamente um de seus membros de todas essas atribuições, pois, a cada vez que transforma um cidadão em criminoso, o Estado se amputa.[16]

Mas o indivíduo para o qual o "inumano" se tornou "ser supremo", na forma de "objeto exterior", ou de "ser material estranho" (a madeira), só pode ser ele próprio inumano e só é capaz de fazer "leis ditadas pela covardia". Essa crítica permeia todos os artigos, um a um. Nas últimas linhas do artigo de 3 de novembro de 1842, Marx adota ironicamente o ponto de vista que os selvagens de Cuba teriam sobre os debates da Dieta Renana, se a tivessem

---

[13] Ibidem, p. 12-3.

[14] Mikhaïl Xifaras, "Marx, justice et jurisprudence. Une lecture des 'vols de bois'", cit., p. 13.

[15] Pierre Lascoumes e Hartwig Zander, *Marx: du "vol de bois" à la critique du droit*, cit., p. 143.

[16] Ibidem, p. 144.

acompanhado: "Por acaso não teriam considerado a *madeira* o *fetiche* dos *renanos*", do mesmo modo que consideraram o ouro o fetiche dos espanhóis[17]?

Em segundo lugar, o conteúdo do artigo 4º mostra a incapacidade do legislador de alcançar a imparcialidade exigida pelo próprio conceito de direito: ele atribui ao guarda-florestal a tarefa de estimar o valor da madeira furtada, ao contrário da legislação francesa, que encarregava o guarda de constatar a contravenção, deixando a avaliação a cargo de uma instância independente[18]. Mais precisamente, ele estipula que, quando o furto de madeira ocorre a mais de duas milhas do distrito régio, "o guarda denunciante deve fixar o valor de acordo com os preços locais". Para Marx, "é evidente que o guarda denunciante tem bem pouca capacidade objetiva para ser também quem taxa a madeira furtada". Como ele poderia ser ao mesmo tempo quem protege a madeira e quem calcula o valor da madeira furtada? Pois, ao taxar o valor da madeira, não estará ele taxando "seu próprio valor", isto é, o "valor de sua própria atividade"? Além disso, com relação à pessoa, e não mais ao objeto, como o guarda poderia ao mesmo tempo, "na qualidade de guardião da madeira", "proteger o interesse do proprietário privado" e, "na qualidade de taxador", "proteger o interesse do transgressor florestal contra as extravagantes exigências do proprietário privado"? Por outro lado, visto que o guarda é o denunciante, que lavra o auto nessa qualidade, e que a fixação do valor registrado no auto constitui uma parte do julgamento, a função do juiz não se diferencia da função do denunciante. Enfim, confiar ao guarda denunciante, que "está a soldo e serviço do proprietário", a tarefa de taxar a madeira furtada é mais ou menos como "deixar a taxação a cargo do proprietário confiando em seu juramento". Cúmulo do espírito partidário, a Dieta tentou questionar "a única disposição que ainda constitui um último simulacro de Estado no interior da Senhoria florestal: a inamovibilidade do guarda denunciante". Alguns deputados defendem a extinção dessa inamovibilidade porque mantê-la acabaria

---

[17] Ibidem, p. 168. Essa frase foi extraída da obra de Charles de Brosses, *Du culte des dieux fétiches ou Parallèle de l'ancienne religion de l'Égypte avec la religion actuelle de Nigriti* (1760), que fora traduzida para o alemão em 1785 e Marx acabara de ler quando começou a escrever os artigos sobre o furto de madeira.

[18] Mikhaïl Xifaras, "Marx, justice et jurisprudence. Une lecture des 'vols de bois'", cit., p. 13. No início do artigo de 30 de outubro, Marx lembra que, na França, o guarda denuncia o fato, mas não o valor (ver Pierre Lascoumes e Hartwig Zander, *Marx: du "vol de bois" à la critique du droit*, cit., p. 147).

lesando os pequenos proprietários florestais, que não teriam condições de contratar um guarda-florestal inamovível.

Marx pergunta, então, se a relação do Estado com o réu (o transgressor florestal) deve ser definida proporcionalmente aos recursos do proprietário da floresta. Lembra que, se "o Estado tem direito contra o réu", é "porque confronta esse indivíduo como Estado", o que lhe impõe o dever de agir em relação ao criminoso como Estado: "O Estado não tem apenas os meios de agir de uma maneira que esteja em conformidade com sua razão, universalidade e dignidade, assim como com o direito, a vida e a propriedade do cidadão incriminado; ter e empregar esses meios constitui seu dever incondicional". Ao invés de chegar a essa conclusão, os deputados invertem o raciocínio: "Uma vez que a propriedade privada não tem meios de elevar-se ao ponto de vista do Estado, o Estado tem a obrigação de rebaixar-se aos meios da propriedade privada contrários à razão e ao direito"[19]. É inimaginável um "aviltamento" maior do Estado, cuja ação estaria em contradição com seu conceito, já que "o interesse privado rebaixa o Estado ao nível dos meios do interesse privado"[20]. Essa "sofística do interesse" atinge o ponto culminante na observação de um deputado das cidades, segundo a qual a inamovibilidade dos guardas-florestais "paralisa qualquer incentivo ao fiel cumprimento do dever". Assim, quando se trata de encarregar o guarda-florestal de avaliar a madeira roubada, o interesse privado "põe óculos coloridos" e parece ter nele uma "confiança ingênua e exuberante", mas, quando se trata de avaliar o "senso do dever" desse mesmo guarda, ele põe os "óculos pretos" da prática e mostra-se de uma "desconfiança rabugenta e mesquinha". Na verdade, é em si mesmo que o proprietário de florestas deposita sua confiança, exigindo que o guarda se submeta inteiramente ao seu arbítrio. O que se verifica com isso é que esse tipo de lógica, "que faz do empregado do proprietário de florestas uma autoridade pública, transforma as autoridades públicas em empregados do proprietário de florestas"[21].

Em terceiro e último lugar, o texto adotado pela Dieta põe seriamente em dúvida a "noção de pena pública". O artigo 14 da lei estabelece: "Todas as multas devidas por furto de madeira, mesmo que precisem ser pagas por

---

[19] Pierre Lascoumes e Hartwig Zander, *Marx: du "vol de bois" à la critique du droit*, cit., p. 148.

[20] Idem.

[21] Ibidem, p. 152.

várias pessoas, na qualidade de coautores, cúmplices ou beneficiários, serão revertidas para o proprietário de florestas, ocorrendo o mesmo com o trabalho forçado de todos os condenados insolventes"[22]. Assim, a lei obriga o ladrão a pagar as multas, além de reembolsar o montante do valor furtado, valor que compete ao guarda-florestal fixar. As multas, portanto, são uma pena que o direito público impõe ao ladrão. Marx comenta:

> a pena como tal, que é o restabelecimento do direito e deve ser muito bem distinguida do reembolso do valor e da indenização, isto é, do restabelecimento da propriedade privada, transforma-se de pena pública em composição privada; as multas não caem na caixa do Estado, mas na caixa particular do proprietário de florestas.[23]

Consequentemente, a lei está em clara contradição com as exigências do formalismo jurídico. Marx lembra que a pena pública é "um direito do Estado que este não pode ceder aos particulares, do mesmo modo que um indivíduo não pode entregar sua consciência a outrem"[24]. Mas o pior está por vir. O artigo 16 da lei especifica que se, "em razão da indigência do autor ou das pessoas que respondem por ele, a multa não puder ser arrecadada, ela será substituída por trabalho forçado ou pena de reclusão, que, em nenhum caso, será inferior a vinte e quatro horas", e o artigo 19 acrescenta: "O trabalho forçado que o condenado deve realizar consiste, em primeiro lugar, em trabalho florestal para o proprietário de florestas"[25]. Esta última disposição coroa a lógica de submissão do Estado ao interesse privado do proprietário de florestas. Depois do artigo 4º, que atribui ao guarda-florestal a tarefa de avaliar a madeira furtada, e depois do artigo 14, que destina as multas ao caixa particular do proprietário de florestas – o que confere, retrospectivamente, o verdadeiro sentido ao artigo 4º, já que o avaliador taxaria a madeira por conta de seu empregador –, "no artigo 19 a máscara cai e reivindica-se não só o dinheiro, mas o próprio criminoso, não só a bolsa do homem, mas o próprio homem"[26]. Assim como o artigo 14 revela o verdadeiro sentido do artigo 4º, o artigo 19 revela o do artigo 14. O que leva o proprietário de florestas a arrogar-se o direito de exigir trabalho forçado, isto é, "servidão temporária de

---

[22] Ibidem, p. 176.
[23] Ibidem, p. 158.
[24] Ibidem, p. 159.
[25] Ibidem, p. 176.
[26] Ibidem, p. 161.

seu devedor", além das multas? Na verdade, "atribuindo-se as multas, o proprietário de florestas dissimulou astutamente o fato de que se atribuiu a própria pena"[27], e, precisamente porque as multas não são simples quantias de dinheiro, mas uma condenação, o proprietário pode assegurar-se da pessoa do transgressor em "corpo e alma". O que se vê aqui é que o proprietário de florestas conseguiu transformar o direito público em propriedade privada sua, utilizando o ladrão de madeira "para roubar o próprio Estado"[28].

Em seu último artigo, Marx tem todos os fundamentos para resumir essa crítica nos seguintes termos: "Nossa exposição mostrou como a Dieta rebaixa o poder executivo, as autoridades administrativas, a existência do acusado, a noção de Estado, o crime em si e a pena a meios materiais do interesse privado"[29]. O cerne da crítica reside no choque entre o interesse privado e os princípios do direito: no caso em questão, é o interesse que, afinal, se impôs ao direito, de tal modo que "o interesse privado dita as leis ao direito nas situações em que o direito ditava as leis ao interesse privado"[30]. Mas, submetendo o "interesse do direito" ao "direito do interesse", a lei adotada pela Dieta denuncia a si mesma como forma "sem valor", ou "máscara vazia", já que equivale a dar forma de lei a um conteúdo que contradiz a universalidade e a objetividade que pertencem necessariamente ao conceito racional de lei. Assim, "toda essa lei é uma exceção à lei"[31].

Essa atitude de voltar o conceito de lei contra a lei existente deve muito a Hegel. No entanto, como Xifaras, não podemos deixar de apontar que essa linha de argumentação diverge de sua fonte hegeliana num ponto crucial: ao tentar elevar à forma de lei o conteúdo do interesse privado, a Dieta estava cumprindo seu papel, uma vez que não se podia esperar outra coisa de "uma assembleia de setores dos interesses privados"[32]. Na Prússia e

---

[27] Ibidem, p. 161-2.
[28] Ibidem, p. 160.
[29] Ibidem, p. 165.
[30] Ibidem, p. 167.
[31] Idem.
[32] Ibidem. Lembramos que o termo alemão "*Stand*" (plural *Stände*) não tem o significado de "classe" que a palavra "*état*" pode ter em francês. [Optou-se pela tradução por "setor" ou "estamento", em conformidade com a edição brasileira de *Crítica da filosofia do direito de Hegel* (trad. Leonardo de Deus e Rubens Enderle, São Paulo, Boitempo, 2005) – N. E.].

na Áustria, havia desde 1823 três estamentos representados nas dietas provinciais: a "nobreza", as "cidades" e o "campo"; a renda fundiária e a taxa de imposto correspondente eram os únicos critérios de elegibilidade tanto para os deputados das "cidades" como para os do "campo"[33]. Sabemos que, para Hegel, o poder legislativo deve representar os diferentes estamentos (*Stände*), para assegurar a mediação entre o governo e o povo. Sem dúvida a Câmara Baixa hegeliana dá lugar ao "estamento universal" dos funcionários, e os deputados tomam assento na qualidade de representantes dos estamentos, e não dos indivíduos, mesmo que sejam proprietários[34]. Contudo, como representar os estamentos sem representar ao mesmo tempo os "interesses particulares comuns"[35] de cada estamento? Com relação à exigência de universalidade inerente ao conceito de lei, esses interesses não continuam a ser puramente privados? No caso da Dieta Renana, esses interesses não estão diretamente ligados aos próprios critérios de elegibilidade? Por isso é que Marx escreve:

> A Dieta, portanto, cumpriu *perfeitamente a sua missão*. Atendendo à sua *vocação*, ela representou um *interesse particular* e tratou-o como objetivo final. O fato de, assim, ter espezinhado o direito é *simples consequência de seu dever*, pois o interesse é, por natureza, um instinto cego, sem medida, unilateral, em resumo, sem lei [*gesetzloser*]. E o que é sem lei [*das Gesetzlose*] pode dar leis? De nada adianta pôr o interesse privado no trono do legislador, pois nem por isso ele deixará de ser incapaz de legislar, assim como um mudo a quem se dê um megafone imenso nem por isso recobra a voz.[36]

Visto que os interesses particulares, por mais que sejam "comuns" a um grande número de representantes, não passam de interesses privados, "como não se seguiria daí que uma representação dos interesses privados, os estamentos, queira e deva rebaixar o Estado às ideias do interesse privado?"[37].

---

[33] Ibidem, p. 171-2.

[34] Mikhaïl Xifaras, "Marx, justice et jurisprudence", cit., nota 49, p. 15-6.

[35] Em Hegel, o interesse particular comum a todos os membros de um estamento é o que assegura a mediação entre o interesse particular de cada indivíduo e o interesse geral encarnado pelo Estado.

[36] Pierre Lascoumes e Hartwig Zander, *Marx: du "vol de bois" à la critique du droit*, cit., p. 167 (tradução modificada).

[37] Ibidem, p. 148.

Não poderíamos deixar de mencionar o fato de que, por duas vezes, essa crítica às pretensões políticas do interesse privado se permite fazer referência direta a Shylock, personagem da peça *O mercador de Veneza*, de Shakespeare, já que essa referência esclarece as motivações profundas de Marx. A primeira aparece no artigo de 27 de outubro de 1842, ou seja, no segundo da série: "A alma tacanha, endurecida, estúpida e egoísta do interesse" tenta destruir o que se lhe opõe, não teme o não direito, mas as consequências do direito na pessoa daquele que ameaça o objeto exterior com o qual ela se identifica, comprovando assim as palavras de Shylock: "Quem odeia uma coisa sem desejar destruí-la?"[38]. A segunda aparece no quinto e último artigo como uma citação muito mais longa de uma passagem da cena 1 do IV ato da mesma peça. Pórcia acaba de proferir sua sentença e acrescenta: "Um momento! Não acabou. Este bilhete não te dá uma gota sequer de sangue, os termos precisos são: uma libra de carne". Shylock se admira: "Essa é a lei?", e Pórcia responde: "Tu mesmo verás o texto". O contexto dessa citação é o da discussão do artigo 19, já mencionado, pelo qual o proprietário de florestas reivindica um título de servidão sobre a pessoa do transgressor. Marx argumenta então que a proteção do interesse do proprietário de florestas se opõe diretamente à "proteção do interesse de quem é proprietário da vida, da liberdade, da dignidade humana, do Estado, e é proprietário apenas de si mesmo [*des Eigentümers von nichts als sich selbst*]"[39], isto é, o ladrão de madeira considerado simplesmente "ser humano". Portanto, à propriedade de si mesmo, que constitui a humanidade de quem é apenas homem[40], opõe-se o "direito" à propriedade de outro homem invocado pelo proprietário de florestas lesado na coisa material que é sua propriedade e, em razão de seu valor de fetiche, tornou-se seu próprio ser. Portanto, o princípio reconhecido pelo artigo 19 pode ser enunciado nos seguintes termos: "Que, em vez de uma tora, o proprietário de florestas obtenha o que foi outrora um ser humano"[41].

---

[38] Ibidem, p. 144.

[39] Ibidem, p. 162.

[40] Sobre o sentido dessa concepção da propriedade de si herdada de Locke – que Marx jamais renegou e da qual fará o princípio da "propriedade individual" no comunismo, ver Pierre Dardot e Christian Laval, *Marx, prénom: Karl*, cit., p. 645 e 690.

[41] Pierre Lascoumes e Hartwig Zander, *Marx: du "vol de bois" à la critique du droit*, cit., p. 162.

Por essas duas referências toma forma uma concepção do interesse privado que não é supérfluo frisarmos. Shylock é o interesse privado cujo ser se mostra como essencialmente calculista: "O interesse não pensa, calcula"[42]. Como diz Marx, há de fato todo um "mecanismo raciocinador do interesse", cujas duas categorias principais são os "bons motivos" e as "consequências prejudiciais". O interesse ora justifica o não direito, invocando os "motivos ponderados, sábios e bons" que animam quem o decreta, ora deprecia o valor do direito, invocando suas "consequências nocivas ou preocupantes". No primeiro caso, os motivos são as "cifras" com as quais o interesse privado calcula, tendo por objetivo "abolir os fundamentos do direito"; no segundo caso, o cálculo diz respeito às consequências do direito, isto é, a "seus efeitos sobre o mundo exterior". Em nenhum dos dois casos, porém, ele vê o direito como "um objeto autônomo", já que remete ou "para dentro", na direção das ideias, ou "para fora", na direção do mundo. Se o interesse privado só pode atentar contra os fundamentos do direito, se o "direito do interesse", esse novo "santo", contradiz necessariamente o "interesse do direito", é porque nega autonomia ao direito. Isso mostra até que ponto *a autonomia do direito constitui o verdadeiro princípio da crítica à sofística do interesse*. Apenas desse ponto de vista, essa crítica é o oposto da que é desenvolvida pelo Bastardo em outra peça de Shakespeare, *Vida e morte do rei João*. O rei que dá nome a essa peça histórica ninguém mais é que o rei que em 1215 outorgou a Magna Carta, embora o texto não trate dela. No fim da cena 1 do II ato, o Bastardo, filho ilegítimo de Ricardo I, faz um retrato impressionante do império exclusivo do Interesse (*Commodity*), "esse rompe-decisões, esse demônio dissimulado, esse alcoviteiro que vive destruindo a memória da boa-fé, esse quebra-juramentos que explora a todos, reis, mendigos, velhos, moços, virgens". O que impressiona nessa crítica é que nela, em vez de ser comparado a um instinto natural, como nos artigos sobre o "furto de madeira" em que Marx invoca *O mercador de Veneza*, o interesse opõe-se à marcha natural do mundo:

> Esse senhor de feições doces, esse bajulador: o Interesse,
> O Interesse, que desvia o mundo,
> Esse mundo, em si mesmo bem equilibrado,
> Feito para deslizar suavemente em terreno plano,
> Até que esse proveito, que puxa e desvia para o mal,
> Que controla o movimento, esse Interesse

---

[42] Ibidem, p. 156.

Faça-o desviar-se da imparcialidade,
De toda direção, de seu objetivo, curso e fim.
E é esse mesmo descentrador, esse Interesse,
Esse rufião, esse gigolô, essa palavra que muda tudo...[43]

Commodity, aqui, tem o sentido de interesse e proveito, não de mercadoria. Portanto, não há muito sentido em afirmar, como faz Peter Linebaugh, que Shakespeare antecipou a teoria marxista do valor-trabalho, apesar de acrescentar que ele reduz a *Commodity* a uma "mulher sexualmente ativa"[44]. Em compensação, há muito o que destacar no termo com o qual o Interesse é qualificado nesse monólogo: *Commodity* é designado primeiro como "*the bias of the world*" (traduzido aqui por: "que desvia o mundo") e depois, mais sucintamente, como "*this same bias*" (traduzido por: "esse mesmo descentrador"). Pois esse termo expressa bem o que diferencia a perspectiva adotada por Shakespeare em *Vida e morte do rei João* e a de Marx, ao citar *O mercador de Veneza*: o mundo do rei João é descrito como um mundo medieval no qual ainda se proclamam alto e bom som os valores da fidelidade, da lealdade e da boa-fé que compõem o ideal cavaleiresco, mas ao mesmo tempo é julgado sem nenhuma complacência pelos padrões da Renascença como um mundo minado por dentro pelo cálculo cínico do interesse pessoal. No retrato que o Bastardo pinta desse mundo que desmorona em direção ao caos, a oposição dominante é a entre direito e torto, retidão e desvio, direto e distorcido[45]. O mundo, que "em si mesmo é bem equilibrado [*of itself is peised well*], feito para deslizar suavemente em terreno plano [*made to run even upon even ground*]", é desviado de sua direção natural pelo Interesse e, nesse sentido, "descentrado". É o mesmo que dizer que o Bastardo ainda vê o mundo do ponto de vista dos valores da cavalaria, mesmo que seja um olhar sem ilusões, de alguém que diz querer adorar no Interesse seu próprio "senhor". O mundo de *O mercador de Veneza* é muito diferente: é, ao menos em parte, o mundo do comércio marítimo do século XVI, o da cidade dos doges, que pratica em grande escala a especulação e a usura e cujas leis ignoram a compaixão porque feitas sobretudo para favorecer o crescimento desse comércio. O Bastardo e Shylock

---

[43] William Shakespeare, *Oeuvres complètes III*, *Histoires I* (Paris, Gallimard, col. "Pléiade", 2008), p. 1123.
[44] Peter Linebaugh, *The Magna Carta Manifesto*, cit., p. 67.
[45] Para uma análise crítica dessa peça, remetemos o leitor à nota que lhe é dedicada na edição da "Pléiade" (William Shakespeare, *Oeuvres complètes*, cit., p. 1600-11).

são duas personificações muito diferentes do Interesse: enquanto o Bastardo se faz porta-voz do interesse versátil, que num dia ataca o vício da riqueza e no outro o da indigência, Shylock encarna a crueldade do interesse disposto a tudo para que seu direito seja reconhecido. Justamente por isso o que vem à mente de Marx, em 1842, é a referência a Shylock. Marx não condena o interesse privado em nome de uma pretensa marcha natural do mundo baseada na fé e na lealdade, mas aponta no interesse privado um "instinto" capaz de fraudar e raciocinar, opondo-lhe o direito público de um Estado moderno em conformidade com seu conceito, num procedimento de inspiração hegeliana que se volta contra o hegelianismo ortodoxo.

"Costumes da pobreza" contra "costumes dos privilegiados"

Contudo, mesmo que nos situemos estritamente no terreno do conflito entre direito público e interesse privado, será possível reduzir esse posicionamento ao de um "bom racionalista liberal" que denuncia a mistificação de um "Estado falsamente universal e racional" em nome dessa mesma universalidade e racionalidade[46]? Isso seria, em resumo, opor a vocação do direito público a seu confisco pelo interesse privado. Na realidade, basta acompanhar a segunda linha de argumentação relativa ao texto dos artigos para nos convencermos de que essa leitura é literalmente insustentável. E, de fato, desde os primeiros artigos Marx direciona o debate para a controvertida questão da natureza do costume. O primeiro artigo termina com uma crítica feroz aos costumes dos privilegiados, apontados como costumes "contrários ao direito" (*wider das Recht*). Tomada ao pé da letra, essa afirmação significa que um direito consuetudinário dos privilegiados nada mais é que um não direito. Por oposição, Marx reivindica para a pobreza o direito consuetudinário (*das Gewohnheitsrecht*), "mais precisamente um direito consuetudinário que não seja local, mas que seja o da pobreza em todos os países"[47], portanto o que se poderia chamar de direito consuetudinário universal dos pobres.

---

[46] É o que Daniel Bensaïd afirma apressadamente na apresentação dos artigos de Marx: *Os despossuídos* (São Paulo, Boitempo, 2017), p. 36. O próprio rótulo de "racionalista liberal" remete à periodização feita por Althusser, que distingue um "momento racionalista liberal" no itinerário intelectual de Marx (ver ibidem, p. 15).

[47] Pierre Lascoumes e Hartwig Zander, *Marx: du "vol de bois" à la critique du droit*, cit., p. 138.

Essa posição já é suficientemente original para nos deixar alerta, pois o direito consuetudinário recebe duas determinações bastante singulares: uma ampliação insólita em escala mundial e um conteúdo social bastante pronunciado, que se distingue de maneira muito clara da concepção usual da natureza desse direito. Vimos acima que o costume enquanto tal é *lex loci*, e o "direito comum", que, no caso inglês, é nacional[48] e não simplesmente local, só abusivamente poderia ser identificado como um direito consuetudinário. Além disso, os costumes dos pobres, por mais robustos e difundidos que tenham sido, estavam muito longe de ser indistintamente consagrados pela *Common Law*. Como vimos, repugnava à "razão artificial" de juízes e legisladores validar costumes vistos como desencorajadores de "melhorias". Marx, porém, não para nessa "reivindicação" já desconcertante em si mesma. Na frase seguinte, afirma: "Vamos mais longe ainda e sustentamos que o direito consuetudinário por sua própria natureza [*seiner Natur nach*] não pode ser senão [*nur*] o direito dessa massa mais baixa, elementar e privada de posses [*dieser untersten besitzlosen und elementarischen Masse*]"[49]. Devemos prestar atenção à passagem do dever-ser ao ser que ocorre de uma frase para outra e explica a afirmação de Marx no início da segunda frase: "Vamos mais longe ainda". De fato, passamos da proposição: "deve haver um direito consuetudinário da pobreza" (deve, na medida em que é reivindicado) à proposição: "o direito consuetudinário é necessariamente o direito consuetudinário da pobreza". Em outras palavras, não pode haver nenhum direito consuetudinário que não seja o dos pobres, pois qualquer outro direito consuetudinário seria, na realidade, um não direito, o que faz qualquer rivalidade entre direito consuetudinário dos privilegiados e direito consuetudinário dos pobres ser excluída *a priori*. Portanto, a afirmação de que os costumes dos privilegiados são costumes contrários ao direito tem seu

---

[48] O caso da Alemanha é muito diferente: no fim do século XV, a Alemanha contava várias centenas de territórios (*Länder*) reunidos num conjunto político bastante frouxo: o Império (*Reich*); ao lado do direito imperial desenvolvera-se um direito consuetudinário local e feudal diferente em cada região, e, com frequência, esse direito era registrado em compilações: "Espelho dos saxões", "Espelho dos franconios", "Espelho dos suábios" etc. Além disso, havia direitos consuetudinários que variavam enormemente de uma cidade para outra (Harold J. Berman, *Droit et Révolution*, cit., p. 79-80).

[49] Pierre Lascoumes e Hartwig Zander, *Marx: du "vol de bois" à la critique du droit*, cit., p. 138 (tradução modificada).

complemento lógico na afirmação de que o direito consuetudinário é, por natureza, o direito consuetudinário da pobreza. Desde que se subentenda que esse direito da pobreza é necessariamente um direito mundial, chega-se à conclusão de que o direito consuetudinário só pode existir como direito mundial da pobreza.

A forma jurídica do direito consuetudinário, portanto, não é entendida aqui como *uma* forma indiferente a este ou àquele conteúdo social: ela é *a* forma específica pela qual a pobreza pode e deve fazer valer seus direitos. Consequentemente, a pergunta feita acima sobre qual critério deve ser utilizado para distinguir os bons costumes dos maus é resolvida assim que apresentada: os únicos costumes capazes de se elevar à forma do direito são os costumes dos pobres; os outros costumes, dos privilegiados, são do âmbito do não direito puro e simples. A dissimetria entre os dois tipos de costumes do ponto de vista de sua relação com o direito não poderia ser maior. E como, ainda por cima, os costumes dos privilegiados são apenas "autodenominados" (*sogenannten*) costumes, a questão toda é saber o que permite que Marx fundamente essa dissimetria na natureza do costume enquanto costume.

Um primeiro argumento consiste em mostrar que os costumes dos privilegiados são a negação do direito. Os "direitos consuetudinários dos nobres" provam que são "não direitos consuetudinários" em virtude da oposição de seu conteúdo à forma da lei, ou seja, à universalidade e à necessidade: "Os direitos consuetudinários dos nobres, por seu *conteúdo*, contrariam a forma da lei universal. Eles não podem tomar forma de lei porque são formações oriundas da ausência de lei"[50]. É nesse ponto que ocorre a primeira sobreposição das duas linhas de argumentação subjacentes ao texto dos artigos: se, de um lado, a lei adotada pela Dieta Renana colide violentamente com a exigência de universalidade contida no conceito de lei, de outro, os direitos consuetudinários dos nobres tampouco são capazes de satisfazer a essa norma do "direito legal". Isso porque, considerados em seu conteúdo, tanto a lei como os direitos consuetudinários dos nobres contradizem a universalidade da lei: a primeira porque faz do interesse privado dos proprietários de florestas a medida do direito legal, e os segundos porque pretendem perenizar privilégios que são anteriores à formação do direito legal, visto que são herdeiros de uma época em que rei-

---

[50] Ibidem, p. 139 (tradução modificada).

nava o "direito animal" da "não liberdade" – em virtude do qual a humanidade se dividia em raças desiguais. Portanto, para Marx, existe oposição de princípio entre o direito consuetudinário e o direito legal: "Na época das leis universais, o direito consuetudinário racional nada mais é que o *costume do direito legal*, pois o direito não deixou de ser costume ao constituir-se em lei, ele deixou de ser *exclusivamente* costume"[51]. Se entendemos bem, em vez de eliminar o direito consuetudinário, relegando-o simplesmente a um "passado bárbaro", como gostaria certa história edificante da modernidade, o direito legal se constitui quando o costume se torna "costume de Estado"; ou melhor, não passa de costume pré-legal que se tornou costume de Estado. Portanto, não há nenhuma ruptura na passagem do direito consuetudinário ao direito legal. Contudo, isso vale apenas para o direito consuetudinário "racional": enquanto o direito consuetudinário racional é o direito que existe "ao lado e fora da lei", ou seja, "onde o costume é a antecipação de um direito legal"[52], os direitos consuetudinários dos estamentos privilegiados são não racionais porque não podem antecipar-se à lei, não no sentido de que não conseguiriam o "reconhecimento de suas pretensões não racionais", mas no sentido de que esses estamentos "não têm o direito de antecipar-se à lei". O fato de esses estamentos continuarem a reivindicá-los não muda a questão: o que há aí é apenas a expressão de "caprichos" e "pretensões" contrários aos limites da lei. A conclusão é clara: os "direitos consuetudinários dos nobres" não podem antecipar-se à lei porque são "costumes contrários ao conceito de direito racional"[53].

Em contraposição – e esse é o segundo argumento –, os direitos consuetudinários da pobreza são direitos em conformidade com o conceito do direito racional, por serem a antecipação de um direito legal. Se são contrários a alguma coisa, não é ao conceito racional de direito, mas ao "costume do direito positivo". Marx esclarece logo depois: "Seu conteúdo não colide com a forma legal, mas com sua própria ausência de forma. A forma da lei não se opõe a esse conteúdo, mas ele ainda não alcançou essa forma"[54]. Se existe oposição, é uma oposição interna ao direito consuetudinário da pobreza entre conteúdo e ausência de forma, e não uma oposição entre

---

[51] Ibidem, p. 140 (tradução modificada).
[52] Idem.
[53] Ibidem (tradução modificada).
[54] Ibidem, p. 87 (tradução modificada).

esse conteúdo e a forma da lei: não tendo forma própria, esse conteúdo não pode opor-se por sua forma à forma da lei; em compensação, ele reivindica para si a forma da lei e, nesse sentido, é a antecipação de um direito legal ainda por vir. Mas como entender que esse direito consuetudinário se opõe ao "costume do direito positivo"? Essa expressão insólita merece explicação. Esse costume não deve ser confundido com o "costume do direito legal", do qual se tratou acima, nem com o "conceito do direito racional". Por mais que o direito positivo tenha a forma da lei e, nesse sentido, seja direito legal, nem por isso é conforme ao "conceito do direito racional". De fato, na maioria dos países modernos, o direito positivo tem a forma de "legislações liberais" que "trataram ou tiveram de tratar" os direitos consuetudinários da pobreza com muita "unilateralidade" (*Einseitigkeit*)[55], e é precisamente esse caráter unilateral que impede o "costume do direito positivo" de estar de fato em conformidade com o conceito de direito racional.

Em que consiste essa unilateralidade do direito positivo existente e por que as legislações liberais "tiveram" de tratar os costumes da pobreza desse modo? Em outras palavras, por que esse tratamento unilateral foi "necessário"? Compete explicar, agora, o não reconhecimento do direito consuetudinário dos pobres pelo direito positivo existente e deixar de lado a conformidade do seu conteúdo à forma racional da lei. Marx observa que as legislações liberais relativas ao *direito privado* aboliram os costumes particulares, limitando-se na maioria das vezes a elevar a universal os direitos que encontraram, sem concederem novos direitos além dos que já estavam em vigor. Como esses direitos já existentes eram os direitos dos "estamentos" (isto é, os privilégios daqueles que, além do direito, tinham costumes), aqueles que não pertenciam a nenhum estamento – "essa massa elementar que não possui nada" – não tinham direitos, apenas costumes. Nessas condições, abolir todos os costumes significava tirar da massa dos que estavam na base da escala social a pouca proteção de que desfrutavam graças às "concessões acidentais", que haviam adquirido força de costume. O exemplo dado por Marx, dos conventos e da secularização dos bens monacais, foi tirado dos *Princípios da filosofia do direito* e empregado em sentido muito diferente. No § 3º dessa obra, Hegel criticava a "justificação histórica" das instituições a partir de circunstâncias contingentes, com o fim de

---

[55] Idem (não vemos nenhum motivo para traduzir esse termo por "parcialidade").

estabelecer de maneira mais clara a diferença entre justificação histórica e justificação universal pelo conceito:

> Assim, se, por exemplo, se usar como argumento a favor da conservação dos *mosteiros* o seu mérito no cultivo e no povoamento dos desertos, na preservação da erudição, graças ao ensino e ao trabalho de cópia etc., embora esse mérito tenha sido considerado fundamento e destinação de sua perpetuação, o que acontece é que, em circunstâncias inteiramente mudadas, eles se tornaram no mínimo supérfluos e inoportunos.[56]

Como observa Xifaras com muita pertinência[57], o exemplo em que Hegel se apoia para lamentar a estreiteza e a pobreza da reflexão dos juristas da escola histórica do direito é mobilizado por Marx para pôr em evidência a injustiça que as legislações liberais cometem contra os pobres:

> [Os conventos] foram eliminados, seus bens foram secularizados, isso foi justiça. Contudo, nenhum recurso positivo foi proposto para substituir o socorro acidental que os pobres recebiam nos conventos. Transformando-se a propriedade dos bens monacais em propriedade privada, ainda que os conventos tenham sido indenizados, não foram indenizados os pobres que viviam dos conventos. Mais que isso, foi-lhes imposto um novo limite e eles foram privados de um direito antigo.[58]

Em vez de desqualificar a contingência a partir de cima, como faz Hegel, teria sido preciso fazer jus à contingência, elevando o acaso do "socorro acidental" à categoria de necessidade. É nesse ponto exato que aparece plenamente a "unilateralidade" do direito positivo moderno: em vez de transformar as "concessões acidentais" em "concessões necessárias", abstraiu-se o acaso e a contingência eliminando-se o "socorro acidental" prestado pelos conventos, enquanto, por outro lado, os privilégios dos estamentos constituídos eram transformados em direitos consignados em lei. Em resumo, os antigos abusos foram legalizados, mas ao mesmo tempo foi extinto o "lado positivo" desses abusos, aquele que permitia aos pobres garantir a subsistência em tempos de escassez. Por que isso era necessário do ponto de vista estrito do direito privado moderno? Em razão da distinção cabal entre

---

[56] Hegel, *Principes de la philosophie du droit*, cit., § 3, Nota, p. 93 (citado em Mikhaïl Xifaras, "Marx, justice et jurisprudence", cit., p. 28).

[57] Mikhaïl Xifaras, "Marx, justice et jurisprudence", cit., p. 35.

[58] Pierre Lascoumes e Hartwig Zander, *Marx: du "vol de bois" à la critique du droit*, cit., p. 141.

direito público e direito privado, que, como vimos antes, marca a constituição do direito moderno a partir do século XVI. Ora, essa não era a relação que os costumes dos pobres tinham com o direito na época medieval. Segundo observação de Edward P. Thompson citada no capítulo anterior, o conceito de propriedade não era o conceito central do direito consuetudinário feudal, que sabia conciliar zonas de indistinção e imprecisão que o direito moderno fará questão de reduzir e, depois, de suprimir. É precisamente isso que Marx lembra para explicar a unilateralidade das legislações modernas em matéria de direito privado:

> Essas legislações eram unilaterais por necessidade, pois todos os direitos consuetudinários dos pobres se baseavam no fato de que certo tipo de propriedade possuía um caráter indeciso [*schwankenden*] que não determinava se, em última instância, essa propriedade era privada ou comum; ela aliava direito privado e direito público do modo que encontramos em todas as instituições medievais.

De maneira mais geral, "toda forma medieval de direito", e não apenas a propriedade, "era de natureza híbrida, dualista, ambivalente sob todos os aspectos"[59]. Ora, as legislações modernas foram resultado de um "entendimento" que, como sabemos após Hegel, tinha a tarefa de dar a cada coisa uma determinação fixa, isolando-a das outras coisas e conferindo-lhe o caráter unilateral que faz dela uma coisa particular. Esse trabalho, sem dúvida "grande e admirável", teve o efeito de eliminar as "formações híbridas e incertas da propriedade, aplicando as categorias existentes do direito privado abstrato, cujo esquema se encontrava no direito romano"[60].

Portanto, o que está em questão por trás da unilateralidade do direito privado moderno é, mais uma vez, o direito romano. Ora, especificamente sobre esse ponto, à parte as profundas divergências que dividem a escola histórica do direito e a ciência especulativa do direito, as duas escolas concordam no que diz respeito à importância central do conceito de propriedade no edifício do direito. Mais do que isso, ambas designam o direito de propriedade como um "direito subjetivo e absoluto" sobre uma coisa não livre, segundo a linha de Kant, remetendo-se ambas ao direito romano (Savigny em seu *Traité du droit romain actuel* [Tratado do direito romano atual] e Hegel na seção sobre a propriedade do "direito abstrato", primeira

---

[59] Idem.
[60] Ibidem, p. 141.

esfera da *Filosofia do direito*)⁶¹. Para Marx, se os direitos consuetudinários da pobreza são "contrários ao costume do direito positivo", é precisamente porque esse "costume" é o do direito privado moderno, incapaz de captar a natureza híbrida das antigas formas da propriedade.

Agora podemos ver melhor o que constitui a originalidade da atitude de Marx. De um lado, o critério da relação com a lei – incompatibilidade ou antecipação – permite a Marx separar maus costumes e bons costumes, ao contrário da filosofia hegeliana do direito, que relega os costumes como tais ao informe e ao indeterminado⁶². Existe, "ao lado e fora" do direito legal, um direito consuetudinário no qual convém reconhecer certa positividade e racionalidade, mesmo que esse direito não seja efetivado na forma da lei. Portanto, é preciso abster-se de identificar, como faz Hegel, direito positivo com direito legal. Isso significa que a racionalidade do direito consuetudinário não fica muito a dever à razão, entendida "como exercício consciente da faculdade de pensar"⁶³, nem, aliás, à razão no sentido propriamente especulativo do termo. Isso quer dizer que Marx se alia à posição de Savigny? Seria possível acreditar que sim, na medida em que este último reduz a positividade da lei a uma positividade subterrânea e inconsciente, que escapa à vontade dos atores do direito considerados individualmente e que, por esse motivo, é independente da arbitrariedade de uma vontade soberana. No caso em questão, trata-se do direito positivo que vive na "consciência comum do povo" e, por essa razão, pode ser denominado "direito do povo". É esse direito que se expressa nos costumes ou nas práticas espontâneas, regulares e contínuas ao longo da história, e é esse mesmo direito uma manifestação das crenças compartilhadas de um povo, assim como a língua que ele fala. Contudo, para um Savigny, o reconhecimento desse direito "histórico" – atuante, mas invisível –, em vez de implicar a condenação do direito romano, implica sua atualização pelos juristas alemães: porque a continuidade do direito romano como direito privado nos diferentes Estados da Alemanha possibilitava-lhe cumprir o papel de equivalente de um direito nacional que fazia uma falta imensa⁶⁴.

---

[61] Mikhaïl Xifaras, "Marx, justice et jurisprudence", cit., p. 8-9.

[62] Ver, no capítulo 7 deste volume, a referência ao § 211 de *Principes de la philosophie du droit*, cit.

[63] Mikhaïl Xifaras, "Marx, justice et jurisprudence. Une lecture des 'vols de bois'", cit., p. 25.

[64] Ibidem, p. 23-5.

Se o direito herdado do passado compreende tanto os direitos consuetudinários como o direito canônico e o direito romano, o fato é que o direito romano "constitui o único traço contínuo e comum da história do Ocidente"[65]. O que está em pauta para Savigny, portanto, não é uma reativação artificial do corpo de leis de Roma, mas a romanística "entendida como uma atualização paciente e coletiva do direito histórico, dando prosseguimento à obra contínua dos juristas romanistas"[66].

Por isso, é preciso delimitar com muita precisão a crítica que Marx faz a essa concepção do direito histórico. De um lado, Marx pode admitir a favor de Savigny, e contra Hegel, que o direito positivo não coincide com o direito legal em razão da positividade jurídica de práticas espontâneas, independentes do entendimento legislador ou de uma vontade soberana. De outro lado, porém, não pode admitir nem a referência a um "direito do povo" nem a afirmação da universalidade pan-europeia do direito romano, em particular na forma do direito de propriedade. O primeiro ponto é evidente, desde que se preste atenção ao sentido da separação entre costumes dos pobres, que existem "ao lado do direito legal" e não se opõem à forma da lei, e os costumes dos nobres, que são "não direitos consuetudinários" e se opõem à forma da lei por sua arbitrariedade: o que fica radicalmente comprometido com isso é a "unidade da noção de povo"[67]. O segundo ponto refere-se diretamente à natureza da lei sobre o furto de madeira: se ela é essencialmente incapaz de reconhecer os direitos de uso dos pobres, é porque, à semelhança de todas as legislações liberais modernas, é herdeira do conceito de propriedade elaborado pelo direito romano. O que está em questão, portanto, é a inadequação do direito romano para exprimir as propriedades consuetudinárias, "nem públicas nem privadas, porque coletivas e incertas; nem absolutas nem exclusivas, porque abertas a domínios simultâneos dos mesmos objetos e à superposição de direitos em dada situação"[68]. Em oposição a Savigny, que é tão incapaz quanto Hegel de destinar um lugar para os direitos de propriedade dos camponeses pobres, em virtude de seu apego exclusivo às categorias do direito romano, Marx retrograda esses mesmos direitos consuetudinários ao velho direito germânico:

---

[65] Ibidem, p. 29.
[66] Ibidem, p. 32.
[67] Ibidem, p. 39.
[68] Ibidem, p. 43.

"Basta um pouco de reflexão para se dar conta da *unilateralidade* com que as legislações iluministas trataram ou tiveram de tratar os *direitos consuetudinários da pobreza*, cuja fonte mais abundante são os diferentes direitos *germânicos*"[69]. Sem dúvida há fundamentos para se ressaltar o que Marx deve aos germanistas da escola histórica – seu porta-voz, Georg Beseler, rompeu em 1835 com os romanistas na questão das fontes do direito histórico[70]. Mas o essencial nessa questão é compreendermos que a genealogia não é capaz de fornecer um fundamento de legitimidade ao direito de uso dos pobres, porque, em vez de reivindicar o antigo costume nacional – e, nesse sentido, "local" – contra o direito romano universal, Marx reivindica um direito consuetudinário universal – válido "em todos os países" – contra uma legislação que ele acusa de "unilateralidade" em virtude de sua dependência desse direito romano pretensamente universal[71]. A questão é saber como determinar esse fundamento de legitimidade.

Qual fundamento jurídico para os costumes da pobreza?

Lendo-se atentamente o artigo de 27 de outubro de 1842, percebe-se que não há um fundamento só, mas dois. A primeira justificação do direito consuetudinário dos pobres consiste em fundamentá-lo na natureza particular de certos objetos. Como diz Marx, o entendimento legislador moderno deixa de "considerar que certos objetos da propriedade, em razão de sua natureza [*ihrer Natur nach*], não podem adquirir, em nenhum caso, o caráter de propriedade privada predeterminada e, por sua essência elementar e existência acidental [*durch ihre elementarisches Wesen und ihr zufälliges Dasein*], é do âmbito do direito de ocupação"[72]. Mas, ao lado dessa justificação, há uma segunda maneira de fundamentar em direito os costumes dos pobres, que

---

[69] Pierre Lascoumes e Hartwig Zander, *Marx: du "vol de bois" à la critique du droit*, cit., p. 140 (tradução modificada). Na nota da página 170, os autores fazem referência às primeiras coletâneas de direitos consuetudinários dos povos e tribos germânicos, conhecidas como *Leges Barbarorum* (500-900).

[70] Sobre Beseler, ver ibidem, p. 236-7, e Mikhaïl Xifaras, "Marx, justice et jurisprudence", cit., p. 45, notas 114 e 115.

[71] Mikhaïl Xifaras, "Marx, justice et jurisprudence", cit., p. 46.

[72] Ibidem, p. 142. Seguimos a tradução de Jules Molitor, Karl Marx, *La loi sur les vols de bois* (Paris, Éditions des Malassis, 2013), p. 31.

aparece no texto de forma brusca e inesperada, como se fosse uma justificação independente da primeira e, no fim das contas, autossuficiente: "Mas a pobreza já [*schon*] encontra seu direito em sua atividade [*in ihrer Tätigkeit*]"[73]. A dificuldade suscitada por essa dualidade de fundamento é a coerência de conjunto da argumentação de Marx, ou, mais precisamente, a possível articulação dessas perspectivas: se a atividade dos pobres considerada em si mesma basta para fundamentar seu direito de uso coletivo, qual a necessidade de invocar a natureza particular dos objetos sobre os quais incide essa atividade? A não ser que se admita uma conexão tão íntima entre a natureza da atividade e a natureza do objeto sobre o qual essa atividade se exerce que a natureza do objeto seja o único e verdadeiro fundamento, pois determinaria a atividade em que a pobreza "encontra" seu direito. Assim, a pobreza somente encontraria seu direito em sua atividade porque essa atividade, por sua vez, estaria fundamentada na natureza de seu objeto. Mas, nesse caso, o "já" da frase que acabamos de citar dificilmente seria compreensível. E mais: o texto de Marx chega a estabelecer uma relação direta entre o modo de existência dos objetos e o modo de existência da própria "classe pobre", dando a entender assim uma dupla naturalidade de estatuto, eminentemente problemática, uma vez que seria ao mesmo tempo a dos objetos e a da classe social que entra em relação com esses objetos por causa de sua atividade. O mais simples, para desenredar o fio dessa argumentação complexa, é considerar, uma de cada vez e na ordem em que se apresentam, essas duas tentativas de legitimação do direito consuetudinário dos pobres.

"Pobreza física" e "pobreza humana"

Seguindo a primeira, entendemos que toda a argumentação consiste em relacionar diretamente a *elementaridade* da massa sem nenhuma propriedade ("essa massa elementar que não possui nada") à *elementaridade* dos objetos ("sua essência elementar e sua existência acidental"). No artigo de 27 de outubro, essa relação assume a forma elaborada de uma analogia que devemos nos esforçar para reconstruir. Ainda falando dos objetos que, sendo refratários

---

[73] Pierre Lascoumes e Hartwig Zander, *Marx: du "vol de bois" à la critique du droit*, cit., p. 142. A tradução de Jules Molitor diz o seguinte: "Há mais, porém: a pobreza encontra seu direito em sua própria atividade" (Karl Marx, *La Loi sur les vols de bois*, cit., p. 33).

por natureza a qualquer subsunção nas categorias do direito de propriedade de origem romana, são da alçada do "direito de ocupação" (*Okkupationsrecht*), Marx escreve: "Esses objetos, por conseguinte, são da alçada do direito de ocupação da classe que, excluída de qualquer outra propriedade por esse direito, ocupa na sociedade civil a mesma posição [*die selbe Stellung*] que esses objetos ocupam na natureza"[74]. Sabemos que a lei relativa ao furto de madeira, transformando a recolha de gravetos em furto qualificado, nega-se a reconhecer esse "direito de ocupação" consagrado pelo costume.

Está claro que o direito de ocupação invocado aqui não tem o sentido técnico que tinha no direito romano[75]. Neste último, o conceito de "ocupação" designa o ato de apreender materialmente um objeto passível de apropriação, mas de que ninguém se apropriou ainda. Remete mais precisamente ao fato de se tomar posse de uma coisa sem dono (*res nullius*) com a intenção de adquirir sua propriedade, e esse ato de tomar posse tem o efeito de dar a propriedade ao ocupante e pode referir-se a coisas tão distintas como imóveis ou objetos móveis criadas por uma força natural, animais selvagens capturados por caça ou pesca, a parte do tesouro que a lei deixa para o descobridor, coisas tomadas do inimigo ou abandonadas (*res derelictae*) pelo proprietário etc. Para haver "ocupação" nesse sentido, são exigidos dois elementos: em primeiro lugar, o *corpus*, que consiste na efetivação de atos materiais sobre a coisa; em segundo lugar, o elemento intencional, ou *animus domini*, que é a intenção de tornar-se proprietário ou adquirir a propriedade[76]. Mais tarde, sobretudo no século XVII, a noção de "direito de ocupação" seria objeto de elaboração sistemática. Assim, nos capítulos 3º, 4º e 5º de *De jure belli ac pacis* (1625), Grócio distingue expressamente três modos "originais" de aquisição, isto é, modos pelos quais se adquire uma coisa sem proprietário anterior: ocupação, especificação e acessão. A ocupação equivale ao "direito do primeiro ocupante"

---

[74] Pierre Lascoumes e Hartwig Zander, *Marx: du "vol de bois" à la critique du droit*, cit., p. 142.

[75] Mikhaïl Xifaras, "Marx, justice et jurisprudence", cit., nota 101, p. 38.

[76] Para uma ideia precisa da forma como o conceito de "ocupação" era determinado no fim do século XIX em sua ligação com o conceito de "posse", remetemos ao tomo IV do *Dictionnaire des antiquités grecques et romaines* de Daremberg e Saglio, cit., e ao capítulo 3º de Henri Allart, *De l'occupation en droit romain, des brevets d'invention en droit français*, cit. Sobre a distinção entre *corpus* e *animus* relativa à categoria de posse no direito romano, ver o verbete "Possession", escrito por Jean-Marc Trigeaud, na *Encyclopédie philosophique universelle II: les notions philosophiques* (Paris, PUF, 1990).

e, portanto, baseia-se na posse que se confunde com propriedade. A intenção desse autor era mostrar que a propriedade originária exclusiva baseava-se no direito do primeiro ocupante. Essa perspectiva implicava supor um estado em que o próprio mundo era *res nullius* e introduzir a ficção de um consentimento universal, ou acordo tácito entre todos os homens, em virtude do qual o direito exclusivo sobre uma coisa era concedido ao primeiro ocupante.

Em 1842, no contexto do debate sobre a lei da Dieta Renana, o termo "ocupação" remete ao ato de apanhar madeira seca, e não ao ato de tomar posse sustentado por uma intencionalidade bem definida: o *animus domini* parece ausente, ao menos no sentido de vontade de propriedade, e o caráter "indeciso" da propriedade medieval não significa de modo algum que a madeira seca tem o estatuto de *res nullius*. Mas, além desse uso insólito do termo "ocupação", o que mais importa é o fato de Marx pretender fundamentar justamente esse "direito de ocupação" na identidade de posição enunciada na frase citada anteriormente: a massa dos pobres ocupa na sociedade civil a "mesma posição" dos gravetos na natureza e é essa identidade de posição que, em última análise, legitima o "direito de ocupação" exercido sobre esses objetos.

Como compreender essa analogia? A posição da classe dos pobres, como vimos, é caracterizada pela absoluta penúria, que se manifesta no fato de ela ser excluída de qualquer propriedade – no sentido estrito que o termo tem no direito moderno. O artigo de 25 de outubro, o primeiro da série dedicada ao furto de madeira, em que é reivindicado um direito consuetudinário universal "em nome da multidão pobre, despossuída política e socialmente", a mesma que também é designada pela expressão "massa elementar privada de posse", introduz, de maneira significativa, o tema da guerra das raças, esboçando um paralelo entre "reino animal da natureza" e "reino animal do espírito":

> no feudalismo, cada raça devora a inferior, até chegar àquela raça que, qual um pólipo agarrado à gleba, só possui os muitos braços que colhem os frutos da terra para as raças superiores, enquanto ela mesma vive de poeira; porque, se no reino animal da natureza as abelhas operárias matam os zangões, no reino animal do espírito são os zangões que matam as abelhas operárias, e justamente por meio do trabalho.[77]

---

[77] Pierre Lascoumes e Hartwig Zander, *Marx: du "vol de bois" à la critique du droit*, cit., p. 139.

Embora se possa reconhecer nesse trecho o tema da oposição entre trabalhadores e parasitas ociosos, tirado do saint-simonismo da *Parábola*[78], já toma forma nessas linhas a ideia de "classe universal" que é, ao mesmo tempo, uma "não classe", uma vez que, apenas por existir, dissolve todos os "estamentos" (*Stände*) da sociedade civil e, vítima de injustiça absoluta, "tem um caráter de universalidade pela universalidade de seus sofrimentos"[79]. O artigo de 27 de outubro confirma essa universalidade – de certa forma negativa – da não propriedade e do não pertencimento, opondo ao "não direito dos estamentos [*das Unrecht der Stände*]" o "direito dos que são desprovidos de estamento [*das Recht der Standeslosen*]"[80]. Assim, a "universalidade" da classe pobre é sempre apenas a estrita contrapartida da "elementaridade" de sua condição, como um avesso negativo. Antes de adquirir o sentido explícito de universalidade de destinação, a daqueles que, não possuindo mais do que os próprios braços e sendo proprietários apenas de si mesmos, serão encarregados da tarefa de emancipação universal, essa universalidade da não propriedade significa aqui, antes de tudo, um "parentesco" da classe pobre com a natureza.

No entanto, esse parentesco não se refere à natureza tomada como um todo com todos os seus produtos, mas apenas àquilo que, dentro da natureza, é "elementar" e "acidental", como é o caso, precisamente, dos gravetos. De forma tocante, Marx estabelece uma relação direta entre a "pobreza física" e a "pobreza humana", isto é, social:

> Os gravetos nos servirão de exemplo. O laço orgânico que têm com a árvore viva é tão inexistente quanto o da cobra com seu despojo. Por meio da oposição entre os ramos e os galhos secos, abandonados pela vida, quebrados, e as árvores solidamente enraizadas, cheias de seiva, assimilando organicamente o ar, a luz, a água e a terra para alimentar sua forma e sua vida individual, a natureza exibe de certo modo a oposição entre a pobreza e a riqueza [*die Natur selbst stellt... der Gegensatz der Armut und Reichtum dar*]. Essa é a representação física da pobreza e da riqueza. A pobreza humana

---

[78] Ver Pierre Dardot e Christian Laval, *Marx, prénom: Karl*, cit., 53 e seg.

[79] Karl Marx, *Critique du droit politique hégélien* (Paris, Éditions Sociales, 1975), p. 211. Mikhaïl Xifaras ressalta oportunamente essa "antecipação do tema da classe universal, desenvolvido a partir de 1843" (Mikhaïl Xifaras, "Marx, justice et jurisprudence", cit., nota 57, p. 18).

[80] Pierre Lascoumes e Hartwig Zander, *Marx: du "vol de bois" à la critique du droit*, cit., p. 140 (tradução modificada).

sente esse parentesco e deduz desse sentimento de parentesco seu direito de propriedade; assim, enquanto atribui a riqueza físico-orgânica ao proprietário que age por premeditação, reivindica a pobreza física à necessidade e a seus acasos. Nesse movimento das forças elementares, reconhece uma força aliada, uma força mais humana que os homens.[81]

Esse trecho é notável por mais de um motivo. Em primeiro lugar, pela maneira como apresenta a oposição entre ramos e galhos privados de vida orgânica e árvores a alimentarem sua própria vida orgânica com os elementos assimilados, como oposição entre a pobreza e a riqueza; a oposição por meio da qual a natureza representa a oposição entre pobreza e riqueza é a mesma que há entre morto e vivo, ou, mais precisamente, entre a da ruptura do vínculo orgânico e a própria vida orgânica em todo o seu vigor de germinação. Em segundo lugar, ele também é notável pela maneira como a oposição entre riqueza física e pobreza física manifesta ou "representa" a oposição entre riqueza social e pobreza social, o que permite conferir conteúdo determinado à identidade de posição apontada anteriormente entre a essência elementar dos galhos e a elementaridade da massa dos pobres. A pobreza social ocupa na sociedade o mesmo lugar que a pobreza física ocupa na natureza, uma vez que a ruptura do vínculo orgânico tem na sociedade o sentido de exclusão da pobreza do sistema de estamentos: de certo modo, os ramos e os galhos caídos da árvore significam fisicamente a queda da massa dos pobres para o nível mais baixo da escala social. Em terceiro lugar, pelo caráter natural da afinidade ou parentesco que a pobreza social sente em relação à pobreza física: "A pobreza humana", escreve Marx, "sente esse parentesco [*fühlt diese Verwandtschaft*] e deduz desse sentimento de parentesco seu direito de propriedade"[82].

O "instinto jurídico" dos pobres

Convém refletirmos sobre essa ideia de sentimento de afinidade do qual deriva o direito de propriedade reivindicado e efetivamente praticado pela massa dos pobres. Estamos diante do que Marx identifica como fundamento desse direito de propriedade denominado acima "direito de ocupação". Ora, esse fundamento não remete à razão em seu exercício consciente ou à

---

[81] Ibidem, p. 142.
[82] Idem.

vontade declarada de se tornar dono de uma coisa vacante. Ao contrário, ele nos conduz à ideia no mínimo singular de um "instinto jurídico" (*rechtlichen Trieb*), ou de um "senso instintivo do direito" (*instinktmässiger Rechtssinn*), que leva os pobres a sentirem o parentesco imediato entre a pobreza física dos gravetos e sua própria pobreza social. Essa é uma ideia que nos distancia ao máximo da concepção hegeliana de direito: como já pudemos observar, no § 211 de *Filosofia do direito* Hegel não só estabelece distinção entre forma racional do código e compilação informe dos direitos consuetudinários, como também toma o cuidado de ressaltar no mesmo parágrafo que "só os animais têm por lei o instinto", enquanto "os homens têm por lei o costume"[83]. Indiscutivelmente, estamos mais próximos de Savigny e de sua ênfase na fonte subterrânea e invisível do direito[84], com a ressalva de que Marx não invoca o acervo imemorial das crenças populares, mas a naturalidade quase animal de um "instinto" que desnuda a condição inumana daqueles que na sociedade estão privados de propriedade e de pertencimento social legalmente determinado, portanto daqueles cuja existência não passa de "simples costume da sociedade civil", não sendo um estamento reconhecido "no interior da organização consciente do Estado"[85].

O recurso ao instinto jurídico dos pobres também tem a vantagem de legitimar a nítida oposição entre os costumes dos pobres e os costumes dos privilegiados, portanto de resolver a espinhosa questão do conflito entre os diferentes tipos de costumes. Pois se, em ambos os lados, topamos com o fato inegável dos costumes ancestrais, no plano do direito o critério da antiguidade não tem nenhum valor. Se esses dois tipos de costumes se opõem radicalmente, é porque os costumes dos nobres, embora sejam costumes, não são direitos, mas são "não direitos" contrários à razão, ao contrário dos costumes da pobreza, que são condizentes com o "direito racional". Mas, para o cúmulo da injustiça, apesar de se oporem à universalidade da lei, os costumes dos nobres foram reconhecidos pelas leis existentes mesmo com o que têm de essencialmente irracional, enquanto os costumes dos pobres

---

[83] Hegel, *Principes de la philosophie du droit*, cit. (ver nota 1 do capítulo anterior).

[84] Mikhaïl Xifaras, "Marx, justice et jurisprudence", cit., p. 39: "Para Marx como para Savigny, o princípio de inteligibilidade do direito (sua razão) não reside no exercício consciente da faculdade de pensar (a razão)."

[85] Pierre Lascoumes e Hartwig Zander, *Marx: du "vol de bois" à la critique du droit*, cit., p. 142.

continuam esperando o reconhecimento da legislação, apesar de sua conformidade com essa universalidade. Pior: sua existência é diretamente ameaçada por uma legislação ditada pela lógica mesquinha do interesse privado. Todavia, contra todas as expectativas, a "racionalidade" dos costumes dos pobres não decorre do fato de os costumes serem elaborados pela razão enquanto faculdade, ou de procederem de um ato de vontade esclarecido por ela, mas da imediatez e da espontaneidade do "instinto".

Poderíamos ver essa legitimação com espanto, alegando, contra o raciocínio marxiano, que de certo modo os costumes dos privilegiados não deixam de remeter a um "instinto". Seja como for, se há instinto aqui, é o "instinto natural cego, sem medida, unilateral" e "sem lei", que, como vimos acima, constituía o interesse privado consagrado pela lei relativa ao furto de madeira. No caso do instinto jurídico atribuído aos pobres, as coisas são muito diferentes. Esse instinto, não constituindo o elemento intencional exigido pela posse no direito romano (*animus domini*), seria uma espécie de seu equivalente natural, "algo como um *animus proprietarii* instintivo que, associado às necessidades naturais, permite falar de natureza jurídica das coisas"[86]. A segurança desse instinto jurídico é tão grande que a pobreza humana, se "atribui a riqueza físico-orgânica ao proprietário que age com premeditação", "reivindica a pobreza física para as necessidades e seus acasos"[87]. É altamente revelador do propósito de Marx que o sentimento de parentesco entre a pobreza física e a pobreza humana inspire a esta última uma separação muito nítida entre o que cabe ao proprietário e o que cabe às necessidades e seus acasos: a riqueza físico-orgânica da árvore viva cabe por direito a quem, pela intencionalidade formal da premeditação, constitui-se como *dominus*, mas a pobreza física dos gravetos cabe de direito a quem deve satisfazer uma necessidade natural sentida ao capricho das circunstâncias, e essa necessidade é mais imperiosa porquanto a condição do indivíduo o priva de qualquer poder sobre os meios de satisfazê-la.

O que transparece nessa reflexão é que a afinidade que a pobreza social sente com a pobreza física é uma afinidade *entre dois acasos*, ambos ligados à natureza: de um lado, o acaso das necessidades e, de outro, o acaso da

---

[86] Mikhaïl Xifaras, "Marx, justice et jurisprudence", cit., p. 38.

[87] Pierre Lascoumes e Hartwig Zander, *Marx: du "vol de bois" à la critique du droit*, cit., p. 142 (nós retraduzimos essa frase seguindo de perto a tradução de Jules Molitor, Karl Marx, *La loi sur les vols de bois*, cit., p. 32-3).

queda dos galhos, provocada, por exemplo, pela força e pela direção do vento e pela maior ou menor exposição da árvore a essa força, isto é, o "acaso dos elementos [*der Zufall der Elemente*] que arrancam da propriedade privada aquilo de que ela não quer mais se desfazer"[88]. Se a pobreza humana sente instintivamente que esse "movimento das forças elementares" é "uma força aliada", isso ocorre porque esse movimento não intencional e não premeditado consegue vencer a vontade refletida do *dominus*, arrancando dele algo de que ele não tenciona abrir mão. Pois, ao contrário das "esmolas jogadas na calçada", as "esmolas da natureza" não dependem de um impulso de caridade. O acaso dos elementos antecipa-se assim ao acaso das necessidades ao qual a pobreza está submetida, dando-lhe impremeditadamente os meios de se satisfazer, apenas pela violência cometida contra a vontade do proprietário da floresta. Contudo, se o acaso dos elementos é sentido como uma "força aliada" pelas vítimas do acaso das necessidades, não se pode dizer o mesmo da arbitrariedade dos privilégios sociais. É verdade que essa arbitrariedade também está ligada a um tipo de acaso, mas esse "acaso" não tem nada de natural, mesmo e sobretudo quando se trata do acaso do nascimento, que distingue os nobres dos plebeus. A formulação de Marx dá a entender, de maneira muito precisa, a oposição entre as duas espécies de acaso e, consequentemente, a oposição entre o "acaso social" e as duas formas aparentadas do acaso natural: "A arbitrariedade acidental [*zufällig*] dos privilegiados cede o lugar ao acaso [*Zufall*] dos elementos"; ou, traduzido de maneira mais adequada: "O acaso da arbitrariedade dos privilegiados cede o lugar ao acaso dos elementos"[89]. "Arbitrariedade" traduz perfeitamente o termo alemão *Willkür*, mas tem o inconveniente de não exprimir a ideia da raiz *Will*, que remete à vontade – ainda que, nesse caso, seja na forma do "bel-prazer", no que este pode ter de mais despótico e caprichoso. Assim, deixa-se escapar uma indicação singularmente esclarecedora: as pretensões arbitrárias dos privilegiados, em vez de procederem de um "instinto jurídico", derivam de seu "arbítrio" (*Willkür*), de modo que o acaso da arbitrariedade reduz-se afinal aos caprichos de uma vontade.

A notável coerência da argumentação marxiana se mostra agora de maneira mais precisa: se o instinto da pobreza pode valer juridicamente, é

---

[88] Idem.

[89] Idem. Tentamos repetir a simetria procurada por Marx entre o adjetivo *zufällig* e o substantivo *Zufall*, transformando o adjetivo em substantivo.

na medida em que se opõe à arbitrariedade de uma vontade, ou seja, a do proprietário privado, enxergando os "elementos naturais", com toda a razão, como uma força que a auxilia nessa luta. Em outras palavras, para a pobreza o instinto jurídico não é o sucedâneo de um *animus domini* falho ou ausente, nem sequer um "*animus* instintivo" – noção contraditória, já que em direito o termo latino *animus* significa a intenção proveniente da vontade –, mas legitima um "direito de ocupação" que põe radicalmente em xeque a legitimidade do *animus domini* porque ele próprio é desprovido de qualquer *animus*. Agora podemos ver melhor o papel articulador que cabe a essa noção de "instinto jurídico": sua função é ajustar a naturalidade da existência de uma classe submetida às necessidades em razão de sua miséria radical à naturalidade da coisa ou do objeto cobiçado por essas necessidades, isto é, constituir o meio-termo que garante a adequação entre os costumes da pobreza e a "natureza jurídica das coisas". Portanto, é por meio dela que adquire todo o sentido a identidade expressa pela analogia entre a posição da classe pobre e a posição da madeira seca caída da árvore.

A "atividade" como fundamento do direito dos pobres

Por acaso tal naturalismo jurídico pode se harmonizar sem dificuldade com o reconhecimento da "atividade" como segundo fundamento dos costumes da pobreza? Esse reconhecimento não remeterá àquilo que poderíamos chamar, por oposição, de "praticismo" jurídico? Vamos reler a frase, desconcertante em sua brevidade, na qual Marx introduz bruscamente essa justificação dos costumes pela atividade, não sem explicitá-la com a frase seguinte, em que ele repete o exemplo da madeira seca: "Mas a pobreza já encontra seu direito em sua *atividade* [*Tätigkeit*]. Na *recolha* [*Sammeln*], a classe elementar da sociedade humana confronta-se com os produtos das forças elementares da natureza, pondo-os em ordem [*ordnend*]"[90]. Seguindo a indicação dada pela segunda frase, entende-se que o direito da pobreza pode ser deduzido diretamente da atividade de recolha como atividade de pôr em ordem os produtos da natureza. O que se deve entender exatamente pela expressão elíptica "pôr em ordem"? Uma tal atividade consiste em separar a madeira morta das árvores vivas, o que tem como resultado

---

[90] Ibidem (tradução modificada).

evitar que o apodrecimento da madeira acumulada no solo impeça o crescimento da floresta no futuro. Portanto, ela contribui para o saneamento da floresta, mas esse não é um objetivo conscientemente buscado pelos pobres. Logo depois de subsumir a recolha no conceito de "atividade", Marx menciona certo número de casos que ele vincula à recolha com a mesma expressão: "É semelhante" (*ähnlich verhält es sich*). Ele cita, primeiramente, o caso dos produtos que brotam espontaneamente e, por isso, são puro acidente da posse, afirmando que, em razão de sua insignificância, "não são objeto da atividade do verdadeiro proprietário [*keinen Gegenstand für die Tätigkeit des eigentlichen Eigentümers bilden*]"[91]. Podemos ilustrar esse caso com o exemplo das bagas silvestres e dos mirtilos, citado um pouco mais adiante no mesmo artigo. A referência à ausência de atividade do proprietário sobre esses produtos permite esclarecer o propósito de Marx: é legítimo que aquilo que não seja objeto da atividade do proprietário privado se torne "propriedade" dos que fazem dele um objeto de atividade (a coleta de frutas silvestres).

O mesmo raciocínio pode ser estendido ao caso da "respiga" e da "segunda colheita", citadas logo em seguida. Lembremos, a esse respeito, que a respiga constitui um "direito de uso" sobre os produtos do trabalho agrícola: após a ceifa, concluída e retirada a colheita, o costume autorizava que os mais pobres apanhassem o que sobrava nos campos (palha e grãos)[92]. Portanto, é a atividade que, com formas diferentes (recolha de gravetos ou coleta de frutas silvestres nas florestas, recolha de grãos ou palha nos campos etc.), constitui a categoria graças à qual os costumes da pobreza adquirem *unidade jurídica*: tanto os gravetos caídos da árvore viva quanto a palha e os grãos deixados no chão após a ceifa, ou as bagas e os mirtilos que crescem

---

[91] Idem.

[92] A propósito desse ponto, ver pormenores sobre a prática da respiga na França desde a Idade Média no texto *on-line* no site Justitia: "Le Glanage: quel régime juridique?" (<archive.is/wB9ir>). Nele ficamos sabendo que essa autorização valia por três dias e somente após o amanhecer. Também ficamos sabendo que esse direito continua a originar problemas de qualificação jurídica em razão das dicotomias classificatórias que nosso direito tanto aprecia: de fato, ele não é nem uma infração, nem um ato gratuito, nem um ato oneroso, nem um direito de uso *proprio sensu*, no sentido de que não permite tomar o que é necessário às necessidades pessoais do usuário. Conclusão por exclusão: "Tratar-se-ia, portanto, de uma ficção jurídica que permitiria designar uma coisa como abandonada ou sem dono, quando essa coisa é um móvel objeto de direito de propriedade".

espontaneamente na floresta, não são objeto da atividade do proprietário privado, mas, em compensação, todos esses "produtos" são objeto da atividade dos pobres.

Caberá ver nessa legitimação pela atividade um vestígio da teoria hegeliana do trabalho como "momento constitutivo do direito de propriedade"[93]? O conceito de trabalho parece muito mais estrito nessa teoria do que o de atividade aplicado no artigo de 1842: do modo como aparece na primeira seção de *Princípios da filosofia do direito*, dedicada ao direito abstrato, esse conceito não deixa de pressupor uma relação tal da pessoa com uma coisa que essa pessoa, definida como "vontade livre", relaciona-se apenas consigo mesma nessa relação com a coisa. Claramente, esse conceito deve demais às categorias do direito romano para convir à situação analisada por Marx. Contudo, podemos sugerir outro paralelo, menos surpreendente do que poderia parecer à primeira vista: devemos a Johann Gottlieb Fichte uma teoria original do direito de propriedade, elaborada em *Fundamento do direito natural** (1796) e em *L'État commercial fermé* (1800), segundo a qual todo direito de propriedade é "um direito exclusivo a determinada atividade livre", e não um direito exclusivo à posse de coisas[94]. Segundo Fichte, essa atividade livre pode ser determinada ou "pelo objeto sobre o qual ela se exerce", ou "por ela mesma em sua própria forma [...] sem referência alguma ao objeto sobre o qual se exerce", ou pelas duas coisas ao mesmo tempo, isto é, "por sua forma própria e pelo objeto ao qual ela se refere": ela será entendida, então, como o "direito de empreender exclusivamente determinada ação sobre um objeto, e de excluir todos os outros seres humanos da mesma utilização de um mesmo objeto"[95]. Portanto, é apenas "em sentido figurado e de forma derivada" que se pode chamar o *objeto* – por exemplo, um campo – de "propriedade do titular de direito": "o direito exclusivo do agricultor de cultivar seus cereais em determinado campo" é dessa ordem. Donde uma justificação engenhosa e muito sólida do "direito de pastagem" nos campos de outra pessoa: esse direito do agricultor, pros-

---

[93] Essa é uma das sugestões de Mikhaïl Xifaras, "Marx, justice et jurisprudence», cit., nota 101, p. 38.

* Lisboa, Fundação Calouste Gulbenkian, 2012. (N. E.)

[94] Johann Gottlieb Fichte, *L'État commercial fermé* (Lausanne, L'Âge d'Homme, 1980), p. 108.

[95] Ibidem, p. 108-9.

segue Fichte, "não elimina o direito de outro apascentar seus animais no mesmo campo desde o fim da colheita até a semeadura". Uma nota de rodapé esclarece que o direito de pastagem "não constitui invasão" ou outra forma qualquer de "atentado" contra a propriedade alheia, na medida em que "não se podem produzir contratos explícitos quanto à posse e à procedência [do *statu quo*]"[96]. A implicação propriamente política da posição assim tomada aparece com clareza na seguinte consequência: "a propriedade do solo simplesmente não existe em nossa teoria", se a entendermos como "uma propriedade *do solo*", e não como "um direito próprio e exclusivo a certo *uso* do solo"[97]. Mas, visto que o direito de propriedade é sempre um direito de uso proveniente da livre atividade, nenhuma classe da sociedade (proprietários fundiários ou nobreza) pode pretender ser o grupo dos "únicos verdadeiros proprietários", com o risco de se tornarem culpados de usurpação indesculpável: "A Terra pertence a Deus, e o homem somente dispõe da possibilidade de cultivá-la de maneira adequada e servir-se dela"[98]. Graças a essa determinação do direito de propriedade pela delimitação de uma esfera de atividade no tempo e no espaço, é perfeitamente possível conceber que um *mesmo* objeto possa dar ensejo a direitos *diferentes* dos quais seriam titulares diferentes pessoas, sem que isso seja fonte de litígio ou conflito.

Percebe-se de imediato o proveito que um Marx familiarizado com Fichte[99] poderia tirar dessa crítica implacável à reificação da propriedade, identificando-a com um direito exclusivo a coisas e sobre coisas, crítica que poderia facilmente ser dirigida contra Kant, Savigny e o próprio Hegel[100]. A partir do momento que o direito de propriedade, bem entendido, é apenas um direito de uso que não pode causar prejuízo aos direitos de uso dos outros, é perfeitamente possível explicar a multiplicidade e a sobrepo-

---

[96] Ibidem, p. 109.
[97] Idem.
[98] Idem.
[99] Temos todos os motivos para acreditar que isso ocorreu, dada a relação intelectual privilegiada que manteve com um fichtiano convicto como Bruno Bauer nos anos 1840-1841, relação que o levou a colaborar na redação do panfleto *La Trompette du jugement dernier* [A trombeta do juízo final].
[100] Basta pensar na posição da classe que se encontra em relação direta com a terra, ou seja, no "estamento substancial" dos proprietários fundiários, e o lugar dessa classe na Câmara dos Representantes dos Estamentos, tal como concebida por Hegel.

sição dos direitos consagrados pelo costume: sendo objeto da atividade do proprietário da floresta, as árvores vivas são indiscutivelmente da esfera do direito de uso dele, mas isso não impede que os pobres exerçam um direito de uso sobre os ramos e os galhos secos, pois essas partes da árvore que a natureza separou dela são objeto exclusivo da atividade dos pobres, e não da atividade dos proprietários fundiários. O mesmo raciocínio pode ser aplicado às frutas que crescem espontaneamente na floresta ou à palha e aos grãos que ficam no chão após a colheita. Afinal de contas, o que desempenha agora o papel de verdadeira instância de legitimação é a divisão dos direitos de uso em função do critério da atividade, e não o direito à posse exclusiva de uma coisa enquanto coisa, direito ininteligível que nos levaria à figura do dono absoluto (*dominus*).

Contudo, esse recurso ao conceito fichtiano de "atividade" inscreve-se numa argumentação complexa que visa mostrar os *dois* fundamentos dos costumes da pobreza: de um lado, a legitimação pelo parentesco instintivamente sentido com a natureza; de outro, a legitimação pelo exercício de uma atividade sobre certos objetos. Ora, essa dupla legitimação não deixa de comportar certa dificuldade. Porque, se é fácil entender que a madeira seca dos galhos "expõe" fisicamente a pobreza, é difícil dizer o mesmo das frutas silvestres ou daquilo que é respigado. Não que o "acaso dos elementos" não possa desempenhar algum papel na própria forma de existência dessas frutas e grãos: podemos dizer que as primeiras crescem aleatoriamente, e que nenhuma intenção determinou que os segundos caíssem ao chão. No entanto, o fato é que as primeiras são produtos orgânicos bem vivos e os segundos são subprodutos do trabalho agrícola. Nessas condições, será ainda possível invocar um "instinto jurídico" dos pobres e o sentimento de afinidade imediata entre esses produtos e a pobreza social? Para isso, seria preciso mudar profundamente o espírito da analogia da qual falamos acima, pois será possível sustentar seriamente que há sempre identidade entre a posição ocupada por esses produtos na natureza e a posição ocupada pela classe pobre na sociedade?

Essa dificuldade interna à argumentação marxiana é bastante perceptível quando o autor passa a explicar o debate entre os deputados da Dieta sobre o tratamento que deve ser dado à coleta de bagas silvestres e mirtilos. Um deputado das cidades se opõe à disposição da lei que equipara essa coleta a furto, argumentando que essa atividade possibilita aos filhos de famílias pobres proporcionar pequeno ganho aos pais. Outro deputado retruca que, em sua região, essas frutas seriam comercializadas e exportadas às toneladas para a Holanda. Marx comenta:

> Efetivamente, em um lugar já se conseguiu fazer de um direito consuetudinário dos pobres um monopólio dos ricos. Temos, assim, a prova absoluta de que é possível monopolizar um bem comum [*ein Gemeingut*]; segue-se, portanto, que é preciso monopolizá-lo. A natureza do objeto [*die Natur des Gegenstandes*] exige o monopólio, visto que o interesse da propriedade privada o inventou.[101]

O que se evidencia em primeiro lugar nesse trecho é, naturalmente, o sofisma pelo qual "algumas almas mercantis" se permitem deduzir "é preciso" (*muss*) de "é possível" (*kann*): podemos monopolizar um bem comum em proveito dos ricos uma vez que ele já foi monopolizado em algum lugar; portanto devemos monopolizá-lo. Mas, em segundo plano, encontra-se todo o naturalismo jurídico que inspirava a primeira legitimação dos costumes da pobreza. As frutas que crescem espontaneamente na floresta constituiriam em si ou por natureza um "bem comum", e essa natureza não seria afetada pela transformação contrária à natureza a que é sujeitada pelo monopólio dos ricos. Consequentemente, à afirmação de que a "natureza do objeto" exige a apropriação privada de um *dominus* na pessoa do proprietário fundiário, seria preciso contrapor a afirmação contrária de que essa mesma natureza exige reconhecimento e defesa como bem comum. Por isso, um "legislador sábio" deveria preocupar-se em despojar o instinto jurídico de seu caráter negativo, "arranjando-lhe uma esfera de ação positiva"[102]: mais uma vez é o instinto jurídico que é convocado para garantir a adequação do direito consuetudinário dos pobres à "natureza jurídica das coisas". A legitimação inspira-se então em Savigny e Beseler, e não em Fichte. Seria desejável, inversamente, fazer essa legitimação repousar sobre o fato de que a coleta, assim como a recolha, é uma atividade dos pobres, e não dos proprietários privados? Nesse caso, a ênfase deve recair no próprio fato da atividade, independentemente da natureza heterogênea dos produtos que são objeto dessa atividade (madeira seca, frutas silvestres ou produtos do trabalho agrícola). Nesse caso, a legitimação inspira-se em Fichte, e não mais em Savigny ou Beseler.

---

[101] Pierre Lascoumes e Hartwig Zander, *Marx: du "vol de bois" à la critique du droit*, cit., p. 143.
[102] Idem.

A irredutível heterogeneidade dos costumes da pobreza

Decididamente, apesar de conseguir mostrar no cerne dos costumes da pobreza uma dimensão de conflituosidade em virtude da qual esses costumes se opõem tanto aos costumes dos privilegiados como às prerrogativas do proprietário privado sancionadas pela legislação moderna, Marx não consegue apoiar essa oposição num fundamento jurídico sólido. Portanto, evitaremos concluir às pressas que Marx considera o costume um "construto social contraditório"[103], em oposição a qualquer naturalismo. Os artigos de 1842 não conseguem separar claramente "naturalismo" e "praticismo", mas, se há um problema que eles nos ajudam a formular, esse problema consiste em saber em que medida podemos pensar os costumes ao mesmo tempo em sua conflituosidade *e* em seu caráter de construto. De fato, o que restará da irredutibilidade dos costumes às leis como atos de um legislador se os fizermos provir de uma "construção"? E será possível pensar algo como um "costume construído", sem esvaziar todo o sentido do conceito de costume? No fim das contas, mesmo que nos recusemos a concordar com a ideologia organicista da *Common Law*, é difícil deixar de reconhecer que não se decide adotar um costume da mesma maneira que se decide promulgar uma lei. Talvez seja preciso dissociar a ideia de "construção" da ideia de decisão ou vontade, mas nesse caso é preciso determinar positivamente o modo ou os modos dessa construção. Caso se trate de uma construção jurídica, apenas teremos adiado a dificuldade, sem avançarmos minimamente no sentido de sua resolução. Sendo assim, que alcance prático se pode ver na reivindicação de Marx de um direito consuetudinário universal para os pobres? Pois não é apenas a *oposição* jurídica entre os costumes dos privilegiados e os costumes dos pobres que se mostra problemática, mas também a *unificação* jurídica dos diferentes costumes da pobreza. É difícil perceber como a heterogeneidade radical de todos esses costumes poderia ser superada e, que se saiba, a universalidade não é redutível ao menor denominador comum.

Para os juristas, a noção de "comunais" abarca duas coisas difíceis de distinguir: de um lado, o direito das comunidades de habitantes à propriedade de certas terras; de outro, os usos coletivos exercidos sobre as propriedades

---

[103] Ibidem, p. 231. Concordamos inteiramente com o juízo ponderado de Mikhaïl Xifaras, "Marx, justice et jurisprudence", cit., p. 37.

privadas, usos que conferem direitos sobre produtos aos moradores das comunidades; entre esses direitos o mais importante é o de compáscuo, ou "direito de todos os moradores, mesmos os não proprietários, enviar seus animais para as terras privadas dos outros, depois de retirada a colheita". Isso não significa que os primeiros interessados não eram capazes de distinguir as duas espécies de direitos, mas sim que se recusavam a dissociá-los na prática, quando se tratava de enfrentar uma ofensiva contra os comunais. Como observa Nadine Vivier: "Os moradores sabem muito bem diferenciá--los, mas tendem a torná-los indissociáveis, quando sentem que eles estão sendo atacados"[104]. Essa observação sobre os dois aspectos da noção de comunais vale tanto para a França como para a Alemanha. Na Alemanha, os termos diferiam, já que se dizia *Allmende* no Norte e *Gemeinheit* no Sul. Mas, assim como na França, as definições dadas pelos juristas não remetiam nem exclusivamente ao pertencimento de uma terra a uma comunidade local nem exclusivamente ao gozo coletivo, por parte dos moradores, de uma terra que não lhes pertencia. Essa relativa indeterminação exigia que os juristas considerassem os dois aspectos ao mesmo tempo. Os comunais, que surgiram na Alemanha na Idade Média central e tardia, deveriam sua existência à reivindicação de uma comunidade ao poder de regulamentação sobre a exploração das terras circunvizinhas por seus membros: sendo assim, o conceito de "comunais" compreendia o direito de participar dessa exploração, tanto no que se referia à terra em propriedade privada quanto à terra de propriedade da comunidade[105].

Essa dualidade inerente ao conceito jurídico, aliás, é o que explica o fato de as práticas coletivas relativas aos comunais serem tão diferentes, a depender da região, dentro de um mesmo país. Citando apenas a França, foi possível evidenciar grandes diversidades regionais que persistiram depois da unificação da legislação em todo o seu território. E essas mesmas diferenças remetem a comportamentos diferentes em relação aos comunais: no centro da Bacia Parisiense e da Bacia Aquitana, os comunais ocupavam áreas mí-

---

[104] Nadine Vivier, "Le Rôle économique et social des biens communaux en France", em Gérard Béaur et al. (orgs.), *Les Sociétés ruraux en Allemagne et en France* (Atos do Colóquio Internacional de Göttingen, 23 de novembro de 2000, Bibliothèque d'Histoire Rurale, AHSR, Caen, 2000), p. 195.

[105] Reiner Prass, "Les Communaux et leur usage dans l'économie domestique paysanne", em ibidem, p. 179.

nimas e não constituíam o foco da vida coletiva; na região Oeste e no Maciço Central, eram considerados simples anexos da propriedade privada; nas regiões Norte e Nordeste, no Jura e nos Alpes, ao contrário, eram considerados patrimônio da comunidade, que decretou regras de gestão em benefício de todos[106]. Assim, quando os comunais eram considerados apêndices da propriedade privada, prevalecia o direito *da terra*; mas, quando seu gozo era acessível a todos os residentes, predominava o direito *da pessoa*[107]. Nessas condições, como unificar práticas a partir de regras comuns, principalmente porque se evitava recorrer às armas da legislação na elaboração de um direito consuetudinário universal? Pior ainda: quem se encarregaria da terrível tarefa de "inventar a nova língua jurídica" na qual esse direito seria formulado? Se estava excluída a hipótese de confiar esse trabalho a juristas profissionais, com o risco de privar os pobres do direito elaborado em nome deles, seria realista esperar que os pobres "se fizessem diretamente intérpretes de seu próprio direito"[108]?

Nessas condições, a elaboração de um direito consuetudinário da pobreza parecia fadada a não passar de vã esperança. Em última análise, a própria noção de "pobreza", por sua indeterminação, desencorajava de antemão esse projeto: o pobre, de fato, estava excluído do direito de propriedade, mas essa exclusão podia assumir diferentes formas. Em breve, a figura do *proletário* faria concorrência à do *pobre*, chegando às vezes a equiparar-se a ela, de modo que o critério puramente negativo da *não* propriedade logo se tornaria insuficientemente discriminante. A partir de 1843, a expressão "classe universal" designaria não o conjunto dos pobres, mas apenas aqueles não proprietários que, condenados a vender sua força de trabalho, tinham se constituído nas fábricas, na dura escola da luta coletiva, sob o impiedoso chicote de um progresso técnico e industrial acelerado. Nessa nova perspectiva histórica, a "pobreza absoluta" da não propriedade incluirá a reivindicação da *propriedade coletiva* dos meios de produção, e não mais a da perpetuação de um *direito de uso coletivo* que, por si só, não questionava a propriedade privada. Retrospectivamente, a resistência dos pobres à expropriação dos comunais acabará aparecendo como uma tentativa desesperada de fazer a roda da história girar para trás, ou pelo menos travar seu avanço.

---

[106] Nadine Vivier, *Propriété collective et identité communale*, cit., p. 299.
[107] Idem, "Le Rôle économique et social des biens communaux en France", cit., p. 205.
[108] Mikhaïl Xifaras, "Marx, justice et jurisprudence", cit., p. 47.

Comunismo dos pobres, obstáculo ao progresso?

Isso explica por que a linha de pensamento esboçada por Marx em 1842 não terá posteridade na tradição do materialismo histórico. No entanto, a referência à concepção fichtiana de direito à atividade pareceu filosoficamente promissora a certos teóricos do socialismo. No capítulo 3º de sua tese *Les origines du socialisme allemand*, capítulo significativamente intitulado "Le collectivisme chez Fichte" ["O coletivismo em Fichte"], Jean Jaurès enfatiza a força dessa concepção que suprime toda propriedade direta sobre as coisas, em benefício exclusivo do direito de aplicar uma atividade a um objeto qualquer, e chega à seguinte consequência decisiva: visto que é impossível reservar a cada cidadão uma parcela de terra ou de indústria, cabe ao Estado garantir a cada um o direito à atividade, isto é, o direito ao trabalho. Dessa forma, o direito à propriedade acaba por se identificar com o direito ao trabalho: "Mas como a propriedade é a atividade livre aplicada a tal ou tal objeto, a tal ou tal propósito, cada homem terá um trabalho fixo e assegurado, será proprietário; o direito ao trabalho é a verdadeira propriedade!"[109].

Essa promoção do Estado como garantidor do direito ao trabalho não impede que o autor da monumental *Histoire socialiste de la Révolution française* [História socialista da Revolução Francesa] faça, em nome do progresso histórico, um julgamento severo dos antigos direitos de uso, como o direito de respiga ou o compáscuo. No tomo I dessa obra, dedicado à Constituinte, Jaurès se mostra bastante compreensivo em relação aos camponeses proprietários espremidos entre a "suserania feudal" e "uma espécie de comunismo elementar", entre a poderosa oligarquia nobiliária e o "pobre e débil comunismo de aldeia". Obviamente, ele tem consciência de que a lei de cercamento de 1766, que concedia aos proprietários o direito de cercar suas terras, punha diretamente em xeque o direito de respiga dos pobres, que, em vista dessa proibição, ficavam condenados a servir de mão de obra barata durante a colheita[110]; mas ainda assim deplora a "perpétua

---

[109] Jean Jaurès, *Les Origines du socialisme allemand* (Toulouse, Librairie Ombres Blanches, 2010), p. 57. Na verdade, a argumentação desse capítulo gira em torno sobretudo da questão da medida do valor: o limite de Fichte seria propor duas medidas do valor, uma para o "valor de utilidade" e outra para o "valor de trabalho", mas não consegue conciliá-las.

[110] Idem, *Histoire socialiste de la Révolution française*, t. I, *La Constituante* (Paris, Éditions Sociales, 1983), parte I, p. 283-4.

invasão e ocupação" das terras dos camponeses proprietários, obrigados a deixar para os "habitantes da comuna as espigas caídas no chão ou o restolho mais ou menos alto"[111]. Acima de tudo, insurge-se com veemência contra a confusão entre o "magnífico comunismo moderno hoje compreendido pelo proletariado socialista" e o "comunismo miserável e rudimentar" do direito de respiga. Condena inequivocamente esse comunismo da pobreza como um freio ao progresso da humanidade:

> O comunismo moderno porá a serviço dos camponeses libertos e reunidos todas as forças da ciência: e, ao contrário, reconheço que os antigos costumes, como o da respiga, que no fim do século XVIII lutavam contra a intensidade crescente e o exclusivismo crescente da propriedade individual, eram muitas vezes contrários ao progresso. Proibir o uso da foice, a pretexto de que o foicinho deixa um restolho mais alto ao respigador, impedir o prolongamento dos prados naturais ou artificiais e criar empecilhos à pecuária pretextando que os respigadores têm direito a determinada área de respiga, isso é prolongar a rotina e a miséria: e, em suma, a rudeza individualista de senhores, rendeiros, burgueses e ricos agricultores *servia melhor à humanidade futura do que o comunismo de quase mendicância e sonolenta rotina que os pobres gostariam de manter.*[112]

O julgamento é menos categórico quando se trata do direito de compáscuo, uma vez que o conflito não opõe mais os "pobres da aldeia" aos "ricos agricultores do terceiro estado", mas os camponeses ao "egoísmo profundo do nobre e do monge", isto é, aos "ociosos": os prados e as florestas, "na terra retalhada pela propriedade individual, parecem o asilo supremo do comunismo primitivo"[113]. Pouco depois, porém, sublinha a fraqueza do terceiro estado, mesmo quando toma partido a favor da devolução dos comunais aos habitantes, que foram despojados deles por senhores gananciosos:

> A concepção individualista, burguesa e camponesa da propriedade permitia ao Terceiro Estado manter ou até mesmo recuperar, contra o açambarca-

---

[111] Ibidem, p. 282. A nota 17 do editor (p. 283) esclarece: "As espigas que escapavam dos colhedores pertenciam aos pobres: era *a parte de Deus*. O trigo era tradicionalmente cortado com foicinho; nos campos sempre sobravam restolhos muito altos que também cabiam aos pobres. Isso explica a hostilidade dos beneficiários desse direito ao uso da foice, que corta o trigo rente ao chão e deixa restolho muito curto".

[112] Ibidem, p. 286 (grifo nosso).

[113] Ibidem, p. 295.

mento dos nobres, o antigo comunismo tradicional e rudimentar: pouco lhe permitia estudar com satisfação e organizar com zelo a exploração científica e intensiva de um vasto domínio comum.[114]

O procedimento é sempre o mesmo: o passado é julgado por sua contribuição para a preparação do futuro, seja ele capitalista ou pós-capitalista.

Nada é mais eloquente a esse respeito do que a apreciação de Jaurès sobre o projeto de partilha definitiva dos bens comunais elaborado pelo Comitê de Agricultura que precedeu a votação da lei em 10 de junho de 1793. No tomo VI de sua *Histoire*, intitulado *Le Gouvernement révolutionnaire*, Jaurès apresenta imediatamente uma objeção: "Por vezes, alguns dos socialistas, que acreditam ser a reabilitação do Antigo Regime um meio de criticar a sociedade burguesa, afirmaram que, pela partilha dos comunais, pelo desmembramento desse bem comum em propriedades individuais, a revolução espoliou os pobres"[115]. Insurgindo-se contra essa atitude, Jaurès afirma que o regime dos comunais "era absolutamente oligárquico", uma vez que eram os ricos, "apenas ou quase apenas", que se beneficiavam dele, e acrescenta que, "por quase toda parte, o desejo dos pobres, dos proletários, era claramente a favor da partilha"[116]. Referindo-se à posição de Souhait, único deputado da Convenção que combateu o plano definitivo do comitê, Jaurès observa que ele se limitou a pedir que a partilha fosse temporária, e não definitiva, com o único intuito de preservar os pobres "da queda total na miséria, no desespero e no espírito de revolta". Nisso ele vê a prova de que "ninguém propunha uma utilização verdadeiramente comunista dos bens comunais"[117]. Assim, acaba considerando de forma bastante favorável o plano do Comitê de Agricultura: ao menos esse plano não tenta "dissimular com a aparência de comunismo uma espécie de fundação caridosa perpetuada através dos tempos" e tenciona "multiplicar as propriedades individuais"; nisso, justamente, ele é superior à posição de Souhait, "*mesmo do ponto de vista socialista*"[118]. Aludindo então ao "comunismo agrário" do futuro, escreve estas linhas definitivas:

---

[114] Ibidem, p. 302.
[115] Ibidem, t. VI, *Le Gouvernement révolutionnaire*, p. 142.
[116] Idem.
[117] Idem.
[118] Ibidem, p. 145 (os itálicos são de Jaurès).

Ele não será a extensão de um vago domínio disputado pelo egoísmo rotineiro dos proprietários individuais ou concedido vitaliciamente a título de esmola a pobres mantidos aquém do pleno direito de propriedade. E valeria mais, mesmo para o grande comunismo futuro, aumentar a força imediata, a independência e o impulso revolucionário da democracia rural e do proletariado agrícola do que *manter como paródia estéril ou esboço derrisório um comunismo inferior e degradado*.[119]

A perspectiva adotada por Marx em 1842, como vimos, era completamente diferente. Não se tratava de julgar práticas consuetudinárias, situando-as no horizonte de uma necessidade histórica, ou detectar nelas um direito à atividade garantido pelo Estado, mas de encontrar para essas práticas um fundamento jurídico independente do direito estatal estabelecido. No entanto, quando a classe operária se vê investida de uma missão emancipadora, a questão que não pode deixar de ser colocada na prática é a da formação de um direito propriamente proletário, nas condições de uma luta conduzida do interior da própria sociedade burguesa.

---

[119] Idem (grifo nosso).

9
O COMUM DOS OPERÁRIOS: ENTRE COSTUME E INSTITUIÇÃO

A questão de um "direito proletário" específico foi objeto de uma grande proscrição. E, no entanto, durante muito tempo esteve no centro das reflexões de grande número de socialistas que se questionavam sobre a perenidade de costumes operários às vezes muito antigos, bem como sobre o alcance de invenções institucionais originais. Essa proscrição não é nenhum mistério. Vimos no primeiro capítulo deste livro que a forma do partido, com suas tendências oligárquicas, predominou no movimento operário. Esse predomínio se justificava, supostamente, pela incapacidade política dos operários, devida a sua situação de alienação e despossessão na sociedade capitalista. Desse ponto de vista, como os operários não têm capacidade, por si mesmos, de desenvolver autonomia de vida e de trabalho, cultura própria, instituições que, dando outra forma às suas atividades e relações, lhes possibilitem esboçar e preparar uma sociedade diferente, no crisol da antiga, o partido é o único depositário dos interesses históricos do proletariado; ou melhor, é sua essência e seu bem mais precioso. Essa via – que desemboca no fetichismo político – não deixou de ter consequências para a construção do marxismo como *teoria de partido*. Contrariando totalmente certas afirmações de Marx nos anos 1840 – ele acreditava que o papel da crítica era dizer *por que* existia luta –, a doutrina em questão pretendeu guiar a luta, impor seu ritmo, indicar seu método e finalidade, e isso em nome de uma ciência da história monopolizada pelo partido. Na França, o guesdismo foi sua primeira forma, antecipando a bolchevização do Partido Comunista. Isso não impediu esse marxismo de partido, funcionando ortodoxamente, de submeter-se a todos os tipos de viravoltas e evoluções, e de justificar práticas e reivindicações muito distantes das propostas marxianas ou leninistas.

Esse marxismo dominante se constituiu contra outra tradição que, ainda hoje, desperta grande interesse naqueles que pensam o comum. Em vez de construir o partido revolucionário que comandará uma eventual tomada do poder, a emancipação dos trabalhadores deveria começar pela invenção de novas formas de trabalho e produção, novas regras de vida social, um direito próprio do mundo operário, inovações essas que lhe dariam autonomia. De Proudhon a Mauss ou Gurvitch, passando por Jean Jaurès e Maxime Leroy, a ideia de que é preciso construir a autonomia operária por meio de instituições novas e específicas nos introduz em outra tradição da emancipação que podemos identificar em suas fontes com o socialismo associacionista[1].

O que é o movimento operário para além dos partidos, senão a institucionalização de novas relações e novas práticas, próprias do mundo proletário? O socialismo, especialmente na Europa ocidental, é herdeiro da tradição de sociabilidade e auxílio mútuo operário e urbano do Antigo Regime: a das corporações, *compagnonnages*, guildas, confrarias e grupos que institucionalizaram solidariedades de ofícios regulamentados, cada um com suas referências religiosas e ritos mais ou menos báquicos[2]. A vontade de destruí-los, de que são testemunhos o édito de Turgot (1776) e a lei Le Chapelier (1791) na França e os *Combination Acts* de 1799 e 1800 na Inglaterra, não foi suficiente para apagá-los da história social. Confrarias, sociedades de ajuda mútua e *compagnonnages* sobreviveram clandestinamente. Le Chapelier, no entanto, estabelecera a filosofia da nova ordem: "Já não há corporação no Estado, há apenas o interesse particular de cada indivíduo e o interesse geral. Não é permitido a ninguém inspirar aos cidadãos um interesse intermediário, afastá-los da coisa pública por meio de um espírito de corporação"[3]. A sociabilidade operária, no contexto da industrialização, veio de novo à tona com as sociedades de ajuda mútua, a doutrina multi-

---

[1] Ver Philippe Chanial, *La Délicate essence du socialisme: l'association, l'individu et la République* (Bordeaux, Le Bord de l'Eau, 2009).

[2] Ver Émile Coornaert, *Les Compagnonnages en France du Moyen Âge à nos jours* (Paris, Les Éditions Ouvrières, 1966). A propósito da transmissão de herança entre confrarias e sociedades de ajuda mútua, remetemos o leitor às interessantes observações de André Gueslin, *L'Invention de l'économie sociale* (Paris, Economica, 1998), p. 146 e ss.

[3] Discurso proferido na sessão de 14 de junho de 1791, citado em Henri Hatzfeld, *Du paupérisme à la sécurité sociale, 1850-1940* (Nancy, Presses Universitaires de Nancy, 2004), p. 192.

forme da associação operária – Leroux, Buchez, Fourier etc. –, o ambicioso programa do movimento cooperativo nascido do owenismo e, na segunda metade do século XIX, após a grande fase repressiva, as Bolsas do Trabalho e a prática sindical[4]. O comum operário não foi definido por um partido que tivesse recuperado sua força *a posteriori*, mas encontrou uma forma ideal na associação e sua filosofia prática no exercício da solidariedade. Gostaríamos de tentar mostrar aqui como foram pensados a institucionalização e o papel do comum operário na mudança social, mais precisamente, como se constituiu uma reflexão que faz da solidariedade e da cooperação o princípio e o efeito de certo regime de instituições operárias autônomas.

Costumes e criações institucionais

No que diz respeito às instituições operárias, a questão é saber se se trata de uma verdadeira invenção ou de um costume de longa data. A observação histórica deve reservar um espaço para a herança, mas sem esquecer que esta última é uma recriação em novo contexto. As novas formas de organização, como as Bolsas do Trabalho do fim do século XIX, inserem-se no tempo longo da história. O termo "bolsa" vem dos oficiais das corporações (*compagnons*), que mantinham uma "bolsa comum" para auxílios, festas e ritos da comunidade de ofício. A arqueologia do mutualismo, da cooperativa e do sindicato depara sempre com a base de um mundo de regras, ritos e controles que formam um direito consuetudinário às vezes antiquíssimo. Édouard Dolléans, ao resumir a tese de Jean Vial sobre o costume dos chapeleiros, escreveu: "O costume consiste essencialmente em práticas de solidariedade transmitidas dos *compagnonnages* às sociedades abertas, e destas aos sindicatos"[5]. Evidentemente, essa sobrevivência tanto de termos como de regras próprias dos ofícios tradicionais no mundo industrial adapta-se a condições novas. O que está em

---

[4] Ver Henri Desroche, *Le projet coopératif: son utopie et ses pratiques, son appareil et ses réseaux* (Paris, Les Éditions Ouvrières, 1976), e Henri Desroche, "Sociétaires et compagnons. Des associations ouvrières aux coopératives de production (1831--1900)", *Archives de Sciences Sociales de la Coopération et du Développement*, n. 55, 1981, p. 51-73.

[5] Ver Édouard Dolléans, "Introduction", em Jean Vial, *La coutume chapelière: histoire du mouvement ouvrier dans la chapellerie* (Paris, Domat-Montchrestien, 1941), p. iii.

jogo nessa retomada da tradição, para além das censuras do liberalismo, é a constituição do direito operário no novo mundo industrial. Não será da imaginação espontânea dos homens que sairão as novas instituições sociais, mas de sua experiência, que muda e transforma as heranças coletivas. Como mostram Beatrice e Sidney Webb, não há dúvida de que nas *trade-unions* existe algo novo que nos impede de concebê-las como extensão das guildas: já não se trata de mestres ou aspirantes a mestres que se organizam por ofício, mas de assalariados que estabelecem relações de solidariedade para refrear a concorrência que os patrões alimentam entre os trabalhadores e lutar por melhores salários e melhores condições de trabalho[6]. Mais precisamente, o divórcio entre força de trabalho e meios de produção dá ensejo a formas novas de associação que já não se baseiam na solidariedade de ofício entre mestres e oficiais para a fixação de um preço justo para os produtos, mas na oposição de interesses entre patrões e assalariados, que vai além da separação por ofício.

No entanto, transmissão de costumes e criação de formas institucionais não se opõem de maneira simples, mas se misturam durante muito tempo na experiência histórica da luta. A classe dos operários da indústria se organiza à medida que produz um direito próprio, apoiando-se em conquistas simbólicas e jurídicas anteriores. É assim que as primeiras lutas operárias com frequência apelam para os antigos regulamentos das corporações, em particular os de aprendizado, ou para as antigas tarifas consuetudinárias, que a nova classe de patrões industriais, em entendimento, quer eliminar do novo contexto de livre troca e livre contrato de locação da força de trabalho. Mas a grande novidade institucional que surge na Inglaterra é a ideia de transposição do quadro corporativo de ofício e adoção do novo unionismo transversal, a "*one big Union*", cujo objetivo é incluir todos os ofícios numa única e grande instituição sindical[7]. Era para isso que William Thompson conclamava em 1827, no panfleto *Labour Rewarded*: "Contra a corrida para aos salários de miséria, comandada pelos diversos patrões, o único remédio é um sindicato nacional que reúna todos os operários do país"[8]. Não nos surpreende que

---

[6] Ver Beatrice e Sidney Webb, *Histoire du trade-unionisme: les origines* (Paris, Les Nuits Rouges, 2011), p. 24.

[7] Ibidem, p. 122.

[8] Citado em ibidem, p. 123.

essas palavras tenham vindo daquele que, como Owen, entendeu que, para opor-se ao regime instituído da concorrência, era preciso inventar outras regras, outras relações e outras práticas baseadas na cooperação. O que o movimento cooperativo que se desenvolve nos anos 1820 descobre é que a produtividade da indústria – e consequentemente a riqueza das sociedades – reside no que mais tarde Proudhon denominará "força coletiva". Vimos acima os principais elementos dessa teoria. Mas como fazer dessa potência cooperativa um princípio de reorganização social? Esse é o problema, formulado com maior ou menor clareza, do socialismo e da doutrina da associação em suas diversas variantes. Mais uma vez será Proudhon, um dos socialistas mais preocupados com o direito operário, que o formulará em toda sua amplitude.

A instituição da força coletiva

Mas Proudhon não foi só aquele que "descobriu" a força coletiva na origem da riqueza das sociedades[9]. Também foi quem refletiu, muito mais sistematicamente que Marx, sobre a instituição alternativa à propriedade privada e à propriedade de Estado. Em outras palavras, foi um dos primeiros teóricos da instituição do comum. Sua influência sobre o pensamento de Marx e sua marca no socialismo e no sindicalismo foram muito subestimadas. Ninguém se recorda que Marx, embora sempre tenha defendido o horizonte da revolução de conjunto da sociedade, em oposição aos proudhonianos, não desprezou as invenções proletárias nem as instituições de cooperação. No discurso inaugural da Primeira Internacional, ele opõe à "economia política do capital" a cooperação, que é a "economia política do trabalho"[10]. Após a morte de Marx, a hegemonia do marxismo no movimento operário teve grande peso no desaparecimento de Proudhon da história socialista, a ponto de se deixar de reconhecer o papel que suas ideias tiveram na Comuna ou no sindicalismo revolucionário, ao menos até 1914. Essa é uma das razões por que é necessária uma leitura, ou uma releitura, de Proudhon.

---

[9] Ver capítulo 5 deste volume.

[10] Ver Karl Marx e Friedrich Engels, *Propriétés et expropriations: des coopératives à l'autogestion généralisée* (textos apresentados por Pierre Cours-Salies e Pierre Zarka, Paris, Syllepse, 2013).

Pensando a sociedade futura de um ângulo decididamente jurídico e institucional[11], Proudhon escreve: "A civilização é produto do direito"[12]. Em *De la capacité politique des classes ouvrières* [Sobre a capacidade política das classes operárias], ele afirma que a inferioridade dos operários reside em sua ignorância desse grande fato social que é a criação jurídica de novas formas de instituição. Ora, é pelo desenvolvimento de um direito econômico e social próprio que os operários encontrarão o caminho da libertação. Como destaca Georges Gurvitch, intérprete meticuloso do pensamento proudhoniano, se a vida social é, acima de tudo, um tecido de diversificadíssimas relações, o direito, "coisa capital da sociedade", é a base de toda refundação social[13].

Segundo Proudhon, a própria relação humana, "o que se faz entre os homens", é da ordem do direito. Portanto, trata-se de construir uma "ordem jurídica da vida em comum", extraestatal, que regrará as relações entre os indivíduos sociais, direito que não se imporá de uma vez, mas se desenvolverá progressivamente a partir do próprio solo da sociedade:

> Abaixo do aparelho governamental, à sombra das instituições políticas, longe dos olhares dos homens de Estado e dos sacerdotes, a sociedade produzia lentamente, e em silêncio, seu próprio organismo; criava uma ordem nova, expressão de sua vitalidade e autonomia, e negação da antiga política e da antiga religião.[14]

Se um mundo novo é possível, ele só pode ser criado a partir de instituições estabelecidas sobre bases de um direito social, isto é, de um direito criado pela sociedade e para a sociedade, distinguindo-se nisso da tradição jurídica de origem romana, que faz do legislador a fonte da lei. Essa ideia do direito social deve prevalecer, tornando-se o bem dos operários, a ciência graças à qual eles vencerão. Gurvitch lembrou com ênfase que existe um

---

[11] Sobre a questão do direito, ver Célestin Bouglé, *La Sociologie de Proudhon* (Paris, Armand Colin, 1911) [ed. bras.: *Sociologia de Proudhon*, trad. Plínio Augusto Coelho, São Paulo, Intermezzo/Edusp, 2015].

[12] Pierre-Joseph Proudhon, carta a Clerc (16 de março de 1863), em *Correspondance* (Genebra, Slatkine, 1971), v. 7, p. 370, citado em Georges Gurvitch, *L'Idée du droit social: notion et système du droit social. Histoire doctrinale depuis le XVIIe siècle jusqu'à la fin du XIXe siècle* (Aalen, Scientia, 1972 [1932]), p. 353.

[13] Citado em George Gurvitch, "Proudhon aujourd'hui", em *Écrits allemands II* (Paris, L'Harmattan, 2006), p. 51.

[14] Pierre-Joseph Proudhon, *Idée générale de la révolution au XIXe siècle*, em *Oeuvres complètes* (Genebra, Slatkine, 1982), v. 2, p. 300.

Proudhon jurista cuja grande ideia é a "conciliação do socialismo com a ideia de direito"[15]. Para resumir a ambição do projeto proudhoniano, diremos que a soberania do direito social deve prevalecer à soberania do Estado. O Estado deve submeter-se à lei emanada da sociedade, e a constituição política deverá ser, quando não subordinada à "constituição social", ao menos contrabalançada pela organização jurídica própria da sociedade. Na última parte da obra, a constituição federal concebida por ele obedece à ideia de que o Estado nunca é ou nunca deveria ser nada além de uma coordenação de unidades locais ou funcionais[16]. Esse direito que remete à existência de uma sociedade como conjunto de relações deve ser considerado superior ao direito público do Estado e ao direito privado da propriedade. É anterior a ele e tem fontes incontestáveis na existência de uma comunidade social que preexiste a qualquer constituição política. Forma jurídica da nova democracia operária, baseia-se num direito social consuetudinário fundamental que organiza a sociedade a partir de grupos elementares como a família, a comuna ou a oficina.

Assim, o destino do direito é devolver à sociedade a plena posse de sua força coletiva. Esse deve ser o verdadeiro objetivo do movimento social, coisa que a maioria dos comunistas e socialistas nunca entendeu. Para Proudhon, trata-se de acabar com o "ceticismo jurídico" de socialistas e comunistas, não por motivos puramente teóricos, mas por razões práticas. A negação do direito leva ao despotismo comunista. Mas Proudhon luta em duas frentes ao mesmo tempo, pois condena também o individualismo liberal que perverteu o direito[17]. Contra o "universalismo", seja tradicionalista, seja comunista, para o qual a comunidade é apenas um superindivíduo que absorve todas as personalidades singulares, e contra o individualismo, que vê o indivíduo como um ser abstrato, isolado das relações sociais, é preciso compreender a sociedade como um sistema complexo de relações e encontrar uma forma de organização que corresponda à natureza desse sistema: "A humanidade, como um bêbado, vacila e cambaleia entre dois abismos, de um lado a propriedade, de outro a comunidade: a questão é

---

[15] Georges Gurvitch, *L'Idée du droit social*, cit., p. 339.

[16] Nesse sentido, ele antecipa a teoria dos serviços públicos de Léon Duguit, exposta em *Manuel de droit constitutionnel: théorie générale de l'État, organisation politique* (Paris, A. Fontemoing, 1907). Ver a seguir Parte III, "Proposição 7", p. 548-9.

[17] Sobre todas essas questões, ver Georges Gurvitch, *L'Idée du droit social*, cit., p. 346.

como ela atravessará esse desfiladeiro, onde a cabeça é tomada por vertigens e os pés fraquejam"[18]. Como escapar dessa oscilação trágica entre propriedade privada e propriedade comunitária, entre a "hipótese individualista" e a "hipótese comunista"? Seria conveniente organizar a força coletiva pelo direito, sem esmagar a iniciativa individual. A grande tarefa do socialismo proudhoniano, também denominado "mutualismo", "federalismo" ou mesmo "anarquismo positivo", é fazer essa força ser reconhecida e organizá-la como uma realidade social específica. Proudhon muitas vezes é considerado defensor da organização espontânea da sociedade civil, na continuação de um Saint-Simon[19]. O que existe de verdade nesse julgamento, que, como veremos adiante, deve ser atenuado, é que Proudhon aposta tudo na capacidade da sociedade de criar um direito produtor de equilíbrio e harmonia, valendo-se de contratos livremente estabelecidos. Em oposição a Louis Blanc, Proudhon mostra que a revolução não virá de cima, do Estado, mas de baixo. Como diz Bouglé, ao resumir o pensamento de Proudhon, "basta que os cidadãos se entendam diretamente para regular as condições da troca justa. Ocorrerá assim uma espécie de revolução molecular, uma autorregeneração da sociedade civil, que tornará inúteis todas as reconstruções sonhadas pela sociedade política"[20].

Portanto, é uma nova via que se deve tomar, a via da "constituição social", contra a "ideia governamental". Nada de "plano de comunismo", nada de Ideia utópica ou grande princípio moral – a "atração", para Fourier, ou o "devotamento", para Cabet ou Louis Blanc –, mas uma organização jurídica da força da coletividade. O método consistirá em partir das relações sociais e das forças econômicas, como a divisão do trabalho ou a concorrência, e seguir na direção da justiça social e da organização do trabalho. É o que Proudhon designa como "socialismo científico" em *Que é a propriedade?*. Não se trata de inventar a partir do nada, mas de ater-se à própria vida do organismo social que exige regulação; trata-se de partir das atividades de trabalho, produção e troca para rearranjar a sociedade de acordo com um direito novo, oriundo das práticas e das relações concretas entre os indivíduos, os grupos e as funções. Da mesma forma como os ideais nascem

---

[18] Pierre-Joseph Proudhon, *Systèmes des contradictions économiques ou Philosophie de la misère*, cit., p. 266.

[19] Ver Célestin Bouglé, *La Sociologie de Proudhon*, cit., p. 186-7.

[20] Ibidem, p. 187.

das forças coletivas, um direito de novo tipo se desenvolve para regrar as relações entre os indivíduos. Esse direito só pode estabelecer-se sobre as ruínas do direito romano, que, segundo Proudhon, opôs sistematicamente o direito público e o direito privado como dois polos antagônicos. Porque o direito romano deu origem a um individualismo profundamente antissocial, que só poderia encontrar complemento no comando do Estado[21]. Nos dois casos, a vontade foi erigida como um absoluto: vontade do indivíduo de um lado, vontade do Estado de outro. Gurvitch comenta assim a reflexão de Proudhon:

> Para remediar o "egoísmo" individual, o velho direito romano, graças aos seus princípios individualistas, estava condenado a recorrer ao egoísmo do Estado; não é grande a distância entre *dominium* e *imperium*, isto é, a vontade de um indivíduo, em tamanho grande ou pequeno, considerado o centro do direito.[22]

A regulação social emana da prática e estrutura as relações sociais. Se "o fato moral é essencialmente um fato social", isso ocorre porque a moral provém do "ser coletivo que nos contém e nos penetra", como escreve Proudhon a Cournot[23]. O direito exprime esse ser social, faz-nos ser mais que um indivíduo e, com isso, nos integra em nós mesmos: ao mesmo tempo "uma pessoa e uma coletividade". Para evitar que a sociedade seja uma mixórdia de pequenos eus absolutos, é preciso que as relações regradas entre os indivíduos estabeleçam uma balança, equilíbrio, ponderação entre eles. Esse direito não deve ser imposto por um magistrado, com ou sem consentimento voluntário; ele deve ser estabelecido em conjunto pelos indivíduos, que, no fundo, são vistos como agentes de livre troca, estabele-

---

[21] Pierre-Joseph Proudhon, *De la justice dans la Révolution et dans l'Église*, cit., t. 1, estudo 2, p. 157.

[22] Citado em George Gurvitch, *L'Idée de droit social*, cit., p. 374. Proudhon parece pender para o lado do absolutismo da propriedade contra o absolutismo do Estado num texto póstumo intitulado *Théorie de la propriété* (Paris, L'Harmattan, col. "Les Introuvables", 1997), p. 208. Porque, eliminado o albinágio, a justificação da propriedade é política, quando se opõe ao absolutismo do Estado: "A propriedade é o egoísmo idealizado, consagrado, investido de função política e jurídica" (ibidem, p. 228). Ele chega a dizer que a "faculdade egoísta [...] foi com justiça designada pela natureza para ser o primeiro representante, o gerente do Direito" (ibidem, p. 214).

[23] Pierre-Joseph Proudhon, carta a Cournot (31 de agosto de 1853), em *Correspondance*, cit., t. 7, reedição v. 4, p. 370.

cendo contratos entre si. Mas que contrato é esse? Sabemos quantas ambiguidades contém essa oposição entre "contrato" e "lei" que há décadas vem favorecendo a virada neoliberal da "segunda esquerda" ex-autogestionária.

Há em Proudhon uma valorização do contrato "sinalagmático" e "comutativo", que, contanto que seja recíproco, resulta num equilíbrio entre as partes. O contrato pode resolver todos os problemas em todas as relações, tanto entre pessoas físicas como entre pessoas jurídicas. Bouglé vê isso como um modelo comercial de sociedade muito semelhante ao dos economistas do século XVIII. O vínculo de troca anula o fator político, torna inútil qualquer governo. Isso faz Bouglé dizer que Proudhon é um "socialista da troca", ou um "sociólogo contábil", que adotou a concepção liberal de sociedade civil como um conjunto de contratos livremente consentidos. Esse julgamento merece um exame mais acurado.

Primeira diferença em relação ao liberalismo jurídico: o direito social proudhoniano não precisa de Estado separado, porque não é a legalização da injustiça e do roubo. Baseia-se na equidade, que dá a cada um o que lhe é devido, segundo o "valor verdadeiro" de seu trabalho. Além disso, o contrato não é concebido à maneira dos liberais, como o encontro de duas vontades independentes, dois indivíduos atomísticos; é a expressão formal de uma relação entre seres plenamente sociais, é a forma jurídica de uma relação social de troca que não pode ser isolada do que são e do que fazem os indivíduos, seres essencialmente relacionais. A vida social é feita de relações, que são trocas de múltiplos tipos, referentes aos mais variados serviços. A sociedade é constituída jurídica e moralmente por uma multiplicidade de contratos que correspondem a essas trocas. Esses contratos são, na realidade, *atas* que formalizam a relação, instituem a ligação. Elemento da constituição social, o contrato é sempre uma *constatação jurídica* de um direito comum informal, que pode manifestar-se no direito consuetudinário das comunas ou num direito econômico tradicional que organize as práticas profissionais e as relações interprofissionais. Como escreve Gurvitch, os contratos são "procedimentos técnicos de constatação formal de um direito preexistente"[24].

Disso decorre uma segunda diferença em relação ao liberalismo: se o direito social é a constatação formal de relações sociais regidas por um direito informal, isso significa que ele não é nem a expressão da vontade dos

---

[24] George Gurvitch, *L'idée de droit social*, cit., p. 355.

indivíduos particulares nem a de uma "vontade geral" encarnada pelo legislador. Proudhon deseja limitar a lei de Estado e promover uma "constituição social" que deve prevalecer sobre a constituição política, quer a soberania do direito, e não a soberania do Estado:

> Justiça comutativa, império dos contratos, regime econômico ou industrial... todos são sinônimos da ideia que, com seu advento, deve abolir os velhos sistemas de justiça distributiva, de reino das leis, em termos mais concretos, de regime feudal, governamental ou militar: o futuro da humanidade está nessa substituição.[25]

Não há volta ao passado, não há saudade de um estado primitivo. Ao contrário, é o direito que, desenvolvendo-se, produz a civilização; enfraquece o governo, que se torna inútil à medida que se passa da "justiça distributiva", cuja primeira sede é a família, para a justiça comutativa[26].

Por fim, terceira diferença em relação ao liberalismo: a troca deve ser equitativa e, para isso, deve ser regida por um princípio que Proudhon chama de "mutualidade", ou mutualismo, e pretende opor ao comunismo. Se a divisão do trabalho e a especialização são fatos irreversíveis, é preciso regular a troca por um princípio de reciprocidade que impeça que o mais forte exija alguma espécie de "tributo" do mais fraco. O mutualismo é esse princípio de ação que vem reequilibrar a propriedade privada pela reciprocidade na troca, mas respeitando a liberdade individual, pois cada indivíduo permanece livre no seu compromisso com o outro. Aqui não se trata de trabalho comum, mas de circulação entre produtores e entre produtores e consumidores:

> Para que haja mutualidade perfeita, é preciso, portanto, que cada produtor, assumindo certo compromisso com outros, que, por sua vez, se comprometem da mesma maneira com ele, conserve sua plena e total independência de ação, toda a sua liberdade de ação, toda a sua personalidade de operação: a mutualidade, segundo a etimologia, consiste mais na troca de bons ofícios e produtos do que na união de forças e na comunidade de trabalhos.[27]

Devemos entender por "constituição mutualista da nação"[28] tanto a garantia de renda justa distribuída a todos por um sistema de seguranças mútuas quanto a justiça nas trocas com base na igualdade de custos e esfor-

---

[25] Citado em Célestin Bouglé, *La Sociologie de Proudhon*, cit., p. 111.
[26] Pierre-Joseph Proudhon, *Idée générale de la révolution au XIXe siècle*, cit., v. 2, p. 187.
[27] Ibidem, p. 113 e 114.
[28] Ibidem, p. 114.

ços entre homens considerados iguais. O que pressupõe a eliminação dos lucros ligados ao direito de propriedade.

"Constituição social"

Constituição social nada mais é que auto-organização jurídica da sociedade que, partindo da constatação dos direitos particulares dos diferentes grupos, transforma-os em direito *comum formalizado* dos coprodutores de toda a sociedade[29]. Os grupos de produtores, consumidores, as mutualidades, as copropriedades, as associações, os serviços públicos produzem um direito autônomo e específico que, em conjunto, formam uma ordem jurídica própria, que é a constituição social. Não se trata de uma espécie de "*reconstituição social*" arbitrária e voluntarista, fruto da decisão de um governo externo às relações sociais. A constituição social é o reconhecimento das formas jurídicas mais ou menos organizadas e explicitadas que, de acordo com certo princípio de mutualidade, regem a vida coletiva no interior dos grupos particulares e entre eles. A ação dessas forças coletivas leva a um conjunto de regulamentações capazes de resolver os conflitos, uma espécie de justiça comutativa complexa e imanente às relações sociais, oposta ao direito individualista e ao direito estatizante, oriundos do direito romano tradicional[30]. Esse direito é, de fato, um "direito social", segundo Gurvitch, que emana das práticas econômicas e sociais e visa organizar a divisão social do trabalho e garantir a justiça, isto é, a desalienação das forças coletivas, sejam elas econômicas, sociais ou políticas, tanto quanto for possível distinguir esses domínios. O que torna Proudhon original é que ele atribui a esse direito social a função de reapropriação das forças exploradas e alienadas.

Para Gurvitch, essa ideia de direito social remonta a Grócio, segundo o qual o *jus naturale sociale* era a camada primária e fundamental do direito natural[31]. A ideia-força de Grócio, segundo Gurvitch, é que o "todo" – seja ele uma parte do povo, todo o povo ou as relações entre os povos – "possui

---

[29] George Gurvitch, *L'Idée de droit social*, cit., p. 363.

[30] Ibidem, p. 38 e ss.

[31] Contra uma concepção utilitarista do direito, Grócio procura sua fonte na sociabilidade humana: "Esse cuidado com a vida social [...] é a fonte do direito propriamente dito [...]". Ver Hugo Grócio, *Le Droit de la guerre et de la paix* (Paris, PUF, 2012), p. 11.

a capacidade de ligar jurídica e diretamente seus membros, em razão de sua própria essência (ver Livro II, cap. V, § xvii)"[32]. Por conseguinte, o direito natural individual não precede esse direito natural social, mas decorre dele. A ideia importante que encontramos em toda uma escola do direito social natural, da qual Leibniz é o autor principal, é a de que o estado de natureza não é um estado de dissociação, mas, ao contrário, remete à existência de múltiplas formas sociais com regras de direito autônomas e independentes do poder estatal. Essa escola do direito social natural considera Grócio o primeiro "*socialistus*"[33].

Como nasce e se desenvolve esse direito social? Ele decorre da prática coletiva, que gera uma razão comum que, por sua vez, dá origem a regras sociais. O direito é uma instância intermediária, uma mediação entre as práticas e as ideias. A sociedade não produz somente bens: ela secreta ideias e engendra regras. Gera espontaneamente sua razão coletiva e sua consciência jurídica própria. Essa "razão coletiva" é a contrapartida, no plano das ideias, da força econômica que a relação social produz de si mesma. É por meio dela que a sociedade reage à alienação a que está submetida, reapropriando-se das forças coletivas das quais foi despojada. Assim, a associação efetiva dos trabalhadores, sua "coparticipação" prática na produção dessa força coletiva, leva os associados corresponsáveis a combater a concorrência, desenvolvendo um ideal próprio da sua classe. A "ideia operária" é o princípio de solidariedade que, nascida da prática coprodutora dos trabalhadores, deve regrar a divisão do produto entre eles, depois de encontrada a forma institucional adequada.

A nova regulamentação diz respeito, portanto, ao conjunto das relações sociais, já que todas contribuem de alguma maneira para a força da coletividade. O direito social, que reconhece e organiza a força coletiva, deve

---

[32] George Gurvitch, "La Philosophie du droit de Hugo Grotius et la théorie moderne du droit international", *Revue de Métaphysique et de Morale*, 1927. Gurvitch se refere à passagem em que Grócio afirma: "Nas coisas pelas quais a sociedade foi estabelecida, todo o corpo, ou a maioria em nome do corpo, obriga os particulares que fazem parte da sociedade" (Hugo Grócio, *Le Droit de la guerre et de la paix*, cit., p. 239).

[33] Gurvitch ressalta que, ao contrário da ideia amplamente propalada, o termo "socialista" não surgiu no início do século XIX: era usado na escola jurídica do direito natural no século XVII para designar Grócio (ver George Gurvitch, "La Philosophie du droit de Hugo Grotius et la théorie moderne du droit international", cit., nota 3, p. 377).

adaptar-se, portanto, à diversidade de suas modalidades práticas. A organização dessas relações entre os indivíduos no grupo de produção e na sociedade não pode proceder de uma solução única, de um princípio único ou de um regulamento único. Logo, a nova organização social é necessariamente pluralista, visto que as próprias relações sociais são diferenciadas e a força coletiva tem formas distintas. Proudhon distingue duas grandes formas de relação social: a relação de *cooperação direta*, dentro das organizações ou grupos, e a relação de *comutação*, possibilitada pela divisão do trabalho e pelos instrumentos de troca. Essa relação de comutação, ou de reciprocidade, é uma troca de equivalentes que garante harmonia econômica numa "base verdadeira", isto é, a quantidade de trabalho incorporada nos produtos. Desse ângulo, Proudhon acredita que pode estabelecer, em particular pela instituição do Banco do Povo, o que os liberais não conseguiram: um estado de equilíbrio econômico baseado em contratos equitativos.

Daí se deve inferir que a associação não vale, indiferentemente, para todos os tipos de atividade: "A associação como dogma é refutada", escreve Proudhon. Só será uma forma adequada onde houver congruência das forças e divisão técnica do trabalho, como é o caso da empresa industrial, mas não no caso da agricultura ou do artesanato, nos quais o trabalhador está sozinho e aspira a trocar seus produtos a partir de uma base verdadeira e justa, de acordo unicamente com a justiça comutativa. Os artesãos e os agricultores precisam poder escapar dessa associação (salvo se a quiserem, é claro), uma vez que, para eles, proprietários individuais, a força coletiva para a qual contribuem está ligada à troca, portanto exige um contrato equitativo entre produtores e consumidores. De modo que a república democrática e social assumirá forma plural: os agricultores donos da terra, os artesãos gozando da independência de sua propriedade e ofício, e os assalariados senhores de suas empresas.

A associação, portanto, é apenas a forma jurídica que convém à força coletiva como esta é produzida na oficina ou na empresa[34]. E – como mostrou Proudhon em 1840 em seus textos sobre a propriedade – aí é violado o direito dos produtores sobre o valor gerado pela cooperação, e a propriedade coletiva é necessária. Nos casos em que se exige uma combinação de especialidades diferentes para uma obra comum, "em que cada homem está

---

[34] Ver Pierre-Joseph Proudhon, *Idée générale de la révolution au XIXe siècle*, cit., p. 275 e seg.

engrenado a outro como uma roda a outra, em que o conjunto dos trabalhadores forma a máquina, assim como a junção das peças de um relógio ou de uma locomotiva", então, "se não quisermos correr o risco de imoralidade, tirania e roubo, a associação parece ser necessária e de direito"[35]. Ela permitirá o nascimento de uma "democracia industrial", que substituirá o "feudalismo industrial" e prevenirá o perigo do "império industrial", como diz o *Manuel du spéculateur* de 1857. As "companhias operárias" são especialmente necessárias nas minas, nas ferrovias e nas grandes manufaturas:

> Onde a produção exige grande divisão do trabalho e uma força coletiva considerável, há necessidade de uma Associação entre os agentes dessa indústria, porque, sem ela, eles permaneceriam subalternos uns aos outros e, assim, em virtude da indústria, haveria duas castas: a dos donos e a dos assalariados, coisa inadmissível numa sociedade democrática e livre.[36]

É desse modo que "a grande indústria, agente poderoso de aristocracia e pauperismo, torna-se um dos principais órgãos da liberdade e da felicidade pública"[37]. Mas seria perigoso se as companhias se fechassem em si mesmas e destinassem exclusivamente a seus membros os excedentes produzidos por sua capacidade. A Sociedade tem direito de vigilância e controle sobre essas companhias, e até de dissolução. Essa grande indústria associativa se comprometerá por meio de dois pactos. Tal como uma "colônia", ela terá deveres e direitos perante a pátria mãe e, tal como ela, constituirá um pacto entre os associados. No plano interno, a jurisdição dos associados em seus grupos estabelece o que Proudhon chama de "democracia industrial". Essa "instituição sem precedentes e sem modelos"[38] deverá garantir a seus membros direitos de eleição, formação de pessoal, propriedade indivisa e carreira progressiva:

> Pela participação em encargos e benefícios, pela escala salarial e pelas promoções sucessivas a todos os graus e funções, a força coletiva, produto da comunidade, deixa de favorecer um pequeno número de diplomados e especuladores e torna-se propriedade de todos os operários. Ao mesmo tempo, pela educação enciclopédica, pela obrigação de aprender e cooperar em todas as partes do trabalho coletivo, a divisão do trabalho não pode ser

---

[35] Ibidem, p. 279.
[36] Ibidem, p. 276.
[37] Ibidem, p. 280-1.
[38] Ibidem, p. 282.

motivo de degradação para o operário; ao contrário, torna-se instrumento de sua educação e garantia de sua segurança.[39]

Podemos compreender agora por que alguns dos que aderiram a esse desejo de autonomia operária ou autogestão nos anos 1970 consideravam Proudhon um pioneiro.

O federalismo como organização social e política

Em Proudhon, não há somente autogestão do domínio produtivo: o conjunto da organização social e política deve ser remanejado pela constituição social. Num primeiro momento, a nova associação está destinada a substituir o Estado. Encontramos aqui a grande ideia saint-simoniana reformulada por Proudhon, segundo a qual o princípio de autoridade, o governo e a lei de Estado serão substituídos por uma estrutura "horizontalizada" da sociedade. É precisamente a partir dessa realidade primeira do trabalho, a verdadeira substância da sociedade, que toda a sociedade poderá e deverá reorganizar-se, segundo a célebre frase que diz que, na sociedade futura, "a oficina fará o governo desaparecer"[40]. Essa *ideia geral da revolução* resume-se na fórmula "Dissolução do governo no organismo econômico", que dá título ao sétimo estudo de *Idée générale de la révolution au XIXᵉ siècle*. Contudo, ao contrário de Saint-Simon, que desconfiava do direito e dos juristas, em Proudhon a unidade é produzida não só pela interação das forças econômicas, como também pelo direito.

> O que colocamos no lugar do governo, como dissemos, é a organização industrial; o que colocamos no lugar das leis são os contratos [...]; o que colocamos no lugar dos poderes políticos são as forças econômicas; o que colocamos no lugar das antigas classes de cidadãos, nobreza e plebe, burguesia e proletariado, são as categorias e especialidades das funções, agricultura, indústria, comércio etc.; o que colocamos no lugar da força pública é a força coletiva; o que colocamos no lugar da polícia é a identidade de interesses; o que colocamos no lugar da centralização política é a centralização econômica.[41]

Proudhon sempre deixou clara sua grande desconfiança em relação ao governo, que é incompetente por essência quando se trata de mudar a sociedade, como se viu, segundo ele, em 1848. O novo direito não será esta-

---

[39] Idem.
[40] Ibidem, p. 395.
[41] Ibidem, p. 302.

tal: será a forma jurídica da associação operária, da mutualidade e da federação. Mas não é necessário haver uma organização política qualquer? Será que a economia pode absorver inteiramente a política, ou será possível inventar uma forma organizacional não governamental? Essa é a pergunta que parece estar subjacente nas últimas obras de Proudhon.

Durante muito tempo, Proudhon contrapôs "constituição social" e "constituição política". Essas duas constituições são "incompatíveis", diz repetidamente[42]. Enquanto, como vimos, a constituição social é a forma contratual das relações econômicas que expressa o equilíbrio dos interesses econômicos, o princípio da constituição política de um Estado é a centralização das forças, a separação dos poderes e a hierarquia. Essa oposição, que identifica o Estado à política, repousa sobre uma "escamoteação da dimensão política" que encontramos tanto nos socialistas saint-simonianos como em Marx[43]. O limite histórico de Proudhon é o mesmo de Saint-Simon, mas é também o de Marx. Restringe-se ao período de surgimento do socialismo, o qual, como vimos, é um movimento intelectual e político que visa à reapropriação das forças sociais até então açambarcadas ou capturadas por instituições consideradas exteriores e parasitárias. Contudo, depois de ter acreditado durante muito tempo que o Estado se dissolveria na oficina, Proudhon vai se orientar em outra direção, para um novo regime batizado "democracia industrial": esse novo regime nascerá da oficina e da comuna, mas exigirá instituições políticas de um novo tipo. Em outras palavras, num primeiro momento, Proudhon acredita que é preciso dissolver o Estado e o governo na sociedade, seguindo uma posição estritamente saint-simoniana; num segundo momento, tenta articular os dois, reconhecendo uma realidade específica e indissolúvel no Estado, uma força coletiva que tem razão de ser, mas não deve ser nem anterior nem superior à sociedade. Gurvitch notou a evolução de Proudhon, que primeiro transformou o direito político do Estado num prolongamento

---

[42] Em Pierre-Joseph Proudhon, *Les Confessions d'un révolutionnaire*, cit., p. 217. Diz ele: "Distingo em toda sociedade duas espécies de constituição: uma que chamo de constituição social e outra que é a constituição política". Esta repousa sobre a Autoridade, e aquela sobre a organização das forças econômicas e o "equilíbrio dos interesses, baseado no livre contrato". Essa constituição social é um processo de descoberta dos princípios e das regras "após longas experiências [que] são ainda hoje objeto de controvérsias socialistas".

[43] Sobre esse ponto, ver Isaac Johsua, *La Révolution selon Karl Marx* (Genebra, Page Deux, 2012).

do direito de guerra; a partir de *Justice dans la révolution*, ele "põe em evidência a multiplicidade de grupos diferentes que formam a trama da vida social, limitando-se reciprocamente e colaborando juntos"[44].

Mas como passar do nível da oficina, da fazenda ou da comuna ao nível nacional? Que forma se deve dar ao conjunto? Que relações devem ser estabelecidas entre as unidades coletivas que compõem a sociedade? Em seus últimos escritos, Proudhon tenta fazer uma ordem econômica jurídica coexistir com uma ordem política específica, que, apesar de tudo, é homóloga à construção econômica. A resposta é fundamentalmente "federalista". O princípio federal exige que o poder central seja sempre limitado pelas regulamentações ou pelos direitos dos grupos. A federação enquanto tal é um freio à centralização e à alienação das forças coletivas produzidas pelos grupos locais ou profissionais. Tema que o persegue desde o início dos anos 1850[45], a federação deve ser entendida em Proudhon como federação das unidades de produção e federação das unidades comunais. Trata-se, portanto, de um federalismo universal que deverá englobar não só todos os países, como também todos os aspectos da sociedade. A construção de um sistema federativo político e também econômico deverá estabelecer o equilíbrio entre duas formas de democracia: a democracia *política* das comunas e a democracia *industrial* das companhias operárias. Aqui também o direito aparece como força equilibradora. O princípio federativo permite equilibrar o conflito entre dois direitos, o direito econômico das associações e o direito político das comunas, graças à distinção de dois tipos de federação, a federação política e a federação econômica agrícola--industrial. A constituição desta última é a constituição social.

Em *Les Contradictions politiques*[46], ele especifica que esse federalismo não tem nada a ver com "descentralização", que consiste em cercear as

---

[44] Georges Gurvitch, *Éléments de sociologie juridique* (Paris, Aubier-Montaigne, 1940), p. 58-9.

[45] Ver Bernard Voyenne, *Le Fédéralisme de Proudhon* (Bruxelas, Éditions de l'Institut de Sociologie, 1967), p. 148.

[46] Essa obra, escrita em 1864, foi publicada em 1870, com o seguinte título: *Contradictions politiques: théorie du mouvement constitutionnel au XIXe siècle (L'Empire parlementaire et l'opposition légale)* (Paris, Lacroix, Verboeckhoven et Cie, 1870), precedido de uma nota de Marc Lucien Boutteville explicando as condições em que foi publicada essa obra póstuma. O livro foi reeditado em 1952, pela Marcel Rivière, para *Oeuvres complètes* de Proudhon. Ver Pierre Haubtmann, *Proudhon 1855-1865* (Paris, Desclée de Brouwer, 1988), t. 2, p. 329 e seg.

prerrogativas do Estado central, sem questioná-lo[47]. Ele parte da unidade viva do grupo natural, única unidade real, pois qualquer outra "unidade" dentro da ordem social é artificial. Esse grupo natural, do qual brotará a nova vida política, também é chamado de "homem coletivo", o que nos remete à ideia tão prezada pelo autor de "trabalhador coletivo". O que "se constitui" em cidade ou "comuna" – duas palavras que são sinônimas para Proudhon – e torna-se soberano não é a família, como acreditam os contrarrevolucionários, muito menos o indivíduo, mas é a reunião em um mesmo lugar de várias famílias, ou seja, uma sociedade elementar, um órgão. Em resumo, o federalismo político proudhoniano é *comunalista*. Essa sociedade de base se caracteriza pela unidade natural, pela inviolabilidade. Há algo como uma espécie de lei da natureza a determinar que os órgãos sociais sejam unitários. Quando grandes demais, dividem-se e esfacelam-se: é assim que os filhos saem de casa para constituir novas famílias, que as colônias fazem secessão e se tornam independentes. Já a unidade imposta de fora, artificialmente, por monarquias e repúblicas em Estados grandes demais para respeitar a autonomia real dos seres naturais, essa não passa de tirania[48]. O essencial é o automovimento da vida social[49], isto é, a capacidade de uma unidade se mover sem ser dirigida de fora, portanto de dar a si mesma os meios de se dirigir:

> Sempre que homens, seguidos de mulheres e filhos, se reúnem em algum lugar, juntam habitações e culturas, desenvolvem indústrias diversas, criam relações de vizinhança e, querendo ou não, impõem a si mesmos condições de solidariedade, forma-se o que denomino grupo natural, que logo se constitui em cidade ou organismo político, afirmando-se em sua unidade, independência, vida ou movimento próprio (*Autokinésis*) e autonomia.[50]

A organização política deve ser construída a partir dessa unidade básica, por acordo entre várias delas, para, com "mútua confiança", formar um

---

[47] Proudhon critica os liberais da época, que queriam dar mais poder às comunas sem renunciar completamente à centralização do Estado; esse liberalismo possibilita evitar o federalismo. O protótipo desse "meio-termo" é Édouard Laboulaye, "um daqueles gênios imbecilizados". Ver Pierre-Joseph Proudhon, *Contradictions politiques*, cit., p. 245.

[48] Ibidem, p. 226 e seg.

[49] Ibidem, p. 225.

[50] Ibidem, p. 237.

grupo superior, mas, ao se unirem pela garantia de seus interesses e pelo desenvolvimento de sua riqueza, nunca devem "abdicar de si mesmas por uma espécie de autoimolação a esse novo Moloch"[51]. Essa federação de unidades elementares indestrutíveis é um vínculo de direito entre cidades e não lesa a independência e a soberania destas:

> Tal como o homem, como a família, como toda individualidade ou coletividade inteligente e moral, a comuna é, por essência, um ser soberano. Nessa qualidade, a comuna tem o direito de governar-se, administrar-se, impor-se taxas, dispor de suas rendas e propriedades, criar escolas para seus jovens, nomear professores, constituir polícia, ter gendarmes e guarda civil; nomear juízes; ter jornais, reuniões, sociedades particulares, entrepostos, sessões extraordinárias do Parlamento, bancos etc. A comuna baixa portarias, lança decretos: quem impede que ela chegue a legislar? Tem igreja, culto e clero livremente eleito; discute publicamente, em conselhos municipais, jornais ou círculos, tudo o que toca aos seus interesses ou inflama sua opinião. Isso é a comuna, porque isso é a vida coletiva, a vida política. Ora, a vida é una, inteira e plena de ação, e essa ação é universal; ela afasta os obstáculos, não conhece limites, senão em si mesma; qualquer coerção externa é incompatível com ela.[52]

Essa federação política de tipo comunalista, baseada em laços de mutualidade entre as cidades, não anula a democracia econômica, mas a completa, soma-se à "federação industrial-agrícola", que permite a superação do particularismo de cada grupo econômico dentro da federação, sem diminuir sua independência. Em que medida a federação política das comunas e dos serviços públicos deixa de preponderar sobre a organização econômica? Acaso não é no nível político que a classe operária conseguirá transmitir seus ideais, sua "ideia"? Não será no espaço da federação política que a democracia poderá se desenvolver? Parece que Proudhon, ao invés de aprofundar seu antigovernamentalismo radical, orientou-se para uma concepção do "autogoverno" político. O ideal democrático acaso não é "que a multidão governada seja ao mesmo tempo multidão governante, que a sociedade seja idêntica e adequada ao Estado, o povo ao governo, como na economia política produtores e consumidores são os mesmos"[53]?

---

[51] Ibidem, p. 237.
[52] Ibidem, p. 245-6.
[53] Ibidem, p. 237.

O "direito proletário"

É preciso ambicionar a "reorganização da indústria sob a jurisdição de todos os que a compõem", e fazê-lo pondo em prática "sua nova concepção de direito", como diz Proudhon em *De la capacité politique des classes ouvrières*[54]. Isso resume a ideia das "companhias operárias" e da federação industrial-agrícola. O objetivo é claro e implica nada menos que a criação de uma nova "civilização". Mas está fora de cogitação esperar a tomada do poder, muito menos uma hipotética vitória eleitoral. Os operários precisam libertar-se já do domínio do Estado e dos proprietários. Proudhon sustenta que, para isso, os proletários precisam desenvolver "personalidade e autonomia", graças à força do próprio movimento operário, ao qual se aplica perfeitamente toda a lógica da força coletiva. Para impor seu direito, o proletariado deve tornar-se uma força coletiva organizada e elaborar, desenvolver, seu próprio pensamento, desconfiando das chamadas instituições representativas, nas quais o proletariado sempre sai perdendo. Em uma palavra, ele tem de criar suas próprias instituições. Essa é a mensagem final de Proudhon, presente em textos que terão certa influência sobre inúmeros partidários da insurreição comunalista de 1871.

Essa ideia de criação institucional própria do proletariado como alavanca para a sua emancipação inspirou muitos autores depois dele: Beatrice e Sidney Webb na Inglaterra e, na França, o historiador e sociólogo Maxime Leroy, que, em 1913, recenseou e analisou as formas institucionais criadas pelo proletariado francês desde meados do século XIX. Em *La Coutume ouvrière*[55], ele pretende descrever em detalhes o "direito proletário", isto é, o "conjunto de regras escritas ou orais que regulamentam a vida e a sociabilidade proletárias"[56]. A ideia diretriz da pesquisa é que existe de fato um "direito operário espontâneo, obra direta e original do proletariado reunido em suas federações, costume livre sem caráter judicial"[57]. É por isso que Leroy prefere falar de "direito proletário", ao invés de "direito operário": no uso corrente, "direito operário" refere-se à regulamentação do trabalho por

---

[54] Pierre-Joseph Proudhon, *De la capacité politique des classes ouvrières*, cit., v. 3, p. 123.
[55] Maxime Leroy, *La Coutume ouvrière: syndicats, bourses, fédérations professionnelles, coopératives, doctrines et institutions* (Paris, CNT-RP, 2007 [1913]), 2 v.
[56] Ibidem, v. 1, p. 25.
[57] Idem.

intermédio da autoridade pública, ao passo que o direito proletário se constitui independentemente dessa autoridade, produzindo regras sem caráter judicial. No entanto, ao contrário do que poderia dar a entender o título da obra, o termo "costume" não abrange inteiramente o que está de fato em questão. É um termo problemático nesse caso, por significar "maneira habitual de agir fixada pelo uso", como se a transmissão de antigos usos bastasse para esgotar o conteúdo desse direito operário. Parece implicar que o mundo operário acumulou uma espécie de direito consuetudinário próprio, feito de normas transmitidas pela tradição que não passam pela reflexão dos que as respeitam e obedecem. Sob essa perspectiva, o direito proletário seria apenas um "direito comum", com forte caráter de classe, uma espécie de *Common Law* produzida pelos operários para seu uso exclusivo. É verdade que, em Leroy, o termo "costume" remete à autoridade adquirida por uma regra que tem antiguidade e continuidade, e cuja força de obrigação repousa em parte sobre a sua história, mas o que a pesquisa de Leroy mostra, na realidade, é a criatividade da classe operária, sua capacidade de *inventar* sua própria história, portanto sua própria tradição, ao invés de perpetuar uma tradição já secular, deturpando-a, se necessário, para adaptá-la às novas condições. O proletariado moderno não é apenas um herdeiro dos velhos ofícios medievais: ele precisou inventar instituições que não existiam antes da Revolução Industrial; teve de desenvolver práticas regradas, que se tornaram a fonte de seu direito especial. Nesse sentido, Leroy concorda com Pelloutier quando este diz que o povo é, acima de tudo, "criador e inventor"[58].

Contudo, apesar de recorrer ao termo "costume", fortemente depreciado pela ortodoxia jurídica, podemos nos perguntar se Leroy não continua subordinado a certa noção ortodoxa do direito, retrógrado em relação a Proudhon nesse ponto. Sua intenção é denunciar a antítese artificial entre uma sociedade anárquica por si mesma e um direito que a ordena de fora, mas entende o direito proletário como "costume" exatamente por oposição à ideia de direito vindo de um "demiurgo senhor do caos social". Ele seria "costume" justamente por não possuir o caráter abstrato da teoria dominante do direito, mas por ser, ao contrário, o "rico e móvel sistema de costumes cujo caráter obrigatório não vem da autoridade pública, mas da

---

[58] Citado em ibidem, p. 293. Ver Fernand Pelloutier, *L'Organisation coopérative et l'anarchie* (Paris, L'Art Social, [s. d.]), p. 18.

necessidade dos homens de viver em comum"⁵⁹. Na verdade, Leroy não consegue pensar a imanência do direito na sociedade de outro modo que não seja como costume:

> Não vemos o direito, conjunto de costumes, sobrepor-se à sociedade, à organização da sociedade: ele é a própria sociedade. Não há direito de um lado e sociedade de outro. [...] A partir do momento em que há uma sociedade, há necessariamente um direito, um conjunto de hábitos sociais, de costumes.⁶⁰

Leroy reluta em reconhecer o direito proletário como direito, por outra razão: ele não é produzido por uma instituição pública. O sindicato, por exemplo, não é uma associação privada? Nessa qualidade, como poderia produzir um direito? Maxime Leroy responde:

> Em relação à lei, o sindicato é uma associação privada que depende do regime constitucional: para seus membros, é coletor de impostos, legislador, juiz e administrador autônomos. Gerente do interesse coletivo operário, tutor da corporação, o sindicato tem consciência de que é investido de verdadeira soberania sobre todas as coisas relativas à profissão. Na prática, tem todas as características e todas as ambições de uma associação pública.⁶¹

Não é preciso dizer mais nada: "na prática", o sindicato produz regras que, para seus membros, têm valor de direito. O que está em jogo, portanto, é uma concepção específica do direito. A ortodoxia gostaria que o direito emanasse exclusivamente da autoridade pública, da qual deveria ter o estilo e a sofisticação, e não da vida social, da profissão ou da produção. No entanto, o fato é que as regras do proletariado "constituem a organização de toda a parte pretensamente inorganizada da sociedade"⁶². Podemos notar, por essas poucas citações, que, se o objetivo de Leroy é revalorizar o "costume" contra a ortodoxia jurídica, ele o faz à custa de certa ambiguidade. Pois o que ele mostra, na realidade, é que as práticas operárias produziram suas próprias regras, seu próprio direito e suas próprias instituições, que codificam essas regras e lhes dão autoridade. Essa ideia coincide amplamente com a sociologia durkheimiana e, sobretudo, com a concepção maussiana de socialismo. A propósito da obra que os Webb dedicaram à

---

59   Maxime Leroy, *La Coutume ouvrière*, cit., v. 1, p. 28.
60   Ibidem, p. 29.
61   Ibidem, p. 201.
62   Ibidem, p. 28.

história das *trade-unions*, Mauss constata que, com o sindicalismo, surgiu um fato social novo: "O que fica mais evidente é essa criação de um direito novo, de um direito operário, esse nascimento de uma personalidade moral nova, o sindicato". E acrescenta: "O movimento sindical e o movimento cooperativo são os verdadeiros fatos de emancipação operária"[63].

Quando Leroy detalha o que pretende fazer, o sentido de sua tarefa se esclarece:

> Explicar os estatutos das associações operárias, artigo por artigo, como se fossem leis, comparar as regras de fábrica, regras da greve, regras da cooperação entre os operários é estudar um sistema jurídico exclusivamente proletário. Direito em formação, portanto direito já parcialmente formado e aplicado, cujo objetivo é regular as relações dos membros dessas sociedades entre eles e aqueles que as aplicam. Direito não reconhecido, embora escrito, direito desconhecido, apesar de aplicado.[64]

Leroy insiste tanto nesse ponto que seria um erro subestimar sua importância. Lembramos que Marx estabeleceu uma falsa simetria entre o passado pré-capitalista e o futuro pós-capitalista, entre a constituição da classe burguesa no contexto do feudalismo e o desenvolvimento do proletariado no "invólucro" do capitalismo, embora as bases econômicas e políticas de cada um desses desenvolvimentos não sejam da mesma ordem. No entanto, para Leroy – que nesse ponto dá continuidade a Proudhon e prolonga uma intuição do historiador Pierre-Émile Levasseur[65] –, há analogias patentes entre esses dois processos históricos, desde que se considerem as coisas sob o ângulo jurídico-institucional. De fato, esse direito proletário é comparável ao direito burguês anterior a 1789. As solidariedades operárias instituídas por ele não são de natureza diferente das solidariedades comunais que foram elemento determinante de força e afirmação da burguesia contra o feudalismo:

> A burguesia, muito antes dos decretos régios, elaborou empiricamente regras que, aplicáveis a seus interesses distintos, eram opostas às do feudalismo. A Revolução as tomou e transformou em leis; o Império, em códigos. [...]

---

[63] Marcel Mauss, "L'Action socialiste", *Le Mouvement Socialiste*, 15 out. 1899, em *Écrits politiques* (Paris, Fayard, 1997), p. 78 e 79.

[64] Ibidem, p. 25-6.

[65] Émile Levasseur, *Histoire des classes ouvrières en France depuis la Révolution jusqu'à nos jours* (Paris, Librairie de Guillaumin et Cie, 1867).

Assistimos hoje a um fenômeno análogo. Mais uma vez, ele é obra da classe fisicamente mais próxima do trabalho. Outrora, era a burguesia; hoje, são os operários.[66]

Isso leva o autor a dizer que o movimento operário "é constituído essencialmente de um sistema de compromissos do qual resulta uma disciplina tão clara quanto a da civilização burguesa"[67].

Em resumo, o movimento operário é um fato institucional: é constituído não somente de recordações e referências comuns, como também, e sobretudo, de regras comuns. Sua força e sua posição na sociedade não se devem apenas a um impulso colérico, ao instinto de classe, ao ódio ao burguês. Trata-se de regras e códigos que têm história nas lutas e influência sobre as práticas atuais. E esse código não é de modo algum um costume vago e geral, mas tem precisão, tem técnica. Segundo Leroy:

> O direito sindical é complexo, previdente, abundante com suas regras constitucionais e civis, obras de mutualidade e assistência, moral e disciplina. Nada nele é simples, e o menor preceito é resultado de longa história. É mais que uma tradição oral e flutuante de regras empíricas e arbitrárias. Os textos são tão numerosos que formam realmente vários códigos, obras de necessidades prementes e de uma consciência cujo desenvolvimento metódico pode ser acompanhado através das deliberações dos congressos e das incertezas da ação.[68]

Há uma ordem jurídica proletária produzida pela luta e na luta, e é apenas por essa ordem que se pode dizer que o proletariado pode ter consciência de sua posição e eventual papel histórico: "É pelo sindicato que o operário toma consciência de si mesmo; é lá que ele reflete sobre a sua condição, procura melhorá-la, aprende a resolver pela reflexão e pela ação o problema de sua inferioridade, ignorância e obediência"[69]. Percebe-se, por essas palavras, como Leroy se distingue dos numerosos discursos que veem a "consciência de classe" como realidade separada das instituições sociais ou atribuem sua causa à intervenção de uma vanguarda. A força coletiva, a da união e da associação dos trabalhadores, não existe sem as organizações constituídas por eles, e a consciência de classe – o que Proudhon denominava

---

[66] Maxime Leroy, *La Coutume ouvrière*, cit., v. 1, p. 26.
[67] Ibidem, p. 200.
[68] Ibidem, p. 39.
[69] Ibidem, p. 57.

"ideia operária", que consiste em unir-se para enfrentar os danos causados pela concorrência entre os operários – é encarnada e ao mesmo tempo mantida por essas organizações. Não há solidariedade sem obrigações morais e jurídicas de ser solidário. Os operários, ao mesmo tempo que reivindicam direitos contra os empregadores, também reconhecem seus deveres, uns em relação aos outros, escreve Leroy[70]. Essa obrigação de solidariedade pressupõe uma disciplina coletiva que às vezes os sindicatos explicitam de maneira muito precisa: respeitar o estatuto, assistir às assembleias, pagar contribuição, respeitar a tarifa mínima, não aceitar trabalho por peça e horas extraordinárias, respeitar a dignidade de cada um, solidarizar-se com os grevistas etc. Por essas regras de obrigação mútua impostas por suas organizações, os operários formam não apenas uma classe, mas uma *sociedade*[71]. Esse princípio geral de solidariedade e luta contra a concorrência, base do direito proletário e das obrigações sindicais e profissionais, anima também o internacionalismo, considerado um sistema de obrigações operárias internacionais em desenvolvimento[72].

O meio operário é, portanto, um universo de instituições e regras morais, um universo jurídico-moral autônomo. Quase meio século após a morte de Proudhon, Maxime Leroy lhe dava razão no que diz respeito ao desenvolvimento das instituições operárias. O sindicalismo, as Bolsas do Trabalho, as cooperativas e as associações de assistência mútua não são apenas organizações econômicas que visam atender às necessidades materiais de seus membros. Os sindicatos não têm apenas a função de permitir que os trabalhadores vendam melhor sua força de trabalho no mercado, ou seja, seu alcance social vai muito além da razão econômica. Sem dúvida, a greve participa da construção de uma classe, mas não tanto pela demonstração de uma força momentânea e impulsiva quanto pelo emprego de uma disciplina que preexiste a ela, pelo exercício de um marco institucional anteriormente fixado. A greve geral não é aquele mito ou crença mística tantas vezes denunciada; para Leroy, ela é "a concretização última dessa vasta

---

[70] Ibidem, p. 194.
[71] Ibidem, p. 196. Por isso os "amarelos" têm de se curvar aos "vermelhos", se estes são maioria a favor da greve; essa é a condição para que todos existam como classe.
[72] Em 1913, quando redigiu sua obra, Maxime Leroy ainda tinha esperanças no desenvolvimento desse sistema de obrigações para constituir uma sociedade operária internacional. Ver Maxime Leroy, *La Coutume ouvrière*, cit., v. 2, p. 825 e seg.

organização, [...] a realização da disciplina confederada"⁷³. Criar sociedade, constituir uma "sociedade operária" na grande sociedade, esse é o resultado da organização proletária, o que não deixa de ter consequências políticas. Essa sociedade dentro da sociedade, crescendo, difundindo suas normas no conjunto da sociedade, pode conquistar uma posição dominante que bastará traduzir para o plano político no momento certo. Nesse sentido, a posteridade de Proudhon é longa, mesmo que nos detalhes muitas dessas ideias e palavras tenham sido abandonadas. Após um período de desconfiança, muitos socialistas, até 1914, viram no sindicato, na Bolsa do Trabalho ou na cooperativa os germes da nova sociedade. Aliás, essa ainda é a esperança que anima certos partidários do que chamamos hoje de "economia social e solidária", que engloba associações, cooperativas e associações de assistência mútua em toda a sua diversidade. Na realidade, vigora a mesma analogia: a nova classe que conduzirá a mudança de sociedade se desenvolveria não apenas em número dentro da antiga sociedade, mas também – o que é mais importante – elaboraria, por conta própria, suas instituições coletivas, suas regras de solidariedade, ou até mesmo sua cultura, de modo semelhante ao desenvolvimento da burguesia no contexto feudal. Para resumirmos, o sindicato, a cooperativa ou a associação de assistência mútua devem, de acordo com essa concepção, desempenhar o mesmo papel histórico da comuna medieval em relação ao direito feudal: o de uma nova forma jurídica em gestação no interior da antiga.

A cooperação socialista de Mauss e Jaurès

Depois do primeiro avanço do movimento cooperativo em torno de Robert Owen e William Thompson, a ideia de criação autônoma de instituições operárias foi retomada e enriquecida pelas contribuições da sociologia e do socialismo até o início do século XX. A reflexão teórica sobre a função social e política da instituição operária está no centro da sociologia de Émile Durkheim e, mais ainda, da sociologia de seu sobrinho Marcel Mauss. A grande lição política e sociológica de Mauss é que a lógica da dádiva, que se imbrica tantas vezes na relação mercantil sem se reduzir a ela, está no princípio de uma vasta gama de atitudes, práticas e instituições em todas as sociedades. Como sabemos,

---

⁷³ Ibidem, p. 530.

Mauss propunha um "retorno ao arcaico" das relações sociais, mas com formas históricas radicalmente novas. Em seu famoso *Ensaio sobre a dádiva* (1924), afirmava que a prestação simbólica de bens com valor de presentes era um fato social universal, uma das "rochas humanas sobre as quais são construídas nossas sociedades"[74]. O vínculo social, em todas as sociedades, pressupõe que ao menos parte dos bens que circulam entre seus membros sejam símbolos e instrumentos – para além de seu uso profano – da obrigação imposta pela vida em sociedade de aceitar e retribuir o que se recebeu. Não há dúvida de que Mauss, ao diferenciar as formas de dádiva, ao distribuí-las numa diversidade de relações que vão da competição à troca de mercadorias, abstinha-se de isolar uma "dádiva pura". Enquanto muitas das relações aparentemente "desinteressadas" ainda são uma maneira de obter formas de lucro, as relações mercantis, as trocas monetárias e as relações de poder, por outro lado, não são inteiramente destituídas de certa dimensão doadora. Inúmeros trabalhos sociológicos mostraram o que pode estar ligado à lógica da dádiva nas relações humanas, nas sociedades capitalistas, quer se trate de interações imediatas entre indivíduos, quer do funcionamento social de instituições como a escola ou a medicina[75]. Conforme ressalta Mauss em *Ensaio sobre a dádiva*, esse é o caso das instituições de solidariedade social instauradas no início do século XX.

A tese maussiana sobre a atualidade da dádiva em nossas sociedades deve ser associada ao engajamento político do autor no socialismo cooperativo, engajamento que, apesar de ocorrido muito antes da redação do *Ensaio*, confere a essa obra todo o sentido político e histórico[76]. Mauss, jovem militante socialista, era membro da sociedade cooperativa L'Avenir de Plaisance [Futuro de Lazer] e foi um dos principais fundadores da Boulangerie socialiste [Padaria Socialista] da rua Barrault, no 13º distrito de Paris. Como Jaurès, era grande admirador da cooperação belga e da Casa do Povo de Bruxelas. E, como este último, que ele parece ter influenciado nessa questão, Mauss via a coope-

---

[74] Marcel Mauss, "Essai sur le don: forme et raison de l'échange dans les sociétés archaïques", publicado em *L'Année Sociologique*, t. 1, série 2, 1923-1924, e republicado em *Sociologie et Anthropologie* (Paris, PUF, 1950) [ed. port.: *Ensaio sobre a dádiva*, trad. António Filipe Marques, Lisboa, Edições 70, 2008].

[75] Ver Jacques Godbout e Alain Caillé, *L'Esprit du don* (Paris, La Découverte, 1992); e Philippe Chanial (org.), *La Société vue du don: manuel de sociologie anti-utilitariste appliquée* (Paris, La Découverte, 2008).

[76] Sobre essas questões, ver Sylvain Dzimira, *Marcel Mauss, savant et politique* (Paris, La Découverte, 2007).

ração como uma força organizada que poderia expandir-se e constituir um dos pilares da sociedade futura[77]. As cooperativas, juntamente com as associações de assistência mútua, os sindicatos e os partidos, são para ambos as alavancas do socialismo, cada qual com a sua função. Essas instituições fazem o socialismo avançar ou, mais precisamente, como Mauss escreveu a propósito das cooperativas de consumo, "fazem seu próprio socialismo"[78].

O socialismo é a arte política de pôr indivíduos especializados e diferentes a trabalharem e viverem em comum. Nesse aspecto, Mauss segue de perto a reflexão de Durkheim: o desaparecimento dos clãs, das grandes famílias, dos poderes político-domésticos deixa frente a frente o poder central do Estado e indivíduos pulverizados. Essa era a visão, por exemplo, de Le Chapelier quando defendeu a supressão de todo e qualquer grupo intermediário. O que ameaça as sociedades modernas é nada menos que o amorfismo, erroneamente imputado às sociedades arcaicas, que, na realidade, estavam muito distantes disso. Em face do Estado e das empresas, as sociedades modernas deixam a massa desorganizada de consumidores e usuários na ausência de laços recíprocos, isto é, na *anomia*.

Como sair dessa sociedade de indivíduos isolados sem cair nos diversos tipos de integrismo comunitário ou nas violentas tentativas de restabelecer alguma soberania totalitária de Estado sobre as atividades sociais, como as do bolchevismo? A intuição sociológica de Mauss – que em parte também era a de Tocqueville, com suas associações civis locais e, mais ainda, de Durkheim, com seus grupos profissionais – é que a sociedade só será revivificada pelo desenvolvimento de instituições coletivas e pela cooperação social. Assim, segundo Mauss, para reanimar a sociedade seria preciso haver muito mais grupos e subgrupos, em especial profissionais.

Portanto, a verdadeira revolução consistiria em o espírito de dádiva voltar a habitar nossas sociedades, graças à ampliação dos direitos sociais, à criação de novas instituições, à defesa das antigas que mereçam ser preservadas, mas sem que um romantismo de segunda categoria impeça a marcha do Ocidente rumo à maior liberdade individual e coletiva, assim como à maior igualdade entre todos. Nesse sentido, o socialismo maussiano se com-

---

[77] Às vésperas da Primeira Guerra Mundial, havia mais de 3 mil cooperativas de consumo na França.

[78] Marcel Mauss, "La Coopération socialiste", *L'Humanité*, 3 ago. 1904, em *Écrits politiques*, cit., 1997, p. 142. Disponível em: <www.revuedumauss.com>.

para ao de Pierre Leroux, que considerava a fraternidade o terceiro termo demasiadamente negligenciado pelos republicanos. Tanto o socialismo cooperativo como o sindicalismo são formas novas de conjunção entre a economia material, a vida dos grupos e a circulação de ideias. Por essas novas formas de organização, não só a economia pode chegar a uma inserção profunda e real no conjunto das redes e circuitos que compõem a sociedade, como também os trabalhadores menosprezados, enfraquecidos e atomizados na troca salarial individual podem encontrar, na cooperação e na ação comum, a recuperação da força coletiva necessária para valorizar seu trabalho e sua vida. Como disse Durkheim, o socialismo não é acima de tudo e unicamente uma questão de "estômago", de interesses e necessidades econômicas, mas sim de dignidade e reconhecimento. Nesse sentido, a concepção de socialismo de Mauss tem muito pouco a ver com a ideia de sociedade perfeitamente unificada e sem classes[79]. Ele visa construir uma sociedade muito mais diferenciada do que as nações modernas, que seja movida pela luta pacífica e incessante para equilibrar as trocas, no sentido de maior reciprocidade entre grupos, sob a coordenação de um centro político responsável por afirmar o destino coletivo do esforço de todos os subgrupos. Sendo assim, a cooperação socialista, seja de consumo, seja de produção, não implica nenhum restabelecimento da comunidade arcaica, nenhuma dominação total do Estado; ao contrário, demanda instituições de cooperação e um direito do comum. A função da cooperativa não é apenas criar espaços não capitalistas dentro da grande sociedade, mas também formar um direito novo e uma moral de solidariedade por intermédio da prática do trabalho em comum.

Transformar os homens transformando as práticas sociais

Marcel Mauss e Jean Jaurès pensam o combate social a partir de três "pilares" ou formas de ação: ação política, ação sindical e ação cooperativa[80]. Na revista *Le Mouvement Socialiste* de 15 de outubro de 1899 Mauss escreve:

---

[79] Remetemos o leitor aos textos que Mauss dedicou à revolução russa e ao bolchevismo, em particular "Appréciation sociologique du bolchevisme", em Marcel Mauss, *Écrits politiques*, cit., p. 537 e ss.
[80] Sobre essas questões, ver Henri Desroche, "Marcel Mauss 'citoyen' et 'camarade'. Ses incursions écrites dans le domaine du normatif", *Revue Française de Sociologie*, v. 20, 1979, p. 221-37.

É supérfluo mostrar aqui até que ponto são essenciais, fundamentais e primordiais as organizações econômicas operárias. O socialismo francês está sofrendo as graves consequências de não ter se dedicado a elas o suficiente. Sem elas, não há base sólida para a ação política. Por meio delas, a emancipação total do proletariado começa por dentro da sociedade capitalista. O sindicato e a cooperativa socialista são o fundamento da sociedade futura. Eles serão suas forças de conservação, suas garantias contra qualquer reação; serão os poderosos e legítimos herdeiros do capitalismo; serão as pessoas morais a quem se poderá transferir a propriedade atual [...].[81]

Mauss rejeita a ilusão de uma cooperação que consista em bordas de socialismo mordiscadas do corpo da sociedade capitalista. Deve-se ver nisso um eco de debates que, ocorrendo durante várias décadas dentro do movimento operário, no fim dos anos 1870 redundaram num rompimento, surgindo então um movimento cooperativo independente do socialismo, ou mesmo antissocialista, dirigido por Charles Gide. Para Mauss, assim como para Jaurès, a ação sindical ou cooperativa só tem sentido quando relacionada com o socialismo e, se Mauss toma de Gide a fórmula "república cooperativa", não é para arranjar um espaço para a cooperação dentro da república burguesa, mas para significar que o princípio de cooperação deve ser o fundamento da república social: "Ter constantemente como objetivo a eliminação do salariato pela cooperação entre outros meios, agir para emancipar o proletariado, eis o que faz uma cooperativa ser socialista", escreve em agosto de 1904 em *L'Humanité*[82]. Seria suficiente estender o princípio da cooperação à maior parte da economia para que o socialismo fosse se espalhando um pouco a cada dia. E, para isso, bastaria deixá-lo desenvolver-se, pois, assim como o capitalismo, ele contém uma mola acumulativa, que é o reinvestimento sistemático dos dividendos[83].

---

[81] Marcel Mauss, *Écrits politiques*, cit., p. 77. Citado em Henri Desroche, "Sociétaires et compagnons", cit.

[82] Idem, "La Coopération socialiste", cit., p. 147.

[83] A propósito do projeto de uma "cooperativa nacional", Mauss afirma o seguinte na edição de 16 de julho de 1906 de *L'Humanité*: "Eis que se mesclam os ideais do comunismo antigo e do individualismo moderno. Eis que as rivalidades são eliminadas. Eis que os benefícios se tornam uniformes. Eis que a segurança se espalha por toda parte. Eis que os poderes de compra se igualam em todas as sociedades. Eis a possibilidade ilimitada de acumular fundos. Eis que é facilitada a extensão infinita da cooperação em todos os setores em que ela penetra com dificuldade".

Esse é o sentido da adesão de Jaurès a essa concepção[84]. É conhecido o seu grande interesse pela Vidraria Operária de Albi, momento decisivo de sua passagem ao socialismo cooperador[85]. A partir daí, ele verá a cooperação como um "laboratório de experimentação social". Jaurès explicará que a cooperativa é muito mais que fornecimento de bens baratos, muito mais que fonte de verbas para a caixa do partido, como pensavam muitos socialistas. É, acima de tudo, uma forma de mostrar pelo exemplo as vantagens do socialismo, isto é, um meio essencial de "propaganda prática do Partido Comunista", não só nos meios urbanos e industriais, mas também no campo: "Sobretudo no campo, com a inegável persistência da pequena propriedade, o comunismo somente penetrará pela cooperação socialista"[86].

Em julho de 1900, no Congresso Cooperativo, Jaurès declarou: "Não basta que a cooperação se torne socialista; é preciso que o socialismo se torne cooperativo"[87]. E acrescentou: "Não quero dizer com isso que ele deva abandonar ou subordinar qualquer outra forma de ação, que deva negar primazia à ação política para se chegar à expropriação geral da propriedade capitalista, mas quero dizer com isso que ele não deve ter prevenção contra a cooperação [...]". O motivo é que, para Jaurès, a cooperação dá corpo ao ideal socialista, une o ideal e o real e, ao mesmo tempo, é um aprendizado do proletariado para gerir futuramente os meios econômicos[88].

A cooperação e o sindicato constituem, sobretudo, o que Marx já chamava de "escolas do socialismo". Mauss é bastante explícito sobre esse ponto. Os sindicatos "não são caixas mútuas ou organismos de egoísmo corporativo, e sim meios de luta, instituições de direito operário, órgãos da

---

[84] Ver Henri Desroche, "Jean Jaurès ou l'économie sociale comme économie collective", em *Pour un traité d'économie sociale* (Paris, Coopérative d'Information et d'Édition Mutualiste, 1983), p. 115-28.

[85] Sobre a "conversão" de Jaurès ao "socialismo cooperativo", ver Christophe Prochasson, "Jean Jaurès et la coopération", *La Revue de l'Économie Sociale*, n. 3, jan.-mar. 1985, p. 31-9; e n. 4, abr.-jun. 1985, p. 69-72.

[86] Jean Jaurès, "Coopération socialiste", *La Petite République*, 19 set. 1900.

[87] Citado em Jean Gaumont, *Au confluent de deux grandes idées: Jaurès coopérateur* (Paris, Fédération Nationale des Coopératives de Consommation, 1959), p. 71.

[88] Sobre a concepção de propriedade social em Jaurès, ver Philippe Chanial, "La propriété sociale contre l'État. Jaurès, le collectivisme et l'association", *Contretemps*, n. 5, 2002. Do mesmo autor, ver também *La Délicate essence du socialisme*, cit., p. 141 e seg.

futura sociedade"[89]. Essa é a grande lição que ele extrai da leitura de *Histoire du trade-unionisme*, obra em que os Webb mostram:

> o despertar de uma nova forma de consciência social na organização sindical; o surgimento de um novo órgão jurídico, de novos princípios de ação, de novos motivos de sacrifício e solidariedade, de novos meios de crescer e conquistar. O que fica mais evidente é a criação de um direito novo, de um direito operário, o nascimento de uma nova personalidade moral, o sindicato. O sindicato não serve só para melhorar a condição do indivíduo: ele pede subordinação e sacrifício a cada um, faz sentir o que é coletividade. Nele se produz uma forma nova de agir e pensar.[90]

A ação socialista é uma prática de transformação dos que se engajam nela. É nesse sentido que, como insiste Mauss, essa ação é "social", e não apenas política ou econômica. As instituições de cooperação e do sindicato fazem parte do que poderíamos chamar de "ação social total". Mauss afirma que "a ação econômica do proletariado organizado tem uma face jurídica e moral da mais elevada e bela inovação". Essa inovação da prática da cooperação ou do sindicato está na autotransformação dos trabalhadores pela criação de "novas formas de vida" e novos tipos psíquicos. É nesse ponto, sem dúvida, que ele mais se aproxima da concepção marxiana de "autoatividade":

> Os próprios fatos econômicos são fatos sociais (moeda, valor etc.), logo são fatos psíquicos, assim como outros fatos sociais que lhes são conexos, que os condicionam e são condicionados por eles, como, por exemplo, o direito de propriedade. Ora, o socialismo pretende agir sobre o conjunto dos fatos sociais. Estes são de natureza psíquica; logo a ação socialista será psíquica por natureza. Será um esforço psicológico. Tenderá a fazer nascer no espírito dos indivíduos e em todo o grupo social uma nova maneira de ver, pensar e agir. Criará uma nova atitude mental e, consequentemente, uma nova prática dos homens. A ação socialista deve substituir pela consciência socialista aquilo que não é ela. Deve suscitar no indivíduo e no grupo essas novas formas de vida que serão as da sociedade futura: uma nova forma de se comportar diante dos fatos; um novo direito, uma nova hierarquia social, uma nova escala de valores; um novo sistema moral de penas e recompensas, castigando o ocioso que a sociedade atual faz prosperar. Em resumo, a ação socialista forja, desde já, o arcabouço, a arrojada forma metálica da sociedade do amanhã.[91]

---

[89] Marcel Mauss, "L'Action directe", em *Écrits politiques*, cit., p. 187.
[90] Idem, "L'Action socialiste", cit., p. 78.
[91] Ibidem, p. 76-7.

O que conta e permite mudar os hábitos mentais é a prática. A prática da cooperação, que permite que o indivíduo se torne um "bom socialista prático"[92], não produz efeitos apenas sobre a economia, mas age sobre todas as dimensões humanas.

> Cada sociedade é una, com sua moral, sua técnica, sua economia etc. Política, Moral e Economia são simplesmente elementos da arte social, da arte de viver em comum. [...] A prática social é a única matéria que se oferece à ação convergente do moralista, do economista, do legislador. Ou melhor, não há espaço para três espécies de técnicos nessa arte. Os que querem especializar-se nela não devem sobrepor as leis aos costumes nem criticar os hábitos técnicos, econômicos e mentais do povo em nome de uma moral universal ou de uma razão prática pura. Esses hábitos somente podem ser corrigidos se forem substituídos por outros hábitos inspirados por outras ideias e sentimentos e, sobretudo, por outros atos cujo bom êxito autorize a formação de precedentes.[93]

Porque é justamente o homem que se transforma pela prática, é apenas por meio dela que o indivíduo pode adquirir "uma parte maior, mais constante, mais bela da vida social, estética e intelectual, moral e material", objetivo último do socialismo[94]. Com esse mesmo espírito ele insistirá que a cooperativa deveria ser também uma instituição de educação do proletariado, uma universidade popular, o "sonhado asilo da propaganda puramente educadora do proletariado"[95].

Como especifica o Manifesto Cooperativo dos Intelectuais e Universitários Franceses de 1921, que tem em Mauss um dos principais inspiradores, a cooperação oferece um "programa geral de reconstituição social"[96], e não só em nível nacional. A cooperação pode e deve se tornar a base de novas relações internacionais. Logo após a Primeira Guerra Mundial, o Manifesto lembrava que o movimento cooperativo, antecipando-se à Sociedade das Nações, visava "levar o comércio internacional a abandonar sua forma atual – que é a de luta pelo lucro – e assumir sua forma verdadeira

---

[92] Idem, "Les Coopératives et les socialistes", em *Écrits politiques*, cit., p. 115.
[93] Idem, "Appréciation sociologique du bolchevisme", cit., p. 557.
[94] Idem, "L'Action socialiste", cit., p. 80.
[95] Idem, "La Coopération socialiste", cit., p. 146.
[96] Idem, "Manifeste coopératif des intellectuels et universitaires français", *Revue des Études Coopératives*, out.-dez. 1921, p. 7. Ver Henri Desroche, "Marcel Mauss 'citoyen' et "camarade'", cit., p. 231.

– que é a cooperação dos povos decididos a utilizar seus recursos como for melhor para os interesses de todos"[97].

Essas teses levarão Mauss, em *Appréciation sociologique du bolchevisme*, publicado em 1924, a atacar o "fetichismo político" dos bolcheviques, que queriam dirigir a sociedade por meio de *ukazes*. "Os bolcheviques, marxistas românticos, [...] foram escravos demais da doutrina antiga; acreditaram que o poder político, a lei, o decreto, desde que promulgados por eles, podiam forjar a nova sociedade"[98]. Percebe-se como ainda estava viva a concepção de Proudhon. Mauss tem uma frase notável: "Será preciso, portanto, parar de repetir que 'a tomada do poder político' é a panaceia de todos os males"[99]. Porque não se trata apenas de tomar o poder, mas também de instituir novas formas de vida para que os homens se tornem socialistas, de viver tanto quanto possível a vida socialista imediatamente. O "socialismo prático" não se opõe ao projeto político do partido, mas prepara sua realização por meio do "esboço do direito futuro", como escreveu Mauss em 1904[100]. Marx e Proudhon parecem poder se reconciliar na síntese sociológica e socialista: nas cooperativas, associações de assistência mútua e sindicatos, a tarefa de "eliminar todos os dias um pouco de capitalismo"; no partido, a tarefa de preparar a revolução.

---

[97] Marcel Mauss, "Manifeste coopératif des intellectuels et universitaires français", cit., p. 8. Em sua participação no I Congresso Nacional e Internacional das Cooperativas Socialistas, em julho de 1900, em Paris, Mauss conclama a federação nacional e internacional das cooperativas: "Quando tivermos criado grandes oficinas cooperativas, modelos de produção comunista; quando tivermos invadido de todos os lados os ramos da produção, seja controlando os preços pela compra no atacado, seja incluindo em listas negras as firmas que vivem do duro suor do operário e lutam contra os sindicatos, seja produzindo nós mesmos; quando, por meio de toda uma rede de instituições de solidariedade, tivermos criado a união estreita e íntima entre todos os membros das cooperativas operárias; quando tivermos estabelecido relações com as diversas organizações operárias: cooperativas de produtores, sindicatos profissionais e partido operário internacional, então poderemos sonhar em nos organizar internacionalmente de maneira completa [...]".

[98] Idem, "Appréciation sociologique du bolchevisme", cit., p. 555.

[99] Ibidem, p. 554.

[100] Idem, "La Coopération socialiste", cit., p. 146.

O que sobrou do comum dos operários?

As esperanças depositadas pelos autores, cujas análises acabamos de recordar, na construção da autonomia operária e no desenvolvimento do "socialismo prático" frustraram-se em grande medida. As formas de trabalho impostas pelo capitalismo taylorizado, a estatização da proteção social, o domínio do parlamentarismo na vida política e o desenvolvimento de partidos de massa burocratizados e dirigidos por oligarquias foram fatores que contribuíram para a perda da vitalidade dos órgãos operários. Além disso, transformaram as instituições da emancipação operária em escolas de subordinação às oligarquias políticas ou sindicais, sociais-democratas ou stalinistas. As cooperativas, por sua vez, "seguem sua trajetória de empresas inseridas no mercado, as associações de auxílio mútuo estão escoradas nos sistemas de proteção estatal"[101]. O mutualismo comercial e o "coopitalismo" prevaleram sobre os princípios socialistas no século XX. As formas alternativas de produção e consumo sofreram tamanha pressão do meio ambiente que muitas vezes acabaram se parecendo com as formas dominantes da economia[102].

O estado de debilidade em que se encontra hoje o mundo operário, sua dessindicalização crescente, sua "invisibilização" na sociedade, a desestruturação de seus esquemas organizacionais e o apagamento de suas expressões simbólicas frustram as esperanças que as gerações anteriores podiam depositar na ampliação progressiva da autonomia institucional dos operários[103]. Seja como for, há muito que aprender com essas experiências para começar a repensar o comum. Essa lição nos parece muito diferente da lição extraída pela tradição marxista, que em parte está na origem de nosso atual desnorteamento. Se em Marx tudo repousava sobre a classe responsável pela grande missão redentora, isso se devia à opressão total que a vitimava e, supostamente, a transformaria em "classe universal". Ora, a história não nos revela uma classe passivamente construída pelas lógicas objetivas do capital, mas uma classe que *se fez*, que *se instituiu* por meio da criação de suas próprias categorias, de suas estruturas organizacionais, de suas regras morais e jurídicas. Portanto, devemos considerar essencial a contribuição dos socio-

---

[101] Jean-Louis Laville, *Politique de l'association* (Paris, Le Seuil, 2010), p. 82.
[102] Ibidem, p. 237.
[103] Ver Stéphane Beaud e Michel Pialoux, *Retorno à condição operária* (trad. Mariana Echalar, São Paulo, Boitempo, 2009).

logos e dos historiadores que, na esteira de Proudhon, deram ênfase à construção institucional dos vínculos de solidariedade e dos instrumentos da luta operária.

A lição que se deve extrair dessas experiências também nos parece muito diferente das conclusões políticas a que chegou a "segunda esquerda" sindical ou política – em torno da Confederação Francesa Democrática do Trabalho (CFDT) e do Partido Socialista –, sempre disposta a incensar o "diálogo social" entre "parceiros sociais" em todas as circunstâncias, mesmo nas mais desfavoráveis aos assalariados. A ideologia do "terceiro setor", que consiste em transformar a "sociedade civil" numa esfera cada vez mais autônoma em relação ao Estado e ao mercado e em erigi-la em lugar da democracia verdadeira, levou muitos promotores da "autogestão" a se colocarem do lado da simples gestão das questões sociais da qual o Estado queria se livrar. De fato, é impressionante constatar como a temática da "autogestão", que – tal como a temática da cooperação, antes dela – parecia ser capaz de estabelecer a articulação entre os modos de gestão das organizações e uma forma geral de constituição social, desapareceu de uma hora para outra e foi substituída pela temática da "economia social", divorciada de qualquer horizonte socialista.

O que aconteceu com esse comum dos operários no século XX? Apesar de ser impossível catalogar as inúmeras experiências sociais que pretenderam prolongar as criações do século XIX, podemos destacar ao menos as duas principais. A primeira é a forma revolucionária que visa a uma mudança radical da organização política e social; chega ao auge no início do século XX, nas fases em que são criados novos órgãos de poder (1905 e 1917 na Rússia, 1918 a 1921 na Alemanha, na Hungria e na Itália)[104], e continua viva após a Segunda Guerra Mundial: podemos observar o renascimento de aspirações e práticas de autogestão de 1956 ao início dos anos 1980 na Hungria, na Iugoslávia, na Tchecoslováquia, na Polônia e, na esteira dos movimentos de maio de 1968, em muitas empresas de países capitalistas, das quais a mais famosa na França foi a ocupação da fábrica LIP nos anos 1970. A segunda forma, mais modesta em sua dimensão transformadora, porém muito mais difundida e valorizada hoje, é a da "economia social e solidária", denominação bastante ampla que agrupa associações, sociedades de assistência mútua e cooperativas. Em Mauss e Jaurès, essas duas vias não

---

[104] Ver Pierre Naville, "Note sur l'histoire des conseils ouvriers", *Arguments*, v. 4, 1978.

se excluíam. Para o primeiro, aliás, a única dimensão realmente socialista na revolução russa foi a "tentativa malsucedida de gestão das fábricas pelos conselhos operários"[105]. Isso não o impedia de defender a pluralidade das formas econômicas, mas sob o domínio da forma socialista e pela ótica da revolução. Hoje, as coisas se apresentam de maneira muito diferente. A economia social e solidária é reduzida com frequência a um "terceiro setor" obrigado a prestar contas de sua "utilidade social", em vez de ser vista como uma preparação para a gestão democrática da propriedade social.

Embora a via dos conselhos operários não tenha se fechado completamente, as fases de irrupção mostram-se demasiado breves e dispersas para que se possa enxergar de imediato alguma continuidade. O desaparecimento da perspectiva revolucionária nos últimos anos do século XX torna muito difícil cogitar a implantação repentina de novos órgãos de poder operário. Mas, sobretudo, em condições históricas novas, seria inútil esperar uma espécie de retorno dos "sovietes" ou dos "conselhos operários". Como se verá na última parte deste livro, estamos assistindo a uma mudança muito perceptível do problema no que tange à maneira como a instituição do comum operário foi pensada na longa fase do capitalismo industrial. Para entender isso, convém voltarmos aos comentários de Hannah Arendt sobre a revolução húngara de 1956. Sem dúvida, há muito que objetar à oposição que ela estabelece entre a esfera política (que seria o domínio propriamente humano da práxis) e a econômica (subjugada ao reino animal da necessidade vital). Mas há um ponto em que ela acertou, quando destacou as funções políticas exercidas pelo "conselho revolucionário", em oposição à função de gestão da vida econômica atribuída ao "conselho operário"[106]. Há aqui uma inversão completa do mito da dissolução do político no econômico, velha herança de Saint-Simon que encontramos tanto no proudhonismo como no marxismo. Fiel à memória de Rosa Luxemburgo e, ao mesmo tempo, intérprete original de seu pensamento, Hannah Arendt ressalta que o sistema dos conselhos, que ainda não encontrou uma teoria e "ainda precisa ser inteiramente experimentado", é a única forma política já inventada que se

---

[105] Marcel Mauss, "Appréciation sociologique du bolchevisme", cit., p. 541.

[106] Hannah Arendt, "Réflexions sur la révolution hongroise", em *Les origines du totalitarisme*, cit., p. 921-2: enquanto os conselhos revolucionários "foram sobretudo uma resposta à tirania política", os conselhos operários foram "uma reação aos sindicatos que não representavam os operários, mas o controle que o partido praticava sobre eles".

apresenta como alternativa ao sistema de partidos[107]. A República dos Conselhos não só não anula a esfera política, como a estende a todos os lugares e formas do agir comum, ao bairro, à universidade e às escolas, a *todas* as instituições, e não somente às fábricas.

Contra o modelo saint-simoniano de dissolução da esfera política na gestão da produção, e também contra toda e qualquer separação estrita entre política e economia, as experimentações parciais e as experiências políticas mais amplas do movimento operário possibilitaram o esboço da *forma política geral* do comum. Isso significa que as formas de associação, cooperação, mutualidade etc. não devem ser entendidas como ferramentas de gestão econômica e regulação social, mas como instituições inteiramente políticas. Isso faz que a "economia social e solidária", ou "terceiro setor", não seja uma alternativa em si mesma, mas um terreno de conflitos em que se decide a submissão à lógica dominante ou a rejeição prática dessa lógica[108].

No discurso inaugural da Associação Internacional dos Trabalhadores, redigido em 1864, Marx ressalta que o movimento cooperativo surgido do owenismo mostrou na prática que a economia pode funcionar sem os proprietários capitalistas:

> Nunca será demais exaltar o valor dessas grandes experiências sociais. Por ações, e não por raciocínios, elas provaram que a produção em grande escala, e em conformidade com as exigências da ciência moderna, pode funcionar sem uma classe de proprietários empregando uma classe de "braços"; que os meios de trabalho, para produzirem frutos, não precisam ser monopolizados para a dominação e exploração do trabalhador; que o trabalho assalariado, assim como a escravidão e a servidão, é simplesmente uma forma transitória e inferior, destinada a desaparecer diante dos trabalhadores associados, que trarão para suas tarefas braços dispostos, espírito alerta e coração alegre.[109]

Mas também afirmara, em oposição aos proudhonianos reticentes diante da luta política, que o desenvolvimento da cooperação no plano econômico de modo algum basta por si só e não deixa de exigir uma transformação política radical que permita dar um impulso geral a essa nova

---

[107] Ibidem, p. 923: "No contexto moderno, os conselhos são a única alternativa que conhecemos ao sistema de partidos, e os princípios em que se baseiam distinguem-se em muitos aspectos por sua oposição ao sistema de partidos".

[108] Ver Parte III deste volume, "Proposição política 5".

[109] Karl Marx, "Adresse inaugurale de l'AIT" (1864), *Oeuvres I*, cit., p. 466.

forma de organização: "Para que as massas trabalhadoras sejam libertadas, a cooperação deveria adquirir abrangência nacional, portanto seria preciso promovê-la por meios nacionais". E concluía que a "grande tarefa das classes trabalhadoras é conquistar o poder político"[110].

Marx não contrapunha cooperação no plano econômico e tomada do poder pelos trabalhadores; combinava-as, fazendo desta a condição daquela. Esse texto de 1864 será completado e corrigido pelo texto escrito em homenagem à Comuna de Paris: *A guerra civil na França**. Nesse texto, ele ressaltará que "a classe operária não pode simplesmente tomar posse da máquina já pronta do Estado e fazê-la funcionar por sua conta"[111]: ela deve instaurar uma forma política inédita, a da "constituição comunal". Nesse sentido, a Comuna não tentou "tomar o poder", mas tentou destruir o antigo poder de Estado para construir um novo tipo de poder político, o que é muito diferente. Ela rompe com a alternativa – em forma de intimação burocrática – entre "tomar o poder ou renunciar à revolução". Isso equivale a dizer, contrariando Arendt, que existe uma práxis "econômica", e não apenas uma práxis política, ou, mais exatamente, que a práxis política tem como vocação afirmar-se no próprio campo da economia e deve ser pautada pelos mesmos princípios e visar também à criação de instituições de autogoverno. A questão é saber por meio de que prática essa criação institucional pode, se não vir diretamente à luz, ao menos ser preparada nas condições das lutas sociais dos dias de hoje.

---

[110] Ibidem, p. 467.

* Trad. Rubens Enderle, São Paulo, Boitempo, 2011. (N. E.)

[111] Karl Marx e Friedrich Engels, *Inventer l'inconnu: textes et correspondance autour de la Commune* (Paris, La Fabrique, 2008), p. 151.

10
A PRÁXIS INSTITUINTE

O que nos parece é que a produção de um direito do comum não pode ser pensada apenas nos termos do "direito consuetudinário". Não que o costume não possa produzir o direito; o que acontece é que essa produção é fundamentalmente da ordem da transmissão inconsciente de regras muito antigas. Como vimos, essa transmissão é confirmadora e recondutora em sua essência, mesmo quando produz modificações no longo prazo[1]. Por isso, é incapaz de instituir por si própria o inapropriável, visto que esse ato instituinte tem de ser consciente: na verdade, trata-se de voltar o direito de uso *contra* a propriedade, seja ela privada ou estatal. Antes do uso instituinte do qual já falamos[2], há um ato instituinte que não é da ordem do uso, mas o precede. Os "costumes da pobreza", sem dúvida alguma, desempenharam papel histórico importante, e esse papel está longe de se esgotar. Entretanto, não é diminuí-lo reconhecer que os costumes da pobreza visavam sobretudo proteger das crescentes usurpações dos proprietários privados uma área em que, bem ou mal, os antigos direitos coletivos continuavam a valer. Daí a coexistência desses direitos com a propriedade privada: a mesma terra podia muito bem ser propriedade privada de um particular e ter usos coletivos em certas condições de tempo e espaço.

Mas está na hora de criar novos direitos de uso que, pelo reconhecimento de uma norma social de inapropriabilidade, imponham limites à propriedade privada e, nesse sentido, façam-na recuar. Consequentemente, a questão preliminar é saber por qual prática podemos inventar regras de

---

[1] Ver capítulo 7 deste volume.
[2] Ver o fim do capítulo 6 deste volume.

direito capazes de se tornar costumes no longo prazo. Essa invenção, como se pode ver, é que nos parece essencial, e não a questão, em si mesma desprovida de sentido, de como proceder para estabelecer costumes, isto é, maneiras de fazer e agir. Na verdade, ninguém pode decidir a instauração de um costume, simplesmente porque ninguém pode inaugurar um costume por escolha ou decretá-lo por um ato de tipo legislativo. *Não se decreta um costume.* A dificuldade é bem explicitada por Vincent Descombes com a história do diretor de um novo colégio particular inglês, que está preocupado em promulgar um costume:

> Se um agente individual, mesmo investido de autoridade como o diretor do colégio, não consegue criar uma tradição com um ato declaratório, e se um agente coletivo composto por diretor, funcionários e alunos também não consegue, quem consegue? *Como a vontade consegue criar um costume?*[3]

Vemos que substituir um agente individual por um agente coletivo não evita o paradoxo de um costume estabelecido pela virtude de uma decisão. Em compensação, se ninguém, seja indivíduo ou coletivo, consegue instituir um costume, as pessoas podem produzir regras de direito por meio de sua prática coletiva, não só independentemente das leis existentes, mas, se for o caso, contra elas. Não é possível decidir de antemão a transformação dessa prática em costume, mas pode-se agir para reativar continuamente o poder que presidiu à instituição dessas regras, o que, sem dúvida, é a melhor forma de "transformar" essas regras em costumes. Pois, embora seja verdade que não se decreta um costume, *é possível decidir a instituição de regras capazes de se tornarem costumes pela força da prática.* Encontramos aqui o terrível problema da instituição entendida como ato.

O que é uma instituição? Essa é a pergunta que a sociologia se faz desde que se constituiu, ou, mais especificamente, a pergunta que ela se fez enquanto estava em jogo a delimitação de seu objeto e, portanto, sua especificidade como disciplina. Assim, em "Sociologia: objeto e método", artigo publicado em 1901 na revista *L'Année Sociologique*, Marcel Mauss e Paul Fauconnet, dois discípulos de Émile Durkheim, procuraram dar uma definição rigorosa da sociologia tomando a instituição como seu conceito fundamental[4]. Pode-

---

[3] Vincent Descombes, *Les Embarras de l'identité* (Paris, Gallimard, 2013), p. 245 (grifo nosso).

[4] Ver Marcel Mauss, *Essais de sociologie* (Paris, Le Seuil, 1971) [ed. bras.: *Ensaios de sociologia*, trad. Luiz João Gaio e J. Guinsburg, 2. ed., São Paulo, Perspectiva, 2013].

mos nos perguntar, no entanto, se o conceito de instituição é primeiro e acima de tudo um conceito da sociologia. Basta perguntarmos de que ato procede a instituição como sistema de regras para começarmos a duvidar. Segundo a etimologia latina, o verbo *instituere* pode significar o ato de estabelecer ou fixar um estado de coisas, o ato de fazer ou empreender, a ação de pôr ou plantar, bem como a atividade de adestrar ou educar[5]. A primeira pergunta, portanto, não é "o que é *uma* instituição?", mas "o que é instituição como ato de instituir?". É esse sentido *ativo* que o francês conservará durante muito tempo, entendendo o verbo *instituer* [instituir] como o fato de estabelecer uma norma de ação, implantar um poder legítimo, atribuir a alguém um título ou poder, ou formar e educar um ser natural para torná-lo um homem civilizado[6]. Com a passagem do verbo a substantivo, foi o *resultado* do ato, e não o ato em si, que acabou fixando a atenção: *instituição* significa então o sistema de regras que rege uma coletividade, e não o ato de legislar; o grupo social cuja coesão é assegurada por um poder de coerção, e não o ato de transmitir ou conferir esse poder; o estabelecimento da instrução, e não a atividade de instruir. Procurou-se remediar esse inconveniente designando com o substantivo "institucionalização" a dimensão de ato explicitamente contida no verbo "instituir". Em Chaïm Perelman, por exemplo, encontramos a ideia de que "institucionalização" é o ato de criar novas instituições pela lei[7]. Mas essa ênfase na atividade criadora não consegue desfazer o equívoco, uma vez que "institucionalização" pode significar o ato de oficializar uma coisa que já existe e não é reconhecida, conferindo-lhe a fixidez de uma regra explícita que até então valia apenas de modo implícito. Será possível dizer, por exemplo, que uma mudança de estatuto em virtude da qual certa organização adquire personalidade moral, tornando-a titular de um direito, realiza uma "institucionalização". Vemos despontar aqui uma dimensão de reconhecimento *ex post facto* que contrasta fortemente com a dimensão de atividade criadora

---

[5] Ver o verbete "Institution" da *Encyclopédie philosophique universelle II: les notions philosophiques*, cit.

[6] Idem. É precisamente a esse último sentido que Montaigne se refere quando fala da "*institution des enfants*" [instituição dos filhos] em um dos capítulos de seus *Ensaios*. Ver Montaigne, *Essais* (Paris, Arléa, 1992), livro I, cap. XXVI, p. 112 [ed. bras.: *Ensaios*, trad. Sérgio Milliet, São Paulo, Abril Cultural, 1984].

[7] Chaïm Perelman, *Droit, morale, philosophie* (Paris, LGDJ, 1968), citado em François Gresle et al., *Dictionnaire des sciences humaines* (Paris, Nathan, 1990), p. 167.

que produz algo novo. Mas, com isso, apenas se transfere a dificuldade da relação entre o ato e seu resultado para a natureza do próprio ato: este consistiria ou na consagração oficial do já existente ou no fato de dar existência ao inteiramente novo.

A redução sociológica da instituição ao instituído

Como a sociologia tentou pensar essa dualidade da natureza da instituição? Ou, mais exatamente, ela tentou de fato pensá-la? Para Comte, a ideia que deveria presidir ao advento da sociologia é que o reino humano social, assim como o reino físico, biológico ou psicológico, está submetido a leis inteligíveis; é como dizer que existem fenômenos propriamente sociais explicáveis por causas sociais, que as sociedades ou os grupos sociais possuem particularidades distintas dos indivíduos que os compõem, e essas particularidades determinam certos comportamentos de seus membros. Portanto, a sociedade é um conjunto de formas ou hábitos coletivos que preexistem ao indivíduo e moldam sua maneira de agir, sentir e pensar. A língua, as regras matrimoniais, as crenças religiosas são exemplos disso. No prefácio à segunda edição de *As regras do método sociológico** (1901), Durkheim define a instituição nos seguintes termos: "Podemos denominar instituição todas as crenças e todos os modos de conduta instituídos pela coletividade; assim, a sociologia pode ser definida como a ciência das instituições, de sua gênese e de seu funcionamento"[8]. Para Mauss e Fauconnet, a palavra "instituição" é a mais apropriada para designar "todas as maneiras de agir e de pensar que o indivíduo já encontra preestabelecidas e cuja transmissão se faz, no mais das vezes, pela educação"[9]. Segundo eles, o objeto da sociologia consiste num conjunto de hábitos coletivos, isto é, "maneiras de agir ou pensar, consagradas pela tradição e impostas aos indivíduos pela sociedade". Com a ressalva de que esses hábitos "se transformam continuamente" e essas transformações também devem ser consideradas partes do objeto da sociologia. Para sermos mais precisos, essas formas sociais não são independentes: elas estão em interdependência umas com as outras e com o próprio meio.

---

* Trad. Paulo Neves, 3. ed., São Paulo, Martins Fontes, 2009. (N. E.)
[8] Citado em *Dictionnaire de la pensée sociologique* (Paris, PUF, 2005), p. 360.
[9] Idem.

Portanto, o objeto da sociologia é o sistema constituído por todas essas formas irredutíveis à vontade ou ao sentimento individual.

O signo do social, como objeto da sociologia, é seu caráter supraindividual, exterior e superior, muitas vezes obrigatório, em virtude dessa mesma exterioridade e superioridade. Enquanto nas chamadas sociedades "tradicionais" o papel da obrigação é muito forte, como indica o valor religioso ligado aos atos mais prosaicos, nas sociedades "superiores" o indivíduo parece mais autônomo. O caráter social está menos ligado ao caráter obrigatório do hábito do que ao seu caráter instituído, ou preestabelecido, e a educação existe para assegurar a penetração desses hábitos e formas preestabelecidas no indivíduo. A natureza *preestabelecida* do fato social – sua condição de "já estar aí" *antes* do indivíduo e, correlativamente, de o indivíduo sempre o "encontrar já aí"[10] – leva Fauconnet e Mauss a propor a célebre definição da sociologia como ciência das instituições, sendo a instituição definida de maneira muito ampla como "um conjunto totalmente *instituído* de atos ou ideias que os indivíduos encontram diante de si e que lhes é imposto em maior ou menor grau"[11]. Percebe-se assim que a definição de instituição dada por eles vê o instituído, isto é, o *preestabelecido*, como sua característica principal.

Isso leva os autores a uma analogia ousada e razoavelmente naturalista: "A instituição está para a ordem social assim como a função está para a ordem biológica: do mesmo modo que a ciência da vida é a ciência das funções vitais, a ciência da sociedade é a ciência das instituições assim definidas"[12]. Está aberta a porta para aquilo que, no século XX, em particular no mundo anglo-saxão, virá a ser a chamada sociologia "estrutural-funcionalista" – a de Parsons em especial –, que faz a instituição pender para o estabelecido e fixado. No entanto, a insuficiência dessa primeira definição do social como instituído ou preestabelecido é patente para os próprios autores. O que acontece com a mudança, com a história, se a instituição é *análoga* à função biológica? Eles não esqueceram a dualidade da análise que Comte fazia do fato social, que deve ser considerado por dois ângulos: o estático e o dinâmico.

---

[10] Para imitar o verbo alemão *vorfinden*, que, como veremos mais adiante neste capítulo, pertence à linguagem de Hegel e Marx.
[11] Ver Marcel Mauss, *Essais de sociologie*, cit., p. 16 (grifos nossos).
[12] Ibidem, p. 16-7.

Mas a dimensão dinâmica do fato social é sempre concebida como variação do estabelecido. Nenhuma mudança acontece do nada. Mudança só existe de instituições: "Todas essas mudanças são sempre modificações, em graus diversos, de instituições existentes"[13]. O objeto da sociologia é redefinido, portanto, como ciência das instituições *vivas*, "como elas se formam, funcionam e se transformam nos diferentes momentos"[14].

Encontramos essa ideia nas considerações de Fauconnet e Mauss a respeito da "explicação sociológica". Da explicação dos fatos sociais por outros fatos sociais, e das instituições por outras instituições, não se deve deduzir que a ação das estruturas sociais sobre as estruturas sociais é direta. Não existe força de transformação da sociedade que não seja por via da "opinião", ou, mais exatamente, da "representação coletiva". "Os fatos sociais, portanto, são causas porque são representações ou agem sobre representações. O fundo íntimo da vida social é um conjunto de representações"[15]. Nem por isso nossos sociólogos escapam do círculo que faz das representações "expressões" de certos estados sociais, que, por sua vez, são considerados efeito das representações. As representações são mediações necessárias, condições e fatores da mudança. Elas simbolizam estados materiais, morfologias, instituições. Transformando-se, confrontando-se, alterando-se, essas representações possibilitam modificar estados e instituições. Isso permite a Fauconnet e Mauss afirmar: "A explicação sociológica assim entendida não merece em grau algum a acusação de materialista que lhe foi dirigida algumas vezes"[16]. Desse modo, passa-se do instituído dado ao instituído modificado pela intermediação das representações, sem nunca sair do instituído, porque as próprias representações que estão na origem da modificação do instituído são expressão de um instituído.

Naturalmente, certas correntes se mostrarão mais preocupadas em repensar a instituição em suas características diferenciais, em vez de diluir seu conceito a ponto de torná-la o único objeto da sociologia. Max Weber, por exemplo, distinguirá "associação" (*Verein*) e "instituição" (*Anhalt*)[17]. Esses

---

[13] Ibidem, p. 17.

[14] Idem.

[15] Ibidem, p. 26.

[16] Ibidem, p. 28-9.

[17] Sobre essa distinção, ver Max Weber, *Économie et société: les catégories de la sociologie* (Paris, Pocket, 1995), t. 1, p. 94-5 [ed. bras.: *Economia e sociedade*, trad. Regis Barbosa e Karen Elsabe Barbosa, São Paulo, Editora da UnB, 2004].

dois tipos de grupos têm em comum o fato de comportarem "regulamentos estabelecidos racionalmente", isto é, "metodicamente". A diferença se deve ao fato de que, no caso da associação, "os regulamentos estatutários reivindicam validade apenas para os que nela entram livremente e por iniciativa própria", ao passo que, no caso da instituição, os regulamentos são "outorgados". Na terminologia do autor, é outorgado "*todo* regulamento que não seja estabelecido por um entendimento livre e pessoal de todos os participantes, portanto por uma 'decisão tomada majoritariamente', à qual a minoria se submeta"[18]. Como diz Weber:

> Os regulamentos de uma instituição pretendem ser válidos para todo indivíduo que *atenda* a certos critérios (nascimento, domicílio, contribuição para determinadas instituições), não sendo importante que o indivíduo em questão tenha entrado nela por iniciativa própria – como no caso da associação – e, mais do que isso, tenha participado do estabelecimento dos estatutos.[19]

Esse critério do caráter outorgado dos regulamentos é que justifica a inclusão do Estado e da Igreja na categoria das instituições. Portanto, estamos diante de uma "oposição polar" que não tem a mínima intenção de esgotar a totalidade dos grupos concebíveis. A questão sociológica que chama a atenção de Weber aqui é determinar o grau de docilidade com que os membros de um grupo institucional se submetem ao "poder *outorgante*"[20]. Nessa perspectiva, o ato de decretar os regulamentos importa menos que a maneira como os regulamentos, uma vez decretados, são obedecidos. Portanto, por razões metodológicas profundas, a dimensão instituinte propriamente dita nem sempre será levada totalmente em consideração.

Instituição, soberania, autoridade

Em oposição a essa abordagem que, diga o que disser, não consegue captar as "instituições vivas" em seu próprio processo de formação, a ambição de Sartre em *Crítica da razão dialética* é flagrar o momento específico do surgimento da "instituição" a partir do momento imediatamente anterior, ou seja, o

---

[18] Ibidem, p. 92.
[19] Ibidem, p. 94.
[20] Ibidem, p. 92. Max Weber introduz o conceito de "constituição" em sentido não jurídico, para significar a "possibilidade *efetiva* de submissão" dos membros do grupo ao poder outorgante.

do "grupo organizado". É em função dessa gênese da instituição a partir do que a antecede que Sartre se considera capaz de explicar o ser contraditório da instituição: a instituição "tem o caráter contraditório, frequentemente apontado pelos sociólogos, de ser uma *práxis* e uma coisa"[21]. De um lado, como práxis, ela é e continua a ser pautada por finalidades que tanto podem ser libertadoras como alienadas – o que Sartre denomina seu "sentido teleológico"; mas, por outro lado, "a instituição como tal possui considerável força de inércia: não só por fazer parte de um conjunto institucional e de não poder ser modificada sem que sejam modificadas todas as outras instituições, mas, sobretudo e em si mesma, porque ela se coloca como essencialidade, por e em seu próprio ser-inerte, e define os homens como meios inessenciais de perpetuá-la"[22]. Portanto, o que faz a especificidade da instituição é que, mesmo sendo caracterizada por uma força de inércia intrínseca, seu ser-inerte de coisa não anula seu caráter de prática, o que inevitavelmente faria dela um "puro cadáver". Vemos que, nessa problematização do ser da instituição, as características de "práxis" e de "coisa" não se resumem à distinção, da qual se tratou acima, entre instituição como "ato" e instituído como "resultado". De fato, tomada em si mesma, a distinção entre ato e resultado não presume a permanência ou não permanência do ato para além de seu resultado, como também não presume a coisidade do resultado: o fato de o ato ser uma práxis – o que dificilmente ele pode deixar de ser, a menos que seja concebido como uma decisão absoluta – não implica que seu resultado seja uma coisa. Em contrapartida, a práxis não é redutível ao momento inaugural da criação da instituição: ela sustenta o ser do instituído muito além de seu estabelecimento, até em seu funcionamento cotidiano. Em termos mais diretos, é a realidade do resultado, logo a do próprio instituído, que devemos compreender ao mesmo tempo como práxis e coisa, em vez de separar as duas características em dois momentos temporalmente disjuntos. Portanto, é preciso conseguir compreender como, em certas condições, a práxis humana pode adquirir essa inércia de "coisa" para tornar-se instituição, diferenciando-se desse modo das formas de prática ainda desprovidas dessa coisidade e das quais, porém, a instituição provém em certo sentido.

---

[21] Jean-Paul Sartre, *Critique de la raison dialectique* (Paris, Gallimard, 1960), p. 687 [ed. bras.: *Crítica da razão dialética*, trad. Guilherme João de Freitas Teixeira, Rio de Janeiro, DP&A, 2011].

[22] Idem.

Para isso, é importante dar uma ideia, mesmo que sumária, do modo de progressão que leva Sartre a essa passagem do grupo organizado à instituição. Resumido à linha geral, seu exame começa pelos "conjuntos prático--inertes", depois estuda os diferentes tipos de "grupos", até chegar às "classes sociais", que, com sua luta, realizam a passagem para a história. Por sua vez, os conjuntos prático-inertes compreendem o "serial" e o "coletivo": enquanto o serial é uma pluralidade de solidões – por exemplo, os usuários de uma linha de ônibus à espera do mesmo veículo, que só se distingue dos outros por um número –, o coletivo se define como a "relação de duplo sentido entre um objeto material e trabalhado e uma multiplicidade que nele encontra sua unidade de exterioridade" – podemos imaginar uma coletividade de operárias que trabalhem na mesma fábrica de uma cidade, constituindo uma multiplicidade de indivíduos intercambiáveis aglomerados num modo essencialmente passivo[23]. O grupo constitui-se como reação aos conjuntos prático-inertes e define-se por uma práxis comum orientada para uma finalidade comum. Essa práxis de grupo provém de uma luta cujo objetivo é superar a impotência e a dispersão que caracterizam a serialidade. A análise do grupo sucede, por consequência, à do prático-inerte. Mas não devemos nos equivocar quanto ao sentido dessa sucessão: afirmar, como Sartre, que "o ajuntamento inerte com sua estrutura de serialidade é o tipo fundamental da socialidade"[24] não equivale a afirmar uma "prioridade histórica ou temporal" qualquer, mas simplesmente uma "anterioridade lógica". Por exemplo, os grupos se constituem como "determinações-negações" do coletivo – subconjunto do prático-inerte –, o que significa que "eles o superam e preservam"[25], ao passo que o coletivo, mesmo que advenha da desintegração de um grupo, não conserva nada deste último enquanto coletivo. O fato de o grupo estar sempre sob a ameaça de incidir no coletivo não impede que ele tenha sempre de se constituir contra o coletivo e que, nesse sentido, o pressuponha. Assim, temos diante de nós uma reconstituição genética que opera pela via da superação dialética, indo do simples ao complexo, e, portanto, não é passível de inversão. Dentro dos grupos, distinguimos sucessivamente o "grupo em fusão", o "grupo organizado" e

---

[23] Tomamos esse exemplo de Alphonse De Waelhens, "Sartre et la raison dialectique", *Revue Philosophique de Louvain*, série 3, v. 60, n. 65, 1962, p. 88.
[24] Jean-Paul Sartre, *Critique de la raison dialectique*, cit., p. 452.
[25] Idem (no sentido do verbo *aufheben* na linguagem hegeliana).

o "grupo-instituição". É característico do grupo em fusão proceder exclusivamente de uma práxis comum e não ter um aparato organizado, ao contrário do grupo organizado, que implica uma "divisão das tarefas"[26] e "aparatos especializados" que dirijam e controlem a práxis comum.

A questão, portanto, é saber como ocorre a passagem da organização para a instituição. A resposta de Sartre é que as contradições dentro do grupo organizado acarretam a transformação do grupo em instituição por "petrificação" da prática e por fortalecimento da lógica de integração: "A organização se transforma em hierarquia, os juramentos originam a instituição"[27]. O juramento é o meio pelo qual o grupo tenta garantir sua sobrevivência para além da luta que lhe deu origem, assumindo certa continuidade. Nisso, o juramento é indissociável do Terror, ao menos como Terror interno praticado pelo grupo sobre cada um de seus membros: cada indivíduo jura não descumprir o juramento, mas justifica com isso sua própria liquidação como traidor, em caso de dissidência. Mas essa é uma maneira de se proteger da ameaça do prático-inerte, criando uma "inércia factícia" que é, precisamente, a inércia jurada. A contradição aparece claramente aqui, visto que o recurso ao Terror acaba fortalecendo a inércia que ele deveria combater. É essa contradição que permite compreender o surgimento da instituição como o momento em que a soberania assume a determinação da autoridade. A soberania consiste, pois, no poder absoluto que o grupo tem sobre cada um de seus membros em virtude do juramento. Mas, uma vez que cada membro faz um juramento e recebe o juramento dos outros, todos são soberanos, ou "quase soberanos", como diz Sartre, porque a soberania de cada um é limitada pela soberania dos outros. A soberania tende, portanto, à unificação e à totalização, mas nunca consegue alcançá-la por causa dessa limitação recíproca. Esse precisamente é o fundamento do Terror interno: o grupo reivindica essa totalização inviável e cada um se define a partir dessa totalidade inexistente, donde essa espécie de "vazio interior", "distância" ou "mal-estar" apenas exprime a impotência de todos e provoca o reforço das práticas de integração[28]. É para tentar superar esse vazio ou distância insuperável que a soberania assume a forma de autoridade. Esta última nasce quando "a sobe-

---

[26] Ibidem, p. 544: "A organização é, portanto, divisão das tarefas".

[27] Ibidem, p. 671. Não deixa de ter importância o fato de que a ênfase dada à hierarquia leve a ver o exército como o "tipo do grupo institucional" (ibidem, p. 690).

[28] Ibidem, p. 686.

rania rotativa de cada um se imobiliza" e torna-se a "relação específica de um só com todos" pela qual esse "um só" "recebe e concentra a violência interna do grupo como poder de impor sua regulamentação"[29]. Em vez de conseguir realizar a totalização esperada e desejada, a autoridade apenas acentua a contradição interna da soberania. Como diz Sartre, "o soberano reina sobre a impotência de todos e por meio dela", no sentido de que a união viva de todos os membros do grupo privaria sua função de qualquer razão de ser; mas, ao mesmo tempo, sua função é lutar contra as tendências à dispersão e à serialidade, "isto é, contra as condições mesmas que tornam seu ofício legítimo e possível"[30].

No fim das contas, tal como é entendido nessa dialética, o momento da instituição no grupo corresponde à "autodomesticação sistemática do homem pelo homem", isto é, a uma "práxis ancilosada" que "recebe a ancilose da nossa impotência" e "constitui para cada um e para todos um índice preciso de *reificação*"[31]. O surgimento da instituição se apresenta, então, como um "momento de degradação comum", em que "cada indivíduo aspira a excluir de si mesmo a liberdade para realizar como coisa a unidade ameaçada do grupo descendente"[32]. Podemos nos perguntar se não está aí o principal limite dessa análise. Obviamente, ela tem o mérito incontestável de tentar pensar o ser da instituição como práxis, ao arrepio da abordagem da sociologia clássica. Também tem o mérito de se esforçar por explicar a inércia própria do instituído a partir das próprias características dessa práxis, sem recorrer à intervenção de uma instância totalmente estranha a ela, à maneira de um *deus ex machina*. Mas por que reduzir deliberadamente a instituição a essa corrida para a reificação? E, em particular, por que não tentar pensar a instituição a partir da práxis comum do grupo de combate, portanto antes desse momento de degradação comum e ancilose? Se tivesse seguido esse caminho, Sartre talvez houvesse entreaberto uma possibilidade diferente, a possibilidade de uma práxis comum que fizesse emergir a instituição e *não* tivesse como destino a soberania e a autoridade. Mas ele tinha de sacrificar essa possibilidade à lógica de uma argumentação montada desde o início para mostrar o Estado como "órgão de integração" dos

---

[29] Ibidem, p. 693.
[30] Ibidem, p. 713.
[31] Ibidem, p. 692.
[32] Idem.

diferentes grupos dentro da sociedade, mais precisamente, como um grupo dirigente cujo poder decorre da manipulação dos coletivos inertes[33]. Em última análise, o Estado deve se apresentar como a verdade última da instituição. Portanto, a questão está em saber se é possível pensar a instituição de outro modo que não seja na determinação da autoridade e da soberania.

Instituição e poder constituinte

Se é verdade que "a *autoridade* repousa necessariamente sobre a inércia e a serialidade, como poder constituído"[34], também é verdade que, inversamente, ela precisa trabalhar para opor-se ativamente à "invasão do grupo pela serialidade", o que ela faz na figura do soberano: "O grupo institucional, razão constituída, dialética imitada e já desviada pela serialidade, discerne-se na unidade prática do soberano como razão constituinte"[35]. A distinção entre "razão constituída" e "razão constituinte" lembra, naturalmente, a distinção correspondente entre "poder constituído" e "poder constituinte". Ela suscita a questão do que se deve pensar de um grupo incapaz de se discernir em sua força constituinte de outro modo que não seja pela unidade de um soberano. Também suscita a questão da relação entre o poder constituinte e a unidade do soberano. Mas, antes de tudo, suscita a questão de se saber o que deve ser entendido exatamente por "poder constituinte".

Em seu sentido político clássico, a distinção entre o poder constituinte e o poder constituído remonta a Sieyès: o poder constituinte é a fonte da qual provém a constituição e, como tal, não pode decorrer de uma constituição qualquer, nem mesmo se comprometer de antemão a não modificar a constituição que ela tem por tarefa decretar. Consequentemente, o poder constituinte consiste numa vontade livre de regras, ou vontade absoluta, que se anularia se aceitasse submeter-se a uma norma preexistente ou curvar-se previamente à norma a que ele dá existência em virtude de seu próprio exercício. A "nação" é seu sujeito exclusivo, e todos os outros poderes (legislativo, executivo, judiciário), sendo "constituídos" por ele, não passam de emanações suas. Sabemos que Carl Schmitt radicalizou ainda mais essa

---

[33] Ibidem, p. 610.
[34] Ibidem, p. 694.
[35] Ibidem, p. 705.

identificação entre poder constituinte e vontade política situada além de qualquer norma, mesmo constitucional, tornando toda ordem política dependente de uma "decisão política fundadora"[36]. De fato, toda uma tradição de pensamento concebeu o poder constituinte como o protótipo do poder soberano, isto é, absoluto – literalmente, "livre com relação às leis". É compreensível que, nessas condições, seja muito difícil pensar algo como um poder constituinte que derive de uma práxis comum e, nesse sentido, seja não soberano.

E, no entanto, esse é o desafio de Hardt e Negri em *Multidão* e *Commonwealth*. O objetivo deles é saber como pensar a dupla relação da insurreição com a instituição: de um lado, a insurreição precisa combater as instituições estatais estabelecidas, com o intuito de destruí-las; mas, de outro, precisa de instituições "alternativas", sem as quais não pode vencer a prova da duração. Está claro que, para superar essa dificuldade, é preciso recusar-se a pensar estas últimas como homólogas daquelas primeiras: a insurreição e a rebelião precisam de um novo tipo de instituição. Se conseguíssemos pensar essa novidade radical, poderíamos convir facilmente com Sartre que as instituições estatais são do âmbito da lógica da soberania, mas sem por isso reduzir toda e qualquer instituição a essa lógica. Haveria espaço também para instituições que, em vez de tentar realizar a unificação e a totalização pela "supressão prática dos conflitos de classe" (Sartre), transformariam o próprio conflito no elemento essencial de sua construção. Na última das duas obras mencionadas, Hardt e Negri apoiam-se em experiências muito diversas para redefinir o conceito de instituição a partir de três elementos: primeiro, a instituição se fundamenta no conflito, no sentido de reforçar e ampliar a força de ruptura própria das revoltas e insurreições, assumindo-a em seu próprio interior – trata-se da instituição como conflituosidade assumida; segundo, a instituição consolida as novas formas de vida surgidas no decorrer da insurreição, transformando-as em hábitos e práticas coletivas – trata-se da instituição apreendida como processo de institucionalização em ato; por último, a instituição é aberta a sua própria transformação permanente pelas singularidades que a compõem – é a instituição como processo permanente de autotransformação, contra a paralisação do instituído[37].

---

[36] Carl Schmitt, *Théorie de la constitution* (Paris, PUF, 1990).
[37] Sobre essa redefinição a partir dos três elementos, ver Michael Hardt e Antonio Negri, *Commonwealth*, cit., p. 462-3.

Tal redefinição, porém, ainda que se justifique com referências a Espinosa e Maquiavel[38], não deixa de apresentar dificuldades. Como percebem nossos dois autores, ela se expõe a duas objeções importantes: uma sociológica e outra política. A objeção sociológica remete a uma concepção até certo ponto funcionalista da instituição: os indivíduos "entram nas" instituições das quais "saem" identidades, pois a função das instituições é precisamente realizar a transformação dos indivíduos conformando o comportamento deles a modelos identitários. A resposta de Hardt e Negri é que a questão toda está em determinar o "lugar do poder": segundo essa "noção sociológica clássica", são as instituições que "formam" os indivíduos, enquanto, para eles, são as singularidades que "formam" as instituições. Por trás da ideia da "entrada" dos indivíduos nas instituições, encontramos a tese já mencionada no início deste capítulo: as instituições se encontram sempre já aí, antes dos indivíduos, independentemente da atividade deles. A segunda objeção remete a um conjunto de teorias políticas e jurídicas tão "clássicas" quanto a sociologia da primeira objeção. Segundo essas teorias, a ordem política baseia-se na transferência de direitos e poderes dos indivíduos para uma autoridade soberana. A redefinição da instituição proposta por Hardt e Negri se revela incapaz de explicar a estabilidade da ordem política, porque se recusa a vê-la como dependente da soberania. Observe-se que, se também nesse caso os indivíduos "entram nas instituições", eles não o fazem por coerção silenciosa, mas por uma transferência voluntariamente consentida. O essencial, portanto, é eles terem de "entrar" nas instituições, e não a maneira como entram: pois, mesmo "entrando", não conseguem exercer um poder "formador" sobre elas. Ao contrário do que dizem as teorias do contrato social, os indivíduos não são de fato a fonte das instituições, visto que estas últimas só vêm à luz graças a uma renúncia da parte deles. Sendo assim, as instituições devem "servir de fundação ao poder constituído, isto é, à ordem constitucional da soberania". Contra essa objeção, Hardt e Negri relacionam as normas produzidas pela revolta com um poder constituinte e não com um poder constituído: "A nosso ver, ao

---

[38] Nomeadamente o Espinosa do *Tratado político* [São Paulo, Ícone, 2007] e o Maquiavel dos *Discursos sobre a primeira década de Tito Lívio* [São Paulo, Martins Fontes, 2007]. Esses dois autores aparecem em Hardt e Negri como os defensores da "linha menor", a que pensa as instituições em termos de conflito social, em oposição à "linha maior", que coloca o contrato no fundamento das instituições.

contrário, as instituições não formam um poder constituído, mas constituinte". Contudo, a originalidade desse poder constituinte está em opor-se ativamente à formação de um poder soberano: "As singularidades que compõem a multidão não transferem seus direitos ou poderes; elas impedem a formação de um poder soberano e, graças aos encontros, tornam-se mais poderosas"[39]. Em vez de ter de "entrar em" instituições formadas independentemente delas, essas singularidades fortaleceriam seu poder formador à medida que se exercitam em comum. A dificuldade, no entanto, é justamente compreender como esse poder pode dar lugar a um exercício comum.

No capítulo 6.3 de *Commonwealth*, "Governar a revolução", Negri e Hardt não se limitam a assumir a noção de "poder constituinte", em especial criticando os "mecanismos que confinam o desenvolvimento do poder constituinte nas estruturas de um poder constituído"; eles vão mais longe ainda, introduzindo a noção problemática de "governança constituinte"[40]. Não ignoram que, originalmente, o conceito de "governança" remetia às "estruturas de regulação, gestão e contabilidade das empresas capitalistas" e só mais tarde passou a designar as formas da dominação imperial. Aos que contrapõem de forma clássica a exigência de um governo com estruturas jurídicas fixas à realidade de uma "governança global" com mecanismos fluidos e flexíveis eles retrucam que, ao contrário, é preciso subverter esse conceito de governança a partir de dentro e reformulá-lo como conceito de democracia e de revolução[41]. Apoiando-se nos trabalhos de um grupo de teóricos alemães que se inspiram na abordagem dos sistemas de Niklas Luhmann, eles entendem a passagem do "governo" à "governança" como tentativa de promover uma lógica de rede capaz de gerir os conflitos e compatibilizar normativamente os fragmentos da sociedade global[42]. Do ponto de vista de nossos autores, uma "governança constituinte" que invertesse a forma imperial deveria corresponder a um sistema constitucional em que as "fontes do direito" e seus meios de legitimação se fundamentassem

---

[39] Michael Hardt e Antonio Negri, *Commonwealth*, cit., p. 465.
[40] Ibidem, p. 480-1.
[41] Ibidem, p. 482.
[42] Ibidem, p. 483. Segundo eles, nisso a governança global do Império tem o "mérito" de "levar em conta a crescente autonomia das redes de singularidades, a profusão de formas incomensuráveis de valor produzidas pela multidão e a força cada vez maior do comum" (ibidem, p. 482).

apenas no poder constituinte e na tomada de decisão democrática[43]. O que impressiona nas formulações do texto é a dificuldade de estabelecer uma distinção clara entre "instituição" e "constituição", em razão da vagueza que cerca a noção de poder constituinte. Assim, tomamos conhecimento de que "uma vontade de instituição *e* de constituição" permearia todo o processo revolucionário, para além da duração da revolta e da insurreição[44]. Essa estranha noção é elaborada por analogia com o *Kunstwollen* – ou "vontade de arte" – da Roma tardia, segundo a concepção do vienense Alois Riegl, historiador da arte, ou seja, como "um desejo que articula todas as expressões artísticas singulares num desenvolvimento institucional coerente". O processo revolucionário deverá ser governado por uma "vontade institucional e constitucional", uma espécie de *Rechtswollen*, que articula as singularidades da multidão num "processo comum duradouro e poderoso"[45]. Não há dúvida de que, com esse conceito, Hardt e Negri tentam superar a oposição convencional entre o conceito "sociológico" de instituição e o conceito "jurídico-político" de constituição para pensar melhor a imanência radical do poder constituinte na sociedade.

O que resta então do conceito de poder constituinte? Acaso não tende a perder todo e qualquer sentido determinável a partir do momento em que o conceito de "constituição" passa a designar o "processo de formação das instituições e constituições políticas"[46] e não mais o ato de fundação de um novo corpo político ou a organização dos diferentes poderes constituídos que resultam desse ato? Na busca de evitar a qualquer preço pensar a especificidade política do ato constituinte, não se acabará por reduzir o exercício do poder constituinte ao próprio ato de "constituir" em geral, ato que encontraria uma maneira de se realizar nas próprias lutas sociais, na medida em que estas inventassem *in situ* novas instituições? Mas o que se ganha em

---

[43] Ibidem, p. 484-5.

[44] Ibidem, p. 485.

[45] Ibidem, p. 484.

[46] Essa definição foi dada por Negri numa palestra sobre o federalismo, proferida em 21 de março de 2012, durante o seminário "Du public au commun". É compreensível que, nessas condições, a tradutora de *Commonwealth* tenha traduzido *constituent power* pelo francês *pouvoir constitutif* [poder constitutivo] (ibidem, p. 480): a troca de "constituinte" (no sentido do ato de constituir) por "constitutivo" (no sentido de entrar na constituição de uma coisa) tem o efeito de neutralizar a dimensão político-jurídica do particípio presente, que é realmente a inclinação dos autores de *Commonwealth*.

termos de inteligibilidade quando se designa como "lutas constituintes" a favor do comum tanto as insurreições da Primavera Árabe quanto o movimento dos Indignados na Espanha e em Israel, ou então os acampamentos do Occupy Wall Street? Num ensaio recente, cujo capítulo 3º intitula-se "A constituição do comum" ("Constituting the Common"), Hardt e Negri definem nos seguintes termos o que chamam de "lutas constituintes": "Consideramos constituintes as lutas que se colocam no terreno do comum e não se limitam a manifestar uma necessidade urgente, mas também desenham os contornos de um novo processo constitucional"[47]. O que exatamente se quer dizer sobre o sentido desses movimentos com as expressões "ação constituinte", "decisões constituintes", "processos constituintes" ou "novos movimentos constituintes"[48]? As lutas assim subsumidas numa mesma denominação acaso não diferem profundamente entre si? Talvez tenhamos o direito de fazer de volta aos autores a pergunta a que eles acreditam ter respondido, mas que insiste em ressurgir após a leitura do texto: "Por que deveríamos considerar que essas lutas fazem parte de um mesmo ciclo?"[49].

Que sentido poderia haver em manter o conceito de poder constituinte, se é para afirmar que esse poder "está profundamente incrustado [*embedded*] nas lutas"[50], a ponto de não se distinguir delas? Não será essa apenas uma forma de designar a dimensão de inventividade política que se deseja apresentar como característica essencial desses movimentos? Se for esse o caso, é difícil perceber como essa dimensão constituinte possibilitaria explicar a transformação de novas formas de vida em hábitos coletivos, em conformidade com o segundo aspecto da instituição, isolado por Hardt e Negri. Então por que, com essa intenção, eles persistem em recorrer a um conceito elaborado a partir de uma tradição de pensamento muito diferente, a de revoluções que tiveram como grande causa a produção de novas constituições políticas? Não será então inevitável a conclusão de que "o conceito de poder constituinte está ultrapassado"[51]? Inversamente, considerando-se que esse conceito ainda tem certa pertinência, apesar das mudanças ocorridas

---

[47] Michael Hardt e Antonio Negri, *Déclaration: ceci n'est pas un manifeste*, cit., p. 69.
[48] Ibidem, p. 70-4.
[49] Ibidem, p. 85.
[50] Ibidem, p. 71.
[51] Ao menos é o que Antonio Negri afirmou em 28 de novembro de 2012, ao apresentar sua obra *Commonwealth* durante o seminário "Du public au commun".

desde a experiência das "grandes revoluções", não caberá voltar à distinção entre poder instituinte e poder constituinte, mas sem admitir a distribuição convencional, que vê o primeiro como conceito sociológico, e o segundo como conceito político?

Poder instituinte e imaginário social

É exatamente isso que Castoriadis faz. Mesmo admitindo que o estudo do social deve partir da instituição, ele dá a esse "fato" um sentido muito diferente do sentido dado pela sociologia durkheimiana. Sua intenção é romper com a abordagem causalista e determinista que caracteriza essa concepção. Ele não pode nem quer aceitar como evidente a afirmação de Fauconnet e Mauss, segundo a qual as mudanças históricas, qualquer que seja sua natureza – "desde as variações cotidianas da moda até as grandes revoluções políticas e morais" –, "são sempre modificações em graus diversos de instituições existentes"[52]. Contra a redução sociológica da instituição ao instituído, ele defende a primazia do instituinte sobre o instituído: este sempre resulta do exercício do "poder instituinte" como poder de criação.

Portanto, para ele, é a criação do social-histórico que constitui o fato primeiro e fundamental, e não o instituído como é dado em cada sociedade: "Há o social instituído, mas este pressupõe sempre o social instituinte"[53]. O objeto de seu pensamento é propriamente o *fazer* histórico. A célebre frase do *18 de brumário*: "Os homens fazem a sua própria história" deve ser entendida no sentido de que eles criam seu próprio mundo social. Como é feita essa criação? Para Castoriadis, essa é a questão de fundo e o ponto de partida. Ele não conseguiu encontrar em Marx a resposta unificada e clara, pois tem consciência da tensão que há neste último entre a dimensão revolucionária e a dimensão naturalista-evolucionista. A história é o elemento do novo, do radicalmente novo. É esse radicalmente novo que é preciso tentar tornar inteligível, e não a variação do existente. A instituição não deve ser vista acima de tudo, e principalmente, como instituído, mas como

---

[52] Paul Fauconnet e Marcel Mauss, "La Sociologie, objet et méthode", em Marcel Mauss, *Essais de sociologie*, cit., p. 17.

[53] Cornelius Castoriadis, *L'Institution imaginaire de la société* (Paris, Le Seuil, 1975), p. 167 [ed. bras.: *A instituição imaginária da sociedade*, trad. Guy Renoud, São Paulo, Paz e Terra, 1982].

instituinte que origina instituído, que, por sua vez, será subvertido pelo radicalmente novo. O momento instituinte é testemunho de uma capacidade humana específica que consiste em criar a partir de nada um significado inteiramente original. Nesse sentido, a representação não é *imagem de*[54], mas é forma radicalmente nova, da esfera daquilo que Castoriadis chama de "imaginário". Esta última noção é introduzida em sua obra por intermédio do conceito de "significação imaginária social", a contrapelo das concepções funcionalistas, que reduzem toda instituição social à função de satisfação das necessidades humanas. Para ele, trata-se de trazer à tona a dimensão própria do simbólico à qual pertencem não só a linguagem, como também, mais amplamente, todo o sistema de significações. Toda simbolização provém do imaginário, na medida em que ela pressupõe a capacidade de "ver numa coisa o que esta não é" ou de "vê-la diferente do que é"[55]. Tal como é concebido por Castoriadis, o "imaginário" tem duas dimensões: a do instituído e a do instituinte. Enquanto a primeira remete às significações e às instituições já estabelecidas, a segunda designa a fonte a partir da qual surgem novas significações e instituições ao longo da história. O que caracteriza o social-histórico humano é precisamente essa atividade do imaginário instituinte: "A sociedade é obra do imaginário instituinte"[56]. Por "imaginário" é preciso entender, aqui, nem tanto a capacidade de representar uma coisa ausente que *já* foi dada à percepção – o que diz respeito à imaginação "reprodutora" –, mas a capacidade incomparavelmente radical de "fazer surgir como imagem uma coisa que não existe e *não existiu*", ou ainda a "faculdade original de estabelecer ou conceber, no modo da representação, uma coisa e uma relação que não existem (não são dadas ou

---

[54] Ibidem, p. 8: "O imaginário de que falo não é imagem *de*". Uma das críticas mais constantes de Castoriadis a Lacan está ligada à redução do imaginário ao "especular", portanto ainda simples "imagem de", e seu amálgama com o "logro" e a "ilusão". Ver Cornelius Castoriadis, *Les Carrefours du labyrinthe 1* (Paris, Le Seuil, 1978), p. 99 [ed. bras.: *As encruzilhadas do labirinto*, trad. Carmen Sylvia Guedes e Rosa Maria Boaventura, 2. ed., Rio de Janeiro, Paz e Terra, 2002].

[55] Sobre esse ponto, ver Arnaud Tomès, "Introduction à la pensée de Castoriadis", em Cornelius Castoriadis, *L'Imaginaire comme tel* (Paris, Hermann Philosophie, 2007), p. 48-50.

[56] Cornelius Castoriadis, *Le Monde morcelé: les carrefours du labyrinthe 3* (Paris, Le Seuil, 1990), p. 139 [ed. bras.: *O mundo fragmentado: as encruzilhadas do labirinto 3*, trad. Rosa Maria Boaventura, Rio de Janeiro, Paz e Terra, 1992].

nunca foram dadas à percepção)"⁵⁷. Essa valorização teórica do imaginário não parece ser independente da ideia revolucionária que move Castoriadis. Pois, se é verdade que "a sociedade instituída é sempre trabalhada pela sociedade instituinte", e que, "sob o imaginário social estabelecido sempre corre o imaginário radical"⁵⁸, também é verdade que, no mais das vezes, a sociedade se dedicou a negar e encobrir sua própria dimensão instituinte⁵⁹. Por isso, o projeto radical de emancipação não pode ter outro objetivo senão o de uma sociedade *conscientemente* autoinstituinte, que é apenas outro nome para "democracia". Percebe-se por que uma posição revolucionária na política requer que se parta de uma definição do social que dê primazia à ruptura e à emergência de um significado inteiramente inédito na história.

Evidentemente, essa perspectiva contrasta com o "causalismo" da sociologia durkheimiana (e de seus múltiplos rebentos), incapaz de explicar a alteração das instituições e dos estados dos grupos sociais, a partir do momento que as representações são "imagens de", expressões do estado de coisas existente e nada mais. De que modo representações/reflexos podem se transformar para dar origem a mutações institucionais? Mas a crítica de Castoriadis atinge de modo semelhante o marxismo, que também cede à tentação do causalismo ao ver a economia como causa motriz. Ele não consegue elucidar o conceito de instituição, que é um pouco seu *punctum caecum*, isto é, seu verdadeiro ponto cego. Por um lado, tende a relegar as instituições à "superestrutura" jurídico-política, de modo que estas têm de ser concebidas como "formas" determinadas pela "infraestrutura" econômica e, por isso, condenadas a "exprimi-la" – seja com atraso ou, mais raramente, com antecedência. Por outro lado, ele vê essa infraestrutura como um "conteúdo" ou uma "substância da vida social", que já estaria estruturada antes das instituições e independentemente delas, como se tal estruturação fosse possível sem instituição⁶⁰. Contra essa visão, que alimenta o mito

---

[57] Ibidem, p. 191 (grifos nossos). Arnaud Tomès tem razão quando diz que Castoriadis distingue a imaginação "primeira ou radical" da imaginação secundária, que é "reprodutora ou combinatória". Ver Arnaud Tomès, "Introduction à la pensée de Castoriadis", cit., nota 2, p. 59.

[58] Ibidem, p. 147.

[59] Ibidem, p. 159: "Quase sempre, em quase todo lugar, as sociedades viveram na *heteronomia instituída*".

[60] Cornelius Castoriadis, *L'Institution imaginaire de la société*, cit., p. 186.

de uma sociedade sem instituições[61], cabe recordar que a própria economia "só pode existir como instituição"[62]. De modo geral, a explicação sociológica parece conseguir explicar a reflexão, a repetição, a reprodução, a reiteração, contudo se mostra impotente diante da novidade radical da história em vias de fazer-se. Ora, insiste Castoriadis, "o social (ou o histórico) contém o não causal como momento essencial"[63]. No sentido mais forte e radical do termo, o não causal:

> aparece como comportamento não meramente "imprevisível", mas *criador* (de indivíduos, grupos, classes ou sociedades inteiras); não como simples desvio em relação a um tipo existente, mas como *enunciação* de um novo tipo de comportamento, como *instituição* de uma nova regra social, como *invenção* de um novo objeto ou nova forma – em resumo, como surgimento ou produção que não pode ser deduzida da situação precedente, conclusão que supera as premissas ou "posição" de novas premissas. [...] A história não pode ser pensada de acordo com o esquema determinista (aliás, nem segundo um esquema "dialético" simples), porque é domínio da *criação*.[64]

Nesse sentido, à atividade instituinte é atribuída uma dimensão que não é apenas social, mas é também, ao menos em certas circunstâncias, plenamente política. Ou melhor, ela coincide com a própria política. Porque a política é "questionamento explícito da instituição estabelecida da sociedade", de sua "instituição dada". É essencial para ela visar à "reinstituição global da sociedade", de maneira que pode ser definida como "atividade coletiva explícita que se deseja lúcida (refletida e deliberada) e tem como objeto a instituição da sociedade como tal". Assim, nos momentos dramáticos que são as revoluções, ela se afirma como a "*vinda à luz*, parcial obviamente, do instituinte em pessoa"[65].

Para compreender essa definição da política, é preciso prestar atenção à diferença decisiva que Castoriadis faz entre *política* e *político*. Enquanto a política é aquela atividade ligada à "instituição de conjunto da sociedade", o político é a "dimensão do poder explícito", uma vez que está presente em

---

[61] Ibidem, p. 166 (Castoriadis visa, aqui, à representação marxista da "fase superior" do comunismo).
[62] Ibidem, p. 187.
[63] Ibidem, p. 65.
[64] Ibidem, p. 65.
[65] Cornelius Castoriadis, *Le Monde morcelé*, cit., p. 156.

todas as formas de sociedade, mesmo nas que ignoram a política. O poder explícito é dado com a "existência de *instâncias que podem emitir injunções sancionáveis*" sobre os litígios (*diké*) e as decisões (*télos*); portanto, trata-se do "poder judiciário" e do "poder governamental" – no sentido mais amplo dessas expressões –, presentes "sempre que há sociedade", quer sejam exercidos pela tribo, pelos anciãos, pelos guerreiros, pelo povo ou pelo Estado[66]. Portanto, ninguém inventou o político: "Os gregos não inventaram 'o' político, no sentido daquela dimensão de poder explícito sempre presente em toda sociedade; eles inventaram, ou melhor, criaram *a* política, o que é muito diferente"[67]. Contra a valorização exclusiva do "poder explícito", Castoriadis mantém uma clara diferença entre o poder instituinte, ou "poder implícito", e o poder constituinte, que é apenas uma forma do "poder explícito":

> Pois o "poder" fundamental numa sociedade, o poder primeiro do qual dependem todos os outros, o que chamei acima de infrapoder, é o *poder instituinte*. E, se não nos deixarmos fascinar pelas "Constituições", esse poder não é nem localizável nem formalizável, por ser do âmbito do imaginário instituinte. Língua, "família", usos, "ideias", uma quantidade incomensurável de outras coisas e sua evolução, escapam, no essencial à legislação. De resto, na medida em que esse poder é participável, todos participam. Todos são "autores" da evolução da língua, da família, dos usos etc.[68]

Esse reconhecimento do poder instituinte como poder fundamental retira do poder constituinte a primazia que lhe é dada por toda uma tradição filosófica, primazia que nem Sartre nem Negri souberam questionar – o primeiro por ter feito da instituição o lugar do surgimento da soberania dentro do social, e o segundo por ter desejado imergir a dimensão do "constituinte" nas lutas sociais, a ponto de esvaziar o termo de qualquer sentido atribuível. Vincent Descombes está certíssimo ao ver esse reconhecimento como um meio de romper com o que chama de "círculo da autoenunciação", ou ainda, o "prodígio filosófico de uma autoenunciação normativa": no princípio, pessoas se reuniriam para decidir regras constitucionais e, por esse ato, criariam um povo, de modo que, "por um puro *fiat*, um agente

---

[66] Ibidem, p. 150-1. Portanto, é preciso evitar identificar poder explícito com Estado, que, como mecanismo separado, "é tipicamente uma *instituição secundária*" (ibidem, p. 152). Houve sociedades sem Estado, mas nunca houve nem nunca haverá uma sociedade sem poder explícito.

[67] Ibidem, p. 154.

[68] Ibidem, p. 165.

coletivo decide criar a si mesmo *ex nihilo* e conferir autoridade a si mesmo sobre a vida de uma multidão de pessoas"⁶⁹. Para escapar da arbitrariedade de um poder constituinte desconectado da história, para conjurar a figura mitológica do legislador rousseaunianista encarregado de "instituir um povo", presenteando-o com uma constituição apropriada, é preciso fazer aparecer a preexistência da vida social, isto é, a espessura histórica de uma sociedade já instituída, como única condição que possibilite a reunião de uma assembleia de cidadãos concordes quanto às regras de funcionamento das instituições políticas. Assim, "por trás do fato do poder *constituinte*, é preciso reconhecer o exercício de um *poder instituinte*"⁷⁰. Se entendemos bem Castoriadis, o verdadeiro poder criador não é nem o "poder legislativo" – compreendido como o poder de fazer as leis, que é sempre um poder constituído entre outros – nem o "poder constituinte" – que confere ao poder legislativo e ao poder executivo seus respectivos lugares na constituição –, mas o poder de instituir significações imaginárias, poder que, sendo "participável por todos", é obra coletiva de todos. Portanto, o que os gregos fizeram quando criaram "a" política foi explicitar uma parte do poder instituinte e criar instituições a fim de tornar *participável* a parte explícita do poder, assegurando a participação igual de todos na determinação da legislação (*nomos*), da jurisdição (*diké*) e do governo (*télos*)⁷¹.

Mas como entender esta proposição: *o poder instituinte é o poder propriamente criador*? Para respeitar plenamente a primazia do instituinte, não será preciso evitar isolar essas "significações imaginárias" do seu ato de criação? Não haverá o risco de reificar o *imaginário*, "que é criação *ex nihilo*", "criação incessante e essencialmente *indeterminada* (social-histórica e psíquica) de figuras/formas/imagens, somente a partir das quais se poderá falar de 'algo'"⁷², reduzindo o imaginário ao *imaginado*, que é sua obra ou resultado⁷³? Além

---

⁶⁹ Vincent Descombes, *Les Embarras de l'identité*, cit., p. 244.

⁷⁰ Ibidem, p. 246.

⁷¹ Cornelius Castoriadis, *Le Monde morcelé*, cit., p. 165.

⁷² Idem, *L'Institution imaginaire de la société*, cit., p. 7. Sobre todos esses pontos, ver a obra fundamental de Nicolas Poirier, *Castoriadis: l'imaginaire radical* (Paris, PUF, 2004).

⁷³ Há certa flutuação terminológica em Castoriadis: ele prefere falar de "imaginário efetivo", em vez de "imaginado", para designar as imagens como produtos do imaginário "último ou radical". Ver Cornelius Castoriadis, *L'Institution imaginaire de la société*, cit., nota 21, p. 191.

do mais, como identificar o criador em sua relação com o ato de criar e com o próprio criado? Supondo-se – o que se admitirá sem dificuldade – que a criação do social não é ato de um ou de vários "sujeitos-autores" e que "o social-histórico ultrapassa infinitamente toda e qualquer 'intersubjetividade'"[74], será preciso decidir-se a conceber como emanação de um "coletivo anônimo" aquilo que, apesar de tudo, é um ato? São muitas as formulações que vão nessa direção: o poder instituinte como infrapoder "é ao mesmo tempo o poder do imaginário instituinte, da sociedade instituída e de toda a história que encontra nele sua consecução passageira"; portanto, nesse sentido, ele é o "poder do próprio campo social-histórico, o poder de *outis*, de Ninguém"[75]. É óbvio que o poder instituinte *não* é o poder de *ninguém* (em particular), por ser poder de *todos*, mas isso nos autorizará afirmar que ele *é* o poder de *Ninguém*? Como o indivíduo poderia contribuir à sua maneira para a criação das significações imaginárias, se não tem condições de exercer esse poder de algum modo? O que pensar de uma criação coletiva da qual o indivíduo não pode participar enquanto indivíduo? Na verdade, a dificuldade de Castoriadis está em articular o imaginário social instituinte com a *psique* singular como imaginário individual. Porque, como Aristóteles viu muito bem, a alma do indivíduo é fundamentalmente imaginação. Essa capacidade formadora e imagética, essa faculdade de produção de fantasmas [*phantasmes*], ou "fantasmatização", que precede toda organização – mesmo primitiva – da pulsão, é denominada por Castoriadis "imaginação radical" ou "inconsciente"[76]. Que fique claro: "imagi*nação* radical", e não "imagi*nário* radical". A imaginação radical é um modo de ser do imaginário radical; o imaginário social é outro modo de ser dele[77]. Da mesma maneira, é profunda a oposição entre a psique singular e a sociedade: a psique é essencial-

---

[74] Cornelius Castoriadis, *Le Monde morcelé*, cit., p. 138.
[75] Ibidem, p. 145.
[76] Ibidem, p. 184.
[77] "O imaginário radical é como social-histórico e como psique/soma. Como social--histórico, é rio aberto do coletivo anônimo; como psique/soma, é fluxo representativo/afetivo/intencional. Aquilo que no social-histórico é enunciação, criação, fazer ser nós denominamos imaginário social no sentido primeiro do termo, ou sociedade instituinte. O que, na psique/soma, é enunciação, criação, fazer ser para a psique/soma, nós denominamos imaginação radical" (Cornelius Castoriadis, *L'Institution imaginaire de la société*, cit., p. 533, citado em Arnaud Tomès, "Introduction à la pensée de Castoriadis", cit., p. 65).

mente associal, a ponto de, em seu primeiro estado, a mônada psíquica ser autista[78]. O processo de socialização consiste em fazer o indivíduo interiorizar as significações produzidas pelo imaginário social. "Imaginação radical" e "imaginário social" são, assim, duas faces tão heterogêneas do "imaginário radical" que é difícil entender como poderiam se coligar. No entanto, isso tem de acontecer, porque é na imaginação radical da psique que "se encontra a fonte da contribuição do indivíduo para a criação social-histórica"[79], pois é dela que sobe a "seiva psíquica" que alimenta a toda hora essa criação[80]. É, portanto, por essa imaginação que o indivíduo participa do exercício do poder instituinte que faz a língua, os usos, as famílias etc. Castoriadis, no entanto, sustenta que "a fonte *última* da criatividade histórica é o imaginário radical da coletividade anônima"[81]. Nessas condições, que lugar sobra para a contribuição do indivíduo na "criação de sentido" (*Sinnschöpfung*)[82] que faz o social-histórico? Acaso o exercício do poder instituinte pelo indivíduo não é comparável à reprodução-modificação pelo indivíduo dos usos em vigor na sociedade, o que nos leva ao "costume" e a sua perpetuação, para além dos impulsos turbulentos da "imaginação radical"[83]? Mas, nesse caso, como evitar reduzir o surgimento de novos costumes à modificação imperceptível dos antigos, mais ou menos como a sociologia clássica reduz o surgimento de uma nova instituição à variação das antigas?

Para superar essa oposição, teria sido preciso destinar o primeiro lugar à práxis coletiva, atribuindo-lhe dimensão simbólica essencial. Entendida desse modo, a práxis seria como o meio-termo pelo qual a imaginação radical dos indivíduos poderia agir sobre as significações instituídas do imaginário social. Somente por meio dela poderia ganhar corpo um projeto de transformação

---

[78] Cornelius Castoriadis, *L'Institution imaginaire de la société*, cit., p. 429 ("autismo" é tomado no sentido de não diferenciação de si mesmo em relação ao restante).

[79] Idem, *Le Monde morcelé*, cit., p. 185.

[80] Idem, *Les Carrefours du labyrinthe 1*, cit., p. 146.

[81] Idem, *Le Monde morcelé*, cit., p. 187 (grifo nosso).

[82] Idem.

[83] Vincent Descombes interpreta no seguinte sentido o "poder implícito" de que fala Castoriadis: "O 'poder implícito' de Castoriadis corresponde bastante bem ao que era designado pela palavra francesa *coutume* [costume] em autores como Montaigne ou Pascal. Tal como neles, essa palavra designa um hábito, uma segunda natureza, consequentemente uma força expressiva do indivíduo" (Vincent Descombes, *Les Embarras de l'identité*, cit., p. 247).

cuja fórmula é: "onde *Ninguém* era, o *Nós* deve advir"[84]. Mas como vincular o exercício do poder instituinte à práxis? Ou melhor, como pensar esse exercício como práxis? O problema está na própria noção de práxis elaborada por Castoriadis. De um lado, como vimos, a criação social-histórica é obra coletiva e anônima, que escapa do controle da consciência e da vontade; de outro, a práxis é uma atividade que *visa* à autonomia, isto é, "atividade que visa aos outros como sujeitos (potencialmente autônomos) e quer contribuir para que eles alcancem plena autonomia"[85]. Essa atividade pode, claro, assumir a forma de relação concreta entre vários sujeitos (como na pedagogia e na psicanálise), mas também deve assumir a forma de política, "sob risco de incoerência total". Ora, a política é, em essência, a "atividade que visa à transformação das instituições da sociedade para conformá-las à norma da autonomia da coletividade", "visa à instituição do social", "visa à instituição como tal"[86]. É, pois, uma atividade que persegue objetivos *conscientemente*, ao passo que a criação de novas significações escapa à atividade consciente. A questão, então, é saber como uma práxis coletiva consciente poderia, se não "fazer ser" novos significados sociais, ao menos contribuir para o seu surgimento[87]. É a práxis, portanto, que devemos repensar para franquear essa possibilidade.

Práxis e criação

A questão, no fundo, é saber que relação deve ser estabelecida entre *práxis* e *criação*. Já era de esperar que a instituição como criação de sentido fosse *em si mesma* práxis. Ora, se seguíssemos a terminologia de Castoriadis, a denominação

---

[84] Cornelius Castoriadis, *Les Carrefours du labyrinthe 1*, cit., p. 80 (grifos nossos; a frase entre aspas imita a célebre frase de Freud: "onde Isso era, o Eu deve advir").

[85] Idem, *Le Monde morcelé*, cit., p. 81. Ver também idem, *L'Institution imaginaire de la société*, cit., p. 112: "Denominamos *práxis* esse fazer em que o outro ou os outros são visados como seres autônomos e considerados como agente essencial do desenvolvimento de sua própria autonomia".

[86] Ibidem, p. 82 e 83-4.

[87] A dificuldade é claramente detectada por Habermas, que objeta a Castoriadis que uma práxis emancipadora não pode ter influência sobre a instituição das significações sociais, porque esta última não pode proceder de uma ação coletiva intencional: então como trabalhar conscientemente para derrubar as significações instituídas? Para uma reconstituição estimulante da objeção de Habermas, ver Philippe Caumières, *Castoriadis: critique sociale et émancipation* (Paris, Textuel, 2011), p. 45-6.

"práxis" deveria ser aplicada exclusivamente à atividade pautada pela autonomia, e não a toda e qualquer atividade humana, independentemente de sua finalidade. Portanto, o termo vem carregado de forte juízo de valor positivo, ao contrário de "criação", que é indiferente a qualquer conteúdo de valor, ou seja, é axiologicamente neutra[88]. Nenhuma derivação direta é possível de um termo a outro:

> Uma investigação ontológica que se oriente para a ideia de criação abre espaço, de maneira mais abstrata, tanto para a possibilidade de instauração de uma sociedade autônoma como para a realidade do stalinismo e do nazismo. Nesse nível, e em quase todos os outros, *criação não tem nenhum conteúdo de valor*, e a política não se deixa "deduzir" da ontologia.[89]

O social é instituição ou criação, e o fato de que esta seja reconhecida ou negada não significa absolutamente nada. Em compensação, a política é fundamentalmente práxis e se destruiria se não o fosse. Não há sentido em falar de uma "política stalinista" ou de uma "política nazista", mas há sentido em falar de "criação" mesmo no caso dessas formas de sociedade, na medida em que continuam a ser da ordem do social-histórico[90]. Em resumo, enquanto toda práxis autêntica leva a instituição-criação à sua expressão consciente e, nesse sentido, participa plenamente dela, nem toda instituição-criação é da ordem da práxis, longe disso.

Essa constrição da noção de práxis tem por que surpreender, quando lembramos o sentido dado por Aristóteles a esse mesmo termo. Obviamente, um paralelo entre esses dois autores parece se justificar dentro de certos limites, pois a formulação de Castoriadis – uma atividade que tem a autonomia por objeto e também por finalidade – parece levar a pensar na ideia aristotélica de uma atividade que é um fim para si mesma, ao invés de se orientar para um fim exterior[91]. Seja como for, se a *práxis* se diferencia da *poiésis* – isto

---

[88] Cornelius Castoriadis, *Les Carrefours du labyrinthe 1*, cit., p. 72: "Indeterminação e criação em si mesmas não comportam valor".

[89] Idem, *Fait et à faire* (Paris, Le Seuil, 1997), p. 10 [ed. bras.: *Feito e a ser feito*, trad. Lilian do Valle, Rio de Janeiro, DP&A, 1999], citado em Arnaud Tomès, "Introduction à la pensée de Castoriadis", cit., p. 17 (grifos nossos).

[90] Idem, *Le Monde morcelé*, cit., p. 189: "As sociedades heteronômicas realizam uma *Sinnschöpfung*, uma criação de sentido, para todos, e impõem a todos a interiorização desse sentido".

[91] Da mesma forma, parece diretamente inspirada em Aristóteles a ideia de que a práxis, mesmo sendo atividade consciente, "é algo bem diferente da aplicação de um saber prévio", uma vez que, para ele, o fazer técnico (a *poiésis*) deriva de um saber prévio. Ver Cornelius Castoriadis, *L'Institution imaginaire de la société*, cit., p. 113.

é, do fazer técnico – no sentido de ser "autotélica", essa diferença não tem **nenhum** significado moral para o pensador grego: é por atos repetidos que o homem adquire esta ou aquela virtude (a coragem), mas também é por atos repetidos que o homem adquire este ou aquele vício (a covardia). Virtude e vício são ambos disposições engendradas por atos que são da ordem da *práxis*, e não da *poiésis*: o indivíduo não se torna corajoso ou covarde do mesmo modo como se torna exímio em uma técnica. Portanto, quando se trata de pensar a autonomia, Castoriadis não se refere à concepção aristotélica da práxis em geral, mas especificamente à definição aristotélica da *virtude* como *hexis proairetiké*, "a saber, como *habitus* dependente da escolha e criador de escolhas"[92]. Está explicado o esclarecimento dado à guisa de parêntese em "Individu, société, rationalité, histoire": "O termo *práxis* tem, aqui, simples relação de homonímia com o sentido que lhe é dado por Aristóteles"[93].

Na verdade, o que Castoriadis se obriga a repensar é toda a relação da poiésis com a práxis. A oposição aristotélica já não se aplica, uma vez que uma mesma atividade pode ser ao mesmo tempo "poiética" e "prática". A psicanálise, por exemplo, não é uma "técnica", porque não consiste na aplicação de um saber prévio, ou num código de prescrições positivas que garantam a obtenção de determinado resultado[94], mas, apesar disso, deve ser chamada de "atividade prático-poiética", porque tem tanto de práxis quanto de poiésis:

> Chamo-a poiética, porque é criadora: seu resultado é (deve ser) a automodificação do analisando, isto é, rigorosamente falando, o surgimento de outro ser. Chamo-a prática, porque chamo práxis a atividade lúcida cujo objetivo é a autonomia humana e para a qual o único "meio" de atingir esse fim é essa mesma autonomia.[95]

---

[92] Cornelius Castoriadis, *Le Monde morcelé*, cit., p. 275. Castoriadis comenta: "A autonomia não é um hábito, isso seria uma contradição de termos, mas a autonomia cria-se ao exercer-se, o que pressupõe que, de certo modo, ela preexiste a si mesma". Devemos acrescentar que, para Aristóteles, essa "definição" (ao menos se admitirmos amputá-la do que vem depois da expressão *héxis proairetiké*, "disposição para escolher") vale tanto para o vício como para a virtude (é por isso, aliás, que somos responsáveis por nosso vício, assim como por nossa virtude).

[93] Ibidem, p. 81-2.

[94] Cornelius Castoriadis, *Les Carrefours du labyrinthe 1*, cit., p. 117.

[95] Idem, *Le Monde morcelé*, cit., p. 179. Ver também idem, *Les Carrefours du labyrinthe 1*, cit., p. 45-6: falando da análise como "atividade prático-poiética", Castoriadis toma o cuidado de rejeitar explicitamente a alternativa aristotélica entre finalidade imanente à atividade e obra exterior ao agente.

Vê-se que "poiésis" adquire aqui o sentido de criação e que "práxis" se define pelo propósito desse fim, isto é, a autonomia. A psicanálise é uma *e* outra, visto que a análise tem como fim (no sentido de resultado) o aparecimento de um ser novo e como fim (no sentido de objetivo) a autonomia humana. É "transformação recíproca, automodificação criadora, do analisado *e* do analista"[96]. O fato de a relação entre meio e fim não valer nessas condições não causa surpresa a um leitor de Aristóteles. Para este, a exterioridade do fim em relação ao meio caracteriza de fato a produção técnica (poiésis), mas é justamente pela supressão dessa exterioridade que a práxis se define: na medida em que é a cada instante seu próprio fim, ela não consiste em dispor dos meios para atingir um fim exterior – como ocorre na construção de uma casa, por exemplo. O mais desconcertante, porém, é a poiésis, repensada como criação do absolutamente novo, ser irredutível a toda e qualquer "fabricação" ou "produção". Assim, para Castoriadis, a "criação" em sentido teológico, a criação do mundo por Deus, é uma "pseudocriação", ou seja, uma "fabricação" ou "produção", uma vez que o mundo é um efeito necessário da essência de Deus, e não algo absolutamente novo – Deus não inventa o *eidos* "mundo", ele produz o mundo a partir de sua essência[97]. Isso explica por que, na citação anterior, a psicanálise é pensada como poiésis, mas não como técnica no sentido de fabricação. Na verdade, não haveria nenhum sentido em dizer que a psicanálise produz um novo ser pelos(s) meio(s) da análise[98], pois é por "*auto*modificação" do analisando que aparece esse novo ser. Enquanto em Aristóteles as noções de "criação" e "fabricação" se identificam, em Castoriadis, ao contrário, sua dissociação é decisiva.

O que está em jogo nessa dissociação aparecerá claramente desde que concordemos em especificar mais ainda essa noção de "criação". A definição é dada de forma inigualável por Platão num trecho do *Banquete* que Castoriadis gosta de citar: a poiésis é "causa da trajetória do não ser ao ser"[99] e

---

[96] Idem, *Les Carrefours du labyrinthe 1*, cit., p. 131.

[97] Idem, *L'Institution imaginaire de la société*, cit., p. 292. Nessa perspectiva, pode-se dizer o mesmo do Deus cristão e do demiurgo do *Timeu* de Platão: ambos são não criadores, mas fabricantes; o primeiro porque produz o mundo a partir de sua essência, e o segundo porque imita um modelo inteligível preexistente.

[98] "As livres associações do paciente, por exemplo, não são um meio." Ver Cornelius Castoriadis, *Le Monde morcelé*, cit., p. 179.

[99] Platão, *O banquete*, 205b-c, citado em Cornelius Castoriadis, *L'Institution imaginaire de la société*, cit., p. 293, e *Les Carrefours du labyrinthe 1*, cit., p. 293.

consiste em fazer ser o que não é, ainda que no modo da virtualidade. Estritamente falando, tal definição significa que a verdadeira criação não é a imposição de uma forma (*eidos*) já dada a uma matéria, mas a invenção da própria forma, isto é, ato de "fazer ser" a forma a partir de nada. Se um artesão cria realmente uma estátua, isso significa que ele faz ser o *eidos* da estátua, ou sua essência, e não que imprime num pedaço de bronze um *eidos* já dado – porque criado por alguém antes dele –, caso em que nada cria, apenas "imita" ou "produz". Nesse sentido, toda criação é criação *ex nihilo*: "A roda que gira em torno de seu eixo é uma criação ontológica absoluta", pois "quem inventou a roda, ou um signo escrito, não imitava e não repetia *nada*"[100]. Portanto, convém voltar a definição de Platão contra o platonismo: a forma não é o imutável imitado; ao contrário, pela criação faz-se a forma passar do não ser para o ser. Consciente de que a retomada de uma fórmula teológica com propósitos antiteológicos pode ser desconcertante, Castoriadis esclarece que não se deve entender essa fórmula mais do que ela denota com o *ex* ("a partir de"): "Criação *ex nihilo*, criação da forma, não quer dizer criação *cum nihilo*, sem 'meios' e condições, em tábula rasa"[101]. E continua: "toda criação histórica ocorre sobre, no e pelo já instituído (sem falar das condições 'concretas' que o cercam)". Uma passagem de *Feito e a ser feito* retoma essa ideia: "Está claro que a criação social-histórica [...], embora imotivada (*ex nihilo*), sempre ocorre sob coerção. Nem no domínio social-histórico nem em parte alguma, criação significa que qualquer coisa pode acontecer em qualquer lugar, a qualquer momento e de qualquer jeito"[102]. O essencial, porém, é que a preexistência do instituído sobre a instituição, embora condicione e limite a instituição, não a *determina*[103]. Se fosse esse o caso, o sentido seria inteiramente explicável pelas condições que precedem sua emergência, de modo que não se trataria mais de criação. Portanto, tudo reside na afirmação da irredutibilidade da

---

[100] Cornelius Castoriadis, *L'Institution imaginaire de la société*, cit., p. 294.

[101] Idem, *Le Monde morcelé*, cit., p. 67. No mesmo sentido: "Quando digo que a história é criação *ex nihilo*, isso não significa de modo algum que ela é criação *in nihilo* ou *cum nihilo*. A nova forma emerge, aproveita todos os meios que encontra pela frente, a ruptura ocorre no novo sentido que ela confere ao que herda ou emprega" (ibidem, p. 195).

[102] Idem, *Fait et à faire*, cit., p. 20, citado em Arnaud Tomès, "Introduction à la pensée de Castoriadis", cit., p. 79-80.

[103] Idem.

significação à causação, segundo fórmula forte de Philippe Caumières[104]. Evidentemente, existem condições antecedentes, mas elas não atuam como causas determinantes do aparecimento de um novo sentido.

Contudo, embora o emprego da noção de "criação" se justifique pela preocupação de evitar que o sentido seja reduzido a efeito, é lícito perguntar o que justifica a retomada – ligeiramente provocadora – da fórmula teológica "criação *ex nihilo*". Aliás, que diferença exatamente se deve estabelecer entre o *ex* de *ex nihilo* e o *cum* de *cum nihilo*? Por que fazer esse *ex* dizer o que ele não diz sobre si mesmo? De modo mais preciso, por que o *cum* tem de significar o meio ou a condição e o *ex* a causa, como se a passagem de *cum* a *ex* equivalesse a uma queda culpável no causalismo? Pois esse *ex* não diz afinal nada mais do que "a partir de", e "a partir de" não significa necessariamente "por causa de". Na linguagem teológica, a expressão adquiriu o sentido de criação não condicionada por matéria preexistente e, por isso, não é a moldagem dessa matéria por um artesão. Nesse sentido, a criação divina é um modelo de ato puro, *actus purus*, isto é, incondicionado[105]. Em tal doutrina, a matéria como tal não é a causa da criação, no sentido de que não é sua preexistência que conduziria Deus a criar, mas "aquilo a partir do que" ocorre a criação do mundo, isto é, precisamente aquilo que a condiciona *sem* a determinar. E é justamente de um condicionamento atentatório à perfeição divina que a doutrina não quer nem ouvir falar. Por isso é difícil entender o que justifica a retomada dessa fórmula teológica, mesmo que seja com um intuito polêmico: embora esta

---

[104] Philippe Caumières, *Castoriadis: le projet d'autonomie* (Paris, Michalon, 2007), p. 58, citado em Arnaud Tomès, "Introduction à la pensée de Castoriadis", cit., p. 80.

[105] E ainda é preciso chegar a um acordo sobre o texto de *Gênese 1* citado para respaldar esse dogma: nele não se fala de uma criação a partir de nada, mas da criação do céu e da terra a partir de uma terra deserta, vazia e coberta de trevas sobre a face do abismo, portanto de uma criação a partir de matéria preexistente (o verbo hebraico *bara*, que aparece no texto, pode significar tanto "criar" como "fazer", "modelar" ou "formar"). No século IV, o imperador Juliano, o Apóstata, já notara que Moisés não diz que o abismo, a água ou as trevas foram produzidos por Deus da mesma maneira que a luz: "Ao contrário, ele parece vê-los como seres preexistentes e não faz nenhuma menção à sua criação". Ver *Discours contre les chrétiens*, traduzido pelo marquês de Argens (Berlim, Chrétien Frédéric Voss, 1768), p. 32-3. Nessa mesma edição de 1768, uma nota de rodapé esclarece: "É evidente que a Gênese pressupõe que Deus dispôs a matéria e não a criou, pois o termo hebraico corresponde ao termo grego *epoisé*, que os escultores punham na base de suas obras, *fecit, sculptit*" (ibidem, p. 34).

última diga que Deus extrai o mundo do nada, sem ter de moldar uma matéria qualquer e sem ter de considerar sua eventual resistência, Castoriadis a faz significar que, uma vez que a matéria causa a forma, para que a forma seja realmente nova e não simplesmente dada, não deve existir matéria – como se a forma devesse necessariamente ser dada com a matéria. Mas apenas a presença de uma matéria não impõe uma forma determinada, portanto não exclui em si mesma a produção do novo. Na verdade, a armadilha dessa fórmula – da qual temos dúvidas de que Castoriadis tenha conseguido escapar – é impor a alternativa: "ou criação a partir de nada ou criação nenhuma".

Refutando essa ficção teológica, podemos refutar ao mesmo tempo essa alternativa, porém mantendo a irredutibilidade da criação a uma explicação causal. Nesse caso obtemos a ideia perfeitamente coerente de "criação a partir de algo" (ou criação "*ex aliquo*"), portanto uma "criação condicionada", o que não equivale em absoluto à ideia de "criação causada", que é por si só contraditória. Em outras palavras, teremos a ideia de criação "*ex aliquo*", mas *sine causa*. A criação da forma a partir de certas condições dadas será assim distinguida da causação da forma por essas condições. Decididamente, quando se trata da relação entre o ato de criação e suas condições, o *ex* possui exatamente o mesmo sentido do *cum*: significa simplesmente a impossibilidade de criação incondicionada. Mas, aqui também, reconhecer essa dependência de condições previamente dadas não implica reduzir o condicionado a um efeito necessário das referidas condições. É exatamente o que significa a noção de "emergência" à qual Castoriadis recorre com frequência nos textos em que se esforça por pensar a radicalidade da criação. A forma que "emerge" sai de algo que preexiste a ela e condiciona essa "saída", mas sem ser causada por esse algo. Evocando a distinção entre condições e causas, ou entre condições simplesmente necessárias e condições necessárias e suficientes, Castoriadis diz: "As formas enquanto formas não são causadas pelo que quer que seja, mas emergem, dadas certas condições (na verdade, incontáveis). As condições permitem a emergência da forma, mas a relação inversa não tem sentido"[106]. Assim, a mitologia grega não causou a *pólis*, mas a *pólis* era impossível sem essa mitologia[107]. Do mesmo modo, a instituição da psicanálise por Freud, "apesar de sua novidade radical,

---

[106] Cornelius Castoriadis, *Le Monde morcelé*, cit., p. 341.
[107] Idem.

não ocorreu no vazio": pressupunha "toda a tradição da 'ciência' e, mais em geral, do pensamento greco-ocidental"[108]. Nesses exemplos, o instituído precede a instituição-criação como condição, mas não a determina. Então por que ir mais longe, admitindo a ideia de uma "criação a partir de nada"? Por que a criação do novo deveria ser uma "criação absoluta", que excluísse todo e qualquer condicionamento por uma matéria preexistente, se está entendido que esse condicionamento não age como causa?

A pergunta vale tanto para a "instituição" quanto para a "práxis", no sentido preciso que essas duas noções têm em Castoriadis. De um lado, temos uma atividade do coletivo anônimo que não persegue nenhum objetivo porque foge do controle direto da consciência, mas cria significações imaginárias (a instituição); de outro, uma atividade consciente que visa à autonomia e a pressupõe, mas não pode decidir por si mesma a destruição das antigas significações imaginárias e sua substituição por novas (a práxis). Como vimos, a primeira atividade é moralmente neutra; a segunda, ao contrário, é emancipadora por natureza. A dificuldade é redobrada, portanto. Consiste, em primeiro lugar, em compreender como a instituição, que no fundo é inconsciente, pode tornar-se uma práxis, isto é, tornar-se consciente de si mesma, não como todo, mas apenas como parte desse todo; em segundo, consiste em compreender como a instituição, que por si mesma é indiferente ao ideal de autonomia, pode *se* pôr a serviço desse ideal. Não é sem importância o fato de Castoriadis se valer de exemplos de autoinstituições *conscientes*, ou seja, a instituição da *pólis* pelos gregos e a instituição da psicanálise por Freud: será possível colocá-las no mesmo patamar da invenção da roda, da escrita, ou mesmo da instituição da língua e dos usos sociais? Os dois primeiros exemplos nos põem diante de uma práxis que depende inquestionavelmente do que Castoriadis chama de "poder explícito" e que entremostra o instituinte sob a figura de um ou de vários "fundadores". Diremos com toda a justiça que essa práxis é "instituinte" não no sentido de dizer respeito à transmissão-modificação inconsciente de usos antigos, mas de estabelecer de uma vez só novos significados e novas maneiras de agir. No entanto, assim como o infrapoder instituinte, ou "poder implícito", essa práxis não pode pretender se libertar da coerção das condições. O exercício do poder instituinte da sociedade ao menos em parte é do âmbito da "retomada do dado", porque sempre está sob "o peso de uma

---

[108] Idem, *Les Carrefours du labyrinthe 1*, cit., p. 121.

herança": a "sociedade instituinte, por mais radical que seja a sua criação, trabalha sempre *a partir de* e sobre o já instituído; ela está sempre – salvo em algum ponto de origem inacessível – na história"[109]. Da mesma forma, a práxis como instituição consciente, ou práxis instituinte, pressupõe certas condições e ao mesmo tempo "trabalha sobre" essas condições, transformando-as profundamente. Assim, o aparecimento do instituinte na forma da política é tão pouco "criação absoluta" quanto a atividade inconsciente do coletivo anônimo que ela conduz, ao menos parcialmente, à expressão consciente. Em outras palavras, a vinda à luz da autoinstituição consciente ocorre sempre "a partir de" certas condições herdadas do passado, no mínimo porque ela se dá sempre a partir do que já foi instituído aquém da consciência e da vontade.

A práxis instituinte

Compreendida desse modo, a práxis instituinte mostra algumas das características da práxis pensada por Marx. A frase do *18 de brumário*, citada anteriormente, segundo a qual "os homens fazem sua própria história"[110], condensa toda uma concepção da práxis como "atividade autotransformadora condicionada" que pode nos ajudar a entender melhor a originalidade daquilo que chamamos aqui de "práxis instituinte". Ela nos diz, em substância, que esse "fazer", que não é da ordem da fabricação técnica, nem por isso é uma "criação a partir de nada" ou uma "criação absoluta". Os homens, embora "façam" sua história, fazem-na sempre em circunstâncias e condições que eles não escolheram, que eles "encontram sempre já aí"[111], porque foram herdadas das gerações anteriores. Por esse lado, o "fazer" dos homens é sempre condicionado pelos resultados da atividade daqueles que os precederam.

---

[109] Idem, *Le Monde morcelé*, cit., p. 144-5. Grifamos o "a partir de" (o famoso *ex* de "*ex nihilo*"!) na medida em que indica que trabalhar a partir do já dado não impede que a criação seja radical.

[110] Para uma explicação detalhada dessa frase, ver Pierre Dardot e Christian Laval, *Marx, prénom: Karl*, cit., p. 202 e ss.

[111] Como indicamos em nota, no início deste capítulo, essa expressão traduz melhor o verbo *vorfinden*, que faz parte da linguagem de Hegel e Marx. Esse mesmo verbo pode significar a necessária anterioridade do instituído sobre a instituição como atividade, anterioridade abusivamente isolada pela sociologia clássica, porque dissociada do outro lado, o da atividade instituinte.

Todavia, esse condicionamento não apenas não exclui a criação do novo, como o torna possível. Isso porque as condições encontradas já aí por cada geração não são um meio neutro, ao qual a ação dos homens só poderia se conformar passivamente. Pois – e esse é o segundo lado do "fazer" –, ao agir em determinadas condições, os homens agem sobre essas condições de tal modo que "estabelecem" novas condições. Eles subvertem assim o antigo estado de coisas e trazem à existência o que não possui precedentes na história. Podem não ter consciência disso, especialmente em razão do peso esmagador da tradição das gerações mortas, "que comprime o cérebro dos vivos". Para conjurarem a angústia da novidade, eles podem usar máscaras e trajes emprestados, como os da República Romana pelos protagonistas da Revolução Francesa. Desse modo, revelam-se incapazes de falar diretamente a linguagem de sua ação, a exemplo do iniciante que é incapaz de esquecer sua língua materna ao aprender uma nova língua. Mas isso não os impede de, por sua ação, "fazer ser" o novo. Falando da ação dos homens em meio a uma crise revolucionária, Marx diz que "eles invocam temerosamente a ajuda dos espíritos do passado", ao mesmo tempo que "parecem estar empenhados em transformar a si mesmos e as coisas, em criar algo absolutamente novo" (*noch nicht Dagewesenes zu schaffen*)[112]. Como mostra a citação, o verbo "parecer" (*scheinen*) não se refere ao ato de criar o absolutamente novo, mas ao de "estar empenhados": eles criam efetivamente o absolutamente novo, mas não "estão empenhados" nessa criação que realizam por meio de sua ação, o que significa que sua consciência "está empenhada" em outra coisa – no caso, em representar os papéis que a tradição lhes atribui previamente. Logo, temos uma distorção entre a novidade da ação conduzida pelos atores e a consciência que esses atores têm de estar representando um papel já representado em passado distante (por Brutus, Catão etc.). Mas essa distorção, que sem a menor dúvida pode ter o efeito de travar o curso da ação que está sendo realizada, não pode anular o fato de que por essa ação adveio algo novo.

O que essa análise da conduta dos homens no momento das revoluções traz à luz é que a ação desses homens possui dois lados indissociáveis: é sempre condicionada pelo que está dado, isto é, por aquilo que ela encontra diante de si, mas não foi produzido por ela – e, nesse sentido, em que

---

[112] Karl Marx, *O 18 de brumário de Luís Bonaparte*, cit., p. 25 (tradução modificada). O alemão diz literalmente: "criar o que ainda não foi (ou ainda não existiu)".

pese ao idealismo, ela nunca é "atividade pura"; mas, ao mesmo tempo, apesar desse tributo pago ao herdado, ela nunca é mera "repetição do dado" e mostra-se capaz de fazer surgir o novo, em que pese o materialismo passivo, que vê os homens como simples produto das circunstâncias. E o mais notável é que a ação faz ser o novo não apenas nas circunstâncias exteriores, mas também nos próprios atores, que são transformados por ela em seu ser mais "interior": a história em marcha não mostra "autores" dirigindo sua própria ação a partir de um "projeto", mas atores produzindo-se como sujeitos em e por sua ação, o que é muito diferente. Por isso, ela nos permite perceber de maneira flagrante aquilo que a terceira tese sobre Feuerbach chama de "coincidência" (*Zusammenfallen*) entre a "transformação-alteração das circunstâncias" (*Ändern der Umstände*) e a atividade humana ou "autotransformação-alteração" (*Selbstveränderung*)[113], coincidência que caracteriza a "práxis revolucionária". O fato de a modificação das circunstâncias pelos homens ser ao mesmo tempo a automodificação dos homens em vias de modificar as circunstâncias exteriores somente pode ser compreendido se essa automodificação e a ação dos homens forem uma coisa só, em vez de serem simples "efeito" da transformação das circunstâncias exteriores – o que pressuporia uma relação de causalidade entre as duas alterações, que justamente é preciso descartar. Desse modo, a práxis é autoprodução de seu sujeito por automodificação do ator no próprio curso da ação[114].

Essa ideia de práxis é muito diferente da de Castoriadis. É óbvio que, aqui ou ali, encontramos a mesma insatisfação com a clivagem aristotélica de práxis e poiésis. Diversas formulações de *As encruzilhadas do labirinto* sobre a prática da análise não deixam de revelar, nesse aspecto, certa proximidade com Marx, em particular a de "atividade prático-poiética", cuja obra (*ergon*) não seria algo exterior ao agente, mas uma automodificação ou autotransformação do próprio agente[115]. Contudo, seja como for, a práxis se orienta para a autonomia humana como para sua finalidade, e isso vale tanto para a psicanálise como para a pedagogia e a política. Em compensação, em Marx a práxis é independente do valor do objetivo que os atores se propõem a alcançar: seja a Reforma de Lutero ou a Revolução Francesa, o valor emancipador da causa não muda nada na questão, isto é, na realidade

---

[113] Pierre Macherey, *Marx 1845: les "Thèses sur Feuerbach"* (Paris, Amsterdam, 2008), p. 82.

[114] Sobre esse ponto, ver Pierre Dardot e Christian Laval, *Marx, prénom: Karl*, cit., p. 201-2.

[115] Cornelius Castoriadis, *Les Carrefours du labyrinthe 1*, cit., p. 46.

da práxis como autoprodução do homem. Guardadas as devidas proporções, ocorre com a "práxis" em Marx mais ou menos o que ocorre com a "instituição" do social-histórico em Castoriadis: ela lhe é comparável em extensão, uma vez que tem a mesma neutralidade em relação aos fins subjetivos. Em ambos os casos, o que está em jogo é fundamentalmente o sentido do verbo "fazer" na expressão "fazer a história". No primeiro caso, o "fazer" é a práxis na e pela qual os homens sempre se produzem de novo como sujeitos; no segundo, o "fazer" é um "fazer instituinte" pelo qual são criadas significações imaginárias; como tal, ele é coextensivo a todo o "campo social-histórico", uma vez que ele não é nada mais do que aquilo que o "faz ser". Donde duas dificuldades bastante aparentadas, no fundo. Pois, se no segundo caso a dificuldade é esclarecer a transformação da instituição em projeto de autonomia, no primeiro é pensar a transformação da práxis em práxis emancipadora. Se é verdade que nem toda instituição visa à autonomia, muito pelo contrário, também é verdade que nem toda práxis é práxis de emancipação. Não sendo libertadora em si mesma, a automodificação do ator que modifica as circunstâncias exteriores pode perfeitamente produzir sujeitos "alienados". Portanto, é preciso indicar expressamente o que diferencia a práxis emancipadora da práxis não emancipadora, entendendo-se que ambas produzem sujeitos por autotransformação dos atores.

Em *18 de brumário*, Marx aponta como traço distintivo da práxis emancipadora a atitude de clara ruptura com toda a tradição: pela primeira vez na história humana, a revolução proletária se libertaria do peso esmagador "que comprime o cérebro dos vivos" para enfrentar a sua tarefa olhando para o futuro – daí o famoso tema da "poesia do futuro". Isso é alimentar a ilusão de uma práxis que seria capaz de libertar-se das condições herdadas do passado, produzindo homens "empenhados" em criar o absolutamente novo, sem endossar os papéis de empréstimo preparados pelo passado, ou seja, a ilusão de homens que estariam dispensados de aprender a língua de sua ação, que estariam imediatamente aptos a falar essa língua sem ter de passar pela "língua materna" da tradição. Mais ainda: é acreditar que uma práxis emancipadora pode emancipar-se de qualquer dependência da tradição, como se o reconhecimento lúcido dessa dívida não fosse o *primeiro* traço distintivo dessa práxis. Nenhuma práxis pode eximir-se de lutar para superar a inércia própria das condições herdadas do passado, nenhuma práxis pode imaginar-se capaz de criar o absolutamente novo "a partir de nada", simplesmente porque, como dissemos, a criação "*do* absolutamente novo" nunca é uma "criação *absoluta*". Se Marx tende a ignorar isso, é sobretudo em razão de uma concepção anti-histórica da revolução proletária como ruptura integral com a "pré-história da humanidade", concepção que é difícil conciliar com a ideia da práxis como atividade condicionada. *Contra* essa concepção, portanto, devemos guardar a principal lição de Marx: toda práxis apresenta dois lados, a saber, o lado pelo qual ela é herdeira de um passado condicionante e o lado pelo qual ela cria o novo "com" (*cum*) e "a partir do" (*ex*) passado. A práxis emancipadora não pode constituir exceção a essa "situação", ao contrário ela é sua plena e inteira assunção. Aliás, é por isso que o conceito marxiano de práxis difere profundamente do conceito fichtiano de "atividade", que, como vimos, provavelmente inspirou a reflexão do jovem Marx em 1842 sobre o fundamento jurídico do costume dos pobres[116]: em Fichte, a "atividade" sempre procede da autoposição do Eu, que, por sua vez, opõe a si mesmo o que o limita. O que está em questão aqui é, em última análise, o reconhecimento ou o desconhecimento da relação da atividade instituinte com o que preexiste a ela, ou seja, a relação da instituição com o já instituído: o preexistente é realmente condicionante.

A práxis como coinstituição das regras

A maneira mais direta de mostrar isso é enunciar de vez nossa tese: *a práxis emancipadora é práxis instituinte ou atividade consciente de instituição*. O que entendemos exatamente por atividade de instituição ou atividade instituinte? Começaremos fazendo duas delimitações negativas: instituir, que consiste acima de tudo em estabelecer regras de direito, não é nem criar *ex nihilo* essas regras nem oficializar ou consagrar *post factum* regras que já existiam, mas não eram ainda reconhecidas como regras de direito. Podemos ver que, nesse sentido, a práxis instituinte comprova o que Marx diz da práxis em geral: ela nunca parte de nada, sempre tem de se realizar *in situ*, "em" e "a partir de" condições dadas que não foram produzidas por elas, mas ao mesmo tempo ela faz que advenham novas condições e, dessa maneira, efetua uma verdadeira "subjetivação", produzindo novos sujeitos por automodificação dos atores.

---

[116] Sobre esse ponto, ver no capítulo 8 deste volume: "A 'atividade' como fundamento do direito dos pobres".

Basta esse esclarecimento para descartar várias concepções de instituição. Em primeiro lugar, não nos deixaremos iludir pela falsa simetria entre "poder instituinte" / "poder constituinte". Como vimos anteriormente, essas duas expressões motivaram inúmeras controvérsias e mal-entendidos. Para introduzir um pouco de clareza nesse debate, cabe observar que os termos "instituinte" e "constituinte", ambos particípios presentes adjetivados, provêm da mesma raiz: o verbo latino *statuere*, que significa "pôr de pé", "estabelecer". Por esse motivo, as duas palavras diferem morfologicamente apenas pelos prefixos *in* em "instituinte" e *cum* em "constituinte". O segundo prefixo tem o sentido de ato de fundação, muitas vezes identificado com o ponto específico de uma origem. Hannah Arendt observa que o termo "constituição" é ambíguo, pois pode designar tanto o ato do governo como o ato pelo qual o povo constitui um governo[117]. O certo, porém, é que o segundo sentido prevaleceu: o poder constituinte é o poder de constituir o governo, que fica a cargo de uma assembleia ou convenção, que, por sua vez, é a única habilitada a exercer esse poder. Basta elevar esse poder de estabelecer uma constituição acima de qualquer constituição já dada para transformá-lo em poder soberano. Aqui, o que importa é que o poder soberano somente pode existir como poder de um sujeito definido por uma vontade isenta de qualquer obrigação – a da nação, do povo etc. A dificuldade de se conceber um poder constituinte não soberano está no embaraço de lhe dar o sujeito que ele exige – como se pode ver em Negri, com as "decisões constituintes" atribuídas aos movimentos sociais. Nesse sentido, a "práxis instituinte" a que nos referimos não pode ser do âmbito do exercício de um poder constituinte nem de um "micropoder constituinte" na escala de instituição isolada: ela não tem a grandiosidade de um ato solene de fundação e não precisa de um sujeito preexistente. Por oposição ao poder constituinte, à primeira vista o poder instituinte tem a vantagem de prescindir de um sujeito, ao menos quando o pensamos como um "poder implícito", situado aquém da consciência e da vontade – como é o caso em Castoriadis. A questão, então, é saber se a práxis instituinte é do âmbito do exercício de um poder instituinte, e não de um poder constituinte.

---

[117] Hannah Arendt, *L'Humaine condition*, cit., p. 454. (Arendt cita a definição de Thomas Paine: "A constituição não é ato de um governo, mas ato de um povo constituindo um governo".)

Aqui, devemos fazer uma segunda observação de grande importância. O "infrapoder" a que se refere Castoriadis é tão participável em extensão que, em última instância, acaba tornando-se imparticipável, visto que sua implementação tende a confundir-se com a transmissão-modificação inconsciente de usos e costumes. Desse ponto de vista, não é sem importância o fato de ser a língua o modelo a que Castoriadis prefere referir-se. A distinção entre *língua* e *código*, introduzida por ele já no fim dos anos 1960 num esboço intitulado *L'Imaginaire comme tel*[118], reaparece sempre que se trata de pensar a relação da linguagem com a significação. Na verdade, linguagem é ao mesmo tempo código *e* língua: como código, é um sistema de signos cujos termos e relações são fixos e dados uma vez por todas; como língua, refere-se às significações[119]. Ora, não há elementos de significação ou operações determinadas que regulem uma produção de significações, ao passo que os significantes são elementos e existem operações determinadas de geração de novos termos – é a "produtividade lexical". O poder imanente da língua, ao menos enquanto for uma língua viva, é "fazer emergir o novo" por intermédio da autotransformação, isto é, fazer surgir novas significações com pontos de partida diferentes dos elementos de significação já disponíveis. É precisamente nisso que a língua é exemplar: "A língua, em sua relação com as significações, mostra como a sociedade instituinte está continuamente em atividade e também, nesse caso particular, como essa atividade, que só existe como instituída, não bloqueia o fazer instituinte contínuo da sociedade"[120]. Certamente o leitor terá notado o inciso "nesse caso particular", que, lido ao pé da letra, impede que o caso da língua seja estendido irrefletidamente a todo o social-histórico: ele parece dar a entender que, em outros casos, o instituído pode bloquear o "fazer instituinte contínuo" da sociedade. Não ignoramos "que a instituição, uma vez estabelecida, parece autonomizar--se, que ela possui inércia e lógica próprias" e que isso explica em parte a alienação da sociedade em relação a "suas instituições"[121]. A prudência do inciso não impede que a língua torne evidente certa continuidade do

---

[118] Um comentário sobre esse texto encontra-se em Arnaud Tomès, "Introduction à la pensée de Castoriadis", cit., p. 89-142.

[119] Cornelius Castoriadis, *L'Institution imaginaire de la société*, cit., p. 322-3.

[120] Ibidem, p. 324.

[121] Ibidem, p. 164.

fazer instituinte e que, em última análise, essa continuidade nos leve às variações do uso pelas quais novas significações vêm à luz. Estamos então no terreno de certo Wittgenstein, o mesmo que procura na analogia entre regras da linguagem e regras do jogo elementos para derrubar a redução da linguagem a cálculo e, às vezes, é tentado a absorver toda e qualquer normatividade na imanência do "uso com sentido" (*sinnvoller Gebrauch*), como se aquilo que é dado nesse uso fosse já da ordem da regra e, ao mesmo tempo, pudesse ser indefinidamente revisado[122]. O que é certo é que, pensando as regras do uso por analogia com as regras criadas ou modificadas ao longo de um jogo[123], será muitíssimo difícil conceber uma práxis pela qual novas regras seriam *estabelecidas de maneira consciente*, o que é característico justamente da práxis instituinte.

Se quisermos ir mais longe e fazer com que o estabelecimento de regras de direito proceda do exercício desse "poder implícito", não vemos como seria possível evitar fazer do costume como tal a fonte de produção do direito. Reincidimos então nas dificuldades já apontadas a propósito da *Common Law*[124]. Poderíamos tentar escapar, substituindo a concepção hayekiana de evolução cultural pela ideia de "seleção artificial" das regras, em vez de uma seleção natural. É nesse espírito que a economia institucional original, ou ao menos a de John Roger Commons, tenta pensar as regras da atividade das "organizações ativas" ou "instituições" ("desde a família, a empresa, o sindicato, a associação profissional, até o Estado")[125]. A exemplo do Estado, que lhes serve de modelo, todas as organizações exercem certa soberania, decretando e sancionando regras de atividade. O estabelecimento dessas regras é feito pelo método da *Common Law*, isto é, "por uma seleção artificial das regras inorganizadas" (ou costumes),

---

[122] Sobre a analogia entre linguagem e jogo, ver Philippe De Lara, "Le Paradoxe de la règle et comment s'en débarrasser", em Sandra Laugier (org.), *Wittgenstein, métaphysique et jeux de langage* (Paris, PUF, 2001), p. 97-127; sobre a noção de "uso com sentido", ver Jocelyn Benoist, "Sur quelques sens possibles d'une formule de Wittgenstein", em ibidem, p. 153-79.

[123] Ludwig Wittgenstein, *Recherches philosophiques* (Paris, Gallimard, 2004), § 82-3, p. 73 [ed. bras.: *Investigações filosóficas*, trad. Marcos G. Montagnoli, 9. ed., Petrópolis/Bragança Paulista, Vozes/Editora da Universidade São Francisco, 2014].

[124] Ver capítulo 7 deste volume.

[125] Citado em Bernard Chavance, *L'Économie institutionnelle* (Paris, La Découverte, 2012), p. 35.

que dessa forma são promovidas a "regras organizadas"[126]. Diferentemente de Hayek, Commons não interpreta o modelo jurídico do direito consuetudinário nos termos de uma "ordem espontânea", mas de uma seleção-formalização de certos costumes no momento da arbitragem de conflitos de interesses. Assim, o estabelecimento de novas leis é irredutível ao reconhecimento posterior de regras de conduta "descobertas" pelos juízes – como acontece em Hayek. Seja como for, também nesse caso a produção do direito acaba tendo o costume como fonte.

De modo geral, o que merece ser questionado é toda a concepção de "regras" que prevalece na economia institucional – antiga e nova – e tem como ponto de partida o modelo do jogo[127]. Na esteira de Aoki, é possível distinguir esquematicamente três abordagens que partem dessa analogia. A primeira, que, como vimos, é essencialmente a de Commons, equipara instituição e organização: instituições são as organizações ativas e as regras que as mantêm ativas; a segunda, que é a de North[128] e Hurwicz, faz distinção entre organizações, que são os jogadores, e instituições, que são as regras que definem a maneira como se deve jogar o jogo; por último, a terceira, que é a de Aoki, Schotter, Greif e Young, entende a instituição como um equilíbrio[129]: por esta última perspectiva, o elemento decisivo é que os agentes compartilham certo número de crenças, donde a definição de instituição como "sistema automantido de crenças compartilhadas sobre a maneira como o jogo é jogado"[130]. O mérito indiscutível de todas essas abordagens é terem realizado uma desnaturalização do mercado, compreendendo o mercado e a empresa como "instituições do capitalismo". No entanto, o principal limite das três está na incapacidade de explicar a gênese das instituições a partir dessa analogia com os jogos: "As regras iniciais do jogo estão dadas desde o princípio", mas não são relacionadas a "instituições

---

[126] Ibidem, p. 31-2.

[127] Seja no sentido mais frequente da teoria econômica dos jogos, seja no sentido do jogo esportivo (como em North).

[128] Tratamos anteriormente da definição das instituições em North com relação à criação dos direitos de propriedade (ver capítulo 4 deste volume).

[129] No sentido do equilíbrio de Nash na teoria dos jogos, ou seja, "uma situação em que nenhum jogador conseguirá melhorar sua posição agindo sozinho (sem cooperar com os outros), se os outros jogadores mantiverem sua estratégia anterior" (Bernard Chavance, L'Économie institutionnelle, cit., p. 74).

[130] Citado em idem.

humanas já estabelecidas anteriormente", como se fosse possível reduzi-las a regras puramente técnicas, isentas de historicidade[131].

Essa dimensão da historicidade se impõe não só quando se trata de pensar a mudança interna das instituições ou a transformação de uma instituição em outra, mas, muito mais, quando se trata de pensar a *criação* de uma nova instituição. A primeira função do conceito de "práxis instituinte" é tornar essa criação inteligível: instituir novas regras de direito é criar uma nova instituição, ao menos se entendermos "instituição" como o sistema de regras oriundo da atividade instituinte e não a atividade em si. Como toda práxis, a práxis instituinte pressupõe não um simples requisito de tipo técnico, mas um "a partir de", o do "já instituído", que carrega toda uma herança em seu bojo. Ao mesmo tempo, consiste em estabelecer novas regras que retrospectivamente deem a essa herança um sentido que ela não podia ter antes. Mas a segunda função do conceito de práxis instituinte é fazer vir à tona a necessidade absoluta de uma atividade instituinte *contínua*, para além do limiar do ato inaugural, portanto à maneira de uma "instituição continuada". Como viram muito bem Sartre e Castoriadis, cada um a sua maneira, todo instituído, uma vez posto, tende a autonomizar-se em relação ao ato que o pôs, em virtude de uma inércia própria contra a qual é preciso lutar incessantemente. Portanto, a práxis instituinte é ao mesmo tempo a atividade que estabelece um novo sistema de regras *e* a atividade que tenta reiniciar permanentemente esse estabelecimento para evitar a paralisação do instituinte no instituído; por conseguinte, ela é a práxis que antecipa conscientemente, desde o início, a necessidade de modificar e reinventar o instituído que ela estabeleceu apenas para fazê-lo funcionar melhor no tempo. Assim especificado, esse conceito possibilita escapar da alternativa entre "poder constituinte" e "poder instituinte". Ao contrário do poder instituinte como "poder implícito", ela não emana do "coletivo anônimo" e é da ordem do explícito porque consciente. Mas, ao contrário do "poder explícito" de tipo constituinte, ela não é a atividade legiferante de um sujeito definido por sua vontade soberana, pois ela produz seu próprio sujeito em decorrência de sua realização. O sujeito do poder constituinte é pressuposto antes de seu exercício e exerce esse poder apenas de maneira pontual. A práxis instituinte produz seu próprio sujeito na con-

---

[131] Ibidem, p. 73-4. Devemos esclarecer que a própria Elinor Ostrom (da qual falamos longamente no capítulo 4) estabeleceu uma tipologia das regras a partir da teoria dos jogos (ibidem, p. 80-1).

tinuidade de um exercício que deve se renovar para além do ato criador. Mais exatamente, ela é *autoprodução de um sujeito coletivo na e pela coprodução continuada de regras de direito*.

Para compreender bem esse ponto, é preciso aprender, intelectual e politicamente, com um movimento que, logo de início, pôs a questão da criação da instituição no cerne de sua prática e de sua reflexão: a psicoterapia institucional (PI). Hoje, esse movimento é objeto de ataques sistemáticos dos adeptos da "neurocientificidade" e do comportamentalismo. Cabe aqui lembrar tudo o que seu iniciador, François Tosquelles, deveu à sua experiência de militante do Partido Operário de Unificação Marxista (Poum) durante a Guerra Civil Espanhola: a concepção de um coletivo definido pela "transversalidade", isto é, pela articulação permanente entre verticalidade e horizontalidade[132]. A partir dessa matriz, Jean Oury elaboraria a ideia de "Coletivo" como função que possibilita a articulação entre a estrutura vertical dos centros psiquiátricos e a horizontalidade de uma estrutura de acolhida da qual participam os pacientes (do tipo "Clube")[133]. Em seus textos, encontramos perfeitamente evidenciados os dois lados da práxis como atividade condicionada e transformadora, em particular a ideia de que a atividade de instituição implica sempre um encontrado-já-aí, pensado pelo conceito de "subjacência": "A nosso ver, não é possível instituir uma estrutura qualquer sem levar em conta o que já está aí. Não acreditamos na criação pura e simples da instituição; existe uma subjacência que já está funcionando e da qual o médico deve fazer surgir a nova construção"[134]. Também encontramos nos textos de Tosquelles o desenvolvimento da ideia – tão cara a ele – de "malhas institucionais" que favoreçam constelações transitórias, em oposição à rigidez dos "códigos" e "leis"[135]. Elabora-se nes-

---

[132] Patrick Chemla, "Transmettre le mouvement de la PI, c'est récuser l'arrêt sur image", palestra no Colóquio Europsy (2012). Não se trata apenas de uma "dívida política", mas da "fonte de uma *Gestaltung*, de uma forma em movimento que abre espaço para os vetores de singularidade e, ao mesmo tempo, sustenta a dimensão do político". Sobre o Poum, remetemos o leitor à obra clássica de Victor Alba, *Histoire du Poum* (Paris, Ivrea, 2000).

[133] Ver em especial Jean Oury, *Le Collectif: le séminaire de Sainte-Anne* (Nîmes, Champ Social, 2005).

[134] Jean Oury, *Psychiatrie et psychothérapie institutionnelle* (Nîmes, Champ Social, 2001), p. 48.

[135] Ibidem, p. 234.

ses textos também a concepção da relação entre "instituição" e "institucionalização permanente":

> Não conseguimos ir muito mais longe no tratamento dos psicóticos com um sistema de funcionamento rígido que prioriza a instituição, sem dar espaço, ou dando muito pouco espaço, para a sua reinvenção, portanto para a sua revolução permanente: para aquilo que gostamos de chamar *institucionalização*.[136]

Percebe-se que o termo "institucionalização" aí não designa a criação de novas instituições pela lei – como em Perelman –, muito menos a oficialização do que já existia e não era reconhecido, mas especificamente a reinvenção permanente da instituição pela qual o grupo que a criou pode contrapor-se à sua inércia. Todo o dispositivo do Coletivo é orientado por essa exigência de reinício constante da atividade instituinte. Se prevalece a diferenciação, em particular entre estatuto e função – por exemplo, entre o estatuto de médico-chefe e a função médica – ou entre lugares, é para evitar o efeito de achatamento decorrente da homogeneidade e permitir "que cada um possa articular algo de sua singularidade, mesmo num ambiente coletivo"[137]. Se as regras coletivas não possuem a rigidez dos "códigos" ou das "leis", é para possibilitar previamente essa reinvenção permanente. E, se é possível falar do surgimento de um "sujeito coletivo" como efeito do Coletivo como função, é num sentido muito diferente do "coletivo" de que fala Sartre – que, como vimos, é uma modalidade do prático-inerte –, uma vez que esse sujeito se constitui em e por responder tanto à alienação social quanto à psicótica[138].

No entanto, não cabe desconhecer nem subestimar a influência de *Crítica da razão dialética* sobre as reflexões em torno da instituição elaboradas no cadinho da psicoterapia institucional. Essa influência é menos perceptível na concepção positiva da natureza da instituição do que na maneira como ele volta sempre à "questão institucional": como impedir que a instituição se esclerose e se feche em si mesma? Essa pergunta, por si só, revela uma cons-

---

[136] Ibidem, p. 235. Jean Oury cita um artigo de Hélène Chaigneau publicado na revista *L'Information Psychiatrique*, de outubro de 1970, com o título: "Psychanalyse et psychothérapie institutionnelle".

[137] É o que Jean Oury chama de "função diacrítica". Sobre essa noção e sua articulação com a noção de Coletivo, ver Jean Oury, *Le Collectif*, cit., p. 108-9 e 117.

[138] Já no início da sessão de 19 de setembro de 1984 do seminário "Le Collectif", Jean Oury diz que, durante 25 anos, usou a palavra "Coletivo" em sentido diferente de sua acepção habitual, e acrescenta: "Também não era no sentido de Jean-Paul Sartre, no livro *Crítica da razão dialética*" (ibidem, p. 11).

ciência aguda de que a verdadeira ameaça não pode ser reduzida a condições exteriores ou a um contexto social e histórico desfavoráveis, mas é *interna* ao grupo. Foi precisamente por essa perspectiva que Félix Guattari tentou articular a teoria sartriana do grupo com a psicanálise. Sua abordagem consiste em introduzir a dimensão do inconsciente no "grupo" e a dimensão do coletivo na subjetividade. Como todo grupo é capaz de produzir seu próprio veneno, deve-se entender que a estruturação do grupo é intrinsecamente um problema de subjetivação do grupo. Nesse ponto, o tema sartriano da reificação no prático-inerte se vincula à concepção psicanalítica do instinto de morte (*instinct de mort*)*. Como diz Valentin Schaepelynck:

> Inserido num referencial psicanalítico, o instinto de morte parece representar papel análogo ao do prático-inerte em *Crítica da razão dialética*, tornando-se de certo modo o horizonte recorrente de toda formação coletiva: indica que a possibilidade de reificação vem também de dentro, e não necessariamente de um exterior que viria recuperar e digerir uma dinâmica instituinte. [...] É a partir de si mesma e de sua interioridade que toda nova subjetividade política é ameaçada, a todo momento, de reincidir na serialidade, seja por efeito do "prático-inerte" ou do "instinto de morte".[139]

Para enfrentar esse problema, Guattari contrapõe, num primeiro momento, dois tipos de grupo: o "grupo sujeitado" e o "grupo-sujeito". O "grupo sujeitado" recebe suas leis de fora, enquanto o "grupo-sujeito" é dado como fundador de si mesmo, no sentido de que aspira a "assumir-se a partir de uma lei interna". Percebe-se que essa oposição tem certo parentesco com a oposição de Sartre entre o "coletivo serial" e o "grupo em fusão". Num texto de 1966 intitulado "Le Group et la personne", Guattari voltará a essa primeira apresentação, dando ênfase à oposição entre a atividade do "grupo-sujeito" e a passividade do "grupo-objeto": o grupo-sujeito é o "grupo que se propõe reassumir sua lei interna, seu projeto, sua ação sobre os outros"; o grupo-objeto "recebe suas determinações dos outros grupos"[140].

---

* Embora "pulsão" [*Trieb*] seja a palavra mais adequada no contexto, "instinto" foi o termo utilizado por Schaepelynck. (N. E.)

[139] Valentin Schaepelynck, *Une critique en acte des institutions: émergences et résidus de l'analyse institutionnelle dans les années 1960*, tese de doutorado em Ciências da Educação, Paris-VIII, dez. 2013, p. 162. Devemos a esse trabalho o esclarecimento apresentado aqui sobre a contribuição de Félix Guattari ao movimento da PI.

[140] Félix Guattari, *Psychanalyse et transversalité: essais d'analyse institutionnelle* (Paris, Maspero, 1972), p. 156.

Deve-se notar que essa oposição também está relacionada com a oposição entre língua e discurso: o grupo sujeitado está inteiramente preso e petrificado num "código" (a língua), não é mais capaz de enunciação nova, está fadado a repetir enunciados prontos[141]. A questão institucional equivale, portanto, a perguntar-se como certa estrutura pode permitir que um grupo enuncie uma "fala" [*parole*] capaz de perturbar a ordem do código e, ao mesmo tempo, ajudar o grupo a se desalienar do código. Mas essa questão está articulada à psicanálise, na medida em que o código é um "fantasma de grupo" narrativizado numa história oficial e estereotipada. Portanto, a relação do grupo com seu inconsciente não é algo "acrescentado" ou "suplementar", mas, ao contrário, é aquilo pelo qual o grupo pode ter esperança de escapar à sua própria clausura. Essa linha de condução do pensamento de Guattari é encontrada em particular no conceito de "arranjos coletivos de enunciação", múltiplos, diferenciados e heterogêneos, que possibilitam o envolvimento dos componentes múltiplos de cada sujeito. É a partir daí também que se pode captar em todo seu alcance o famoso conceito de "transversalidade": a transversalidade é a dimensão do grupo que não é nem a verticalidade hierárquica oficial nem a horizontalidade contingente das pessoas que se encontram ali mais ou menos por acaso, e pela qual o grupo tem a possibilidade de compreender o sentido de sua práxis, e as subjetividades têm a possibilidade de se engajar numa transformação efetiva[142]. Isso mostra até que ponto o coletivo deve ser sempre reportado a uma práxis que faz dele o que ele é. E é a práxis "transversal" da enunciação que possibilita agir sobre a instituição para que ela não se feche[143].

É evidente que não se pode pensar em erigir a prática que se alimenta dessa concepção em modelo transplantável tal e qual além do campo psico-

---

[141] Apesar da terminologia diferente, visto que em Guattari língua se identifica com código, essa oposição não deixa de lembrar a oposição de Castoriadis entre o sistema fixo dos signos (o "código") e a transformação-invenção das significações (a "língua").

[142] Félix Guattari, *Psychanalyse et transversalité*, cit., p. 79 e 84.

[143] Cabe acrescentar que, posteriormente, a questão da recriação permanente das instituições pela práxis tenderá a obliterar-se em proveito da oposição entre "máquina" e "estrutura", como mostra um texto de 1969 intitulado "Machine et structure", escrito para a École Freudienne de Paris e depois publicado na revista *Change*: a máquina, em oposição à estrutura, ocupa o lugar que Marx atribuía às forças produtivas em oposição às relações de produção. Em Félix Guattari, a propensão a certo "economicismo" conduz ao abandono da questão da instituição.

terapêutico. Isso não impede que ela possa nos ajudar a esclarecer certas situações exteriores a esse campo e as dificuldades que elas suscitaram na construção de coletivos. Tomaremos como exemplo o movimento de "recuperação" de fábricas que ocorreu na Argentina no início dos anos 2000, com base na extraordinária pesquisa de campo realizada por Maxime Quijoux[144]. De fato, o caso da Argentina é significativo da diversidade de situações encontradas pelos atores desse movimento e, correlativamente, da diversidade de práticas pelas quais tentaram enfrentar essas situações. Após o abandono de empresas por seus donos, os assalariados tomaram a iniciativa de recuperá-las, constituindo cooperativas de produção. À primeira vista, poderia parecer que a estrutura legal instaurada na Argentina em 2003 para a organização de cooperativas restringiu a liberdade de ação dos assalariados de cada empresa. Essa estrutura impôs certo tipo de funcionamento interno, instituiu as assembleias gerais dos associados como órgão soberano, um conselho de administração revogável a qualquer momento, a distinção de duas assembleias, uma "ordinária" e outra "extraordinária" etc. Na realidade, por trás dessa estrutura legal, foram implantadas práticas muito diferentes, que revelam tanto certa inventividade na elaboração de novas regras quanto fortes tensões entre essas regras e a cultura herdada da empresa patronal, muitas vezes marcada por certo paternalismo. O espaço aberto à práxis instituinte, portanto, situa-se aquém das coerções da legislação estatal. Essas tensões são uma ilustração perfeita dos obstáculos que têm de ser superados por essa práxis, dividida entre o "já aí" encontrado, a partir do qual ela age, e as regras do espírito autogestionário que ela se esforça por promover, em ruptura com os antigos *habitus*. Dois exemplos de fábricas convertidas em cooperativas, Brukman e Nueva Esperanza, permitirão evidenciar essas dificuldades[145].

Na fábrica Brukman prevalece a exigência de horizontalidade e igualdade: os salários são iguais, e todo o poder cabe à assembleia "extraordinária" – que se torna semanal. Sucedem-se graves dificuldades, em particular por causa da duração das assembleias (em média, entre duas e quatro horas). A Nueva Esperanza adota regras bem diferentes: a assembleia se reúne uma vez por mês e, na maioria das vezes, é apenas informativa, de modo que grande parte

---

[144] Maxime Quijoux, *Néolibéralisme et autogestion: l'expérience argentine* (Paris, IHEAL, 2011).

[145] Extraímos esses dois exemplos do livro de Maxime Quijoux, *Néolibéralisme et autogestion*, cit.

das responsabilidades e decisões fica a cargo do conselho de administração. A hierarquia das funções dentro do conselho de administração se sobrepõe às antigas hierarquias (chefe de pessoal, contramestre, operárias zelosas) a ponto de se poder falar de "sobreposição de quadros"[146]. Assim, temos diante de nós duas lógicas divergentes nas soluções improvisadas pelos dois coletivos operários: no primeiro coletivo, impõe-se a horizontalidade da igualdade democrática e salarial; no segundo, impõe-se a verticalidade de certa divisão social do poder exigida pelos próprios assalariados. A originalidade do trabalho de Maxime Quijoux está em não se limitar ao inventário dessa divergência e em pôr em evidência, nos dois casos, a existência de uma tensão mais ou menos acentuada na ordem dos *valores*: "O 'novo' valor de igualdade no trabalho deve conciliar-se com histórias profissionais dominadas por valores de diferenciações sociais"[147]. Sua originalidade também consiste em mostrar que a precarização social tende a recriar "situações de concorrência antinatural dentro das cooperativas" que acabam por induzir "lutas de poder". Estas se traduzem no exagero da "abnegação ao trabalho", como se a antiga cultura do "produzir rápido" tivesse se tornado uma espécie de defesa cultural diante das dificuldades enfrentadas pelos dois coletivos[148]. Isso mostra que a práxis instituinte está sempre exposta ao risco de fracassar na promoção de novas "significações sociais". Também podemos refletir sobre o contraste que esses dois exemplos oferecem: no primeiro caso, uma microassembleia constituinte quase permanente; no segundo, uma repetição da antiga hierarquia social. A psicoterapia institucional nos ensina uma lição que pode se revelar preciosa nesse caso: a exigência de uma diferenciação e de uma heterogeneidade capazes de acolher cada singularidade dentro do coletivo. Mas, além dessa questão das formas institucionais, é preciso estar atento ao verdadeiro desafio dessas experimentações sociais que, na maioria das vezes, assumem a forma de "improvisações comunitárias" [*bricolages communautaires*][149]. A esse respeito, o valor inigualável da experiência dos "Zanon"[150] se deve ao tipo de

---

[146] Ibidem, p. 223.
[147] Ibidem, p. 266.
[148] Idem.
[149] A expressão foi empregada diversas vezes por Maxime Quijoux.
[150] Nome coletivo com que se batizaram os trabalhadores de uma fábrica de lajotas da cidade de Neuquén, no sul da Argentina, abandonada pelo proprietário e "recuperada" pelo coletivo dos assalariados.

relação que eles estabeleceram com a comunidade urbana local: esses assalariados não hesitaram em doar milhares de metros quadrados de lajotas para hospitais, escolas e cantinas populares, e sempre procuravam os movimentos locais de desempregados a cada vez que se criavam empregos. Porque o que está em discussão aqui não é a questão da propriedade ou da expropriação[151] nem a legitimidade da reivindicação de "estatização sob controle operário" feita por certos grupos, mas é primeiro e sobretudo a questão da instituição do comum excedendo qualquer forma de propriedade.

Nesse sentido, o comum jamais se apresenta na forma de um esquema universal pronto para ser usado, como uma fórmula de ação que possa ser transposta a todos os campos. Ao contrário, como mostram tanto as práticas psicoterápicas como as lutas dos trabalhadores argentinos que citamos como exemplo, é importante pensar o comum em relação ao seu próprio movimento de instituição. Os sujeitos que se engajam numa atividade não estão condenados a passar da "fusão" à petrificação, da efervescência à esclerose, desde que não separem a finalidade da atividade que praticam das relações que constroem entre si para realizá-la juntos, das formas de reflexão e dos modos de intervenção sobre a instituição que criam para si, dos valores e das significações que, "em última instância", orientam o que eles fazem juntos. A única práxis instituinte emancipadora é aquela que faz do comum a nova significação do imaginário social. Isso significa também que o comum, no sentido que lhe damos, sempre pressupõe uma instituição aberta para a sua história, para a distribuição dos lugares, dos estatutos e das tarefas que a caracteriza, para as relações de dominação e exclusão que nela são mantidas, para tudo aquilo que funcione como o seu inconsciente. Que lição política mais ampla será possível tirar dessa reflexão sobre a práxis instituinte em suas relações com o comum? Em que medida é possível extrair dessas análises uma "política do comum"?

---

[151] Maxime Quijoux lembra que "o objetivo dessas mobilizações operárias não era *desapropriar o patrão* e sim *manter o emprego*" (ver Maxime Quijoux, *Néolibéralisme et autogestion*, cit., p. 263). Nesse aspecto, "recuperação" não deve ser identificada com "apropriação" no sentido de tomada de posse.

III
PROPOSIÇÕES POLÍTICAS

Estabelecemos o comum como um *princípio político*. Ele não é invenção nossa, emerge das contestações à ordem atual. Designa, em primeiro lugar, as linhas de frente e as zonas de luta onde se dá a transformação de nossas sociedades, traduz as aspirações dos movimentos contrários ao capitalismo e suas formas de ação, alimenta práticas relativas à criação e ao governo dos comuns.

Os movimentos e as lutas que reivindicam o comum, e que vimos surgir em diferentes partes do mundo neste início do século XXI, são, a nosso ver, prefigurações das novas instituições – pela tendência a querer unir forma e conteúdo, meios e objetivo, por desconfiar da delegação a partidos e da representação parlamentar. É incontestável que essa busca de formas de autogoverno é difícil e tateante. Mas a originalidade histórica dessas mobilizações contra as transformações neoliberais das universidades, contra a privatização da água, contra o domínio dos oligopólios e dos Estados sobre a internet, ou contra a apropriação dos espaços públicos pelos poderes privados e estatais, deve-se, sem dúvida alguma, à exigência prática que se impõe aos participantes desses movimentos de não mais separar o ideal democrático que eles perseguem das formas institucionais que eles adotam. A política do comum tem como caráter histórico particular combater o capitalismo, rejeitando o comunismo de Estado. O que há de novo nessas insurreições democráticas e nesses movimentos sociais não é, como disseram alguns, a acepção universal de "democracia de mercado", e sim a recusa em empregar meios tirânicos para atingir fins emancipadores. Mas tudo isso ainda precisa ser inventado ou reinventado. As mobilizações e as insurreições contra as ditaduras e o capitalismo neoliberal somente terão alcance histórico duradouro se redundarem na invenção de novas instituições, como aconteceu no fim do século XIX e início do XX. Esse é o desafio capital, na história contemporânea, da práxis instituinte em grande escala.

Identificar os eixos do combate que é travado hoje contra a ordem existente, com formas infinitamente variadas e por atores muito diferentes, é um convite para refletirmos sobre o que a aplicação do princípio do comum significaria no plano do direito, do poder, da economia, da cultura, da educação ou da proteção social. O terreno está aberto para quem quiser se lançar a isso. Examinar o comum como princípio efetivo de transformação de nossas instituições pressupõe um exercício de imaginação política, ou mesmo de projeção histórica, com todos os limites que o gênero comporta e que devemos assumir. Desta vez, o exercício é absolutamente livre e envolve apenas os que o realizam. Nada nos garante que a transformação histórica corresponderá às pistas que indicamos aqui, aos problemas que apontamos, aos possíveis que temos em mira. Não acreditamos em nenhuma "lei da história", muito menos numa "revelação" qualquer daquilo que deverá ser. Ao contrário, somos adeptos da experimentação prudente e ponderada de novas práticas, ao menos na medida em que as circunstâncias o permitirem. Múltiplos exemplos de construção de comuns poderão ilustrar as proposições políticas que listamos a seguir. A Itália é um dos países onde experiências bastante diversas deram ensejo a políticas de autogoverno e elaborações jurídicas bastante interessantes. Referimo-nos em especial ao governo comunal dos recursos hídricos em Nápoles e à construção do teatro Valle, em Roma[1].

Por isso, precisamente, é que apresentamos uma série de *proposições* teóricas e práticas, na forma de breves aberturas que convidam à reflexão e, sobretudo, a "pôr em comum" energias e inteligências, mas não formam um conjunto acabado, e muito menos um "programa". É importante lembrar aqui que o termo "proposição" vem do latim *propositio*, que tem o sentido duplo de enunciado e premissa maior de um argumento, o mesmo sentido duplo que encontramos no grego *protasis*: o que se denota assim é a ideia de um enunciado que acarreta outros, portanto de uma questão que deve ser estabelecida ou verificada[2]. As proposições que se seguem, a pri-

---

[1] Ver Federica Giardini, Ugo Mattei e Rafael Spregelburd, *Teatro Valle Occupato: la rivolta culturale dei beni comuni* (Roma, Derive Approdi, 2012).

[2] Verbete "Proposition", em Barbara Cassin (org.), *Vocabulaire européen des philosophies*, cit., p. 1031 e ss.

meira das quais se refere à necessidade de uma política do comum, devem ser entendidas com os seguintes dois sentidos: são enunciados que têm a incisividade da declaração e a função de acarretar outros enunciados, isto é, enunciados que valem essencialmente como premissas de um raciocínio que apenas as lutas práticas poderão construir e desenvolver. Essas reflexões, por mais fragmentárias que sejam, estão unidas pelo fio condutor da nossa atualidade histórica. Estabelecer o princípio do comum é uma coisa, imaginar uma política do comum é outra. Nossa argumentação avançará da seguinte maneira: começaremos afirmando a necessidade de uma política do comum, isto é, uma política que faça do comum o princípio de transformação do social (*proposição 1*) para depois afirmarmos a oposição entre o novo direito de uso e o direito de propriedade (*proposição 2*). Em seguida, estabeleceremos que o comum é o princípio da emancipação do trabalho (*proposição 3*), e que a empresa comum (*proposição 4*) e a associação (*proposição 5*) devem predominar na esfera da economia. Afirmaremos a necessidade de refundar a democracia social (*proposição 6*) e transformar os serviços públicos em verdadeiras instituições do comum (*proposição 7*). Por último, estabeleceremos a necessidade de instituir comuns mundiais (*proposição 8*) e, para que isso aconteça, de inventar uma federação dos comuns (*proposição 9*).

PROPOSIÇÃO POLÍTICA 1

É preciso construir uma política do comum

Para sair deste momento insustentável que vivemos, não podemos nos limitar a apelar para a espontaneidade criativa da sociedade, como se bastasse reivindicar uma renda universal de subsistência, por exemplo, para que o comum desabroche em mil atividades diversas, graças à feliz conjunção de uma profusão de singularidades. O comum é uma construção política, ou melhor, uma instituição da política neste momento de perigo que ameaça a humanidade. Dizer que o comum, como indica sua etimologia, é político já de imediato significa que ele obriga a conceber uma nova instituição dos poderes na sociedade. Ele não é "anarquista", no sentido de incitar à negação pura e simples do poder, de se traduzir – de forma contraditória, aliás – em rejeição a toda e qualquer autoridade. Ao contrário, o comum leva à introdução em toda parte, de maneira mais profunda e sistemática, da forma institucional do *autogoverno*, que convirá distinguir daquilo que na história do século XX se chamou de *autogestão*; esta, se formos fiéis ao significado do termo *gestão*, limita-se à dimensão da organização e só diz respeito à administração das coisas. O comum, tal como o entendemos aqui, significa antes de tudo o governo dos homens, das instituições e das regras que eles adotam para organizar suas relações. Portanto, tem raízes na tradição política da democracia, em especial na experiência grega. Dá a entender que o único mundo humano desejável é o que se funda explícita e conscientemente no agir comum, fonte dos direitos e das obrigações, intimamente ligado ao que, desde os gregos, denominamos justiça e amizade. Mas aparece mais singularmente na história de nossas democracias inacabadas, abertas, *por vir*, como diz Jacques Derrida[1].

---

[1] Jacques Derrida costumava falar da *democracia por vir*. Ver Jacques Derrida, "Prière d'insérer", em *Voyous* (Paris, Galilée, 2003).

A dinâmica igualitária, claramente identificada por Tocqueville, não deriva de uma potência misteriosa, subterrânea ou providencial, que age sobre a história; também não é moldada unilateralmente pelo capital e pelo mercado, assim como não é um produto das Luzes que dissipa o véu de obscuridade lançado sobre o mundo. Nela, o agir comum, apesar de sua repressão e de seu desvio, gera, sobretudo nos momentos de convulsão e subversão, novas instituições, novas obras, novas relações e novas práticas. Sendo assim, uma política deliberada do comum visará criar instituições de autogoverno que possibilitem o desenvolvimento mais livre possível desse agir comum, dentro dos limites estabelecidos pelas sociedades, isto é, conforme as regras de justiça estabelecidas por elas e com as quais elas estarão de acordo.

A política do comum retoma, incontestavelmente, certos aspectos do socialismo associacionista do século XIX ou do comunismo dos conselhos do século XX. Contudo, já não pode ser pensada nos moldes ainda artesanais da associação nem no contexto industrial dos conselhos operários. Diz respeito a todas as esferas sociais, e não só às atividades políticas, no sentido parlamentar e partidário do termo, nem às atividades econômicas apenas. A política do comum é sempre transversal às separações instituídas, ela efetiva uma exigência democrática ao mesmo tempo generalizada e coerente: é literalmente "por toda parte", em todos os domínios, que os homens agem em conjunto e devem ter a possibilidade de participar das regras que os afetam, do governo das instituições nas quais atuam, vivem e trabalham. Essa política do comum não é exclusividade das pequenas unidades de vida e trabalho, separadas umas das outras. Ela deve permear todos os níveis do espaço social, do local ao mundial, passando pelo nacional.

Mas, evidentemente, hoje é a dimensão do global que exige nova reflexão política. Diante dos estragos causados pelo cosmocapitalismo, é imensa a tentação de nos refugiarmos entre as muralhas do Estado nacional, de nos fecharmos no reduto da *nossa* cidadania, da *nossa* identidade, da *nossa* religião ou do *nosso* gênero. Cada um na sua, assim as coisas funcionam melhor: essa é a injunção, mais ou menos consciente, que nos leva diretamente para a porta de saída da democracia. Mas seria um falso caminho acreditar na salvação por meio do Estado mundial. Nenhum grande Leviatã global conseguirá jamais controlar a força centralizada do capital mundial, porá ordem no caos econômico nem impedirá o desastre ecológico que vai atingir a humanidade. Simplesmente porque, se esse grande Leviatã tivesse de surgir um dia – o que não é nada evidente –, ele nada mais seria que resultado da governança neoliberal atual, em versão mais concentrada e ainda mais violenta.

Propomos seguir em outra direção. Uma política efetiva do comum deve levar em conta o caráter mundial das lutas travadas hoje, assim como a interdependência de todas as naturezas que estruturam nossos universos de vida e trabalho, nosso imaginário e inteligência. Um *novo internacionalismo* prático já se encontra em ação nos combates atuais, com as coordenações de ação instauradas nos fóruns mundiais do altermundialismo, com a circulação de análises e palavras de ordem transmitidas por *sites* e redes sociais. O próprio tema do "comum", global em seu conteúdo e difusão, é prova disso. Dar forma institucional ao autogoverno é um convite a retomar as reflexões filosóficas e políticas que produziram o *princípio federativo*. Ver o autogoverno como um dos principais avanços do pensamento socialista do século XIX não é alinhar-se ao proudhonismo, ainda que o nome de Proudhon lhe esteja legitimamente associado. No fundo, Marx aderiu a ele – com certo pudor, devemos dizer – quando fez a apologia da chamada constituição "comunal" dos *communards* de 1871. Evidentemente, aquele federalismo não tinha nada a ver com a caricatura apresentada pelos pseudofederalistas europeus, cujo federalismo é apenas a forma política mais apropriada para "organizar" a concorrência generalizada entre cidadãos e entre trabalhadores. O contrassenso é total. Não há federação possível entre comunas, entre povos ou entre atividades de produção que não seja com base na cooperação. Em outras palavras, o princípio federativo implica a negação das bases do capitalismo.

Convergir, em vez de contornar

Diante da força adquirida pelo capitalismo nas últimas três ou quatro décadas e da relativa fragilidade das resistências, é grande a tentação de imaginar uma espécie de cerco ao capitalismo vindo de fora ou de esperar sua ruína a partir de baixo. Apela-se então para o desenvolvimento dos serviços públicos estatais, quer-se acreditar no "terceiro setor" associativo ou se estimula a criação de comunidades de vida e trabalho que se furtariam completamente, mas não se sabe bem como, à ordem dominante. Ou então se deposita esperança na desistência em massa dos assalariados, cansados da competição, numa espécie de *dropping out* generalizado que esvaziaria o capitalismo por dentro, deixando escapar sua energia motriz, ora pela fuga de cérebros, ora pelo esgotamento nervoso. E também se pode meditar tranquilamente sobre o fim inelutável do sistema capitalista, que, assim como o Império Romano, acabará perdendo o lugar para outra fase da história. Esses pensamentos evasivos mostram o desnorteio gerado pela perda das balizas habituais do pensamento progressista. Todos eles nos convidam a renunciar à luta no centro do sistema econômico, a *contornar* o foco central do capitalismo, isto é, a empresa privada. *E, no entanto, é nela que ainda hoje acontece a submissão do trabalho ao capital*, com todas as consequências sobre desigualdades, hierarquias, modos de viver e pensar. Evidentemente, qualquer projeto de transformação da empresa capitalista depara-se de imediato com a questão fundamental da *propriedade*. Não pode haver instituição do comum na escala da sociedade se o direito de propriedade, o *dominium* absoluto do proprietário sobre a terra, o capital ou a patente, não for submetido ao direito de uso do comum, o que implica a perda de seu caráter absoluto. Concentrando a contestação na propriedade, os primeiros socialistas acertaram na mosca, embora as respostas políticas propostas continuem discutíveis. Ao menos não se esquivaram da dificuldade e ousaram a imaginação histórica.

É necessário portanto refletir mais transversalmente sobre as práticas e instituições que favorecem a *convergência* das mais diversas atividades na direção do comum. Ora, a base dessa convergência possível entre as esferas privadas, públicas e associativas reside no fato de que o sentido dessas atividades está justamente na contribuição para o comum, na constatação de que elas fazem parte da ação comum que produz a sociedade. Se, como lembra Maurice Godelier, "os Homens, ao contrário dos outros animais sociais, não se contentam em viver em sociedade, [mas] produzem sociedade para viver", então é questão de se dar forma política democrática a essa *produção comum* da sociedade por si mesma[2]. Em outras palavras, trata-se de *instituir politicamente a sociedade*, criando em todos os setores instituições de autogoverno que terão a produção do comum como finalidade e racionalidade. Nem dissolução da política na economia nem estatização burocrática e tirânica da economia, mas instituição democrática da economia. Essa, aliás, foi a ambição política do socialismo, a crermos, por exemplo, em Jean Jaurès, que a inscreve na longa história da democracia desde os gregos:

---

[2] Maurice Godelier, *L'Idéel et le matériel* (Paris, Fayard, 1989).

Que todos os homens passem do estado de concorrência brutal e conflito ao estado de cooperação, que a massa se eleve da passividade econômica à iniciativa e à responsabilidade, que todas as energias despendidas em lutas estéreis ou selvagens se coordenem a favor de uma *grande ação comum*, esse é o fim mais nobre que os homens podem se propor. Menos rudes na dominação, menos absortos também na preocupação de se defenderem, mais seguros de si mesmos e dos outros, os indivíduos humanos terão mais tempo, mais liberdade de espírito para desenvolver seu ser físico e moral; e, pela primeira vez, serão realmente uma civilização de homens livres, como se a flor esplendorosa e encantadora da Grécia, em vez de desabrochar sobre um fundo de escravidão, nascesse da universal humanidade.[3]

É essa ambição política que devemos reinventar hoje.

O comum é o princípio de transformação do social

Para isso é importante compreender primeiro, e o mais exatamente possível, a relação que há entre o político e o que se convencionou denominar o "social". Essa relação diz respeito tanto à *extensão* quanto à *direção* da política do comum. Por extensão, queremos dizer que ela não se limita à "esfera política" ou ao campo estatal, no sentido em que é entendida pela ciência ou pela sociologia política, mas diz respeito ao que podemos designar como "social". Falaremos de "direção" – lembrando que o *directus* latino originou o nosso "direito" – para dizer que a política do comum visa uma reorganização do social, fazendo do direito de uso o eixo jurídico da transformação social e política, em lugar do princípio de propriedade.

Sabe-se que Hannah Arendt diagnosticou no "advento do social", isto é, no aparecimento da sociedade que sai "da penumbra do lar para instalar-se à plena luz da esfera pública", uma mudança considerável, "que não só apagou a antiga fronteira entre o político e o privado", mas transformou o sentido desses termos a ponto de torná-los quase irreconhecíveis[4]. De fato, a partir do momento em que, segundo a "concepção moderna de governo", "os homens têm em comum apenas seus interesses privados", é a própria diferença entre esfera pública e esfera privada que acaba se apagando completamente, absorvida na "esfera do social", que se torna única[5]. Dos dois

---

[3] Jean Jaurès, *L'Armée nouvelle* (Paris, Imprimerie Nationale, 1992), t. II, p. 459.
[4] Hannah Arendt, *Condition de l'homme moderne*, em *L'Humaine condition*, cit., p. 89.
[5] Ibidem, p. 114.

fenômenos constitutivos do público, a publicidade do que "pode ser visto e ouvido por todos" e o "mundo como aquilo que é comum a todos", resta apenas a publicidade dada ao que antes era confinado à esfera privada, publicidade que ameaça a própria existência do "mundo comum". A essa perda do comum, que é uma "perda de mundo", Arendt opõe a atitude dos gregos de relegar à "idiotia" aquilo que cada um "tem de seu" (*idion*) e a promoção da esfera pública como o "lugar da excelência humana". Mas que separação é essa afinal? E o social pode realmente ser reduzido ao privado que invadiu o público para anexá-lo?

É duvidoso que os gregos concebessem as coisas de maneira tão demarcada, ou melhor, é duvidoso que se conduzissem pelo princípio de tal separação. O mérito inquestionável de Cornelius Castoriadis foi o de, opondo-se a Arendt, ter estabelecido tudo isso, mostrando que foi na Grécia que ocorreram pela primeira vez o pleno desenvolvimento e a articulação, em sentido democrático, não de duas, mas de *três* esferas da atividade humana. Em primeiro lugar, a esfera estritamente privada, a do lar ou *oikos*; em segundo lugar, a "esfera pública/privada", a da *ágora*, ou seja, o lugar "onde os cidadãos se encontram fora da esfera política"; em terceiro lugar, a "esfera pública/pública", a da *ekklésia*, ou seja, o lugar "onde são deliberados e decididos os assuntos comuns"[6]. O ponto essencial é a distinção entre a *ágora* e a *ekklésia*. Há esfera pública na ágora no sentido de que "discuto com os outros", mas esse espaço público é ao mesmo tempo privado, uma vez que "nenhuma decisão política (legislativa, governamental ou judiciária) pode ser tomada ali". Em contrapartida, na "*ekklésia* em sentido amplo, que compreende tanto a 'assembleia do povo' como o 'governo' e os tribunais, estou num espaço público/público: delibero com os outros para *decidir*, e essas decisões são sancionadas pelo poder público da coletividade"[7]. Dessa forma, entende-se que a dimensão pública do social não remete ao comum dos "assuntos comuns", mas à publicidade das interações, mais ou menos como se a segunda esfera remetesse apenas ao primeiro dos dois sentidos do público mencionados por Arendt: o da "publicidade", e não o do "mundo comum". É por isso que, ao falar da esfera pública/privada e da esfera pública/pública, Castoriadis pode afirmar: "Desde Hannah Arendt, esses dois últimos aspectos se confundem

---

[6] Cornelius Castoriadis, *Écrits politiques 1945-1997*, cit., t. 2, p. 402-3.
[7] Ibidem, p. 403.

no debate sob o título 'espaço público'"[8]. Numa passagem de "Experts et citoyens" [Especialistas e cidadãos], ele é mais específico e aponta um paralogismo na posição de Arendt:

> Passar da proposição: a política não é a esfera dos interesses biológicos – o que é absolutamente correto – para a proposição: portanto, é preciso excluir dela o social e o econômico, é um raciocínio falacioso. [...] Pois simplesmente se ignora o fato de que, a partir do momento em que a divisão dos interesses ganha suficiente relevância numa sociedade – o que na prática ocorre sempre que se saia das sociedades arcaicas –, é perfeitamente utópico imaginar uma esfera política funcionando como tal, seja qual for a situação na esfera social e econômica.[9]

Mas, para além dessa crítica, convém perguntar em que sentido a esfera pública/privada merece ser reconhecida como "pública". Será que podemos nos contentar com a tese de que ela é pública por ser o lugar das interações, portanto de discussão entre os cidadãos? Na verdade, como o próprio Castoriadis admite, a esfera da *ágora* é razoavelmente complexa. No sentido particular, o termo designa o mercado, mas, referindo-se à segunda das três esferas, adquire significado mais geral:

> [designa então a] esfera onde os indivíduos se encontram e se agrupam sem relação explícita com questões políticas, a fim de se dedicarem a todas as atividades e a todas as interações que lhes aproveverem. [...] Entre essas atividades e essas interações, estão as atividades e os intercâmbios "econômicos" – produção e mercado – e sua organização.[10]

Ora, como vimos a propósito da revolução húngara[11], a exigência de autogoverno não pode se deter às portas das empresas e das unidades de produção. Ao contrário, o *mesmo* princípio deve prevalecer em toda parte: "Aqui, como no nível político, o princípio subjacente é: não há execução das decisões sem participação no processo de tomada de decisão"[12]. Esse princípio, como bem sabemos, é o da coobrigação baseada na codecisão e na co-atividade, ou seja, o próprio comum como princípio político.

---

[8] Ibidem, p. 352.
[9] Ibidem, p. 240-1 e 358.
[10] Ibidem, p. 361.
[11] Ver capítulo 2 deste volume: "O comum da democracia contra o comum de produção de Estado".
[12] Cornelius Castoriadis, *Écrits politiques 1945-1997*, cit., p. 391.

É precisamente por isso que a segunda esfera é realmente "pública", e não apenas no sentido fraco da "publicidade" da discussão.

Seria equívoco concluir daí pela existência de uma indivisão ou indistinção das esferas, pois o fato é que a codecisão que envolve uma ou várias unidades de produção se distingue daquela que envolve uma comuna ou, *a fortiori*, um povo. Em outras palavras, a identidade do princípio (o comum) não anula a distinção das esferas (socioeconômica, pública/privada e política propriamente dita ou pública/pública): sua função é apenas organizar o social para possibilitar uma deliberação na esfera pública que não seja prisioneira dos interesses de tal ou tal categoria socioprofissional. Isso só acontecerá se a esfera da produção e dos intercâmbios for inteiramente reorganizada a partir do autogoverno *dos* comuns (cooperativas, espaços urbanos, organismo de gestão de um rio ou floresta etc.). Não que seja preciso esperar que cada unidade se governe independentemente das outras, como se se tratasse de grupos produtivos isolados. Isso seria trazer de volta, numa forma mais coletiva, a atomização dos proprietários privados. É mais adequado fazer com que o autogoverno dos comuns leve em consideração todas as "externalidades" da atividade e, é claro, as necessidades que devem ser satisfeitas, o que pressupõe que os órgãos de governo de cada comum abram espaço para os usuários e os cidadãos envolvidos; e que não lhes abram apenas espaço, mas lhes deem status de coprodutores do serviço ou do bem[13].

Em outras palavras, a primazia *do* comum nas duas esferas é o que possibilita a articulação entre elas, transformando o próprio socioeconômico numa *escola diária da codecisão*. Será preciso ter em mente a necessidade dessa articulação das esferas quando abordarmos diretamente as formas institucionais. O objetivo é que o autogoverno dos comuns na esfera "social" não seja um obstáculo ao exercício desse mesmo autogoverno na esfera "pública/pública".

---

[13] As formas híbridas de gestão das estruturas não lucrativas mobilizam associações e poderes públicos locais, constituindo campos de pesquisa e pistas que merecem ser explorados.

PROPOSIÇÃO POLÍTICA 2

É preciso contrapor o direito de uso à propriedade

Neste momento, convém recordar que a articulação entre o socioeconômico e o público constituiu-se historicamente pelo duplo princípio oriundo do direito romano: *dominium* e *imperium*, ou seja, da propriedade privada que dá poder absoluto ao *dominus* sobre o que ele possui, e do *imperium* que atribui ao soberano um poder análogo ao poder do proprietário, ao menos nas origens. É verdade que a filosofia política clássica esforçou-se por opor radicalmente essas duas noções, reativando a distinção do direito romano entre propriedade e poder político: o poder de comando no Estado não pode ser propriedade daquele(s) que o exerce(m), o poder de dominar implica uma relação de servidão entre pessoas que a esfera política exclui por princípio[1]. Em todo caso – e, a nosso ver, o essencial reside nisso –, a soberania dá poder absoluto a seu(s) detentor(es), e todo poder absoluto tem a ver com dominação, seja quem for seu titular. A história dos últimos séculos no Ocidente é marcada pelo reordenamento dessas relações entre o direito privado centrado na propriedade e o direito público centrado na soberania, como mostram os *Bills of Rights* e as Declarações de Direitos Humanos: a garantia de livre gozo dos bens dada aos proprietários pelo soberano pressupõe que o soberano dispõe de prerrogativas em seu domínio, das quais não abusa em prejuízo daqueles que deve proteger. A política do comum questiona essa articulação institucional que continua estruturando a existência coletiva e está na base da separação entre a "sociedade civil" e o Estado. Na realidade, ela se insere num movimento histórico que

---

[1] Catherine Colliot-Thélène, *La Démocratie sans "demos"*, cit., p. 15.

começou a atacar o absolutismo do princípio da propriedade e do princípio da soberania[2].

Uso e propriedade

Sabendo-se que a esfera do social, a da produção e das trocas, ainda está amplamente organizada pelo regime jurídico da propriedade privada, cabe fazer, em primeiro lugar, a seguinte pergunta: que concepção uma política do comum deve ter acerca do direito de uso aplicado ao inapropriável, e como ela pode ambicionar transformá-lo no novo centro de gravidade de toda essa esfera?

Em primeiro lugar, convém voltar brevemente ao sentido jurídico estabelecido dos termos "propriedade" e "uso". Sabemos que o Código Civil francês de 1804, no famoso artigo 544, define a propriedade como "direito de gozar e dispor das coisas da maneira mais absoluta, desde que não se faça delas um uso proibido pelas leis ou regras"[3]. Considerada em si mesma, a noção de "uso" aparece várias vezes no texto, mas em contextos muito diferentes: "No Código Civil, o termo 'uso' aparece em especial na definição de propriedade (art. 544), a propósito do direito de uso e habitação (art. 626 e ss.), na definição das coisas comuns (art. 714), nas obrigações do locatário (art. 1728), no empréstimo para uso (art. 1874 e ss.) e no empréstimo para consumo (art. 1892)"[4]. Se isolarmos o "direito de uso" propriamente dito, poderemos fazer a seguinte observação:

> "Direito de uso" é uma expressão da terminologia jurídica muito disseminada e muito vaga. Afora o direito de uso regido de maneira sucinta pelo Código Civil, essa expressão designa toda e qualquer faculdade de tirar proveito da utilidade de uma coisa, seja essa faculdade resultante da lei ou de um contrato. [...] Mas o direito de uso define-se sobretudo negativamente, porque exclui a faculdade de dispor da coisa sobre a qual incide. É a faculdade mínima da qual um bem pode ser objeto. Com frequência, é acompanhada pelo direito de recebimento dos frutos. Às vezes, obriga o titular a devolver a coisa no estado em que a encontrou; na maioria das vezes, permite que ele a devolva no estado em que ela se encontra no mo-

---

[2] Sobre esse ponto, ver Alberto Lucarelli, *La Democrazia dei beni comuni* (Roma, Laterza, 2013).

[3] *Code civil des français*, cit., p. 135. Disponível em: <gallica.bnf.fr>.

[4] Marie-Alice Chardeaux, *Les Choses communes*, cit., nota 5, p. 274.

mento da devolução. Pode constituir um direito real ou decorrer de um direito de crédito. Isso significa que o termo é neutro e exige ser explicado.[5]

"Uso" e "usufruto": o modelo clássico

Para esclarecer essa noção, é feita uma distinção clássica entre o direito de uso de uma coisa comum e o direito atribuído ao usufrutuário: "O usufrutuário tem direito sobre o bem do qual tem o gozo (o usufruto), ao passo que aquele que usa uma coisa comum é naturalmente desprovido dele"[6]. O artigo 578 do Código Civil francês estabelece: "Usufruto é o direito de gozar das coisas de propriedade de outra pessoa, como se fosse o próprio proprietário, mas com a condição de conservar a substância da coisa". Em compensação, ao tratar das coisas comuns, o mesmo texto estipula: "Há coisas que não pertencem a ninguém e cujo uso é comum a todos. O seu gozo é regido por leis de ordem pública positiva"[7]. Neste último caso, a regra do "uso comum" exclui que este possa ser condicionado ao respeito à propriedade do bem, porque não existem propriedade nem bem. Considerado desse ponto de vista, isto é, em relação ao uso das coisas comuns, o direito do usufrutuário parece muito semelhante ao do proprietário, a ponto de ser difícil distingui-los: o artigo 578, por exemplo, trata do direito do indivíduo de gozar das coisas das quais não é proprietário "como se fosse o próprio proprietário". Era dessa forma que certos juristas do século XIX compreendiam a relação do usufrutuário com a coisa da qual gozava. Segundo Demolombe e outros autores, o usufruto seria um direito real da mesma natureza da propriedade, minorado, imperfeito, mas real e, portanto, absoluto em seu gênero; em resumo, o usufruto é "quase" uma propriedade, pois o indivíduo dispõe da coisa como proprietário, sem ser proprietário[8].

---

[5] Martine Rémond-Gouilloud, "Ressources naturalles et choses sans maître", cit., p. 232-3.

[6] Marie-Alice Chardeaux, *Les Choses communes*, cit., p. 273. Sobre a distinção entre o direito de usar (*jus utendi*), o direito de receber os frutos (*jus fruendi*) e o direito de abusar (*jus abutandi*), remetemos o leitor aos esclarecimentos dados em Alain Testart, "Propriété et non-propriété", cit., p. 14-5. Ver no capítulo 6 deste volume: "A ilusão da propriedade coletiva arcaica".

[7] Sobre o artigo 578, ver *Code civil des français*, cit., p. 143; sobre o artigo 714, ibidem, p. 174.

[8] Mikhaïl Xifaras, *La Propriété: étude de philosophie du droit*, cit., p. 99 e 104.

Uma vez que o usufruto pressupõe a "nua propriedade", a questão é saber se o título de proprietário deve ser dado ao nu-proprietário ou se deve ser compartilhado entre o nu-proprietário e o usufrutuário, o que implicaria o título ser compartilhável, e a propriedade divisível[9]. Na verdade, convém distinguir duas perspectivas. De acordo com a primeira, o usufrutuário possui um "direito real, imediato e absoluto sobre a coisa", de modo que é preciso admitir a existência de dois proprietários de uma única e mesma coisa. Contudo, de acordo com a segunda perspectiva, esse direito absoluto de usufruto não é um direito absoluto de propriedade que implique um direito de propriedade "pleno, completo e não desmembrado". Portanto, temos um direito de propriedade que é "absoluto" no sentido de "real", mas não é "absoluto" no sentido de "pleno" ou "completo". Inversamente, o direito do nu-proprietário é um direito "absoluto" no sentido de "real" e "completo". Isso explica por que o direito do usufrutuário é "quase" um direito de propriedade, ou seja, só o é no que diz respeito à realidade, mas não à completude. Vista desse ângulo, a divisibilidade do direito de propriedade não se opõe ao seu caráter de direito absoluto, mas encontra sua causa nele: "É na liberdade absoluta de dispor da coisa que o proprietário tem fundamentos para desmembrar seu direito"[10]. A isso é preciso acrescentar que essa divisão do *dominium* entre dois sujeitos proprietários igualmente titulares de um direito absoluto sobre a coisa não cria uma "comunidade" entre eles, no sentido jurídico do termo, uma vez que isso não determina nenhuma obrigação pessoal: se há comunidade, é objetiva e desprovida de qualquer vínculo pessoal direto entre seus membros, obrigação mútua ou solidariedade[11].

Precisamente por essas duas razões é que nos recusaremos a ver o usufruto como *modelo* para pensar o uso do inapropriável. Está claro que seria possível comparar o dever de conservação que incumbe ao usufrutuário ao dever de conservação imposto a quem usa em comum coisas que não constituem bens. Argumentando que o titular do direito de uso e habitação (art. 627 do Código Civil francês) não está submetido a obrigações tão específicas quanto as que pesam sobre o usufrutuário, Martine Rémond-Gouilloud

---

[9] Ibidem, p. 105 (é nesses termos que Xifaras reconstitui o debate entre os juristas na época).

[10] Ibidem, p. 105-6.

[11] Ibidem, p. 107-8.

propõe que a relação do usuário de um "recurso natural" com esse recurso seja pensada de maneira análoga à relação do usufrutuário com o bem do qual possui o gozo. Da mesma forma que o usufrutuário tem o dever de impedir que a substância dessa coisa se degrade, "o usuário de um recurso natural possui o gozo desse recurso, contanto que conserve sua substância". Nisso, este seria semelhante ao "titular de um usufruto vitalício" e teria de prestar contas da degradação ocorrida por culpa sua, restabelecendo o estado do recurso tal qual o encontrou (princípio do poluidor-pagador).

De nossa parte, consideramos que a referência do usufruto à nua propriedade impede qualquer comparação desse tipo: o usuário de um comum não é de modo algum um proprietário, portanto nem mesmo um "quase" proprietário. Além do mais, na prática política do comum *não existe lugar* para o "nu-proprietário", seja ele o Deus dos teólogos ou seus diversos substitutos: Humanidade, Sociedade do gênero humano, Natureza ou a Terra tomada como o Todo a perseguir seus próprios fins, isto é, "sujeitos de direito" que só poderiam ser representados por associações parciais que pretensamente falariam em nome de todos em virtude de alguma auto-habilitação sempre suspeita[12]. Enfim, o usuário de um comum não está desvinculado da comunidade de direito, no sentido de obrigação pessoal, mas, ao contrário, vincula-se aos outros usuários desse comum pela coprodução das regras que determinam o uso comum. Esse vínculo é o mais forte que há, justamente porque não consagra a divisão de uma mesma propriedade entre duas pessoas desigualmente proprietárias, mas deriva da coobrigação que prevalece entre todos os que usam simultaneamente uma coisa que é "extrapropriedade".

Acesso, propriedade e controle do tempo

Mas qual é, hoje, a realidade do direito de propriedade? A relação do usufruto com a propriedade plena ainda pode ser determinada pela lógica da divisão da propriedade entre duas pessoas? Mais fundamentalmente, a propriedade como domínio exclusivo do proprietário sobre a coisa continua sendo a instituição básica do capitalismo ou estamos assistindo a certa aceleração do declínio desse modelo? A questão do *uso* não vem adquirindo

---

[12] Voltaremos a essa questão na Proposição política 9, quando tratarmos dos "comuns mundiais".

importância decisiva em razão das próprias transformações que o capitalismo contemporâneo vem sofrendo?

Sob certos aspectos, poderia parecer que o próprio capitalismo está mostrando o caminho, ao fazer do *acesso* aos serviços das mercadorias, e não da propriedade dos bens, a forma de satisfazer as necessidades. Jeremy Rifkin afirmou que a "propriedade" em todas as suas formas tende a ser superada pelo "acesso": na era das redes, o que importaria já não seria a propriedade dos bens, mas o acesso a serviços, que são pagos, obviamente, mas não pressupõem a aquisição de um bem que acarrete um uso exclusivo. Em resumo, a adesão substituiria a posse. Ao contrário da maioria das análises críticas do capitalismo, que observa a extensão da propriedade para o campo imaterial, Rifkin vê um processo de desaparecimento da propriedade, em particular da propriedade dos meios físicos de produção e consumo[13].

O que devemos pensar da realidade dessa transformação? Será de fato o desaparecimento da propriedade em benefício do acesso, ou se trataria da concentração da propriedade em poder das grandes empresas? Essa concentração não vem acompanhada apenas da expropriação dos meios de produção, mas também da dos meios de satisfação das necessidades (ou meios de consumo). Por intermédio da adesão ou locação, cria um novo laço de dependência que permite cobrar *ad vitam aeternam* pelo serviço e controlar o tempo e o consumo do usuário. Se os primeiros "cercamentos" incidiam sobre o espaço, hoje a concentração de propriedade atinge o tempo. A internet oferece um campo extraordinário de ampliação desse *business model*, o que contribui para acelerar a lógica de acumulação do capital na esfera cultural, educacional, afetiva, cognitiva e relacional.

Contudo, para Rifkin, o que prevalece nesse capitalismo da comunicação é o fato de que já não se vendem bens, isto é, direitos de propriedade sobre coisas, mas comercializam-se usos de bens e acessos a serviços. Essa evolução para a chamada "economia de serviço" (*service economy*) ou, mais recentemente, "economia da funcionalidade", dá ensejo a atitudes bastante diferentes. Por um lado, essa tendência é estimulada por certos partidários do "desenvolvimento sustentável" e da "economia verde", que a consideram um meio – senão *o* meio – de enfrentar os problemas climáticos e a crise

---

[13] Ver Jeremy Rifkin, *L'Âge de l'accès: la nouvelle culture du capitalisme* (Paris, La Découverte/Poche, 2005), p. 11-2 [ed. bras.: *A era do acesso*, trad. Maria Lucia G. L. Rosa, São Paulo, Makron Books, 2001].

energética[14]. As empresas proprietárias do bem seriam responsáveis pela durabilidade desse bem durante todo o seu ciclo de vida – portanto já não teriam interesse em programar sua obsolescência –, e pela gestão e possível reciclagem do lixo. O consumidor sairia ganhando, pois, ao trocar a compra pela locação, teria a vantagem da manutenção e de um bom serviço de pós--venda[15]. Mas, por outro lado, essa tendência é defendida pelos "altos *managers*", que a veem sobretudo como um novo *business model*, muito lucrativo em vários outros campos e possibilitado por sistemas digitais de acompanhamento de clientes e observação de comportamentos.

Já se percebeu que esse modelo econômico é muitíssimo rentável para as empresas quando estas podem reciclar indefinidamente os insumos – como é o caso das fotocopiadoras da Xerox – ou obter margens de lucro elevadas (locação de pneus de caminhão pela Michelin, que cobra por quilômetro rodado)[16]. Mas também é preciso constatar que, em grande número de setores, esse tipo de capitalismo de serviço favorece os fenômenos de monopolização e controle de mercado. Essa tendência é bem perceptível no setor das telecomunicações e da informática. Em vez de abolir e substituir a propriedade, esse tipo de economia leva a um crescimento extraordinário dos oligopólios, concentrando nas mãos deles a propriedade dos meios de acesso e obtendo um poder social, cultural e político cada vez maior sobre os usuários, cujo comportamento pode ser controlado por incentivos ou campanhas dirigidas. Como o próprio Rifkin observa com muita lucidez:

> estamos entrando numa nova era em que a experiência humana é cada vez mais uma mercadoria consumida na forma de acesso a redes polivalentes presentes no ciberespaço. Essas redes eletrônicas, às quais um número cada vez maior de indivíduos se conecta todos os dias, durante horas, são controladas por um punhado de empresas transnacionais do setor de mídia e telecomunicações. Essas empresas são proprietárias das redes de comunica-

---

[14] Fabrice Flipo, Michelle Dobré e Marion Michot demonstraram, ao contrário, o impacto e o custo ambiental das novas tecnologias. Ver Fabrice Flipo, Michelle Dobré e Marion Michot, *La Face cachée du numérique: l'impact environnemental des nouvelles tecnologies* (Montreuil, L'Échappée, 2013).

[15] Referimo-nos em particular à promoção do aluguel de bicicletas ou de carros elétricos nas grandes cidades. O fenômeno não é completamente novo: as lavanderias automáticas e as cabines telefônicas já funcionam com base nesse mesmo princípio.

[16] Ver Nicolas Buclet, "Concevoir une nouvelle relation à la consommation. L'économie de fonctionnalité", *Annales des Mines: Responsabilité et Environnement*, v. 39, 2005, p. 57-67.

ção desses indivíduos e controlam o essencial do conteúdo cultural que define essa experiência – mercadoria na era da pós-modernidade. Não há precedente histórico para esse controle exaustivo da comunicação humana. [...] Trata-se de uma nova forma de monopólio comercial, monopólio exercido sobre a vivência de uma parte importante da população mundial.[17]

A teoria da propriedade como "*bundle of rights*"

Não se pode negar que a tendência à economia do "*leasing*" e do "acesso" tem a grande vantagem de trazer à tona a questão do *uso*, que se tornou primordial no plano ecológico. A análise de Rifkin conduz à retomada da questão da propriedade e sua evolução. No fundo, haveria uma defasagem cada vez maior entre a doutrina oficial da propriedade e a prática efetiva, caracterizada pela complexificação da propriedade e sua fragmentação em direitos múltiplos e diferenciados[18].

Acompanhando o "desmembramento" da propriedade – que, segundo Mikhaïl Xifaras, começou no fim do século XIX –, nasceu em solo norte-americano uma nova teoria dos direitos de propriedade denominada "*bundle of rights*"[19]. Tendo se tornado o paradigma predominante do direito nos Estados Unidos, essa doutrina transferiu a ênfase do "*dominion*" exclusivo do proprietário sobre uma coisa para a diversidade dos detentores de títulos e a pluralidade de direitos sobre uma mesma coisa; com isso, deu ênfase às regras e restrições que se impõem ao proprietário principal. Indiscutivelmente, estamos tocando nas limitações do direito de propriedade, ao menos no que se refere a sua acepção clássica. Na verdade, não se trata apenas de identificar o que se poderia chamar de "servidões", mas de acomodar na categoria de "direitos de propriedade" direitos muito diferentes – em particular direitos de acesso, uso e controle. Isso se deve principalmente ao fato de que *o* direito de propriedade foi decomposto em *diferentes* direitos de propriedade: direitos sobre o uso da coisa, direitos sobre a renda que se pode auferir da coisa, direitos de troca dos diferentes direitos etc.

---

[17] Ibidem, p. 19.

[18] Basta pensarmos numa empresa franqueada, que não é proprietária nem dos conceitos, nem da marca, nem da organização do trabalho, nem do marketing (Jeremy Rifkin, *L'Âge de l'accès*, cit., p. 83).

[19] O que poderia ser traduzido por "pacote de direitos".

Essa evolução é observável na variedade de propriedades em questão: os principais objetos cuja propriedade se deve garantir já não são as terras, mas os títulos de propriedade das empresas, as obrigações, os segredos industriais, as marcas etc. Em resumo, a desmaterialização do possuído – o intangível – produz uma teoria bastante flexível da propriedade, típica da prática da *Common Law* e muito propícia à ampliação da categoria de propriedade às novas formas de capitalismo e à integração das "externalidades" dos economistas[20]. Mas também é possível vê-la como uma evolução social, no sentido de que a propriedade do solo já não pode ser considerada uma posse de parcelas justapostas, mas precisa ser redefinida como sedimentação de direitos, ou como sobreposição de direitos sobre as mesmas coisas ou os mesmos espaços. Num artigo famoso, publicado em 1913, o teórico do direito Wesley Hohfeld redefiniu a propriedade não como um direito à independência absoluta, à maneira de Blackstone, mas, ao contrário, como "um conjunto complexo de relações legais nas quais os indivíduos são interdependentes". Essa nova abordagem leva diretamente à teoria das "partes interessadas" (*stakeholders*) ou dos "detentores de direitos" (*rights-holders*), pois a propriedade "absoluta" – no sentido de propriedade real e completa – não é mais o caso geral. Hipotecas, empréstimos, trocas etc. constituem interesses ou incidências diferentes sobre uma mesma coisa.

Nos anos 1960 circularam várias listas de "direitos", entre as quais a de Anthony M. Honoré, que enumerava ao menos onze: 1) direito de posse (*right to possess*), ou direito de controle físico exclusivo sobre a coisa possuída ou, se a coisa for imaterial, direito de excluir os outros do uso dessa coisa; 2) direito de uso (*right to use*), entendido como direito ao gozo e à utilização pessoal da coisa; 3) direito de "gestão" (*right to manage*), ou direito de decidir como e por quem a coisa será utilizada; 4) direito à renda (*right to income*); 5) direito ao capital (*right to capital*), ou poder de alienar, consumir, estragar ou destruir a coisa; 6) direito à segurança (*right to security*), que propicia imunidade contra a expropriação; 7) poder de transmissão (*power of transmissibility*) de uma coisa, significando o direito da pessoa de

---

[20] Segundo Denise R. Johnson, "o direito de propriedade não poderia continuar estacionado numa teoria fisicalista, centrada na terra, não pertinente às novas formas de propriedade e inadequada para dar conta delas" (tradução nossa). Denise R. Johnson, "Reflections on the Bundle of Rights", *Vermont Law Review*, v. 32, p. 247. Disponível em: <http://lawreview.vermontlaw.edu>.

dá-la a alguém após a sua morte; 8) ausência de prazo (*absence of term*), ou seja, duração indeterminada dos direitos de posse de uma pessoa; 9) proibição de uso pernicioso (*prohibition of harmful use*), o que significa que a pessoa tem o dever de abster-se de utilizar a coisa de forma prejudicial a terceiros; 10) obrigação de execução (*liability to execution*), o que implica que a coisa pode ser tomada para saldar uma dívida; 11) caráter residual (*residuary character*), ou seja, a existência de regras para a reversão dos antigos direitos de propriedade – determinando, por exemplo, quem fica com o título de propriedade caso os impostos não sejam pagos.

Uma noção de propriedade tão flexível como essa permite que se arranje espaço para as formas de regulação governamental, proteção dos consumidores, respeito aos direitos cívicos, direito ambiental etc. Também permite que se dê destaque aos direitos e responsabilidades dos detentores de títulos de propriedade. Mas, por outro lado, essa noção está totalmente integrada na teoria da "*law and economics*", que redefine a propriedade pelo valor de mercado: é propriedade tudo que for avaliável no mercado (*valuable on market*). Essa redefinição abre um campo imenso aos "direitos de propriedade". Por isso, não é surpreendente que se tenha recorrido a essa noção, que se tornou corriqueira nas faculdades de direito estadunidenses, para analisar a "propriedade comum" ou a "propriedade dos recursos comuns". Ostrom e Schlager mostram que a definição clássica de propriedade é analiticamente inoperante no caso dos recursos comuns[21]. Existem diferentes tipos de direitos de propriedade que não abrangem todas as pessoas que participam da exploração: direitos de acesso ao recurso e de suspensão; direitos de gestão; direitos de exclusão; direitos de alienação. Mas o fundamental é que esses direitos sejam independentes uns dos outros.

Por um direito de uso ampliado *contra* o direito de propriedade

Precisamente a independência e a fragmentação são problemáticas nesse caso. Pois haveria certa ingenuidade em considerar que teríamos aí, sobre uma mesma coisa, direitos que poderiam coexistir pacificamente em virtude da ampliação da esfera da propriedade. Haveria, em especial, alguma ilusão em comparar essa situação com a que teria prevalecido na época

---

[21] Edella Schlager e Elinor Ostrom, "Property-Rights Regimes and Natural Resources. A Conceptual Analysis", *Land Economics*, v. 68, n. 3, ago. 1992, p. 249-62.

feudal: a sobreposição e o emaranhado de diferentes direitos daquela época eram resultado de uma densa rede de relações de dependência pessoal, que correspondia a uma pluralidade de "comunidades de direito" às quais um mesmo indivíduo podia pertencer simultaneamente. Poderia ser tentador ressuscitar antigos direitos coletivos de uso, alegando sua compatibilidade com o reconhecimento da propriedade privada, uma vez que esta teria perdido o caráter exclusivo. Mas isso seria não enxergar a situação atual do mundo.

Na verdade, se examinarmos com atenção esses diferentes direitos, veremos que eles não deixam de implicar uma forma de hierarquização que não pode ser considerada indiferente ou secundária. É patente que o quinto direito, isto é, o direito ao capital, é o direito fundamental ao qual todos os outros se subordinam: o poder de "alienar" a coisa, isto é, dá-la ou vendê-la, e consumi-la, estragá-la, modificá-la ou destruí-la, constitui a prerrogativa exclusiva do proprietário pudicamente denominado proprietário "principal". O primeiro e o segundo direito (o direito de uso e o direito de "gerir") têm pouco peso diante da primazia dada ao direito ao capital. Porque é em virtude desse direito que o proprietário, quer se trate do proprietário privado, quer do próprio Estado, sempre pode pôr brutalmente em xeque um uso antigo, sem se preocupar muito com seu caráter estabelecido.

Isso vale em particular para a propriedade da terra, que não deve ser reduzida apressadamente a resquício de uma forma superada por um suposto "pluralismo" dos direitos de propriedade. Para nos convencermos, basta pensar na nova ordem agrícola mundial, que tende a se estabelecer desde a crise de 2008. Em poucos anos, 50 milhões de hectares mudaram de mãos, a ponto de algumas pessoas não hesitarem em falar de uma "nova conquista de terras". O que está em jogo nessa corrida ao açambarcamento de terras aráveis é considerável, pois se trata de alimentar uma população mundial cada vez maior e de controlar o acesso à água. Dissemos antes[22] que o Estado etíope, proprietário de todas as terras do território, fez contratos de arrendamento muito vantajosos com empresas estrangeiras[23].

---

[22] Na introdução deste volume.

[23] Segundo o documentário do canal Arte ao qual nos referimos no capítulo 2 ("Planète à vendre"), cerca de 1,6 milhão de hectares foram cedidos a investidores estrangeiros, embora o país tenha 80% de camponeses. No caso da empresa indiana citada no documentário, o Estado teria cedido o hectare a 10 dólares!

Concedeu terras que os mais pobres cultivavam para se alimentar e utilizavam como pasto para os animais.

Pode-se objetar que essa apropriação de terras à força foi possibilitada porque não havia um verdadeiro direito de uso. No entanto, mesmo que haja um direito de uso previamente reconhecido, seu exercício só poderá ser precário enquanto os direitos de uso e os direitos de decisão das regras desse uso estiverem artificialmente dissociados: o direito de uso não tem nenhuma efetividade se estiver desvinculado do direito de coproduzir as regras do uso comum; é então um direito inofensivo de consumir uma parte individual de um "bem" cujo destino depende acima de tudo da boa vontade do(s) proprietário(s) ou, na melhor das hipóteses, um direito de "gerir" um "recurso" controlado por uma instância que é a única habilitada a tomar decisões[24]. De nossa perspectiva – a de uma *práxis instituinte que estabeleça as regras do uso comum e de seu prolongamento num uso instituinte que faça a revisão regular dessas regras* –, é sumamente decisivo que o uso comum seja vinculado à codecisão relativa às regras e à coobrigação resultante dela. Sem essa vinculação, o uso não pode ser considerado realmente comum ou, o que dá no mesmo para nós, aquilo de que é feito uso não pode ser considerado *um* comum. Assim, consideraremos que as licenças *freeware* e *shareware* não são um verdadeiro comum, ao menos no sentido que damos a essa noção. Evidentemente, admitiremos que tais licenças permitem a utilização livre e gratuita, mas nem por isso o titular dos direitos sobre o *software* renuncia aos seus direitos patrimoniais: trata-se de um *bem* do qual o proprietário autoriza um uso extenso, mas não é um comum[25]. Mais amplamente, não basta dizermos que uso é "direito de se servir de uma coisa de acordo com a sua destinação"[26]; cumpre afirmar que, para

---

[24] Nesse sentido, é preciso esclarecer um equívoco inconveniente a respeito do sentido do verbo "*to manage*": esse verbo costuma ser traduzido em francês por "*gérer*" ["gerir"], o que nos faz perder de vista a dimensão essencial da tomada de decisão e de sua força executória. Como se sabe, certo discurso gerencial usou e abusou dessa ambiguidade. Para nós, o direito de decidir define o direito de "governar" e não de "gerir".

[25] Marie-Alice Chardeaux, *Les Choses communes*, cit., p. 237. Nossa discordância com a autora, cujo trabalho nos ensinou muito sobre direito, refere-se essencialmente ao emprego da noção de "coisa comum" e à falta de distinção entre "comum" e "coisa comum". Sem essa distinção, parece-nos impossível escapar do que chamamos de *reificação* do comum.

[26] Ibidem, p. 274.

ser verdadeiramente comum, o uso deve implicar que os próprios interessados deliberem e determinem coletivamente essa destinação. Somente nessas condições o uso é do domínio do que chamamos acima "apropriação como conveniência ou finalidade", que é muito diferente da apropriação como relação de pertencimento[27]. E é nessas condições também que se pode dar pleno sentido ao duplo dever imposto pelo governo do comum: dever negativo de não atentar contra o direito dos outros usuários e dever positivo de conservar a coisa sob responsabilidade coletiva. Mas não aceitaremos tomar como modelo desse dever a obrigação que incumbe a pessoas que usem ou fruam coisa alheia, como os usufrutuários ou locatários[28]: ao contrário desta última obrigação, que implica o reconhecimento do direito de propriedade do outro, o dever de conservação ligado ao uso comum deriva estritamente da coobrigação que une os governantes de um comum, com exclusão de qualquer referência ao horizonte da propriedade.

Disso será extraída uma consequência essencial: *não acolheremos aqui a noção jurídica de "coisa comum"*, mesmo que isso nos custe um rearranjo substancial que a escore em procedimentos jurídicos, ao invés de deixá-la ao sabor da pura naturalidade. Isso porque essa noção é inadequada, por autorizar a dissociação entre uso comum e participação na elaboração das regras desse uso. Ela pode até subordinar essa situação ao reconhecimento de que essas coisas são utilizáveis por "todos", ampliando o círculo dos usuários das coisas comuns aos limites da humanidade[29]. Desse modo, estará equiparando comum e universal, deixando de reconhecer assim que a universalidade do comum é de tipo *prático*: *compreende apenas os que participam de seu governo*, coproduzindo suas regras de uso e modificando-as à medida que ocorre o uso. Inversamente, a universalidade *abstrata* abre caminho para o confisco do comum por parte dos únicos atores reconhecidos pelo direito público internacional, a saber, os Estados[30]. Chega-se, então,

---

[27] Sobre essa distinção, ver capítulo 6 deste volume: "Primazia das práticas criadoras de direito sobre o Estado".

[28] Marie-Alice Chardeaux, *Les Choses communes*, cit., p. 361.

[29] Ibidem, p. 313-4: "'Todos' é uma pluralidade de pessoas *não individualizadas*, é a 'comunidade universal da espécie humana', a 'humanidade inteira'".

[30] Ibidem, p. 314. A autora cita a relatividade do direito internacional público para explicar que as normas desse direito, cuja aceitação depende da boa vontade dos Estados, "raramente têm alcance universal".

ao seguinte paradoxo: certas coisas são "comuns" em razão da universalidade de sua destinação, mas na prática reservadas a uma categoria muito pequena de "usuários".

A dificuldade somente poderá ser superada se admitirmos que há apenas *comuns*, e não *coisas comuns*, e que é apenas pelos comuns, e não por um ato de direito desvinculado de qualquer compromisso como uma coatividade, que as coisas se *tornam* comuns a "todos" (entendido no sentido de todos os praticantes desses comuns). Em outras palavras, *a noção de* "*res communis*" *é em si mesma reificante* e por esse motivo deve ser rejeitada, e não ampliada ou refundada. Portanto, devemos avançar na direção da redefinição do direito de uso que, em vez de transformá-lo num direito de propriedade "ampliado" entre outros, *volte*-o contra o direito de propriedade, seja ele privado ou estatal[31]. Dois exemplos nos permitirão dar às considerações anteriores seu pleno alcance político.

O primeiro é o da ocupação das terras da fazenda Somonte, na província de Córdoba, em março de 2012, por centenas de operários agrícolas[32]. Desde os anos 1980, essas terras eram propriedade do governo autônomo andaluz, então dirigido pelo Partido Socialista Operário Espanhol (PSOE), que havia comprado milhares de hectares de terra de grandes proprietários com a intenção de fazer uma reforma agrária. Em vez de redistribuir as terras, o governo autônomo deixara a maior parte delas sob a responsabilidade do Instituto Andaluz de Reforma Agrária (Iara), que as destinara a culturas intensivas ou a projetos de pesquisa bancados por subvenções europeias (por exemplo, produção de biocombustíveis). Em 2011, diante das dificuldades financeiras, o governo pôs em leilão 22 mil hectares de terras administradas pelo Iara. Foi nessas condições que os operários agrícolas e seu sindicato decidiram ocupar as terras da Somonte: a fazenda seria vendida a especuladores que já possuem mais de 60% das terras férteis do país e se apropriam da maior parte dos

---

[31] É significativo que o prefeito de Roma tenha retrucado aos ocupantes do teatro Valle, depois que o estatuto da fundação *Teatro Valle Bene Comune* foi reconhecido em cartório, que não havia nenhum direito a sede legal "sem autorização do proprietário legítimo". Impossível expressar melhor a oposição ao reconhecimento do direito de uso em nome do direito de propriedade. Ver *Teatro Valle Occupato*, cit.

[32] Todas as informações relativas a essa ocupação e seus objetivos podem ser encontradas em: <www.bastamag.net/Andalousie-des-centaines-d>. Foi nesse site que encontramos os elementos de análise do desenvolvimento a seguir.

subsídios agrícolas. Desde a ocupação, a venda das terras foi suspensa. Mas, se esse movimento é muito importante do ponto de vista de uma política do comum, é porque os ocupantes não reivindicam a *propriedade* da fazenda Somonte, mas exigem um *direito de uso*, argumentando que aqueles 400 hectares da fazenda não alimentavam ninguém havia vinte anos. Como diz uma das ocupantes: "A terra não pertence a ninguém. Ela não é mercadoria. Deve estar nas mãos daqueles que a cultivam. Nós ocupamos essas terras para alimentar nossas famílias e viver com dignidade"[33]. Essa afirmação expõe na prática a questão da finalidade e da destinação: "estar nas mãos" não tem o sentido de pertencer como objeto de propriedade, mas remete precisamente à codeterminação dos fins do uso comum por aquelas pessoas que cultivam a terra. Se os trabalhadores rurais decidiram romper com as práticas da agricultura intensiva que esgotam a terra, é porque acreditam que essas práticas são contrárias à destinação social da terra: a satisfação das necessidades dos camponeses e das famílias da região. Assim, é todo um projeto de agricultura sustentável – uso de sementes tradicionais, plantação de centenas de árvores, recuperação da água potável etc. – que tende a se organizar na forma de uma cooperativa de trabalhadores.

O segundo exemplo é o uso comunitário de sementes tradicionais por iniciativa de Vandana Shiva. Mencionamos acima[34] a luta de sua associação contra o registro de patente de uma empresa agroalimentar estadunidense que pretendia explorar as propriedades fungicidas do *neem*, utilizado há séculos pelos camponeses indianos. Podemos tirar três lições importantes dessa luta. A primeira é o papel dos Estados como codetentores de patentes com as empresas privadas: a patente registrada pela empresa estadunidense era de propriedade dela e do Departamento de Agricultura dos Estados Unidos, assim como a patente do "Terminator", da Monsanto, que proibia os camponeses de reutilizar sementes para obrigá-los a comprar novas, pertencia à Monsanto e ao governo estadunidense. O papel dos Estados pesa mais ainda quando consideramos que o Protocolo de Nagoya sobre o Acesso aos Recursos Genéticos (2010) não obriga os Estados que tencionam utilizar saberes tradicionais a obter o

---

[33] Essas palavras são citadas em: <www.bastamag.net/Andalousie-des-centaines-d>.

[34] Ver no capítulo 3 deste volume: "A reivindicação dos comuns contra a 'propriedade intelectual'".

consentimento prévio, com conhecimento de causa, das comunidades que detêm esses saberes; de modo que o direito interno dos Estados é a única regra que tem força de lei. A segunda lição é relativa à questão da legitimidade intrínseca dos registros de patentes. Como comparar as despesas autorizadas por uma empresa para financiar uma pesquisa que levará a um registro de patente e o trabalho plurissecular de uma comunidade local para guardar e transmitir um saber ancestral? Como avaliar esse trabalho a partir da medida de valor utilizada por uma sociedade privada que está preocupada acima de tudo com o "retorno do investimento"? Poderíamos nos sentir tentados a equiparar comunidades e organizações locais a empresas e, assim, cogitar "corregistros" de patentes que permitissem distinguir patentes "boas" e patentes "ruins". Mas seria dar pouca importância aos usos e práticas que desses saberes coletivos fizeram e continuam fazendo "comuns" que devem permanecer distantes da esfera da propriedade. Pois uma coisa é publicar em revistas científicas o conteúdo reformulado desses saberes com o intuito de criar uma anterioridade que impeça qualquer registro de patente por uma empresa, outra coisa é alimentar a ilusão de que se poderia realizar uma prática "cooperativa" do registro de patente. Mas, sem dúvida alguma, a terceira lição da luta de Vandana Shiva é a mais preciosa no que diz respeito àquilo que poderia vir a ser uma política do comum. A fazenda Navdanya, que funciona como banco de sementes tradicionais, nasceu no bojo dessa luta, possibilitando a 10 mil camponeses da Índia, do Paquistão, do Tibete, do Nepal e de Bangladesh redescobrir a agricultura orgânica[35].

Temos aí um bom exemplo de instituição de um comum pela fixação de regras que se destinam tanto à luta contra a biopirataria quanto à efetiva comunhão dos saberes, que não é mais somente local, mas transnacional. Ao contrário do Banco Mundial de Sementes, controlado por Estados e grandes produtores de sementes, essa instituição se beneficiaria da coordenação com outras instituições do mesmo tipo em todo o mundo, lançando-se assim as fundações de um comum mundial de sementes. Em todo caso, esse exemplo mostra que a "guarda" de um comum só pode ser confiada aos que se dedicam ao seu uso em comum, e não aos Estados,

---

[35] Sobre esses pontos, remetemos o leitor ao Collectif pour une Alternative à la Biopiraterie, *Actes des Premières Rencontres Internationales contre la Biopiraterie*, Paris, 15 de junho de 2009, p. 31.

que devem ser vistos apenas como guardiães e vigias das "coisas comuns", encarregados de decretar leis de ordem pública[36]. O uso instituinte dos comuns não é *um* direito de propriedade: ele é a negação em ato *do* direito de propriedade em todas as suas formas, porque é a única forma de lidar com o inapropriável[37].

---

[36] Como parece recomendar Marie-Alice Chardeaux em *Les Choses communes*, cit., p. 344.

[37] Para uma concepção diferente, que vê o uso não como um direito, mas como algo totalmente externo ao direito, ver Giorgio Agamben, *Altíssima pobreza: regras monásticas e forma de vida* (trad. Selvino J. Assmann, São Paulo, Boitempo, 2014), p. 127-46.

PROPOSIÇÃO POLÍTICA 3

O comum é o princípio da emancipação do trabalho

No campo do trabalho, nada é fácil nem evidente, tão desfavoráveis parecem as relações, tão grande foi o terreno ganho pela dessindicalização dentro das empresas privadas e tão profunda foi a precarização que atingiu a classe assalariada pelo medo que gera. A impressão é de que o capital submeteu a tal ponto o trabalho e as subjetividades dos assalariados que não parece haver luta possível nesse campo, salvo talvez as lutas defensivas para "salvaguardar o emprego", as únicas que continuam "visíveis". Assim, a questão agora é saber como os assalariados poderiam encontrar forças para recuperar a autonomia de representação e o poder de luta, na ausência de organizações sindicais poderosas e no contexto de uma relação frouxa e desconfiada da população com os partidos políticos[1]. Como vimos acima, alguns apostam numa espécie de autodesenvolvimento espontâneo da autonomia, graças ao crescimento da "inteligência coletiva" e do efeito quase automático das ferramentas digitais. Isso, sem dúvida, é acalentar ilusões. Se acreditarmos na experiência dos operários desde o início do século XIX, tão bem descrita por Edward Thompson ou Jacques Rancière, a autonomia de ação e representação é construída por um longo trabalho de assimilação e invenção cultural, moral e política. Em outras palavras, é pela ação coletiva e pelo trabalho crítico que poderia surgir uma nova consciência coletiva dos assalariados.

Sobre esse ponto, apesar da diminuição numérica, as organizações sindicais teriam um papel importante por desempenhar, disputando com o pa-

---

[1] A questão da capacidade de agir na atual condição de "desestabilização" das situações e posições também se apresenta num nível mais amplo e diz respeito a todos os cidadãos.

tronato a hegemonia ideológica e a monopolização do poder sobre a forma de trabalho e a finalidade da produção. Não é nova a ideia de que a luta de classes é política e confere ao sindicalismo seu verdadeiro significado. Essa é a grande lição de Marx: para ele, a fonte da luta de classes reside na resistência dos trabalhadores à lógica de acumulação e na não aceitação das formas de dominação que essa lógica impõe à atividade que eles realizam. Aliás, essa era a inspiração da Carta de Amiens (1906), que, como muitas vezes nos esquecemos, atribuía ao sindicalismo a "dupla tarefa, cotidiana e futura"[2].

Será difícil trazer novamente para o centro das lutas a transformação da organização do trabalho, hoje sob a dominação ampla e ao mesmo tempo minuciosa do capital. Mas, como diz Jaurès, há uma "mola moral" que não se pode negligenciar, e que repousa sobre as dimensões *coletiva* e *social* do trabalho. Aliás, essa dupla dimensão se traduz por uma "conflituosidade" pouco visível em geral, subterrânea, mas constante, apesar do enfraquecimento do salariato organizado que mencionamos acima[3]. Essa realidade, frequentemente negada hoje, ainda é a principal alavanca para passarmos do império da cooperação forçada para o agir comum emancipado.

Na lógica abstrata do capitalismo, o trabalho se reduz a um meio de acumulação do capital. No entanto, na situação concreta, o trabalho é uma oportunidade para a criação de múltiplos laços entre os trabalhadores e, sobretudo no âmbito dos serviços, de múltiplas relações entre trabalhadores e clientes/usuários. O assalariado não deixa do lado de fora do local de trabalho todos os seus valores morais, seu senso de justiça, sua relação com o coletivo e seus mais diversos pertencimentos sociais. Ora, as considerações éticas e políticas não têm nenhum espaço reconhecido na vida econômica desvinculada das relações sociais. Isso vale sobretudo para o momento atual, em que o *management* neoliberal tenta separar ainda mais radicalmente o trabalho de seu horizonte comum. A nova maneira de gerir o pessoal individualiza as relações de cada um com a sua atividade profissional, racha os coletivos, tenta provocar rivalidade entre os assalariados – apesar de todo o lindo discurso sobre "gestão participativa" –, mas ao mesmo tempo procura mobilizá-los por meio de um pseudopatriotismo empresarial. E o discur-

---

[2] Sobre esse ponto, ver Dominique Mezzi (org.), *Nouveau siècle, nouveau syndicalisme* (Paris, Syllepse, 2013), p. 113.

[3] Sophie Béroud et al., *La Lutte continue? Les conflits du travail dans la France contemporaine* (Bellecombe-en-Bauges, Croquant, 2008).

so dominante, que opõe sistematicamente o "trabalho de verdade" das empresas privadas a um setor público caro e inútil, mina ainda mais a relação do trabalho concreto com o senso do comum.

Contudo, a sociologia do trabalho lembrou a seguinte ideia simples: trabalhamos sempre *com* os outros. Ela mostrou, por exemplo, até que ponto os coletivos operários conseguiram desenvolver modos de resistência à racionalidade capitalista em todas as formas possíveis, as quais poderíamos designar sob a dupla denominação de *resistência cooperativa* e *cooperação resistente:* mesmo as práticas de sabotagem, operação tartaruga, faltas e desvios de material só ocorrem com certa *conivência do grupo*[4]. E, com frequência, o coletivo de trabalho precisa *driblar* as instruções hierárquicas e as regras oficiais para possibilitar o cumprimento das tarefas. É o grupo operário ou assalariado que "faz a máquina girar", defendendo sua autonomia diante da gerência e dos altos executivos, apesar dos métodos de gestão destinados a quebrar essa autonomia coletiva[5].

Mas também trabalhamos *pelos* outros. Danièle Linhart, na esteira de Durkheim, mostrou o que ela chama de dimensão "altruísta" do trabalho[6]. Esse componente moral do trabalho, que é traduzido pelo sentimento de utilidade social do que produzimos, de satisfação diante de um "bom trabalho", de abertura para o outro na realização da tarefa, é uma dimensão pouco estudada, porque as atitudes e os comportamentos dos trabalhadores costumam ser interpretados exclusivamente sob o ângulo utilitarista da troca comercial, do "toma lá dá cá". Philippe Davezies foi, sem dúvida, quem melhor expressou essa parte irredutível do comum no trabalho individual:

> O desenvolvimento da atividade de trabalho aparece assim como o movimento dinâmico pelo qual o indivíduo incorpora pouco a pouco a preocupação com a atividade do outro. O prazer que o trabalhador pode sentir com isso deriva do fato de que, por meio desse desenvolvimento, ele se descobre capaz de contribuir bem mais para o coletivo do que previa a definição de sua tarefa. Dessa perspectiva, a autonomia para a qual o desenvolvimento da atividade abre é muito diferente do fechamento do indivíduo em si mesmo. Ao contrário, ela o livra da tirania de suas exigências de satisfação imediata, abrindo-o para a construção de um mun-

---

[4] Ver Robert Linhart, *L'Établi* (Paris, Minuit, 1978).
[5] Ver Michel Lallement, *Le Travail: une sociologie contemporaine* (Paris, Gallimard, col. "Folio", 2007), p. 251 e ss.
[6] Danièle Linhart, *Travailler sans les autres?* (Paris, Le Seuil, 2009).

do comum. Dessa forma, ele se revela capaz de doar, logo de realizar atos livres que o unem ao outro.[7]

Trabalhar é sempre engajar-se num agir comum de dimensões morais, culturais e, muitas vezes, estéticas. É justamente por essa parte do comum ser não só menosprezada, como também reprimida, que o trabalho sob o domínio do capital é tão frustrante e desmotivador. É o que mostrava o sociólogo estadunidense Michael Burawoy ao se perguntar por que os assalariados trabalham tanto no ambiente capitalista, e no entanto a teoria econômica ortodoxa vê o trabalhador apenas como um grande preguiçoso[8]. O que o economista *mainstream* não consegue compreender é a parte do comum no trabalho que Thomas Coutrot resume da seguinte maneira: "O operário se empenha a fundo no trabalho não para aumentar os lucros da empresa, nem mesmo para elevar seu próprio salário, mas para se firmar como um membro de pleno direito de uma comunidade, de um grupo de pares"[9]. As faculdades que costumam ser atribuídas ao homem econômico são incapazes de explicar essa cooperação, muitas vezes gratuita, que não se reduz nem mesmo a um interesse compreensível.

O trabalho pressupõe um "coletivo de trabalho" para se realizar. Mas, evidentemente, é preciso entender por coletivo muito mais do que um simples agrupamento de trabalhadores num mesmo local. É preciso entender o *instituído* do trabalho, o repositório de tradições, os gestos e as palavras do ofício transmitidos de um para o outro, todos os sinais pouco visíveis da memória do meio, todos os recursos genéricos e transpessoais que, não pertencendo a ninguém, não são equiparáveis a um "capital humano" composto de "competências pessoais", como acredita a ciência econômica e, junto com ela, a gestão pública e privada. O que a sociologia e a clínica do trabalho identificam em suas pesquisas não é nada mais do que essa dimensão inapropriável do comum profissional que possibilita o trabalho indivi-

---

[7] Philippe Davezies, "Une Affaire personnelle", em Laurence Théry (org.), *Le Travail intenable* (Paris, La Découverte, 2006), p. 256. Citado em Danièle Linhart, *Travailler sans les autres?*, cit., p. 34.

[8] Michael Burawoy, *Manufacturing Consent: Changes in the Labor, Process under Monopoly Capitalism* (Chicago, University of Chicago Press, 1979). Ver também, do mesmo autor, *Politics of Production* (Londres, Verso, 1985).

[9] Thomas Coutrot, *Critique de l'organisation du travail* (Paris, La Découverte, 2002), p. 63.

dual[10]. O trabalho, quando não é inteiramente comandado e canalizado, revela-se criador ou, como dizemos aqui, instituinte: laços de amizade, novas ações, maneiras de coordenar e cooperar e, sobretudo, regras tácitas de ajuda mútua e cumplicidade entre os assalariados. O trabalho cria e renova o ambiente em que se desenvolve, respalda uma regra coletiva, implícita e informal, de cooperação. Tanto quanto possível, produz suas próprias condições de execução, constitui seus quadros morais, cria integração social, obviamente dentro dos limites impostos pelas obrigações burocráticas e pelos imperativos administrativos que pesam sobre ele. Portanto, não é que a cooperação seja uma obrigação prescrita por um sistema de regras explícitas, mas é a co-atividade no trabalho que vem acompanhada de uma obrigação, ainda que mínima, de senso do comum. Essa relação com o comum é traduzida por sinais de reconhecimento, expressões familiares, piadas, constituindo a parte de instituição, mesmo que tênue, e a realidade simbólica, ainda que frágil, sem a qual o trabalho seria impossível.

É essa relação simbólica, na base dos laços de reciprocidade, que a empresa tenta explorar em proveito próprio, como observou Thomas Coutrot:

> Com muita frequência a produtividade depende da capacidade da empresa de aproveitar o jogo das normas sociais que se estabelecem nos coletivos de trabalho – fazer os assalariados "vestir a camisa" dela. O objetivo da mobilização da força de trabalho é canalizar essa energia simbólica para a produtividade, desviando-a da resistência.[11]

A empresa neoliberal, explica Coutrot, também pratica a "cooperação forçada"; não à maneira direta, brutal e despótica da manufatura ou da grande indústria taylorizada, mas por intermédio do mercado financeiro, que, definindo normas de eficiência produtiva e desempenho financeiro, opera como uma instância disciplinar que obriga os assalariados a cooperar para não perder o emprego[12]. A empresa neoliberal transforma a concorrência numa causa com a qual o assalariado precisa se identificar. Expor-se

---

[10] Ver Yves Clot, *Travail et pouvoir d'agir* (Paris, PUF, 2008), p. 147 [ed. bras.: *Trabalho e poder de agir*, trad. Guilherme João de Freitas Teixeira e Marlene Machado Zica Vianna, Belo Horizonte, Fabrefactum, 2010].

[11] Thomas Coutrot, *Critique de l'organisation du travail*, cit., p. 70-1.

[12] Idem, *L'Entreprise néolibérale, nouvelle utopie capitaliste?* (Paris, La Découverte, 1998), p. 220 e ss. Ver também Norbert Alter, *Donner et prendre: la coopération en entreprise* (Paris, La Découverte/Poche, 2010).

a todos os riscos da guerra econômica seria uma atitude altruísta valorizadora, ao passo que os funcionários públicos e os assistidos por programas sociais seriam fracassados e aproveitadores da Grande Causa nacional da competitividade. Como diz Danièle Linhart, "o trabalho moderno inseriu o indivíduo num perímetro redutor, o da causa da empresa ou do seu próprio ego, em detrimento da sociedade. Ataca os laços que unem o senso e a vivência do trabalho à sociedade. Conduz o indivíduo ao isolamento e à incompreensão da vivência dos outros"[13]. As políticas da neogestão baseadas na concorrência, assim como a propaganda neoliberal que alimenta o ódio à solidariedade e aos serviços públicos, apenas agravam essa perda do senso do comum e todos os sofrimentos que a acompanham. Os assalariados, pressionados pela hierarquia ou por normas abstratas, têm a impressão de perseguir objetivos quantitativos que não se encaixam em sua concepção de profissão e trabalho. Daí a série de patologias físicas e psíquicas que têm um custo humano e econômico considerável.

A empresa neoliberal está sempre se confrontando com a "contradição fundamental do capitalismo", que, segundo Castoriadis, reside no fato de que a empresa tem de solicitar a mobilização e a participação dos assalariados e, ao mesmo tempo, reduzi-los a simples executantes que obedecem a uma lógica externa à realização da atividade deles[14]. Castoriadis deduzia dessa contradição que a ação política no campo do trabalho deveria visar a passagem da cooperação forçada à atividade autodeterminada e auto-organizada, apoiando-se nesse excedente da dimensão coletiva em relação à definição formal e prescrita do cargo individual. Contribuir para que esse agir comum político surja no trabalho assalariado explorado e alienado é um dos eixos da luta contra a nova gestão modernizada, que destrói ainda mais intimamente a dimensão moral e coletiva do trabalho, transformando as subjetividades a partir de dentro. É evidente que atacar o cerne da dominação do capital sobre o trabalho não é fácil na situação atual, mas há na resistência dos assalariados uma força potencial de contestação geral da dominação capitalista que a relativa anestesia atual do salariato não pode fazer esquecer. Se hoje em dia os trabalhadores têm apego ao trabalho, apesar das condições de emprego e renda a que estão submetidos, não é

---

[13] Danièle Linhart, *Travailler sans les autres?*, cit., p. 213.
[14] Ver Cornelius Castoriadis, "Le Mouvement révolutionnaire dans le capitalisme moderne", em *Capitalisme moderne et révolution* (Paris, 10/18, 1979), p. 105 e ss.

apenas por alienação, servidão voluntária ou pura pressão econômica, mas porque o trabalho assalariado continua sendo a atividade pela qual os indivíduos se socializam em massa e estabelecem laços recíprocos.

A questão do poder, portanto, é central dentro da empresa: ela depende da propriedade, mas também decide todas as desigualdades na organização do trabalho. A hierarquia que impera dentro da empresa às vezes não deixa nada a desejar às mais rígidas estruturas burocráticas do exército ou da Igreja. Essa subordinação tem consequências para o próprio trabalho, para a "motivação" e criatividade do trabalhador, mas também para a vida social em seu conjunto. O lazer passivo e atrofiado e a ânsia de compensação pelo consumo estão ligados a essa submissão[15]. Isso leva a considerar como imperativos políticos decisivos a recomposição da organização do trabalho e sua divisão entre os escalões da hierarquia funcional, bem como o reconhecimento do direito de todos os assalariados à participação nas decisões coletivas que lhes dizem respeito. Essa exigência é o que há de mais precioso na tradição socialista, e, como lembra Bruno Trentin, o preço de seu abandono pelas forças da esquerda sindical e política é considerável. Mas foi em grande parte esse abandono que determinou o destino fatal das economias do Leste. A incapacidade da casta dirigente de introduzir a mínima dimensão democrática no trabalho e na sociedade selou seu fracasso.

Rudolf Bahro, que no fim dos anos 1970 fez uma análise bastante lúcida dos males do sistema burocrático de produção, propunha introduzir, no campo da produção, grupos criativos restritos, espaços e períodos de atividade livre, formas voluntárias de associação produtiva. Defendia que, embora a grande produção moderna ainda implique a execução de tarefas rotineiras, automatizadas, que pressupõem altas doses de procedimentos formais e prescrições técnicas, a empresa moderna não está fadada a ser para sempre uma organização verticalizada e hierarquizada de tarefas especializadas e padronizadas, não está condenada à fatalidade da burocratização weberiana. Explicava em seu projeto alternativo que os trabalhadores podem dividir o trabalho de forma diferente e reservar períodos de trabalho coletivo criativo que lhes permitam superar a atomização de todas essas pequenas tarefas repetitivas – ao menos em parte da atividade[16]. Essa parcela de

---

[15] Sobre esse ponto, ver as observações de Rudolf Bahro, *L'alternative* (Paris, Stock, 1979), p. 254-5.

[16] Ibidem, p. 280.

atividade livre – em que os trabalhadores recuperam a própria iniciativa – não só é uma necessidade para dar sentido ao seu trabalho, como também é frutífera no plano da invenção técnica e científica; além disso, permite que eles superem a fragmentação da vida cotidiana, criando transversalidade entre as esferas da vida social:

> A fragmentação da atividade humana em mil pequenas subfunções sem nenhuma importância atomiza os indivíduos, enquanto o trabalho criativo coletivo que ataca problemas ainda não resolvidos pode ser o ponto de partida para se restabelecer a cooperação e a colaboração autêntica.[17]

Como sabemos, essa "alternativa" ao socialismo burocrático nunca vingou. Mas convém preservar sua inspiração fundamental e considerá-la sempre atual: o comum na forma de cooperação concreta em grupos livremente constituídos é um dos caminhos para enfrentar os efeitos da dominação hierárquica no trabalho e na vida social, permitindo que cada indivíduo se desenvolva no âmbito de uma obra verdadeiramente coletiva. Trazer novamente para o cerne da luta política a questão da organização do trabalho é a única resposta que pode ser dada às estratégias políticas da gestão neoliberal[18]. Não basta "enriquecer as tarefas" ou "consultar" os assalariados de tempos em tempos sobre suas condições de trabalho: eles têm de participar da elaboração das regras e das decisões que os afetam. Se é importante continuar a lutar pelas normas do emprego, isto é, pelas regras que dão estatuto jurídico ao assalariado, também convém ter como objetivo a *forma política democrática* que corresponda ao conteúdo cooperativo e à finalidade social de qualquer atividade de trabalho, tanto na empresa capitalista como nos serviços públicos ou no mundo associativo. Instituir o comum no campo da produção implica que a empresa, liberada da dominação do capital, se torne uma *instituição democrática*. Aliás, essa é a condição para que os assalariados possam reorganizar o trabalho sobre bases explicitamente cooperativas.

---

[17] Ibidem, p. 281.

[18] Ver Danièle Linhart, Robert Linhart e Anna Malan, "Syndicats et organisation du travail. Un rendez-vous manqué", *Sociologie et Sociétés*, v. 30, n. 2, 1998, p. 175-88.

PROPOSIÇÃO POLÍTICA 4
É preciso instituir a empresa comum

Somente será possível liberar o trabalho do domínio do capital se a empresa se tornar uma instituição da sociedade democrática e deixar de ser uma ilha de autocracia patronal e acionária. Essa ideia não é nova, já aparece no âmago da "república social". "Descer a República para a oficina", segundo expressão dos anos 1830[1], era, para os operários republicanos *e* socialistas, romper o novo feudalismo que imperava nas fábricas e oficinas. O socialismo era concebido, na época, como uma extensão da democracia para a vida econômica. Mais tarde, essa ideia foi retomada pelo movimento social católico *Le Sillon* [A Senda], no fim do século XIX e início do XX. Marc Sangnier explicava: "Não pode haver república na sociedade enquanto houver monarquia na empresa". E acrescentava: "A democracia política é insuficiente: o que queremos é que o trabalhador não apenas tenha um título de eleitor para nomear um representante político, mas que também seja capaz de participar da direção dos negócios da fábrica em que trabalha"[2]. E Jaurès, como todos os socialistas da época, não dizia coisa diferente quando acusava os economistas fanáticos pela propriedade privada de defender a monarquia ao rejeitar qualquer princípio eletivo na economia[3]. Ainda se podem encontrar vestígios dessa ideia no espírito que orientou as Leis Au-

---

[1] Citado em Pierre Rosanvallon, *La Démocratie inachevée: histoire de la souveraineté du peuple en France* (Paris, Gallimard, col. "Folio", 2003), p. 340.

[2] Marc Sangnier, *Discours* (Paris, Bloud, 1910), t. II, p. 71. Citado em Pierre Rosanvallon, *La Démocratie inachevée*, cit., p. 342.

[3] Jean Jaurès, "Esquisse provisoire de l'organisation industrielle" (capítulo 4 de *L'Organisation socialiste de la France*), *La Revue Socialiste*, v. 22, n. 128, ago. 1895, p. 144.

roux, de 1982[4]. Desde então, a derrocada ideológica da "social-democracia" a faz desaparecer quase totalmente dos discursos e atos dos "socialistas".

O capitalismo foi inflexível em relação a esse ponto. Esse é o fulcro de sua dominação, o dogma principal de sua instituição. Qualquer democracia dentro da empresa contradiz diretamente a dominação do capitalista sobre o que ele considera propriedade exclusiva *sua*[5]. A *soberania* do proprietário é o princípio dominante do contrato de trabalho, e o cumprimento desse contrato está sob o seu comando absoluto. O direito trabalhista fez o estatuto do assalariado progredir em vários campos; graças à invenção da "negociação coletiva", ele acabou com a ficção do contrato de trabalho entre dois indivíduos iguais. Mas o essencial da dominação do capital foi mantido: o elo de subordinação que liga o assalariado à empresa permite que ele seja privado de seus direitos enquanto estiver sob a autoridade do proprietário. Esse assalariado, considerado "livre", perde grande parte de sua liberdade ao submeter-se a essa autoridade soberana, como indica o artigo L. 122-35 do Código do Trabalho francês. Segundo esse artigo, os direitos das pessoas e as liberdades individuais ou coletivas podem sofrer todas as restrições que a execução do trabalho justifique. Equivale a dizer que a empresa está *fora do Estado de direito*.

O direito francês não contempla a palavra *entreprise* (= empresa, empreendimento). Ele conhece apenas a *sociedade*, termo que pode designar o ato de associação e a pessoa jurídica resultante dele. O artigo 1832 do Código Civil francês, que trata das sociedades, diz o seguinte: "A sociedade é instituída por duas ou várias pessoas que, mediante contrato, convencionam afetar bens ou seu próprio trabalho [*industrie*] a uma *empresa* [*entreprise*] *comum**, a fim de partilhar o benefício ou tirar proveito da economia que disso possa resultar". A empresa, mencionada como uma ação de várias

---

[4] Jean Auroux escreveu: "Cidadãos na cidade, os trabalhadores também devem ser cidadãos na empresa". Ver Jean Auroux, *Les Droits des travailleurs: rapport au président de la République et au premier ministre* (Paris, La Documentation Française, 1981), p. 4.

[5] Na França, todos os avanços nessa direção encontraram a mais ferrenha oposição do patronato, desde o relatório de François Bloch-Lainé em 1963 até o relatório de Pierre Sudreau em 1975, sem mencionar a tímida Reforma Auroux de 1982, que reconhecia o direito dos representantes dos assalariados de serem consultados através dos comitês de empresa.

* A palavra francesa *entreprise* tanto pode ser traduzida por *empresa* quanto por *empreitada* ou *empreendimento*. (N. R.)

pessoas associadas [ato de empreender], não pertence a ninguém. Os capitalistas não são "proprietários" da ação comum, o que não teria sentido; eles são proprietários dos *meios* postos em comum na sociedade, meios eventualmente representados (no caso das sociedades por ações) por títulos de propriedade que podem ser trocados em mercados financeiros por valores que variam em função das apostas que os investidores fazem em relação ao futuro. Portanto, é por abuso de linguagem que os *títulos de sociedade* em posse dos acionistas são identificados com a "empresa". Os assalariados, por sua vez, que põem em comum sua qualificação, seu saber e sua "indústria", não são proprietários de nada, não possuem título de propriedade nem direito de apropriação dos resultados da ação comum: são simplesmente submetidos à dominação dos proprietários do capital aos quais alugaram sua força de trabalho. Está aí, ainda intacta, toda a base da reivindicação do "poder do trabalho" na empresa. Poderíamos acrescentar até que essa base de protesto se fortaleceu à medida que os assalariados aplicaram mais saberes e experiências no empreendimento comum, sem que isso tenha tido outro reconhecimento além da alta das ações nos mercados financeiros. A cooperação e a inteligência coletiva não têm existência jurídica, apenas se traduzem financeiramente de uma forma indireta que só beneficia os proprietários e os gestores a soldo deles. No capitalismo financeiro, o acionista, até mesmo o mais indiferente e passageiro, é soberano absoluto da empresa, e todos os seus "agentes" ficam reduzidos a súditos que, sob a pressão da concorrência, são levados a produzir cada vez mais valor financeiro[6]. O escândalo da exploração se conjuga ao absurdo da situação, visto que o empreendimento produz coisa bem diferente de valor financeiro para acionistas: ele produz e reproduz a sociedade.

Portanto, instituir de modo totalmente diferente esse órgão social que é a *empresa comum*, para usarmos a expressão do Código Civil francês, é um desafio decisivo para se enfrentar a hegemonia da forma capitalista na atividade econômica e na vida social. Sendo organização da produção, ela também deve ser uma instituição política em conformidade com a sua destinação social, isto é, vender bens e serviços num mercado. Mas sabemos da dificuldade que o socialismo encontrou historicamente: a chamada propriedade "social" ou "coletiva" se reduziu a uma propriedade de Estado incapaz de

---

[6] Ver Baudouin Roger (org.), *L'Entreprise: formes de la propriété et responsabilités sociales* (Paris, Collège des Bernardins, 2012).

praticar outra coisa que não fosse uma gestão centralizada, burocrática e ineficiente. Também sabemos que Marx, Engels, Lênin e Trótski titubearam nas respostas institucionais que deveriam dar a essas questões, apresentando fórmulas obscuras ou contraditórias[7]. Raros são aqueles que, como Jaurès, esboçaram a organização econômica do socialismo. Distinguindo a produção administrativa inteiramente gerida pelo Estado e a produção corporativa gerida por grupos profissionais de forma autônoma e descentralizada, Jaurès alertava para os efeitos tirânicos da centralização excessiva:

> Confiar aos homens de Estado e aos governantes, que já são senhores da nação armada e da diplomacia nacional, a direção efetiva do trabalho nacional [...] seria entregar a uns poucos um poder diante do qual o poder dos déspotas asiáticos é nada, pois este se detinha na superfície das sociedades e não regulava a vida econômica.[8]

Descentralizada geograficamente e coadministrada pelas comunas, pelos setores industriais, pelos sindicatos e pelos órgãos profissionais, a propriedade social, na imaginação política de Jaurès, deveria ser controlada por representantes eleitos dos trabalhadores e representantes eleitos da nação, no âmbito de um "Conselho Nacional do Trabalho" que estabelecesse a lei econômica.

Obviamente não se trata de copiar a concepção de Jaurès, que privilegiava a eleição de representantes em detrimento da democracia direta; temos de entender que o comum da produção ainda está por ser inventado. Entre a velha fórmula da "cooperativa operária", que por mais que seja um laboratório de práticas coletivas continua sob a ameaça da concorrência capitalista, e a empresa nacionalizada dirigida por presidentes e executivos cuja prática difere pouco da de seus colegas do setor privado, há espaço para esquemas novos que ponham em primeiro plano a cooperação organizada pelos próprios trabalhadores. Mas a dimensão cooperativa da produção não deve ser confundida com a empresa cooperativa. As sociedades cooperativas operárias de produção [SCOP] são incontestavelmente um modelo interessante, no mínimo por provar a viabilidade de uma atividade produtiva fora do esquema estritamente capitalista. Nessas sociedades, os assalariados precisam ser os proprietários majoritários, deliberam e decidem as orientações gerais – em especial na questão da distribuição dos lucros – e designam os

---

[7] Ver Antoine Artous, Henri Maler e Jacques Texier, *Marx et l'appropriation sociale* (Paris, Syllepse, 2003).

[8] Jean Jaurès, "Esquisse provisoire de l'organisation industrielle", cit., p. 136.

dirigentes. O princípio da democracia representativa aplicado nessas sociedades cooperativas – "um homem, uma voz" – contrasta singularmente com o poder absoluto do proprietário – uma ação, uma voz. Esse princípio revela o lugar dado ao capital dentro da cooperativa operária: *ele já não é um poder, mas um meio*, em conformidade com o princípio inicial do movimento cooperativo de Owen e Thompson. O trabalho está nos cargos de comando, o capital só tem valor instrumental. Mas é preciso reconhecer que existem poucas sociedades cooperativas operárias: pouco mais de 2 mil na França para cerca de 45 mil assalariados, ou seja, apenas um décimo do que representam as cooperativas agrícolas. Elas estão submetidas a um ambiente que não facilita sua expansão e ampliação: a desconfiança dos bancos limita seu crescimento, e a hostilidade política pode lhes ser fatal, como no famoso caso da LIP, liquidada em 1990 após quinze anos de luta. É claro que existem exemplos de crescimento exemplar, como o do grupo cooperativo Mondragon, no País Basco. A estrutura reúne 116 cooperativas, 70 mil assalariados (metade deles "associados") e uma receita de mais de 10 bilhões de euros[9]. Contudo, como observa Daniel Bachet, a expansão mundial da cooperativa ocorre em prejuízo do funcionamento cooperativo, cujo sucesso está amarrado à história e à sociologia da região de implantação[10].

Como atingir o centro nevrálgico do sistema capitalista, isto é, a empresa privada? Como aplicar um modelo alternativo à *corporate governance* anglo-saxã, cujo império se disseminou nas últimas décadas? Examinemos a atual renovação da reflexão sobre a *instituição* da empresa. Para sair do modelo da empresa capitalista, alguns autores, entre eles Daniel Bachet, propõem que a estrutura de decisões repouse sobre duas entidades diferentes: uma que represente os acionistas interessados no rendimento de seus capitais e outra que represente a empresa como entidade específica[11]. A ideia, que vai além dos detalhes das propostas, seria conferir existência institucional à empresa para que ela se torne uma realidade "superior" aos interesses das partes, de maneira que os capitalistas não possam liquidá-la ao sabor

---

[9] Ver Daniel Bachet, *Les Fondements de l'entreprise: construire une alternative à la domination financière* (Paris, L'Atelier, 2007), p. 195.

[10] Ibidem, p. 196.

[11] Ibidem, p. 211. Ver também Daniel Bachet (em colaboração com Gaëtan Flocco, Bernard Kervella e Morgan Sweeny), *Sortir de l'entreprise capitaliste* (Bellecombes-en-Bauges, Croquant, 2007).

das lógicas financeiras que os movem ou apenas segundo o critério do lucro. Isso também pressuporia uma revisão completa da forma como se avalia o "interesse social" da atividade da empresa, assim como seu valor. No fundo, o essencial é "desmercadorizar" a empresa ou, em outras palavras, conferir forma institucional à "comunidade de trabalho". Evidentemente, isso seria ir à contracorrente da financeirização da economia, que negou de forma radical a dimensão institucional da empresa, como mostram o aumento da prática de venda em lotes, a compra alavancada (*leveraged buyout*) ou a evolução das formas de avaliação dos ativos e a natureza dos novos instrumentos de controle de gestão.

Isabelle Ferreras, raciocinando por analogia com as etapas políticas pelas quais passaram os países democráticos europeus, propõe a instauração de um "bicameralismo" dentro da empresa como forma de conciliação entre os capitalistas e os trabalhadores: uma câmara para os *lords* capitalistas e outra para os *commoners* assalariados[12]. Mas será que isso resolveria a contradição entre esse "governo democrático do capitalismo" e a realidade contraditória e conflituosa da empresa? Quando Ferreras afirma que "o trabalho é o coração pulsante da empresa"[13], cabe perguntar se o compromisso institucional não seria de curta duração: aceitando dividir a direção do processo produtivo com o trabalho, o capital ainda teria base legítima para pretender extrair parte da produção? É verdade que até hoje existem uma Câmara dos Lordes e até uma rainha na Inglaterra... De modo geral, a ideia de que a democracia na empresa deve ser calcada nas formas e instituições da democracia representativa parece não levar em conta a invenção de formas muito mais ativas, participativas e permanentes de democracia. E a pergunta que se faz é, sobretudo, se capitalismo e democracia são minimamente conciliáveis.

Thomas Coutrot, que não acredita muito nessa conciliação, cogita uma transmutação democrática da empresa, tentando ir além do esquema de "controle operário" da produção, tradicional entre os marxistas. Procura levar em conta o conjunto das interações sociais e "externalidades" da empresa, que não tem apenas efeitos econômicos diretos sobre a sociedade, mas também múltiplos efeitos indiretos sobre ela. O que ele chama de "controle cidadão" seria exercido por um conselho de administração com-

---

[12] Isabelle Ferreras, *Gouverner le capitalisme?* (Paris, PUF, 2012), p. 10 e ss.
[13] Ibidem, p. 20.

posto de assalariados e representantes do capital, mas também por atores sociais que, por razões diversas, tivessem interesse na atividade da empresa e poderiam ser tanto associações de usuários ou de vizinhos quanto ONGs e representantes de coletividades territoriais[14]. A ideia de um "governo cidadão" da empresa possibilita evitar certo economicismo, presente na tradição do socialismo desde os seus primórdios, que tendia a reservar o controle da produção exclusivamente aos "produtores associados". A ideia é reintegrar a economia na vida social e na sociedade democrática, introduzindo no mundo da produção a pluralidade e o confronto de pontos de vista, segundo as regras instituídas.

Seja qual for a linha de reflexão dos autores citados, vemos claramente que a questão para a qual eles procuram resposta prática não é apenas a da divisão mais ou menos "justa" do valor agregado entre capital e trabalho, mas é a do poder dentro da empresa. E essa questão só se coloca quando se é capaz de imaginar a empresa como uma instituição do comum. A negação do agir comum na esfera do trabalho em proveito apenas da realidade financeira da propriedade do capital, a qual dá direito ao poder efetivo e exclusivo sobre o trabalho, é o principal obstáculo que se deve transpor para sair do capitalismo como *sistema de dominação do dinheiro sobre o agir*. É fácil adivinhar que a própria noção de mercado seria assim afetada. Não se trata de "suprimir" o mercado em proveito de um órgão burocrático de planejamento e divisão, como se imaginou no passado. Ao contrário, trata-se de reinseri-lo na sociedade, de introduzir a liberdade de escolha individual de consumo em esquemas decididos coletivamente, em particular em nível local, de não mais contrapor consumidor e trabalhador, como se faz hoje, mas construir uma nova instituição "cívica" do mercado que una o autogoverno dos produtores e a soberania coletiva dos consumidores.

---

[14] Thomas Coutrot, *Démocratie contre capitalisme* (Paris, La Dispute, 2005), p. 171.

PROPOSIÇÃO POLÍTICA 5

A associação na economia deve preparar a sociedade do comum

Aquilo que na França se denomina "economia social e solidária" (ESS) distingue-se das sociedades de capital por seu estatuto, objeto social e organização interna dos poderes[1]. A economia social é apresentada às vezes como uma "outra economia", ou mesmo como uma "alternativa ao capitalismo"[2]. Em geral, a fórmula é ambígua: deseja-se criar um polo "social e solidário" dentro de uma economia plural, ao lado da economia capitalista e da economia pública? Ou será que a economia social e solidária deveria "contaminar" todas as formas de economia, como queriam outrora os socialistas associacionistas e cooperativistas? Seja como for, a economia social é apresentada como uma via importante de transformação da economia num sentido mais democrático. Para Jean-Louis Laville, a ESS "tem como centro de união a recusa a submeter-se à lei do lucro e a vontade de democratizar a economia". E acrescenta: "A ideia diretriz verificada empiricamente é que eficiência produtiva e democracia não são contraditórias, ainda mais porque, numa sociedade de conhecimento e serviços, a inteligência coletiva se converte em importante trunfo"[3].

---

[1] Em outros países, fala-se de "terceiro setor" ou setor não lucrativo (*non profit*), mas essas designações não abrangem as mesmas atividades. Ver os trabalhos comparativos sobre o setor não lucrativo realizados pelo Center for Civil Society Studies, da Johns Hopkins University: <http://ccss.jhu.edu/>.

[2] Thierry Jeantet, *L'Économie sociale, une alternative au capitalisme* (Paris, Economica, 2008). Uma abordagem mais crítica é desenvolvida em Philippe Frémeaux, *La Nouvelle alternative? Enquête sur l'économie sociale et solidaire* (Paris, Alternatives Économiques/Les Petits Matins, 2013).

[3] Jean-Louis Laville, *Agir à gauche: l'économie sociale et solidaire* (Paris, Desclée de Brouwer, 2011), p. 15.

O objetivo da ESS seria estender a democracia à economia e à sociedade, criar um laço social voluntário preocupado com a igualdade e a solidariedade; ela demonstraria que a economia não se reduz à dualidade mercado / Estado, e que a ação coletiva conduzida por outros princípios e finalidades tem um lugar legítimo.

O primeiro argumento dos que apresentam a ESS como um modelo alternativo em vias de realização enfatiza o papel que ela desempenha na economia, com quase 10% de ativos e 6% do PIB[4]. O segundo baseia-se em sua exemplaridade democrática e em sua força de atração num momento em que o capitalismo mostra mais uma vez sua falência moral e econômica. Mas esses argumentos dão a entender às vezes que a economia social é uma realidade homogênea. As coisas são mais complexas[5]. Por um lado, cada país tem sua própria definição, mais ou menos ampla, mais ou menos oficializada, do que se deve entender por esse termo – que, aliás, também varia de um país para outro, o que não facilita as comparações; por outro lado, se tomarmos o caso francês como exemplo, a categoria abrange formas muito diversas de atividade e estatutos (associações, cooperativas, sociedades de assistência mútua). Realidade compósita e mesclada, essa economia social não está presente em todos os setores de atividade. Se, no Brasil, a chamada economia "solidária" é realidade sobretudo na agricultura do Nordeste, na França ela está presente no setor de serviços e muito pouco na indústria[6].

Cada história nacional deixou uma marca própria no "espírito" da economia social, que de certo modo se voltou para caridade, integração social, produção alternativa ou luta social. Philippe Frémeaux distingue duas lógicas nessa economia: a lógica "associativista" ou "associacionista", oriunda das instituições criadas no século XIX cuja ação tinha em vista o auxílio

---

[4] Em 1999, a publicação de um estudo internacional do Center for Civil Society mostrou que, nos 22 países estudados, o setor não lucrativo (*non profit sector*) representava 1 trilhão de dólares de receita, ou seja, o equivalente ao PIB da oitava potência econômica mundial. Ver Lester M. Salamon et al., *Global Civil Society: Dimensions of the Nonprofit Sector* (Baltimore, The Johns Hopkins Center for Civil Society Studies, 1999). Disponível em: <http://ccss.jhu.edu>.

[5] Ver David Hiez e Éric Lavillunière, *Vers une théorie de l'économie sociale et solidaire* (Bruxelas, Larcier, 2013).

[6] Paul Singer, "L'Économie sociale et solidaire au Brésil", em Thierry Jeantet e Jean-Philippe Poulnot (orgs.) *L'économie sociale, une alternative planétaire* (Paris, Charles Léopold Mayer, 2007), p. 49.

mútuo e a solidariedade entre membros de dada categoria profissional ou social, e a das instituições que seguiam uma linha mais caritativa, oriunda da tradição religiosa[7]. A economia social não constitui, ao menos por enquanto, um conjunto social mobilizado, nem em nível nacional nem em mundial, apesar da visibilidade de certas ONGs. Portanto, é difícil transformar esse conjunto tão diverso numa "alternativa ao capitalismo" e mais ainda vê-lo como a única alternativa concebível, sobretudo porque essas atividades estão sujeitas a fortes pressões, tanto da parte das empresas capitalistas como dos poderes públicos. Entre o mercado e o Estado, o espaço reservado a elas parece bem acanhado. Conhecemos os limites políticos das associações. Elas desfrutam de uma liberdade enquadrada. Por menos que cresçam, estão sob o controle do governo, único com poder de declaração da utilidade pública. E as atuais deliberações sobre a utilidade social correm o risco de seguir o mesmo caminho. Duguit percebeu o perigo desde a lei de 1901: "Os governos sempre temem que a liberdade de associação seja excessiva e os livres agrupamentos se apoderem de domínios dos quais eles querem manter a direção, se não o monopólio"[8].

Embora muitos dos pioneiros da economia social queiram, acima de tudo, mudar o comportamento econômico, dando o exemplo de outro funcionamento possível, a realidade muitas vezes é bem diferente. Jean-Louis Laville cita as palavras bastante esclarecedoras de um líder cooperado: "As cooperativas queriam mudar o mercado, mas foi o mercado que mudou as cooperativas". Isso se aplica em especial às cooperativas de crédito, mas também vale para numerosas sociedades de assistência mútua que, por uma espécie de isomorfismo, mudaram tanto nas últimas décadas que já não se distinguem realmente das sociedades capitalistas[9]. Imersas no mercado, sofrendo concorrência de empresas capitalistas, tendo de se adaptar aos comportamentos utilitaristas de consumidores em busca dos melhores preços, acusadas por políticos neoliberais e meios patronais de serem empresas "subvencionadas" que desvirtuam a concorrência, mas também muitas vezes

---

[7] Philippe Frémeaux, "L'Évaluation de l'apport de l'économie sociale et solidaire", relatório a Benoît Hamon, ministro encarregado da Economia Social e Solidária e Consumo, setembro de 2013, p. 20.
[8] Léon Duguit, *Manuel de droit constitutionnel* (Paris, Panthéon-Assas, 1923) p. 286. Disponível em: <http://gallica.bnf.fr/>.
[9] Jean-Louis Laville, *Agir à gauche*, cit., p. 48-9.

apartadas demais das lutas sindicais e políticas e, sobretudo, preocupadas com a respeitabilidade de sua gestão, as empresas da economia social frequentemente parecem dissolver-se nas águas geladas da economia de mercado. Por outro lado, o Estado e as coletividades locais tendem a trazê-las para sua órbita, delegando-lhes tarefas que, dessa forma, são realizadas a um custo menor por prestadores de serviços não sujeitos às coerções estatutárias da função pública. Em vez de promover "outra economia", o setor associativo tende a obedecer a uma lógica de subcontratação barata do Estado social; e, enquanto o número de trabalhadores associativos, pouco protegidos e mal remunerados, crescia nos últimos anos, o efetivo de funcionários estatutários do Estado estagnava e, em muitos casos, até diminuía[10].

Para enfrentar a "crise fiscal" do Estado social e a concorrência de países onde os salários são baixos, é grande o risco de a economia social se tornar "um gueto de *poor workers* que realizam atividades de baixa qualificação e baixa produtividade", como ressalta Bruno Trentin[11]. Para alguns, substituir o Estado social em crise poderia ser o próprio sentido da ação das "empresas sociais", como tendemos a chamá-las hoje. Esse, em todo o caso, é o pensamento da Organização para a Cooperação e Desenvolvimento Econômico (OCDE)[12]. A ação social se distingue muito pouco dos serviços oferecidos pelos guichês públicos, nos quais os beneficiários não têm nenhum papel ativo; muitas associações dependentes dos financiamentos públicos perderam sua autonomia estratégica; acima de tudo, a "democracia" que caracterizaria sua "governança" muitas vezes está mais para a retórica obsequiosa, ou fingimento puro e simples, do que para realidade. Nas associações, os assalariados com frequência estão ausentes das instâncias de decisão e, nas cooperativas de crédito e associações de auxílio mútuo, os sócios se desinteressam de ritos eleitorais desprovidos de conteúdo verdadeiro. O procedimento eleitoral de nomeação dos administradores, puramente formal, deixa as oligarquias dirigentes livres para instaurar práticas gerenciais

---

[10] Ibidem, p. 25. Ver Matthieu Hély, "L'économie sociale et solidaire n'existe pas", *laviedesidees.fr*, 2008, disponível em: <http://www.laviedesidees.fr/L-economie-sociale-et-solidaire-n.html>; e Matthieu Hély e Maud Simonet (orgs.), *Le Travail associatif* (Paris, Presses Universitaires de Paris-Ouest, 2013).

[11] Bruno Trentin, *La Cité du travail: le fordisme et la gauche* (Paris, Fayard, 2012), p. 422.

[12] Ver o relatório da OCDE, "Le Secteur à but non lucratif au XXIe siècle: un partenaire pour l'économie et la société", 2003, p. 15. Ver o comentário de Thomas Coutrot em *La Démocratie contre le capitalisme*, cit., p. 102-3.

que se distanciam cada vez mais das inspirações socializantes originais. Até hoje, a economia social foi incapaz de se firmar como um polo econômico diferente, e mais ainda de aparecer como uma base a partir da qual possa se desenvolver um tipo diferente de economia.

O resultado é que nem os assalariados nem os sócios sentem que estão participando de um projeto político de alternativa à economia dominante[13]. Em todos os casos, é a dimensão *política* do "terceiro setor" que sai prejudicada por práticas gerenciais cada vez mais onipresentes. Essa realidade um tanto sombria revela sobretudo um impasse estratégico, que, aliás, era previsível. A ideia de que bastaria introduzir-se nos interstícios do sistema para ir abrindo brechas aos poucos era considerada uma quimera pelos pensadores socialistas das cooperativas. A luta teria de ser tanto sindical e política como cooperativa e mutualista. O chamado socialismo dos "três pilares", o de Jaurès e Mauss, baseava-se na concepção de que a luta por uma economia diferente teria necessariamente de ser *total*.

É essa concepção que deveria guiar a política do comum. A revivescência política do setor da economia social é um desafio importante. Tem-se aí uma herança preciosa que precisa ser salva, promessas que precisam ser cumpridas[14]. Mas isso pressupõe fazer desse princípio uma frente de combate explícito. Tal possibilidade existe sobretudo porque os princípios fundamentais da economia social e solidária, herdadas do protesto contra as formas capitalistas de produção, têm afinidades eletivas com o princípio do comum aqui enunciado. Thierry Jeantet apresenta algumas características ideais dessa "outra economia" que se encontram realizadas em maior ou menor grau na prática: liberdade de iniciativa coletiva, democracia interna, justa divisão dos excedentes, indivisibilidade total ou parcial dos fundos próprios, solidariedade, promoção do indivíduo, independência em relação ao Estado[15]. Thierry Jeantet resume o espírito dessa outra economia da seguinte forma: "Um projeto coletivo sustentado pela cooperação dos atores"[16]. Com relação à associações, Philippe Chanial e Jean-Louis Laville

---

[13] Ver Philippe Frémeaux, *La Nouvelle alternative?*, cit., p. 111.

[14] Como ressalta Jean-Louis Laville, "a economia solidária contemporânea, apresentada em geral como nova, na verdade é mais ressurgimento que surgimento" (Jean-Louis Laville, *Agir à gauche*, cit., p. 23.)

[15] Ver Thierry Jeantet, *L'Économie sociale, une alternative au capitalisme*, cit., p. 31 e 33.

[16] Ibidem, p. 55.

enfatizam a ligação entre a forma cooperativa e o conteúdo solidário, entre as práticas associativas concretas e o objetivo cívico: "A mola da criação associativa é o sentimento de que a defesa de um bem comum pressupõe a ação coletiva"[17]. Dito em termos mais diretos, a coerência ideal dessa economia reside em atrelar a instituição democrática do agir comum à produção do comum como finalidade pela qual se pauta a ação. Portanto, a herança somente poderá ser retomada se o elo entre o "objeto social", que é da ordem da produção do comum, e os princípios democráticos de funcionamento da economia social for firmemente restabelecido, o que nem sempre é o caso em muitos de seus componentes. É imprescindível lutar contra a subordinação dos objetivos a finalidades financeiras ou contra práticas pouco democráticas. É isso que decidirá a contribuição do setor para a lógica do comum em seu conjunto. Na transição, uma maior ajuda do Estado e das coletividades territoriais será indispensável para compensar a pressão concorrencial do mercado. Condição essencial é fazer da cooperação democrática um critério de contribuição da economia social para a sociedade, portanto um critério para auxílios, isenções fiscais e financiamentos que lhe venham a ser destinados.

A luta que deve ser travada dentro da própria economia social diz respeito também à implantação de modos democráticos de avaliação da "utilidade social" do projeto e da atividade da associação, que deve ser determinada por procedimentos democráticos que envolvam os atores (assalariados ou usuários). A economia social, em certas condições, pode questionar o monopólio do Estado na definição do interesse geral e do mercado na definição do valor. É dessa forma também que a economia social demonstraria seu caráter potencialmente subversivo: já não é possível medir o valor da riqueza produzida pelo preço de mercado das mercadorias ou por equivalentes de preços de mercado, como acontece na produção pública[18]. Jean Gadrey, resumindo

---

[17] Philippe Chanial e Jean-Louis Laville, "Associationnisme", em Antonio Cattani e Jean-Louis Laville (org.), *Dictionnaire de l'autre économie* (Paris, Gallimard, col. "Folio", 2006), p. 47 [ed. port.: *Dicionário internacional da outra economia*, trad. Luiz Inácio Gaiger e Pedro Hespanha, Coimbra, Almedina, 2009].

[18] A medida contábil do crescimento não é adequada ao aporte de "riqueza" representado pela produção das associações. A riqueza é medida em geral por estoques de bens apropriados e produção de mercadorias ou semimercadorias, isto é, bens não mercantis cujo valor é estimado pelo custo de produção. Mas grande parte das atividades sociais indispensáveis à existência escapa à contabilidade. Daí a estupidez das

abordagens diversas feitas desde o fim dos anos 1990, propôs uma série de critérios que permitem estimar a contribuição das associações para a sociedade. Poderiam ser considerados de utilidade social os organismos que contribuem "para a redução das desigualdades econômicas e sociais, inclusive por meio da afirmação de novos direitos, para a solidariedade (nacional, internacional ou local), para a sociabilidade e a melhoria das condições coletivas de desenvolvimento humano sustentável (das quais fazem parte: educação, saúde, cultura, meio ambiente e democracia)"[19]. Nos critérios considerados, é possível observar a importância da "produção do vínculo social". Mas a "utilidade social" não diz respeito apenas ao impacto da ação sobre a sociedade: sua avaliação deve levar em conta também o efeito direto dessa ação sobre os que participam dela. Seria paradoxal avaliar essa contribuição sem incluir aqueles que estão implicados numa coprodução que os afeta, ou seja, voluntários, assalariados e beneficiários.

É possível refazer a sociedade a partir da economia social?

Se a mobilização política é necessária para emancipar a economia social da tutela burocrática e da concorrência da esfera privada, é de se perguntar qual seria o lugar desse tipo de economia na sociedade futura. Os defensores da economia social alegam em geral os méritos do "pluralismo econômico". Sair do capitalismo seria sinônimo de criar uma economia plural que levasse em consideração as contribuições da sociedade civil. Para eles,

---

avaliações quantitativas em termos de PIB das atividades internas de voluntariado, relações sociais etc. Aliás, muitos autores (Alain Caillé, Jean Gadrey, Dominique Méda, Patrick Viveret) mostraram que, em muitos países, o crescimento do PIB já não corresponde ao aumento de bem-estar. Em termos contábeis, não se sabe medir a "utilidade social" das atividades da economia social ou de outras formas de atividades que façam parte daquilo que o jargão denomina "saúde ambiental e social". É ilusão acreditar que se pode objetivar fenômenos relacionais e subjetivos difíceis ou mesmo impossíveis de traduzir em cifras.

[19] Jean Gadrey, "L'Utilité sociale en question. À la recherche de conventions, de critères de méthodes d'évaluation", em Jean-Noël Chopart, Guy Neyret e Daniel Rault (orgs.), *Les Dynamiques de l'économie sociale et solidaire* (Paris, La Découverte, 2006), p. 278. Ver também Jean Gadrey, "Utilité sociale", em Antonio David Cattani e Jean-Louis Laville (org.), *Dictionnaire de l'autre économie*, cit. Para uma síntese, ver Diane Rodet, "Les définitions de la notion d'utilité sociale", *Économie et Solidarités*, v. 39, n. 1, 2008.

dar mais espaço e visibilidade a essas formas de economia já seria um extraordinário avanço, pois esse reconhecimento mostraria que a motivação do lucro não é o único estímulo econômico, que o homem não é apenas calculador, maximizador e egoísta, que os *vínculos* podem ser mais importantes que os *bens* e – talvez o principal – que democracia e eficiência não são incompatíveis. Em resumo, esse pluralismo teria valor de exemplaridade, mostrando que com frequência a cooperação vale mais, do ponto de vista social e até econômico, do que a hiperconcorrência. Assim, a economia social teria múltiplas vantagens e virtudes: contrabalançaria o mercado e limitaria seu campo, melhoraria qualitativamente a intervenção pública por sua capacidade de "inovação social" e, ao desenvolver o espírito de solidariedade e responsabilidade cidadã, teria ação educativa.

Também é possível lhe atribuir uma dimensão estratégica mais ambiciosa. Segundo Thomas Coutrot, a economia social está destinada a desempenhar papel importante na transição para a sociedade pós-capitalista. Nesse cenário, a "sociedade civil" se mobilizaria e se organizaria pouco a pouco de forma associativa e cooperativa em todos os níveis, até constituir uma força mundial suficientemente grande para se opor às forças do capitalismo financeiro transnacional. Essa também era a concepção de André Gorz, que imaginava uma multiplicação de iniciativas coletivas que aos poucos construiriam um sistema. A economia social seria a prefiguração de uma sociedade de atividades auto-organizadas que realizaria a utopia falansteriana de Fourier, do início do século XIX, e o projeto de "sociocracia" de Fournière, do fim do mesmo século, e ao mesmo tempo faria eco à estratégia zapatista de negação da "tomada de poder". A criação de organismos cooperativos e associações livremente escolhidas, auto-organizadas e autogeridas, à margem do mercado lucrativo e do Estado, no setor da alimentação, da educação, da guarda de crianças, da habitação e do lazer, parece restabelecer o grande sonho de constituição de enclaves emancipados dentro da sociedade. Evidentemente, essa estratégia depende sobretudo do desejo "de fazer e viver outra coisa" em escala de massas. Pressupõe condições materiais, institucionais e subjetivas que, se ainda não estão reunidas na atualidade, poderiam se concretizar sob o efeito do entusiasmo coletivo para fazer essa "outra coisa" que tenha sentido, ou pela rejeição às formas capitalistas e mercantis de produção e troca, que se tornaram ecologicamente insustentáveis e psicologicamente repulsivas.

Segundo Gorz, era isso o que estava implicado no aumento do tempo livre e na criação de uma renda universal garantida. Essas medidas não visavam estimular o "direito à preguiça", mas criar condições para uma sociedade auto-organizada. As coletividades locais poderiam dar apoio a esse movimento, a intervenção do Estado social a favor dos pobres, dos desempregados e dos vulneráveis poderia contribuir para uma espécie de *empoderamento* coletivo, de modo que os excluídos do sistema pudessem criar uma atividade própria na forma associativa e cooperativa e tivessem condições de organizá-la. Tal como Gorz a concebe, essa estratégia se insere numa tradição que se negou a ver o socialismo como uma economia de caserna obedecendo a um comando central. A sociedade futura, assim como a economia de mercado, deveria basear-se no princípio de liberdade econômica. Mas essa liberdade seria aberta a todos, e não apenas aos donos do capital, porque seria coletiva. Mauss recordou esse princípio em sua crítica ao bolchevismo. "Apropriação coletiva" não significa necessariamente apropriação pelo Estado, explica ele: "Há espaço para outro tipo de liberdade comercial e industrial: a das coletividades, cooperativas, grupos profissionais etc."[20]. Ele não faz mais que registrar aí os frutos de todas as lutas do século XIX contra a concepção individualista de sociedade que, desde a Lei Le Chapelier (1791), proibia *de facto* a liberdade de associar-se mesmo com objetivos perfeitamente lícitos.

Todavia, essa transição ecossocial segundo os princípios de auto-organização, cooperação e multiatividade, tal como imaginada por Gorz, tem um risco: o de se isolar em experiências circunscritas a uma abordagem de *separação* e *exemplaridade*. Christian Arnsperger foi um dos que mais se interessaram pela questão da transição para uma sociedade pós-capitalista[21]. A nova democracia política, econômica e social "por baixo" implica a opção por uma vida simples, mais autônoma e amigável, o que poderia se traduzir na criação de comunidades locais mais acolhedoras que as grandes metrópoles dominadas pelos ritmos e pelas estruturas do capitalismo mundial. A convivialidade preconizada por Ivan Ilitch e André Gorz como caminho para sairmos do capitalismo levaria a uma estratégia denominada por este último de "biorregionalismo", que articularia raízes locais e novas solidariedades em nível de pequenas povoações, cidades e bairros. É incontestável

---

[20] Marcel Mauss, "Appréciation sociologique du bolchevisme", em *Écrits politiques*, cit., p. 544.

[21] Para uma apresentação das "comunidades existenciais críticas", ver Christian Arnsperger, *Éthique de l'existence postcapitaliste* (Paris, Le Cerf, 2009), p. 246.

que há, aí, um componente fundamental de certo neocomunalismo que, apesar de não poder ser subestimado, a nosso ver não bastará para constituir uma política do comum. Por uma espécie de reedição do comportamento franciscano, seria preciso aguardar a redenção de uma conversão ética aos axiomas pós-capitalistas. Encontraríamos apelos desse tipo também da parte de uma esquerda que se diz radical e só vê saída numa "deserção do poder", numa atitude de subtrair-se à dominação. Isso certamente seria perder a contribuição que as associações e, mais em geral, as formas alternativas de produção podem dar à luta pelo comum. A acumulação das práticas alternativas tem efeitos educativos e de subjetivação que podem ajudar em sua possível tradução política e generalização, pois o que há de mais interessante nessas práticas não é a deserção do mundo, mas a força arrebatadora muito maior que elas podem ter sobre as subjetividades. Seria conveniente refletir sobre todas as formas de construção das políticas sociais e públicas que conferem papel ativo às associações, permitindo à população mobilizar-se e participar das decisões que lhe dizem respeito.

PROPOSIÇÃO POLÍTICA 6

O comum deve fundar a democracia social

Para alguns, o objetivo de uma política progressista seria, fundamentalmente, restabelecer o Estado social, minado pelas políticas neoliberais. É a isso que se dedicam alguns dos que não se resignam ao triunfo absoluto do capital. Da celebração da memória de Roosevelt à comemoração do programa da Resistência antinazista, eles pretendem defender e até ampliar as conquistas inquestionáveis que possibilitaram às classes populares e ao conjunto da população o acesso a serviços públicos e rendas diferidas de primeira importância, como saúde, educação e aposentadoria. Mas, num contexto marcado pelas ofensivas "descomplexadas" da direita e pelas renúncias cínicas da esquerda "socialista", existe o risco de se perderem de vista os limites desse particularíssimo "social" que o Estado implantou a partir do século XIX. Ora, a nosso ver, não devemos nunca esquecer que o comum foi historicamente *desviado* pelo Estado, de modo que toda política que fale em nome do comum deveria, em primeiro lugar, devolver à sociedade o que lhe cabe, isto é, o controle democrático das instituições de reciprocidade e solidariedade que foram confiscadas pelo governo, preocupado acima de tudo em reduzir o espectro de atuação do Estado social e adequá-lo às "exigências da competitividade".

Desde o fim do século XIX, o Estado que se diz "social" apresenta-se como garantidor do "princípio de solidariedade". A concepção da sociedade civil como uma associação bem-sucedida de proprietários cocontratantes representados por eleitos sábios e iluminados não conseguiu se sustentar diante da miséria industrial e do aparecimento do socialismo. O governo liberal, não sem resistências, teve de criar programas de transferência de renda e serviços públicos sem os quais grande parte da população estaria condenada à pobreza. O "social" típico das sociedades modernas se construiu e organizou como um sistema institucional – mais ou menos desenvolvido, conforme o país – que permitiu integrar a fração não proprietária da população, garantindo-lhe um mínimo de segurança, precisamente o que chamamos de "seguridade social", pela relação entre o seguro voluntário e/ou obrigatório e certos dispositivos de redistribuição de renda por meio do sistema fiscal.

O Estado social tem como princípio a conciliação do regime de propriedade privada e certa "solidariedade" que se tornou necessária para represar os efeitos mais trágicos da economia capitalista sobre as pessoas vulneráveis. Assim, podemos interpretar em dois sentidos diferentes o sistema de *welfare*: como uma forma muito relativa de desproletarização da população e desmercadorização do trabalho[1]; e como uma condição "social" de perpetuação de um regime econômico baseado na acumulação de riquezas privadas e até como condição de ampliação do assalariamento a toda a sociedade. Em outras palavras, o Estado social, se atenua os efeitos da propriedade dos meios de produção, também garante a sua proteção pela pacificação das relações sociais.

Assim, o "social", tal como se estabeleceu, é produto de um conjunto de estratégias governamentais que, para darem resposta à contestação operária, visaram represar a ameaça de revolução social e, portanto, destituir os conflitos sociais de sua dimensão propriamente política. Como mostrou Giovanna Procacci, entre a Revolução Francesa e 1848, criou-se um "governo da miséria" que respondia ao surgimento de um novo tipo de pobreza em massa e procurava "neutralizar o potencial de antagonismo" ligado a ele[2]. Portanto, esse "social" foi a maneira como o Estado, por meio de novas práticas de administração, tentou controlar um conjunto de problemas de higiene pública, ameaças políticas e ilegalidades jurídicas, relacionados tanto às desordens econômicas (crises) como à indisciplina popular (revoltas). Nesse sentido, adotou formas de intervenção governamental mais antigas e ao mesmo tempo relativizou os grandes dogmas liberais. A economia política, assim como, aliás, o discurso jurídico dos direitos individuais "clássicos", não tinha condições de responder à ques-

---

[1] Gosta Esping-Andersen, *Les Trois mondes de l'État-providence* (Paris, PUF, 2007).

[2] Giovanna Procacci, *Gouverner la misère: la question sociale en France (1789-1848)* (Paris, Le Seuil, 1993), p. 24.

tão da "miséria moderna", tão bem analisada por Tocqueville em *Mémoire sur le paupérisme**, de 1835. Por sua vez, o socialismo dava uma resposta bastante ameaçadora para a classe dominante, alegando o "direito ao trabalho" e, sobretudo, o "poder do trabalho" pela cooperação e associação. Em 1848, a burguesia republicana se viu intimada a inventar uma resposta nova que conciliasse mercado e cidadania, propriedade e fraternidade. Essa resposta, ao mesmo tempo sociológica, moral e política, foi a "solidariedade".

Léon Duguit resumiu perfeitamente a nova representação do social que surgiu pouco a pouco no século XIX:

> A sociedade é uma grande cooperativa em que cada um tira proveito de certas vantagens garantidas pela divisão do trabalho. Mas, em troca, se alguns sofrem prejuízo, se a cooperativa funciona mal ou se as circunstâncias são tais que as perdas atingem uns e poupam outros, toda a coletividade precisa intervir para reparar o prejuízo sofrido por aqueles. A caixa do Estado é, de certo modo, uma caixa mútua de assistência em benefício dos membros da sociedade.[3]

Essa concepção da sociedade como "cooperativa" e do Estado como "caixa de assistência" não deixou de enfrentar forte resistência dos economistas liberais e dos juristas conservadores. O que ela punha em xeque – e Duguit estava consciente disso – era tanto o exclusivismo proprietário quanto a definição do papel do Estado limitado à manutenção da ordem pública e à integridade do território. Esses dois absolutismos complementares foram corroídos pelo espaço que o social veio ocupar. Esse foi o efeito de longo alcance de uma contradição que explodiu em 1848 com o sufrágio universal, que supostamente deveria garantir a soberania de todos e ao mesmo tempo o direito exclusivo da propriedade burguesa[4]. Daí a reinterpretação "estratégica" da solidariedade feita pelos republicanos de vanguarda, que a transformam em princípio da república progressista, reconciliando-se, aliás, com as notáveis previsões de Condorcet sobre o ensino e os seguros sociais universais.

---

* Ed. bras.: *Ensaio sobre a pobreza*, trad. Juliana Lemos, UniverCidade, Rio de Janeiro, s/d. (N. E.)
[3] Léon Duguit, *Souveraineté et liberté*, cit., p. 167-8.
[4] Jacques Donzelot, *L'Invention du sociale: essai sur le déclin des passions politiques* (Paris, Fayard, 1984).

A soberania política não poderá estar separada da solidariedade social entre as classes: com o solidarismo de Léon Bourgeois, a solidariedade se torna a grande filosofia da Terceira República e encontrará seu *modus operandi* nas técnicas de seguridade social[5]. Diante da ameaça dos partidários da divisão da propriedade (*partageux*) e dos integrantes das comunas revolucionárias (*communeux*), a fração avançada da burguesia responde com a "socialização do risco" e a "igualdade de oportunidades". Justifica a propriedade tornando-a acessível a todos pelo ensino e pelo trabalho e protegendo os que a têm por meio do desenvolvimento da "sociedade securitária"[6]. O seguro redime o proprietário, mas ao mesmo tempo parece responsabilizá-lo financeiramente. Em todo caso, esse é o preço que se paga para proteger os próprios bens e gozá-los tranquilamente.

A solidariedade, se antes era exigência socialista e prática proletária que punham em xeque a propriedade, depois passou a ser um assunto de Estado capaz de estabilizar a situação. Até mesmo a Igreja de Leão XIII admitiu sua utilidade, ratificando de passagem a expressão "Estado-providência": "Que o Estado se faça, pois, sob um particularíssimo título, a *providência dos trabalhadores* que em geral pertencem à classe pobre", conforme se lê na *Rerum novarum* de 15 de maio de 1891. O Estado se torna pastoral: ele deve cercar de cuidados e particular solicitude os trabalhadores que pertencem à classe pobre em geral. O curioso é que, embora combatessem firmemente a influência do Vaticano nas questões públicas, os republicanos franceses não tinham uma política muito diferente, evidentemente a partir de considerações filosóficas bastante distintas[7]. O que nos permite aproximar essas duas concepções é a ideia de que a solidariedade organizada pelo Estado não deve nada a alguma eventual prática instituinte vinda de "baixo"; ela é oferecida por uma providência administrativa harmoniosamente adaptada à natureza do social ou moralmente ditada por um direito natural de origem divina. No fundo desse social de Estado, há a *negação* do comum como co-atividade dos membros da sociedade. É o Estado benevolente e benfazejo que estabelece as regras de reciprocidade, ajuda mútua e divisão da produção. Não são os membros da sociedade que adotam instituições

---

[5] Ibidem, p. 75. Ver também François Ewald, *L'État Providence* (Paris, Grasset, 1986).

[6] A expressão é de François Ewald.

[7] Ver Alain Supiot, "À propos d'un centenaire. La dimension juridique de la doctrine sociale de l'Église", *Droit Social*, n. 12, dez. 1991, p. 916-25.

reguladoras de suas relações. A solidariedade entre assalariados e entre cidadãos se transforma em dívida para com o Estado benfeitor.

Obviamente, o que denominamos "Estado social" é *também* uma realidade jurídica que transformou o estatuto do trabalho e do trabalhador. Esse arcabouço estatutário faz do trabalho algo diferente de simples mercadoria negociada no mercado. Ele funciona pela lei, pelos acordos coletivos e pelas técnicas securitárias que acompanham o desenvolvimento do "direito social", é uma reinserção do trabalho na sociedade, como diz Polanyi. Mas o Estado social não possibilitou a consolidação da relação de dominação e exploração? Que saldo extrair disso, no que diz respeito à promessa de emancipação socialista?

A consequência sociológica de conjunto, segundo Robert Castel, é o advento da "sociedade salarial" após 1945, que estende a proteção social à maioria da população. Essa nova forma de sociedade teria conseguido "superar a cisão entre proprietários e não proprietários", construir um *continuum* de condições sociais comparáveis, mas diferenciadas, e substituir a luta de classes pela luta de cargos num salariato generalizado e com imagem revalorizada[8]. No entanto, democracia e segurança social são termos que já deixaram de se conjugar; o desejo coletivo de auto-organização da solidariedade social, que marcou o nascimento do socialismo, desapareceu da consciência popular; a ideia de que o direito social é fruto de relações de força sempre reversíveis extinguiu-se com o declínio do movimento operário tradicional. O papel dos sindicatos dos assalariados na gestão das caixas, já fortemente limitado pelo "paritarismo" (implantado na França durante a Libertação, por exemplo), perdeu substância com o peso cada vez maior da tutela estatal. O Estado social se tornou cada vez mais o Estado providencial que distribui benefícios em função das pressões econômicas, que preponderam sobre os direitos dos cidadãos. Ele se parece com aquilo que Tocqueville temia quando previu uma grande máquina burocrática anônima funcionando segundo regras universais, sem a possibilidade de intervenção dos cidadãos no que lhes afeta a vida. A "solidariedade" defendida pelos socialistas contrários à propriedade no início do século XIX transformou-se numa forma estatal que, ao mesmo tempo que protege os assalariados dos "riscos" inerentes à

---

[8] Robert Castel e Claudine Haroche, *Propriété privée, propriété sociale, propriété de soi: entretiens sur la construction de l'individu moderne* (Paris, Fayard, 2001), p. 83 e 96; e Robert Castel, *Les Métamorphoses de la question sociale*, cit., p. 363.

lógica de mercado, os exclui da decisão e da deliberação política, em decorrência de uma administração estritamente burocrática dos serviços públicos e da proteção social. Em resumo, a solidariedade democraticamente organizada, tal como foi imaginada pelos socialistas, realizou-se apenas na forma de uma proteção social organizada pelo Estado, de uma propriedade de Estado à mercê das reviravoltas políticas.

Hoje, o Estado social é atacado pelas forças conjuntas da direita e da esquerda "socialista", que aderiram ao novo princípio da "competitividade". A luta contra essas forças é uma oportunidade de apresentar de maneira diferente a exigência do comum no campo social. O princípio do comum não leva à mera defesa das conquistas do Estado social, porque envolve um sentido do *social* que é diferente do solidarismo de Estado. Por acaso se trata de consolidar um conjunto de dispositivos de seguridade, assistência ou mesmo de beneficência, geridos por técnicos estatais que distribuem bens individualizados? Ou se trata de compreender a "democracia social" – de forma mais fundamental do ponto de vista político e mais original sob o aspecto histórico – como um conjunto de instituições adotadas pelos membros de uma sociedade para repartir entre si uma parte do que produzem, em função das necessidades que considerem mais importantes? Isso pressupõe que eles sejam democraticamente seus governantes e tenham o controle das grandes orientações estratégicas, assim como, num nível mais local e limitado, das questões relativas à gestão cotidiana dos serviços. É claro que a dimensão burocrática da gestão do social é em parte inevitável. Cada grupo de assalariados não pode inventar e governar seu próprio "comum social", no mínimo porque as técnicas securitárias pressupõem escalas imensas. Mas as instituições sociais não são necessariamente propriedades do Estado geridas por oligarquias dominantes subordinadas aos imperativos mundiais de "competitividade" ou às práticas europeias do "*dumping* social"[9].

A lógica do comum que deve prevalecer no campo social é a da participação política direta na decisão e na gestão do que é "posto em comum". Os fluxos financeiros que circulam entre contribuintes e beneficiários não são "de ninguém" em particular, assim como não são de "responsabilidade" do empregador: na realidade são usos da produção decididos coletivamente e atribuídos individualmente. Portanto, a organização e o significado da

---

[9] As reformas da aposentadoria são um exemplo quase caricatural de medidas impostas aos assalariados sem um verdadeiro debate.

solidariedade têm de ser inteiramente revistos a partir do eixo do comum. Permitindo-se a introdução de relações democráticas no governo dos organismos sociais, é a administração do Estado social que deve se transformar em instituição do comum.

Cidadania social e econômica

A grande questão prática é a da "cidadania" na sociedade e na economia. O termo "cidadania" é problemático, porque pode designar aquele que "pertence a uma comunidade política", mas nada faz além de gozar passivamente de direitos que, aliás, nem procura defender. Sabemos que, desde Tocqueville, esse é um diagnóstico bastante comum da condição do cidadão moderno. Este último seria apenas um "idiota" imerso no consumo insaciável de bens individuais e no gozo passivo de seus direitos subjetivos. Por mais que a descrição seja justa, essa é uma visão negativa que ignora toda uma faceta do que se pode entender por "cidadania".

Segundo o sociólogo britânico Thomas Humphrey Marshall, a "cidadania social" foi a grande invenção do século XX[10]. Por "cidadania social" ele designa o conjunto de direitos sociais relativos a proteção social, educação, saúde e trabalho, direitos garantidos pelo Estado que vêm acrescentar-se às duas primeiras camadas sedimentares de direitos: os direitos à liberdade civil, adquiridos pouco a pouco nos países europeus a partir do século XVIII (liberdade da pessoa, de pensamento e expressão, direito de propriedade, direito de acionar e recorrer à justiça); e os direitos políticos de organização e sufrágio, que foram adquiridos no século XIX e se generalizaram e consolidaram no século XX. Em 1949, no momento em que Marshall fez essa análise, havia pouca dúvida de que a dinâmica igualitária que permitira a ampliação e o aprofundamento da cidadania na Inglaterra e em outros países avançados da época conduziria a uma "guerra" entre a dinâmica da cidadania e o capitalismo. Isso era uma espécie de evidência, tantas haviam sido as lutas na história dos séculos anteriores que comprovavam o *uso ativo* dos direitos previamente adquiridos. Para ele, a cidadania social não existia sem o exercício intenso e prolongado das liberdades em matéria de ação coletiva, especialmente sindical; ela não era concebível sem o agir

---

[10] Ver Thomas Humphrey Marshall, "Citizenship and Social Class" (1949), em *Class, Citizenship and Social Development* (Garden City, Anchor Books/Doubleday), 1965.

político dos assalariados. De modo geral, segundo Marshall, as diferentes formas de cidadania remetiam a formas de atividade, direitos e possibilidades de agir, o que, para ele, explicava a dinâmica da extensão dos direitos. A cidadania social não era dissociável da institucionalização de formas *coletivas* de ação no campo do trabalho. Contudo, Marshall previa limites para esse movimento. Embora a ação coletiva pudesse conduzir a uma mudança tangível da estrutura das desigualdades, nada garantia sua compatibilidade *última* com o capitalismo. Marshall formulou bem cedo a questão dos limites do pacto entre o Estado social e o sistema econômico dominante, inigualitário por definição. Provavelmente não enxergava com tanta clareza que, no pacto estabelecido, o reconhecimento dos direitos à proteção social e as políticas de redistribuição teriam como contrapartida a renúncia a toda e qualquer verdadeira cidadania econômica na empresa, a submissão às normas implacáveis da nova organização do trabalho e, por fim, o enfraquecimento da ação coletiva autônoma dos assalariados.

Como mostra Bruno Trentin[11], a esquerda oficial europeia e mesmo a mundial, tanto sindical como política, implodiu porque não conseguiu dar prosseguimento e continuidade às contestações operárias dos anos 1960 e 1970 contra o taylorismo e o fordismo, tais como as lutas dos conselhos italianos, as mobilizações dos operários especializados na França, a resistência dos *shop stewards* na Inglaterra. A esquerda adotou os ideais do *scientific management* e do *welfare*. O chamado "pacto fordista", no qual ela foi protagonista, quis casar o progresso da racionalidade técnica com uma dose de solidariedade redistribuidora. O grande *"deal"* consistiu na troca da produtividade alienante por um Estado social protetor, da opressão no trabalho pela proteção burocratizada da existência. Uma política do comum precisa conduzir à reintrodução da dimensão do agir comum no domínio do trabalho.

---

[11] Bruno Trentin, *La Cité du travail*, cit.

PROPOSIÇÃO POLÍTICA 7

Os serviços públicos devem ser instituições do comum

Estabelecer o comum como princípio político não significa que devemos esperar que o Estado proteja e amplie o comum, estendendo indefinidamente a propriedade pública, ou que aumente um pouco mais o poder da administração burocrática sobre a sociedade e a economia. O socialismo da associação no século XIX e o comunismo dos conselhos no século XX tentaram justamente dissociar e contrapor a forma institucional que o socialismo deveria adquirir no futuro e a gestão burocrática da economia pelo Estado[1]. Mas, salvo raras exceções, esses movimentos não souberam reconhecer a importância do desenvolvimento do que na França é chamado de "serviços públicos". Inversamente, esse desenvolvimento produziu efeitos sobre o conteúdo do socialismo, acentuando sua tendência estatizante e centralista a partir do entreguerras[2].

Os serviços públicos são instituições da sociedade ou instrumentos do poder público? Assim como a proteção social, que analisamos acima, a forma estatal não esgota o significado histórico dos serviços públicos, de modo que devemos considerá-los não só como instrumentos de dominação política, mas como *serviços comuns* da sociedade que só encontraram histo-

---

[1] Ver, por exemplo, Anton Pannekoek, "La Propriété publique et la propriété commune", publicado inicialmente na revista *Western Socialist*, em novembro de 1947. Disponível em: <http://bataillesocialiste.wordpress.com>.

[2] Isso não aconteceu no início, pois os principais defensores dos serviços públicos nos anos 1880 são os "possibilistas", segundo o termo depreciativo utilizado pelo estatizante Jules Guesde. A estratégia daqueles adeptos do socialismo comunal, herdeiro do proudhonismo, era a extensão local dos serviços públicos. Ver Paul Brousse, *La Propriété collective et les services publiques* (1910) (Bordeaux, Le Bord d'Eau, 2011).

ricamente meios de se desenvolver pelo poder administrativo encarregado da ordem e da segurança pública geral. Daí a sua dupla natureza: instrumento do poder público e instituição social destinada a garantir a satisfação dos direitos de uso e necessidades da população. Isso significa que esses serviços são lugares de tensão e luta, e que não podem ser vistos unilateralmente nem como "aparelhos de Estado" a serviço da dominação burguesa nem como órgãos plenamente a serviço da sociedade.

Investigar o papel dos serviços públicos na produção comum não é tarefa incontroversa. Tem-se a impressão – fundamentada, é claro – de que não existe nada mais urgente do que a defesa dos serviços públicos contra as políticas neoliberais. Aquilo que se chama hoje de "reforma do setor público" vai na direção da transformação neoliberal do Estado, com os fenômenos que a acompanham: precarização dos empregos públicos, fortalecimento da arbitrariedade hierárquica, enfraquecimento da capacidade de negociação dos funcionários públicos, destruição dos coletivos que ainda resistem no interior do aparelho estatal, dos hospitais públicos e das coletividades locais[3]. Mas opor-se a qualquer evolução *democrática* dos serviços públicos, por um reflexo de "defesa do Estado", também seria bem arriscado. O que a história francesa dos serviços públicos tem de notável é o fato de ter mantido durante muito tempo os traços de soberania que estabeleciam distância e superioridade do funcionário em relação ao usuário, confundindo assim o velho exercício do "poder público" (*potestas publica*) com o serviço prestado à coletividade. Jaurès explicava com grande acerto a arrogância do funcionário público francês em relação aos cidadãos comuns pelo fato de imaginarem que ainda participavam do "poder absoluto" do monarca no Antigo Regime[4]. A questão, portanto, é saber como transformar os serviços públicos para que eles passem a ser instituições do comum orientadas para os direitos de uso comum e governadas de forma democrática. Seria conceber o Estado não mais como uma gigantesca administração centralizada, mas, ao contrário, como o sumo garantidor dos *direitos fun-*

---

[3] Há muito tempo as críticas ao Estado foram instrumentalizadas pelos promotores das privatizações. Grande parte da esquerda descentralizadora e autogestionária dos anos 1970 converteu-se aos novos ideais da gestão capitalista. Portanto, convém prudência no que se refere às evoluções dos serviços públicos que consideramos desejáveis, dadas as relações de forças existentes.

[4] Jean Jaurès, "L'État socialiste et les fonctionnaires", *La Revue Socialiste*, abr. 1895, v. 21, n. 124, p. 392.

damentais dos cidadãos no que diz respeito à satisfação de necessidades consideradas coletivamente essenciais, enquanto a administração dos serviços seria entregue a órgãos dos quais fariam parte não só representantes do Estado, mas também trabalhadores e usuários-cidadãos[5].

Sobre esse ponto, seria conveniente retornar à inspiração profunda de Marx quando, por exemplo, analisava a organização da escola como um "comum" *avant la lettre*. Sabemos que, de modo geral, Marx condenava a ingerência do governo nas questões escolares, o que, para ele, era sinônimo de recrutamento ideológico nefasto. As atas das discussões da Internacional, antes dos congressos de Genebra (1866) e Basileia (1869), e, sobretudo, as glosas marginais ao programa social-democrata de Gotha, são prova suficiente disso. Marx, numa palestra para o conselho geral da Associação Internacional dos Trabalhadores (AIT), em agosto de 1869, usava o exemplo do ensino estadunidense e afirmava que "a intervenção do Estado não é indispensável em absoluto", entendendo com isso que as comunas poderiam perfeitamente garantir a maior parte de seu financiamento, e que a gestão poderia ficar a cargo de conselhos escolares locais. Mas, se a educação não precisava ser organizada pelo Estado, era com a condição expressa de enquadrar a gestão local numa lei geral, zelar por sua aplicação por intermédio de órgãos de fiscalização e dar garantias universais de igualdade de financiamento das escolas[6]. O que se vê é que, para Marx, o Estado poderia "desaparecer" como grande burocracia (a "jiboia"), mas não deveria deixar de desempenhar o papel jurídico e simbólico de garantidor da aplicação dos princípios gerais da lei. Essa análise da organização educacional estadunidense, embora não tenha sido totalmente desenvolvida, deve ser inserida na reflexão mais geral de Marx sobre o autogoverno da sociedade, que logo depois terá uma formulação mais completa no comentário sobre a Comuna de Paris. Em Jaurès, encontram-se tendências comunalistas semelhantes e uma interpretação que vê os serviços públicos como "serviços de cidadania" que dependem de escolhas políticas gerais e são cogovernados em cada nível

---

[5] Esse juízo sobre o caráter "fundamental" dos direitos e "essencial" das necessidades é pertinente à história das lutas políticas, às mobilizações sociais e aos valores, e não à natureza dos bens em si, como gostaria a teoria econômica dominante, ou a necessidades objetivas, como entende a sociologia. Ver Jacques Fournier, *L'Économie des nécessités: une nouvelle approche du service publique* (Paris, Odile Jacob, 2013).
[6] Ver Karl Marx e Friedrich Engels, *Critique de l'éducation et de l'enseignement* (ed. e trad. Robert Dangeville, Paris, Maspero, 1976), p. 228-9.

pelos atores a quem sua instauração diz respeito de modo direto. Tanto Marx como Jaurès situaram precocemente o desafio democrático dos serviços públicos: para de fato responderem às "necessidades coletivas", convém que eles sejam expostos, debatidos e elaborados por vias democráticas. Sem esse engajamento cívico, o usuário será súdito ou cliente, e às vezes ambos ao mesmo tempo. Nos dois casos, há usurpação ou diluição do interesse geral e perda da dimensão da cidadania.

Mas em que condição se pode passar do serviço público ao serviço comum? Isso implica uma mudança considerável na concepção de Estado. Assim como é possível recordar as origens longínquas da noção de serviço público, enraizada nas categorias antigas e medievais de "utilidade pública" e "interesse geral", também não se pode esquecer que o Estado se construiu sobretudo como *imperium*, e não como *obsequium*[7]. A doutrina "sociológica" dos serviços públicos pode nos esclarecer sobre a mudança que o desenvolvimento dos serviços públicos implica quanto à função ou mesmo quanto à natureza do Estado. Segundo Léon Duguit, principal teórico do direito público na esteira de Durkheim, o serviço público é uma *obrigação positiva do Estado*. Explica que, se a sociedade for vista pelo que ela é, ou seja, como uma grande cooperativa que coordena funções diferenciadas, então as atividades públicas deverão ser concebidas como funções necessárias à interdependência generalizada que caracteriza o organismo social. Os serviços públicos, que se multiplicaram, se estenderam e se diversificaram, obedecem a essa grande lei da evolução social da diferenciação das atividades. Essa tese funcionalista se opõe frontalmente à teoria soberanista do Estado como "direção soberana da vontade comum", segundo definição de Otto Gierke[8]. Portanto, não há por que nos atermos à concepção falsa e reacionária dos liberais que desejam limitar o Estado às "funções regalistas" de soberania (exército, polícia, justiça), que, para Duguit, são na realidade serviços públicos.

Desde então, porém, surgiram muitos outros serviços públicos, todos com sua justificação no funcionamento social que nada fica devendo à velha ideia de *imperium*. Contestar a existência e a extensão desses serviços, como os economistas ortodoxos fizeram na época, é não entender nada das con-

---

[7] O Código Justiniano emprega a fórmula *obsequium civilium munerum* para designar o que é devido por aquele que exerce um cargo público.

[8] Citado em Léon Duguit, *L'État, le Droit objectif et la Loi positive* (Paris, Dalloz, 2003), p. 2.

dições da vida social e econômica moderna. Pois esses órgãos são uma resposta a necessidades que nasceram da divisão do trabalho, são funções necessárias à vida coletiva. Duguit define o serviço público como:

> toda atividade cujo cumprimento deva ser regulado, assegurado e controlado pelos governantes, porque o cumprimento dessas atividades é indispensável à realização e ao desenvolvimento da interdependência social, e sua natureza é tal que elas só podem ser cumpridas plenamente pela intervenção da força governante.[9]

O serviço público, portanto, é uma obrigação dos governantes, e não uma manifestação de seu poder soberano e comandante: "Os governantes já não são os órgãos de uma pessoa coletiva que comanda; eles são os gerentes dos assuntos da coletividade"[10]. Mais ainda, não há atividade dos governos que não esteja submetida à seguinte obrigação do serviço público: "O serviço público é o fundamento e o limite do poder governamental"[11]. Os serviços públicos são necessariamente organizados pelo Estado porque criam as condições comuns para a atividade social, coletiva e individual. Em uma palavra, o serviço público não é a manifestação da soberania, mas a tradução de uma necessidade objetiva que deve ser satisfeita, da mesma forma que não é uma resposta a direitos subjetivos prévios, mas efeito de uma regra de direito objetivamente fundamentada que gera direitos individuais subsequentes. Para essa sociologia, a autoridade distante e sacralizada do poder soberano não é adequada ao papel de coordenação das atividades numa sociedade moderna, que não pode se resumir à superioridade de um "eu comum" sobre os indivíduos (Rousseau). Para descrevê-lo de forma adequada, é preciso considerar a comunicação social entre os agentes dos serviços públicos e a população, comunicação esta que deve se estabelecer entre grupos organizados (como sindicatos ou outras associações), que são forças com poder moral sobre os indivíduos e capazes de orientá-los para o interesse coletivo[12].

---

[9] Léon Duguit, *Manuel de droit constitutionnel*, cit., p. 73.

[10] Ibidem, p. 77.

[11] Ibidem, p. 74.

[12] Uma das piores consequências das políticas neoliberais aplicadas aos serviços públicos é a destruição do "espírito de serviço público", estimulada pelo *New Public Management*, que, por sua vez, se baseia em grande parte na concepção hiperutilitarista dos teóricos do *Public Choice*: para eles, todo funcionário público é um indivíduo voltado inteiramente para o egoísmo mais primitivo.

Mas quem julga a necessidade do serviço público, segundo Duguit? Como deixar só por conta dos governantes o controle da realidade da necessidade e as modalidades de sua satisfação, sem dar poder de iniciativa, controle e participação a usuários e agentes? O Estado tem de estar em contato com a população para conhecer suas necessidades, e tem de confiar em seus agentes, apoiando-se em suas competências específicas e relações diretas com a população. Aliás, essa é a conclusão lógica de Duguit, para quem o crescimento e a diversificação dos serviços públicos exigiam sua descentralização e desconcentração. Segundo ele, o Estado central deveria cuidar da coordenação dos serviços públicos, de sua conformidade com o direito, mas deveria saber delegar a entidades autônomas e conceder a organismos regionais e locais a execução dos serviços públicos. Os agentes, por sua vez, seriam dotados de um estatuto que os protegeria da arbitrariedade dos governantes e teriam margem de ação suficiente para poder avaliar a forma como o serviço deve ser prestado.

Para os teóricos dos serviços públicos, a grande "solução" residia no pleno desenvolvimento organizacional e no reconhecimento político do caráter profissional dos agentes. Essa dimensão era a única que poderia garantir a objetividade das necessidades nascidas da interação social, às quais a ação pública deveria dar resposta. A organização desse caráter profissional passava pela criação e pela legalização de associações de funcionários públicos. Durkheim foi, assim, favorável à organização de grupos profissionais nas administrações públicas e, mais tarde, Duguit defendeu a representação dos interesses profissionais por intermédio de sindicatos no funcionalismo. No entanto, esses grupos profissionais e sindicais não eram concebidos apenas como órgãos corporativos, mas também como órgãos de intercâmbio com a sociedade. A dimensão "profissional" deveria permitir justamente a superação da oposição entre social e político: "Não há órgão político viável e ativo senão o que representa um elemento social e [...], por outro lado, todo elemento social forte e coerente torna-se por isso mesmo uma força política que se exerce de forma direta ou por representação"[13]. O que pressupunha que o sindicalismo assumisse plenamente sua função política de contato e comunicação com a população: "A partir do momento em que se tornar um dos elementos essenciais da estrutura nacional, o sindicalismo será uma força política, e sua representação se organizará espontaneamen-

---

[13] Léon Duguit, *Manuel de droit constitutionnel*, cit., p. 185.

te"[14]. O Estado dos serviços públicos é esse Estado cujo cérebro central é informado pelos profissionais sobre as necessidades da população e responde a elas da forma mais racional possível. Essa é a concepção que se extrai, por exemplo, das *Lições de sociologia* de Durkheim[15].

Essa visão funcionalista reserva lugar central aos "profissionais" encarregados de estabelecer a comunicação com a sociedade[16]. Maxime Leroy não hesitou em falar do advento do "profissional" como quarto poder[17]. Essa interpretação sociológica do serviço público revela o equilíbrio frágil que se constituiu no direito público francês. O difícil reconhecimento do fato sindical dentro da administração do Estado valeu como uma caução democrática para um Estado que ainda se definia pelo *imperium* tradicional. Mas esse equilíbrio era precário e cheio de tensões, uma vez que os grupos profissionais eram concebidos como órgãos funcionais dentro de um organismo integrador, e não como organizações de luta dentro de uma sociedade dividida. Ora, os sindicatos constituíam um meio no qual se cultivavam valores opostos a outros valores, em particular aos valores capitalistas.

Em resumo, a sociologia funcionalista não conseguia enxergar o Estado como *o que ele era*, isto é, um campo complexo de forças e lutas, permeado de conflitos de interesses e valores, e não um "órgão", um "aparelho" ou uma máquina, definidos exclusivamente por sua funcionalidade. De modo geral, a concepção sociológica do serviço público fingia ignorar as classes sociais e queria ver a sociedade apenas como um organismo que podia "disfuncionar", mas não era consubstancialmente dividido e conflituoso[18].

---

[14] Ibidem, p. 186.
[15] Émile Durkheim, *Leçons de sociologie* (Paris, PUF, 1990, col. "Quadrige"), p. 117 [ed. bras.: *Lições de sociologia*, trad. Monica Stahel, São Paulo, Martins Fontes, 2002].
[16] Ibidem, p. 136.
[17] Maxime Leroy, *Syndicats et services publiques* (Paris, Librairie Armand Colin, 1909), p. xi. Seguindo a ótica saint-simoniana, Leroy é a favor de um Estado reduzido a um papel de "gerência" técnica realizada por sindicatos profissionais.
[18] Duguit nunca é tão idealista quanto ao se escandalizar com o fato de o Estado não propiciar trabalho aos adultos válidos ou ao apelar para a proteção do Estado contra a exploração: "É inadmissível que aquele que trabalha por conta de outro seja explorado pelo patrão e obrigado a aceitar salários de fome ou a realizar um trabalho acima de suas forças; é dever do Estado criar leis de proteção ao trabalho; decretando-as, nada mais faz que cumprir sua obrigação de garantir o livre desenvolvimento da atividade física do indivíduo". Ver Léon Duguit, *Manuel de droit constitutionnel*, cit., p. 299.

Concebendo a sociedade como uma grande cooperativa já realizada, Duguit não podia imaginar que o Estado conservaria todos os atributos da dominação sobre a sociedade, com todos os riscos que esse poder comporta: violação das liberdades, desigualdade de tratamento, arbitrariedade policial, desequilíbrios da justiça e até espoliação da coletividade por meio da venda do domínio público ou tratamentos privilegiados[19]. Em seu otimismo positivista, tampouco conseguia imaginar que o Estado continuaria a ser considerado, na cultura jurídica e política, um poder público soberano.

Dos "órgãos da sociedade" às instituições públicas do comum

Foi, sem dúvida, o grande cientista político inglês Harold Laski quem primeiro introduziu nas análises o conflito existente entre a ética do "profissional do serviço público" e a ideologia capitalista[20]. Em face do senhor onipotente da economia vitoriana, ergue-se progressivamente a força dos "técnicos" e dos "profissionais", que não veem o emprego apenas como ganha-pão, mas como um meio de realização de valores sociais: "Ao mesmo tempo que se desenvolveram, essas ciências (ligadas à indústria) se organizaram em profissões, criaram dentro de si um espírito de ofício cuja essência é não aceitar ser movido unicamente pelo ganho pessoal"[21]. Isso vale para o engenheiro, o jurista, o médico, o professor e o soldado. Esses profissionais, em suma, desenvolvem em si e contra os valores dominantes uma ética do serviço público que se torna uma força política ameaçadora para a ideologia dos *businessmen*[22].

Desde então, outras análises mostraram que o Estado também é um campo de lutas internas, opondo os funcionários de "baixo" – os pertencentes àquilo que Lipsky denomina "*street-level bureaucracies*" – e os fun-

---

[19] Quando diz que os bens do Estado não devem ser vistos como propriedade do Estado, Duguit confunde desejos com realidade: "O que denominamos patrimônio do Estado é protegido jurídica e socialmente, porque se destina ao conjunto dos serviços públicos". Ele esquece que apenas idealmente os governantes são indivíduos devedores da coletividade. Como vimos nas últimas décadas, eles se comportaram como predadores do patrimônio público, fazendo privatizações das quais eles foram os primeiros beneficiários. Ver ibidem, p. 79.

[20] Harold Laski, *Democracy in Crisis* (Londres, George Allen & Unwin, 1933).

[21] Ibidem, p. 59.

[22] Ibidem, p. 60.

cionários de cima – a "nobreza de Estado" –, numa relação de forças nitidamente desequilibrada[23]. Essa luta não é apenas material, mas envolve o sentido do trabalho na função pública. Bourdieu mostrou como essa grande nobreza de Estado, formada na Escola Nacional de Administração e no Instituto de Estudos Políticos, empreendeu a "demolição da ideia de serviço público", com o pretexto de gerir os serviços públicos como se fossem empresas[24]. Nessa guerra que se desenrola entre a "mão direita do Estado" (a alta administração convertida à visão neoliberal) e a "mão esquerda" (os funcionários dedicados à "gestão dos problemas sociais") está em jogo não só o controle dos serviços do Estado – pela redução da autonomia dos corpos profissionais movidos por "valores arcaicos" que devem ser erradicados –, como também o controle social dos subjugados, reduzidos a uma população de pobres divididos, atomizados e cada vez mais vigiados.

Portanto, não podemos nos contentar em simplesmente repetir o discurso idealizado do Estado sobre si mesmo. Em vez de seguir apenas a linha de defender os serviços públicos, seria o caso de transformar os serviços públicos com a criação de órgãos democráticos que dessem aos profissionais – *mas também* aos cidadãos a quem se destinam esses serviços – direito de intervenção, deliberação e decisão, evidentemente dentro do respeito às leis gerais e do sentido da missão do serviço público. Não é outro o sentido daquilo que se chama "democracia participativa", expressão esta que sofreu rápido desgaste. Desde a experiência do "orçamento participativo" em Porto Alegre, no fim dos anos 1980, a expressão se difundiu mundialmente. Tratava-se então de "democratizar radicalmente a democracia"[25]. É verdade que, na prática, o exercício da democracia participativa foi rapidamente traduzido em simples consulta sobre questões de gestão despolitizada, em níveis locais ou microlocais. O exemplo dos "conselhos de bairro" introduzidos em 2002 pela lei Vaillant (a chamada "democracia de proximidade") revela uma verdadeira edulcoração do conceito, uma vez que o processo de deliberação e decisão continua sob o controle de vereadores e

---

[23] Michael Lipsky, *Street-Level Bureaucracy: Dilemmas of the Individual in Public Services* (reed., Nova York, Russell Sage Foundation, 2010).

[24] Pierre Bourdieu (org.), *La Misère du monde* (Paris, Le Seuil, 1993), p. 341 [ed. bras.: *A miséria do mundo*, trad. Mateus S. Soares Azevedo et al., Petrópolis, Vozes, 2011).

[25] Ver Marion Gret e Yves Sintomer, *Porto Alegre: l'espoir d'une autre démocratie* (Paris, La Découverte, 2005).

das administrações públicas locais. Na França, o que às vezes é apresentado como coconstrução das políticas públicas da cidade, destinadas a "recriar o vínculo social", em geral tem o efeito – e às vezes a intenção – de debelar conflitos sociais e contradições políticas. Contudo, também se pode ver o conceito como um esboço ainda muito imperfeito de *outra forma de democracia*, que visa transformar a maneira de conduzir as políticas locais no que diz respeito aos serviços públicos. Mais precisamente, essa exigência de democracia direta não pode ser negligenciada: ela abre para a possibilidade de instituir, em escala local, serviços comuns que poderiam formar uma rede e, envolvendo a população na construção das políticas, recuperar o sentido da cidadania política e social. Essa democracia participativa, aliás, poderia deixar de ser apenas "local" e adquirir dimensão regional, nacional ou supranacional. A esse respeito, vale a pena examinar o exemplo italiano por um momento.

"I comuni per i beni comuni"

A remunicipalização da gestão da água em Nápoles é, sem dúvida alguma, o exemplo mais impressionante de criação de comuns locais ou, mais exatamente, de serviços públicos locais governados como comuns. Após a luta nacional contra a privatização da água, que levou à vitória do referendo sobre a água pública em junho de 2011, o prefeito de Nápoles, Luigi De Magistris, e seu assessor "para bens comuns e democracia participativa", Alberto Lucarelli, que, aliás, é professor de direito público, compuseram uma notável síntese prática da problemática dos "bens comuns" e da democracia participativa. Ainda no embalo da vitória do referendo, eles criaram um "órgão especial" de direito público (*azienda speciale*), denominado Acqua Bene Comune Napoli, após o voto do conselho municipal de Nápoles em outubro de 2011. O princípio que os orientou consiste no fato de que bens comuns como a água, mas também o conhecimento, a cultura, a educação, o mar ou a internet, pressupõem um governo não mais nos moldes do direito público clássico e das formas instituídas de gestão da propriedade pública, mas de uma "democracia ativa", único caminho para sair da crise da democracia representativa. Como explica De Magistris ao justificar essas escolhas, a sociedade está numa encruzilhada: ou nos encaminhamos para uma sociedade em que os cidadãos se excluem do espaço público, ou para uma sociedade de plena participação ativa no "governo dos bens comuns". Não há via intermediária. Portanto, convém passarmos da denúncia e da indignação para a ação concreta, rompendo com a posição de meros espectadores que predominou até agora[26].

A ação é local no sentido de dar à comuna um lugar determinante no governo dos bens comuns. O slogan *"I comuni per i beni comuni"*, que joga com os dois sentidos da palavra *"comune"* em italiano (*a* comuna e *o* comum), resume bem o espírito do movimento: os bens comuns competem ao governo dos cidadãos da comuna. Mas essa ação faz parte de uma luta mais global a favor da "água pública", travada na Itália, na Europa e no mundo. A experiência de Nápoles, portanto, tem um valor que ultrapassa em muito o quadro estritamente comunal. A batalha da água na Itália partiu de comitês locais para "recuperar os bens comuns", segundo dizia a palavra de ordem que se popularizou após a mobilização *"antiglobalizzazione"* em Gênova, em 2001. Desde meados dos anos 2000, os comitês de Nápoles e região tiveram um papel importante na constituição da rede de comitês do Fórum dos Movimentos pela Água. Paralelamente, o governo Prodi encarregava a Comissão Rodotà de introduzir no Código Civil, na parte relativa à propriedade pública, um artigo sobre a noção de bens comuns, ao lado das noções de bens privados e bens públicos. Em 2007 e 2008[27], a mobilização de juristas como Alberto Lucarelli e Ugo Mattei, ao lado de Stefano Rodotà, permitiu que a questão do comum se colocasse no centro do debate público e ajudou o movimento a exigir um referendo em 2011, após a coleta de milhões de assinaturas. O referendo de junho de 2011 permitiu a anulação de uma lei anterior (o decreto Ronchi) que autorizava a privatização dos serviços públicos locais – lei que Berlusconi e seu governo tinham conseguido aprovar em nome de uma suposta aplicação do direito europeu[28]. O fato de milhões de eleitores terem impedido a concretização desse projeto é considerado por Lucarelli um "acontecimento de alcance revolucionário", porque põe em xeque categorias e instituições que estão

---

[26] Luigi De Magistris, "Prefazione", em Alberto Lucarelli, *Beni comuni: dalla teoria all'azione politica*, (Viareggio, Dissensi, 2011), p. 13.

[27] Referimo-nos à Comissão Rodotà para a reforma das normas sobre a propriedade pública, que propôs que o Código Civil italiano distinguisse três tipos de bens: comuns, públicos e privados.

[28] Ver Ugo Mattei, *Beni comuni: un manifesto* (Roma, Laterza, 2012), p. 77-88; Alberto Lucarelli, "L'Europa: la leggenda dell'obbligo di privatizzare", *Il Manifesto*, 1o maio 2010.

entre as mais fundamentais do direito público, em particular a dualidade infernal entre soberania do Estado e propriedade privada[29].

Podemos tirar duas grandes lições desse acontecimento. Em primeiro lugar, Lucarelli mostra que a questão dos bens comuns se coloca em dois níveis: nacional e local. É importante que a constituição, ou outro texto jurídico fundamental, faça do "direito aos bens comuns" um direito fundamental dos cidadãos. Com a declaração dessa norma geral, o objetivo é evitar o perigo da fragmentação, nos localismos e regionalismos, que possa ser explorada pelos inimigos dos bens comuns[30]. Mas é igualmente importante que o governo dos comuns esteja o mais próximo possível da população. Foi exatamente isso que Marx estabeleceu a propósito da educação. Lucarelli entendeu perfeitamente bem que a dimensão ativa da relação entre os cidadãos da comuna e os "bens" não são relações de apropriação segundo o modelo clássico, mas relações entre sujeitos que agem para tornar efetivo certo número de direitos ao uso das coisas, e não às coisas em si[31].

Em segundo lugar, Lucarelli acredita que, embora tenha estabelecido uma lista tradicionalíssima de "bens comuns", a Comissão Rodotà, ao pautá-los pelos *direitos* fundamentais dos cidadãos de uma coletividade aos quais devem satisfazer, pelo livre desenvolvimento da pessoa e pelo respeito aos direitos das gerações futuras, tentou mudar em profundidade o direito público, uma vez que os torna inapropriáveis por qualquer sujeito de direito, mesmo público[32]. Nesse sentido, Lucarelli indica que a ruptura começou com a tendência reificadora do direito ocidental, ainda que não extraia daí todas as consequências[33].

---

[29] Alberto Lucarelli, *Beni comuni*, cit., p. 21 e 23.
[30] Ibidem, p. 45.
[31] Ibidem, p. 25.
[32] Ibidem, p. 53.
[33] Ibidem, p. 58. Suspeitamos que a introdução da categoria de bens comuns no Código Civil não foi a última palavra da política do comum na Itália. A ambiguidade da definição de "bens comuns" dada pela Comissão Rodotà, resultado provavelmente das relações de forças, tem um grande peso sobre a coerência das análises. De fato, é impossível conciliar a definição naturalista dos bens comuns, que gera uma lista bastante tradicional de "coisas comuns", e a definição pelo objetivo dos bens comuns, que seria a realização dos direitos fundamentais e o livre desenvolvimento da pessoa a serviço das gerações futuras.

O efeito dessa ação comunal foi não só subtrair certo número de domínios ao mercado, mas também impedir a persistência de um sistema político baseado na corrupção, na prevaricação e na predação. O mal não vem apenas da privatização pelas multinacionais, vem também do uso que o sistema partidário faz da propriedade pública. Compreende-se então por que Lucarelli quis ressaltar o caráter revolucionário da ação realizada na Itália. Trata-se de minar as bases de uma "representação política" que se alimenta da propriedade pública pela distribuição de cargos, pelo clientelismo e pelo nepotismo, quando não pelo desvio de verbas etc.

A "soberania popular sobre os bens comuns mediante a participação dos cidadãos" se traduz concretamente no fato de os órgãos de serviços públicos (como o Acqua Bene Comune Napoli) serem governados por representantes dos usuários, associações ambientalistas, movimentos sociais e organizações de trabalhadores presentes nos conselhos administrativos e de fiscalização, juntamente com especialistas e representantes da prefeitura[34]. Cabe observar, por contraste, que, quando houve a remunicipalização dos serviços de abastecimento de água em Paris, a estratégia foi de natureza inteiramente diferente. Os cidadãos da capital francesa não foram incluídos no processo que levou à criação da Eau de Paris, e muitos nem sabem que desde 2010 os serviços hídricos passaram para a administração pública. A "governança" da companhia Eau de Paris conta evidentemente com especialistas, associações e representantes de funcionários, mas a maioria do conselho administrativo é composta de vereadores eleitos pelos diferentes partidos[35]. O que se privilegia é a dupla legitimidade do especialista e do representante eleito, em detrimento da participação dos usuários. Sem subestimar a importância de tal remunicipalização na capital de um país que abriga as maiores multinacionais capitalistas da água[36], o fato é que se continua no âmbito tradicional de uma gestão incapaz de passar "do público para o comum". Sem verdadeira mobilização e participação, os usuários parisienses continuam a ser consumidores ignorantes e passivos.

---

[34] Alberto Lucarelli, *La democrazia possibile: lavoro, beni comuni, ambiente, per una nuova passione politica* (Viareggio, Dissensi, 2013), p. 31.

[35] Ver Agnès Sinaï, *L'Eau à Paris: retour vers le publique* (Paris, Eau de Paris, 2012). Ver o comentário de Alberto Lucarelli sobre a estratégia parisiense em *La democrazia possibile*, cit., p. 151.

[36] Anne Le Strat, "Préface", em Agnès Sinaï, *L'eau à Paris*, cit., p. 7.

A nosso ver, devolver ao serviço público a dimensão de comum político é o sentido mais exemplar da política adotada em Nápoles. Articulando "bens comuns" e "democracia participativa", os líderes da mobilização aplicam na prática o que chamamos aqui de "comum". Entretanto, mantendo a categoria de "bens", os juristas italianos (como Lucarelli ou Mattei) perpetuam uma espécie de autocontradição teórica. Gostariam legitimamente de superar a dualidade fundamental de *dominium* e *imperium*, atacando a relação de dominação entre o *dominus* e o bem, mas acabam por revalidá-la ao utilizarem a categoria jurídica de bens, que logicamente "exige" um dono.

PROPOSIÇÃO POLÍTICA 8

É preciso instituir os comuns mundiais

Em que medida o princípio do comum pode se tornar um eixo do direito em escala mundial, capaz de impor-se aos Estados e estruturar a ação das instituições internacionais e intergovernamentais? De um ponto de vista mais particular, como podemos transformar o comum no princípio político da reorganização de toda a sociedade, nas condições de pluralidade irredutível de "comuns" de portes e dimensões variáveis, desde os comuns locais até os comuns mundiais? Como coordenar os comuns sem pôr em xeque o autogoverno de cada comum, autogoverno sem o qual não há coobrigação que se sustente, portanto não há verdadeiro comum? Mais ainda, como pensar essa coordenação de tal maneira que ela represente o princípio de uma coobrigação de nível superior derivada da coobrigação própria dos níveis inferiores?

É cada vez mais visível que a governança neoliberal dos grandes oligopólios e dos Estados, coordenada por organizações internacionais como FMI ou OMC, é constituída precisamente para não mudar nada ou, mais exatamente, para *agravar* os problemas até que seja impossível resolvê-los. Há uma expectativa coletiva cada vez mais urgente a favor de medidas globais à altura dos riscos e perigos, como mostra o sucesso das fórmulas e problemáticas da "justiça global" ou da "justiça ambiental". Mas essa consciência está longe de ser suficiente para nos fazer vislumbrar uma saída. Nas ONGs, nos meios jurídicos progressistas, nos grupos ambientalistas ou nos movimentos altermundialistas, são muitos os que, em busca de alternativas, esbarram na dificuldade de articular abordagens em geral muito heterogêneas: alguns continuam a invocar um "universalismo" republicano, outros se agarram a um internacionalismo de inspiração mais socializante e outros ainda defendem um ambientalismo mais ou menos "profundo". A dificuldade parece chegar ao paroxismo quando tradições religiosas ou "ontologias" culturais muito diferentes têm de se conjugar para conseguir formular os direitos inalienáveis da Humanidade, da Natureza ou da Terra. A deusa "Pachamama", a Mãe Terra dos incas, não tem necessariamente um bom entendimento filosófico com a tradição ocidental dos direitos subjetivos, ainda que estes sejam declarados fundamentais. O conflito de Tipnis[1], desencadeado pelo projeto de construção de uma estrada de 350 km que atravessaria um parque natural boliviano, evidenciou a existência de lógicas concorrentes dentro dos movimentos sociais: às comunidades indígenas que invocavam os direitos da "Mãe Terra" opunham-se os sindicatos de camponeses interessados nos benefícios econômicos que o fim do isolamento da região proporcionaria. Esse caso é exemplar, por colocar a questão da possibilidade prática de se construir um comum *fora* da alternativa entre modelo produtivista e referência religiosa à Natureza. Diante da dificuldade da tarefa, os bons sentimentos e a grandiloquência muitas vezes ocupam o vazio deixado pela ausência de política.

Apesar da dificuldade, a ideia de que é preciso inventar um "direito comum mundial", que permita resolver o impasse da intergovernabilidade, continua a avançar. Não conseguimos imaginar um "governo da humanidade" impondo esse direito de cima, a todos os povos. Portanto, o desenvolvimento desse "direito comum da humanidade" não pode ser separado da construção de novas formas de organização política. Acresce que hoje, mais do que nunca, o "direito internacional" é um formidável terreno de luta que não opõe apenas os Estados. Há confronto entre as empresas transnacionais aliadas dos Estados, que defendem uma ordem inteiramente submissa aos imperativos da acumulação de capital, e as forças sociais e ambientais, que desejam promover os direitos fundamentais de acesso aos "bens comuns". Nessas condições, fica claro que os novos direitos políticos não poderão ser concedidos por um poder mundial soberano, nem poderão ser garantidos pelos múltiplos poderes em vias de feudalização que estão se constituindo hoje.

---

[1] Tipnis é abreviatura de Território Indígena e Parque Nacional Isiboro-Secure, área protegida de 12 mil km2 que em 2011 foi objeto de um conflito que revelou muito dos antagonismos presentes na base eleitoral do governo Morales. Ver as observações de Franck Poupeau sobre as tensões nas esquerdas latino-americanas, em *Les Mésaventures de la critique* (Paris, Raisons d'Agir, 2012), cap. 3.

Humanidade, um sujeito jurídico?

Para certos juristas, como Mireille Delmas-Marty, a ação política em escala mundial parece ter cada vez mais de se orientar para a afirmação de "direitos da humanidade", isto é, para uma nova ordem jurídica mundial que torne a "Humanidade" um sujeito jurídico. "Crimes contra a humanidade", "patrimônio mundial da humanidade", "bens comuns da humanidade" são expressões jurídicas ou econômicas que traduziriam o nascimento gradual da humanidade como "sujeito de direito", ideia esta que deveria ser vista mais como solução para as questões do nosso mundo do que como problema. Desse modo, houve quem considerasse que essas fórmulas esboçavam o quadro jurídico de uma sociedade mundial, apoiado na figura simbólica de uma Humanidade alçada a sujeito político. Aliás, essa continua sendo a esperança dos juristas mais otimistas: um direito comum mundial, novo *jus commune* do século XXI, estaria já emergindo pela "força imaginante do direito"[2]. A humanidade se tornaria sujeito desse direito mundial por uma espécie de retroação simbólica dos direitos fundamentais que lhe são atribuídos em tratados, pactos e convenções.

Esse direito da humanidade se enraizaria, em primeiro lugar, na designação da humanidade como vítima, no reconhecimento do genocídio e do *apartheid* como "crimes contra a humanidade" que atingem a espécie humana em seu conjunto ao atingirem uma de suas partes. É assim que, desde a Segunda Guerra Mundial, há uma universalização dos "interditos fundadores". O reconhecimento institucional de uma "justiça penal internacional", com a existência de uma corte, textos e jurisprudência, marcaria uma etapa importante na constituição dessa humanidade de direito. É claro que os promotores mais otimistas desse novo humanismo jurídico não perdem a oportunidade de ressaltar que estamos ainda nos primeiros balbucios da justiça mundial, e que as relações entre potências ainda têm papel importante na qualificação dos atos, na atribuição das responsabilidades, na realidade das ações penais. Mas, para eles, o sentido da história não deixa margem a dúvida. Entretanto, pode-se perguntar se esse "novo humanismo" não pegou caminho errado. Não há muita dúvida de que a Humanidade está se tornando, de forma cada vez mais patente, a grande referência simbólica no lugar de Deus. Mas isso não implica que a Huma-

---

[2] Segundo Mireille Delmas-Marty.

nidade seja considerada "sujeito jurídico", do mesmo modo que Deus não poderia ser. É quase incontestável que até hoje a Humanidade não adquiriu personalidade jurídica[3]. Em compensação, é inteiramente contestável que deva adquiri-la. Mais uma vez, o lugar do "nu-proprietário" está vazio e deve permanecer assim.

Limites da globalização do direito

A promoção de uma justiça global ou mundial, segundo a expressão usual, tem a vantagem de não supor que a Humanidade, enquanto tal, seja um sujeito jurídico. Após os fracassos da Sociedade das Nações, ao término do segundo conflito mundial, observa-se a retomada de um cosmopolitismo jurídico com a vontade, amplamente compartilhada na época, de se evitar a repetição de desastres semelhantes. Como mostrou Alain Supiot[4], o que inspirou a Declaração de Filadélfia, de 10 de maio de 1944, foi justamente a ideia de justiça social mundial transcrita numa declaração de direitos. Redefinindo os objetivos da Organização Internacional do Trabalho (OIT), essa declaração se dirigia a "todos os povos do mundo". Pretendia contribuir para "uma paz duradoura, assentada na justiça social", o que deveria ser o "objetivo principal de toda política nacional e internacional". Visava fundamentalmente a instituição do trabalho em escala mundial, como indica o princípio liminar enunciado em seu Artigo Primeiro: "Trabalho não é mercadoria".

Mas sabemos que esse tipo de declaração, a exemplo da Declaração Universal dos Direitos Humanos, de 1948, nunca teve força de lei. E os diferentes "pactos" de meados dos anos 1960 relativos aos direitos sociais, econômicos e culturais, ou direitos civis e políticos, tiveram um alcance limitado. Há dois grandes obstáculos ao surgimento de um "direito comum da humanidade".

O primeiro é a preservação do princípio de soberania, que não foi completamente abolido pela "governança neoliberal", e sim integrado nas novas formas de poder: sendo os únicos a dispor dos meios de força, os Estados paralisam o desenvolvimento de tal direito, continuando a impor seus interesses próprios. A paralisia do Conselho de Segurança da ONU é suficien-

---

[3] Sobre esse ponto, ver capítulo 1 deste volume, "A reificação do comum".
[4] Alain Supiot, *L'Esprit de Philadelphie: la justice sociale face au marché total* (Paris, Le Seuil, 2010).

te para revelar que a razão de Estado, nacional por definição, continua sendo um obstáculo à "razão da humanidade". Os Estados Unidos, seguidos por vários países, continuam a obstruir o direito internacional, recusando-se a reconhecer a legitimidade da Corte Penal Internacional, defendendo que normas e direitos comerciais em conformidade apenas com o direito nacional estadunidense sejam estendidos a todo o mundo, ou fazendo intervir a seu favor a relação de forças tecnológica e econômica. Assim, questionando o Estado de direito em seus próprios fundamentos, eles se permitem praticar assassinatos direcionados, torturas, prisões extralegais, espionagem generalizada das comunicações eletrônicas. David Rose observou com muita pertinência, a respeito da intervenção estadunidense no Iraque, que se tratava de uma guerra dos Estados Unidos contra os direitos humanos em nome de uma guerra contra o terrorismo[5]. Na realidade, os Estados mais poderosos vêm travando uma guerra generalizada e sistemática contra o "comum da humanidade", como se vê no terreno econômico e financeiro, no campo das ideias e das liberdades, assim como na esfera climática. No fundo, assinando tratados ou não, esses "grandes países" recorrem a seu bel-prazer a declarações e a pactos, selecionando neles o que lhes cause menos embaraços.

O segundo obstáculo, que não é independente do primeiro, são as políticas neoliberais, que "organizam" o mundo segundo normas de concorrência, estratégias predatórias e lógicas de guerra, e não de acordo com os princípios de cooperação e justiça social. Pode-se até mesmo dizer que, há trinta anos, essas políticas se dedicam a desfazer metodicamente todos os esforços feitos após a Segunda Guerra Mundial para estabelecer regras favoráveis aos assalariados e dar poderes aos cidadãos, a ponto de frear e até mesmo inverter a dinâmica dos direitos humanos que se pôs em marcha em 1945. O dogma neoliberal do "darwinismo normativo"[6], cujo intuito é estabelecer a concorrência entre os sistemas jurídicos nacionais para selecionar os mais aptos a propiciar condições de desenvolvimento ao capital, hoje é aplicado para derrubar todas as barreiras jurídicas e as proteções sociais que dificultavam a realização do lucro máximo. O mercado agora é o princípio de legitimidade do direito europeu e internacional, favorecendo em todo o mundo o *dumping*

---

[5] David Rose, *Guantanamo: America's War on Human Rights* (Londres, Faber and Faber, 2004).

[6] Alain Supiot, *L'Esprit de Philadelphie*, cit., p. 64.

social[7]. Como mostra Delmas-Marty, a bipolaridade do direito internacional entre "mercado" e "direitos humanos" acabou pendendo inteiramente a favor do primeiro termo. Está se desenvolvendo um "mercado dos direitos", um *law shopping*, em matéria de sistema tributário, direito comercial e direito do trabalho. Esse "mercado do direito" generalizado alimenta uma espécie de "refeudalização", segundo expressão de Alain Supiot, que beneficia os que possuem mobilidade, sobretudo as empresas transnacionais, que podem exercer a "livre escolha" das normas que mais lhes convêm. Como ressalta Antoine Garapon, "a globalização cria competição entre os sistemas de justiça, visto que os litigantes agora têm a escolha de mover seus processos onde quiserem"[8]. A "evasão judicial" por meio do "mercado de jurisdições"[9] (*forum shopping*) é tão sistemática quanto a evasão fiscal. Os poderes econômicos privados, por ação da concorrência, tornam-se fonte direta das normas comerciais, econômicas e, portanto, sociais. Entende-se então por que a *lex mercatoria* está muito mais avançada do que o direito que visa à proteção das pessoas em nível internacional. O tempo do comércio é mais rápido que o tempo dos direitos, porque o próprio direito se tornou um bem de comércio[10]. Em matéria de saúde, cultura, acesso à água e poluição, a lógica que se impõe é a do livre-câmbio e do respeito absoluto aos direitos de propriedade. A OMC e seu Órgão de Solução de Controvérsias (OSC) têm como principal objetivo a interiorização da norma internacional neoliberal em cada um dos Estados nacionais. Quanto mais eles aceleram a internacionalização do direito comercial, mais freiam a ampliação dos direitos humanos[11].

---

[7] Os salários são "encargos", e os direitos sociais são "obstáculos" à concorrência. O programa comparativo de legislações realizado pelo Banco Mundial, intitulado "Doing Business", visa estimular as normas e práticas menos favoráveis aos assalariados e mais favoráveis aos investidores.

[8] Antoine Garapon, *La Raison du moindre État: le néolibéralisme et la justice* (Paris, Odile Jacob, 2010), p. 189.

[9] A tradução francesa de *forum shopping* proposta pelo *Journal Officiel* de 25 de maio de 2008 é "*élection de juridiction*" ["eleição de jurisdição"]. Essa tradução peca pela edulcoração do sentido de "*shopping*", levando a crer que se trata de uma escolha esclarecida e perfeitamente legítima. Evidentemente, para dar conta da natureza do fenômeno, o termo deve ser traduzido por "mercado de jurisdições".

[10] Ver Mireille Delmas-Marty, *Le Pluralisme ordonné* (Paris, Le Seuil, 2006).

[11] Idem, *Vers un droit commun de la humanité* (entrevista com Philippe Petit, Paris, Textuel, 1994).

Não há dúvida de que, nesse caso, as relações de forças entre sistemas funcionam plenamente: o direito internacional está nas mãos de escritórios de advocacia estadunidenses em sua maioria, graças ao seu trabalho de consultoria e *lobbying*. A ordem jurídica mundial, se é que tal expressão convém, está sendo construída por meio de um "comércio judiciário" entre juízes, por práticas informais, reuniões ou arbitragem comercial internacional[12]. Aliás, os juízes da *Common Law* são muito apreciados para a solução de litígios comerciais, uma vez que consideram o contrato um objeto sagrado, oponível a qualquer política pública que sirva ao interesse geral[13]. A prática da "justiça negociada", pela qual as autoridades de regulação usam a ameaça do direito para não ter de aplicá-lo, tende a ganhar cada vez mais terreno e mostra como o direito está organizando sua própria defecção[14]. Há toda uma jurisprudência globalizada e globalizadora, criando assim uma ordem mundial cada vez mais moldada pelo e para o capital, produzindo a "instituição" do cosmocapitalismo – estranha instituição, pois o próprio direito está completamente mercadorizado, reduzido a um conjunto de ferramentas técnicas manipuláveis ao sabor dos interesses das partes e mobilizado conforme as condições financeiras de cada uma. Decididamente, estamos assistindo a uma verdadeira privatização do direito internacional, que afeta as sociedades e as economias muito além das garantias oferecidas a investidores e financistas.

Os "bens públicos globais", ou como não mudar o quadro

Outro discurso consiste em mobilizar as ferramentas mais clássicas da ciência econômica para advogar a favor dos "bens públicos globais". No início dos anos 1990, na mesma época em que estavam sendo implantados os dispositivos e as normas do neoliberalismo, a ONU parecia seguir um caminho original, se não divergente. Em 1990, o primeiro relatório do Programa das Nações Unidas

---

[12] Ver Julie Allard e Antoine Garapon, *Les Juges dans la mondialisation: la nouvelle révolution du droit* (Paris, Le Seuil, 2005), p. 11.

[13] Ver Antoine Garapon, *La Raison du moindre État*, cit., p. 190-1. Esse desenvolvimento esclarece o que dissemos acima (ver capítulo 7) a respeito dos equívocos da referência à *Common Law*.

[14] Antoine Garapon e Pierre Servan-Schreiber (orgs.), *Deals de justice: le marché américain de l'obéissance mondialisée* (Paris, PUF, 2013).

para o Desenvolvimento (PNUD), profundamente influenciado pelo economista paquistanês Mahbub ul Haq e pelo indiano Amartya Sen, propunha uma redefinição da noção de "desenvolvimento" para além do critério quantitativo do crescimento do Produto Nacional Bruto (PNB). O índice de desenvolvimento humano (IDH) inclui critérios de bem-estar, como expectativa de vida e índice de alfabetização. Assim, o acesso aos serviços de saúde e educação entrava na avaliação e classificação dos países na escala de progresso econômico. Em 1992, no Rio de Janeiro, a Conferência sobre o Meio Ambiente e o Desenvolvimento, apoiando-se no relatório Brundtland (1987), introduzia a noção de "desenvolvimento sustentável", cujo princípio consiste em satisfazer as necessidades do presente sem comprometer o destino das gerações futuras[15].

Foi nesse contexto que o ideal de "boa governança mundial" acabou pressupondo a produção de "bens públicos globais", definidos pelos efeitos benéficos que possam ter sobre todo o planeta. A ciência econômica, armada de suas distinções entre bens, propôs-se definir rigorosamente a composição desse "domínio público global". Os "bens públicos globais", dos quais, por definição, ninguém pode ser excluído, são bens que nenhum Estado nacional terá interesse em produzir e levam cada Estado a agir como um "carona"[16].

Os economistas do PNUD desenvolvem essa abordagem a partir do fim dos anos 1990[17]. Inge Kaul, Isabelle Grunberg e Marc A. Stern definem os bens públicos globais como bens que "beneficiam todos os países, todos os grupos populacionais e todas as gerações". Daí a conclusão: "No mínimo, um bem público global deve satisfazer os seguintes critérios: suas vantagens se estendem a mais de um grupo de países e não excluem nem dado grupo populacional nem dado conjunto de gerações, presentes ou futuras"[18]. A lista desses bens é objeto de discussão, mas não há dúvida de que a questão da poluição e do desenvolvimento sustentável, bem como o papel dos pa-

---

[15] Jean-Marie Harribey, "Le Bien commun est une construction sociale. Apports et limites d'Elinor Ostrom", *L'Économie Politique*, n. 49, jan. 2011, p. 98-112.

[16] Para uma análise crítica moderada dessa noção, ver François Lille, *À l'aurore du siècle, où est l'espoir? Biens communs et biens publiques mondiaux* (Tribord, Bruxelas, 2006). Embora critique o uso neoliberal da categoria de bens públicos, o autor gostaria de lhe dar um conteúdo progressista, o que parece uma aposta pouco promissora. É a própria noção que deve ser rejeitada.

[17] Inge Kaul, Isabelle Grunberg e Marc A. Stern, *Les Biens publiques mondiaux* (Paris, Economica, 2002).

[18] Ibidem, p. 43.

raísos fiscais nos déficits orçamentários e do terrorismo internacional, contribuíram para acelerar a reflexão sobre a questão[19].

Os economistas do PNUD sugerem três classes de bens públicos globais. A classe 1 seria a dos "bens indivisíveis globais naturais" (camada de ozônio, equilíbrio climático etc.), cuja característica comum é a *sobreutilização*. A classe 2 compreenderia o patrimônio produzido pelo homem (conhecimento científico, internet etc.), bens cuja característica seria a *subutilização*. Por último, a classe 3 abrangeria todos os resultados de uma política global integrada ou coordenada (paz, saúde, estabilidade financeira etc.), cuja característica é a *subprodução*[20]. Joseph Stiglitz, por sua vez, identificou cinco bens públicos globais: estabilidade econômica mundial, segurança internacional, meio ambiente, ajuda humanitária internacional e conhecimento. Ele generalizou a abordagem, considerando a economia mundial um bem público global que deve ser objeto de governança democrática que leve em conta o conjunto das "externalidades" das políticas econômicas para evitar crises[21]. Vemos com isso que a doutrina faz um amálgama de coisas muito diferentes. Como vimos no capítulo 4, isso é consequência do caráter *negativo* da definição de bens públicos, cuja situação excepcional na teoria econômica se deve ao fato de que o mercado não pode produzi-los espontaneamente, na falta de uma ação coletiva deliberada.

Mas, então, seria preciso um Estado mundial para produzir esses bens públicos? Os autores respondem negativamente. Ao contrário, seria preciso criar mecanismos de responsabilização e estímulo que possibilitassem tanto a atores privados como a Estados, estes considerados atores privados em vista do caráter global desses bens, a participação em seu fornecimento e conservação. Na opinião dos economistas, a coerção fiscal ou regulamentar do Estado, além de impossível, não seria adequada. Os bens globais, tais como definidos pela teoria do PNUD desde o fim dos anos 1990, são idealmente concebidos para possibilitar que os atores privados sejam investidos de responsabilidade em seu fornecimento. A teoria também tem a virtude de *despolitizar* a questão dos bens públicos, de negligenciar os conflitos entre as

---

[19] Ver o verbete "Biens publics mondiaux", em Antonio Cattani e Jean-Louis Laville (orgs.), *Dictionnaire de l'autre économie*, cit., p. 66-75.

[20] Inge Kaul, Isabelle Grunberg e Marc A. Stern, *Les Biens publics mondiaux*, cit., p. 198-9.

[21] Ver Joseph Stiglitz, "La Gouvernance mondiale est-elle au service de l'intérêt général global?". Disponível em: <www.ofce.sciences-po.fr>.

forças sociais e econômicas, supondo que são problemas técnicos ou estratégicos no sentido da teoria dos jogos (dilema do prisioneiro)[22].

Assim, a camada de ozônio, considerada o bem público global por excelência, volta a ficar sob a guarda – se é que se pode dizer assim – do mercado de emissões de carbono, sob o pretexto de que o estímulo financeiro seria suficiente para conduzir os atores racionais a uma situação ótima. É preciso "confiar" nos atores privados para que eles se autorregulem, como aconteceu com os órgãos financeiros, que tiveram permissão de participar da definição de sua própria regulamentação (Acordo de Basileia III). Do mesmo modo, a OCDE pretende obter a cooperação voluntária dos paraísos fiscais por meio de uma avaliação da boa vontade deles para prestar informações bancárias que lhes sejam solicitadas. Em alguns casos, a melhor maneira de produzir bens públicos seria até criar e reforçar os direitos de propriedade, como se vê no mercado de CO_2! Conforme sugere François Constantin, a nova doutrina mostra ser um meio de os economistas se apropriarem do monopólio das boas intenções, das quais podem extrair benefícios simbólicos ou, às vezes, benefícios materiais nada desprezíveis[23]. Em todo caso, essa é uma maneira de dar a impressão de que questões-chave estão sendo apresentadas e tratadas, neutralizando-se qualquer contestação real à ordem dominante. Vemos, com isso, que a "tragédia dos comuns", na falta de órgão estatal, só pode levar mundialmente à privatização da "governança", na forma de arranjos contratuais entre atores privados, "parcerias público-privadas" e compromissos mínimos dos Estados.

A teoria dos "bens públicos globais" e a política inspirada por ela têm o apoio de parte das organizações mundiais, como a ONU. O Banco Mundial se vale dela em sua ação[24], assim como o FMI, que transformou

---

[22] Ver Jean-Jacques Gabas et al., *Biens publics à l'échelle globale* (Bruxelas, Collophon, 2001), e Jean-Jacques Gabas e Philippe Hugon, "Les BPM: un renouveau théorique pour penser l'action publique à l'échelle mondiale?", *Politiques et Management Public*, v. 21, n. 3, set. 2003.

[23] Ver François Constantin, "Les Biens publics mondiaux, un imaginaire pour quelle mondialisation?", em François Constantin (org.), *Les Biens publics mondiaux, un mythe légitimateur pour l'action collective?* (Paris, L'Harmattan, 2002).

[24] Pode-se ler no site do Banco Mundial: "Em sua ação em prol dos bens públicos mundiais, o Banco Mundial dá particular importância ao meio ambiente (em especial à mudança climática), à luta contra as doenças transmissíveis (como HIV/Aids e malária), à prevenção e ao abrandamento das crises do sistema financeiro internacional, bem como à promoção de um sistema comercial multilateral".

a estabilidade econômica e financeira no primeiro dos bens públicos globais, enquanto a OMC, por intermédio de seu ex-diretor-geral Pascal Lamy, defende que "o sistema comercial multilateral é em si um bem público internacional"[25]. Para a "elite" econômica e política, as empresas são os melhores agentes do "bem comum". Com a "responsabilidade social das empresas" e o "desenvolvimento sustentável", as empresas incluem a dimensão social e ambiental em suas escolhas de gestão. O capitalismo, pintando-se de verde e rosa, apresenta-se como um sistema "social" e "natural"[26]. A realidade é sem dúvida um pouco diferente e muito mais prosaica: para ampliar-se cada vez mais sem muitos "danos" sociais e ambientais, o capitalismo precisa aproveitar gratuitamente as "externalidades" que os governos, as associações de voluntários e as ONGs põem a sua disposição. As empresas multinacionais exigem estabilidade política, infraestrutura urbana, sistemas universitários "eficientes" e até auxílios assistenciais para trabalhadores pobres e penitenciárias para delinquentes, a fim de disporem de um "ambiente" que lhes seja o mais favorável possível. Ao mesmo tempo, as empresas mais poderosas fazem tudo o que podem para não contribuir com esse financiamento, graças às possibilidades que lhes são oferecidas de otimização fiscal e fuga para paraísos fiscais. A regulação pela concorrência leva a soluções não cooperativas que ameaçam diretamente tanto o clima, os recursos energéticos, as condições de vida e trabalho dos assalariados, quanto as funções coletivas básicas garantidas pelos serviços públicos. Em outras palavras, a "criação de uma reserva" de bens públicos globais, como a moeda, a luta contra o terrorismo, o livre-câmbio ou o clima, não impede de modo algum o *dumping* social e fiscal. De certa forma, as potências dominantes (encabeçadas pelos Estados Unidos) e as organizações internacionais (como OMC, FMI ou Banco Mundial) selecionaram alguns "bens públicos globais", em detrimento de outros candidatos possíveis, com base em escolhas estratégicas ligadas a interesses políticos e econômicos.

---

[25] Pascal Lamy, "Vers une gouvernance mondiale?", discurso inaugural no Instituto de Estudos Políticos de Paris, 21 out. 2005. Disponível em: <www.wto.org/french/news_f/sppl_f/sppl12_f.htm >.

[26] Esse é o sentido do Pacto Nacional da ONU e seus dez princípios. Ver: <www.unglobalcompact.org>.

"Patrimônio comum da humanidade": o ambíguo retorno da "coisa comum"

Convém não confundir essa teoria econômica dos "bens públicos" com a dinâmica jurídica do "patrimônio comum da humanidade": elas não coincidem e não obedecem exatamente às mesmas lógicas. A noção de "patrimônio comum da humanidade" insere-se na tradição jurídica das "coisas comuns". Ao menos desde Grócio e seu *Mare liberum* (1609), o moderno direito das gentes, ou direito internacional público, imitou o direito romano ao reconhecer a existência de espaços comuns não apropriáveis pelos Estados soberanos[27]. Encontramos a mesma inspiração na promoção do "patrimônio mundial da humanidade", no qual a Unesco e a ONU classificam os recursos naturais e culturais. Dessa vez, a categoria romana de *res communis* encontra espantosa efetividade no direito internacional: os Estados aceitam renunciar a sua soberania territorial absoluta e se submetem a regras coletivas em nome do interesse da humanidade presente e futura, e isso em razão da natureza ou da *utilidade* de certas coisas que, sendo colocadas *extra commercium*, são vistas como coisas comuns a toda a humanidade, não passíveis de apropriação[28]. No entanto, a expressão "patrimônio comum" (*common heritage*) continua problemática, visto que parece pouco coerente designar como "patrimônio" coisas sem proprietário[29]. Isso merece nossa atenção por um instante.

O conceito de "patrimônio comum da humanidade" surgiu em 1954, na Convenção de Haia sobre a proteção da propriedade cultural em caso de conflito armado, como resposta aos saques e destruições de museus e coleções cometidos pelo exército nazista durante a guerra. O preâmbulo fala de "*cultural heritage of all mankind*". A categoria jurídica de "patrimônio da humanidade" foi retomada em 1958, na primeira Conferência de Genebra sobre o direito do mar. Como destacou na época o príncipe Wan Waithayakorn, da Tailândia, "[é] interesse geral determinar claramente o

---

[27] Ver Monique Chemillier-Gendreau, *Humanité et souverainetés: essai sur la fonction du droit international* (Paris, La Découverte, 1995).

[28] Ver Mireille Delmas-Marty, *Vers une communauté de valeurs?*, cit., p. 207 e ss.

[29] Sobre esse ponto, ver as observações de Marie-Alice Chardeaux, *Les Choses communes*, cit., p. 221-2: segundo ela, essa noção retoma o sentido original de *patrimonium* (o que vem dos pais, o que se recebe dos ancestrais) e é mais uma metáfora ou alegoria do que um sentido técnico jurídico do termo.

direito do mar e fazer que este regulamente equitativamente os diversos interesses em jogo e garanta a conservação dessa herança para o bem de todos"[30]. Cerca de dez anos depois, foi a vez de os fundos oceânicos serem classificados nessa categoria, para que seus recursos minerais, situados além das zonas controladas pelos Estados costeiros, fossem protegidos e a exploração fosse regulamentada pelas Nações Unidas. Paralelamente, uma série de tratados estendeu essa classe de coisas comuns aos corpos celestes do sistema solar, com exceção da própria Terra. O Tratado do Espaço Exterior, de 1967, transformou o patrimônio comum da humanidade numa categoria oponível a qualquer tentativa de apropriação de objetos celestes naturais. Assim, encontram-se nesse patrimônio as "coisas comuns" consideradas natural ou intrinsecamente inapropriáveis. Susan J. Buck fez a respeito uma apresentação jurídica e histórica que tem a grande vantagem de ressaltar a fragilidade da definição naturalista e fisicalista dos bens comuns globais. Usando como exemplo os fundos oceânicos, a Antártida, o espaço e a atmosfera, ela mostra que as declarações de intenção ou mesmo as convenções internacionais de proteção desses *global commons* contra a lógica proprietária são reversíveis porque relativas a certo estado da tecnologia. Segundo a autora, os bens comuns naturais não estão sob ameaça... enquanto não existir tecnologia que permita explorá-los de forma rentável[31].

A ação da Unesco e das organizações não governamentais alargou pouco a pouco o campo do "patrimônio comum da humanidade", incluindo nele tanto conhecimentos como crenças, ritos, técnicas, monumentos e línguas. Em 1970, a "Convenção relativa às medidas a serem adotadas para proibir e impedir a importação, exportação e transferência de propriedades ilícitas de bens culturais" tornou os Estados responsáveis pela proteção dos "bens culturais da humanidade". Ela os define como os "bens que, por motivos religiosos ou profanos, tenham sido expressamente designados por cada Estado como de importância para a arqueologia, a pré-história, a história, a literatura, a arte ou a ciência". Desde então, uma série de decla-

---

[30] Ver Sompong Sucharitkul, "Évolution continue d'une notion nouvelle: le patrimoine commun de l'humanité". In: Fisheries and Aquaculture Department, *Le Droit et la mer: mélanges à la mémoire de Jean Carroz* (Roma, FAO, 1987), disponível em: <www.fao.org/french/news_f/sppl_f/sppl12_f.htm >.

[31] Susan J. Buck, *The Global Commons: An Introduction* (Londres, Earthscan, 1998), p. 1.

rações de caráter simbólico ampliou o domínio para o genoma[32] e para a camada de ozônio, enquanto a situação de territórios (como a Antártida) continua sendo alvo de disputa. No entanto, as cúpulas do Rio e o Protocolo de Kyoto não retomaram a fórmula "patrimônio comum da humanidade" em relação ao clima.

Em direito internacional, portanto, esse "patrimônio" abrange um conjunto muito diverso de bens corpóreos ou incorpóreos que têm em comum o fato de que os Estados e os particulares não podem apropriar-se deles para seu gozo exclusivo nem permanecer indiferentes aos efeitos de seu uso e destruição. Esses bens, cuja lista é restrita, são *subtraídos* à propriedade privada e pública em razão de suas características intrínsecas, mas não só por isso, pois o direito internacional arrola nessa lista alguns bens por seu alcance moral, valor histórico ou intelectual. Nesse sentido, o "patrimônio comum" não compreende apenas "coisas comuns", no sentido tradicional do termo em direito romano. Há uma estranha mistura entre "coisas comuns", que são comuns por razões naturais de inapropriabilidade (o espaço), e outras que são comuns por razões morais e religiosas. O chamado "patrimônio" seria então uma espécie de "tesouro sagrado" de bens culturais, equivalentes aos *sacra* das culturas antigas ou tradicionais. Também se pode perguntar se não há incoerência em querer retirar da esfera da propriedade privada e pública certo número de bens e direitos para considerá-los "coisas comuns da humanidade" e em seguida devolvê-los a essa mesma esfera, declarando-os "*propriedade* comum da humanidade", como se a humanidade fosse uma espécie de sujeito que gozasse de um direito de propriedade eminente sobre bens que, em direito positivo, continuam sendo propriedade exclusiva de particulares ou Estados. Seja como for, a categoria jurídica de "patrimônio comum da humanidade", por mais heteróclita que seja, é diferente da noção econômica de "bens públicos": o pertencimento a esse "patrimônio" depende de declarações que têm um alcance jurídico independente do critério de não exclusividade e não rivalidade do bem. Donde a possibilidade de estender a categoria de forma tão

---

[32] A Declaração Universal sobre o Genoma Humano, de 11 de novembro de 1997, enuncia em seu artigo primeiro que "o genoma humano constitui a base da unidade fundamental de todos os membros da família humana, bem como de sua inerente dignidade e diversidade. Num sentido simbólico, é o patrimônio da humanidade". Disponível em: <http://unesdoc.unesco.org/images/0012/001229/122990por.pdf>.

flexível. Essa lógica expansiva mostra que, na realidade, trata-se de *atos declarativos* de efeito simbólico que, em nível internacional, incluem as "coisas" mais diversas no "patrimônio comum da humanidade". Este, portanto, pode ampliar-se à medida que sejam reconhecidos direitos ou necessidades considerados fundamentais, o que equivale a transformar esses direitos ou necessidades em quase bens ou coisas incorpóreas que se inserem num subconjunto do patrimônio comum da humanidade: o "patrimônio dos bens incorpóreos da humanidade"[33].

Como se vê, quando se trata de definir o "patrimônio comum da humanidade", as noções e categorias de bens e direitos se entrelaçam sem muita preocupação com o rigor. Percebe-se que isso se deve à ambiguidade da noção. Por um lado, seguindo uma lógica propriamente *reificadora*, ela se limita a coisas pouco numerosas às quais se atribui um estatuto particular; por outro, está aberta a dimensões sociais e culturais muito variadas, que podem se ampliar na medida das reivindicações sociais, das evoluções políticas, das mudanças de opinião. É essa segunda característica que leva a acreditar que a humanidade está se tornando uma categoria jurídica. A ampliação dos "direitos humanos" para os direitos sociais a fez passar, de certa forma, da posição de vítima para a de credora e até mesmo de titular de um patrimônio de bens comuns. Alguns veem nisso até uma possível brecha na dominação das lógicas de mercado. Se os bens comuns são relativos a direitos fundamentais, objeto de lutas políticas e sociais que poderiam ganhar o apoio de componentes importantes da sociedade, então a defesa e a extensão desse "patrimônio" de bens comuns passam a ser a primeira e a última palavra de qualquer estratégia.

Os direitos comuns fundamentais: uma dinâmica travada

Compreende-se então por que a lógica neoliberal dominante gostaria de canalizar a reivindicação dos "bens comuns" para a definição econômica de bens públicos e assim limitar sua extensão, enquanto a dinâmica da luta política, ao contrário, tende a ampliar a esfera dos "bens comuns da humanidade", associando-os a direitos fundamentais. O que se trata de criar e garantir não são apenas "bens", no sentido de coisas, mas o acesso a condições, serviços e

---

[33] Sompong Sucharitkul, "L'Évolution continue d'une notion nouvelle", cit.

instituições. Saúde, educação, alimentação, moradia, trabalho são então vistos como direitos fundamentais que seria preciso universalizar na prática. O ponto decisivo é: dessa perspectiva, os direitos fundamentais e os bens comuns se definem reciprocamente. Os "direitos subjetivos" são redefinidos como direitos de acesso a recursos fundamentais para a vida e a dignidade: água, saúde e educação são bens comuns, não porque assim seriam por natureza, mas porque correspondem a direitos fundamentais oponíveis à lógica dos mercados e dos Estados, compondo – ao menos virtualmente – um direito comum superior às soberanias públicas e aos direitos de propriedade.

Os economistas críticos perceberam muito bem o proveito que poderiam tirar dessa noção, às vezes confundindo ainda mais as coisas. Jean Gadrey define esses bens comuns da seguinte maneira: são "qualidades de recursos ou patrimônios coletivos para a vida e para as atividades humanas hoje e no futuro (bens comuns naturais, culturas populares, conhecimentos) e, por extensão, qualidades societais e direitos universais, pois são também recursos coletivos que devem ser geridos em comum"[34]. Impossível adotar de forma mais imprudente a linguagem da reificação, própria da economia padrão: os direitos são irredutíveis a "recursos" que deveriam ser geridos coletivamente, e isso vale sobretudo para os chamados direitos "fundamentais". Rigorosamente falando, estes são poderes inseparáveis dos indivíduos, que são seus titulares. Por conseguinte, transformá-los em "recursos", da mesma maneira que os "bens comuns naturais", é o meio mais seguro de destituí-los de qualquer caráter "fundamental".

De todo modo, essa dinâmica dos direitos fundamentais não é nova. Desse ponto de vista, o altermundialismo é um movimento que prolonga e reanima auspiciosamente o "espírito de Filadélfia". O período do pós-guerra, como lembramos, foi a primeira etapa. O Ato Constitutivo da OMS afirmava em 1946 que "gozar do melhor estado de saúde que é possível atingir constitui um dos direitos fundamentais de todo ser humano"[35]. A Declaração Universal dos Direitos Humanos, de 1948, pretendia libertar os homens "do terror e da miséria" e "instaurar melhores condições de vida", exigindo dos Estados signatários que garantissem o "direito à segurança social" (art. 22), o "direito ao trabalho, à livre escolha do emprego" (art.

---

[34] Jean Gadrey, "Les Biens publiques et communs des économistes", *La Vie de la Recherche Scientifique*, n. 393, maio/jun./jul. 2013, p. 23.

[35] Citado em Mireille Delmas-Marty, *Vers une communauté de valeurs?*, cit., p. 286.

23), o "direito ao repouso e ao lazer" (art. 24), o "direito a um padrão de vida capaz" de atender às necessidades vitais (alimentação, vestuário, moradia, cuidados médicos, direito a uma renda substitutiva e à solidariedade) (art. 25), "direito à instrução" (art. 26) e "direito de participar livremente da vida cultural da comunidade, de fruir as artes e participar do processo científico e de seus benefícios" (art. 27). Vimos anteriormente que a OIT, a OMS e a Unesco foram na mesma direção. O Pacto Internacional sobre Direitos Econômicos, Sociais e Culturais de 1966 consagrou os direitos que cada Estado deveria reconhecer a todo "membro da família humana".

Embora continue a ser sustentada por organizações cada vez menos legítimas na nova ordem mundial, como a Unesco ou a OIT[36], essa dinâmica foi abandonada pelas organizações mais poderosas e mais legítimas, como a OMC e o FMI, ou pelos Estados. Percebe-se claramente que a imposição da lógica dos mercados é dirigida contra a lógica dos direitos fundamentais reconhecidos no pós-guerra. Os acordos sobre a propriedade intelectual (os Trips de 1994), por exemplo, são nitidamente voltados contra o "direito à saúde". Diante dos protestos e transgressões nos países do Sul (África do Sul, Brasil, Índia), criaram-se tímidas derrogações para que esses países pudessem fabricar medicamentos genéricos para um número muito restrito de doenças, e as exportações desses medicamentos para os países que não podem fabricá-los são drasticamente limitadas. A lógica proprietária na saúde ou no meio ambiente chega a ser propriamente criminosa. E o cúmulo do cinismo ocorre quando se apresenta o mercado como garantidor da sobrevivência da humanidade, com o famoso "mercado de emissões".

Foi essa dinâmica dos direitos fundamentais que o neoliberalismo triunfante barrou e até inverteu. Todos lembram que os eminentes membros da Sociedade Mont-Pèlerin, com Hayek à frente, denunciaram insistentemente a "democracia totalitária" e a "miragem da justiça social", que, segundo eles, levariam infalivelmente à "servidão". O sucesso político deles a partir dos anos 1980 encorajou a implantação de políticas de contestação brutal desses "direitos econômicos, sociais e culturais". Mas, com isso, todo o dispositivo Estados/direitos subjetivos foi atingido e começou a desmoronar nos países capitalistas. Os Estados neoliberais se tornaram máquinas a serviço de uma

---

[36] Ver a declaração de 2008 da OIT sobre a "justiça social para uma globalização equitativa", em que o pleno emprego e o "trabalho decente" são direitos fundamentais.

empresa ativa de "desdemocratização", como diz Wendy Brown, que atingiu, além desses direitos, as liberdades civis e os direitos políticos[37].

É compreensível, portanto, que certa estratégia altermundialista queira contornar esse temível obstáculo constituído pelos Estados que se tornaram os primeiros inimigos dos direitos que eles deveriam garantir: fazer os direitos da cidadania social ser reconhecidos como "bens comuns da humanidade" possibilitaria impor aos Estados uma norma diferente daquela da acumulação das riquezas privadas. Em suma, seria "fundir" a lógica universalizante do Estado social à problemática dos comuns mundiais. Mas, além do fato de essa fusão ser razoavelmente artificial, por acaso isso não significaria trazer de volta o dispositivo ocidental clássico, considerado imutável, para condições que, no entanto, foram radicalmente modificadas, como se as velhas receitas pudessem continuar valendo?

A contradição do Estado social, examinado acima, foi precisamente deixar-se encerrar num dispositivo que admite apenas dois termos postos um diante do outro: de um lado, os direitos do cidadão e, de outro, os Estados presumidos como garantidores desses direitos, não se levando em consideração os meios de garanti-los, a não ser pela "redistribuição" e pela "solidariedade" que, em determinada época, alguns esperavam ser compatíveis com um capitalismo "civilizado". De fato, os "direitos sociais, econômicos e culturais" foram pensados segundo o modelo dos direitos subjetivos oponíveis aos Estados, do mesmo modo que os direitos civis e políticos. Não foram pensados numa relação de obrigações e deveres de produção do comum, isto é, pelo ângulo das condições práticas, políticas e institucionais, que permitissem aos *sujeitos* dos direitos sociais ser ao mesmo tempo os *coprodutores* de sua efetivação. É impressionante observar que a declaração de 1948 dedica apenas um artigo aos "deveres": "Todo ser humano tem deveres para com a comunidade em que o livre e pleno desenvolvimento de sua personalidade é possível" (art. 29). É compreensível que esses deveres sejam fortemente condicionados pela "natureza da comunidade", pois acontece o mesmo com os direitos civis e políticos, mas é surpreendente que a declaração não diga nada sobre os meios políticos e econômicos que permitiriam a cada um cumprir suas obrigações para com os outros. Na verdade, naquela época, o Estado-nação soberano era a única alavanca

---

[37] Ver Wendy Brown, *Les Habits neufs de la politique mondiale* (Paris, Les Prairies Ordinaires, 2007).

possível de uma política de controle do capitalismo. E é precisamente nessa dificuldade que a estratégia altermundialista tropeça hoje, quando se limita a fazer valer direitos fundamentais de acesso a bens considerados vitais e essenciais à dignidade humana: ela não contempla a transformação do sistema político em escala mundial. É difícil imaginar os Estados atuais, inteiramente dominados pela racionalidade capitalista, transformar-se em sustentáculos do "bem comum" e distribuidores de "bens comuns" por obra e graça de súbita conversão. É nesse ponto que o altermundialismo, a menos que queira extinguir-se, deverá dar o salto decisivo e seguir rumo à superação do dispositivo estatal internacional.

Para efetuar essa superação, convém em primeiro lugar dar o devido espaço à ideia de que o direito não se resume de modo algum a uma máscara do poder ou a um rosto da "polícia", mas participa enormemente da formação da subjetividade moderna. Essa é a grande contribuição do trabalho de Catherine Colliot-Thélène, que se pergunta se as forças sociais vão conseguir defender os direitos existentes ou provocar o advento de novos direitos políticos na globalização capitalista[38]: "o que será do sujeito político, assim identificado com o sujeito de direitos, quando o Estado perder o monopólio da garantia do direito?"[39]. A indagação é sem dúvida importante, mas parcial. Se admitirmos como ela que a tradição jurídica nos fez o que somos como sujeitos e nos obriga a pensar em termos de direitos subjetivos, deveremos convir que o dispositivo ficou travado pela substituição progressiva do sistema estatal vestfaliano pela governamentalidade neoliberal. Portanto, não bastará, a exemplo dela, encorajar os cidadãos a "defender seus direitos" contra os novos poderes pluralizados: ainda será preciso lutar para que esses cidadãos tenham a possibilidade de coproduzir as condições que permitirão o reconhecimento efetivo de seus direitos e a satisfação de suas necessidades. Em outras palavras, para que sejam não apenas "cidadãos sociais" que fazem valer os direitos que lhes são devidos, mas também cidadãos ativos política e civicamente, que põem em prática seu senso de responsabilidade pela produção comum, capazes de inventar instituições que lhes permitam ser coprodutores conscientes do comum e não apenas "consumidores" de serviços.

---

[38] Ver Catherine Colliot-Thélène, "Pour une politique des droits subjectifs. La lutte pour les droits comme lutte politique", *L'Année Sociologique*, v. 59, n. 1, 2009, p. 231-58.

[39] Ibidem, p. 252.

A futura "ordem mundial" é incerta, mas, sem a inversão da situação, algumas tendências já começam a se esboçar: a mais provável não é a marcha espontânea rumo a um "pluralismo ordenado", sob a referência ao terço simbólico da Humanidade com que sonha Mireille Delmas-Marty; ao contrário, seria a *refeudalização* de que fala Alain Supiot, caracterizada pelo declínio das funções sociais do Estado e o desenvolvimento de suas funções repressivas, a possível fragmentação dos Estados-nações em "Estados-regiões" independentes, a multiplicação dos poderes locais e supranacionais, segundo uma lógica de fragmentação múltipla, em que cada setor da sociedade produziria suas próprias normas segundo uma lógica de ordem mafiosa. Esse caos normativo, em que os mais poderosos fortalecem cada vez mais seus poderes e riquezas, apoiando-se nos instrumentos estatais e paraestatais de violência, já é em parte o nosso mundo, especialmente na esfera econômica. Ainda é possível responder tapando os buracos do sistema estatal vestfaliano? Seria preciso esperar um despertar do espírito republicano num contexto nacional? Há um sério risco de que, seguindo a tendência da "reestatização nacional", sejamos engolfados e arrastados pelo amplo movimento reativo, nacionalista e xenofóbico que ameaça se fortalecer em todo o mundo. Resta perguntar se não chegamos ao limite do modo de organização centralista do Estado e das formas de subjetivação ligadas a ele. Cabe então arriscar-se a formular esta pergunta: qual seria a organização política capaz de dar forma institucional à coprodução dos comuns mundiais?

PROPOSIÇÃO POLÍTICA 9

É preciso instituir uma federação dos comuns

Colocar a questão das instituições do comum exige enfrentar o que se convencionou chamar de "questão do poder": uma vez que, como vimos[1], é ilusório pensar que uma expansão dos comuns realizada "por baixo" e "gradualmente" acabará, no longo prazo, por minar os fundamentos do capitalismo até determinar seu desmoronamento, é obrigatório pensar a construção política de um novo poder sem ceder um milímetro sequer na recusa, por princípio, à estratégia de "tomada do poder", entendida no sentido da conquista do poder de Estado. Nesse aspecto, a "lição da Comuna" é o exato oposto da lição que Trótski achara por bem extrair: o apego ao princípio da autonomia comunal não foi o "grande erro" a encobrir a "covardia diante da ação revolucionária"[2]; ao contrário, revelou grande lucidez sobre o caráter profundamente autoritário e antidemocrático da ideia de um Estado unitário e centralizado. O comunalismo demonstrou, portanto, grande coerência ao se afirmar desde o início hostil à "República una e indivisível"[3].

Ora, o único princípio político que respeita a autonomia dos governos locais é o princípio federativo. Como observa Proudhon:

> Federação, do latim *foedus*, genitivo *foederis*, isto é, pacto, contrato, tratado, convenção, aliança etc., é uma convenção pela qual um ou vários chefes de família, uma ou várias comunas, um ou vários grupos de comunas ou Estados, obrigam-se recíproca e igualmente uns para com os outros em prol

---

[1] É o que chamamos ilusão da "difusão por fora". Ver capítulo 3 deste volume.
[2] Ver Pierre Dardot e Christian Laval, *Marx, prénom: Karl*, cit., p. 318-9.
[3] Hannah Arendt, *De la révolution*, cit., p. 571.

de um ou vários objetos particulares, cujo encargo compete então de modo especial e exclusivo aos delegados da federação.[4]

O essencial reside nessa reciprocidade e igualdade da obrigação, que exclui qualquer subordinação de uma das partes do pacto às outras. Entendido desse modo, esse princípio se opõe diretamente ao princípio de soberania do Estado-nação, que, de sua parte, implica um poder supremo situado acima de todos os outros e desvinculado (*ab-solutus*) de qualquer obrigação concernente a eles[5]. Nesse sentido, pode constituir um ponto de apoio para quem tencione definir as condições de uma construção política a partir do governo dos comuns: cabe lembrar que o termo *munus* remete a essa ideia de obrigação baseada na exigência de reciprocidade e mutualidade[6]. Mas, como todos sabem, há vários tipos de federalismo. É possível distinguir, esquematicamente, a federação dos povos-Estados em escala internacional, a federação que une vários Estados dentro de um Estado (federação "intraestatal") ou no interior de uma entidade que não é propriamente um Estado ("interestatal").

O federalismo em escala internacional

Comecemos pela federação dos Estados em escala internacional. Kant escreveu um esboço filosófico intitulado *A paz perpétua* (1795). Ali ele enuncia três artigos definitivos em vista dessa paz, cada um dos quais corresponde a um nível distinto do "direito público". O primeiro estipula: "A constituição

---

[4] Pierre-Joseph Proudhon, *Du principe fédératif* (Antony, Tops/Trinquier, 1997), p. 86 [ed. bras.: *Do princípio federativo*, trad. Francisco Trindade, São Paulo, Imaginário/Nu-Sol, 2005]. Baseando-se nessa mesma etimologia, Daniel Elazar faz um paralelo entre *foedus* e *covenant* (pacto) e dá como característica do federalismo a combinação entre a autoridade exercida por si mesmo (*self rule*) e a autoridade partilhada (*shared rule*). Ver Daniel Elazar, *Federal Systems of the World: A Handbook of Federal, Confederal and Autonomy Arrangements* (Harlow, Longman, 1991), p. xv, citado em Bruno Théret, *Protection sociale et fédéralisme: l'Europe dans le miroir de l'Amérique du Nord* (Montreal, Presses de l'Université de Montréal, 2002), p. 42.

[5] Bruno Théret, *Protection sociale et fédéralisme*, cit., nota 9, p. 46: Bruno Théret cita Thomas O. Hueglin, "New Wine in Old Bottles? Federalism and Nation States in the Twenty First Century. A Conceptual Overview", em Karen Knop et al. (orgs.), *Rethinking Federalism: Citizens, Markets, and Governments in a Changing World* (Vancouver, University of British Columbia Press, 1995), p. 203.

[6] Sobre esse ponto, ver capítulo 1 deste volume.

cívica de cada Estado deve ser republicana", o que corresponde ao primeiro nível, o do direito cívico dos homens num povo (*jus civitatis*). O segundo declara: "O direito das gentes deve ser fundado num *federalismo* de Estados livres", o que corresponde ao nível do direito dos Estados considerados em suas relações recíprocas (*jus gentium*). O terceiro afirma: "O *direito cosmopolítico* deve restringir-se às condições da *hospitalidade* universal", o que corresponde ao nível do direito cosmopolítico, e não internacional, "uma vez que homens e Estados, que se encontram em relações de influência exterior recíproca, devem ser considerados cidadãos de um Estado universal dos homens (*jus cosmopoliticum*)[7]. Percebe-se que o federalismo dos Estados livres (direito das gentes) pressupõe que a constituição dos Estados assim interligados seja republicana (direito cívico), isto é, repouse na separação entre poder executivo (governo) e poder legislativo. Essa federação constituiria uma "aliança entre os povos" e não um "Estado dos povos", isto é, um Estado federativo único de escala mundial. Ela não acaba com a pluralidade dos Estados, mas pressupõe essa pluralidade, do mesmo modo que pressupõe que essa pluralidade não pode ser outra senão a dos "povos como Estados", o que exclui a possibilidade de a federação dos povos distinguir-se da federação dos Estados. A ideia federativa, nesse caso, é simplesmente a de uma "aliança de paz" (*foedus pacificum*) permanente, graças à qual Estados republicanos se comprometem a atuar para o fim definitivo de todas as guerras. Portanto, ela não possui o mesmo conteúdo da "ideia positiva de uma *república mundial*"[8]. Decididamente, a federação das nações é apenas um meio de os Estados se protegerem da guerra, cujo preço é renunciar ao pretenso "direito à guerra".

Tal federação interestatal puramente defensiva não tem nenhuma utilidade quando se trata de pensar uma coordenação dos comuns em escala mundial, baseada no princípio político do autogoverno: ela não questiona fundamentalmente a soberania nacional e exclui o federalismo da estrutura interna de cada Estado em razão desse apego persistente ao princípio de soberania. Além do mais, é preciso prestar atenção ao fato de que seu complemento é um direito cosmopolítico cujo artigo único proclama um "di-

---

[7] Emmanuel Kant, *Vers la paix perpétuelle* (Paris, Garnier-Flammarion, 1991), p. 83--4 [ed. port.: *A paz perpétua e outros opúsculos*, trad. Artur Morão, Lisboa, Edições 70, 2008].

[8] Ibidem, p. 93.

reito de visita" do estrangeiro, formalmente distinguido do "direito de residência": o reconhecimento desse direito exige que os Estados acolham em seu solo qualquer estrangeiro que não ameace sua existência, sem contemplar a fixação duradoura deste último. O que Kant tem especificamente em vista com esse "direito de visita" são as condições jurídicas do desenvolvimento do comércio internacional: com isso, ele rejeita o "argumento da *terra nullius*, em virtude do qual os europeus, na América e na África, consideraram inexistentes os direitos das populações indígenas" e justificaram a colonização[9]. Esse é o verdadeiro conteúdo do "direito de cidadania mundial" que, como tal, não tem o menor significado *político* positivo: sua única função é favorecer os intercâmbios comerciais entre as nações, dos quais se esperava, segundo visão bastante difundida na época, que contribuíssem para a pacificação das relações internacionais[10]. Confirma-se desse modo que o "Estado universal dos homens" (terceiro nível do direito público) tem realidade apenas "suprassensível" na ordem moral, que é a ordem do dever[11]. Por sua vez, esse argumento remete a uma interpretação bastante singular da ideia da "posse comum original" do solo, cujo papel em Locke estudamos acima. Enquanto Locke tentava justificar a passagem da copossessão indivisa à apropriação privada exclusiva, dispensando o artifício de uma convenção, Kant consegue fazer dessa "posse comum original" o fundamento do direito à propriedade privada. Em vez de remeter a uma origem histórica, ela é simplesmente uma "Ideia da razão" que permite estabelecer a impossibilidade jurídica de uma *res nullius*: coisa alguma é vacante em absoluto, visto que todos, "não como coletividade, mas de modo distributivo", devem considerar-se igualmente detentores do direito de apropriar-se de uma parte da terra da qual ninguém se apropriou ainda. Isso mostra a que ponto o "comum" da posse comum original do solo "reduz-se à permissão concedida a todos, isto é, a cada um, de declarar sua uma porção do solo da qual ninguém antes se apropriou"[12]. Verifica-se dessa forma que o tipo de fe-

---

[9] Remetemos o leitor às explicações muito convincentes de Catherine Colliot-Thélène, "Pour une politique des droits subjectifs", cit., p. 118-9.

[10] Lendo Kant, Michel Foucault interpreta a "planetarização comercial" como a "garantia da paz perpétua". Ver Michel Foucault, *Naissance de la biopolitique*, cit., p. 60.

[11] Sobre esse ponto, ver capítulo 1 deste volume: "O comum, entre o vulgar e o universal".

[12] Catherine Colliot-Thélène, "Pour une politique des droits subjectifs", cit., p. 135. A autora cita em nota a seguinte afirmação de Durkheim sobre Kant (em *Lições de sociologia*): "O direito da humanidade sobre a terra implica o direito dos particulares de ocupar frações restritas da superfície da terra".

deração proposto (aliança interestatal puramente defensiva, visando a garantia da paz) está ligado ao "direito de visita" do indivíduo, no sentido de que esses dois aspectos "decorrem do mesmo princípio, a liberdade de possuir"[13]. Como se pode ver, esse "comum" do direito de cada um à apropriação tem pouco a ver com o comum do uso comum do qual se trata aqui.

A "república federativa"

Contudo, há outro tipo de federalismo, o relativo à estrutura interna do Estado (o "direito cívico"), e não às relações externas recíprocas dos diferentes Estados em escala internacional (o "direito das gentes"). A referência nessa matéria é o Livro IX de *O espírito das leis*, de Montesquieu, mais especificamente os capítulos I, II e III, dedicados à "constituição federativa" e à "república federativa". Referindo-se a esta última, Montesquieu escreve: "Essa forma de governo é uma convenção pela qual vários corpos políticos concordam em tornar-se cidadãos de um Estado maior que desejam formar. É uma sociedade de sociedades, que fazem uma nova sociedade que pode crescer com novos associados que se unam a ela"[14]. Com essa definição famosa ("sociedade de sociedades"), Montesquieu rompia com a identificação estabelecida por Pufendorf entre, de um lado, estatal e nacional, e, de outro, interestatal e internacional, dupla identificação que era consequência do princípio de soberania: com essa união de repúblicas, tem-se uma associação de várias repúblicas que não é da ordem do internacional, visto que os Estados ligados pelo pacto federativo compõem, em escala internacional, uma única unidade, e os cidadãos de cada república se tornam ao mesmo tempo cidadãos da república nascida da federação de todas as repúblicas. Consequentemente, a república federativa combina as vantagens da república, com relação ao interior, e da monarquia, "com relação ao exterior"[15].

Diferentemente do federalismo pregado por Kant, essa forma de federação foi experimentada várias vezes ao longo da história. O próprio Montesquieu menciona a República das Sete Províncias Unidas dos Países Baixos, a República Federativa da Alemanha e as Ligas Suíças, e gaba o exemplo da

---

[13] Ibidem, p. 137.
[14] Montesquieu, *De l'esprit des lois* (Paris, Classiques Garnier, 1973), t. I, p. 140 [ed. bras.: *O espírito das leis*, trad. Cristina Murachco, 3. ed., São Paulo, Martins Fontes, 2005].
[15] Ibidem, p. 142.

antiga República da Lícia, que agrupava 23 cidades[16]. Esse elogio persistente à república federativa não deixou de inspirar os líderes da revolução estadunidense. Madison se distanciou dessa teoria da "república composta"[17] valorizando o caráter "misto" da república dos Estados Unidos: "meio nacional, meio federal"[18]. Mas Hamilton, num artigo de 1788 de *O Federalista*, cita os capítulos I e III do Livro IX de *O espírito das leis*, em especial o trecho sobre a confederação liciana, numa interpretação tão forçada que as 23 "cidades" gregas prenunciam os "Estados" da União[19]. Por sua vez, os antifederalistas invocam Montesquieu contra os partidários de um Estado federal. Em todo caso, estes últimos terão tendência a apresentar o federalismo nesse debate como uma "técnica de divisão vertical dos poderes"[20], o que permite desvinculá-lo de qualquer conteúdo social e apresentá-lo como uma solução "técnica" para um problema "técnico".

Na realidade, essa apresentação dissimula o principal. Do estrito ponto de vista da democracia, em iguais circunstâncias, há uma diferença bastante clara entre o "federalismo judiciário" – em que a Corte Suprema, com suas interpretações, é garantidora da constituição – e o "federalismo referendário" – em que o supremo garantidor é o povo por meio do voto direto[21]. Por isso, mais uma vez nos cabe contradizer Hannah Arendt quando ela diz que a revolução estadunidense teve o mérito de fazer da *auctoritas* uma função "jurídica", e não "política": o fato de atribuir a um colégio de juízes o exercício de "uma espécie de poder constituinte permanente"[22] não depõe a favor do federalismo estadunidense, mas *contra* ele. Entregar o "controle de constitucionalidade" ao "ramo judiciário do go-

---

[16] Ibidem, p. 144.

[17] Ver *Le Fédéraliste*, n. 10, 22 nov. 1787, em Alexander Hamilton, John Jay e James Madison, *Le Fédéraliste* (ed. Anne Amiel, Paris, Garnier-Flammarion, 2012), p. 128-41 [ed. bras.: *O Federalista*, trad. Heitor Almeida Herrera, Brasília, Editora da UnB, 1984].

[18] Olivier Beaud, "Fédéralisme", em Philippe Raynaud e Stéphane Rials (orgs.), *Dictionnaire de philosophie politique*, cit., p. 273. Ver *Le Fédéraliste*, n. 38, 12 jan. 1788, em Alexander Hamilton, John Jay e James Madison, *Le Fédéraliste*, cit., p. 307-315.

[19] Paul Vernière, *Montesquieu et l'esprit des lois ou La raison impure* (Paris, Sedes, 1977), p. 124.

[20] Olivier Beaud, "Fédéralisme", cit.

[21] Ibidem, nota 5, p. 43.

[22] Hannah Arendt, *De la révolution*, cit., p. 509.

verno" vai contra a concepção democrática da separação dos poderes, ao conferir ao judiciário preeminência sobre os órgãos propriamente políticos, ainda mais que se trata de juízes nomeados vitaliciamente e não de funcionários eleitos e exoneráveis. Mais amplamente, cabe perguntar se o elogio ao princípio federativo da Comuna não está em total contradição com a valorização, na mesma obra, da "mais importante" das inovações dos constituintes estadunidenses: numa citação reproduzida no último capítulo do ensaio *Sobre a revolução*, Arendt diz que Odyssée Barrot afirmou que a Comuna de 1871, como "revolução social", "continua" e "deve concluir" 1793, ao passo que, "como revolução política", é uma "reação contra 1793 e um retorno a 1789"[23]. Para muitos *communards*, não só não havia nenhuma contradição entre revolução social e revolução política, como o princípio federativo herdado de 1789 era a forma política mais apropriada para levar a cabo a contestação do direito absoluto de propriedade iniciada em 1793[24]. Ora, a interpretação arendtiana da Revolução Francesa vai exatamente em sentido contrário, transformando a importância adquirida pela questão social no fermento do qual nasceu o Terror, como se por si só o objetivo de libertar o povo da miséria exigisse o recurso à violência mais furiosa[25]. Nesse aspecto, só podemos concordar com o julgamento de Castoriadis: "A questão econômica e social não é de fato levada em consideração no primeiro movimento instituinte das colônias da Nova Inglaterra. Arendt se regozija, como se esse não fosse precisamente um dos fatores que condicionaram a evolução da sociedade estadunidense que, por outro lado, ela lastima"[26]. Em outras palavras, a ignorância

---

[23] Ibidem, p. 571. Veremos adiante que Proudhon não opunha de modo algum 1789 a 1793, mas considerava que 1793 era a continuação de uma tendência unitária e centralista iniciada já em 1789.

[24] Na verdade, na *Declaração ao povo francês* de 19 de abril de 1871, os *communards* se referem ao movimento das comunas iniciado no século XII. Sobre esse ponto, ver Pierre Dardot e Christian Laval, *Marx, prénom: Karl*, cit., p. 308.

[25] Ibidem, p. 377: "foram a necessidade e as carências urgentes do povo que desencadearam o Terror e causaram a ruína da revolução"; ibidem, p. 406: "Logo de saída, ou quase, a orientação da Revolução Francesa se desviou de seu curso fundador em razão da imediatez do sofrimento; foi determinada pelas exigências de libertação, mas não da tirania e sim da miséria, e foi impelida a agir pela imensidão sem limites da miséria do povo e da compaixão que esta suscitava".

[26] Cornelius Castoriadis, *Quelle démocratie?*, cit., p. 241.

da questão social levou os Estados Unidos a fazerem cada vez mais concessões à lógica unitária do Estado-nação e, assim, dar as costas ao princípio federativo das "pequenas repúblicas" elementares que Jefferson quis fazer valer no fim de sua vida. Mas o social se desforra da pior forma possível: pela constituição de uma oligarquia que se empenha metodicamente em manter o povo longe de qualquer participação direta nos assuntos públicos, fazendo da política "uma profissão e uma carreira" e introduzindo na política os métodos da publicidade, "que transforma as ligações entre eleitor e eleito em relações de vendedor a cliente"[27].

Federalismo "intraestatal" e "interestatal"

À luz dessa evolução, a questão é saber em que medida o federalismo, em vez de afastar ilusoriamente o social, permite dar-lhe expressão organizada, para que se possa combater melhor seus efeitos perversos. Percebe-se que a variedade de arquiteturas institucionais existentes não tem correlação direta, muito pelo contrário, com uma diversidade correspondente de conteúdos sociais (por exemplo, sistemas de proteção social). Foi proposta uma distinção entre "federalismo interestatal" (Canadá e Europa em formação) e "federalismo intraestatal" (Suíça, Estados Unidos e Alemanha), para diferenciar melhor um Estado unitário administrativamente descentralizado, como o Estado estadunidenses, e um federalismo "não centrado" "com vocação assimétrica e multinacional", como o Canadá, onde a relação entre governo federal e governos provinciais se dá por uma rede de "conferências federal-provinciais"[28]. Pode-se aproveitar o exemplo canadense para refletir sobre a maneira como a União Europeia poderia reorganizar suas instituições, num espírito de cidadania social fortalecida e federalismo monetário[29]. Mas, considerada pelo aspecto do elo existente entre forma institucional e conteúdo social, a experiência da construção europeia aparece mais como um perfeito contraexemplo. Visando sua autolegitimação, essa construção abeberou-se em fontes intelectuais muito diversas, da reflexão de Kant sobre a paz perpétua ao ordoliberalismo alemão e sua legitimação do Estado pelo

---

[27] Hannah Arendt, *De la révolution*, cit., p. 580-1.

[28] Bruno Théret se refere a Smiley (1977); ver idem, *Protection sociale et fédéralisme*, cit., p. 69.

[29] Esse é o ponto de vista de Bruno Théret em ibidem.

mercado³⁰. Do ponto de vista de sua realidade institucional, a União não é nem um Estado supranacional, nem uma União de vários Estados segundo o modelo da república federativa, nem uma aliança defensiva do âmbito direto e exclusivo do direito internacional público, nem um pouco de tudo isso ao mesmo tempo. A crise pela qual a União Europeia passa hoje é muito profunda e atinge seus fundamentos. Por isso, nem o retorno à soberania nacional nem a fuga adiante que consiste em dar às fundações existentes o "abrigo" de uma constituição política federal podem abrir para uma verdadeira saída.

Jürgen Habermas propôs recentemente um rearranjo institucional destinado a sanar o desvio tecnocrata daquilo que ele chamou de "federalismo executivo"³¹. Mas essa posição se apoia numa leitura insustentável do Tratado de Lisboa: este não estaria muito longe de dar à União Europeia a forma de "democracia transnacional"³², uma vez que consagraria a divisão do poder constituinte entre os cidadãos da União e os povos dos Estados-membros. No artigo 1º, parágrafo 1º, o Tratado de Lisboa menciona a "vontade dos cidadãos e dos Estados da Europa", mas qual a justificação para dar a esse "*e*" um sentido partitivo, como se coubesse entender que os cidadãos e os Estados constituem dois sujeitos distintos? Na realidade, a qualidade de cidadão da União não é uma qualidade juridicamente distinta da qualidade de cidadão de um Estado-membro, simplesmente porque existe *equivalência* entre ser "cidadão da União" e ser "cidadão de um Estado-membro da União": é *como* cidadão de um Estado-membro que um europeu é cidadão da União e em nenhuma outra qualidade. Na verdade, o que escapa completamente a Habermas é o nexo interno entre três aspectos que costumam ser dissociados na discussão: 1) o "federalismo executivo",

---

[30] Para uma apresentação do ordoliberalismo, ver Michel Foucault, *Naissance de la biopolitique*, cit., p. 81-184, e Pierre Dardot e Christian Laval, *La Nouvelle raison du monde*, cit., p. 187-218.

[31] Jürgen Habermas, *La Constitution de l'Europe* (Paris, Gallimard, 2012), p. 14 e 71 [ed. bras.: *Sobre a constituição da Europa*, trad. Denílson Luis Werle, Luiz Repa e Rúrion Melo. São Paulo, Unesp. 2012]. A expressão "federalismo executivo" foi tomada de empréstimo aos representantes do Estado do Québec, que a inventaram para criticar o recurso cada vez mais sistemático às Conferências Intergovernamentais, atropelando-se assim os diferentes parlamentos canadenses (ibidem, nota 2, p. 186-7).

[32] Ibidem, p. 15 e 76.

que privilegia o intergovernamental (o Conselho Europeu) em detrimento do Parlamento; 2) a constitucionalização da concorrência, que encoraja a especulação e gera o endividamento dos Estados; 3) o não reconhecimento dos direitos sociais como direitos fundamentais[33]. A forma "expertocrática" que Habermas deplora não decorre de um "déficit democrático" de ordem superestrutural que se possa remediar isoladamente: ela é determinada pelo conteúdo social que estava no ponto de partida de toda a empreitada. A primazia da concorrência e a secundariedade dos direitos sociais, uma vez reconhecidos, exigem que a Comissão e o Conselho de Ministros sejam os órgãos encarregados de "promover o interesse geral": a independência em relação aos cidadãos e ao Parlamento torna-se então, logicamente, uma garantia de não intromissão de interesses sociais, suspeitos *a priori* de desnaturar o princípio de concorrência.

O verdadeiro alcance do princípio federativo

A questão, portanto, é determinar de tal maneira o princípio federativo que ele se articule diretamente à concepção de uma democracia que não se limite à esfera de um "social" visto como organicamente estranho ao "domínio público" da política pura, mas faça valer na *ágora* e na *ekklésia* (para usarmos os termos de Castoriadis) a *mesma* exigência política sob formas diferentes. Foi precisamente essa preocupação com a continuidade do social no político que levou alguns estudiosos a retomar a abordagem do jurista Johannes Althusius, a ponto de apresentarem seu pensamento como o cadinho da "noção original do federalismo" que se deveria opor ao federalismo moderno de tipo "estatal"[34].

Na realidade, a ideia mestra da doutrina exposta em sua *Politica methodica Digesta* (1603) não é a ideia de federação, mas a de *consociatio symbiotica*, o que Pierre Mesnard traduz por "comunidade simbiótica" para dar uma ideia de *união orgânica* que teria por efeito a "transformação de seus membros em *simbiotas* ou *convivas*"[35]. Trata-se de uma comunidade de vida (*symbiosis*)

---

[33] Sobre esse ponto, remetemos o leitor ao artigo de Gérard Raulet, "La Crise de l'Union Européenne: une crise de légitimité démocratique", em Yves Charles Zarka (org.), *Refaire l'Europe avec Jürgen Habermas* (Paris, PUF, 2012), p. 98-102.

[34] Olivier Beaud, "Fédéralisme", cit.

[35] Pierre Mesnard, *L'Essor de la philosophie politique XVIe siècle* (Paris, Vrin, 1977), p. 578.

cuja coesão é dada pela dimensão afetiva e espiritual[36]. Mas o objetivo de Althusius é construir as comunidades por ordem crescente de complexidade, a partir das comunidades simples ou privadas até as comunidades mistas ou públicas, cuja forma superior é o Estado: esse método reproduz a "ordem genética exata" em que comunidades restritas dão origem a comunidades mais integradoras. Dessa forma, organismos mais simples invariavelmente originam comunidades mais complexas, incorporando-se a estas últimas como membros. As duas grandes comunidades privadas são a família e o "colégio" ou "companhia", agrupamento civil e voluntário cujos membros são "companheiros". As companhias de maior extensão são as diferentes ordens, clero, nobreza e terceiro estado. Pela coalescência de várias comunidades privadas constituem-se as comunidades públicas ou *Universitates*, cujos membros são cidadãos. Pierre Mesnard ressalta que esse termo adquire sentido específico em Althusius: é apenas como simbiota, depois da prova da companhia, que alguém se torna cidadão, de modo que os elementos do corpo cívico não são os indivíduos, mas as comunidades constituintes[37]. Existem dois tipos de comunidades públicas: a comuna (comuna rural, aldeia, paróquia, burgo, comuna urbana) e a província, cujas regras são perfeitamente homólogas. Acima dessas comunidades públicas particulares, mas procedendo delas por coalescência, tem-se por fim o Estado ou "comunidade simbiótica integral"[38]. Essa comunidade é dirigida por um colégio de éforos e um magistrado supremo: os éforos constituem o sumo colégio guardião da constituição, instância que representa o povo e fala em seu nome, enquanto o magistrado é o administrador e o agente investido de poder executivo. Mas essa dualidade não deve mascarar a superioridade que cabe ao corpo coletivo sobre o primeiro magistrado: este último é simplesmente um mandatário, ou "fiel", e é em nome do mandante, isto é, da comunidade em sua integralidade, que os éforos o submetem à justiça e à lei. Em virtude do *continuum* que faz passar de cada comunidade à comunidade imediatamente superior a ela, o mesmo princípio prevalece em cada nível, ou seja, o princípio da dualidade de poderes associada à superioridade do coletivo sobre seu mandatário: superioridade da companhia sobre seu presidente, superioridade do colégio

---

[36] Ibidem, p. 581. Pierre Mesnard indica que a função do léxico de Althusius é denotar o calor do sentimento coletivo que dá unidade a cada comunidade.

[37] Ibidem, p. 587.

[38] Ibidem, p. 593.

municipal sobre o prefeito, superioridade dos estamentos organizados de cada província sobre o conde que a governa etc.

O que podemos aprender com esse princípio de construção do corpo político a partir de corpos sociais mais simples? Não há dúvida de que, dessa forma, o Estado se constitui de baixo e não a partir de um centro. Mas subjaz a essa doutrina uma concepção do social que merece ser discutida. O social é pensado segundo uma lógica de integração de *corporações* cada vez mais complexas, de modo que podemos nos perguntar se essa concepção "não é uma doutrina mais corporativista do que federalista"[39]. Nessas condições, é difícil entender como esse "federalismo" pode ser considerado adequado à forma de coordenação em redes, em correspondência com a tecnologia e a dimensão constituinte dos movimentos sociais atuais[40]. E também é difícil entender como ele poderia nos inspirar para pensar a articulação entre os diferentes comuns em todos os níveis da vida social: o uso comum é radicalmente incompatível com o princípio da organização corporativa, se é que "comum" não pode então significar "reservado a certas comunidades como comunidades".

Temos de voltar ao enunciado do princípio federativo para tratar de identificar o tipo de federação apropriado à prática do uso comum em todos os níveis da vida social. Em *Do princípio federativo*, Proudhon opõe o "contrato de federação", pelo qual os contratantes "obrigam-se recíproca e igualmente uns para com os outros", à *comunidade*, que ele considera a "imagem em miniatura de todos os Estados absolutos". A federação nasce de duas exigências: de um lado, a exigência de reciprocidade entre os contratantes (nesse primeiro aspecto, o contrato é "sinalagmático" ou "bilateral"); de outro, a exigência de equivalência entre o que se dá a cada contratante e o que cada contratante se compromete a dar (nesse segundo aspecto, o contrato é "comutativo"). Nessas condições, os contratantes se reservam mais direitos e liberdades do que cedem, ao estabelecer o pacto. A "comunidade", ao contrário, exige que os associados lhe cedam sua independência e lhe sejam inteiramente devotados[41].

---

[39] Olivier Beaud, "Fédéralisme", cit.
[40] Negri apresentou o federalismo de Althusius, na sessão de 21 de março de 2012 do seminário "Du public au comum", a partir da oposição entre "rede" e "pirâmide".
[41] Pierre-Joseph Proudhon, *Du principe fédératif*, cit., p. 87. A cláusula do contrato de Rousseau (a "alienação total de cada associado com todos os seus direitos a toda a comunidade") define um modelo perfeito de "república unitária".

Proudhon extrai nos seguintes termos o princípio da oposição entre a *comuna* e a *comunidade:*

> A Autoridade responsável por sua execução [do contrato federativo] não pode jamais sobrepor-se aos seus constituintes, quer dizer, as atribuições federais não podem jamais exceder em número as atribuições das autoridades comunais ou provinciais, do mesmo modo que estas não podem exceder os direitos ou prerrogativas do homem e do cidadão. Caso contrário, *a comuna seria uma comunidade...*

Em seguida, ele enuncia o que considera a "lei fundamental" de todo o sistema federativo:

> Em resumo, o sistema federativo é o oposto da hierarquia ou centralização administrativa e governamental pela qual se distinguem, *ex aequo,* as democracias imperiais, as monarquias constitucionais e as repúblicas unitárias. Sua lei fundamental, característica, é a seguinte: na federação, os atributos da autoridade central especializam-se e restringem-se, diminuindo em número, imediatez e, se me atrevo a dizer, intensidade, à medida que a Confederação se desenvolve pela entrada de novos Estados. Nos governos centralizados, ao contrário, os atributos do poder supremo multiplicam-se, estendem-se e imediatizam-se, atraem para a competência do Príncipe os assuntos das províncias, comunas, corporações e particulares, na razão direta da superfície territorial e do tamanho da população.[42]

Essa "lei fundamental" é bem diferente daquilo que a construção europeia nos acostumou a designar com a expressão "princípio de subsidiariedade". Como Bruno Théret observa com toda a razão:

> O princípio de subsidiariedade, na verdade, pode ser mobilizado tanto para ampliar como para restringir as prerrogativas da União e seu campo de intervenção. Como princípio dinâmico de descentralização que permite escalonar o poder, atribuindo as diversas competências a diferentes níveis de um sistema político concebido como um super-Estado unitário em devir, sempre faz parte de uma representação funcionalista e centralista da ordem política.[43]

De fato, tal como é formulado no artigo 3b do Tratado de Maastricht, esse princípio é perfeitamente compatível com um projeto centralista pautado pelo princípio de concorrência, pois condiciona a intervenção da União apenas à impossibilidade de os Estados-membros atingirem "suficientemen-

---

[42] Ibidem, p. 88-9.
[43] Bruno Théret, *Protection sociale et fédéralisme,* cit., p. 41.

te" os objetivos da ação proposta[44]. Portanto, ele tem muito pouco a ver com um reconhecimento de princípio da diminuição das atribuições conforme avançam os escalões.

Além disso, para se avaliar melhor a posição de Proudhon, cabe ressaltar a continuidade entre a crítica precoce (1840) à própria ideia de "governo" e a promoção vinte anos depois (1862) da ideia de federação nas relações entre os Estados. De fato, os Estados que são convocados a federar-se em escala internacional não são Estados unitários com relação a sua constituição interna, mas constituem federações de comunas. Portanto, o campo de aplicação do princípio federativo não se limita apenas ao "direito das gentes", uma vez que a função desse princípio é garantir a continuidade da comuna à província, da província ao Estado e do Estado à federação dos Estados[45]. Recorrendo ao vocabulário de Kant, diremos que esse princípio diz respeito tanto ao "direito cívico" (primeiro nível do direito público) como ao "direito das gentes" (segundo nível do direito público). Entretanto, é lícito duvidar que essas distinções ainda tenham sentido, pois pressupõem a centralidade do Estado. Obviamente, a exigência de uma "constituição republicana" (artigo 1º do tratado da paz perpétua) é substituída agora pela exigência de uma "constituição federativa" interna a cada Estado. Mas essa mesma organização federativa se prolonga no plano internacional nas relações entre diferentes Estados que não têm vocação para formar um super-Estado mundial, uma vez que a ideia de um super-Estado trairia o princípio federativo ao projetar a mesma forma de determinado nível para o nível superior. Inversamente, quanto mais elevado o nível, mais as atribuições devem restringir-se e especializar-se, de tal modo que os níveis inferiores conservam o máximo de prerrogativas e poder de iniciativa, o que é excluído pela integração dos diferentes Estados num Estado mundial. Em contrapartida, é possível imaginar "Conferências" entre Estados em escala regional ou continental que tenham de coordenar-se à escala mundial. Nesse caso, o que se delineia é um federa-

---

[44] Ibidem, nota 1.

[45] Numa carta de 2 de novembro de 1862, escrita durante a redação de *Do princípio federativo*, Proudhon resume sua trajetória nos seguintes termos: "Se comecei em 1840 pela anarquia, conclusão da minha crítica à ideia governamental, é porque devia terminar pela federação, base necessária do direito internacional público europeu e, mais tarde, da organização de todos os Estados" (citado em Olivier Beaud, "Fédéralisme", cit.).

lismo radicalmente *não estatal*, e não estritamente "interestatal", no sentido como o entendemos acima: o Estado não desaparece, propriamente falando, mas já constitui apenas um escalão entre outros dentro de um *continuum* institucional que o ultrapassa tanto abaixo como acima. Embora corresponda à realidade histórica e social de um "povo", esse escalão está destituído de qualquer privilégio particular. Nesse sentido, um federalismo não estatal é um federalismo *não centrado*.

Foi justamente nessa compreensão da lógica própria do princípio federativo que a Comuna parisiense se apoiou para elaborar seu programa. Assim, a proclamação adotada em sua segunda reunião abre explicitamente a perspectiva de "constituição da federação das comunas da França"[46]. Não surpreende que Marx tenha precisado rever sua antiga posição para reconhecer a originalidade da constituição comunal em 1871. Na *Mensagem do Comitê Central*, de março de 1850, ele afirmava contra os democratas partidários da república federativa:

> os trabalhadores devem não somente lutar pela república una e indivisível, mas também, dentro dela, pela mais resoluta centralização do poder nas mãos da força de Estado. Não devem se deixar desviar pelos discursos democráticos sobre a liberdade das comunas [*Freiheit der Gemeinde*], o autogoverno [*Selbstregierung*] etc.[47]

Marx é mais categórico ainda quando afirma que não se deve admitir que um direito de cidadania comunal "se perpetue por meio de uma constituição comunal que se diz livre", antes de se referir elogiosamente ao exemplo de centralização dado pela França em 1793. Numa nota acrescentada na edição de 1885 dessa mensagem, ou seja, quase quinze anos após a Comuna, Engels indica que de modo algum renunciou à ideia da centralização política nacional como objetivo político do proletariado. Preocupado em dissipar o "mal-entendido" sobre o sentido da crítica de Marx ao comunalismo em 1850, ele opõe o autogoverno provincial e local da França da Revolução – que ele compara ao existente nos Estados Unidos da América

---

[46] Gustave Lefrançais, *Le Mouvement communaliste à Paris en 1871* (Coeuvres-et-Valsery, Ressouvenances, 2001), p. 197.

[47] Karl Marx, *Oeuvres: Politique I*, cit., p. 557 (tradução modificada). Hannah Arendt cita essa passagem no ensaio *De la révolution* (cit., nota 2, p. 561), mas engana-se quando afirma que esse texto foi escrito dois anos após *A guerra civil na França*, o que não diminui a pertinência de sua crítica.

– ao "egotismo tacanho, cantonal ou comunal que nos choca e repugna na Suíça". Essa oposição fácil entre a grande América do Norte e a estreiteza da Suíça não visa tanto pôr um federalismo contra o outro quanto justificar retrospectivamente a luta travada contra os "republicanos federalistas da Alemanha do Sul", que em 1849 tinham como único modelo os cantões suíços. Para além dessa lógica de autojustificação, a função dessa oposição é, sobretudo, restringir o reconhecimento do autogoverno comunal a condições estritas: a autonomia provincial e local somente é admissível se inserida no arcabouço definido pela centralização política nacional[48]. Isso significa que não há como fazer dessa autonomia a alavanca para uma construção política não unitária e não centralizada e que, dessa forma, ela perde amplamente sua substância. Caímos sempre na mesma limitação do marxismo: como o objetivo primeiro do proletariado é a conquista do poder de Estado, ele tem de centralizar suas forças e, para isso, precisa do arcabouço de um Estado unitário e centralizado.

A essa idealização política de 1793 Proudhon havia replicado de antemão, em sua obra *De la capacité politique des classes ouvrières* (1865), situando esse momento num processo plurissecular de formação da unidade francesa "por anexações sucessivas" que nada mais fez que continuar na revolução já em 1789: "Os reformadores de [17]89, retomando a obra monárquica, arvoraram esse regime de unidade em doutrina de Estado, sob a aclamação persistente até hoje de todo o povo"[49]. As comunas ainda resistiram algum tempo, mas sua vitalidade foi diretamente afetada pelas constituições dos anos II e III (que transformaram a administração municipal em simples subdivisão da administração central) e mais tarde, em 17 de fevereiro de 1800, pela instituição dos chefes de departamento (*préfets*). Essa evolução foi completada pela lei de 5 de maio de 1855, que atribui ao imperador e aos chefes de departamento a nomeação dos prefeitos e de seus adjuntos: "Pela lei de 5 de maio de 1855, a comuna tornou-se o que, *desde 1789, 1793 e 1795*, a lógica da unidade decidira que ela seria: uma simples sucursal da autoridade central"[50]. Mesmo diagnosticando a morte do "antigo espírito das comunas", Proudhon continua convencido de que "está che-

---

[48] Karl Marx, *Oeuvres: Politique* I, cit., nota da p. 557.
[49] Pierre-Joseph Proudhon, *De la capacité politique des classes ouvrières* (Paris, Dentu, 1865), p. 288.
[50] Ibidem, p. 293 (grifo nosso).

gando o momento em que, após uma última crise, atendendo ao apelo de novos princípios, começará um movimento em sentido contrário"[51].

Por uma dupla federação dos "comuns"

Contudo, pode-se perguntar como essa compreensão do princípio federativo pode fundar não só a organização das relações entre as comunas e a autoridade federal, ou entre os Estados e a autoridade federal, o que é ainda da esfera política *stricto sensu*, mas também a organização das inter-relações dos comuns na esfera do socioeconômico. Mais amplamente, cabe interrogar-se sobre a capacidade desse princípio de fundar não só a organização *interna* de cada uma dessas esferas, mas também a articulação *recíproca* entre elas. Para isso, é importante determinar antes de tudo o conteúdo do próprio princípio federativo.

No mundo burguês, argumenta Proudhon, dois princípios constituem "como que as duas colunas da sociedade e do Estado": de um lado, o princípio de "centralização política"; de outro, o princípio de "insolidariedade econômica", também chamado "anarquia mercantil e industrial", que "leva necessariamente ao feudalismo do capital", fazendo contrapeso ao primeiro princípio[52]. A esses dois princípios complementares convém opor não dois princípios distintos, mas um único e mesmo princípio, o da "mutualidade", que implica tanto autonomia municipal como solidariedade econômica. Por quê? "A palavra francesa *mutuel, mutualité, mutuation* [mútuo, mutualidade, mutuação], cujo sinônimo é *reciproque, reciprocité* [recíproco, reciprocidade], vem do latim *mutuum*, que significa empréstimo (de consumo) e, em sentido mais amplo, troca". Supondo-se que o tomador que consome esse empréstimo devolva seu equivalente numa forma ou noutra, e que o emprestador, por sua vez, se torne um tomador, teremos uma "prestação mútua" ou "troca". Mas o importante, segundo explica Proudhon, é compreender "como, com base nessa ideia de mutualidade, reciprocidade, troca, Justiça, em substituição a autoridade, comunidade ou caridade, se chegou a construir em política e em economia política um sistema de relações que tende a nada menos que transformar a ordem social de cabo a rabo"[53].

---

[51] Ibidem, p. 298.
[52] Ibidem, p. 287.
[53] Ibidem, p. 90.

Pode-se objetar que o princípio de mutualidade diz respeito apenas à esfera das trocas, ou seja, a do socioeconômico, e que ele tem dificuldade para se articular ao princípio federativo de que temos falado até agora. A resposta de Proudhon é que o federalismo nada mais é que a extensão do mutualismo para a esfera política: "Assim, transposto para a esfera política, o que até agora chamamos de mutualismo ou garantismo assume o nome de *federalismo*. Numa simples sinonímia nos é dada a revolução inteira, política e econômica [...]"[54]. Vemos que há, aí, simultaneamente, distinção das esferas econômica e política e identidade do princípio de uma esfera para outra. É a consciência dessa identidade que leva Proudhon a preconizar a instauração de "companhias operárias" que não estejam submetidas nem ao Estado nem ao capital, e é por essa mesma razão que a Comuna de Paris favoreceu a criação de oficinas cooperativas, em vez do desenvolvimento da grande indústria, pois a centralização extrema desta última é pouco compatível com o autogoverno na esfera da produção. Isso permite compreender por que a federação é *dupla* em seu princípio, isto é, federação das unidades de produção e federação das unidades comunais. É porque, como vimos acima[55], o federalismo deve combinar duas formas de democracia: a democracia política das comunas e a democracia industrial das companhias operárias. Nessas condições, é compreensível que a distinção dos dois tipos de federação, a política e a econômica agroindustrial, dependa inteiramente da compreensão do princípio federativo como ampliação do mutualismo a toda a sociedade.

A ideia de federação *dupla* que possibilite realizar a articulação entre as esferas política e socioeconômica nos parece bastante fecunda. Toda a questão está em saber se essa articulação pode basear-se no princípio de mutualidade. Como o próprio Proudhon indica, o *mutuum* de "mutualidade" remete antes de tudo à exigência de reciprocidade entre emprestador e tomador, à "troca de bons ofícios e produtos", o que o torna pouco transferível para as outras relações sociais, a não ser que se queira reduzir estas últimas a arranjos contratuais feitos entre unidades independentes. Aliás, essa é uma das propensões mais constantes do pensamento de Proudhon, como revela sua proposta de substituir as "leis" pelos "contratos". Ora, como

---

[54] Ibidem, p. 183.
[55] Ver, no capítulo 9 deste volume, "O federalismo como organização social e política".

observamos no início desta obra[56], embora *mutuum* derive de *munus*, este último não deixa de ser irredutível à exigência formal de reciprocidade, por ser indissociável do exercício de encargos públicos. Portanto, convém reafirmar a primazia do *munus* sobre o *mutuum* e, consequentemente, fazer do princípio da coobrigação que une os coparticipantes de uma mesma atividade tanto o princípio da organização interna das duas esferas quanto o princípio de sua articulação recíproca. Não cabe partir do princípio da esfera das trocas (o *mutuum*) para num segundo momento estendê-lo à esfera política, na forma de federação: isso seria ordenar a segunda esfera pela primeira, mesmo que seja em sentido diferente daquele ao qual fomos habituados por certo marxismo. Em vez de a centralização estatal "corresponder" à centralização da grande indústria, dessa vez a mutualidade política é que prolongaria a mutualidade das trocas econômicas. Mas, nos dois casos, a esfera política extrairia seu princípio de organização da esfera da economia, o que só poderia comprometer sua existência. No horizonte dessa posição, encontra-se a ideia bastante conhecida de dissolução do governo na economia, que assombrou o primeiro Proudhon, e que Marx insistirá em transformar em verdade última da história.

Inversamente, precisamos estabelecer, no mesmo ato, a diversidade irredutível dos dois tipos de federação e sua necessária coordenação democrática: ao contrário do *mutuum*, o comum não é um princípio econômico que se tornaria político ao estender-se à esfera política, tampouco um princípio moral de justiça válido para todas as épocas, mas um princípio político com vocação para governar tanto a esfera socioeconômica como a esfera política pública. A questão é saber como traduzir institucionalmente a diferença entre as duas esferas, sem impedir sua articulação.

Apesar de seu apego à separação absoluta entre as duas esferas, Hannah Arendt nos dá uma indicação indireta em sua resposta à última pergunta da entrevista reproduzida no texto "Reflexões sobre política e revolução" (1970). Ao defender uma "nova concepção de Estado" que rompa com o princípio de soberania (ou seja, "reivindicação de um poder sem limites e sem controle na condução da política estrangeira"), ela sugere que "os primeiros elementos dessa concepção poderiam ser tomados do sistema federal, cuja vantagem é que o poder não emana diretamente da base ou

---

[56] Ver, no capítulo 1 deste volume, "A co-atividade como fundamento da obrigação política".

da cúpula, mas reparte-se num plano horizontal, de modo que as unidades federadas limitam e controlam mutuamente seus poderes"[57]. Logo depois, ao citar o sistema de governo dos conselhos, ela toma o cuidado de especificar que "há conselhos *de toda espécie*, e não apenas conselhos operários"[58], como conselhos de bairro, profissões, prédios, fábricas etc., e todos constituem órgãos de participação nos assuntos públicos. A sugestão é ainda mais interessante porque se distancia da base puramente territorial que todas as propostas de refundação do sistema de governo dão à organização interna da esfera pública enquanto esfera política. Tome-se como exemplo a proposta de Jefferson no fim da vida: "Dividam os condados em distritos"[59]. Trata-se, sem sombra de dúvida, de uma nova "subdivisão administrativa" destinada a lutar contra o perigo de corrupção proveniente da expansão crescente da esfera privada: uma vez que os condados formam um nível ainda vasto demais para dar a cada cidadão a possibilidade de participar efetivamente dos assuntos públicos, as "repúblicas elementares" dos distritos teriam a função de colocar o espaço público ao alcance do simples cidadão. Seja como for, de uma ponta a outra da "gradação de autoridades" (distrito, condado, Estado, União), não se sai da lógica de ampliação progressiva da base *territorial* do governo político. Mas a extrema diversificação dos tipos de conselhos proposta na entrevista de 1970 leva a uma espécie de *pluralização radical da esfera pública:* dessa vez são conselhos formados a partir de uma base *socioprofissional*. Uma vez que essa nova forma de governo deve manter-se além do momento da efervescência revolucionária que assistiu ao seu nascimento, é difícil entender como os conselhos constituídos sobre essa base deixariam de introduzir interesses sociais na própria esfera pública. A pluralização imaginada favorece uma ampliação da esfera pública capaz de fazê-la responsabilizar-se por uma dimensão essencial do social: a da diversidade dos interesses sociais sempre capaz de redundar em conflito aberto.

Mas Arendt vai mais longe nas últimas linhas de sua entrevista: "Um Estado constituído dessa forma, a partir de conselhos, ao qual o princípio de soberania seria totalmente estranho, seria admiravelmente propenso a realizar *federações de diversos tipos*, em particular porque a própria base de

---

[57] Hannah Arendt, "Politique et révolution", em *L'Humaine condition*, cit., p. 1007-8.
[58] Ibidem, p. 1009 (grifos nossos).
[59] Idem, *De la révolution*, cit., cap. VI, p. 554.

seu poder se estabeleceria num plano *horizontal*, e não vertical"[60]. A pluralização radical dos tipos de federação sugerida nesse trecho é mais difícil de conciliar com o esquema proposto por Jefferson, que prevê *um único* tipo de federação, isto é, o que se estabelece em plano vertical, segundo a lógica da "gradação de autoridades". A horizontalização que se esboça nessa observação alusiva abre a possibilidade de relacionar não só todos os graus inferiores com o grau superior, mas também os diferentes graus inferiores entre si, sem passar pelo nível superior da pirâmide institucional – distrito com outros distritos, condado com outros condados etc., independentemente da eleição de delegados num nível superior. Pode-se ir ainda mais longe, considerando que o sistema de conselhos que Arendt preconiza inclui órgãos constituídos sobre base socioprofissional. Nesse caso, teríamos algo como uma *dupla horizontalidade* ou horizontalidade cruzada: por um lado, a inter-relação dos conselhos estabelecidos sobre base socioprofissional; por outro, a relação desses conselhos com conselhos estabelecidos sobre base estritamente territorial. Mas, uma vez que essa dupla relação deve ser reversível, haverá também a relação desses conselhos entre si e com os conselhos profissionais.

Se essa lógica institucional da dupla horizontalidade for levada às últimas consequências, será imaginável um sistema complexo, articulado a partir de uma dupla federação: de um lado, a federação dos comuns constituídos sobre base socioeconômica; de outro, a federação dos comuns estabelecidos sobre base puramente territorial; ou, se preferirmos, de um lado a federação socioeconômica e de outro a federação política. Entre esses dois tipos de comuns estabelece-se uma relação horizontal cruzada, de tal modo que: 1) os comuns socioeconômicos (comuns de produção, de consumo, bancos de sementes etc.) são constituídos independentemente de qualquer lógica territorial, isto é, apenas em função das necessidades do encargo das coisas pelas quais eles se formaram; assim, um comum fluvial ou florestal tem seu espaço próprio, que pode atravessar as fronteiras administrativas de uma região ou país, e é sustentado por regras próprias que valem dentro desse espaço; 2) em contrapartida, os comuns políticos se constituem segundo uma lógica de integração crescente entre os territórios; eles fazem prevalecer em determinado território regras que garantem a coordenação dos comuns sociais de seu âmbito. Qualquer que seja a extensão desse território, essas

---

[60] Idem, "Politique et révolution", cit., p. 1010 (grifos nossos).

regras definem uma "constituição política". A unidade básica dos comuns políticos é a *comuna*, forma elementar de autogoverno político local que devolve ao *municipium* romano seu antigo sentido de estrutura política. A constituição política básica, portanto, é a constituição comunal. Seja qual for o escalão territorial ao qual corresponda na pirâmide institucional, toda constituição política repousa no reconhecimento dos direitos fundamentais dos indivíduos. Ela entrega ao comum político a guarda vigilante desses direitos. Consequentemente, além da elaboração das regras constitucionais, os comuns políticos são instâncias de recurso para os indivíduos cujos "direitos subjetivos", em determinado comum social, estejam sob ameaça ou contestação. Esse sistema da dupla federação dos comuns tem vocação para estender-se em escala mundial.

Construindo uma cidadania política transnacional

Que tipo de cidadania poderia corresponder a essa proposta de federação mundial? Em todo caso, está excluída a possibilidade de se tratar de uma "cidadania mundial" pensada como projeção da cidadania estatal-nacional em escala mundial: como a federação dos comuns não delineia, de modo nenhum, os contornos de um Estado mundial, a cidadania correspondente a ele só poderá ser plural e descentrada, assim como o espaço público que ela reconfigura radicalmente. Mas não há dúvida de que lutar por esse objetivo implica atuar ativamente, desde já, pela construção de novas formas de cidadania que ultrapassem as fronteiras nacionais. Não vamos disfarçar a dificuldade da tarefa alegando a crise conjunta da nacionalidade e da soberania. Não resta muita dúvida de que estamos assistindo a um processo de "desnacionalização da cidadania". Mas não se deve ter ilusões sobre a natureza desse processo: "Muito mais que a mobilidade das populações, é a mobilidade do capital que corrói os fundamentos da cidadania nacional"[61]. Portanto, nenhuma "comunidade transnacional"[62] emerge desse processo de diluição da nacionalidade. Trata-se, pois, de *construir uma cidadania transnacional, sem nenhum pertencimento a qualquer comunidade transnacional*.

---

[61] Catherine Colliot-Thélène, *La Démocratie sans "demos"*, cit., p. 179.
[62] Segundo Soysal Yasemin Nuhoglu (*Limits of Citizenship*, Chicago, The University of Chicago Press, 1994, p. 3, citado em ibidem, p. 175), essa comunidade estaria se constituindo hoje.

Neste momento de perigo ambiental, pode ser tentador trazer de volta o cosmopolitismo, invocando uma "cidadania mundial": seríamos todos cidadãos do mesmo mundo, e esse pertencimento nos obrigaria a agir como cidadãos do mundo. Mas o mundo pode mesmo ser considerado uma cidade? De que ponto de vista podemos nos dizer cidadãos do mundo e que sentido devemos dar à noção de cidadania? Falamos acima da cidadania mundial, que Kant entende como uma cidadania supraestatal, distinta da "cidadania de Estado" e da cidadania infraestatal, isto é, da "cidadania de cidade"[63]. É indiscutível, a nosso ver, que a cidadania de Estado não é a "norma da cidadania em geral", mas devemos reconhecer, ao mesmo tempo, que a noção de cidadania perde muito de sua substância ao se diluir assim na escala mundial: como vimos, o direito de cidadania mundial se resume ao "direito de visita" que supostamente garante as trocas comerciais entre as nações, mas não é um "direito de residência". Nessas condições, não entendemos bem quem poderia evitar que a "cidadania mundial" perdesse todo conteúdo político atribuível. Parece que o supraestatal, se não estiver condenado a evaporar na moral, está pelo menos ameaçado pelo apolitismo.

Os estoicos ao menos podiam fundar a cidade do mundo sobre a constituição comum de todos os seres racionais (deuses e homens): para eles, preocupar-se com o bem comum (*koinónikon*) era pôr-se a serviço do Todo, do qual a cidade política (*pólis*) é apenas uma pequena imagem. A primazia da Cidade universal, ou "Cidade do alto", sobre a cidade política é afirmada com ênfase. Portanto, é *como homem* que cada um de nós é cidadão do mundo[64]. A dificuldade é que a cidadania parece condenada a perder em qualidade política o que ganha em extensão, de modo que a cidadania mundial tende a confundir-se pura e simplesmente com a qualidade humana, com a humanidade. O cosmopolitismo, nesse caso, está reduzido a afirmar uma cidadania não política. Mas uma cidadania não política não é puro contrassenso? Não escapamos da dificuldade invocando uma relação

---

[63] A cidadania de cidade remete à experiência histórica do "burguês" das cidades medievais que participava da gestão dos assuntos públicos, experiência que precedeu a "estatização da cidadania". Sobre a diferenciação das formas de cidadania em Kant, remetemos de novo à obra de Catherine Colliot-Thélène, *La démocratie sans "demos"*, cit., p. 120-1.

[64] Pierre Hadot, *La Citadelle intérieure* (Fayard, Paris, 1997), p. 227-8. Ele cita Marco Aurélio: "Como Antonino, minha cidade e minha Pátria é Roma. *Como homem*, minha cidade e minha Pátria é o Mundo" (grifos nossos).

de pertencimento a uma "Terra-Solo" como "cidade dos homens e do conjunto dos seres vivos"[65], porque essa relação exige que a cidadania mundial do cosmopolitismo seja pensada como "metapolítica" e, correlativamente, que o direito do cidadão do mundo seja pensado como um direito "da humanidade"[66]. Ora, o que é preciso conseguir pensar é uma forma específica de cidadania que elimine a alternativa: ou cidadania mundial necessariamente não política, seja ela infrapolítica ou metapolítica, ou cidadania política necessariamente estatal e nacional. Em resumo, é preciso abrir caminho para uma *cidadania política não estatal e não nacional*, evitando uma cidadania "moral" ou apenas "comercial" e "cultural". Não se deve duvidar de que essa atividade depende da práxis instituinte (por exemplo, estimulando a criação de coletivos que unam cidadãos de várias nacionalidades em torno de uma questão ambiental comum).

Além dessas experimentações políticas que extrapolam o âmbito da nação, pode-se cogitar a forma de cidadania que James Holston batizou com o belo nome de "cidadania insurgente" (*insurgent citizenship*), referindo-se à forma de cidadania praticada pelos cidadãos das populações desfavorecidas que vivem nos bairros periféricos das grandes metrópoles brasileiras: com sua luta eles conseguiram impor novos direitos até então reservados às minorias privilegiadas, especialmente na questão dos serviços públicos de saneamento e educação[67]. Esse exemplo permite compreender que a cidadania não estatal pode assumir formas muito diversas, do local ao transnacional, pondo em xeque a lógica de escalonamento acumulativo imaginado por Marshall (dos direitos civis para os direitos políticos e destes para os direitos sociais). Dissociada de qualquer relação de pertencimento e dos direitos ligados a esse pertencimento, a cidadania transnacional deve ser pensada em termos de *práticas*, e não em termos de direitos formais conce-

---

[65] Yves-Charles Zarka, *L'Inappropriabilité de la Terre* (Paris, Armand Colin, 2013), p. 45. Esse ensaio tenta deduzir a norma da inapropriabilidade de uma concepção fenomenológica da Terra como "solo" ao qual estaríamos ligados por uma relação de pertencimento. É justamente o caráter fundador dessa relação que nos parece problemático. No entanto, concordamos com o autor que "não se sai da lógica de apropriação opondo uma apropriação a outra: uma apropriação pública a uma apropriação privada (individual ou coletiva)" (ibidem, p. 49).

[66] Ibidem, p. 86 e 48.

[67] James Holston, *Cities and Citizenship* (Durham, Duke University Press, 1999), citado em Catherine Colliot-Thélène, *La démocratie sans "demos"*, cit., p. 183.

didos; entendida dessa forma, "a cidadania ainda tem relação com os direitos, e direitos que se atualizam em práticas: no uso de direitos reconhecidos, na defesa desses direitos quando estão sob ameaça, e na luta para obter direitos novos"[68].

Talvez se possa objetar que a prática dessa cidadania não é suficiente para aproximar de nós o horizonte de uma federação mundial dos comuns. Deixemos Hannah Arendt responder a essa objeção: "Mas se você me perguntar hoje quais são as chances de realização [de um Estado formado a partir dos conselhos], devo responder que são extremamente pequenas, se é que existem. Mas, talvez, afinal, com a próxima revolução..."[69].

---

[68] Catherine Colliot-Thélène, *La démocratie sans "demos"*, cit., p. 182.
[69] Hannah Arendt, "Politique et révolution", cit., p. 1010.

POST-SCRIPTUM SOBRE
A REVOLUÇÃO NO SÉCULO XXI

Hegel descreve o estranho pressentimento de um mundo novo que está chegando:

> Assim, o espírito que se forma amadurece lenta e silenciosamente até sua nova configuração, desintegra fragmento por fragmento o edifício do mundo precedente; o desmantelamento desse mundo é apenas indicado por sintomas esporádicos; a frivolidade e o tédio que invadem o que ainda subsiste, o vago pressentimento de algo desconhecido são sinais de alguma coisa diferente que está em marcha. Esse esmigalhamento contínuo que não alterava a fisionomia do todo é bruscamente interrompido pelo nascer do sol, que, num clarão, desenha de uma vez a forma do novo mundo.[1]

Se hoje sentimos que o velho mundo está desaparecendo "fragmento por fragmento", a estranheza de que fala Hegel é multiplicada pelo fato de que não sabemos muito bem se esse desmantelamento conduz ao reino tirânico e cada vez mais absoluto do capital ou a uma nova revolução democrática e anticapitalista em escala planetária. Seria bem ingênuo quem visse nesse desmoronamento pressentido apenas os sinais do "nascer do sol", ao passo que ele poderia muito bem estar anunciando uma noite sem fim. Portanto, estamos muito longe das antigas certezas que levavam os filósofos do século XIX a dizer que a ruptura na história era um parto, e o novo que estava chegando era sempre necessariamente "superior" ao antigo. Isso significa que, neste início de século XXI, ninguém consegue saber que caminho será tomado. Mas o que podemos dizer com certeza é que está se abrindo diante de nós

---

[1] Hegel, *Phénoménologie de l'esprit* (Paris, Aubier-Montaigne, 1966), p. 12 [ed. bras.: *Fenomenologia do espírito*. Trad. Paulo Meneses. 6. ed., Bragança Paulista, Editora Universitária São Francisco, 2011].

um longo período de convulsões, confrontos e reviravoltas. Os que sonham com uma transição suave para um mundo mais ecológico e generoso, os que acham que podem fazer o capitalismo voltar tranquilamente aos trilhos com algumas medidas fiscais, monetárias e alfandegárias, os que esperam um novo Keynes ou um novo Roosevelt, pecam gravemente por irrealismo e ignorância. Continuam não querendo compreender a impiedosa dinâmica pela qual o neoliberalismo transforma a concorrência na lei de nosso mundo e, sobretudo, não querem compreender o caráter *sistemático* do poder oligárquico mundial, feito de governança financeira e vigilância policial; recusam-se, por conseguinte, a admitir as injunções *insuperáveis* que o arcabouço institucional do neoliberalismo impõe a políticas, comportamentos e subjetividades, pelo menos enquanto formos seus prisioneiros.

No entanto, o impasse está claro. Como não ver que as "reformas" solicitadas hoje nada mais têm em comum com a causa do "progresso" em cujo nome eram travados os combates de ontem? Como não entender que o próprio termo "reforma" acabou significando exatamente o *contrário* de um avanço na direção da justiça social? Como não observar que, sem nenhuma exceção, a chamada esquerda "social-democrata" se condenou ao vazio político ao se tornar agente das injunções da globalização capitalista e das finanças de mercado[2]? Daí a sensação que às vezes toma conta de nós, de que o capitalismo venceu *plenamente*, impôs-se no centro dos sistemas políticos e, penetrando em profundidade na maneira de viver das populações, conseguiu até mudar "o coração e a alma" das pessoas, como queria Margaret Thatcher[3].

---

[2] Um ganhador do Prêmio Nobel de Economia, o estadunidense Paul Krugman, apontou muito lucidamente a "ruína intelectual" de certo presidente da República Francesa, durante muito tempo primeiro-secretário do Partido Socialista, quando este, numa entrevista coletiva, assumiu o dogma da "lei de Say", que há dois séculos é o fundamento da crença liberal na autorregulação dos mercados ("a oferta cria a própria demanda"). Esse é apenas um sintoma entre outros das mil e uma "ruínas" que podemos constatar todos os dias a nossa volta, no discurso público, nos comentários de jornalistas, nos editoriais da imprensa "séria", nas empresas e nas administrações públicas e até mais perto de nós, entre nossos parentes e colegas. Ver Paul Krugman, "Scandal in France", *New York Times*, 17 jan. 2014.

[3] E não são os relatórios e os posicionamentos que apontam o perigo crescente da explosão das desigualdades para o equilíbrio mundial e a estabilidade econômica que vão nos tranquilizar, sobretudo quando de autoria do FMI, do Vaticano, da OCDE ou do Fórum Econômico de Davos. Ver World Economic Forum, *Global Risks 2014*, Ninth Edition, jan. 2014.

É verdade que não é fácil desvendar a lógica que comanda as transformações que vêm acontecendo. Os discursos se contradizem, quando não são violentamente desmentidos pelos atos. A inconsequência da mídia e das autoridades políticas, nesse aspecto, é impressionante: consegue-se elogiar a competição pela manhã, deplorar o desemprego e a pobreza à tarde e pedir a liberalização do mercado de trabalho à noite. Mas, por trás dessas contradições e dessa inconsequência, que petrificam o espírito enquanto liquefazem a vontade, existe uma racionalidade, uma "nova razão do mundo", para retomarmos o título do livro que publicamos em 2009. O que tivemos de ouvir! Alguns críticos nos acusaram de alimentar o fatalismo e o desânimo. Para eles, a crise financeira marcava o fim do ciclo neoliberal e, para muitos, significava o retorno do Estado social e do keynesianismo. Nosso discurso, portanto, vinha na contramão: todos juravam que, com a crise e diante da falência do capitalismo "selvagem", a Terra ia recomeçar seu movimento de revolução na direção certa, após um retrocesso de algumas décadas, e que bastava "regular", "reativar" e "moralizar" para que tudo recomeçasse como em 1945. Vimos no que deram os prognósticos "otimistas" e "voluntaristas". Nós insistimos e confirmamos: a razão neoliberal não parou de se impor, não só porque ainda não encontrou forças contrárias suficientes, mas também porque a maneira como ela se impõe ainda não foi bem entendida. O confinamento disciplinar no esquema da concorrência universalizada é a principal alavanca da transformação das sociedades e dos Estados, para o máximo lucro de uma oligarquia muito pequena em número, mas extremamente poderosa, que consegue drenar a seu favor os ganhos oriundos da competição[4].

Mas também afirmamos que não há nada de inelutável nesse cosmocapitalismo, e que é possível uma reviravolta da história. O neoliberalismo só se impôs pela implantação de políticas deliberadas que construíram pouco a pouco o *arcabouço institucional* em cujo interior se acredita ter livre curso a luta sem quartel entre povos e indivíduos. É o rigor inflexível desse arcabouço macro e microeconômico, material e ideal, político e social, que alimenta, talvez como nunca desde o início do capitalismo, a visão pesadelar de um sistema do qual ninguém mais consegue sair. Na verdade, é perfeitamente correto, quase por definição, que o que *funciona* no arcabouço institucional do mercado concorrencial é necessariamente determinado

---

[4] Joseph Stiglitz, *Le Prix de l'inégalité* (Paris, Les Liens qui Libèrent, 2012).

pelas injunções sistêmicas e pelas próprias finalidades das instituições capitalistas. Nesse sentido, os neoliberais foram bem-sucedidos na revolução *deles*, que foi também e sobretudo uma contrarrevolução, ao tentarem alcançar o objetivo que se propunham pela criação consciente de um *sistema coerente de instituições capitalistas*. Desse estrito ponto de vista, esses construtivistas institucionais demonstram uma coerência sem termo de comparação com a dos "pragmatistas" e "realistas" da pretensa "social-democracia".

Consequentemente, romper com o neoliberalismo exige que o arcabouço institucional existente seja desconstruído e substituído por outro. Como Auguste Comte gostava de dizer, imitando Danton, só se destrói bem o que se substitui. Portanto, a esquerda precisa se reinventar, assumindo que é plenamente revolucionária, tal como os neoliberais souberam ser a seu modo. E a boa notícia é que, trazendo à tona a exigência do comum, os movimentos de resistência e as insurreições democráticas deram, há mais de dez anos, o primeiro grande passo na formação de uma racionalidade alternativa: o comum é a *nova razão política* que deve substituir a razão neoliberal.

Recuperando a grandeza da ideia de "revolução"

A época neoliberal deixa pouca margem à "adaptação" do capitalismo por meio do direito público e da proteção social em suas bases atuais. Se é para sair dele, só poderá ser por uma *revolução*. A palavra pode surpreender, repugnar ou seduzir. Está desgastada e, ao mesmo tempo, é inquietante. O marketing e a tecnologia fazem revolução de tudo o tempo todo, "rupturas" sucedem a "rupturas" interminavelmente no mundo político. Há trinta anos, "revolucionário" é o empreendedor inovador que subverte hábitos, ou então o político que não respeita tabus ou não tem escrúpulos, que ousa "medidas corajosas" *contra* a população. É verdade que também ocorre a pessoas de esquerda ainda falar de "revolução" em sentido diferente, mas é para designar rupturas parciais, que acreditam ser possível integrar no regime atual do capitalismo: assim, alguns desejariam uma "revolução" nas instituições políticas (uma república mais democrática) ou então uma "revolução fiscal" (progressividade tributária maior), enquanto outros prefeririam uma "revolução monetária" (saída do euro). De todo modo, essa forma de falar revela uma hesitação sintomática diante da ideia de uma revolução que pudesse *reverter* a direção das políticas, a lógica das instituições, o significado que damos à vida coletiva.

Para muitos, essa revolução parece pouco desejável, perigosa e, em todo caso, impossível. Não poderá ser desejada enquanto estivermos convencidos de que *toda* revolução é totalitária, se não no projeto, ao menos nas consequências. Foi exatamente por esse caminho que o pensamento conservador conseguiu nos fazer acreditar até hoje que qualquer mudança na ordem social seria um perigo mortal para as liberdades individuais. Uma das figuras retóricas reacionárias mais comuns é que democracia demais mata a liberdade, portanto é preferível a dominação "branda" das oligarquias, que supostamente respeitam as liberdades, a um regime em que a soberania popular poderia suprimi-las[5].

Mas, desejável ou não, de qualquer modo a revolução seria impossível nos "países desenvolvidos", segundo a retórica conservadora. Quando muito, seria adequada apenas aos países politicamente atrasados, dos quais se espera que imitem a história das democracias europeias e estadunidense, se possível com o bom gosto de evitar seus "excessos". Nesse aspecto, o neoliberalismo não foi apenas um discurso contrarrevolucionário, movido pela consciência de uma ameaça revolucionária constante da qual era preciso proteger-se; sua novidade mais radical foi ter *apagado* do pensamento a ideia de que a história não está fadada à eterna repetição do mesmo, de que o futuro pode ser feito de algo diferente do capitalismo. Logo, seria supérfluo "defendê-lo" de seus inimigos, porque o capitalismo *é* a realidade, ou seja, a única que conheceremos para sempre. Em meados dos anos 1990, François Furet deu uma versão límpida desse ilusionismo retórico. E não hesitou em escrever esta frase definitiva: "A ideia de sociedade diferente tornou-se quase inconcebível, aliás, no mundo de hoje, ninguém aventa nem mesmo o esboço de um conceito novo sobre o assunto. Estamos condenados a viver no mundo em que vivemos"[6]. Isso é uma reedição em modo menor das predições de Tocqueville sobre o fim dos ideais revolucionários. Lembramos que, desde os anos 1830, Tocqueville afirmava que os indivíduos democráticos,

---

[5] A principal argumentação encontra-se no trabalho do historiador estadunidense Jacob Talmon, *Les Origines de la démocratie totalitaire* (Paris, Calmann-Lévy, 1966). Albert O. Hirschman mostrou que a retórica reacionária mobiliza três grandes esquemas: o efeito perverso (*perversity*), que inverte as intenções; a futilidade da revolução (*futility*); e o risco de destruição do que já foi conquistado (*jeopardy*). Ver Albert O. Hirschman, *Deux siècles de rhétorique réactionnaire* (Paris, Fayard, 1991).

[6] François Furet, *Le Passé d'une illusion: essai sur l'idée communiste au XXe siècle* (Paris, Livre de Poche, 1996), p. 808-9.

mergulhados no materialismo honesto de seus interesses privados, só podiam abdicar de fazer da mudança da sociedade o objeto de suas paixões. O que as revoluções estadunidense e francesa fizeram não foi tanto dar início a um ciclo de convulsões políticas; o que mais fizeram foi fechar os indivíduos num universo individualista e utilitarista[7]. No mundo dos indivíduos privados, já não existe política, bem comum nem história, dizia Furet:

> A sociedade moderna caracteriza-se por um déficit da política em relação à existência individual privada. Desconhece a ideia de bem comum, porque as pessoas que a compõem, mergulhadas no relativo, têm cada uma sua própria ideia a respeito; essa sociedade só pode conceber essa ideia em termos de gosto pelo bem-estar, que mais divide do que une e, com isso, destrói a comunidade que se pretendia construir em seu nome. A ideia revolucionária é a impossível conjuração desse infortúnio.[8]

Obviamente, é possível justificar-se com esse tipo de análise para manter vivas as grandes intuições de Tocqueville, à maneira das ciências sociais: tendência a encerrar os indivíduos em seu mundo privado, predileção pelo consumo invejoso e compensador, ou ainda o peso cada vez maior da burocracia. Mas a pergunta permanece: privatização dos indivíduos, cultura do consumo e burocratização da sociedade acaso constituem a *última palavra* de uma humanidade definitivamente desencantada ou mesmo conformada com seu destino? Essa concepção de história fechada para sempre é estritamente simétrica à crença "progressista" de que a espécie humana progrediria de patamar em patamar, numa ascensão providencial ou, para usarmos o termo de Péguy, pela lógica de uma "poupança" que cresce sem cessar.

Desde que Furet deu sua versão do fim da história, como se ela fosse a verdade última da queda do muro de Berlim, outros acontecimentos em todo o mundo vieram invalidar cruelmente seu prognóstico. A ideia de que

---

[7] Mas sabe-se também que, às vésperas da Revolução de 1848, Tocqueville, a par da estranha difusão das ideias socialistas na Europa, voltou atrás em suas profecias. Chegou mesmo a soar o sinal de alarme para os conservadores: "perigo do futuro: guerra de classes", escreveu em notas redigidas em 1847 (ver Alexis de Tocqueville, *Oeuvres complètes III*, Gallimard, Paris, 1985, col. "Pléiade", t. 2, p. 727). Mais tarde, no calor dos acontecimentos, ele dirá na famosa alocução à Assembleia Nacional, em 12 de setembro de 1848, que o que estava em jogo na Revolução de Fevereiro era a contestação da propriedade em nome da reivindicação da igualdade (ver ibidem, I, p. 1142).

[8] François Furet, *Le Passé d'une illusion*, cit., p. 57.

a revolução estaria definitivamente "fora de cena" parece já obsoleta. Aliás, foi se tornando cada vez mais comum ouvir dizer que o "modelo econômico" já não é ecologicamente sustentável, que a explosão das desigualdades ameaça seriamente a democracia, e que o tecido social está se desfazendo. Em resumo, que essa situação não pode durar e que é preciso mudar o sistema. A impotência dos Estados para corrigir a trajetória do capitalismo financeiro – supondo-se que sejam movidos por essa vontade, o que está longe de ser confirmado –, a dúvida cada vez maior sobre a própria possibilidade de uma política social e ecológica eficaz, o crescimento do ódio entre os grupos sociais, tudo leva a crer que uma reviravolta na ordem existente é desejável, se não possível. Mas, se a revolução é desejável, por que não seria possível? Não existe nenhuma lei na história que nos garanta o advento de uma revolução, assim como não existe nenhuma que nos proteja de um retorno à barbárie. Mas também não existe nenhuma que impeça para sempre a possibilidade de uma revolução desejável.

A revolução como "autoinstituição da sociedade"

Hoje é possível e desejável recuperar uma ideia de revolução que não tem nada a ver com alguma espécie de apocalipse milenarista ou com uma marcha triunfal rumo a um futuro radiante. Numa entrevista intitulada "Ce qu'est une révolution" ["O que a revolução é"], Castoriadis pretendia desfazer a confusão: "Revolução não significa nem guerra civil nem derramamento de sangue. Revolução é uma mudança em certas instituições centrais da sociedade pela atividade da própria sociedade: autotransformação da sociedade em curto espaço de tempo"[9]. Também não deve ser confundida com "alteração" de instituições como família, língua ou religião, que têm temporalidades próprias, muito mais longas. Castoriadis explica que "revolução é a entrada do essencial da comunidade numa fase de atividade política, isto é, instituinte"[10]. Portanto, revolução é um momento de aceleração, intensificação e coletivização dessa atividade consciente que designamos como "práxis instituinte". É, mais exatamente, o

---

[9] Entrevista com François Dosse (24 nov. 1987), *Espaces Temps*, n. 38-39, 1988. Reproduzido em Cornelius Castoriadis, *Une Société à la dérive: entretiens et débats 1974-1997* (Paris, Le Seuil, 2005), p. 177-84.

[10] Ibidem, p. 177.

momento em que a práxis instituinte se torna instituição da sociedade por si mesma ou "autoinstituição". Mas como devemos entender exatamente essa ideia de revolução como autoinstituição?

Para responder a essa pergunta, é importante voltarmos aos sentidos que a ideia de revolução trouxe até a época moderna, tal como foram analisados por Hannah Arendt[11]. Sabemos que ela identifica no sentido astronômico do termo ("movimento regular de rotação dos astros") a origem de sua acepção política: a palavra "revolução" designava em primeiro lugar um "movimento cíclico e recorrente", sem nenhuma ideia de "novidade" ou "violência"; mais tarde, em consequência de sua transposição para as questões humanas, tomou um sentido de "restauração" de um estado pretensamente original. O exemplo da Revolução Gloriosa de 1688 indica que a palavra, empregada pela primeira vez no sentido político moderno, significava "movimento de retorno a um ponto preestabelecido e, consequentemente, retorno pendular a uma ordem predefinida", nesse caso, a "restauração do poder monárquico em sua virtude e glória primeiras"[12]. Com a Revolução Francesa, a palavra deixou de designar retorno a um estado primeiro e passou a significar inexorabilidade de um processo que nenhum poder humano é capaz de deter. Desde então, a revolução apareceu como uma "poderosa corrente subjacente que arrastava os homens com ela", como um "processo irresistível", que metáforas como "onda", "torrente" ou "correnteza" estavam encarregadas de expressar[13]. Considerada desse ponto de vista, a revolução não é obra humana: "Não fizemos a revolução, foi a revolução que nos fez", diz Danton na peça de Georg Büchner[14]. Coube a Hegel dar a essa ideia uma forma de consagração teórica, ao pensar a "força" e a "necessidade" da história universal como "processo". De fato, a citação reproduzida no início deste *post-scriptum* expressa bem o caráter quase natural do processo de maturação interrompido por um súbito "nascer do sol". E é essa mesma metáfora de "magnífico nascer do sol" que os cursos sobre a *Filosofia da história* aplicam liricamente à Revolução Francesa, a ponto de realçar o contraste entre o acontecimento histórico e a rota-

---

[11] Hannah Arendt, *De la révolution*, cit., cap. 1.
[12] Ibidem, p. 361.
[13] Ibidem, p. 367.
[14] Georg Büchner, "La Mort de Danton", em *Oeuvres complètes* (Paris, Le Seuil, 1988), p. 124.

ção uniforme dos planetas em torno do Sol[15]. A esse sentido da palavra, como se sabe, Arendt opôs o sentido evidenciado pela experiência histórica da revolução estadunidense: o de "fundação da liberdade política" por novas instituições que inauguram uma "nova ordem dos séculos" (*novus ordo saeculorum*). Dessa comparação entre as revoluções francesa e estadunidense é extraída a conclusão de que esta última, por ter evitado a "questão social", esquivou-se da armadilha do Terror, visando a "instauração da liberdade" na esfera pública, em vez da "libertação" da opressão e da necessidade; tanto é verdade que "qualquer tentativa de resolver a questão social por vias políticas conduz ao terror"[16].

Foi a essa crítica da Revolução Francesa que Castoriadis respondeu numa entrevista dedicada à ideia de revolução, publicada em 1989[17]. Interrogando-se sobre a "especificidade da criação histórica" representada pela Revolução Francesa, ele põe em evidência a radicalidade desta em comparação com a revolução norte-americana. Na América do Norte, a instituição da sociedade permaneceu restrita à esfera política pública; para os Pais fundadores, havia um estado social herdado do passado: o estado da "livre propriedade agrária", que eles consideravam adequado e não cogitavam mudar; assim, "para eles falta[va] apenas instituir o complemento político desse estado social"[18]. Por contraste, "a grandeza e a originalidade da Revolução Francesa residem, em minha opinião, exatamente naquilo pelo que muitas vezes ela é criticada: o fato de tender a questionar, em direito, a *totalidade* da instituição existente da sociedade. A Revolução Francesa não pode criar politicamente se não destruir socialmente"[19]. Donde as duas críticas à crítica arendtiana. Em primeiro lugar, como dissemos, ela não reconhece que "a questão social *é* uma questão política", o que, em termos contemporâneos, é formulado da seguinte maneira: "O poder econômico não é, *ipso facto*, também poder político?"[20]. Em segun-

---

[15] Hegel, *La Philosophie de l'histoire* (Paris, Le Livre de Poche, 2009), p. 561-2 [ed. bras.: *Filosofia da história*, trad. Maria Rodrigues e Hans Harden, 2. ed., Brasília, Editora da UnB, 2008].

[16] Hannah Arendt, *De la révolution*, cit., p. 423.

[17] Cornelius Castoriadis, "L'Idée de révolution", em *Le Monde morcelé*, cit., p. 191-212.

[18] Ibidem, p. 192.

[19] Ibidem, p. 193 (grifo nosso).

[20] Ibidem, p. 193-4.

do lugar, ela não leva em conta o fato de que o Antigo Regime foi uma "estrutura social total", e não uma estrutura apenas política: "Todo o edifício social precisa ser reconstruído, sem o que a transformação política é materialmente impossível. A Revolução Francesa, por mais que quisesse, não poderia simplesmente sobrepor uma organização política democrática a um regime social que ela manteria intacto". Consequentemente, "enquanto a revolução estadunidense pôde construir em cima da ilusão de uma 'igualdade' já existente no estado social", a Revolução Francesa se deparava com um passado milenar que lhe impunha "atacar o edifício social como tal"[21]. Na França, a revolução adquiriu o sentido de autoinstituição total da sociedade, e é esse o sentido que convém recuperar hoje para levar ainda mais longe esse trabalho consciente da sociedade sobre si mesma. Na realidade, a Revolução Francesa chocou-se contra limites atinentes ao imaginário político dominante: o de Estado e de soberania da Nação, o que determinou a prevalência da lógica da representação[22].

Entendida em sentido próprio, revolução é, pois, "reinstituição explícita da sociedade" pela "atividade coletiva e autônoma" da própria sociedade, ou de grande parte dela[23]. É a partir dessa ideia de revolução que hoje devemos trabalhar para a elaboração de um projeto de transformação radical da sociedade. Apenas a referência às "contracondutas"[24] não é suficiente: com a razão neoliberal, confrontamos uma "estrutura social total", sem dúvida muito diferente da sociedade do Antigo Regime, mas que nem por isso deixa de impor a mesma radicalidade dos que pretendem trabalhar por sua derrubada. Essa radicalidade não permite que a revolução seja concebida como a restauração de um estado de coisas anterior ao advento do neoliberalismo, do mesmo modo que não permite que ela seja pensada como

---

[21] Ibidem, p. 194.

[22] Ibidem, p. 198.

[23] Ibidem, p. 202.

[24] Também recorremos a esse conceito foucaultiano para pensar a resistência à governamentalidade neoliberal: sem negar o valor desse conceito, parece-nos que somente um novo projeto revolucionário é capaz de preparar o que Foucault denomina a "codificação estratégica dos pontos de resistência que torna a revolução possível". Ver Michel Foucault, *Histoire de la sexualité I: la volonté de savoir* (Paris, Gallimard, 1976), p. 127 [ed. bras.: *História da sexualidade I: a vontade de saber*, trad. Maria Thereza da Costa Albuquerque e J. A. Guilhon Albuquerque, 2. ed., Rio de Janeiro, Paz e Terra, 2015].

efeito de um processo de maturação orgânica ou como manifestação de uma necessidade histórica imanente, seja na forma de um "nascer do sol" ou de um "parto". De todos os sentidos ligados à ideia de revolução que Arendt analisou, o único que sobreviveu foi o de "novidade", isto é, de fundação de uma nova ordem pela invenção de instituições políticas destinadas a subverter a estrutura da sociedade. Tal projeto revolucionário só pode ser concebido se for articulado a práticas de natureza muito diversas, isto é, econômicas, sociais, políticas e culturais. Se acabarem por despontar suficientes linhas de força comuns, graças aos laços entre os atores dessas práticas, poderá cristalizar-se uma "significação imaginária" que dê sentido àquilo que até então parecia não passar de ações ou posicionamentos dispersos, díspares ou até mesmo marginais.

Instituindo o inapropriável

No cerne do projeto revolucionário, tal como o compreendemos, encontra-se o *princípio* do comum. Convém estabelecer aqui, da forma mais exata possível, o que entendemos por princípio do comum, retomando e condensando as determinações que fomos extraindo ao longo de nossa análise. As observações a seguir têm esse intuito.

1. Em primeiro lugar, privilegiamos sistematicamente o substantivo "comum", em vez de recorrermos ao adjetivo, como é costume, chegando a omitir o artigo definido no título da obra: é que queríamos mostrar logo de saída que entendemos (o) "comum" no sentido de *princípio*, e não no sentido de coisa, de substância ou de qualidade própria a uma coisa ou conjunto de coisas. O que é um princípio? Princípio é o que vem primeiro e fundamenta todo o resto. Princípio não é um "início" que tenha a virtude de "apagar-se diante do que vem depois", ou simples "ponto de partida" que se deixaria definitivamente para trás, nunca mais voltando. É um verdadeiro começo, um "começo sempre a começar", isto é, um começo que rege e domina tudo o que vem depois[25]. O grego *arché* tem o sentido duplo de começo e comando: *arché* é a fonte da qual

---

[25] Pierre Aubenque, *Problèmes aristotéliciens: philosophie théorique* (Paris, Vrin, 2009), p. 124.

deriva todo o resto[26]. O comum é um princípio político no sentido de ordenar, comandar e reger toda a atividade política. Além disso, no sentido lógico do termo, um princípio é uma premissa de um raciocínio ou demonstração, isto é, uma *proposição*, no sentido que demos ao termo na terceira parte desta obra: as nove "proposições políticas" têm valor de princípios lógicos por serem premissas de um raciocínio por vir e, também, por serem enunciadas para indicar por que o comum é um princípio político.

2. O comum, apesar de ser um princípio, não é um princípio como os outros: é um *princípio político*, ou melhor, é *o* princípio político. Entendemos por "política" a atividade de deliberação pela qual os homens se esforçam para determinar juntos o que é justo, bem como a decisão e a ação decorrentes dessa atividade coletiva. Portanto, política não é um "fazer" reservado a uma minoria de profissionais, não diz respeito à competência de especialistas e não pode ser profissão: ela é assunto para aquele que queira ou deseje participar da deliberação pública, seja qual for seu *status* ou sua profissão[27]. No fundo, a política é a atividade de "tomar parte" da deliberação, de "expor em comum palavras e pensamentos". Por isso, embora alguns sonhem com uma política baseada na prova científica, conforme o modelo da medicina baseada na prova[28], é importante lembrar a verdade elementar: uma política que obrigasse ao consentimento por provas já não seria política. Pois sem deliberação e exercício do julgamento nenhuma política é possível, e a consequência disso é que uma "política científica" não é política, mas negação cientificista da política, quando não sua negação terrorista.

3. Como princípio político, o comum exige que a participação numa mesma atividade seja o fundamento da obrigação política, portanto que a co--atividade seja o fundamento da coobrigação: o *munus* compreendido no

---

[26] Aristóteles, *La Métaphysique* (Paris, Vrin, 1974). t. 1, 1013a, 15, p. 247 [ed. bras.: *A metafísica*, trad. Edson Bini, 2. ed., São Paulo, Edipro, 2012].

[27] Aquele que os gregos chamavam *ho boulomenos*, isto é, o "primeiro a chegar", mas no sentido de "qualquer um que *queira* se adiantar e fazer uma proposta". Ver Bernard Manin, *Principes du gouvernement représentatif* (Paris, Champs/Flammarion, 1996), p. 29.

[28] A expressão inglesa é "*evidence based medecine*", literalmente "medicina baseada em dados probatórios". A expressão "*evidence based policy*", bastante difundida hoje, é derivada da primeira.

termo "comum" significa ao mesmo tempo obrigação e atividade, ou tarefa. Disso resulta que nenhum *pertencimento* – etnia, nação, humanidade etc. – pode ser em si o fundamento da obrigação política. Disso resulta também que essa obrigação não tem nenhum caráter sagrado ou religioso, o que implica que qualquer fonte transcendente, qualquer autoridade exterior à atividade devem ser rejeitadas. A obrigação política procede inteiramente do *agir comum*, extrai força do compromisso prático que une todos os que elaboraram juntos as regras de sua atividade, e vale apenas para os coparticipantes de uma mesma atividade.

4. Assim entendido, o comum não pode ser um *objeto*, pelo menos no sentido do que é visado pelo desejo ou pela vontade: ele está aquém de qualquer objetivação e não é sequer a qualidade pela qual um objeto é percebido como desejável. Portanto, não é um *fim* que se vise ou se procure: o comum não deve ser confundido com o que se pode chamar de "bem comum". Em filosofia política, bem comum designa o que se deve buscar e determinar juntos; confunde-se com o justo por coincidir com a vantagem comum que a deliberação coletiva deve visar[29]. Nesse sentido, é o desejável por excelência. Isso não significa dizer que uma sociedade, seja qual for, possa se eximir de determinar o conteúdo do "bem comum"; significa apenas que esse bem deve ser sempre determinado em comum. Portanto, o comum é o princípio que faz buscar o objeto que é o "bem comum"; tanto é verdade que, para visá-lo e buscá-lo de fato, já é preciso participar de uma atividade de deliberação comum. Verifica-se com isso que é o comum que vem primeiro, e não o "bem comum".

5. Não sendo objeto, o comum não é coisa (*res*), tampouco propriedade ou característica de uma coisa que constitua sua essência. Portanto, *o comum não se confundirá com o que* é comum em razão de tal ou qual propriedade inerente a sua natureza: por exemplo, a luz ou o ar são inegavelmente "comuns", mas nem por isso são da esfera *do* comum. O comum também não se confundirá com *o que* é comum em direito e pode ser tanto uma coisa material (o alto-mar, as águas correntes não dominiais, os espaços classificados como patrimônio comum da huma-

---

[29] Recordemos mais uma vez a fórmula de Aristóteles: como o objetivo é um bem, e o maior bem reside na faculdade política, e o "justo é o bem político, isto é, o proveito comum", então "é preciso buscar o que é justo" (*Les Politiques*, cit., p. 246).

nidade etc.) como uma coisa imaterial (ideias, informações relativas ao mundo real, descobertas científicas, obras intelectuais de domínio comum). A categoria jurídica "coisa comum" (*res communis*) desvincula as coisas da atividade, embora seja apenas pela atividade que as coisas possam realmente se tornar comuns. Portanto, ela deve ser abandonada.

6. Em compensação, falaremos *dos comuns* para designar não o que *é* comum, mas aquilo de que se encarrega uma atividade que põe algo em comum, isto é, aquilo que ela *torna* comum. Nada é comum em si ou por natureza, apenas as práticas coletivas decidem, em última análise, o caráter comum de uma coisa ou conjunto de coisas. Portanto, há comuns de espécies muito diversas, em função do tipo de atividade dos atores que os instituem e se empenham em conservá-los e mantê-los vivos (comuns fluviais, comuns florestais, comuns de produção, comuns de sementes, comuns de conhecimento etc.). A natureza e as propriedades da coisa tomada sob o encargo dos atores naturalmente não são indiferentes ao tipo de atividade, mas é sempre a atividade que "comuniza" a coisa, inserindo-a num espaço institucional pela produção de regras específicas relativas a seu encargo.

7. O comum é, acima de tudo, uma questão de *instituição* e *governo*. Até aqui, ao falarmos da instituição do comum, entendemos o comum em geral como *objeto* do ato de instituir, e não o comum como princípio: pois, embora *o* comum como princípio não tenha de ser instituído, mas simplesmente tem de ser reconhecido intelectualmente e na prática, todos *os* comuns têm de ser instituídos. Cada comum deve ser instituído por uma prática que abra certo espaço ao definir as regras de seu funcionamento. Essa instituição deve continuar para além do ato pelo qual o comum é criado. Deve ser sustentada ao longo do tempo por uma prática que tenha a possibilidade de modificar as regras por ela própria estabelecidas. Chamamos essa prática de *práxis instituinte*. A práxis instituinte não é do âmbito da "gestão", no sentido de administração sem poder de decisão. Na realidade, a ilusão gestionária está associada à concepção naturalista do comum: se o comum estivesse inscrito na natureza e nas propriedades das coisas, seu reconhecimento poderia ser objeto de um consenso que estaria além do conflito dos interesses sociais. Ao contrário da "gestão", o "governo" cuida dos conflitos e tenta superá-los por meio de uma decisão relativa às regras. Portanto, a práxis instituinte é uma *prática de governo dos comuns* pelos coletivos que lhes dão vida.

8. Como princípio político, o comum tem vocação a prevalecer *tanto* na esfera social como na esfera política pública. Portanto, está fora de cogitação limitar previamente sua primazia a essa esfera, entregando a esfera da produção e das trocas à guerra de interesses privados ou ao monopólio do Estado. Mas, em razão de seu caráter de princípio político, o comum também não constitui um novo "modo de produção" ou um "terceiro" interposto entre o mercado e o Estado, criando um terceiro setor da economia, ao lado do privado e do público. Como não implica a supressão da propriedade privada, a primazia do comum não exige *a fortiori* a supressão do mercado. Em contrapartida, exige a subordinação de ambos aos comuns e, nesse sentido, a *limitação* do direito de propriedade e do mercado, não simplesmente subtraindo certas coisas à troca comercial com a finalidade de reservá-las ao uso comum, mas eliminando o direito de abuso (*jus abutendi*) pelo qual uma coisa fica inteiramente à mercê do bel-prazer egoísta do proprietário.

9. Se o *comum* é um princípio político transversal às duas esferas, e se os *comuns* são os espaços institucionais abertos por certo tipo de atividade relativo a certas coisas, seja qual for o gênero delas, é porque existem tanto comuns *políticos* como comuns *sociais*. Os comuns políticos se encarregam da "coisa pública" em todos os diferentes níveis, do local ao mundial, passando pelo nacional. A esfera socioeconômica é organizada a partir do critério da extensão da atividade social, de acordo com a lógica federativa. A esfera política pública é organizada com base estritamente *territorial*, por uma gradação de escalões, também segundo a lógica federativa. A *comuna* é a forma elementar do autogoverno na esfera propriamente política; nesse sentido, é o *comum político de base*. Portanto, está fora de questão perpetuar o modelo do Estado-nação unitário e centralizado, ordenado pelo princípio de soberania. Desse modo, o princípio político do comum delineia os contornos de uma *dupla* federação: federação dos comuns socioeconômicos constituídos sobre uma base socioprofissional, federação dos comuns políticos constituídos sobre uma base territorial. Constitui-se assim uma *democracia dos comuns*.

10. Como princípio, o comum define uma norma de *inapropriabilidade*. É preciso refundar todas as relações sociais a partir dessa norma: inapropriável não é aquilo do qual ninguém *pode* se apropriar, isto é, aquilo cuja apropriação é impossível, mas aquilo do qual ninguém *deve* se

apropriar, isto é, aquilo cuja apropriação não é *permitida* porque deve ser reservado ao uso comum. Portanto, compete à práxis instituinte determinar o que é inapropriável. Pode-se objetar que o que é inapropriável não pode ser objeto de instituição e tem apenas de ser reconhecido como o inapropriável que é: querer instituí-lo é fazê-lo depender do ato de um ou vários sujeitos e, dessa forma, apropriar-se dele. Mas isso é esquecer, em primeiro lugar, que o sujeito coletivo é produzido pelo ato comum da instituição, em vez de precedê-lo. É esquecer também, e sobretudo, que há uma diferença fundamental entre dois tipos de apropriação: a apropriação-*pertencimento*, pela qual uma coisa vem a ser objeto de propriedade, e a apropriação-*destinação*, pela qual uma coisa se torna apropriada a certa finalidade – a satisfação de necessidades sociais. Instituir o inapropriável é subtrair uma coisa à apropriação-pertencimento para realizar melhor a sua apropriação-destinação. Em suma, é proibir de *se* apropriar dela para *a* apropriar melhor a sua destinação social – por exemplo, a terra às necessidades de alimento. *É regrar seu uso sem fazer-se proprietário dela*, isto é, sem se arrogar o poder de dispor dela como dono. Por isso, mesmo compreendendo que podemos continuar a falar de "bens comuns" como palavra de ordem na luta, será preferível abster-se de falar de "bens": não existem "bens comuns", existem comuns que devem ser instituídos.

ÍNDICE ONOMÁSTICO SELECIONADO

Agamben, Giorgio, 284-5, 287, 509n
Aigrain, Philippe, 7, 113, 114n, 177
Arendt, Hannah, 16, 48, 56, 89n, 91, 92n, 134n, 248-9, 294-5, 297n, 313, 314n, 426, 428, 467, 489-91, 579n, 584n, 585, 586n, 593, 597-9, 603, 612-3, 615
Aristóteles, 25, 26n, 27-8, 33-4, 42, 46, 48-9, 69, 70n, 245-51, 264, 452, 455-7, 616-7n

Babeuf, Gracchus, 64, 65n, 71n, 75-6
Beaud, Olivier, 584n, 588n, 590n, 592n
Benkler, Yochaï, 112, 157, 178, 182n, 196-7
Benveniste, Émile, 24, 25n, 33n, 37n
Berman, Harold J., 74-5n, 76, 290, 302-3, 304n, 305, 307n, 308, 310-1, 314n, 324, 325-6n, 358
Blackstone, William, 268, 300, 316, 320, 331, 501
Bodin, Jean, 31, 305
Bollier, David, 106, 110-1, 113, 114n, 157, 167, 173
Boyle, James, 106, 123, 170, 171n, 173, 178
Buonarroti, Philippe, 64n, 75-6

Cabet, Étienne, 75-7, 80, 396
Castel, Robert, 142, 541
Castoriadis, Cornelius, 16n, 82-3, 88-9n, 90, 91n, 92, 446-61, 464-5, 467-8, 471, 475n, 490-1, 516, 585, 588, 611, 613
Chanial, Philippe, 7, 390n, 416n, 420n, 531, 532n
Chardeaux, Marie-Alice, 36-8, 40-3n, 270n, 494-5n, 504-5n, 509n, 570n
Coke, Edward 300, 303-8, 310-3, 315-6, 324-5, 330-1
Colliot-Thélène, Catherine, 52n, 493n, 577, 582n, 600-3n

Comte, Auguste, 41, 43n, 55, 271n, 432-3, 608
Coutrot, Thomas, 7, 191n, 514-5, 524, 525n, 530n, 543

Descombes, Vincent, 430, 450, 451n, 453n
Domat, Jean, 41, 42n, 272
Duguit, Léon, 55n, 395n, 529, 539, 548-52
Durkheim, Émile, 55, 67, 68n, 70, 76, 78, 80, 97-8, 441, 415, 417-8, 430, 432, 446, 448, 513, 548, 550-1, 582n

Engels, Friedrich, 70n, 75, 80-1, 226n, 227, 252, 260-1, 326, 393, 428n, 522, 547n, 593
Esposito, Roberto, 293, 294n, 295-7

Ferro, Marc, 87-8
Fichte, Johann Gottlieb, 377-8, 380, 384, 466
Foucault, Michel, 73-4, 204n, 284, 285n, 296, 328n, 582n, 587n, 614n
Furet, François, 84, 609-10

Gorz, André, 147, 168, 189, 534-5
Grócio, Hugo, 42, 266, 280n, 368, 400-1, 570
Guattari, Félix, 296n, 474-5
Gurvitch, Georges, 390, 394, 395n, 397-8, 400, 401n, 405, 406n

Habermas, Jürgen, 56, 454n, 587-8
Hale, Matthew, 300, 303, 308-11
Hardin, Garrett, 118, 120, 153-7, 160, 166, 169, 198, 329
Hardt, Michael, 18, 60, 188, 189n, 199-200, 203n, 204-10, 232, 238-9, 243, 441-5
Harvey, David, 133n, 135-40, 169-70
Hayek, Friedrich, 118, 162, 300-1, 315, 470, 575

Hegel, Georg Wilhelm, 49-51, 142n, 226, 252n, 300, 345, 352-3, 361-5, 372n, 378n, 433n, 462n, 605, 612, 613n
Hess, Charlotte, 110n, 146n, 157n, 168, 170, 171n, 172-4

Jaurès, Jean, 98, 133n, 384, 386, 390, 415-6, 418-20, 425, 488, 489n, 512, 519, 522, 531, 546-8

Kant, Immanuel, 46-8, 52, 84, 277n, 363, 378, 580-3, 586, 592, 601
Klein, Naomi, 112-4, 117, 140

Laville, Jean-Louis, 7, 424n, 527, 529, 531, 532-3n, 567n
Lênin, Vladímir Ilitch, 85, 86n, 87, 91, 93n, 522
Leroux, Pierre, 69n, 71n, 391, 418
Leroy, Maxime, 390, 409-14, 551
Lessig, Lawrence, 171n, 178, 185-7, 196-7
Linebaugh, Peter, 54n, 110, 312-8n, 321n, 323n, 325-6, 340n, 356
Locke, John, 132n, 219, 265-6, 268-9, 354n, 582
Lucarelli, Alberto, 7, 494n, 554-8
Luxemburgo, Rosa, 86n, 134-7, 426

Mao Tsé-tung, 63-4n, 94-7
Marx, Karl, 7, 54, 61, 66, 75, 79-83, 87, 89-90, 98, 105, 129-33, 136, 141-3, 173n, 188, 201, 206-11, 215-6, 219n, 221, 224, 226-40, 244, 252-6, 258-9, 261, 272-3, 288n, 301n, 343-78, 380-1, 383n, 384, 387, 389, 393, 405, 412, 420, 423-4, 427-8, 433n, 446, 462-6, 475n, 487, 512, 522, 547-8, 556, 593, 594n, 597
Mattei, Ugo, 7, 15, 482n, 555, 558
Mauss, Marcel, 24, 390, 412, 415-23, 425, 426n, 430, 432-4, 446, 531, 535

Nancy, Jean-Luc, 64n, 291-3, 295
Napoli, Paolo, 7, 274-5n, 278, 282n, 283, 286-7n
Negri, Antonio, 7, 18, 60, 188, 189n, 199-200, 203-12, 214-5n, 232-3, 238-9, 243, 441-5, 450, 467, 590n
North, Douglass, 119-21, 161-2, 470n

Ostrom, Elinor, 17, 60, 110n, 111, 146-7, 152, 157-9, 161-74, 185-6, 197-8, 243, 246, 471n, 502, 566n
Oury, Jean, 473, 473n

Platão, 68-70, 78, 98n, 99, 247-8, 457-8
Polanyi, Karl, 105, 129, 133, 269, 541
Proudhon, Pierre-Joseph, 41n, 43n, 61, 71n, 79, 80, 81n, 98, 131-2, 200-1, 206-7, 216-31, 233, 237-8, 240, 253n, 270, 271n, 390, 393-400, 402-10, 412-5, 423, 425-7, 487, 579, 580n, 585n, 590n, 591-2, 594-7

Rancière, Jacques, 77n, 511
Restif de La Bretonne, Nicolas, 64-5, 67, 76
Rousseau, Jean-Jacques, 32, 50, 52, 65, 283-6, 549, 590n

Saint-Simon, conde de, 78n, 79-80, 190, 201, 284-6, 396, 404-5, 426
Sartre, Jean-Paul, 435-9, 441, 450, 471, 473-4
Sauvêtre, Pierre, 7, 102n, 109n, 114n, 199n, 292295n
Shiva, Vandana, 102, 127, 507-8

Testart, Alain, 252n, 256-62, 495n
Thomas, Yan, 7, 34, 37-8n, 39, 277-8, 279-80n, 291
Tomás de Aquino, 33, 263-4
Thompson, Edward Palmer, 54, 127n, 138, 156, 319, 329-31, 334n, 335, 337-40, 363, 511, 523
Tocqueville, Alexis de, 417, 486, 539, 541, 543, 609-10
Trentin, Bruno, 517, 530, 544
Trótski, Leon, 85, 86n, 89, 91n, 93n, 522, 579

Vercellone, Carlo, 7, 208n, 210, 211n, 212-3, 214-5n
Vivier, Nadine, 344n, 382, 383n

Weber, Max, 67, 434-5

Xifaras, Mikhaïl, 43n, 125n, 177-8n, 179-80, 270, 271-2n, 300n, 246, 348, 349n, 352, 353n, 362, 364n, 366n, 368n, 370n, 372-3n, 377m, 381n, 383n, 495-6n, 500

BIBLIOGRAFIA

AGAMBEN, Giorgio. *Le Règne et la Gloire. Homo sacer,* II, 2, Paris, Le Seuil, 2008 [ed. bras. *O reino e a glória. Homo sacer,* II, 2. Trad. Selvino J. Assmann. São Paulo, Boitempo, 2011].
_____. *Altíssima pobreza:* regras monásticas e forma de vida. Trad. Selvino J. Assmann, São Paulo, Boitempo, 2014.
AGOSTINHO. *La Cité de Dieu.* Paris, Le Seuil, 1994 [ed. bras.: *A cidade de Deus.* Trad. Oscar Paes Leme. 11. ed., Petrópolis, Vozes, 2009].
AIGRAIN, Phillipe. Pour une coalition des biens communs. *Libération,* 25 ago. 2003. Disponível em: <http://paigrain.debatpublic.net>.
_____. *Cause commune:* l'information entre bien commun et propriété. Paris, Fayard, 2005.
ALBA, Victor. *Histoire du Poum.* Paris, Ivrea, 2000.
ALLARD, Julie; GARAPON, Antoine. *Les juges dans la mondialisation:* la nouvelle révolution du droit. Paris, Le Seuil, 2005 [ed. port.: *Os juízes na mundialização:* a nova revolução do direito. Trad. Rogério Alves. Lisboa, Instituto Piaget, 2006].
ALLART, Henri. *De l'occupation en droit romain, des brevets d'invention en droit français.* Paris, Imprimerie Moquet, 1877.
ALTER, Norbert. *Donner et prendre:* la coopération en entreprise. Paris, La Découverte/Poche, 2010.
AMIN, Samir. *Accumulation on a World Scale:* A Critique of the Theory of Underdevelopment. Nova York, Monthly Review Press, 1974.
ANDERSON, Chris. *Makers:* la nouvelle révolution industrielle. Paris, Pearson, 2012 [ed. bras.: *Makers:* a nova revolução industrial. Trad. Afonso Celso Cunha Serra. Rio de Janeiro, Elsevier, 2012.]
ANSART, Pierre. *Marx et l'anarchisme.* Paris, PUF, 1969.
_____. *Proudhon, textes et débats.* Paris, Livre de Poche, 1984.
ARENDT, Hannah. *De la révolution.* Paris, Gallimard, 1985.
_____. *Juger.* Paris, Le Seuil, 1991.
_____. *Les Origines du totalitarisme:* l'impérialisme. Paris, Gallimard, 2002. Col. "Quarto" [ed. bras.: *As origens do totalitarismo.* Trad. Roberto Raposo. São Paulo, Companhia das Letras, 2013].

_____. *L'Humaine condition*. Paris, Gallimard, 2002. Col. "Quarto" [ed. bras.: *A condição humana*. Trad. Roberto Raposo. 12. ed., Rio de Janeiro, Forense-Universitária, 2014].

_____. Réflexions sur la révolution hongroise. In: _____. *Les Origines du totalitarisme:* l'impérialisme. Paris, Gallimard, 2002. Col. "Quarto".

ARISTÓTELES. *La Métaphysique*. Paris, Vrin, 1974 [ed. bras.: *A metafísica*. Trad. Edson Bini. 2. ed., São Paulo, Edipro, 2012].

_____. *Éthique à Nicomaque*. Paris, Vrin, 1990 [ed. bras.: *Ética a Nicômaco*. Trad. António de Castro Caeiro. São Paulo, Atlas, 2009].

_____. *Les Politiques*. Paris, Garnier-Flammarion, 1993 [ed. bras.: *A política*. Trad. Nestor Silveira Chaves. Rio de Janeiro, Nova Fronteira, 2011].

_____. *Éthique à Nicomaque*. Paris, Garnier-Flammarion, 2004.

ARNSPERGER, Christian. *Éthique de l'existence postcapitaliste*. Paris, Le Cerf, 2009.

ARTOUS, Antoine; MALER, Henri; TEXIER, Jacques. *Marx et l'appropriation sociale*. Paris, Syllepse, 2003.

ASHLEY-COOPER, Anthony (lorde Shaftesbury). *Characteristics of Men, Manners, Opinions, Times*. [S. l.], [s. d]. t. I.

AUBENQUE, Pierre. *Le Problème de l'être chez Aristote*. Paris, PUF, 1972 [ed. bras.: *O problema do ser em Aristóteles*. Trad. Cristina de Souza Agostini e Dioclézio Domingos Faustino. São Paulo, Paulus, 2012].

_____. *Problèmes aristotéliciens:* philosophie théorique. Paris, Vrin, 2009.

_____. *Problèmes aristotéliciens:* philosophie pratique. Paris, Vrin, 2011.

AUFFRAY, Élodie. Stallman et le "libre", champions de Tunis. *Libération*, 6 maio 2012.

AUROUX, Jean. *Les Droits des travailleurs:* rapport au président de la République et au premier ministre. Paris, La Documentation Française, 1981.

AUROUX, Sylvain (org.). *Encyclopédie philosophique universelle II*: les notions philosophiques. Paris, PUF, 1990

BACHET, Daniel. *Les Fondements de l'entreprise:* construire une alternative à la domination financière. Paris, L'Atelier, 2007.

_____ et al. *Sortir de l'entreprise capitaliste*. Bellecombes-en-Bauges, Croquant, 2007.

BADIOU, Alain; ŽIŽEK, Slavoj (orgs.). *L'Idée du communisme*. Paris, Lignes, 2010 [ed. bras. A ideia do comunismo. In: _____. *A hipótese comunista*. Trad. Mariana Echalar. São Paulo, Boitempo, 2012].

BAHRO, Rudolf. *L'Alternative*. Paris, Stock, 1979.

BASCHET, Jérôme. *La Rébellion zapatiste:* insurrection indienne et résistance planétaire. Paris, Flammarion, 2005.

BEAUD, Olivier. Fédéralisme. In: RAYNAUD, Philippe; RIALS, Stéphane (orgs.). *Dictionnaire de philosophie politique*. Paris, PUF, 2003.

BEAUD, Stéphane; PIALOUX, Michel. *Retorno à condição operária*. Trad. Mariana Echalar. São Paulo, Boitempo, 2009.

BECKER, Jasper. *La Grande famine de Mao*. Paris, Dagorno, 1998.

BENKLER, Yochai. The Political Economy of Commons. *Upgrade*, v. 4, n. 3, jun. 2003. Disponível em: <www.upgrade-cepis.org>. Ed. fr.: *L'économie politique des biens communs*. Disponível em: <www.april.org>.

_____. *La Richesse des réseaux:* marchés et libertés à l'heure du partage social. Lyon, Presses Universitaires de Lyon, 2009.

BENOIST, Jocelyn. Sur quelques sens possibles d'une formule de Wittgenstein. In: LAUGIER, Sandra (org.). *Wittgenstein, métaphysique et jeux de langage*. Paris, PUF, 2001.

BENSAÏD, Daniel. Introdução. In: MARX, Karl. *Os despossuídos*. Trad. Nélio Schneider e Mariana Echalar. São Paulo, Boitempo, 2017.

BENTHAM, Jeremy. Manuel des sophismes politiques. In: _____. *Fragment sur le gouvernement, suivi de Manuel des sophismes politiques*. Paris, LGDJ, 1996.

BENVENISTE, Émile. *Vocabulaire des institutions indo-européennes*. Paris, Minuit, 1969-1993. v. 1 e 2 [ed. bras.: *Vocabulário das instituições indo-europeias*, Campinas, Editora da Unicamp, 1995. 2 v].

BERMAN, Harold J. *Droit et révolution:* l'impact des réformes protestantes sur la tradition juridique occidentale. Paris, Fayard, 2010.

BÉROUD, Sophie et al. *La Lutte continue?* Les conflits du travail dans la France contemporaine. Bellecombe-en-Bauges, Croquant, 2008.

BILLETER, Jean François. *Chine trois fois muette*. Paris, Allia, 2010.

BLANQUI, Auguste. Lettre à Maillard, 6 juin 1852. In: _____. *Maintenant il faut des armes*. Paris, La Fabrique, 2006.

BLAY, Michel (org.). *Grand dictionnaire de philosophie*. Paris, Larousse, 2003.

BODIN, Jean. *Les Six livres de la république I*. Paris, Livre de Poche, 1993.

BOLLIER, David. *Silent Theft:* The Private Plunder of our Common Wealth. Nova York, Routledge, 2003.

_____. Growth of the Commons Paradigm. In: HESS, Charlotte; OSTROM, Elinor (orgs.). *Understanding Knowledge as a Commons*. Cambridge, MIT Press, 2007.

_____. Les Communs: ADN d'un renouveau de la culture politique. In: ASSOCIATION VECAM (org.). *Libres savoirs:* les biens communs de la connaissance. Paris, C&F, 2011.

BOLTANSKI, Luc; CHIAPELLO, Ève. Le Nouvel esprit du capitalisme. Paris, Gallimard, 1999 [ed. bras.: *O novo espírito do capitalismo*. Trad. Ivone C. Benedetti. São Paulo, WMF Martins Fontes, 2009].

BORLANDI, Massimo et al. (orgs.). *Dictionnaire de la pensée sociologique*. Paris, PUF, 2005.

BOUGLÉ, Célestin. *La Sociologie de Proudhon*. Paris, Armand Colin, 1911 [ed. bras.: *Sociologia de Proudhon*. Trad. Plínio Augusto Coelho. São Paulo, Intermezzo/Edusp, 2015].

BOUISSOU, Julien. Agriculture, surexploitation des nappes. L'Inde est menacée par une pénurie d'eau. *Le Monde*, 10 ago. 2013.

BOURDIEU, Pierre (org.). *Le Sens pratique*. Paris, Minuit, 1989 [ed. bras.: *O senso prático*. Trad. Maria Ferreira. 3. ed., Petrópolis, Vozes, 2013].

_____. *La Misère du monde*. Paris, Le Seuil, 1993 [ed. bras.: *A miséria do mundo*, trad. Mateus S. Soares Azevedo et al., Petrópolis, Vozes, 2011].

BOYER, Robert. *Théorie de la régulation:* l'état des savoirs. Paris, La Découverte, 2002 [ed. bras.: *Teoria da regulação:* uma análise crítica. Trad. Renée Barata Zicman. São Paulo, Nobel, 1990].

BOYLE, James. The Second Enclosure Movement and the Construction of the Public Domain. *Law and Contemporary Problems*, v. 66, n. 1 e 2, 2003.

_____. *The Public Domain:* Enclosing the Commons of the Mind. New Haven, Yale University Press, 2008.

BRADEN, Robert. *Who's Who in the Internet*, RFC 1251, 1991.

BROCA, Sébastien. Du logiciel libre aux théories de l'intelligence collective. *Tic&société*, v. 2, n. 2, 2008.

_____. *L'Utopie du logiciel libre:* la construction de projets de transformation sociale en lien avec le mouvement du *free software*. Tese (Doutorado em Sociologia). Universidade Paris-I, 2012.

BROSSES, Charles de. *Du culte des dieux fétiches ou Parallèle de l'ancienne religion de l'Égypte avec la religion actuelle de Nigriti.* [S. l.], [s. d.], 1760.

BROUSSE, Paul. *La Propriété collective et les services publiques* (1910). Bordeaux, Le Bord d'Eau, 2011.

BROWN, Wendy. *Les Habits neufs de la politique mondiale*. Paris, Les Prairies Ordinaires, 2007.

BRUNSCHWIG, Jacques. En quel sens le sens commun est-il commun? In: DHERBEY, Gilbert Romeyer (org.). *Corps et âme*. Paris, Vrin, 1996.

BÜCHNER, Georg. La mort de Danton. In: _____. *Oeuvres complètes*. Paris, Le Seuil, 1988.

BUCK, Susan J. *The Global Commons:* An Introduction. Londres, Earthscan, 1998.

BUCLET, Nicolas. Concevoir une nouvelle relation à la consommation. L'économie de fonctionnalité. *Annales des Mines:* Responsabilité et Environnement, v. 39, 2005. p. 57-67.

BUONARROTI, Philippe. *Conspiration pour l'égalité dite de Babeuf.* Paris, Baudouin Frères, 1830. t. II.

BURAWOY, Michael. *Manufacturing Consent:* Changes in the Labor, Process under Monopoly Capitalism. Chicago, University of Chicago Press, 1979.

_____. *Politics of Production*. Londres, Verso, 1985.

CABET, Étienne. *Voyage en Icarie*. Bordeaux, B. Breuil, 1838.

CAILLÉ, Alain; LAZZERI, Christian; SENELLART, Michel (orgs). *Histoire raisonnée de la philosophie morale et politique*. Paris, La Découverte, 2001.

CASSIER, Maurice. Interview. *Nouveaux Regards*, n. 15, 2001.

CASSIN, Barbara (org.). *Vocabulaire européen des philosophies*. Paris, Le Seuil/Le Robert, 2004.

CASTEL, Robert. *Les Métamorphoses de la question social:* une chronique du salariat. Paris, Fayard, 1995 [ed. bras.: *As metamorfoses da questão social*. Trad. Iraci D. Poleti. 8. ed., Petrópolis, Vozes, 2009].

_____; HAROCHE, Claudine. *Propriété privée, propriété sociale, propriété de soi:* entretiens sur la construction de l'individu moderne. Paris, Fayard, 2001.

CASTORIADIS, Cornelius. Sur le contenu du socialisme. *Socialisme ou Barbarie*, n. 17, jul. 1955.

_____. Le Rôle de l'idéologie bolchevique. *Socialisme ou Barbarie*, n. 35, 1964.

_____. La Suspension de la publication de *Socialisme ou Barbarie*. In: _____. *L'Expérience du mouvement ouvrier*. Paris, 10/18, UGE, 1974. v. 2 [ed. bras.: *A experiência do movimento operário*. Trad. Carlos Nelson Coutinho. São Paulo, Brasiliense, 1985].

_____. *L'Institution imaginaire de la société*. Paris, Le Seuil, 1975.

_____. *Les Carrefours du labyrinthe 1*. Paris, Le Seuil, 1978 [ed. bras.: *As encruzilhadas do labirinto*. Trad. Carmen Sylvia Guedes e Rosa Maria Boaventura. 2. ed., Rio de Janeiro, Paz e Terra, 2002].

_____. *Le Contenu du socialisme*. Paris, 10/18, 1979.

_____. Le Mouvement révolutionnaire dans le capitalisme moderne. In: _____. *Capitalisme moderne et révolution*. Paris, 10/18, 1979.

_____. Entretien avec François Dosse (24 nov. 1987). *Espaces Temps*, n. 38-39, 1988.

_____. *Le Monde morcelé:* les carrefours du labyrinthe 3. Paris, Le Seuil, 1990 [ed. bras.: *O mundo fragmentado:* as encruzilhadas do labirinto 3. Trad. Rosa Maria Boaventura. Rio de Janeiro, Paz e Terra, 1992].

_____. *Fait et à faire*. Paris, Le Seuil, 1997 [ed. bras.: *Feito e a ser feito*. Trad. Lilian do Valle. Rio de Janeiro, DP&A, 1999].

_____. *Une société à la dérive:* entretiens et débats 1974-1997. Paris, Le Seuil, 2005.

_____. *L'Imaginaire comme tel*, Paris, Hermann Philosophie, 2007.

_____. *Écrits politiques 1945-1997:* Quelle démocratie? Paris, Sandre, 2013.

_____. La Source hongroise. In: _____. *Écrits politiques 1945-1997:* Quelle démocratie? Paris, Sandre, 2013. [ed. bras. Cornelius Castoriadis. "A fonte húngara", em *Socialismo ou Barbárie,* trad. Milton Meira do Nascimento e Maria das Graças de Souza Nascimento, São Paulo, Brasiliense, 1979, p. 257-287].

CAUMIÈRES, Philippe. *Castoriadis:* le projet d'autonomie. Paris, Michalon, 2007.

_____. *Castoriadis:* critique sociale et émancipation. Paris, Textuel, 2011.

CHAIGNEAU, Hélène. Psychanalyse et psychothérapie institutionnelle. *L'Information Psychiatrique*, out. 1970.

CHANIAL, Philippe. La Propriété sociale contre l'État. Jaurès, le collectivisme et l'association. *Contretemps*, n. 5, 2002.

_____ (org.). *La Société vue du don:* manuel de sociologie anti-utilitariste appliquée. Paris, La Découverte, 2008.

_____. *La Délicate essence du socialisme:* l'association, l'individu et la République. Bordeaux, Le Bord de l'Eau, 2009.

_____; LAVILLE, Jean-Louis. Associationnisme. In: CATTANI, Antonio; LAVILLE, Jean-Louis (orgs.). *Dictionnaire de l'autre économie*. Paris, Gallimard, 2006. Col. "Folio" [ed. port.: *Dicionário internacional da outra economia*, trad. Luiz Inácio Gaiger e Pedro Hespanha, Coimbra, Almedina, 2009].

CHANTEAU, Jean Pierre; LABROUSSE, Agnès. L'Institutionnalisme méthodologique d'Elinor Ostrom au-delà des communs: quelques enjeux et controverses. *Revue de la Régulation*, n. 14, 2013.

CHARDEAUX, Marie-Alice. *Les Choses communes*. Paris, LGDJ, 2006.

CHAVANCE, Bernard. *L'Économie institutionnelle*. Paris, La Découverte, 2012.

CHEMILLIER-GENDREAU, Monique. *Humanité et souverainetés:* essai sur la fonction du droit international. Paris, La Découverte, 1995.

CHEMLA, Patrick. Transmettre le mouvement de la PI, c'est récuser l'arrêt sur image. In: EUROPSY. *Représentation, psycanalyse, société*. Paris, 2012.

CÍCERO. *Les Devoirs*. Paris, Les Belles Lettres, 2002 [ed. bras.: *Dos deveres*. Trad. Angélica Chiapeta. São Paulo, Martins Fontes, 1999].

CHOPART, Jean-Noël; NEYRET, Guy; RAULT, Daniel (orgs.). *Les Dynamiques de l'économie sociale et solidaire*. Paris, La Découverte, 2006.

CLÉMENTE-FONTAINE, Mélanie. Sur la valeur juridique de la Licence publique générale de GNU. *Multitudes*, n. 5, 2001.

CLOT, Yves. *Travail et pouvoir d'agir*. Paris, PUF, 2008 [ed. bras.: *Trabalho e poder de agir*. Trad. Guilherme João de Freitas Teixeira e Marlene Machado Zica Vianna. Belo Horizonte, Fabrefactum, 2010].

COASE, Ronald. The Nature of the Firm. Economica, v. 4, n. 16, 1937. p. 386-405.

COCCOLI, Lorenzo. "Property is (still) theft!". From the Marx-Proudhon Debate to the Global Plunder of the Commons. *Comparative Law Review*, v. 4, n. 1, 2013. Disponível em: <http://www.comparativelawreview.unipg.it>.

CODE CIVIL DES FRANÇAIS. Paris, De l'Imprimerie de la République, 1804. Disponível em: <gallica.bnf.fr>.

COHEN, Yves. Administration, politique et techniques. Réflexion sur la matérialité des pratiques administratives dans la Russie stalinienne (1922-1940). *Les Cahiers du Monde Russe*, v. 44, n. 2-3. p. 269-307.

_____. *Le Siècle des chefs:* une histoire transnationale du commandement et de l'autorité (1890-1940). Paris, Amsterdam, 2013.

COLEMAN, E. Gabriella. *Coding Freedom:* The Ethics and Aesthetics of Hacking. Princeton, Princeton University Press, 2013.

COLLECTIF FRANÇAIS CONTRE LA BIOPIRATERIE. Biopiraterie. In: ASSOCIATION VECAM (org.). *Libres savoirs:* les biens communs de la connaissance. Paris, C&F, 2011.

COLLECTIF POUR UNE ALTERNATIVE À LA BIOPIRATERIE. Actes des Premières Rencontres Internationales contre la Biopiraterie. Paris, 2009.

COLLIOT-THÉLÈNE, Catherine. Pour une politique des droits subjectifs. La lutte pour les droits comme lutte politique. *L'Année Sociologique*, v. 59, n. 1, 2009. p. 231-58.

_____. *La démocratie sans "demos"*. Paris, PUF, 2011.

CONSIDERANT, Victor. *Exposition abrégée du système phalanstérien de Fourier*. 3. ed., Paris, Librairie Sociétaire, 1845.

CONSTANTIN, François. Les Biens publics mondiaux, un imaginaire pour quelle mondialisation? In: _____ (org.). *Les Biens publics mondiaux, un mythe légitimateur pour l'action collective?* Paris, L'Harmattan, 2002.

COORNAERT, Émile. *Les Compagnonnages en France du Moyen Âge à nos jours*. Paris, Les Éditions Ouvrières, 1966.

CORIAT, Benjamin. Des communs "fonciers" aux communs informationnels: traits communs et différences. In: UNIVERSITÉ PARIS-XIII (org.). *Propriété et communs:* les nouveaux enjeux de l'accès et de l'innovation partagés. Paris, 2013.

CORSANI, Antonella. Éléments d'une rupture. L'hypothèse du capitalisme cognitif. In: AZAÏS, Christian; CORSANI, Antonella; DIEUAIDE, Patrick (orgs.). *Vers un capitalisme cognitif:* entre mutations du travail et territoires. Paris, L'Harmattan, 2001.

COUTROT, Thomas. *L'Entreprise néolibérale, nouvelle utopie capitaliste?* Paris, La Découverte, 1998.

_____. *Critique de l'organisation du travail*. Paris, La Découverte, 2002.

_____. *Démocratie contre capitalisme*. Paris, La Dispute, 2005.

DARDOT, Pierre. Le Communisme n'est pas une hypothèse. In: UNIVERSITÉ PARIS- -VIII (org.). *Puissances du communisme*. Paris, 2010. Disponível em: <http://www.questionmarx.typepad.fr>.

_____; LAVAL, Christian. *La Nouvelle raison du monde:* essai sur la société néolibéral. Paris, La Découverte, 2010. [ed. bras.: *A nova razão do mundo:* ensaio sobre a sociedade neoliberal. Trad. Mariana Echalar. São Paulo, Boitempo, 2016].

_____; _____; *Marx, prénom: Karl*. Paris, Gallimard, 2012.

_____; _____; MOUHOUD, El Mouhoub. *Sauver Marx?* Empire, multitude, travail immatériel. Paris, La Découverte, 2007.

DAREMBERG, Charles Victor; SAGLIO, Edmond. *Dictionnaire des antiquités grecques et romaines*. Paris, Hachette, 1877-1919. t. IV.

DAVEZIES, Philippe. Une Affaire personnelle. In: THÉRY, Laurence (org.). *Le travail intenable*. Paris, La Découverte, 2006.

DE ANGELIS, Massimo. Marx and primitive accumulation. The continuous character of capital's "enclosures". *The Commoner*, n. 2, set. 2001.

DEBRAY, Régis. *Révolution dans la revolution*. Paris, Maspero, 1967 [ed. bras. *Revolução na revolução*, São Paulo, Centro Editorial Latino-Americano, 1967].

DE MAGISTRIS, Luigi. Prefazione. In: LUCARELLI, Alberto. *Beni comuni:* dalla teoria all'azione politica. Viareggio, Dissensi, 2011.

DECLARAÇÃO UNIVERSAL SOBRE O GENOMA HUMANO E OS DIREITOS HUMANOS. Trad. Regina Coeli, Unesco, Brasília, 1997. Disponível em: <http://portal.unesco.org>.

DELEUZE, Gilles; Guattari, Félix. *Mille plateaux*. Paris, Minuit, 1980 [ed. bras. *Mil platôs*. Trad. Peter Pál Pelbart e Janice Caiafa. São Paulo, Editora 34, 1. ed., 1997].

DELMAS-MARTY, Mireille. *Vers un droit commun de la humanité*. Paris, Textuel, 1994.

_____. *Le Pluralisme ordonné*. Paris, Le Seuil, 2006.

DEMSETZ, Harold. Toward a Theory of Property Rights. *The American Economic Review*, v. 57, n. 2, maio 1967.

DERRIDA, Jacques. Prière d'insérer. In: _____. *Voyous*. Paris, Galilée, 2003.

DESCARTES, *Méditations métaphysiques*. Paris, Le Livre de Poche, 1990 [ed. bras.: *Meditações metafísicas*. Trad. Maria Ermantina Galvão. 2. ed., São Paulo, Martins Fontes, 2005].

DESCOMBES, Vincent. *Les Embarras de l'identité*. Paris, Gallimard, 2013.

DESROCHE, Henri. *Le Projet coopératif:* son utopie et ses pratiques, son appareil et ses réseaux. Paris, Les Éditions Ouvrières, 1976.

_____. Marcel Mauss "citoyen" et "camarade". Ses incursions écrites dans le domaine du normatif. *Revue Française de Sociologie*, v. 20, 1979. p. 221-37.

_____. Sociétaires et compagnons. Des associations ouvrières aux coopératives de production (1831-1900). *Archives de Sciences Sociales de la Coopération et du Développement*, n. 55, 1981. p. 51-73.

_____. Jean Jaurès ou l'économie sociale comme économie collective. In: _____. *Pour un traité d'économie sociale*. Paris, Coopérative d'Information et d'Édition Mutualiste, 1983.

DOLLÉANS, Édouard. Introduction. In: VIAL, Jean. *La coutume chapelière:* histoire du mouvement ouvrier dans la chapellerie. Paris, Domat-Montchrestien, 1941.

DOMAT, Jean. *Les Lois civiles dans leur ordre naturel.* Paris, Nicolas Gosselin, 1713.

DONZELOT, Jacques. *L'Invention du sociale:* essai sur le déclin des passions politiques. Paris, Fayard, 1984.

DOVERE, Elio. Le Discours juridique et moral de *l'utilitas* à Rome. In: CAILLÉ, Alain; LAZZERI, Christian; SENELLART, Michel (orgs). *Histoire raisonnée de la philosophie morale et politique.* Paris, La Découverte, 2001.

DUGUIT, Léon. *Manuel de droit constitutionnel:* théorie générale de l'État, organisation politique. Paris, A. Fontemoing, 1907.

_____. *Souveraineté et liberté:* leçons faites à l'Université de Columbia. Paris, Félix Alcan, 1920-1921.

_____. *Manuel de droit constitutionnel.* Paris, Panthéon-Assas, 1923. Disponível em: <http://gallica.bnf.fr/>.

_____. *L'État, le Droit objectif et la Loi positive.* Paris, Dalloz, 2003.

DURKHEIM, Émile. *Le Socialisme.* [s. l.], Deuxième Leçon, 1928 [ed. bras.: *Socialismo.* Trad. Angela Ramalho. Rio de Janeiro, Relumé-Dumará, 1993].

_____. *Leçons de sociologie.* Paris, PUF, 1990. Col. "Quadrige" [ed. bras.: *Lições de sociologia.* Trad. Monica Stahel. São Paulo, Martins Fontes, 2002].

_____. *As regras do método sociológico.* Trad. Paulo Neves, 3. ed., São Paulo, Martins Fontes, 2009.

DUSSOLIER, Séverine. Open Source and Copyleft. Authorship Reconsidered? *Columbia Journal of Law and Arts*, n. 26, 2002-2003.

DZIMIRA, Sylvain. *Marcel Mauss, savant et politique.* Paris, La Découverte, 2007.

EDELMAN, Bernard; HERMITTE, Maria Angèle. *L'Homme, la nature et le droit.* Paris, Christian Bourgois, 1988.

ELAZAR, Daniel. *Federal Systems of the World:* A Handbook of Federal, Confederal and Autonomy Arrangements. Harlow, Longman, 1991.

ENFANTIN, Barthélémy-Prosper; CARNOT, Hippolyte; FOURNEL, Henri; DUVEYRIER, Charles. *Doctrine de Saint-Simon. Exposition.* Paris, Au Bureau de l'Organisateur, 1831.

ENGELMANN, Stephen G. *Imagining Interest in Political Thought:* Origins of Economic Rationality. Durham, Duke University Press, 2003.

ENGELS, Friedrich. Contributions à l'histoire du christianisme primitif. *Le Devenir Social*, 1894.

ESPING-ANDERSEN, Gosta. *Les Trois mondes de l'État-providence.* Paris, PUF, 2007.

ESPOSITO, Roberto. *Communitas.* Paris, PUF, 2000.

_____. *Communauté, immunité, biopolitique:* repenser les termes de la politique. Paris, Les Prairies Ordinaires, 2010.

ÉTHIQUE ET COMMUNAUTÉ DU HACKER: un entretien avec Richard M. Stallman. *Projeto GNU*, 2002. Disponível em: <https://www.gnu.org/philosophy/rms-hack.fr.html>.

EWALD, François. *L'État Providence.* Paris, Grasset, 1986.

FAUCONNET, Paul; MAUSS, Marcel. La Sociologie, objet et méthode. In: MAUSS, Marcel. *Essais de sociologie*t. Paris, Le Seuil, 1971.

FERRERAS, Isabelle. *Gouverner le capitalisme?* Paris, PUF, 2012.

FERRO, Marc. *Des soviets au communisme bureaucratique.* Paris, Gallimard/Julliard, 1980.

_____. *La Révolution de 1917*. Paris, Albin Michel, 1997 [ed. bras.: *A revolução russa de 1917*. Trad. Maria P. V. Resende. 2. ed., São Paulo, Perspectiva, 1988].
FICHTE, Johann Gottlieb. *L'État commercial fermé*. Lausanne, L'Âge d'Homme, 1980.
_____. *Fundamento do direito natural*. Lisboa, Fundação Calouste Gulbenkian, 2012.
FLAHAUT, François. *Où est passé le bien commun?* Paris, Mille et une Nuits, 2011.
FLICHY, Patrice. Comment Internet est devenu un marché. In: STEINER, Philipe; VATIN, François. *Traité de sociologie économique*. Paris, PUF, 2009. Disponível em: <www.ietf.org/rfc/rfc1251>.
FLIPO, Fabrice; DOBRÉ, Michelle; MICHOT, Marion. *La Face cachée du numérique:* l'impact environnemental des nouvelles tecnologies. Montreuil, L'Échappée, 2013.
FOSTER, John Bellamy. Ecology against Capitalism. *Monthly Review*, v. 53, n. 5, 2001.
FOUCAULT, Michel. *Histoire de la sexualité I:* la volonté de savoir. Paris, Gallimard, 1976 [ed. bras.: *História da sexualidade I:* a vontade de saber. Trad. Maria Thereza da Costa Albuquerque e J. A. Guilhon Albuquerque. 2. ed., Rio de Janeiro, Paz e Terra, 2015].
_____. *L'Herméneutique du sujet*. Paris, EHESS/Gallimard/Le Seuil, 2001 [ed. bras.: *A hermenêutica do sujeito*. Trad. Márcio Alves da Fonseca e Salma Tannus Muchail. São Paulo, Martins Fontes, 2014].
_____. *Naissance de la biopolitique*. Paris, EHESS/Gallimard/Le Seuil, 2004 [ed. port.: *Nascimento da biopolítica*. Trad. Pedro Elói Duarte. Lisboa, Edições 70, 2010].
_____. *Sécurité, territoire, population*. Paris, EHESS/Gallimard/Le Seuil, 2004) [ed. bras.: *Segurança, território, população*. Trad. Eduardo Brandão. São Paulo, Martins Fontes, 2009].
_____. Qu'est-ce que les Lumières?. In: _____. *Dits et Écrits II*. Paris, Gallimard, [s. d].
FOURNIER, Jacques. *L'Économie des necessités:* une nouvelle approche du service publique. Paris, Odile Jacob, 2013.
FRANK, André Gunder. *Capitalisme et sous-développement en Amérique Latine*. Paris, Maspero, 1968.
FRÉMEAUX, Philippe. L'Évaluation de l'apport de l'économie sociale et solidaire. Rapport de mission à Benoît Hamon, Ministre délégué en charge de l'Économie Sociale et Solidaire et de la Consommation. Paris, Ministère de l'Économie et des Finances/Ministère délégué chargé de l'Économie Sociale et Solidaire et de la Consommation, set. 2013.
_____. *La Nouvelle alternative?* Enquête sur l'économie sociale et solidaire. Paris, Alternatives Économiques/Les Petits Matins, 2013.
FRIEDMAN, Milton; FRIEDMAN, Rose. *Capitalism and Freedom*. Chicago, University of Chicago Press, 1982 [ed. bras.: *Capitalismo e liberdade*. Trad. Luciana Carli. 2. ed., São Paulo, Nova Cultural, 1985].
FURET, François. *Le Passé d'une illusion:* essai sur l'idée communiste au XXe siècle. Paris, Livre de Poche, 1996.
GABAS, Jean-Jacques et al. *Biens publics à l'échelle globale*. Bruxelas, Collophon, 2001.
_____; HUGON, Philippe. Les BPM: un renouveau théorique pour penser l'action publique à l'échelle mondiale? *Politiques et Management Public*, v. 21, n. 3, 2003.
GADAMER, Hans-Georg. *Vérité et méthode*. Paris, Le Seuil, 1996 [ed. bras.: *Verdade e método*. Trad. Flávio Paulo Meurer. 13. ed., Petrópolis/Bragança Paulista, Vozes/Editora Universitária São Francisco, 2013].

GADREY, Jean. L'Utilité sociale en question. À la recherche de conventions, de critères de méthodes d'évaluation. In: CHOPART, Jean-Noël; NEYRET, Guy; RAULT, Daniel (orgs.). *Les Dynamiques de l'économie sociale et solidaire*. Paris, La Découverte, 2006.

_____. Utilité sociale. In: CATTANI; Antonio David; LAVILLE, Jean-Louis (orgs.). *Dictionnaire de l'autre économie*. Paris, Gallimard, 2006. Col. "Folio".

_____. Les Biens publiques et communs des économistes. *La Vie de la Recherche Scientifique*, n. 393, maio/jun./jul. 2013.

GAMBETTI, Zeynep. The Gezi Resistance as Surplus Value. Disponível em: <www.jadaliyya.com>.

GARAPON, Antoine. *La Raison du moindre État:* le néolibéralisme et la justice. Paris, Odile Jacob, 2010.

_____; SERVAN-SCHREIBER, Pierre (orgs.). *Deals de justice:* le marché américain de l'obéissance mondialisée. Paris, PUF, 2013.

GAUDEMET, Jean. *Utilitas publica*. Revue Historique de Droit Français et Étranger, n. 29, 1951.

GAUMONT, Jean. *Au Confluent de deux grandes idées:* Jaurès coopérateur. Paris, Fédération Nationale des Coopératives de Consommation, 1959.

GIARDINI, Federica; MATTEI, Ugo; SPREGELBURD, Rafael. *Teatro Valle Occupato:* la rivolta culturale dei beni comuni. Roma, Derive Approdi, 2012.

GODBOUT, Jacques; CAILLÉ, Alain. *L'Esprit du don*. Paris, La Découverte, 1992.

GODELIER, Maurice. *L'Idéel et le matériel*. Paris, Fayard, 1989.

GORZ, André. *L'Immatériel:* connaissance, valeur et capital. Paris, Galilée, 2003 [ed. bras.: *O imaterial:* conhecimento, valor e capital. Trad. Celso Azzan Jr. e Celso Cruz. São Paulo, Annablume, 2005].

_____. *Écologica*. Paris, Galilée, 2007 [ed. bras.: *Ecológica*. Trad. Celso Azzan Júnior. São Paulo, Annablume, 2010].

GRANDJONC, Jacques. *Communisme/Kommunismus, Communism:* origine et développement international de la terminologie communautaire prémarxiste des utopistes aux néobabouvistes 1785-1842. Trier, Karl-Marx-Haus, 1989. v. 2.

GRESLE, François et al. *Dictionnaire des sciences humaines*. Paris, Nathan, 1990.

GRET, Marion; SINTOMER, Yves. *Porto Alegre:* l'espoir d'une autre démocratie. Paris, La Découverte, 2005.

GRÓCIO, Hugo. *Le Droit de la guerre et de la paix*. Trad. J. Barbeyrac. [s. l.], [s. e.], 1759 [ed. bras.: *O direito da guerra e da paz*. Trad. Ciro Mioranza. Ijuí, Unijuí, 2004].

_____. *Le Droit de la guerre et de la paix*. Paris, PUF, 2012.

GUATTARI, Félix. *Psychanalyse et transversalité:* essais d'analyse institutionnelle. Paris, Maspero, 1972.

GUESLIN, André. *L'Invention de l'économie sociale*. Paris, Economica, 1998.

GURVITCH, Georges. La Philosophie du droit de Hugo Grotius et la théorie moderne du droit international. *Revue de Métaphysique et de Morale*, 1927.

_____. *Éléments de sociologie juridique*. Paris, Aubier-Montaigne, 1940.

_____. *L'Idée du droit social:* notion et système du droit social. Histoire doctrinale depuis le XVIIe siècle jusqu'à la fin du XIXe siècle (1932). Aalen, Scientia, 1972.

_____. Proudhon aujourd'hui. In: _____. *Écrits allemands II*. Paris, L'Harmattan, 2006.

HABER, Stéphane. *Penser le néocapitalisme:* vie, capital et aliénation. Paris, Les Prairies Ordinaires, 2013.
HABERMAS, Jürgen. *La Constitution de l'Europe.* Paris, Gallimard, 2012 [ed. bras.: *Sobre a constituição da Europa.* Trad. Denílson Luis Werle, Luiz Repa e Rúrion Melo. São Paulo, Unesp. 2012].
HADOT, Pierre. *La Citadelle intérieure.* Fayard, Paris, 1997.
HAGEL III, John; ARMSTRONG, Arthur G. *Bénéfices sur le net.* Paris, Organisation, 1999.
_____; SINGER, Marc. *Valeur sur le net.* Paris, Organisation, 2000.
HAMILTON, Alexander; JAY, John; MADISON, James. *Le Fédéraliste.* Ed. Anne Amiel, Paris, Garnier-Flammarion, 2012 [ed. bras.: *O Federalista.* Trad. Heitor Almeida Herrera. Brasília, Editora da UnB, 1984].
HARDIN, Garrett. The Tragedy of the Commons. *Science,* 13 dez. 1968. Disponível em: <http://science.sciencemag.org/content/162/3859/1243>.
HARDT, Michael; NEGRI, Antonio. La Production biopolitique. *Multitudes,* n. 1, mar. 2000.
_____; _____. *Multitude.* Paris, La Découverte, 2004) [ed. bras.: *Multidão.* Trad. Clóvis Marques. 22. ed., Rio de Janeiro, Record, 2005].
_____; _____. *Commonwealth.* Paris, Stock, 2012.
_____; _____. *Déclaration:* ceci n'est pas un manifeste. Paris, Raisons d'Agir, 2013.
HARRIBEY, Jean-Marie. Le bien commun est une construction sociale. Apports et limites d'Elinor Ostrom. *L'Économie Politique,* n. 49, jan. 2011. p. 98-112.
HARVEY, David. *Le Nouvel impérialisme.* Paris, Les Prairies Ordinaires, 2010 [ed. bras.: *O novo imperialismo.* Trad. Adail Sobral e Maria Stela Gonçalves. 6. ed., São Paulo, Loyola, 2012].
_____. *O enigma do capital e as crises do capitalismo.* Trad. João Alexandre Peschanski. São Paulo, Boitempo, 2010.
_____. The Future of the Commons. *Radical History Review,* n. 109, 2011.
_____. Quel avenir pour les communs? *Revue des Livres,* n. 11, maio-jun. 2013.
HATZFELD, Henri. *Du paupérisme à la sécurité sociale, 1850-1940.* Nancy, Presses Universitaires de Nancy, 2004.
HAUBTMANN, Pierre. *Proudhon 1855-1865.* Paris, Desclée de Brouwer, 1988. t. 2.
HAYEK, Friedrich A. La Philosophie juridique et politique de David Hume. In: _____. *Essais de philosophie, de science politique et d'économie.* Paris, Les Belles Lettres, 2007.
HEGEL, Georg Wilheim Friedrich. *Phénoménologie de l'esprit.* Paris, Aubier-Montaigne, 1966 [ed. bras.: *Fenomenologia do espírito.* Trad. Paulo Meneses. 6. ed., Bragança Paulista, Editora Universitária São Francisco, 2011].
_____. *Encyclopédie des sciences philosophiques I:* la science de la logique. Paris, Vrin, 1970 [ed. bras.: *Enciclopédia das ciências filosóficas.* Trad. Paulo Meneses. 2. ed., São Paulo, Loyola, 2005].
_____. *Principes de la philosophie du droit.* Paris, PUF, 1998 [ed. bras.: *Princípios da filosofia do direito.* Trad. Orlando Vitorino. São Paulo, Martins Fontes, 2009].
_____. *La Philosophie de l'histoire.* Paris, Le Livre de Poche, 2009 2 [ed. bras.: *Filosofia da história.* Trad. Maria Rodrigues e Hans Harden. 2. ed., Brasília, Editora da UnB, 2008].

HEIDEGGER, Martin. *L'Être et le temps*. Paris, Gallimard, 1972 [ed. bras.: *Ser e tempo*. Trad. Fausto Castilho. Campinas/Petrópolis, Editora da Unicamp/Vozes, 2014].

HELLER, Michael. The Tragedy of the Anticommons: Property in the Transition from Marx to the Markets. *Harvard Law Review*, v. 111, n. 3, jan. 1998. p. 621-88. Disponível em: <www.unc.edu>.

_____; EISENBERG, Rebecca S. Can Patents Deter Innovation? The Anticommons in Biomedical Research. *Science*, v. 280, n. 5364, 1998. p. 698-701.

HÉLY, Matthieu. L'Économie sociale et solidaire n'existe pas. *laviedesidees.fr*, 2008. Disponível em: <http://www.laviedesidees.fr/L-economie-sociale-et-solidaire-n.html>.

_____; SIMONET, Maud (orgs.). *Le Travail associatif*. Paris, Presses Universitaires de Paris-Ouest, 2013.

HESS, Charlotte. Is There Anything New under the Sun? A Discussion and Survey of Studies on New Commons and the Internet. In: VIII CONFERENCE OF INTERNATIONAL ASSOCIATION FOR THE STUDY OF COMMON PROPERTY. Bloomington, Indiana, 2000. Disponível em: <http://dlc.dlib.indiana.edu/archive/00000512>.

HIEZ, David; LAVILLUNIÈRE, Éric. *Vers une théorie de l'économie sociale et solidaire*. Bruxelles, Larcier, 2013.

HIMANEN, Pekka. *L'éthique hacker et l'esprit de l'information*. Paris, Exils, 2001 [ed. bras.: *A ética dos hackers e o espírito da era da informação:* a diferença entre o bom e o mau hacker. Trad. Fernanda Wolff. Rio de Janeiro, Campus, 2001].

HIRSCHMAN, Albert O. *Deux siècles de rhétorique réactionnaire*. Paris, Fayard, 1991.

HOEDEMAN, Olivier; KISHIMOTO, Satoko (orgs.). *L'Eau, un bien public*. Paris, Charles Léopold Mayer, 2010.

HOLLINGSWORTH, J. Rogers; BOYER, Robert (orgs.). *Contemporary Capitalism:* The Embeddedness of Intitutions. Cambridge, Cambridge University Press, 1997.

HOLLOWAY, John. *Mudar o mundo sem tomar o poder*. Trad. Emir Sader. São Paulo, Boitempo, 2007.

HOLSTON, James. *Cities and Citizenship*. Durham, Duke University Press, 1999.

HOWE, Jeff. The Rise of Crowdsourcing. *Wired*, n. 14, jun. 2006. Disponível em: <https://www.wired.com/2006/06/crowds/>.

HUA Linshan, *Les Années rouges*. Paris, Le Seuil, 1987.

HUEGLIN, Thomas O. New Wine in Old Bottles? Federalism and Nation States in the Twenty First Century. A Conceptual Overview. In: KNOP, Karen et al. (orgs.). *Rethinking Federalism:* Citizens, Markets, and Governments in a Changing World. Vancouver, University of British Columbia Press, 1995.

HUX, Christopher. *Le Monde à l'envers*. Paris, Payot, 1977.

JALÉE, Pierre. *A pilhagem do terceiro mundo*. Trad. Angela Sarmento. Lisboa, Sá da Costa, 1980.

JAURÈS, Jean. Esquisse provisoire de l'organisation industrielle. *La Revue Socialiste*, v. 22, n. 128, ago. 1895. Reed. in: *L'organisation socialiste de la France*. Paris, L'Humanité, 1915.

_____. L'État socialiste et les fonctionnaires. *La Revue Socialiste*, abr. 1895, v. 21, n. 124.

_____. Coopération socialiste. *La Petite République*, 19 set. 1900.

_____. *Histoire socialiste de la Révolution française:* la constituante. Paris, Éditions Sociales, 1983. t. I.

_____. *Histoire socialiste de la Révolution française:* le gouvernement révolutionnaire. Paris, Éditions Sociales, 1983. t. VI.

_____. *L'Armée nouvelle*. Paris, Imprimerie Nationale, 1992. t. II.

_____. *Les Origines du socialisme allemand*. Toulouse, Librairie Ombres Blanches, 2010.

JEANTET, Thierry. *L'Économie sociale, une alternative au capitalisme*. Paris, Economica, 2008.

JOHNSON, Denise R. Reflections on the Bundle of Rights. *Vermont Law Review*, v. 32, liv. 2. p. 247. Disponível em: <http://lawreview.vermontlaw.edu>.

JOHSUA, Isaac. *La Révolution selon Karl Marx*. Genebra, Pages 2, 2012.

JULIANO, o Apóstata. *Discours contre les chrétiens*. Trad. Marquês de Argens. Berlim, Chrétien Frédéric Voss, 1768.

JUSTITIA. Le Glanage: quel régime juridique? Disponível em: <justitia.e-monsite.com>.

KANT, Emmanuel. *Vers la paix perpétuelle*. Paris, Garnier-Flammarion, 1991 [ed. port.: *A paz perpétua e outros opúsculos*, trad. Artur Morão, Lisboa, Edições 70, 2008].

_____. *Critique de la faculté de juger*. Paris, Garnier-Flammarion, [s. d.] [ed. bras.: *Crítica da faculdade de julgar*. Trad. Daniela Botelho B. Guedes. São Paulo, Ícone, 2009].

_____. *Critique de la raison pratique*. Paris, Garnier-Flammarion, 2003 [ed. bras.: *Crítica da razão prática*. Trad. Valerio Rohden. 3. ed., São Paulo, WMF Martins Fontes, 2011].

KAPZINCSKI, Amy; KRIKORIAN, Gaëlle. *Access to Knowledge in the Age of Intellectual Property*. Nova York, Zone Books, 2010.

KAUL, Inge; GRUNBERG, Isabelle; STERN, Marc A. *Les Biens publiques mondiaux*. Paris, Economica, 2002.

KEMPF, Hervé. *Comment les riches détruisent la planète*. Paris, Le Seuil, 2007.

KEMPSHALL, Mathew. *The Common Good in Late Medieval Palitical Thought*. Oxford, Clarendon Press, 1999.

KLEIN, Naomi. Reclaiming the Commons. *New Left Review*, n. 9, maio-jun. 2001.

KOTE, Gilles van. La Course aux terres ne profite pas aux pays du Sud. *Le Monde*, 27 abr. 2012.

KOVEL, Joel. *The Ennemy of Nature:* The End of Capitalism or the End of the World? Nova York, Zed, 2002.

KRANICH, Nancy. Contering Enclosures: Reclaiming the Knowledge Commons. In: HESS, Charlotte; OSTROM, Elinor (orgs.). *Understanding Knowledge as a Commons*. Cambridge, MIT Press, 2007.

LACLAU, Ernesto; MOUFFE, Chantal. *Hégémonie et stratégie socialiste:* vers une politique démocratique radicale. Besançon, Les Solitaires Intempestifs, 2009.

LAIMÉ, Marc. La Marchandisation de l'eau s'accélère. *Le Monde Diplomatique*, mar. 2008.

LALLEMENT, Michel. *Le Travail:* une sociologie contemporaine. Paris, Gallimard, 2007. Col. "Folio".

LAMY, Pascal. *Vers une gouvernance mondiale?* Discours inaugural à l'Institut d'Études Politiques de Paris, 21 octobre 2005. Disponível em: <www.wto.org>.

LAND MATRIX: The Online Public Database on Land Deals. Disponível em: <http://landmatrix.org>.

LAPERCHE, Blandine (org.). *Propriété industrielle et innovation*. Paris, L'Harmattan, 2001.

LARA, Philippe de. Le Paradoxe de la règle et comment s'en débarrasser. In: LAUGIER, Sandra (org.). *Wittgenstein, métaphysique et jeux de langage*. Paris, PUF, 2001.

LASCOUMES, Pierre; ZANDER, Hartwig. *Marx:* du "vol de bois" à la critique du droit. Paris, PUF, 1984.

LASKI, Harold. *Democracy in Crisis*. Londres, George Allen & Unwin, 1933.

LAUGIER, Sandra (org.). *Wittgenstein, métaphysique et jeux de langage*. Paris, PUF, 2001.

LAVAL, Christian. *Jeremy Bentham:* les artifices du capitalisme. Paris, PUF, 2003.

_____ et al. *La Nouvelle école capitaliste*. Paris, La Découverte, 2011.

LAVILLE, Jean-Louis. *Agir à gauche:* l'économie sociale et solidaire. Paris, Desclée de Brouwer, 2011.

_____. *Politique de l'association*. Paris, Le Seuil, 2010.

LAZZARATO, Maurizio. *Les Révolutions du capitalisme*. Paris, Les Empêcheurs de Penser en Rond, 2004 [ed. bras.: *As revoluções do capitalismo*. Trad. Leonora Corsini. Rio de Janeiro, Civilizacao Brasileira, 2006].

LAZZERI, Christian; REYNIÉ, Dominique. *Politiques de l'intérêt*. Besançon, Presses Universitaires Franc-Comtoises, 1998.

LE CROSNIER, Hervé. Leçons d'émancipation: l'exemple du mouvement des logiciels libres. In: ASSOCIATION VECAM (org.). *Libres savoirs:* les biens communs de la connaissance. Paris, C&F, 2011.

LEÃO XIII. *Rerum novarum:* Encíclica. Roma, Libreria Editrice Vaticana, 1891.

LEFORT, Claude. *Éléments d'une critique de la bureaucratie*. Paris, Droz, 1971.

LEFRANÇAIS, Gustave. *Le Mouvement communaliste à Paris en 1871*. Coeuvres-et--Valsery, Ressouvenances, 2001.

LEGENDRE, Pierre. *Sur la question dogmatique en Occident*. Paris, Fayard, 1999.

_____. *De la société comme texte:* linéaments d'une anthropologie dogmatique. Paris, Fayard, 2001.

LÊNIN, Vladimir Ilitch. *Teses de abril*. In: ŽIŽEK, Slavoj (org.), *Às portas da revolução: escritos de Lenin de 1917*, trad. Daniela Jinkings, Fabrizio Rigout e Luiz Bernardo Pericás, São Paulo, Boitempo, 2005.

_____. *O Estado e a revolução*, trad. Editorial Avante! e Paula Almeida, São Paulo, Boitempo, 2017.

LEROUX, Pierre. *De l'humanité*. Paris, Fayard, 1985.

LEROY, Maxime. *Syndicats et services publiques*. Paris, Librairie Armand Colin, 1909.

_____. *La Coutume ouvrière:* syndicats, bourses, fédérations professionnelles, coopératives, doctrines et institutions (1913). Paris, CNT-RP, 2007. 2 v.

LESSIG, Lawrence. *Code and Other Laws of Cyberspace*, Nova York, Basic Books, 1999.

_____. *L'Avenir des idées*: le sort des biens communs à l'heure des réseaux numériques. Grenoble, Presses Universitaires de Grenoble, 2005.

_____. Le Code fait loi. De la liberté dans le cyberespace. *Framablog*. Disponível em: <https://framablog.org/2010/05/22/code-is-law-lessig/>.

LEVASSEUR, Émile. *Histoire des classes ouvrières en France depuis la Révolution jusqu'à nos jours*. Paris, Librairie de Guillaumin et Cie, 1867.
LEVINE, Peter. Collective Action, Civic Engagement and the Knowledge Commons. In: HESS, Charlotte; OSTROM, Elinor (orgas.). *Understanding Knowledge as a Commons*. Cambridge, MIT Press, 2007.
LEWIN, Moshe. *Le Dernier combat de Lénine*. Paris, Minuit, 1967.
_____. *Le Siècle soviétique*. Paris, Fayard/Le Monde Diplomatique, 2008 [ed. bras.: *O século soviético*. Trad. Sílvia de Souza Costa. Rio de Janeiro, Record, 2007].
LILLE, François. *À l'aurore du siècle, où est l'espoir?* Biens communs et biens publiques mondiaux. Tribord, Bruxelles, 2006.
LINEBAUGH, Peter. *The Magna Carta Manifesto:* Liberties and Commons for All. Berkeley, University of California Press, 2009.
_____. *Stop Thief!* Oakland, PM, 2014.
LINHART, Danièle. *Travailler sans les autres?* Paris, Le Seuil, 2009.
_____; LINHART, Robert; MALAN, Anna. Syndicats et organisation du travail. Un rendez-vous manqué. *Sociologie et Sociétés*, v. 30, n. 2, 1998. p. 175-88.
LINHART, Robert. *L'Établi*. Paris, Minuit, 1978.
LIPSKY, Michael. *Street-Level Bureaucracy:* Dilemmas of the Individual in Public Services. Nova York, Russell Sage Foundation, 2010.
LOCKE, John. *Ensaio acerca do entendimento humano*. Trad. Anoar Aie, São Paulo, Nova Cultural, 5. ed., 1991.
_____. *Le Second traité du gouvernement*. Paris, PUF, 1994 [ed. bras.: *Segundo tratado sobre o governo civil*. Trad. Magda Lopes e Marisa Lobo da Costa. Petrópolis, Vozes, 1994].
LOSURDO, Domenico. *Fuir l'histoire?* La révolution russe et la révolution chinoise aujourd'hui. Paris, Delga, 2007.
_____. *Staline, histoire et critique d'une légende noire*. Bruxelas, Aden, 2011.
LÖWY, Michael. *Écosocialisme, l'alternative radicale à la catastrophe écologique capitaliste*. Paris, Mille et une Nuits, 2011.
LUCARELLI, Alberto. L'Europa: la leggenda dell'obbligo di privatizzare. *Il Manifesto*, 1º maio 2010.
_____. *La Democrazia dei beni comuni*. Roma, Laterza, 2013.
_____. *La Democrazia possibile:* lavoro, beni comuni, ambiente, per una nuova passione politica. Viareggio, Dissensi, 2013.
LUXEMBURGO, Rosa.. L'Accumulation du capital II. In: _____. *Oeuvres IV*. Paris, Maspero, 1972 [ed. bras.: *A acumulação do capital*. Trad. Marijane Vieira Lisboa e Otto Erich Walter Maas. 3. ed., São Paulo, Nova Cultural, 1988].
_____. *A Revolução Russa*, trad. Isabel Maria Loureiro, Petrópolis, Vozes, 1991
MACFARQUHAR, Roderick; SCHOENHALS, Michael. *La Dernière révolution de Mao*. Paris, Gallimard, 2009.
MACHEREY, Pierre. *Marx 1845:* les "Thèses sur Feuerbach". Paris, Amsterdam, 2008.
MADDICOTT, John R. Magna Carta and the Local Community. *Past & Present*, v. 102, 1984.
MALTHUS, Thomas Robert. *Essai sur le principe de population*. Paris, Garnier-Flammarion, 1992 [ed. port.: *Ensaio sobre o princípio da população*. Trad. Eduardo Saló. Lisboa, Europa-América, 1999].

MANGOLTE, Pierre-André. Le Logiciel libre comme commun créateur de richesses. In: UNIVERSITÉ PARIS-XIII (org.). *Propriété et communs:* les nouveaux enjeux de l'accès et de l'innovation partagés. Paris, 2013.

MANIN, Bernard. *Principes du gouvernement représentatif.* Paris, Champs/Flammarion, 1996.

MARANT, Alexis. *Planète à vendre.* [Filme]. Produção Capa Presse TV/Arte France, direção Alexis Marant, imagem/montagem Bruno Joucla, som Laurent Langlois. Paris, 2010, 90 min. Disponível em: <http://planete-a-vendre.arte.tv>.

MARENBON, John. *The Philosophy of Peter Abelard.* Cambridge, Cambridge University Press, 1997.

MARIE, Jean-Jacques. *Le Goulag.* Paris, PUF, 1999.

MARSHALL, Thomas Humphrey. Citizenship and Social Class. In: _____. *Class, Citizenship and Social Development.* Garden City, Anchor Books/Doubleday, 1965 (1949).

MARTIN, Gilles. *De la responsabilité civile pour faits de pollution au droit à l'environnement.* Tese (Doutorado em Direito), Nice, Universidade de Nice, 1976.

MARX, Karl. Lettre à Annenkov, 28 décembre 1846. In: _____. *Correspondance.* Paris, Éditions Sociales, 1964. t. I.

_____. Adresse inaugurale de l'AIT (1864). In: _____*Oeuvres:* Économie I. Paris, Gallimard, 1968. Col. "La Pléiade".

_____. Le capital Livre III. In: _____. *Oeuvres*: Économie II. Paris, Gallimard, 1968. Col. "Pléiade" [ed. bras.: *O capital*, Livro III. Trad. Rubens Enderle. São Paulo, Boitempo, 2014].

_____. Misère de la philosophie. In: _____. *Oeuvres:* Économie I. Paris, Gallimard, 1968. Col. "La Pléiade".

_____. *Critique du droit politique hégélien.* Paris, Éditions Sociales, 1975.

_____. *Théories sur la plus-value.* Paris, Éditions Sociales, 1976. t. III.

_____. *Manuscrits de 1863-1867:* Le capital Livre I. Paris, Éditions Sociales, 2010.

_____. *A guerra civil na França.* Trad. Rubens Enderle, São Paulo, Boitempo, 2011.

_____. *Grundrisse.* Trad. Mario Duayer e Nélio Schneider. São Paulo, Boitempo, 2011.

_____. *O 18 de brumário de Luís Bonaparte.* Trad. Nélio Schneider. São Paulo, Boitempo, 2011.

_____. *La Loi sur les vols de bois.* Trad. Jules Molitor. Paris, Éditions des Malassis, 2013.

_____. *O capital*, Livro I. Trad. Rubens Enderle. São Paulo, Boitempo, 2013.

_____; ENGELS, Friedrich. *Critique de l'éducation et de l'enseignement.* Ed. e trad. Robert Dangeville, Paris, Maspero, 1976.

_____; _____. *A ideologia alemã.* Trad. Rubens Enderle, Nélio Schneider e Luciano Cavini Martorano, São Paulo, Boitempo, 2007.

_____; _____. *Inventer l'inconnu:* textes et correspondance autour de la Commune. Paris, La Fabrique, 2008.

_____; _____. *Manifesto do Partido Comunista.* Trad. Álvaro Pina e Ivana Jinkings. São Paulo, Boitempo, 2010.

_____; _____. *Propriétés et expropriations:* des coopératives à l'autogestion généralisée. Paris, Syllepse, 2013.

_____; _____. *A sagrada família.* Trad. Marcelo Backes. 3. reimp., São Paulo, Boitempo, 2016.

MATTEI, Ugo *Beni comuni:* un manifesto. Roma, Laterza, 2011.

_____. Rendre inaliénables les biens communs. *Le Monde Diplomatique*, dez. 2011.
MAUSS, Marcel. Manifeste coopératif des intellectuels et universitaires français. *Revue des Études Coopératives*, out.-dez. 1921.
_____. Essai sur le don: forme et raison de l'échange dans les sociétés archaïques. *L'Année Sociologique*, t. 1, série 2, 1923-1924; reed. in: *Sociologie et Anthropologie*. Paris, PUF, 1950 [ed. port.: *Ensaio sobre a dádiva*. Trad. António Filipe Marques. Lisboa, Edições 70, 2008].
_____. *Essais de sociologie*. Paris, Le Seuil, 1971 [ed. bras.: *Ensaios de sociologia*. Trad. Luiz João Gaio e J. Guinsburg. 2. ed., São Paulo, Perspectiva, 2013].
_____. Appréciation sociologique du bolchevisme. In: _____. *Écrits politiques*. Paris, Fayard, 1997.
_____. L'Action socialiste. In: _____. *Écrits politiques*. Paris, Fayard, 1997.
_____. La Coopération socialiste. *L'Humanité*, 3 ago. 1904; reed. in: *Écrits politiques*. Paris, Fayard, 1997. Disponível em: <www.revuedumauss.com>.
MAZAURIC, Claude. *Babeuf, écrits*. Paris, Le Temps des Cerises, 2009.
MCCHESNEY, Robert W. *Digital Disconnect:* How Capitalism is Turning the Internet against Democracy. Nova York, The New Press, 2013.
MERTON, Robert K. The Normative Structure of Science. In: _____. *The Sociology of Science* (1942). Chicago, The University of Chicago Press, 1973.
MESNARD, Pierre. *L'Essor de la philosophie politique XVIe siècle*. Paris, Vrin, 1977.
MEZZI, Dominique (org.). *Nouveau siècle, nouveau syndicalisme*. Paris, Syllepse, 2013.
MICHÉA, Jean-Claude. *Impasse Adam Smith*. Castelnau-le-Lez, Climats, 2002.
MODDE, André. Le bien commun dans la philosophie de saint Thomas. *Revue Philosophique de Louvain*, v. 47, n. 14, 1949.
MOGLEN, Eben. Le Manifeste du Point-Communiste (The Dot Communist Manifesto). jan. 2003. Disponível em: <http://www.gibello.com/publi/transl/dcm/dcm_fr.html>.
MONTAIGNE, Michel de. *Essais*. Paris, Arléa, 1992 [ed. bras.: *Ensaios*. Trad. Sérgio Milliet. São Paulo, Abril Cultural, 1984].
MONTESQUIEU, Charles-Louis de Secondat, barão de. *De l'esprit des lois*. Paris, Classiques Garnier, 1973. t. I [ed. bras.: *O espírito das leis*. Trad. Cristina Murachco. 3. ed., São Paulo, Martins Fontes, 2005].
MORE, Thomas. *L'Utopie, ou Le traité de la meilleure forme de gouvernement*. Paris, Garnier-Flammarion, 1987 (1516) [ed. bras.: *A utopia*. Trad. Luís de Andrade. São Paulo, Nova Cultural, 2000].
MORELLY, Étienne-Gabriel. *Code de la nature*. Paris, La Ville Brûle, 2011 [ed. bras.: *Código da natureza*. Trad. Denise Bottman. São Paulo, Editora da Unicamp, 2013].
MORRIS, William. *Comment nous vivons, comment nous pourrions vivre*. Paris, Rivages, 2013.
MOUHOUD, El Mouhoub; PLIHON, Dominique. *Le Savoir et la finance:* liaisons dangereuses au coeur du capitalisme contemporain. Paris, La Découverte, 2009.
MOULIER-BOUTANG, Yann. Droit de propriété, *terra nullius* et capitalisme cognitif. *Multitudes*, n. 41, 2010.
MÜLLEJANS, Hans. *Publicus und Privatus im römischen Recht und im älteren kanonischen Recht unter besonderer Berücksichtigung der Unterscheidung Ius publicum und Ius privatum*. Munique, M. Hueber, 1961.

MULTITUDES: Capitalisme cognitif: la démocratie contre la rente, n. 32, 2008.

MUSGRAVE, Richard. *The Theory of Public Finance*. A Study in Public Economy, McGraw-Hill, Columbus, 1959 [ed. bras. *Teoria das finanças públicas:* um estudo de economia governamental. Trad. Auriphebo Berrance Simões. São Paulo, Atlas, 1976].

NANCY, Jean-Luc. *Être singulier pluriel*. Paris, Galilée, 1996.

_____. *La Communauté affrontée*. Paris, Galilée, 2001.

_____. *Vérité de la démocratie*. Paris, Galilée, 2008.

_____. Communisme, le mot. In: BADIOU, Alain; ŽIŽEK, Slavoj (orgs.). *L'idée du communisme*. Paris, Lignes, 2010.

NAPOLI, Paolo. L'Histoire du droit et le commun. Quelques éléments de réflexion. In: COLLÈGE INTERNATIONAL DE PHILOSOPHIE E UNIVERSITÉ PARIS-I (orgs.). *Du public au commun*. Paris, 2011.

NAVILLE, Pierre. Note sur l'histoire des conseils ouvriers. *Arguments*, v. 4, 1978.

NEGRI, Antonio. *Marx au-delà de Marx*. Paris, L'Harmattan, 1996.

_____; VERCELLONE, Carlo. Le rapport capital/travail dans le capitalisme cognitif. *Multitudes*, n. 32, 2008.

NIETZSCHE, Friedrich Wilhelm. *Par-delà bien et mal*. Paris, Garnier-Flammarion, 2000 [ed. bras.: *Para além do bem e do mal*. Trad. Mário Ferreira dos Santos. Petrópolis, Vozes, 2014].

NONINI, Donald M. *The Global Idea of the "Commons"*. Nova York, Berghahn Books, 2007.

NORTH, Douglass C. *Institutions, Institutional Change and Economic Performance*. Cambridge, Cambridge University Press, 1990.

_____. Institutions. *The Journal of Economic Perspectives*, v. 5, n. 1, 1991. p. 97-112. Disponível em: <https://www.aeaweb.org/www.econ.uchile.cl>.

_____; THOMAS, Robert Paul. *L'Essor du monde occidental:* une nouvelle histoire économique. Paris, Flammarion, 1980.

NUHOGLU, Soysal Yasemin. *Limits of Citizenship*. Chicago, The University of Chicago Press, Chicago, 1994.

OCDE. Le Secteur à but non lucratif au XXIe siècle: un partenaire pour l'économie et la société. In: _____. *Le Secteur à but non lucratif dans une économie en mutation*. Paris, OCDE, 2003.

OLIVERA, Oscar; LEWIS, Tom. *Cochabamba:* Water War in Bolivia. Cambridge, South End Press, 2004.

OLSON, Mancur. *La Logique de l'action collective*, Bruxelas, Éditions de l'Université libre de Bruxelles, 2011 [1965] [ed. bras. *A lógica da ação coletiva*. Trad. Fábio Fernandez. São Paulo, Edusp, 2015].

ORTOLAN, Joseph-Louis-Elzéar. *Explication historique des instituts de l'empereur Justinien*. Paris, Joubert Libraire-Éditeur, 1840.

OSTROM, Elinor. *Governing the Commons:* The Evolution of Institutions for Collective Action. Cambridge, Cambridge University Press, 1990. Ed. fr.: *Gouvernance des biens communs*: pour une nouvelle approche des ressources naturelles. Paris, De Boeck, 2010.

_____. *Crafting Institutions for Self-Governing Irrigation Systems*. São Francisco, ICS Press, 1992.

_____. Constituting Social Capital and Collective Action. In: KEOHANE, Robert O.; OSTROM, Elinor (orgs.). *Local Commons and Global Interdependance*. Londres, Sage, 1995.

_____. Pour des systèmes irrigués autogérés et durables: façonner les institutions. *Coopérer Aujourd'hui*, n. 67, nov. 2009.

OSTROM, Vincent; OSTROM, Elinor. Public Goods and Public Choices. In: SAVAS, Emanuel S. *Alternatives for Delivering Public Services*. Boulder, Boulder Westview Press, 1977.

OUR COMMONS: Who, Why? Disponível em: <http://mustereklerimiz.org/our--commons-who-why/>.

OURY, Jean. *Psychiatrie et psychothérapie institutionnelle*. Nîmes, Champ Social, 2001.

_____. *Le Collectif:* le séminaire de Sainte-Anne. Nîmes, Champ Social, 2005.

PANNEKOEK, Anton. La Propriété publique et la propriété commune. *Western Socialist*, nov. 1947. Disponível em: <http://bataillesocialiste.wordpress.com>.

PAULRÉ, Bernard. Finance et accumulation dans le capitalisme post-industriel. *Multitudes*, n. 32, 2008. p. 77-89.

PELLOUTIER, Fernand. *L'Organisation coopérative et l'anarchie*. Paris, L'Art Social, [s. d].

PENNINGTON, Mark. Elinor Ostrom, Common-Pool Ressources and the Classical Liberal Tradition. In: OSTROM, Elinor (org.). *The Future of the Commons:* Beyond Market Failure and Government Regulation. Londres, IEA, 2012.

PERELMAN, Chaïm. *Droit, morale, philosophie*. Paris, LGDJ, 1968.

PERELMAN, Michael. *The Invention of Capitalism:* Classical Political Economy and the Secret History of Primitive Accumulation. Durham, Duke University Press, 2000.

PETRELLA, Riccardo *Le Bien commun:* éloge de la solidarité. Lausanne, Page Deux, 1997.

_____. (org.). *Eau: res publica* ou marchandise? Paris, La Dispute, 2003.

_____. *Pour une nouvelle narration du monde*. Montreal, Écosociété, Montréal, 2007.

PLATÃO. *La République*. Paris, Garnier-Flammarion, 2002 [ed. bras.: *A república*. Trad. J. Guinsburg. 2. ed., São Paulo, Perspectiva, 2014].

POIRIER, Nicolas. *Castoriadis:* l'imaginaire radical. Paris, PUF, 2004.

POLANYI, Karl. *La Grande transformation:* aux origines politiques et économiques de notre temps. Paris, Gallimard, 1983 [ed. bras.: *A grande transformação: as origens de nossa época*. Trad. Fanny Wrobel. 2. ed., Rio de Janeiro, Elsevier, 2012].

PONTIFÍCIO CONSELHO "JUSTIÇA E PAZ". Compêndio da doutrina social da Igreja. Disponível em: <www.vatican.va>.

POTHIER, Robert-Joseph. *Traité du droit de domaine de propriété*. Paris, Debures Père, 1777. t. 1, n. 21.

POUPEAU, Franck. La Bolivie et le paradoxe des "communs". Sept thèses commentées sur le processus de transformation politique actuel. In: COLLÈGE INTERNATIONAL DE PHILOSOPHIE E UNIVERSITÉ PARIS-I (orgs.). *Du public au commun*. Paris, 2011.

_____. *Les Mésaventures de la critique*. Paris, Raisons d'Agir, 2012.

PRASS, Reiner. Les Communaux et leur usage dans l'économie domestique paysanne. In: BÉAUR, Gérard et al. (orgs.). *Les Sociétés ruraux en Allemagne et en France*. Colloque International de Göttingen, 2000. Bibliothèque d'Histoire Rurale, AHSR, Caen, 2000.

PROCACCI, Giovanna. *Gouverner la misère:* la question sociale en France (1789-1848). Paris, Le Seuil, 1993.

PROCHASSON, Christophe. Jean Jaurès et la coopération. *La Revue de l'Économie Sociale*, n. 3, jan.-mar. 1985, p. 31-9; e n. 4, abr.-jun. 1985, p. 69-72.

PROGRAMA DAS NAÇÕES UNIDAS PARA O DESENVOLVIMENTO (PNUD). *Relatório de desenvolvimento humano 2007/2008.*

PROUDHON, Pierre-Joseph. *Carnets*, 11 mars 1846. Paris, Marcel Rivière, 1960-1974. t. II.

_____. Lettre à Cournot, 31 août 1853. In: _____. *Correspondance*, Genebra, Slatkine, 1971. v. 7, reed. v. 4.

_____. *De la capacité politique des classes ouvrières.* Paris, Dentu, 1865.

_____. Lettre à Clerc, 16 mars 1863. In: _____. *Correspondance.* Genebra, Slatkine, 1971. v. 7.

_____. *La Solution du problème social.* Paris, Lacroix, 1868 [ed. bras.: *Solução do problema social*, trad. Plínio Augusto Coelho, São Paulo, EDUSP, 2015].

_____. *Contradictions politiques:* théorie du mouvement constitutionnel au XIXe siècle. L'empire parlementaire et l'opposition légale. Paris, Lacroix, Verboeckhoven et Cie, 1870.

_____. La Capacité politique des classes ouvrières. In: _____. *Oeuvres complètes.* Paris, Marcel Rivière, 1923. v. 3.

_____. Systèmes des contradictions économiques ou Philosophie de la misère. In: _____. *Oeuvres complètes.* Paris, Marcel Rivière, 1923. v. 1 (2) [ed. bras.: *Sistema das contradições econômicas, ou Filosofia da miséria.* Trad. J. C. Morel. São Paulo, Ícone, 2003].

_____. Qu'est-ce que la propriété? Premier Mémoire. In: _____. *Oeuvres complètes.* Paris, Marcel Rivière, 1924. v. 4.

_____. De la création de l'ordre dans l'humanité. In: _____. *Oeuvres complètes.* Paris, Marcel Rivière, 1926. v. 5.

_____. Les Confessions d'un révolutionnaire. In: _____. *Oeuvres complètes.* Paris, Marcel Rivière, 1927. v. 7.

_____. *Correspondance*, Genebra, Slatkine, 1971, v. 7.

_____. Idée générale de la révolution au XIXe siècle. In: _____. *Oeuvres complètes.* Genebra, Slatkine, 1982. v. 2.

_____. *De la justice dans la Révolution et dans l'Église.* Paris, Fayard, 1989, t. I.

_____. *Du principe fédératif.* Antony, Tops/Trinquier, 1997 [ed. bras.: *Do princípio federativo.* Trad. Francisco Trindade, São Paulo, Imaginário/Nu-Sol, 2005].

_____. *Qu'est-ce que la propriété?* Antony, Tops/Trinquier, 1997 [ed. bras.: *Que é a propriedade?* Trad. Raul Vieira. São Paulo, Cultura Brasileira, 19-].

_____. *Théorie de la propriété.* Paris, L'Harmattan, 1997. Col. "Les Introuvables", 1997.

QUIJOUX, Maxime. *Néolibéralisme et autogestion:* l'expérience argentine. Paris, IHEAL, 2011.

RANCIÈRE, Jacques. Communistes sans communisme? In: BADIOU, Alain; ŽIŽEK, Slavoj (orgs). *L'Idée du communisme.* Paris, Lignes, 2010.

RAULET, Gérard. Communisme. In: BLAY, Michel (org.). *Grand dictionnaire de philosophie.* Paris, Larousse, 2003.

_____. La Crise de l'Union Européenne: une crise de légitimité démocratique. In: ZARKA, Yves Charles (org.). *Refaire l'Europe avec Jürgen Habermas.* Paris, PUF, 2012.

RAYMOND, Eric Steven. *CyberLexis, le dictionnaire du jargon informatique*. Paris, Masson, 1997.

_____. The Cathedral and the Bazaar. Disponível em: <http://www.unterstein.net/su/docs/CathBaz.pdf>.

RAYNAUD, Philippe; RIALS, Stéphane (orgs.). *Dictionnaire de philosophie politique*. Paris, PUF, 2003.

REITZ, Edgar. *Heimat II*: L'exode. [Filme]. Produção Les Films du Losangue/ARD Degeto Film, direção Edgar Reitz. Alemanha/França, 2013, 231 min.

RÉMOND-GOUILLOUD, Martine. Ressources naturalles et choses sans maître. In: EDELMAN, Bernard; HERMITTE, Maria Angèle. *L'homme, la nature et le droit*. Paris, Christian Bourgois, 1988.

REVEL, Judith. Produire de la subjectivité, produire du commun: trois difficultés et un *post-scriptum* un peu long sur ce que le commun n'est pas. In: COLLÈGE INTERNATIONAL DE PHILOSOPHIE E UNIVERSITÉ PARIS-I (orgs.). *Du public au commun*. Paris, 2011.

REY, Alain (org). *Dictionnaire historique de la langue française*. Paris, Le Robert, 1992.

RHEINGOLD, Howard. *A comunidade virtual*. Trad. Helder Aranha. Lisboa, Gradiva, 1996.

RIFKIN, Jeremy. *Le Siècle biotech*. Paris, La Découverte, 1998 [ed. bras.: *O século da biotecnologia*. Trad. Arão Sapiro. São Paulo, Makron Books, 1999].

_____. *L'âge de l'accès*: la nouvelle culture du capitalisme. Paris, La Découverte/Poche, 2005 [ed. bras.: *A era do acesso*, trad. Maria Lucia G. L. Rosa, São Paulo, Makron Books, 2001].

RIVIALE, Philippe. *L'Impatience du bonheur*: apologie de Gracchus Babeuf. Paris, Payot, 2001.

ROBERTSON, Geoffrey. *Crimes Against Humanity*: the Struggle for Global Justice. Nova York, The New Press, 1999.

RODET, Diane. Les Définitions de la notion d'utilité sociale. *Économie et Solidarités*, v. 39, n. 1, 2008.

ROGER, Baudouin (org.). *L'Entreprise*: formes de la propriété et responsabilités sociales. Paris, Collège des Bernardins, 2012.

ROSANVALLON, Pierre. *La démocratie inachevée*: histoire de la souveraineté du peuple en France. Paris, Gallimard, 2003. Col. "Folio".

ROSE, David. *Guantanamo*: America's War on Human Rights. Londres, Faber and Faber, 2004.

ROSNAY, Mélanie Dulong de; LE CROSNIER, Hervé. *Propriété intelectuelle*: géopolitique et mondialisation. Paris, CNRS, 2013.

ROUSSEAU, Jean-Jacques. *Du contrat social*. Paris, Garnier-Flammarion, 2001 [ed bras.: *Contrato social*. Trad. Eduardo Brandão. São Paulo, Penguin Classics, 2011.]

ROZENBLATT, Patrick. Vers de nouvelles formes de coopération dans le travail. *Futur Antérieur*, set. 1994.

RULLANI, Enzo. Le Capitalisme cognitif: du déjà vu? *Multitudes*, n. 2, 2000.

SALAMON, Lester M. et al., *Global Civil Society*: Dimensions of the Nonprofit Sector. Baltimore, The Johns Hopkins Center for Civil Society Studies, 1999. Disponível em: <http://ccss.jhu.edu>.

ŠALAMOV, Varlam. *Récits de la Kolyma*. Rieux-en-Val, Verdier, 2003.

SAMUELSON, Paul. *L'Économique I*. Paris, Armand Colin, 1982 [ed. bras.: *Economia*. Trad. Robert Brian Taylor. 17. ed., Rio de Janeiro, McGraw-Hill, 2004].

SANGNIER, Marc. *Discours*. Paris, Bloud, 1910. t. II.

SARTRE, Jean-Paul. *Critique de la raison dialectique*. Paris, Gallimard, 1960 [ed. bras.: *Crítica da razão dialética*. Trad. Guilherme João de Freitas Teixeira. Rio de Janeiro, DP&A, 2002].

SASSIER, Yves. *Structures du pouvoir, royauté et* res publica. Rennes, PUR, 2004.

_____. Bien commun et *utilitas communis* au XIIe siècle, un nouvel essor? *Revue Française d'Histoire des Idées Politiques*, n. 32, 2010.

SAUVÊTRE, Pierre. *Crises de gouvernementalité et généalogie de l'État aux XXe et XXIe siècles:* recherche historico-philosophique sur les usages de la raison politique. Tese (Doutorado em Ciência Política), Institut d'Études Politiques de Paris, novembro de 2013.

SAVAS, Emanuel S. *Alternatives for Delivering Public Services*. Boulder, Boulder Westview Press, 1977.

SCHAEPELYNCK, Valentin. *Une Critique en acte des institutions:* émergences et résidus de l'analyse institutionelle dans les années 1960. Tese (Doutorado em Ciências da Educação). Université Paris-VIII, dez. 2013.

SCHAFER, Valérie; LE CROSNIER, Hervé. *La Neutralité du net:* un enjeu de communication. Paris, CNRS, 2011.

SCHLAGER, Edella; OSTROM, Elinor. Property-Rights Regimes and Natural Resources. A Conceptual Analysis. *Land Economics*, v. 68, n. 3, ago. 1992. p. 249-62.

SCHMITT, Carl. *Théorie de la constitution*. Paris, PUF, 1990.

SCHUMPETER, Joseph A. *Capitalisme, socialisme et démocracie*. Paris, Payot, 1990 [ed. bras.: *Capitalismo, socialismo e democracia*. Trad. Sérgio Góes de Paula. Rio de Janeiro, Zahar, 1984].

SÈRE, Bénédicte. Aristote et le bien commun au Moyen Âge: une histoire, une historiographie. *Revue Française d'Histoire des Idées Politiques*, n. 32, 2010.

SERENI, Paul. *Marx, la personne et la chose*. Paris, L'Harmattan, 2007.

SERGE, Victor. Postface inédite: trente ans après (1947). In: _____. *L'an I de la révolution russe*. Paris, La Découverte, 1997.

SHAKESPEARE, William. *Oeuvres complètes III:* Histoires I. Paris, Gallimard, 2008. Col. "Pléiade".

SHIVA, Vandana. Water Democracy. In: OLIVERA, Oscar; LEWIS, Tom. *Cochabamba:* Water War in Bolivia. Cambridge, South End Press, 2004.

_____. Monsanto and the Seeds of Suicide. *The Asian Age*, 27 mar. 2013.

SIEYÈS, Emmanuel Joseph. *Qu'est-ce que le Tiers état?*, Paris, Éditions du Boucher, 2002 (1789) [ed. bras. *A Constituinte burguesa, Qu'est-ce que le Tiers État*, org. e introdução de Aurélio Wander Bastos, Freitas Bastos Editora, 2009].

SIMMEL, Georg. Sociologie du repas. *Sociétés*, v. 37, 1992.

SINAÏ, Agnès. *L'Eau à Paris:* retour vers le publique. Paris, Eau de Paris, 2012.

SINGER, Paul. L'Économie sociale et solidaire au Brésil. In: JEANTET, Thierry; POULNOT, Jean-Philippe (orgs.) *L'Économie sociale, une alternative planétaire*. Paris, Charles Léopold Mayer, 2007.

STALLMAN, Richard M. _____. O projeto GNU. *Projeto GNU*. Disponível em: <https://www.gnu.org/gnu/thegnuproject.pt-br.html>.
_____. On Hacking. Disponível em: <https://stallman.org/articles/on-hacking.html>.
_____. Você disse "propriedade intelectual"? É uma miragem sedutora. Disponível em: <https://www.gnu.org/philosophy/not-ipr.pt-br.htmlhttps://www.gnu.org>.
STENGERS, Isabelle. *Au temps des catastrophes: résister à la barbarie qui vient*. Paris, Les Empêcheurs de Penser en Rond/La Découverte, 2009.
STIGLITZ, Joseph. *Le Prix de l'inégalité*. Paris, Les Liens qui Libèrent, 2012.
_____. La Gouvernance mondiale est-elle au service de l'intérêt général global? Disponível em: <www.ofce.sciences-po.fr>.
SUCHARITKUL, Sompong. Évolution continue d'une notion nouvelle: le patrimoine commun de l'humanité. In: FISHERIES AND AQUACULTURE DEPARTMENT. Le Droit et la mer: *mélanges à la mémoire de Jean Carroz*. Roma, FAO, 1987. Disponível em: <www.fao.org>.
SUMPF, Alexandre. *De Lénine à Gagarine*. Paris, Gallimard, 2013. Col. "Folio".
SUPIOT, Alain. À propos d'un centenaire. La dimension juridique de la doctrine sociale de l'Église. *Droit Social*, n. 12, dez. 1991. p. 916-25.
_____. *L'esprit de Philadelphie:* la justice sociale face au marché total. Paris, Le Seuil, 2010.
TALMON, Jacob. *Les Origines de la démocratie totalitaire*. Paris, Calmann-Lévy, 1966.
TAPSCOTT, Don; WILLIAMS, Anthony D. *Wikinomics:* Wikipédia, Linux, YouTube, comment l'intelligence collaborative bouleverse l'économie. Paris, Pearson-Village Mondial, 2007.
TAYLAN, Ferhat. Taksim, une place vitale. *La Revue des Livres*, n. 12, jul.-ago. 2013.
TESTART, Alain. Propriété et non-propriété de la terre. *Études Rurales*, n. 165-6, jan.-jun. 2003.
_____. *Avant l'histoire:* l'évolution des sociétés de Lascaux à Carnac. Paris, Gallimard, 2012.
THÉRET, Bruno. *Protection sociale et fédéralisme:* l'Europe dans le miroir de l'Amérique du Nord. Montreal, Presses de l'Université de Montréal, 2002.
THIERS, Adolphe. *De la propriété*. Paris, Paulin, Lheureux et Cie, 1848.
THOMAS, Yan. *Res*, chose et patrimoine. Note sur le rapport sujet-objet en droit romain. *Archives de Philosophie du Droit*, n. 25, 1980.
_____. *Imago naturae*: note sur l'institutionnalité de la nature à Rome. In: ÉCOLE FRANÇAISE DE ROME (org.). *Théologie et droit dans la science politique de l'État moderne*. Actes de la Table Ronde de Rome, École Française de Rome/CNRS, 1991. Col. École Française de Rome, n. 147.
_____. La valeur des choses. Le Droit romain hors la religion. *Annales, Histoire, Sciences Sociales*, v. 57, n. 6, 2002. p. 1431-62.
THOMPSON, Edward P. The Moral Economy of the English Crowd in the Eighteenth Century. *Past and Present*, v. 50, 1971.
_____. *Customs in Common:* Studies in Traditional Popular Culture. Londres, Merlin, 1991 [ed. bras.: *Costumes em comum*. Trad. Rosaura Eichemberg. São Paulo, Companhia das Letras, 2015].
_____. *La Guerre des forêts:* luttes sociales dans l'Angleterre du XVIIIe siècle. Paris, La Découverte, 2014.

TOCQUEVILLE, Alexis de. *Oeuvres complètes III*, Gallimard, Paris, 1985, col. "Pléiade" t. 2.

TOMÈS, Arnaud. Introduction à la pensée de Castoriadis. In: CASTORIADIS, Cornelius, *L'Imaginaire comme tel*. Paris, Hermann Philosophie, 2007.

TÖNNIES, Ferdinand. *Communauté et société*. [Paris, PUF, 2010].

TRENTIN, Bruno. *La Cité du travail:* le fordisme et la gauche. Paris, Fayard, 2012.

TRIGEAUD, Jean-Marc. Possession. In: AUROUX, Sylvain (org.). *Encyclopédie philosophique universelle II*: les notions philosophiques. Paris, PUF, 1990.

TRÓTSKI, Leon. *Terrorisme et communisme*. Paris, 10/18, 1963 [ed. bras.: *Terrorismo e comunismo*. Trad. Livio Xavier. Rio de Janeiro, Saga, 1969].

UZUNIDIS, Dimitri (org.). *L'Innovation et l'économie contemporaine:* espaces cognitifs et territoriaux. Paris, De Boeck, 2004.

VERCELLONE, Carlo. Il ritorno del rentier. *Posse*, nov. 2006. p. 97-114.

_____. La Nouvelle articulation salaire, profit, rente dans le capitalisme cognitif. *European Journal of Economic and Social Systems*, v. 20, 2007. p. 45-64.

VERNIÈRE, Paul. *Montesquieu et l'esprit des lois ou La raison impure*. Paris, Sedes, 1977.

VIRGÍLIO. *L'Énéide*. Paris, La Différence, 1993 [ed. bras.: *Eneida*. Trad. Carlos Alberto Nunes. 2. ed., São Paulo, Editora 34, 2016].

VIVIER, Nadine. *Propriété collective et identité communale:* les biens communaux en France 1750-1914. Paris, Publications de la Sorbonne, 1998.

_____. Le rôle économique et social des biens communaux en France. In: BÉAUR, Gérard et al. (orgs.). *Les sociétés ruraux en Allemagne et en France*. Colloque International de Göttingen, 2000. Bibliothèque d'Histoire Rurale, AHSR, Caen, 2000.

VONHIPPEL, Eric. *Democratizing Innovation*. Cambridge, MIT Press, 2005.

VOYENNE, Bernard. *Le Fédéralisme de Proudhon*. Bruxelas, Éditions de l'Institut de Sociologie, 1967.

WAELHENS, Alphonse de. Sartre et la raison dialectique. *Revue Philosophique de Louvain*, série 3, v. 60, n. 65, 1962.

WALRAS, Léon. *Études d'économie sociale:* théorie de la répartition de la richesse sociale. Paris, F. Pichon, 1896.

WEBB, Beatrice; WEBB, Sidney. *Histoire du trade-unionisme:* les origines. Paris, Les Nuits Rouges, 2011.

WEBER, Luc. *L'État acteur économique*. Paris, Economica, 1997.

WEBER, Max. *Économie et société:* les catégories de la sociologie. Paris, Pocket, 1995. t. 1 [ed. bras. *Economia e sociedade*, trad. Regis Barbosa e Karen Elsabe Barbosa, São Paulo, Editora da Universidade de Brasília, 2004].

WEINSTEIN, Olivier. Comment comprendre les "communs": Elinor Ostrom, la propriété et la nouvelle économie institutionnelle. In: UNIVERSITÉ PARIS-XIII (org.). *Propriété et communs:* les nouveaux enjeux de l'accès et de l'innovation partagés. Paris, 2013.

WELZER, Harald. *Les Guerres du climat:* pourquoi on tue au XXIe siècle. Paris, Gallimard, 2009.

WHITEHEAD, Alfred N. *Science and the Modern World*. Nova York, Mentor, 1948. Ed. fr.: *La science et le monde moderne*, Mônaco, Rocher, 1994 [ed. bras.: *A ciência e o mundo moderno*. Trad. Hermann Herbert Watzlawick. São Paulo, Paulus, 2006].

WINNER, Langdon. Les Artefacts font-ils de la politique? In: _____. *La baleine et le réacteur*. Paris, Descartes & Cie, 2002.
WINTERS, Jane. Forest Law. Early English Laws Project. Institute of Historical Research and King's College of London. Disponível em: <www.earlyenglishlaws.ac.uk>.
WITTGENSTEIN, Ludwig. *Recherches philosophiques*. Paris, Gallimard, 2004 [ed. bras.: *Investigações filosóficas*. Trad. Marcos G. Montagnoli. 9. ed., Petrópolis/Bragança Paulista, Vozes/Editora da Universidade São Francisco, 2014].
WOLIN, Sheldon S. *Democracy Incorporated:* Managed Democracy and the Specter of Inverted Totalitarianism. Princeton, Princeton University Press, 2008.
WOOD, Ellen Meiksins. *A origem do capitalismo*. Trad. Vera Ribeiro. Rio de Janeiro, Zahar, 2001.
_____. *L'Origine du capitalisme:* une étude approfondie. Montreal, Lux, 2009 [ed. bras.: *A origem do capitalismo*. Trad. Vera Ribeiro. Rio de Janeiro, Zahar, 2001].
WORLD ECONOMIC FORUM. *Global Risks 2014*. Ninth Edition, jan. 2014.
XIFARAS, Mikhaïl. Marx, justice et jurisprudence. Une lecture des "vols de bois". *Revue Française d'Histoire des Idées politiques*, n. 15, abril 2002.
_____. *La Propriété:* étude de philosophie du droit. Paris, PUF, 2004.
_____. Le Copyleft et la théorie de la propriété. *Multitudes*, n. 41, 2010.
_____. Le Copyleft et la théorie de la propriété. In: UNIVERSITÉ PARIS-XIII (org.). *Propriété et communs:* les nouveaux enjeux de l'accès et de l'innovation partagés. Paris, 2013. Disponível em: <www.mshparisnord.fr>.
YANG Jisheng. *Stèles:* la grande famine en Chine 1958-1961. Paris, Le Seuil, 2012.
ZARA, Olivier. *Le management de l'intelligence collective:* vers une nouvelle gouvernance. Paris, M21, 2008.
ZARKA, Yves-Charles. (org.). *Refaire l'Europe avec Jürgen Habermas*. Paris, PUF, 2012.
_____. *L'Inappropriabilité de la Terre*. Paris, Armand Colin, 2013.
ZIBECHI, Raúl *Disperser le pouvoir:* les mouvements comme pouvoirs anti-étatiques. Soulèvement et organisation à El Alto. Paris, Le Jouet Enragé/L'Esprit frappeur, 2009.
ZIMMERMANN, Reinhard. Roman Law and European Legal Unity. In: HARTKAMP, Arthur et al. (orgs.). *Towards a European Legal Code*. Londres, Wolters Kluwer, 1994.

Trabalhador, soldado e camponês russos carregam faixa exigindo a paz imediata e saudando o governo dos sovietes. A foto, de autoria desconhecida, data de novembro de 1917 e traz esta anotação: "Os primeiros dias de Outubro em Stáraia Russa".

Publicado em 2017, cem anos após a Revolução de Outubro de 1917, este livro foi composto em Adobe Garamond Pro, corpo 10,5/13,5, e reimpresso em papel Pólen Natural 70 g/m² pela Lis Gráfica, para a Boitempo, em fevereiro de 2025, com tiragem de mil exemplares.